2025 제23회 사회복지사1급 국가시험대비

김진원 사회복지사1급

통합이론서

제 **1** 교시 사회복지기초

김진원 편저

- ▶ 체계적으로 종합 정리된 핵심이론과 기출표기로 선택과 집중!!
- ▶ 빈출내용의 도식화 및 특수 암기비법을 통한 즉석 뇌새김!!
- ▶ 역대 기출논점, 최신 출제경향, 개정 사회복지법령 완벽반영!!

오리지널 전공교수가 '장인정신'으로 집필한
클라쓰가 다른 No.1 전문교재!!

오이코스북스
OIKOSBOOKS

김진원 사회복지사 1급 통합이론서 제1교시

머리말

> 범사에 기한이 있고
> 천하만사가 다 이룰 때가 있나니...
>
> For everything there is a season,
> a time for every activity under heaven.
>
> ―Ecclesiastes(전도서) 3 : 1

**사회복지학 정통파 전공교수가 '장인정신'으로 집필한
수험적합성 1위의 합격비결서**

"이론강의지만 절대! 쓸데없이!(시험과 무관한)
양이 방대하지 않다는 것입니다.
정말 알아둬야 하는 핵심이론만 쏙쏙 모아둔 시험용 이론강의였단걸
제가 시험을 치러보니 더욱 느꼈습니다."
― 제22회 합격 김○지 선생님 ―

수험사회복지학 대한민국 No.1
인화(仁和) 김진원 인사드립니다.

  2003년 제1회 사회복지사1급 국가시험이 시행된 이후 2024년 제22회 시험이 치러지는 기간 동안 비록 출제수준이 향상되긴 했지만, 그간 기출문제가 누적되어 있음에도 불구하고 합격률이 높지 않은 가장 큰 이유는 '수험적합성이 있는 전문화된 교재와 강의'의 부재로 수험생들이 '헛다리짚는 공부'를 하고 있기 때문입니다. **전문화된 수험효율적인 수험서를 집필하여, 합격의 길로 인도하는 등대같은 역할**을 해야겠다는 가슴벅찬 소명의식으로 수험 교재집필과 강의를 시작하였습니다.

  '**사회복지수험서적 역사상 유일**'하게 제1회부터 제22회까지 전(全)회분 기출문제를 총망라하여, 진도별로 심층분석한 전공교수로서 시험이 출제되는 범위와 폭은 물론 시험에 무조건 출제되는 시험족보를 가장 잘 알고 있습니다. 역대기출문제를 심층분석하여 추출한 시험족보와 기출논점을 토대로 시험에 출제된 내용을 빠짐없이 총망라한 '이해ㆍ정리ㆍ암기를 위한 통합이론서'를 출간하게 되었습니다.

"공부의 깊이와 넓이를 정확하게 재단해 주시는
교수님의 강의 순서대로 그대로 따라가면서 공부한다면
합격은 반드시 저절로 온다는 걸 간곡하게 알려드리고 싶습니다."
― 제21회 합격 염채경 선생님 ―

수험적합성 1위의 합격비결서로서 이해·정리·암기를 위한 김진원 Oikos 사회복지사1급 「통합이론서」의 **특징**은 다음과 같습니다.

01
1급 전회분 기출논점과 중요지문을 완벽히 반영하였습니다.
어떠한 문제라도 대비할 수 있도록 기초부터 심화까지, 기본개념이나 원리에서부터 최신이론에 이르기까지 필수개념과 핵심이론을 꼼꼼히 종합 정리하였습니다. 또한 이론서의 내용 곳곳에 실제 기출지문을 대체하여 삽입함으로써 출제되었던 내용과 기출경향을 쉽게 간파할 수 있도록 하였습니다.

02
1급 국가시험 역대·전회분 기출표시를 내용에 삽입했습니다.
기출표시는 빈출 및 출제여부를 한눈에 파악함으로써, 중요도 변별을 통한 선택과 집중의 학습이 가능하게 합니다. 그리고 전체문제 중 80~90%이상이 기출논점에서 다시 출제되고 있는 1급 시험의 출제경향을 활용하여 안전하고 정확하게 합격점수인 60%를 공략하고 단박에 합격이 가능하도록 해 드릴 것입니다.

03
빈출내용 도식화 및 특수 암기법을 통해 즉석 뇌새김이 가능하도록 했습니다.
복잡한 내용이나 빈출내용을 도식화·도해화하고, 필수적으로 암기해야 하는 내용과 관련해서는 특수 암기법을 제시하였습니다. 도식화한 내용과 특수 암기법은 이론공부를 통해 이해한 내용을 수험생 개개인이 정리하여 암기를 하는 데 실제적인 도움이 되어 드릴 것입니다.

04
최근 바뀐 정책 및 개정법령의 주요내용을 완벽 반영하고 도식화하였습니다.
최근 제·개정된 사회복지법령과 바뀐 정책의 내용을 충실히 반영하여 최근 경향에 맞게 안심하고 학습할 수 있도록 하였습니다. 또한 최근 법령문제가 법조문의 일부만 바꾸어 그대로 출제되고 있기 때문에 법조문 그 자체를 그대로 보고 눈에 익힐 수 있도록 **주요법령의 핵심내용과 빈출조문을 도표화**시켜 정리하였습니다.

"약은 약사에게, 1급 사회복지사시험은 국내 최고의 전문가 김진원 교수님께!!
제가 진짜 놀랐던 점은 기존 기출문제가 아닌 것 중에도
교재에 나온 단어, 문장 그대로 시험문제 나오는 게 굉장히 많습니다.
그리고 예측해 주시는 것 들은 그냥 다 나온다고 보시면 됩니다."
- 제20회 합격 남상근 선생님 -

아끼는 제자들의 1급 국가시험대비를 정규수업과 방학 집중특강으로 믿고 맡겨주시는 총신대학교, 성결대학교 등 여러 대학의 교수님들께, 그리고 다듬어야 할 부분이 많은 원목(原木) 같은 사람의 강의와 교재를 추천해주시고 응원해주시는 선생님들께 마음 깊이 감사드립니다. 과분하고도 따뜻한 배려에 부응하기 위해 겸허히 배전의 노력으로 최선을 다하겠습니다.
이 책을 보시는 선생님의 수험생활과 남은 평생에 저의 생명이시요 힘이 되시는 참으로 좋으신 하나님의 은총이 충만하시길 간절히 기원드립니다.

2024년 1월
oikonomos 인화(仁和) 김진원

김진원 사회복지사 1급 통합이론서 제1교시

> **합격수기**

아낌없이 주는 나무와 같은 김진원 교수님!

김○지 선생님
(2024년 제22회 합격)

1. 수험정보

회 차	22회	필기점수	1교시 사회복지기초	38점
준비기간	4개월		2교시 사회복지실천	53점
응시횟수	1회		3교시 사회복지정책과 제도	54점

2. 간단한 자기소개
안녕하세요? 저는 40대 전업주부 김○지입니다. 운명같이 김진원교수님의 강의를 만나게 되어 단번에 합격의 결실을 맺게 되었습니다.

3. 김진원 Oikos 사회복지사1급 교재와 강의로 공부한 계기
1급을 준비하기로 마음먹고 강의를 찾아보니, 요즘같은 정보의 홍수 속에서 오히려 더 혼란스러웠습니다. 그러던 중 제가 자주 활동하는 취미 카페에서 김진원교수님의 강의로 한번에 합격했다는 회원분의 후일담을 보게 되었습니다. 즉시 너튜브로 동영상을 접하게 되었고, 교수님의 강의를 보자마자 마음이 바로 딱! 정해졌습니다. 이.거.슨 데스티니!! 교수님 강의를 접하신 분들은 모두 아실 거예요. 귀에 꽂히는 강의 전달력! 그리고 열정과 에너지가 어마어마 하시다는 것을요!

4. 교수님의 장점
내실을 다잡고 싶은 마음으로 김진원 교수님의 이론강의를 시작을 했는데, 진심! 차원이 다른 이론 강의입니다. 제일 큰 장점은 이론강의지만 절대! 쓸데없이!(시험과 무관한) 양이 방대하지 않다는 것입니다. 금과 같은 시간의 절약을 이룰 수 있습니다. 정말 알아둬야하는 핵심이론만 쏙쏙 모아둔 시험용 이론강의였단걸 제가 시험을 치뤄보니 더욱 느꼈습니다. 아시다시피 일반적으로 사회복지사1급시험 기본이론서는 일단 엄청난 양의 압박으로 시작합니다. 그래서 시작도 하기 전에 심적 부담감이 이루 말 할 수가 없습니다. 그러한 수험생의 부담을 김진원 교수님께서 절반으로 줄여주셨고, 수험생 눈높이에 맞춰서 풀이해 주시며 궁금한 점은 카페QnA로 상세히 답변해주십니다. 게다가 매 강의 때 마다 시그니쳐 응원멘트로 용기를 불어 넣어주시고, 시험준비 막바지까지 여러 무료 특강들로 마무리 해주십니다. 이토록 아낌없이 주는 나무와 같은 따뜻한 교수님 어디에도 없습니다.

5. 자신만의 슬럼프 극복방법은 무엇일까요?

다행히도 슬럼프는 겪진 않았습니다. 다만 제가 새해 1월 1일 독감확신을 받고 심하게 앓았었는데, 며칠 동안은 시험이 당장 코앞인데 이렇게 아파서 누워있어야만 하는 상황이 답답하고 좀 원망스럽더군요. 기도하며 곰곰히 깨달아보니 이 또한 이겨내라는 의미로 받아들이게 되었고, '그래, 시험 당일 날 아프지 않은게 얼마나 다행인가'하는 생각으로 혼란스런 마음을 다시 다잡게 되었습니다. 정말 한 끗 차이인데 긍정의 중요함을 다시 느끼게 되었어요. 교수님께서도 항상 말씀하시죠. 무.조.건 긍정!!

6. 본인이 생각하는 합격 비결은 무엇인가요?

저는 전업주부이긴 하지만 주어진 생활 여건상 공부할 시간을 정해놓고 할 수 가 없었습니다. 그래서 시간 틈틈히 공부를 챙겼어요. 예를 들면 아이 학원 데려다주고 차에서 기다리는 시간에 강의를 듣는다던지 주로 이동하는 시간을 많이 활용했습니다. 그리고 9개년 회차별 기출문제 풀이와 핵심이론노트는 꼭 권장드립니다. 매해 완전히 똑같진 않지만 빈번하게 나오는 항목과 패턴을 익힐 수 있고, 핵심이론노트는 압축된 이론서 내용이 한 번 더 압축되어 정말 엑기스처럼 요약되어 있어서 도움이 많이 되었습니다. 마지막으로 교수님의 무료특강은 그냥 넘기지 마시고 꼭 챙겨 듣고 활용하세요. 점수에 무조건 플러스 됩니다.

7. 다른 수험생에게 하고 싶은 한마디

공부만 집중 할 수 있는 상황에서 시험을 준비하시는 분은 거의 안계실꺼라 생각이 듭니다. 각자의 주어진 삶 속에서 열심히 준비를 하실텐데요. 공부를 하다보면 그 준비기간 안에 이런 일 저런 일 생기게 마련이고, 너무나 힘겨운 일 또한 생길 수 도 있습니다. 그렇지만 그럴수록 '할 수 있다.'는 긍정의 마음가짐을 다시 한번 가다듬고, 교수님이 내어주시는 가르침 그대로 따라가다 보면 합격의 날이 반드시 오시리라 믿습니다. 강의를 들으시는 모든 분들의 합격을 기원합니다. 끝으로 늘 용기와 에너지를 전해주시고, 단번에 합격의 길로 이끌어주신 김진원 교수님 정말 감사합니다! 늘 건강하세요^^

김진원 사회복지사 1급 통합이론서 제1교시

합격수기

8첩반상 유기농 한정식에 끈기와 노력이라는 숟가락만 얹었을 뿐 ……

염채경 선생님
(2023년 제21회 합격)

1. 수험정보

회　　차	21회	필기점수	1교시 사회복지기초	42점
준비기간	10개월		2교시 사회복지실천	62점
응시횟수	1회		3교시 사회복지정책과 제도	58점

2. 간단한 자기소개
저는 30년 이상 군무원으로 생활하였고 제2의 인생을 사회복지사로 재도전하여 2년간 재가 복지센터에서 사회복지사로 근무하였습니다. 2022년 새로운 한해가 시작되었는데 뭔가 의미있는 도전을 해볼까하는 단순한 생각과 나이를 먹어도 오랫동안 사회생활을 하고 싶다는 열망으로 사회복지사 1급에 도전하게 되었습니다.

3. 김진원 Oikos 사회복지사1급 교재와 강의로 공부한 계기
저는 처음에 시중에 나와있는 강의가 다 거기서 거기 비슷하겠지, 나만 열심히 하면 합격하는 거 아닌가 하는 생각으로 대충 인터넷 검색하여 배움카드로 강의를 듣기 시작했는데, 강의를 들으면 뭔가 감이 잡히고 공부가 되어야 되는데 도대체 무슨소리인지 감이 잡히지 않았습니다. 그러던 중 출근길에 우연히 U-tube에서 김진원 교수님의 강의(인행사 핵심요약강의)를 보게 되었는데 "이거다"하는 생각이 들었습니다. (운명적인 만남??)
이미 결재해버린 수강료가 아까웠지만 그것보다 뭔가 확실한 방법으로 가는 것이 지름길로 가는 길이라는 생각으로 다큐프라임 에듀에 김진원교수님 강의를 다시 신청하여 시작하였습니다.

4. 교수님의 장점
교수님의 장점이야 뭐 한강의만 들어보시면 다 알수 있는 것들이죠. 성심성의껏 열정을 다 쏟아 붓는 열정적인 강의와 거기에 실력까지 겸비하셨으니 강의를 듣는 입장에서는 아무리 긴 강의라도 지루할 틈이 없고 어려운 이론도 이해하기 쉽게 강의해 주시니 반복해서 들으면 들을수록 실력이 나날이 쌓이는 기적을 경험하게 되지요.

5. 자신만의 슬럼프 극복방법은 무엇일까요?

저는 솔직히 슬럼프는 없었습니다. 처음 시작할 때는 기초 이론강의를 출/퇴근길 또는 어르신들 방문다니면서 이동할 때 이어폰으로 계속 듣고 다니면서 반복 반복해서 들었고, 매일 하루 일과의 마지막은 Oikos 스터디에 데일리 미션을 밴드애 올리고 잠드는 생활로 작년 한해를 보냈던 것 같아요. 데일리 미션을 올리면서 회원들과 서로 응원해주고 독려해 주면서 힘을 많이 얻었고 항상 강의 말미에 하나, 둘, 셋, 화이팅!!! 을 외쳐주시는 교수님의 응원을 들으면 힘이 절로 났던 것 같아요.

6. 본인이 생각하는 합격 비결은 무엇인가요?

저의 합격 비결은 한마디로 교수님이 하라는 대로 그대로 따라가면 된다는 것입니다(진심). 매일 공부한 것 데일리 미션에 올리고, 중간 중간 모의고사 치를 때 그것에 맞춰서 진도 나가고 실력이 부족하더라도 모의고사 건너뛰지 말고 치르고, 외우라는 것은 반드시 외우고, 공부의 깊이와 넓이를 정확하게 재단해 주시는 교수님의 강의 순서대로 그대로 따라가면서 공부한다면 합격은 반드시 저절로 온다는 걸 간곡하게 알려드리고 싶습니다.

7. 다른 수험생에게 하고 싶은 한마디

저는 처음에는 무엇을 하든 저만 열심히 하면 좋은 성과를 낼 수 있다고 생각했는데 스스로 열심히 하는 것도 중요하지만 누구와 함께 가느냐 하는것이 더욱 중요하다는 것을 이번 교수님의 강의를 듣고 다시한번 크게 깨달았습니다.

혹시 사회복지사1급을 도전하기 위해 망설이고 계시는 분이 계시다면 김진원 교수님과 함께 그리고 Oikos 스터디 그룹과 동행하신다면 그리 겁날 것 없다. 일단 결심하고 결정하시면 50%는 합격하신거고 교수님께서 한정식 8첩반상을 유기농 건강식으로 잘 차려놓았으니 거기에 여러분의 끈기와 노력의 숟가락만 얹으시면 당신의 꿈은 스마일 미소를 띄며 옆에 와 있다고 알려드리고 싶습니다.

김진원 사회복지사 1급 통합이론서 제1교시

합격수기

약은 약사에게, 1급 사회복지사시험은 국내 최고의 전문가 김진원 교수님께

남상근 선생님
(2022년 제20회 합격)

1. 수험정보

회 차	20회	필기점수	1교시 사회복지기초	40점
준비기간	2개월		2교시 사회복지실천	66점
응시횟수	1회		3교시 사회복지정책과 제도	66점

2. 간단한 자기소개
자기소개에 앞서 두 달 동안 많은 가르침을 주신 교수님께 감사의 인사를 드립니다. 교수님의 도움으로 짧은 시간에도 불구하고 합격 할 수 있었습니다. 저는 올해 나이 41세 남상근 입니다. 현재 다른 직종에서 근무하고 있으며 사회복지 비 전공자 입니다. 2012년 학점은행제로 이론 강의를 들었으며 직장생활 하면서 실습을 진행하기 어려워 자격증 취득을 포기 하고 있었습니다. 이번에 육아휴직을 하게 되어 실습 후 바로 1급 국가시험에 도전 하게 되었습니다.

3. 김진원 Oikos 사회복지사1급 교재와 강의로 공부한 계기
현장실습을 계기로 사회복지에 대한 지식이 많이 부족함을 느꼈고 1급 시험에 도전해보기로 결심했지만 약 두 달의 시간 밖에 남지 않아 고민이 많았습니다. 우연히 유튜브에서 교수님의 강의를 보게 되었고 시험이 딱 두 달 남긴 시점에서 갑자기 결정하게 되어 시작 하게 되었습니다. 처음 시작했을 때 많은 고민이 있었는데 교수님이 커리큘럼을 자세히 문자로 보내주셔서 자신감이 생겨서 도전해볼 수 있었습니다. 수험공부를 시작할 때 저는 정말 지식 제로, 백지 상태였습니다. 창피하지만 1급 시험에 어떤 과목이 있는지도 몰랐습니다. 백지였던 저를 두 달 만에 172점으로 만들어 주셨습니다.

4. 교수님의 장점
정확한 기출논점을 파악하여 알려주시고 비전공자도 쉽게 이해할 수 있게 설명해 주십니다. 어떤 분들은 물고기가 튀어 나온다고 표현해 주셨는데 제가 진짜 놀랐던 점은 기존 기출문제가 아닌 것 중에도 교재에 나온 단어, 문장 그대로 시험문제 나오는 게 굉장히 많습니다. 그리고 예측해 주시는 것 들은 그냥 다 나온다고 보시면 됩니다. 교수님께서 그림까지 그려주시면서 열심히 강의해주셨던 지역사회보장 계획, 보장협의체 이번에 지역 사회 복지론 에서 두 문제나 나왔습니다. 강의 중에 갑자기 큰소리로 얘기 하시는 부분은 잘 기억해 두시고 암기 하시면 됩니다. 여러분도 경험하시게 될 것입니다. 수강생들이 어떤 걸 어려워하고 힘들어 하는지 정확히 알고 계셔서 충분히 설명해 주십니다.

5. 자신만의 슬럼프 극복방법은 무엇일까요?

공부 시작하고 한 달 정도 지난 후에 기간이 짧아서 해도 안 되겠지, 괜히 도전하는 거 아닌가, 하기 싫다는 생각이 들 때가 많았습니다. 교수님의 강의 끝날 때 파이팅 외쳐주시는게 큰 동기 부여가 됐던 거 같습니다. 혼자만의 싸움이라는 생각이 들 때가 많았는데 든든한 지원군이 있구나! 라는 생각에 포기 하지 않고 할 수 있었던 거 같습니다. 교수님이 아무리 맛있는 밥상을 차려주신다 해도 어떻게 먹느냐는 내 노력, 능력이다. 노력은 배신하지 않는다. 이런 생각하면서 마음을 다잡았습니다.

6. 본인이 생각하는 합격 비결은 무엇인가요?

저는 교수님이 추천해 주신 방법대로 교재, 강의 회독 + 9개년 기출문제 회독 이렇게 진행 했습니다. 그리고 중요하다고 하신내용, 암기가 필요한 내용 암기, 기출문제 자주틀리는 것 확인하고 교수님이 조사론 시간에 이해가 안 되면 암기해라 암기 하면 이해된다. 라고 하셨는데 진짜 그렇게 됐습니다.

7. 다른 수험생에게 하고 싶은 한마디

2023년 21회 시험을 준비 하고 계신 선생님들 교수님을 믿고 열심히 달려가시면 눈앞에 합격이 와 있으실 겁니다. 자신감 잃지 마십시오. 국내최고의 교수님을 만나신겁니다. 그리고 저처럼 이론이 부족하신 분들은 절대 교재로만 독학으로 하지마시고 강의 들으시는 걸 꼭 추천 드립니다. 쉬운 길 두고 어려운길로 돌아가시는 겁니다. 제가 경험했던 건데 처음 강의 1회 수강 후 이해가 많이 부족한 상황에서 교재로만 하다보면 어려운 내용을 자기생각대로 이해하려고 해서 나중에 같은 문제 계속 틀리게 됩니다. 그래서 강의회독을 계속 했습니다. 이론은 이론대로 기술은 기술대로 이해하려면 강의 꼭 들으셔야 합니다. 이게 정말 큰 도움이 된 거 같습니다. 마지막으로 교수님께 감사의 인사를 올리겠습니다. 짧은 시간이었지만 교수님이 중간 중간 얘기 해 주셨던 내용들 가르침 잊지 않고 살아가겠습니다. 항상 건강하시고 행복 하세요 교수님 감사합니다.

김진원 사회복지사 1급 통합이론서 제1교시

합격수기

이번 19회 시험에 '가채점 183점'으로 합격했습니다.

박리원 선생님
(2021년 제19회 합격)

어디로 가야할지 모른채 숲속에서 헤매다 맑은 시냇물을 발견 했습니다. 저는 시냇물이 흐르는 방향 물줄기 타고 유유히 흘러 왔을뿐인데 어느새 합격이라는 바다에 도착했네요.
교수님이 잘 터 놓으신 합격행 방향 시냇물을 타고 왔더니(커리큘럼 과정) 탄탄대로였습니다. 얕은 시냇물에서 시간이 흘러 강이 되었고 그 후엔 더 깊고 넓은 바다로 들어왔습니다. 물 깊이만큼 지식도 깊어졌습니다. 여러분도 이끌어주는 방향대로 오신다면 합격의 바다에 도착해 있으실 겁니다.

안녕하세요. 앞에 많은 분들이 합격후기를 작성하셨는데 저도 올려봅니다. 저는 비전공자이며 여태 관련없는 다른 일을 해왔습니다. 이번 19회 시험에 '가채점 183점'으로 합격했습니다.

저는 노력파도 아니고 교수님의 과정, 기본만 따라갔습니다.
하루에 4~5시간 이상씩 학습하신 다른 선생님들에 비해 공부시간도 부족했고, 시험 전날까지도 '120개만 맞추자 '는 마음으로 준비해왔습니다. 고득점이 목표가 아니라 최소한의 노력으로 합격 커트라인에만 걸리는 게 제 목표였습니다. 가을부터 시작해서 주5일 하루에 3시간 정도 공부했고 약속 있는 날은 아예 못했습니다. 농땡이 참 많이 피웠네요.. 그럼에도 제가 합격할 수 있었던 건 강의 내용과 구성이 알찼기에 가능했겠죠?

여태 교수님의 강의와 밴드에 올려주신 하프모의고사로 저도 모르는 사이에 단련이 되어서 그런지 이번 19회 시험지를 받고나서 너무나도 쉽게 느껴졌습니다. 시험치는 도중에 큰 틀에서만 수박겉핥기식으로 나온 것 같이 너무 쉽다는 생각으로 문제를 풀어나갔습니다..ㅎㅎ

교수님의 6080법칙을 믿었습니다. 6080법칙이 아닌것 같습니다. 저는 6080이 아니라 6090, 아니 6095 라고 생각합니다. 방대한 양이 아니라 딱딱 찝어주신 범위에서 모든 문제가 다 나왔으니까요. 문제를 눈으로 읽자마자 깜깜한 어두운 방에 어느 한 곳에서 밝은 형광등이 탁 켜졌습니다. 그 곳이 정답이었습니다. 저는 그렇게 불이 켜진 선지를 체크해서 답을 빠르게 골라낼 수 있었습니다. 시험시간이 계속 남아서 답체크를 3번씩이나 하고 남은 시간이 지나길 기다렸습니다.

맨 처음 공부시작했을때 처음 들어보는 단어와 용어들이 생소했습니다. 에릭슨, 프로이트... 이런 사람들이 지구에 살았었는지 조차 모르고 살았던 제가 노베이스 상태에서 교수님 강의를 듣게 되었습니다. 우선 인행사 강의를 들어봤는데 지루한 거 하나없이 재미있게 술술 잘 듣게 되더군요. 수업 중간중간에 감초처럼 농담과 재밌는 말씀도 하시고 응원해주시는 말씀에 마음을 더욱 다잡게 됐고 (반두라 용어인 자기효능감을 높여주고 언어적설득을 해주신 듯ㅋㅋㅋ) 그렇게 하나씩 듣다보니 모든 과목을 완강하게 됐습니다.

저는 프리패스권 수강생이었습니다. 프리패스 수강생만을 위해 교수님께서 오이코스 스터디밴드를 만들어주셨고 모의고사 자료를 올려주셨습니다. 그리고 줌 화상강의를 통해 단단한 기반을 꾸준히 다지게 된 것 같습니다. 오이코스 열공반 6기에서 알게된 다른 선생님들과도 같이 공부를 하다보니 동기부여가 많이 됐고 격려와 응원을 주고받은 덕도 큰 것 같습니다. 처음에 어떤 사이트에서 강의를 들을지 고민했지만 조금 더 가격이 저렴한 곳에서 하려다가, 얼마 차이 안 나는 금액을 꾀하고자 제 1년을 날려버릴 순 없었습니다. 몇 푼 아끼는것보다 1년에 1번뿐인 시험에 합격하는 것이 훨씬 더 중요했으니까요. 얼마 할인받는 것보다 제 인생의 1년이란 시간이 더 소중하기에 제자신을 위한 김진원 교수님 강의를 선택한 건 신의 한 수 였습니다. 인생에서 잘한 일들 중 하나에 들어갈 것 같네요.

교수님 강의는 종합비타민처럼 부족한 영양소없이 모든과목을 결핍됨없이 영양분 있게 가득 채워주셨습니다. 또, 8과목을 혼자서 다 강의하시는게 가장 큰 장점입니다! 교재 저자도 김진원 교수님이고 강의도 직접 해주시니까 책과 강의가 찰떡궁합이었고 설명과 암기법까지 정말 공이 많이 들인게 느껴졌습니다.
강의 중에 지금 보는 내용은 다른과목 무슨 파트에서도 연관있다고 설명해주셔서 다른 과목과도 명확한 틀이 잡힌 것 같고, 궁금한 점을 질문 남길 때도 마찬가지였습니다. 아마 8과목을 교수님 몇분이 나눠서 강의하는 곳은 이런 점이 부족했겠죠(따로따로 질문해야 하는 불편함, 과목 파트 연계설명 부족 등) 부족한 개념을 1:1로 질문하고 답변받음으로써 메꾸어주셨습니다. 늘 자세히 알려주셨습니다.
(20회를 준비하시는 선생님들도 질문을 할 때 '이 밴드에' 글로 질문을 남기시면 서로의 질문과 답변을 볼 수있는 장점이 있는것 같아요. 다른분들의 질문을 통해 나도 학습효과가 커지는 장점)

여태 공부에 흥미가 없던 제가 합격을 하게 된 건 김진원교수님 덕뿐입니다!
솔직히 저만 알고싶은 강의입니다ㅎㅎ
교수님! 좋은 강의, 좋은 교재, 질 높은 커리큘럼 감사합니다.
여러분들도 김진원교수님의 물을 타고 흐름따라 오신다면 합격은 따놓은 당상입니다!
마음이 힘들고 지치고 뜻대로 안되더라도 포기만 안하면 됩니다!

혹시나 합격을 20회로 미루신 분들은 19회 시험에 잘 안됐다하더라도 여태 공부한 노력이 0이 된 게 아니라는 거 기억하셨으면 좋겠습니다. 맨 처음 새 책을 펼쳤던 순간엔 사복1급 지식이 제로 0이었겠지만 지금은 40, 50은 남아있고 쌓여있는 상태이니까요. 그렇게 포기만 안하시고 차츰차츰 조금씩 채워나가시면 어느덧 60이 쌓이게 되고 결국 합격하실겁니다.

김진원 교수님 늘 건강하세요. 진심으로 무한감사합니다♥
교수님 강의를 듣고나서 합격뿐만 아니라 강의중에 말씀하신것 처럼 늘 할수있다! 긍정적으로 생각해야 한단 걸 배웠습니다. 시험만을 위한 강의가 아닌 사회복지사라는 직업의식과 전문성을 깨달았고 앞으로 무슨일이든 잘 해낼 것 같은 자신감도 심어주셨습니다. 핫.둘.셋. 화이팅!

김진원 사회복지사 1급 통합이론서 제1교시

합격수기

적자생존의 자세로 필기를 한 것이 최종합격의 큰 비결!

김종수 선생님
(2021년 제19회 합격)

1. 수험정보

회차	19회	필기점수	1교시 사회복지기초	37점
준비기간	10개월		2교시 사회복지실천	60점
응시횟수	1회		3교시 사회복지정책과 제도	63점

2. 간단한 자기소개

한국 나이로 60세입니다. 퇴사를 하고 삶에 대해서 갈등을 느끼는 사람들의 모습을 보여주고 있는 전형적인 보통 사람입니다. 무슨 일을 해도 집중이 안되고 짜증만 나는 생활을 하고 있다가 아내의 권유로 사회복지사 2급 자격증 취득을 권유 받았습니다. 평생 이공계 공부만 하다가 사회 과학을 공부하려니 엄두도 안 나고 특히 사회 복지 실습은 나이 때문에 받아줄 것 같지 않아서 고민하다가 일단 저질러 보자 해서 하다 보니 사회 복지 실습까지 별 탈없이 마치고 사회복지사 2급 자격증을 2020년 2월에 취득하게 되었습니다.

3. 김진원 교수님 강의의 어떤 점이 좋으셨나요?
첫 번째. 설명을 아주 잘 하십니다. 인과관계, 법이 나오게 된 배경 등등 강의를 보고 듣는 사람의 머리 속으로 내용을 그대로 옮겨준다는 생각이 들었습니다. 두 번째. 열정으로 강의를 하십니다. 수강생이 수업을 제대로 수강 하지 않으면(누가 보지는 않지만) 민망할 정도로 열성적으로 강의를 하십니다. 세 번째. 긍정의 마인드를 심어 주십니다. 항상 긍정적으로 생각하게 해주시고 수업이 끝날 때 마다 외치는 마무리는 할 수 있다는 생각을 갖게 해줍니다. 네 번째. 적자생존을 알려주셨습니다. 적는 자만이 생존할 수 있다는 말이 너무 마음에 다가왔습니다. 이공계 자격증을 여러 개 가지고 있지만 들으면 이해가 가기에 필기 하는데 익숙하지 않았습니다. 강의를 수강하면서 공부 습관을 바꾸게 된 것이 큰 소득이라고 이라고 생각합니다.

4. 자신만의 슬럼프 극복방법은 무엇인가요?
일단 시간적으로 여유가 있는 상황이라서 강의는 전부 들으려고 했고 실제로 강의는 빠진 것 없이 전부 수강 했습니다. 그러다 보니 머리 속이 뒤죽박죽이라서 처음의 마음과는 다르게 괜히 시작했다는 생각도 들었습니다. 특히 시험을 1달 남겨두고는 괜히 불안하고 그만 둘까 하는 생각도 들었습니다. 그래도 교수님이 늘 강조하시는 120점만 넘기면 된다는 마음으로 족집게 적중요약강의집을 3번 풀고 9개년 기출 문제도 2번 풀고 기출 족보 OX 최종정리 문제집도 2번 풀었습니다. 동 형모의고사를 보고 나서 조금 주눅은 들었습니다. 채점을 해보니 129점이 나왔습니다. 시험은 동형 모의고사보다는 쉬울 거라는 생각을 하면서 틀린 문제들은 여러 번 읽었습니다. 살면서 가장 공부 열심히 한 1달이었다고 생각합니다. 자식들한테 시험에 떨어진 모습을 보이고 싶지는 않았습니다.

5. 본인이 생각하는 합격 비결은 무엇인가요?
교수님이 강의해주시는 내용들을 적자생존의 자세로 전부 필기를 다 한 것이 가장 큰 합격의 원인이라고 생각합니다. 필기를 다한 후에 다시 한번 수강하면서 필요하다고 생각되는 교재 내용들은 노트로 옮겨 와서 정리를 한 것이 좋은 결과의 한 부분이라고 생각합니다. 처음에 들으면 이해가 잘 안되는 부분들도 반복해서 들으면 이해가 간다는 교수님의 말씀 같이 여러 번 수강 하게 되면 이해가 가게 되고 복습까지 하면 당연히 합격하는 것이라고 생각합니다. 더군다나 60점만 넘으면 되는 시험이니 말입니다. 시험장에서 시간은 전혀 부족하지 않으니 걱정하지 않으셔도 됩니다. 시간이 남아서 충분히 검토할 수 있습니다.

6. 다른 수험생들에게 하고 싶은 한마디 부탁드립니다.
교수님이 하라는 대로 하면 합격합니다. 설명도 잘해주고 열성적으로 강의도 해주고 긍정적인 생각도 갖게 해주고 자신감도 갖게 해주니 말입니다. 다시 한 번 공부를 하라고 한다면 1급 통합 이론서와 역대 기출문제집만 반복해서 3번 이상 할 것 같습니다. 나머지 강의는 내가 공부한 것에 대한 믿음을 확인하는 과정이라고 생각합니다. 틀린 문제는 노트에 정리해서 여러 번 보면 무조건 합격입니다. 60점만 넘으면 되는 시험이지만, 시험이 어떻게 나올지 모르기 때문에 우리는 최선을 다해서 공부를 할 수밖에 없습니다.

김진원 사회복지사 1급 통합이론서 제1교시

합격수기

제 합격의 비결은 교수님의 6080법칙입니다.

최미숙 선생님
(2020년 제18회 합격)

제 2020-05-06314호

최종 합격 확인서

성 명	최미숙	생년월일	
주 소			
자 격	사회복지사 1급		

2020년 제 18회 사회복지사 1급(2020년 02월 08일 시행) 시험에 최종 합격하였음을 확인합니다.

1. 수험정보

회 차	18회	필기점수	1교시 사회복지기초	31점
준비기간	9개월		2교시 사회복지실천	53점
응시횟수	1회		3교시 사회복지정책과 제도	46점

2. 간단한 자기소개

안녕하세요. 저는 52세 된 세 아이의 엄마입니다. 2020년 18회 사회복지사 1급 필기 시험에 합격한 이름은 최미숙입니다. 저는 2년 전에 사회복지학과 석사를 졸업하고 교육청에서 상담 및 학습지도를 하고 있습니다. 학생들을 가르치기 위해서는 제가 좀 더 많은 것을 알아야 할 것 같아 대학원을 졸업하였는데 대학원을 졸업하고 나니 욕심이 생겨 사회복지사 1급에 도전하게 되었습니다. 학생들의 학습부진 이유가 여러가지 있겠지만 심리적인 상태가 많은 부분을 찾이하고 있었습니다. 사회복지를 공부한 것이 아이들을 지도하는 데 많은 도움이 되고 있습니다.

3. 김진원 교수님 강의의 어떤 점이 좋으셨나요?
교수님의 좋은 점은 너무 많은데 그 중에서도 세가지만 적어보겠습니다. 첫째 저는 나이가 많은 세대라 교수님이 칠판에 적으면서 하나하나 설명한 것이 너무 좋았고 이해가 되었습니다. 제가 그 강의를 듣고 스터디에 가서 교수님이 강의 한 내용을 그대로 암기해 노트에 적어가면서 같이 공부하는 선생님들에게 설명할 때 너무 재미있었습니다. 두번째 한 분의 교수님이 여덟 과목을 혼자 강의할 때 처음엔 신뢰가 가지 않아 좀 걱정을 했습니다. 그런데 교수님이 인행사에서 설명한 것을 실천론에서 다시 설명해 주시고 정책론에서 설명한 것을 다시 법제에서 설명할 때 그 중요성이 더 강조되었고 또 저는 중요한 강의를 두 번 듣는 것으로 복습이 되어 저절로 암기하는 효과를 보았습니다. 셋째 너무 열정적인 교수님이 너무 좋았습니다. 원래 온라인 강의는 교수님과 소통이 별로 안 되는데 김진원 교수님은 하나의 질문이나 궁금한 사항을 오프라인 강의 같이 하나하나 답하시는 것이 온라인 강의를 듣는 외로움에서 벗어나 오프라인 강의 같은 느낌이 들었습니다. 특히 밴드를 통해 소통할 때 늘 답하시는 모습이 너무 감사하고 좋았습니다. 교수님 강의가 너무 재매 있었고 공부하는 동안 즐거웠습니다.

4. 자신만의 슬럼프 극복방법은 무엇인가요?
처음에 강의를 듣고 너무 이해가 잘 되고 알기 쉬웠는데 차츰차츰 공부할 분량이 늘면서 유동성 지능이 약해서 공부한 내용을 교수님이 강의 할 때는 분명히 이해하고 알았는데 혼자 문제를 풀려고 하면 그 단어나 명칭이 기억나지 않아 너무 힘들었습니다. 한 동안 걱정하고 낙심 되어 아무것도 안하면 더 불안할 것 같아 그냥 천천히 가자고 생각하면서 강의 내용을 핸드폰으로 운전할 때나 잠잘때마다 틀어 놓고 있었습니다. 어떤 때는 교수님 강의를 들으며 잠들다가 교수님이 강조하는 부분을 큰 소리로 말하면 깜짝 놀라 옆에 자는 신랑에게 뭐라고 했냐고 하면서 혼자 떠들기도 했습니다. 그럼 남편이 이어폰을 귀에서 빼주며 그냥 자라고 한 적도 있었습니다. 그리고 또 하나는 밴드를 보면서 슬럼프를 극복했습니다. 나만 이렇게 힘든 것이 아니구나 모두들 일하며 공부하는데 나는 방학이니 다른 선생님들보다 시간적으로 여유가 있으니까 마지막까지 최선을 다해 보고 후회하지 않아야겠다는 생각으로 잘 이겨냈습니다.

5. 본인이 생각하는 합격 비결은 무엇인가요?
교수님이 참 많은 말씀을 강의중에 해 주셨는데 6080법칙이 제 합격의 비결 같습니다. 저는 전에는 시험을 공부하면 기출문제를 풀면서 다른 보기도 찾아보곤 했는데 교수님이 임계경로에 대해 설명할 때 사회복지에서는 임계경로 밖에 없다고 하시면서 다른 보기를 그냥 넘기라고 한 것이 시험공부에서 시간을 많이 줄일 수 있었습니다. 그리고 통합이론서를 꼭 보라고하신 부분입니다. 통합이론서를 보면서 이론이 잡혀 있지 않으면 시험문제를 조금만 다르게 내어도 합격이 어렵다고 하신 말씀이 무슨 뜻인지 이번 시험에서 알게되었습니다. 저랑 같이 스터디 공부한 4명의 선생님들이 이론없이 기출문제만 풀었는데 기출문제에서 거의 고득점을 받았던 한 분이 자신 있게 시험장에 갔는데 불합격하였습니다. 또 하나는 역대 기출 문제가 많은 도움이 되었고 마지막에 선착순으로 받은 오엑스 문제집도 정말 많은 도움이 되었습니다. 오엑스 문제집 빈공간에 오엑스 문제집에 없는 부분을 정리해 시험날 아침 그 책 한권만 들고 시험장으로 가서 쉬는 시간마다 다시 들여다보게 되었습니다. 정말 많은 도움이 되었습니다.

6. 다른 수험생들에게 하고 싶은 한마디 부탁드립니다.
제가 5월부터 혼자 공부하다가 9월부터 스터디를 시작하면서 김진원 교수님의 강의를 정말 열심히 추천했는데 이미 다른선생님들은 무료 강의나 또 한권으로 끝내기 등의 교재를 가지고 있어 합격하지 못한 아픔이 있는데 만일 사회복지사 1급을 시험 본다고 하면 저는 꼭 김진원 교수님을 추천하고 싶습니다. 교수님이 이론서를 이야기하면 책 팔려고 한다고 생각하는 분들도 있겠지만 사실 공부해 보면 그런 생각이 잘 못되었다는 것을 알게 되고 교수님이 하는 말을 듣게 될 것입니다. 저같이 나이가 들어 공부하시는 분들에게 특히 추천하고 싶습니다. 교수님 감사합니다.

김진원 사회복지사 1급 통합이론서 제1교시

시험제도

시험과목, 시험방법, 시험시간, 합격자 결정기준 등

1. 시험과목 및 시험방법

시험과목(3과목)	시험영역(8영역)	문제수(총점)	문제형식
사회복지기초 (50문항)	○ 인간행동과 사회환경 (25문항) ○ 사회복지조사론 (25문항)	200문제 (1문제 1점, 200점) ※ 2014년 제12회 시험부터 문항수가 영역별 30문항에서 25문항으로 변경	객관식 5지 택1형
사회복지실천 (75문항)	○ 사회복지실천론 (25문항) ○ 사회복지실천기술론 (25문항) ○ 지역사회복지론 (25문항)		
사회복지정책과 제도 (75문항)	○ 사회복지정책론 (25문항) ○ 사회복지행정론 (25문항) ○ 사회복지법제론 (25문항)		

※ 시험관련 법령 등을 적용하여 정답을 구하여야 하는 문제는 시험시행일 현재 시행중인 법령을 기준으로 출제함

2. 시험시간

구분	시험과목		입실시간	시험시간
1교시	사회복지기초 (50문항)	○ 인간행동과 사회환경 ○ 사회복지조사론	09:00	09:30~10:20 (50분)
휴식 10:20 ~ 10:40 (20분)				
2교시	사회복지실천 (75문항)	○ 사회복지실천론 ○ 사회복지실천기술론 ○ 지역사회복지론	10:40	10:50~12:05 (75분)
점심시간 12:05 ~ 12:25 (20분)				
3교시	사회복지정책과 제도 (75문항)	○ 사회복지정책론 ○ 사회복지행정론 ○ 사회복지법제론	12:25	12:35~13:50 (75분)

※ 응시편의 제공 대상자의 경우는 시행지부/지사 사정에 따라 유동적 적용가능(1.2배, 1.5배, 1.7배 시간 연장)

3. 합격(예정)자 결정기준 등 (사회복지사업법 시행령 제3조제5항)

가. 시험의 합격결정에 있어서는 매 과목 4할 이상, 전 과목 총점의 6할 이상을 득점한 자를 합격예정자로 결정
나. 사회복지사 1급 국가시험 합격예정자는 한국사회복지사협회에서 응시자격 서류심사를 실시하며, 응시자격서류를 정해진 기한 내에 제출하지 않거나 심사결과 부적격자인 경우에는 최종불합격 처리함
다. 최종합격자 발표 후라도 제출된 서류 등의 기재사항이 사실과 다르거나 응시자격 부적격 사유가 발견될 때에는 합격을 취소함

연도별 현황·제도분석

1. 연도별 시험현황

구분	3회 05년	4회 06년	5회 07년	6회 08년	7회 09년	8회 10년	9회 11년	10회 12년	11회 13년	12회 14년	13회 15년	14회 16년	15회 17년	16회 18년	17회 19년	18회 20년	19회 21년	20회 22년	21회 23년
시험일자	3월6일	3월12일	3월4일	2월3일	2월8일	1월24일	1월23일	2월5일	1월26일	1월25일	1월24일	1월23일	1월21일	1월20일	1월19일	2월8일	2월6일	1월22일	1월14일
시험요일	일요일								토요일										
접수인원	10,287명	14,617명	20,580명	27,017명	29,770명	26,587명	25,471명	28,143명	25,719명	27,882명	26,327명	25,949명	24,674명	27,520명	28,273명	33,788명	35,598명	31,018명	30,544명
응시인원	8,635명	12,151명	16,166명	19,493명	22,753명	23,050명	21,868명	23,627명	20,544명	22,604명	21,393명	20,946명	19,514명	21,975명	22,646명	25,462명	28,391명	24,248명	24,119명
합격자	3,731명	5,056명	4,006명	9,034명	7,081명	9,700명	3,119명	10,254명	5,839명	6,412명	6,820명	9,919명	5,284명	7,422명	7,801명	8,457명	17,295명	8,882명	9,826명
합격률	43%	42%	25%	46%	31%	42%	14%	43.4%	28.42%	28.4%	31.9%	47.35%	27.07%	33.7%	34.45%	33.21%	60.92%	36.62%	40.7%
시험과목	필수3과목(8영역) ※ 10회 시험부터 시험문제 공개																		
문항수	240(영역별 30문제)								200(영역별 25문제, 12회부터)										

2. 시험제도 분석

구분	시험과목 (3과목)	시험영역 (8개 영역)	문항수	배점(문항당1점) 영역별	배점(문항당1점) 과목별	과락/합격 커트라인	과락/합격 커트라인	시험시간
제1교시	사회복지기초 (50문항)	인간행동과 사회환경	25	25	50점	매 과목 만점의 40%이상	20점 이상	50분
제1교시	사회복지기초 (50문항)	사회복지조사론	25	25	50점	매 과목 만점의 40%이상	20점 이상	50분
제2교시	사회복지실천 (75문항)	사회복지실천론	25	25	75점	매 과목 만점의 40%이상	30점 이상	75분
제2교시	사회복지실천 (75문항)	사회복지실천기술론	25	25	75점	매 과목 만점의 40%이상	30점 이상	75분
제2교시	사회복지실천 (75문항)	지역사회복지론	25	25	75점	매 과목 만점의 40%이상	30점 이상	75분
제3교시	사회복지정책과 제도 (75문항)	사회복지정책론	25	25	75점	매 과목 만점의 40%이상	30점 이상	75분
제3교시	사회복지정책과 제도 (75문항)	사회복지행정론	25	25	75점	매 과목 만점의 40%이상	30점 이상	75분
제3교시	사회복지정책과 제도 (75문항)	사회복지법제론	25	25	75점	매 과목 만점의 40%이상	30점 이상	75분
계	3과목 (8개영역)		200문항		200점	전 과목 총점의 60% 이상 120점이상		문항당 60초

김진원 사회복지사 1급 통합이론서 제1교시

출제경향

1 제1교시 사회복지기초 과목

제1영역 인간행동과 사회환경

이해 틀	목차 (교과목 지침서에 준함)	1회 2003	2회 2004	3회 2005	4회 2006	5회 2007	6회 2008	7회 2009	8회 2010	9회 2011	10회 2012	11회 2013	12회 2014	13회 2015	14회 2016	15회 2017	16회 2018	17회 2019	18회 2020	19회 2021	20회 2022	21회 2023	22회 2024
서설	제1장 인간행동 발달과 사회복지	1	1	2	3	2	3	1	2	1	3	3	2	2	2	1	2	2	1	3	2	1
전생애 주기적 발달 관점 에서 이해	제2장 태내기, 영유아기, 학령전기	1	3	2	3	4	3	4	3	3	5	3	3	2	4	3	3	3(1)	3	3(2)	2(1)	3(1)	3(1)
	태내기: 임신~출산	1	1	1	-	1	1	2	1	1	1	1	1	-	1	2	1	1	1	1	1	-	1
	영유아기: 0~2세	-	2	-	2	2	1	1	1	1	3	1	1	1	2	-	1	1(1)	1	1(1)	(1)	2	1(1)
	학령전기: 3~6세	-	-	1	1	1	1	1	1	1	1	1	1	1	1	1	1	1	1	1(1)	1	1(1)	1
	제3장 아동기: 7~12세	2	1	2	1	1	2	1	1	2	2	1	2	1	1	1	(1)	1(1)	1	1(1)	1	1(1)	1(1)
	제4장 청소년기: 13~18세	-	2	2	2	2	1	2	1	2	3	2	2	2	1	1	-	2	1(1)	2	1(1)	1(1)	1	1(1)
	제5장 청년기: 19~39세	1	-	1	1	-	1	1	1	-	1	1	-	1	1	(1)	1	1(1)	-	1	1	(1)	1
	제6장 중·장년기: 40~64세	1	1	1	1	1	1	1	1	1	2	1	2	1	1	1	1	1(1)	1	1	1	1	1(1)
	제7장 노년기: 65세 이상	-	2	2	2	2	1	2	1	2	2	1	2	1	1	1	(1)	1	1	2(1)	(1)	1(1)	(1)
인간의 성격에 대한 이해	제8장 정신역동이론	9	8	6	5	5	6	5	5	7	11	4	6	5	3	5	6	5(3)	4(2)	4(2)	3(1)	3	4(4)
	프로이트의 정신분석이론	5	4	2	2	2	2	3	1	3	4	1	1	1	1	1	2	2(1)	1(1)	1(1)	1(1)	1	1(1)
	에릭슨의 심리사회이론	2	2	2	1	2	-	1	2	3	1	2	1	2	1	1(1)	1	1	-	1	1(1)
	융의 분석심리이론	1	1	1	1	1	1	2	1	2	1	1	1	1	1	2	1	1(1)	1	1	-	1	1(1)
	아들러의 개인심리이론	1	1	1	1	1	2	1	1	1	2	1	2	1	1	(1)	1	1(1)	1	-	1(1)
	제9장 행동주의 이론	3	3	3	2	2	2	3	4	10	4	4	2	3	2	2	1(1)	2(1)	2(1)	2(2)	2	2(2)
	초기 행동주의와 스키너의 학습이론	1	2	1	1	1	1	1	2	5	4	3	1	1	1	-	1(1)	1(1)	2(1)	1(1)	1(1)
	반두라의 사회학습이론	2	1	2	1	1	1	2	2	4	-	1	1	2	1	1	1(1)	1	1	(1)	1	1(1)
	제10장 인지이론	2	4	1	2	5	1	2	2	2	7	4	2	4	2	3	2	1	1(3)	1(2)	2(1)	1	1(1)
	피아제의 인지이론	2	3	1	1	4	1	1	1	2	4	2	1	2	1	2	1	1	1(1)	1(1)	1(1)	1	1
	콜버그의 도덕발달이론과 인지치료	-	1	-	1	1	-	1	1	-	3	1	1	1	-	-	(1)	1	(2)	(1)	1	-	(1)
	제11장 인본주의 이론	2	2	2	2	3	3	3	3	3	2	3	3	2	1	3	2	(1)	3(1)	2(1)	2(1)	2	1(2)
	로저스의 현상학 이론	1	1	1	1	1	2	1	1	1	1	1	1	1	1	(1)	2	1(1)	1(1)	1	1(1)
	매슬로우의 인간동기이론	1	1	1	1	2	2	1	1	1	1	1	1	2	1	-	1(1)	1	1	1	(1)
사회 환경에 대한 이해	제12장 사회체계 이론	1	2	1	2	1	2	4	1	2	2	1	2	1	-	1	2	3	4	2	4	4	3	4
	제13장 사회체계로서의 가족과 집단	-	-	-	2	1	1	1	3	2	1	-	-	1	2	1	(2)	2	-	-	1	-
	제14장 사회체계로서의 조직·지역사회·문화	-	2	-	1	1	1	1	1	-	1	2	1	2	1	1	1	1(3)	-	-	1	2	2

※ 표 안에 ( ) 안의 숫자는 단독 출제되지는 않았으나 문제의 지문상에 해당 부분의 내용이 출제된 것을 의미합니다.
※ 제12회 시험부터 영역별 30문제에서 25문제 출제로 변경되었으므로 출제빈도는 12회시험부터 눈여겨보시기 바랍니다.

제2영역 사회복지조사론

이해 틀	목차 (교과목 지침서에 준함)	1회 2003	2회 2004	3회 2005	4회 2006	5회 2007	6회 2008	7회 2009	8회 2010	9회 2011	10회 2012	11회 2013	12회 2014	13회 2015	14회 2016	15회 2017	16회 2018	17회 2019	18회 2020	19회 2021	20회 2022	21회 2023	22회 2024
사회조사 방법의 기초	제1장 과학과 조사연구방법	1	3	6	3	3	3	3	–	3	4	4	3	2	3	3	4	–	2	2	1(3)	2	3
	제2장 사회조사방법의 기본 개념	–	4	1	5	2	3	3	4	3	3	3	3	3	5	3	2(1)	4(1)	3	2	2(3)	2	2
	제3장 사회조사방법의 형태와 절차	2	5	1	1	2	2	1	2	3	1	2	2	2	(2)	3	1	1	3	1	2(1)	2	2
사회조사 방법의 설계	제4장 질문지 작성	–	1	2	1	1	1	1	1	1	–	1	–	1	–	–	1	–	1	–	(3)	–	–
	제5장 측정과 척도	2	1	2	2	3	3	3	3	2	1	2	2	1	1	1	3	2(1)	2	3	3	3	3
	제6장 신뢰도와 타당도	1	3	3	2	2	2	2	3	2	1	2	2	2	3	3	2	2(2)	3	2(1)	3(1)	3	2
	제7장 표본추출(표집)	2	5	2	3	3	4	5	4	3	4	4	4	2	2	3	4	2	2	2	3(2)	3	2
자료수집	제8장 자료수집과 질문지법	–	1	1	1	1	1	1	2	–	4	–	3	1	1	1	–	(2)	1(1)	2	(1)	–	–
	제9장 면접법과 관찰법	–	1	1	2	2	1	2	1	2	–	1	–	1	–	(1)	1	(3)	(2)	–	(1)	2	1
	제10장 비반응성 자료수집과 내용 분석	–	1	1	1	–	2	1	1	1	2	1	2	1	3	1	–	(2)	1(2)	1	–	–	1
	제11장 실험설계(집단설계)	3	7	6	3	4	4	4	5	5	5	4	3	4	5	3	2	4(1)	2	4	3	3	4
	제12장 단일사례연구	2	1	1	1	–	–	–	–	1	–	1	1	(1)	1	1	1	1	1	1	–	2	1
	제13장 질적 연구방법론	–	1	1	2	1	1	1	2	1	2	5	1	1	1	2	2	4	3	4	3	2	3
	제14장 욕구조사와 평가조사	–	2	2	1	5	3	4	2	3	3	1	–	1	1(1)	2	1	(1)	–	1	1	1	–
자료 처리/ 보고서 작성	제15장 자료처리 및 연구보고서 작성	–	1	1	1	1	1	–	–	–	–	–	–	–	–	–	–	–	–	–	–	–	–

※ 표 안에 ( ) 안의 숫자는 단독 출제되지는 않았으나 문제의 지문상에 해당 부분의 내용이 출제된 것을 의미합니다.

출제경향

2 제2교시 사회복지실천 과목

제1영역 사회복지실천론

이해 틀	목차 (교과목 지침서에 준함)	1회 2003	2회 2004	3회 2005	4회 2006	5회 2007	6회 2008	7회 2009	8회 2010	9회 2011	10회 2012	11회 2013	12회 2014	13회 2015	14회 2016	15회 2017	16회 2018	17회 2019	18회 2020	19회 2021	20회 2022	21회 2023	22회 2024
사회복지실천에 대한 이해	제1장 사회복지 실천의 개념 및 정의	1	2	1	2	1	1	1	2	2	5	2	1	1	1	1	2	1	-	1	1	2	1
	제2장 사회복지 실천의 가치와 윤리	2	4	3	2	3	3	2	3	3	3	3	-	2	2	2	2	2	3	3	3	2	4
	제3장 사회복지실천의 역사적 발달과정	1	2	2	2	2	3	2	2	4	3	3	3	2	3	3	2	2	2	2	2	2	3
	제4장 사회복지 실천의 현장에 대한 이해	1	4	3	3	2	4	2	2	3	2	1	4	4	2	2	2	2	1	2	1	2	1
접근방법	제5장 사회복지 실천의 관점 : 통합적 접근	-	5	5	4	4	5	7	6	6	4	4	3	3	3	4	5	4	4	4	4	3	4
관계론과 면접론	제6장 사회복지 실천의 관계론	2	3	1	2	2	4	5	3	2	2	3	2	3	4	2	3	2	4	3	4	3	3
	제7장 사회복지 실천의 면접론	5	5	2	2	3	-	1	3	3	3	3	2	2	2	2	2	3	2	3	2	2	2
과정론	제8장 접수 및 자료수집	2	2	2	1	2	2	1	1	1	3	3	-	2	2	1	2	2	2	2	1	1	1
	제9장 사정단계	-	5	3	1	3	5	-	1	2	2	2	1	2	2	-	2	2	1	1	1	1	1
	제10장 계획 수립 단계	1	2	1	2	2	-	-	-	1	1	1	2	1	1	1	-	1	-	1	-	1	1
	제11장 개입단계	-	-	2	5	3	2	4	3	1	-	1	1	-	2	2	-	-	1	-	1	2	1
	제12장 종결과 평가단계	3	3	2	2	1	-	2	2	-	1	1	-	2	1	-	1	1	1	1	1	-	-
사례관리	제13장 사례관리	-	-	1	1	2	1	3	2	2	3	3	2	2	3	3	3	3	3	3	2	4	2

※ 표 안에 ( ) 안의 숫자는 단독 출제되지는 않았으나 문제의 지문상에 해당 부분의 내용이 출제된 것을 의미합니다.
※ 제12회 시험부터 영역별 30문제에서 25문제 출제로 변경되었으므로 출제빈도는 12회시험부터 눈여겨보시기 바랍니다.

제2영역 사회복지실천기술론

이해 틀	목차 (교과목 지침서에 준함)	1회 2003	2회 2004	3회 2005	4회 2006	5회 2007	6회 2008	7회 2009	8회 2010	9회 2011	10회 2012	11회 2013	12회 2014	13회 2015	14회 2016	15회 2017	16회 2018	17회 2019	18회 2020	19회 2021	20회 2022	21회 2023	22회 2024
사회복지사의 전문성	제1장 사회복지사의 전문성	2	2	–	1	2	4	2	3	–	–	–	–	–	–	2	–	3	1	1	1	2	
사회복지 실천 모델과 개입 기술	제2장 정신역동 모델	–	–	–	1	2	2	1	1	2	3	–	1	1	1	1	1	1	1	1	1	1	
	제3장 심리사회 모델	1	3	1	3	2	2	3	1	–	2	3	2	1	1	1	1	1	–	1(1)	1	1(1)	
	제4장 인지행동 모델과 행동수정모델	–	2	3	2	3	5	3	2	2	3	3	3	2	3	3	2	2	1	3(2)	4	1(3)	
	제5장 과제중심 모델	–	–	2	2	1	1	2	2	2	1	1	1	1	1	1	1(1)	–	1	1(1)	1(1)	1	
	제6장 역량강화 모델과 위기 개입 모델	1	1	–	–	2	1	–	2	4	–	2	2	2	2	2	1(2)	3	3	1(1)	1(3)	1(4)	
가족 대상 사회복지 실천과 기술	제7장 가족에 대한 이해	–	–	3	1	1	–	2	3	3	4	2	3	4	1	3	2	2	1	1	2	2	
	제8장 가족문제 사정	1	3	1	2	3	2	3	2	1	2	3	1	1	2	1	–	1	2	1	1	2	–
	제9장 가족대상 실천기법: 가족치료의 다양한 접근	1	1	2	–	2	1	3	2	6	5	5	5	4	7	6	3	5(1)	4	8	6	4	5(2)
집단 대상 사회복지 실천과 기술	제10장 집단대상 실천기법	1	4	3	4	3	4	3	3	3	3	2	4	4	2	2(1)	1(1)	2(2)	1	1	2	1	
	제11장 집단의 역동성	–	2	3	2	4	3	2	3	1	1	3	2	–	–	–	2	2(1)	(3)	3	2	–	2
	제12장 집단발달 단계	1	1	2	1	3	3	4	4	4	4	2	2	3	2	4	2	4	2	3	3	3	4
기록과 평가	제13장 사회복지 실천기록	1	3	1	3	2	–	2	1	1	1	1	1	1	1	1	1	1	1	1	1	1	1
	제14장 사회복지 실천평가	–	1	1	1	–	–	2	2	1	2	1	1	1	1	2	2	1	1	–	1	1	1
	※ 사례관리	–	–	2	3	–	–	–	–	1	–	–	–	–	–	–	–	–	–	–	–	–	–

※ 표 안에 ( ) 안의 숫자는 단독 출제되지는 않았으나 문제의 지문상에 해당 부분의 내용이 출제된 것을 의미합니다.
※ 제12회 시험부터 영역별 30문제에서 25문제 출제로 변경되었으므로 출제빈도는 12회시험부터 눈여겨보시기 바랍니다.

김진원 사회복지사 1급 통합이론서 제1교시

출제경향

제3영역 지역사회복지론

이해 틀	목차 (교과목 지침서에 준함)	2회 2004	3회 2005	4회 2006	5회 2007	6회 2008	7회 2009	8회 2010	9회 2011	10회 2012	11회 2013	12회 2014	13회 2015	14회 2016	15회 2017	16회 2018	17회 2019	18회 2020	19회 2021	20회 2022	21회 2023	22회 2024
지역사회 복지의 이해	제1장 지역사회에 대한 이해	–	1	1	1	1	1	1	1	2	1	1	1	2	2	1	2	1	2	2	1	1
	제2장 지역사회복지와 지역사회 복지 실천의 이해	5	3	–	3	3	4	2	3	2	3	1	3	1	1	1	1	2	–	1	2	2
	제3장 지역사회복지 역사의 이해	3	2	2	2	2	2	4	2	3	3	2	3	4	3	5	3	3	3	3	3	4
지역사회 복지의 이론과 모델	제4장 지역사회복지의 이론적 기초이해	–	–	–	–	1	1	2	2	2	3	3	2	3	2	1	2	2	2	2	3	3
	제5장 지역사회복지의 실천모델에 대한 이해	1	4	6	5	5	3	5	5	2	6	3	3	2	2	3	2	2	3	3	3	2
지역사회 복지 실천의 과정과 기술	제6장 지역사회복지 실천의 과정	–	4	2	–	3	3	–	3	4	3	2	4	2	3	3	2	1	1	3	2	2
	제7장 지역사회복지 실천에서의 사회복지사의 역할	1	2	1	3	1	2	1	2	1	3	1	1	–	–	1	1	1($\frac{1}{2}$)	–	–	1	2
	제8장 지역사회복지 실천에서의 사회복지사의 기술	2	–	3	2	3	1	2	3	3	1	2	3	6	3	2	3	3($\frac{1}{2}$)	4	2	2	2
	제9장 사회행동의 전략과 전술	–	1	2	3	–	4	3	1	1	2	–	1	–	–	–	–	1	–	–	–	–
지역사회 복지실천 추진체계	제10장 지역사회 보장계획	2	–	1	1	1	1	1	1	2	2	–	1	1	1	1	2	1	1	1	1	1
	제11장 공공지역사회 복지실천의 추진체계	–	2	2	1	3	4	2	3	3	–	1	1	3	2	2	3	3	3	2	2	1
	제12장 민간지역사회 복지실천의 추진체계	12	8	5	8	6	7	7	5	4	5	1	3	3	3	4	3	4	4	4	3	4
지역사회 복지운동	제13장 지역사회복지운동	3	3	1	–	1	1	1	–	–	1	–	1	1	1	2	1	2	2	2	2	1

※ 표 안에 ( ) 안의 숫자는 단독 출제되지는 않으나 문제의 지문상에 해당 부분의 내용이 출제된 것을 의미합니다.
※ 제12회 시험부터 영역별 30문제에서 25문제 출제로 변경되었으므로 출제빈도는 12회시험부터 눈여겨보시기 바랍니다.

3 제3교시 사회복지정책과 제도 과목

제1영역 사회복지정책론

이해 틀	목차 (교과목 지침서에 준함)	1회 2003	2회 2004	3회 2005	4회 2006	5회 2007	6회 2008	7회 2009	8회 2010	9회 2011	10회 2012	11회 2013	12회 2014	13회 2015	14회 2016	15회 2017	16회 2018	17회 2019	18회 2020	19회 2021	20회 2022	21회 2023	22회 2024
사회복지 정책의 기초	제1장 사회복지 정책의 이해	1	2	2	3	1	1	–	3	3	1	1	1	2	2	2	2	2	2	3	2	2	3
	제2장 사회복지 정책의 가치와 갈등	–	2	2	2	1	1	1	2	1	1	1	2	2	2	1	2	1	1	1	1	2	–
사회복지 정책의 역사와 발달이론	제3장 사회복지 정책의 역사적 전개	4	6	2	–	4	5	1	4	5	4	3	4	3	1	4	3	1	3	2	1	2	2
	제4장 사회복지 정책의 이론과 사상	5	4	3	4	4	3	1	4	2	4	5	3	6	4	2	4	1	4	1	4	3	3
사회복지 정책의 과정과 분석틀	제5장 사회복지 정책의 형성과정	–	2	3	4	3	2	2	1	2	3	3	2	3	2	1	2	1	2	1	3	–
	제6장 사회복지 정책의 내용분석	2	6	6	5	5	5	6	6	8	7	9	5	4	10	1	5	2	5	7	5	3	7
사회 보장의 이해	제7장 사회보장의 이해	2	3	2	3	2	2	2	3	–	1	1	1	–	2	1	1	5	1	1	2	2	3
	제8장 빈곤과 공공부조 제도	2	4	3	4	3	5	2	4	3	2	4	3	1	2	4	4	3	4	3	4	5	6
	제9장 공적연금 제도의 이해	1	1	2	–	1	2	3	2	2	2	–	2	2	–	3	1	2	1	1	1	1	(1)
	제10장 국민건강보장 제도의 이해	–	1	1	1	–	–	2	1	3	1	2	1	1	–	2	2	1	2	1	2	1	(2)
	제11장 산업재해보상 보험제도의 이해	–	–	1	–	–	1	1	–	1	1	1	–	1	–	2	1	1	1	–	1/2	(1)
	제12장 고용보험 제도의 이해	–	1	–	–	–	1	1	–	–	1	–	1	–	–	1	–	1	1	1	1	1/2	(1)
	제13장 사회서비스정책	–	–	–	–	–	–	–	–	–	–	–	–	–	–	–	–	2	–	1	–	–	–

※ 표 안에 ( ) 안의 숫자는 단독 출제되지는 않았으나 문제의 지문상에 해당 부분의 내용이 출제된 것을 의미합니다.
※ 제12회 시험부터 영역별 30문제에서 25문제 출제로 변경되었으므로 출제빈도는 12회시험부터 눈여겨보시기 바랍니다.

김진원 사회복지사 1급 통합이론서 제1교시

출제경향

제2영역 사회복지행정론

이해 틀	목차 (교과목 지침서에 준함)	1회 2003	2회 2004	3회 2005	4회 2006	5회 2007	6회 2008	7회 2009	8회 2010	9회 2011	10회 2012	11회 2013	12회 2014	13회 2015	14회 2016	15회 2017	16회 2018	17회 2019	18회 2020	19회 2021	20회 2022	21회 2023	22회 2024
사회복지 행정의 이해	제1장 사회복지 행정의 개념과 특성	-	3	-	1	1	1	2	1	2	2	2	1	1	2	1	1	1	2	1	1	2	1
	제2장 사회복지 행정의 역사	-	1	1	1	1	1	1	1	2	2	1	2	1	1	3	-	1	3	3	3	3	1
사회복지 행정 이론과 조직이해	제3장 사회복지 행정의 이론적 배경	1	3	4	3	3	4	3	4	2	3	3	2	3	2	3	5	2	3	2(1)	5(4)	5(2)	3
	제4장 사회복지 조직의 구조와 조직화	3	-	4	3	3	4	2	3	3	4	2	2	1	1	1	1	2	1	-	1	1	2
사회복지 조직 관리와 인사관리	제5장 사회복지조직의 기획과 의사결정	2	3	2	3	2	2	3	2	4	2	3	2	3	4	3	3	1	1	1	1	1	2
	제6장 리더십 (leadership)	-	3	3	1	2	1	3	2	-	1	2	1	1	1	1	2	1	3	2	3	2	3
	제7장 인적자원관리	1	3	4	5	1	2	2	2	2	2	2	1	1	1	3	1	4	4	3	2(1)	3	4
	제8장 재정관리	1	3	4	3	2	3	3	3	3	2	1	2	2	1	2	2	2	2	2	2	1	2
	제9장 서비스 품질 관리와 위험 관리	-	-	-	-	-	-	-	-	-	-	-	-	-	-	-	1	1	-	(2)	1	(3)	1
	제10장 정보관리 시스템	-	1	-	1	1	1	1	1	-	1	1	1	1	-	-	-	-	-	-	-	1	-
	제11장 프로그램 개발과 평가	1	4	2	2	4	3	5	5	4	3	6	4	5	2	3	2	4	2(1)	1	1	1	1
	제12장 사회복지 서비스전달체계	-	4	3	2	2	3	2	2	3	2	3	5	4	6	3	2	3	-	4	1	1	3
	제13장 마케팅과 홍보	-	1	2	1	2	2	2	2	1	1	1	-	1	1	1	1	1	2	1	3	2	
평가와 책임성, 변화	제14장 사회복지 조직의 책임성과 평가	-	1	-	1	-	-	-	2	-	1	2	1	1	1	2	1	2	2	2	-	-	
	제15장 사회복지 조직의 환경변화	-	1	1	1	-	1	2	-	1	1	-	1	-	1	2	1	1	1	1	-	-	-

※ 표 안에 ( ) 안의 숫자는 단독 출제되지는 않으나 문제의 지문상에 해당 부분의 내용이 출제된 것을 의미합니다.
※ 제12회 시험부터 영역별 30문제에서 25문제 출제로 변경되었으므로 출제빈도는 12회시험부터 눈여겨보시기 바랍니다.

제3영역 사회복지법제론

이해 틀	목차 (교과목 지침서에 준함)	3회 2005	4회 2006	5회 2007	6회 2008	7회 2009	8회 2010	9회 2011	10회 2012	11회 2013	12회 2014	13회 2015	14회 2016	15회 2017	16회 2018	17회 2019	18회 2020	19회 2021	20회 2022	21회 2023	22회 2024
총론	제1장 사회복지법의 개념과 체계	1	3	3	2	2	1	1	3	3	1	3	2	2	2	1	1	3	1	1	1
	제2장 사회복지법의 역사적 형성과 특징	-	2	-	-	-	-	-	-	-	-	1	-	1	-	-	-	-	-	-	-
	제3장 사회복지의 권리성	1	1	1	1	1	1	1	-	-	1	1	-	-	-	1(1)	1	-	1	1	1
	제4장 사회복지의 법률 관계	2	2	2	1	1	1	2	1	2	1	1	-	-	-	-	-	1	-	-	-
	제5장 사회복지 주체에 대한 법적 검토	-	1	-	1	-	-	-	-	-	-	-	-	-	-	-	-	-	-	-	-
	제6장 사회복지사 등의 법적 지위와 권한	1	1	-	2	2	2	1	1	1	-	-	-	1	-	-	-	-	-	-	-
	제7장 우리나라 사회복지 입법 변천사	3	-	1	1	1	1	1	1	-	1	1	1	1	1	1	1	1	1	2	1
	제8장 국제법과 사회복지	2	1	1	1	1	-	-	1	-	1	-	-	-	-	-	-	-	-	-	-
각론	제9장 사회보장기본법	3	1	-	1	2	1	1	2	1	1	1	3	4	4	3	2	2	3	3	3
	└ 사회보장급여의 이용·제공 및 수급권자 발굴에 관한 법률	-	-	-	-	-	-	-	-	-	-	-	-	-	-	1	2	1	3	4	2
	제10장 사회복지사업법	4	3	3	3	3	3	2	4	4	4	4	4	3	4	3	3	3	2	1	4
	제11장 공공부조법	4	4	6	5	6	5	3	4	5	5	5	4	3	3	3	4	3	4	4	4
	국민기초생활보장법	3	3	5	1	4	3	1	2	2	2	2	1	1	1	1	2	2	1	3	2
	의료급여법	1	1	1	2	1	1	-	1	1	1	2	1	1	-	-	-	-	-	-	1
	긴급복지지원법	-	-	-	1	1	1	-	-	1	-	1	-	-	-	-	-	1	-	-	-
	기초연금법	-	-	-	1	-	-	-	1	1	1	-	1	1	1	1	1	1	1	1	1
	장애인연금법	-	-	-	-	-	-	1	-	1	1	-	1	-	1	1	1	1	1	1	-
	제12장 사회보험법	2	3	4	3	2	4	6	5	5	7	6	5	3	5	5	4	4	5	3	5
	국민연금법	1	1	1	1	1	-	2	1	1	2	1	1	1	-	1	1	1	1	-	1
	국민건강보험법	1	1	1	1	1	2	1	1	1	1	2	1	-	1	1	1	1	1	1	1
	고용보험법	-	1	1	-	-	1	1	1	1	1	1	1	-	1	1	1	1	1	1	2
	산업재해보상보험법	-	1	1	1	-	1	1	1	1	2	1	1	1	1	1	-	-	1	1	-
	노인장기요양보험법	-	-	-	-	-	-	1	1	1	1	1	1	1	1	1	1	1	1	1	1
	제13장 사회복지서비스법	7	7	10	5	8	10	9	7	7	4	5	4	3	5	6	7	5	5	5	4
	아동복지법	1	2	1	1	1	1	1	-	1	1	-	1	1	1	-	1	(2)	1	2	1
	노인복지법	1	1	2	1	2	2	2	1	1	1	1	1	1	1	1	-	1(2)	1	-	1
	장애인복지법	1	1	1	-	2	1	1	1	1	1	1	-	1	1	1	1	(1)	1	-	-
	한부모가족지원법	1	1	1	1	-	1	1	1	-	-	1	1	1	1	1	1	(2)	1	1	1
	영유아보육법	-	-	1	1	2	-	1	-	1	-	-	-	-	-	-	-	-	-	-	-
	정신건강증진 및 정신질환자 복지서비스 지원에 관한 법률	1	1	1	-	-	1	2	1	1	-	-	-	-	-	-	-	-	-	1	-
	사회복지공동모금회법	1	-	1	1	-	-	1	-	1	-	-	1	-	1	1	1	1	1	-	1
	입양특례법	-	-	1	-	-	-	1	-	-	-	-	-	-	-	-	-	-	-	-	-
	장애인·노인·임산부 등의 편의증진에 관한 법률	1	-	-	-	1	-	-	-	-	-	-	-	-	-	-	-	-	-	-	-
	농어촌주민의 보건복지 증진을 위한 특별법	-	-	1	-	-	-	-	-	-	-	-	-	-	-	-	-	-	-	-	-
	식품등 기부 활성화에 관한 법률	-	1	-	1	-	-	-	-	-	-	-	-	-	-	-	-	-	-	-	-
	다문화 가족지원법	-	-	-	-	1	-	1	-	-	-	-	1	1	-	1	-	1	(1)	-	-
	가정폭력 및 피해자보호 등에 관한 법률	-	1	-	-	-	1	-	-	-	1	1	1	1	-	-	-	1	-	-	-
	성매매방지 및 피해자 보호 등에 관한 법률	-	-	-	-	-	1	1	-	-	-	-	-	-	-	-	-	-	-	-	-
	성폭력방지 및 피해자 보호 등에 관한 법률	-	-	-	-	-	-	-	-	-	-	-	-	-	-	1	1	1	1	-	-
	건강가정기본법	-	-	-	-	-	-	-	-	-	-	-	-	-	-	-	-	-	-	1	-
	제14장 사회복지 관련법	-	-	1	-	1	1	1	1	-	-	1	-	1	-	-	1	-	-	-	-
	자원봉사활동 기본법	-	-	-	1	-	-	-	1	-	-	1	-	1	-	-	1	-	-	-	-
	장애인고용촉진 및 직업 재활법	-	-	-	-	1	1	1	-	-	-	-	-	-	-	-	-	-	-	-	-
	제15장 판례	-	1	-	-	1	-	2	-	1	-	1	-	1	-	1	-	1	1	1	-

※ 표 안에 ( ) 안의 숫자는 단독 출제되지는 않았으나 문제의 지문상에 해당 부분의 내용이 출제된 것을 의미합니다.
※ 제12회 시험부터 영역별 30문제에서 25문제 출제로 변경되었으므로 출제빈도는 12회시험부터 눈여겨보시기 바랍니다.

Contents

제 1영역 인간행동과 사회환경

제1부 서 설
    제1장   인간행동, 발달과 사회복지 ·················· 34

제2부 전생애주기적 발달관점에서 이해
    제2장   태내기, 영유아기, 학령전기 ·················· 46
    제3장   아동기(childhood) : 7~12세 ·················· 70
    제4장   청소년기(adolescence) : 13~18세 ·················· 80
    제5장   청년기(youth) : 19~39세 ·················· 92
    제6장   중·장년기(middle adulthood) : 40~64세 ········ 100
    제7장   노년기(old age) : 65세 이상 ·················· 110

제3부 인간의 성격에 대한 이해
    제8장   정신역동이론 ·················· 128
    제9장   행동주의 이론 ·················· 170
    제10장   인지이론 ·················· 190
    제11장   인본주의 이론 ·················· 212

제4부 사회환경에 대한 이해
    제12장   사회체계이론 ·················· 228
    제13장   사회체계로서의 가족, 집단 ·················· 240
    제14장   사회체계로서의 조직·지역사회·문화 ·················· 250

제2영역 사회복지조사론

제1부 사회조사방법의 기초
- 제1장 과학과 조사연구방법 ······· 264
- 제2장 사회조사방법의 기본 개념 ······· 286
- 제3장 사회조사방법의 형태와 절차 ······· 302

제2부 사회조사방법의 설계
- 제4장 질문지 작성 ······· 314
- 제5장 측정과 척도 ······· 322
- 제6장 신뢰도와 타당도 ······· 336
- 제7장 표본추출(표집) ······· 348

제3부 자료 수집
- 제8장 자료수집과 질문지법 ······· 366
- 제9장 면접법과 관찰법 ······· 374
- 제10장 비반응성 자료수집과 내용분석 ······· 382
- 제11장 실험설계(집단설계) ······· 390
- 제12장 단일사례연구 ······· 404
- 제13장 질적 연구방법론 ······· 414
- 제14장 욕구조사와 평가조사 ······· 428

제4부 자료처리 및 연구조사보고서 작성
- 제15장 자료처리 및 연구보고서 작성 ······· 444

부록
- 참고문헌 ······· 452
- 찾아보기 ······· 456

김진원 OIKOS 사회복지사1급 통합이론서 1교시

1교시

사회복지기초

1교시
사회복지기초

제1영역
인간행동과 사회환경
Human Behavior and the Social Environment

교과목 개요
본 과목은 학생들에게 사회복지 실천의 기초지식이라고 할 수 있는 인간 행동 및 인간 발달, 사회체계에 대한 이론적 기반을 형성해 주고자 한다. 구체적으로 인간행동과 사회환경의 다양한 요소와 이들의 상호작용에 관한 지식을 세 차원 – 사회복지 실천에서 많이 활용되어 온 인간행동을 설명하는 주요 이론들 ; 생태체계 이론적 관점에서 본 개인, 가족, 사회, 문화적 요소 간의 상호작용 ; 생애 주기 이론에 입각해서 본 발달단계와 발달과제 – 에 입각하여 검토하고 각각의 이론과 사회복지실천의 연관성도 파악한다.

교과목 목표
1. 사회복지 실천의 주요 관점인 '환경 속의 인간(person-in-environment)'이라는 입장에서 인간행동을 설명하는 대표적인 이론들에 대한 이해
2. 인간과 사회환경의 상호작용을 체계이론과 생태학 이론의 관점에서 이해하고 개인, 가족, 사회, 문화적 요소 간의 상호작용과 상호교류가 인간행동에 미치는 영향을 이해
3. 인간의 발달을 전 생애주기적 관점(태내기~노년기)으로 바라보고, 각 단계에서의 발달의 특성과 과업을 이해
4. 인간행동, 인간발달, 생태체계적 관점에 관한 이론들이 사회복지실천에 갖는 의미와 연관성을 파악

출제 경향 분석

이해 틀	목차 (교과목 지침서에 준함)	10회 2012	11회 2013	12회 2014	13회 2015	14회 2016	15회 2017	16회 2018	17회 2019	18회 2020	19회 2021	20회 2022	21회 2023	22회 2024
서 설	제1장 인간행동 발달과 사회복지	3	3	2	2	2	2	1	2	2	1	3	2	1
전생애 주기적 발달관 점에서 이해	제2장 태내기, 영유아기, 학령전기	5	3	3	2	4	3	3	3(1)	3	3(2)	2(1)	3(1)	3(1)
	태내기 : 임신~출산	1	1	1	-	1	2	1	1	1	1	1	-	1
	영유아기 : 0~2세	3	1	1	1	2	-	1	1(1)	1	1(1)	(1)	2	1(1)
	학령전기 : 3~6세	1	1	1	1	1	1	1	1	1	1(1)	1	1(1)	1
	제3장 아동기 : 7~12세	2	1	2	1	1	1	(1)	1(1)	1	1(1)	1	1(1)	1(1)
	제4장 청소년기 : 13~18세	3	2	2	1	2	1	-	2	1(1)	2	1(1)	1	1(1)
	제5장 청년기 : 19~39세	1	1	-	1	1	(1)	1	1(1)	-	1	1	(1)	1
	제6장 중 장년기 : 40~64세	2	1	1	2	1	1	1	1(1)	1	1	1	1	1(1)
	제7장 노년기 : 65세 이상	2	1	2	1	1	(1)	1	1	1	2(1)	(1)	1(1)	(1)
인간의 성격에 대한 이해	제8장 정신역동이론	11	4	6	5	3	5	6	5(3)	4(2)	4(2)	3(1)	3	4(4)
	프로이트의 정신분석이론	4	1	1	1	-	1	2	2(1)	1(1)	1(1)	1(1)	1	1(1)
	에릭슨의 심리사회이론	3	1	2	1	2	1	2	1(1)	1	1	1	-	1(1)
	융의 분석심리이론	2	1	1	1	1	2	1	1	1(1)	1	1	1	1(1)
	아들러의 개인심리이론	2	1	2	1	-	1	1	(1)	1	1(1)	1	-	1(1)
	제9장 행동주의 이론	4	4	2	3	3	2	2	1(1)	2(1)	2(1)	2(2)	2	2(2)
	초기 행동주의와 스키너의 학습이론	4	3	1	1	1	2	-	1(1)	1(1)	2(1)	1	1	1(1)
	반두라의 사회학습이론	-	1	1	2	2	-	1(1)	1	1	(1)	1	1	1
	제10장 인지이론	7	4	2	4	2	3	2	1	1(3)	1(2)	2(1)	1	1(1)
	피아제의 인지이론	4	1	1	3	2	3	2	-	1(1)	1(1)	1(1)	1	1
	콜버그의 도덕발달이론과 인지치료	3	1	1	1	-	-	(1)	1	(2)	(1)	1	-	(1)
	제11장 인본주의 이론	3	2	2	1	3	2	1	(1)	3(1)	2(1)	2(1)	2	1(2)
	로저스의 현상학 이론	2	1	1	-	1	1	1	(1)	2	1(1)	1(1)	1	1(1)
	매슬로우의 인간동기이론	1	1	1	1	2	1	-	-	1(1)	1	1	1	(1)
사회 환경에 대한 이해	제12장 사회체계 이론	1	2	1	-	1	2	3	4	2	4	4	3	4
	제13장 사회체계로서의 가족과 집단	1	-	-	-	1	2	1	(2)	2	-	-	1	-
	제14장 사회체계로서의 조직 지역사회 문화	1	2	-	1	2	1	1	1(3)	-	-	1	2	2

※ 표 안에 ( ) 안의 숫자는 단독 출제되지는 않았으나 문제의 지문상에 해당 부분의 내용이 출제된 것을 의미합니다.
※ 제12회 시험부터 영역별 30문제에서 25문제 출제로 변경되었으므로 출제빈도는 12회시험부터 눈여겨보시기 바랍니다.

제1부

서설

제1장 인간행동, 발달과 사회복지

인간행동, 발달과 사회복지

제1부 서설

제1장 회차별 출제빈도, 출제비중 및 출제논점 1, 2, 3순위

10회 2012	11회 2013	12회 2014	13회 2014	14회 2015	15회 2016	16회 2017	17회 2018	18회 2019	19회 2020	20회 2021	21회 2022	22회 2023
3	3	2	2	2	2	1	2	2	1	3	2	1

출제 비중	출제 논점		
	1순위 ☺	2순위 ※	3순위 ☆
1 2 3	① 발달의 원리 ② 학자별 성격발달단계 구분	① 인간발달이론과 사회복지실천 관계	① 환경 속의 인간 ② 발달 유사 용어

1순위 스마일표시(☺) : 출제 빈출도가 높은 부분으로 무조건 시험에 출제되는 영역
2순위 당구장표시(※) : 나왔다 안 나왔다 하는 영역이지만 출제가능성 높은 영역
3순위 별 표(☆)   : 출제 된 적이 있긴 하지만 다시 출제될 가능성은 다소 떨어지는 영역

MAP

- 인간행동, 발달과 사회복지
  - 환경 속의 인간 ☆
  - 인간발달에 대한 개요
    - 발달의 개념 ☺
    - 발달과 유사한 개념 ☆
    - 발달의 원리 ☺
  - 인간발달을 보는 관점
  - 발달단계와 발달과제
    - 학자별 성격발달단계 구분 ☺
  - 인간발달과 사회복지실천 ※

01 환경 속의 인간(PIE : Person in Environment) [④⑧⑩, 실천론 ④⑨⑩⑬⑮⑲]

1 이중적 관심(이중적 초점, dual focus) = 인간과 환경의 균형

① 사회복지 전문직에서는 **인간과 환경**을 분리된 실체가 아니라 적극적이고 능동적인 주체로서 하나의 **통합된 총체로 이해하는** 관점유지를 말한다.
  ㉠ 역동적으로 변화하는 총체인 **인간**은 환경적 조건에 자신을 맞추어 가기도 하지만 환경을 자신에 맞게 수정하거나 변화시키기도 하는 **삶의 능동적 주체**이다.
  ㉡ **인간과 환경 사이의 지속적인 상호작용 영역에 초점을 두고**, 양자 간 상호교환을 통해 어떤 일이 진행되고 있는지에 관심의 초점을 둔다.
② 환경 속의 인간이라는 관점은 인간과 환경 사이의 상호작용적 관계파악을 중시하지만 **인간과 환경을 종속적으로 보지 않는다.**

  ⓧ 인간은 사회환경을 지배하는 독립적 존재이다.(X)

2 개인적 요소 + 환경적 요소

① 인간을 이해하기 위해서는 인간의 심리 내적인 특성만을 고려할 것이 아니라 **개인의 심리적인 특성 외에도 환경 혹은 상황까지 고려해야 한다는** 관점이다.
② 개인과 환경 간의 상호작용 증진의 책임을 개인, 환경 모두에게 두는 것을 의미하는 것으로, 인간이 경험하는 각종 사회적 문제의 원인을 개인 또는 환경 중 어느 한 쪽의 결함으로 보기보다는 **개인적 요소와 환경적 요소**가 서로 어우러져서 나타난 결과로 본다.

3 PIE 분류 체계 [실천론 ⑬⑮⑲]

① 미국의 정신의학협회에서의 DSM 체계와 다르게, PIE는 **개인의 역할기능수행과 개인주변으로부터의 지지상황 모두를 고려하여 문제를 분류하는** 체계이다.

  ⓧ PIE 척도로 종단적 생활사건을 한 눈에 파악한다.(X)
  ⓧ PIE 분류체계 – 주변인과의 접촉 빈도 및 사회적 지지의 강도와 유형(X)

② 개인과 환경의 상호작용 맥락을 이해하기 위한 PIE 분류체계에 포함되는 것으로는 **정신건강상 문제, 신체건강상 문제, 사회기능상 문제, 환경상 문제** 등이 있다.

OIKOS UP PIE 체계의 구조(Karls & Wandrei, 2000) [실천론 ⑬]

① PIE 체계는 네 가지 요소를 가지며, 이 중 처음 두 가지 요소는 사회사업의 핵심적 서술로 구성되어 있고, 다음 두 가지 요소는 타 전문직의 분류작업을 사용하여 정신적, 신체적 문제를 확인하도록 되어 있다.
  ㉠ 네 가지 요인으로 문제를 분리하고 **사회적 기능수행과 환경문제를 더 우위**에 두는 것은 클라이언트의 사회적 기능수행의 중요성을 강조하려는 의도이다.
  ㉡ 사회복지사의 강조점은 정신적 혹은 신체적 문제를 가질 수도, 갖지 않을 수도 있는 **클라이언트의 사회적 역할수행과 환경문제에 있는 것**이다.
② PIE 체계에서 클라이언트 문제를 기술하는 형식
  ㉠ 요소 Ⅰ : 사회적 기능 수행 문제, 유형, 정도, 지속기간, 대처능력
  ㉡ 요소 Ⅱ : 환경상 문제, 정도, 지속기간
  ㉢ 요소 Ⅲ : 정신건강상 문제
  ㉣ 요소 Ⅳ : 신체건강상 문제
③ 요소 Ⅰ, Ⅱ는 클라이언트의 사회적 기능수행 문제와 환경에 관한 핵심적 서술로 이루어져 있으며, 사회사업의 주요 초점이다.
  ㉠ 요소 Ⅰ(사회기능상 문제)에서 실천가는 클라이언트의 사회적 역할문제, 각 문제의 유형과 그 문제로 인해 야기된 어려움의 정도, 문제를 다루기 위한 클라이언트의 대응능력을 확인하고 부호화한다.
  ㉡ 요소 Ⅱ(환경상 문제)에서 실천가는 요소 Ⅰ에 영향을 미치는 환경조건, 각 문제가 야기한 어려움의 정도, 각 문제의 지속기간도 확인한다.
④ 요소 Ⅲ, Ⅳ는 클라이언트의 정신적, 신체적 비건강 상태를 기술한다.
  ㉠ 요소 Ⅲ(정신건강상 문제)은 실천가가 클라이언트에 대한 이해와 개입과 관계가 있는 현재의 정신적, 성격적 혹은 발달상의 장애 혹은 상태를 표시한다.
  ㉡ 요소 Ⅳ(신체건강상 문제)는 클라이언트의 사회적 역할수행과 환경 문제에 대한 이해 및 유지에 관련 가능성이 있는 현재의 신체장애 혹은 현재 상태를 실천가가 표시한다.

02 인간 발달에 대한 개요

1 발달(development)의 개념 [⑤⑨⑩⑱㉒]

① 일생에 걸쳐 일어나는 체계적인 변화이며, 지적, 신체, 심리(정서), 사회적 영역에서 일어나는 **전체적 변화(전인적인 측면에서의 변화)**를 의미한다.
② 모체 내에서 수정되는 순간, 즉 생명이 시작되는 순간부터 그 생명이 소멸되는 순간까지 **끊임없이(연속적, 전생애적)** 변화하는 양상과 과정이다.
  ㉠ 발달 = **양적 변화**(크기 또는 양에서의 변화) + **질적 변화**(본질, 구조, 비율, 기능의 변화)
    ✗ 질적 변화보다 양적 변화를 의미한다.(×)
  ㉡ 발달 = **상승적 변화**(유기체나 기관이 양적으로는 증대하고, 구조적으로는 분화, 정밀화 그리고 통합되고, 기능적으로는 유능화되는 현상과 관련) + **하강적 혹은 퇴행적 변화**(양적 감소, 구조의 단순화, 기능의 무능화 현상과 관련)
    ✗ 퇴행적 변화보다 상승적 변화이다.(×)

ⓒ 발달 = 유전(생물학적 요소) + 환경(환경적 요소)의 상호작용 → 유전적 요인과 환경적 요인 모두 인간발달에 중요

　　❌ 유전적 요인에 의해 주도되는 과정이다.(X)

　　❌ 유전적 요인보다 환경적 요인을 더 중시한다.(X)

ⓔ 발달 = 내적 변화 + 외적 변화

　　⭕ 인간 발달은 인간의 내적 변화뿐만 아니라 외적 변화도 포함한다.(O)

ⓜ 발달 = 안정적 속성 + 변화적 속성

　　❌ 안정적 속성보다 변화적 속성이 강하게 나타난다.(X)

③ 발달은 덜 분화된 상태에서 **더 분화된 상태**로, 덜 복잡한 유기체로부터 **더 복잡한 유기체**로, 능력과 기술이 낮은 단계에서 **높은 단계**로 진행해 나가는 과정이다.

2 발달과 유사한 개념 : 성장, 성숙, 학습 ⊂ 발달 [36⑩⑪⑱㉑]

인간 발달은 성장, 성숙, 학습이 서로 분리되어 있는 것이 아니라 이 세 가지의 과정들이 공존할 때 비로소 이루어진다. 즉, 일생을 통한 성장, 성숙, 학습에 의해 이루어지는 복합적인 과정이 인간 발달이다.

① **성장(growth)**
　ⓐ 신체 크기의 증대, 근력 증가(근육의 세기), 인지의 확장 등과 같은 **양적 확대**를 의미
　ⓑ 생래적으로 이미 설계되어 있는 계획표(programing)에 따라 양적 확대가 이루어지다가 **일정한 시기가 지나면 정지**되는 인간의 부분적 측면
　ⓒ 특히 **신체적 부분에 국한된 변화**를 설명할 때 주로 사용한다.
　　↔ 발달은 신체뿐 아니라 심리·사회적 측면에서의 변화를 모두 포함하며, 양적 확대뿐만 아니라 양과 질에서의 상승적 또는 퇴행적 변화를 모두 포함

② **성숙(maturation)**
　ⓐ 경험이나 훈련에 관계없이 인간의 내적 또는 유전적 기제의 작용에 의해 나타나는 체계적이고 규칙적으로 진행되어 가는 **신체 및 심리적 변화**를 의미
　ⓑ 부모로부터 받은 유전인자가 지니고 있는 정보에 따라 일어나는 변화를 의미
　　📖 태아의 발달, 영구치의 돌출, 사춘기의 2차적 성 특성의 출현 및 폐경기의 도래 등
　　↔ 발달은 유전과 환경 사이의 상호작용에 의해 이루어지는 변화를 의미

③ **학습(learning)**
　ⓐ 직간접적 경험의 산물로서 인간의 발달을 이끄는 환경적 요소의 총체를 말함
　ⓑ **특수한 경험(직·간접 경험), 훈련 또는 연습**과 같은 외부자극이나 조건의 결과로서 일어나는 개인내적인 변화를 의미
　　↔ 발달은 경험이나 훈련은 물론 유전적 요인에 의해서 일어나는 변화까지도 포함하고 있으며, 내적인 변화뿐만 아니라 외적인 변화까지도 포함

3 발달의 원리 [①②③④⑤⑦⑧⑨⑩⑫⑬⑭⑮⑯⑰⑱⑲⑳㉑㉒]

(1) 연속성(continuity) 또는 전(全)생애적 발달
① 연속적으로 성장해 가고 있다(연속적 과정).
② 발달은 초기 경험이 중요한가 아니면 후기 경험이 중요한가에 대한 논쟁이 있긴 하지만 전 생애에 걸쳐 이루어진다.

> 멈추는 일 없이 지속된다.(O)

(2) 성장률의 차이 또는 속도의 불균등성
생체의 각 부분의 성장률 속도는 시기와 부분에 따라 다르게 나타난다.

> 예) 출생 시에는 급격한 성장을 보이지만, 아동기에 다소 그 속도가 줄어들고, 청소년기에 다시 급속한 성장을 보인다.
> 일정한 속도로 전생애에 걸쳐 이루어진다.(X)

(3) 성장률의 개인차
① 성장률이나 형태는 개인차가 있다.
② 연령이 증가하면서 환경이나 외적 요인 등 다양한 변수들의 영향을 받기 때문에 개인차의 폭이 커지고 예측이 어려워진다.

> 예) 정신적인 면이나 신체적인 면이 출생에서부터 빠른 속도로 성장을 계속하는 아이들이 있는 반면, 그 속도가 느린 아이들도 있다.
> 일정한 방향으로 이루어지므로 개인적 차이는 없다.(X)

(4) 성장률의 성차
태내기 여아가 남아보다 빨리 성장한다.

> 예) 출생 시 여아의 골격발달이 남아보다 약 4주 정도 빠른 것을 볼 수 있는데, 이때 남아의 골격발달은 여아의 골격발달의 약 80% 정도 밖에 되지 않는다.

(5) 성장의 개인차
성장이 끝나는 시기나 성숙에 이르는 시기에도 개인차가 있다.

> 예) 키가 160cm 이하에서 성장이 정지되는 사람이 있는가 하면, 180cm 이상으로 성장하는 사람도 있다.

(6) 유전과 환경의 상호작용
① **유전인자와 환경 간의 끊임없는 역동적 상호작용**에 의해 이루어진다.
② 유전적인 요인을 기본으로 하여 상당량의 환경적 요인이 작용하고 있다.

> 유전적 요인보다 환경적 요인을 중시한다.(X)

(7) 분화와 통합의 과정
① 인간의 행동은 전체적이고 **미분화(未分化)**된 신체운동으로부터 부분적이고 구체적인 행동으로 **분화(differentiation)** 발달한다.
② 동시에 좀 더 작고 특수한 행동(분화된 기능)은 좀 더 새롭고 복잡한 체제로 **통합(integration)**되어 간다.

(8) **발달 단계의 필요성**(= 발달단계별 다양한 양상)
   ① 누구나 질서 정연한 표준적인 순서(succession)를 거치게 되는데, 각 신체 조직이 여러 가지 순서에 따라 성숙하게 되면, 각기 특징적인 모습으로 작용하게 되어 환경과의 적절한 상호작용이 가능하게 된다.
   ② 인간의 발달은 일생 동안 일어나지만 의미있고 중요한 변화를 보이는 영역은 단계별로 다르다.

(9) **일정한 순서와 방향성**
   ① 발달은 어떤 일정한 순서와 방향성을 가지며, 한 단계의 발달은 보다 높은 차원의 다음 단계 발달로 이어진다.
   ② 두부(head) → 미부(tail) 방향, 상부(상체) → 하부(하체), 중심부(중심부위) → 주변부(말초부위) 방향, 전체운동(전체활동) → 특수운동(특수활동, 세분화된 활동)으로 진행한다.
      - 발달은 특수활동에서 전체활동으로 이루어진다.(X)
      - 대근육이 있는 중심부위에서 소근육의 말초부위 순으로 발달한다.(O)
   ③ 성장과 발달의 양상에는 일정한 규칙성과 보편성이 있다. 그것이 바로 발달원리이고 이러한 발달원리를 통해 **예측이 가능함**을 유추해 볼 수 있다. 단, "연령이 증가하면 발달경향에 대한 예측이 점점 어려워진다."
      - 무작위적으로 발달이 진행되기 때문에 예측이 불가능하다.(X)

(10) **점성적 원리**(epigenetic principle, 점성성*)
   ① 성장은 **기존의 기초 위에서 이후의 발달이 이루어진다는 것**으로, 특정단계에서의 발달은 이전단계의 발달과업 성취 정도에 기초하여 이루어지는 것이다.
      ㉠ 전 생애에 걸친 변화는 반드시 과거와의 연결성을 가지고 변화한다.
      ㉡ 현재의 발달이 이전의 발달결과를 기초로 하여 이루어진다.

   > **점성성**(漸成性, epigenesis)
   > 위에(upon)라는 의미를 지닌 epi와 출연하다(emergence)는 의미를 지닌 genesis가 결합된 용어

   ② 완전하게 기능할 수 있는 유기체로 발달될 때까지는 각 기능이 체계적인 방식으로 출현할 수 있도록 하는 일종의 생물학적 계획들(설계도안 같은 기본적이고 총체적인 기본형)이 있어, 발달은 그러한 영향을 받는다는 것이다.
      - 예) 에릭슨의 심리사회적 발달단계, 피아제의 인지발달단계, 콜버그의 도덕발달단계 등
      - 특정단계의 발달은 이전의 발달과업 성취에 기초한다.(O)

(11) **결정적 시기**(critical period, 민감기, 최적기)
   ① **결정적 시기**란 어떤 주어진 사건의 출현 혹은 그 사건의 결여가 발달에 지대한 영향을 주는 특정 시기를 말하며, **민감한 시기**란 특정한 종류의 경험에 특별히 민감한 발달의 시점을 의미한다.
   ② 인간의 발달에는 결정적인 시기 또는 민감한 시기가 있기 때문에 그 시기에 이루어져야 할 발달과업은 그때그때 이루어져야 한다.
      - 예) 말을 배워야 할 시기에 배워야 하고, 아동기 때는 친구들과 놀아야 하는데 그러지 못하여 사회성이 결여되면 학교에 들어가서나 성인이 되어서까지 대인 관계에 어려움을 많이 겪게 된다.
      - 결정적 시기와 바람직한 성격 형성은 무관하다.(X)

⑿ **순응성**

환경에 적응하려는 시도로 생체 조직과 기능 발달에 있어, 그 최대의 잠재력(potential)에 접근하려고 하는 행동으로 다이어트를 예로 들 수 있다. 또한 발달의 최대 잠재력에 접근하기 위한 하나의 방도가 저지되면 다른 길을 이용하려 한다.

> 예) 시각장애아가 다른 감각을 사용해서 시력에 의해서만 얻을 수 있는 정서의 부족을 보충하려고 하는 것이다.

4 발달의 기본 성격 [8]

① **발달의 기초성(foundation of whole life)** : 어렸을 때의 발달이 이후 모든 발달의 기초가 된다는 것이다. 특히 **아동기는 일생의 기초가 형성되는 기간**이다. 즉 아동 발달의 모든 경험은 성인기 행동의 여러 특성을 결정하는 원인이 된다. '세살 버릇 여든까지 간다'

② **발달의 적기성(critical age)** : 어떤 특정한 발달 과업을 성취하는 데 **가장 적절한 시기**가 있는데, 그 시기를 놓치면 다음 시기에 보완되기가 어렵다는 것이다.

③ **발달의 누적성(cumulativeness)** : 인간의 성장 발달에서 어떤 결손이 생기면, 그 결손은 다음 시기의 발달에 좋지 못한 장애가 된다. 이 **결손은 계속 누적되어 좀 더 심각한 결손으로 나타날 수 있다.**

④ **발달의 불가역성(irreversibility)** : 발달의 최적기를 놓치게 되면, 그 시기 이후에 이를 **보완하거나 교정하기가 매우 힘들게 되는데,** 이러한 성격을 발달의 불가역성이라고 한다.

> ⓧ 인간발달은 적절한 환경과 자극만 제공되면 언제든지 이루어짐(X)

03 인간 발달을 보는 관점

1 인간 발달에 관한 기본 전제 : 뉴만과 뉴만(Newman & Newman) 제시 [8⑮]

① 인간의 성장과 발달은 삶의 모든 기간에 걸쳐 일어난다.
② 인간의 삶이란 시간에 따라 진행되면서 지속성(continuity)과 변화(change)를 보인다.
③ 인간을 전체로서 이해해야 한다. ⓧ 인간 삶을 전체가 아닌 부분으로 이해해야 한다.(X)
④ 인간의 발달과 행동은 그에 관련된 상황이나 인간관계의 맥락(context)에서 분석되어야 한다.

2 인간의 발달과정은 생물학적 요소와 환경적 요소에 의해 추진 [④]

① **생물학적 요소** : 인간이 지배할 수 없으며 주로 육체적 발달을 주도하는 요인으로서 성장률이나 태내기의 성장과 같은 성숙에 영향을 미친다.
② **환경적 요소** : 인간의 환경에 존재하며 삶의 각 단계에서 새로운 기회를 부여하고 새로운 책임을 요구하는 가족의 기대, 학교, 직장과 같은 사회문화적 요소들을 말하며, **환경적 요소들이 인간의 발달을 이끄는 기본적인 과정은 학습과 사회화**가 있다.

㉠ **학습(learning)** : 경험과 훈련에 의해 가치관, 태도 등을 형성하면서 기술을 습득하고 지식을 얻는 과정
㉡ **사회화(socialization)** : 개인이 자기가 속한 사회적 집단에 그 구성원으로 자연스럽게 동화되어 가는 과정으로 그 안에서 통용되는 사회적 기대, 관습, 가치, 신념, 역할, 태도 등을 배우는 것을 포함

04 발달단계와 발달과제

1 발달단계(stages of development) [8]

발달상에서 어떤 과제의 성취와 특정한 측면의 발달이 강조되는 삶의 기간을 말한다.
① 발달단계별 연령 구분은 엄격한 구분이 아니며 대략적인 것이다.
② 최근에는 발달단계가 더 세분화되는 경향이 있다.
③ 발달단계는 연속적이며, 한 단계에서 성취한 발달은 이후 모든 단계에 영향을 미친다.
④ 각 발달단계의 내용과 발달과제가 겹치기도 한다.
⑤ 중요하고 의미있는 변화를 보이는 영역은 발달단계마다 다르다.

> 발달단계마다 발달적 요인이 동일하다.(X)

2 발달과제(developmental tasks, 발달과업)

(1) 개 요
① 인간의 환경에 대한 지배를 증가시키는 기술과 능력으로 구성, 즉 신체적, 인지적, 사회적, 정서적 기술의 획득을 반영한다.
② 인간 발달이란 사람들이 사회에 의해서 그들에게 부과된 과제를 배우는 과정이다.
③ 대개 연령에 따라 변하는데 이것은 각 사회가 연령에 부합하는 발달이나 행동에 대한 기대를 갖고 있기 때문이다.

(2) 발달과제의 특징 [20]
① 사회가 연령에 따라 다른 행동기대를 갖기 때문에 연령에 따라 변한다.
② 인간이 환경을 점차 지배하도록 하는 기술과 능력으로 구성되어 있다.
③ 각 발달과업의 성공 혹은 실패의 경험은 사회복지실천에서 중요한 의미를 가진다.
④ **각 발달단계마다 습득해야 할 신체적, 인지적, 심리사회적 발달과업이 포함된다.**
⑤ 누구나 똑같이 경험해야 하는 보편적인 것과 문화에 따라 각각 다른 것이 있다.
⑥ 일단 달성되고 나면 다시 그 이전 단계로 돌아갈 수 없는 과제도 있고 각 단계마다 반복해서 나타나는 과제도 있다.

■ 전생애주기적 발달단계와 제 학자들의 단계구분 ■

인간의 생애주기(life span)란 임신을 통한 태내기와 출산과정을 거쳐 영유아기, 학령전기(유아기), 아동기, 청소년기, 청년기, 중·장년기, 노년기에 이어 죽음에 이르게 되는 **인간의 전 생애에 걸친 시간적 변화 상태에 의한 생활주기(life cycle)**를 말한다. 생애주기의 연령구분은 국가, 사회적 상황, 학자 등에 따라 다양하게 나타난다.

단계	연령	인간의 성격발달단계 구분				융
		프로이트 심리 성적발달	에릭슨 심리사회적 발달	피아제 인지발달	콜버그 도덕발달	
태내기	임신~출산					
영유아기	0~2세	구강기 (0~1.5세)	신뢰감 대 불신감 유아기	감각운동기		아동기
학령전기	3~4세 (걸음마기)	항문기 (1.5~3세)	자율성 대 수치심 초기 아동기	전조작기	전개념적 사고단계	
	5~6세 (학령전기, 아동기전기)	남근기 (성기기) (3~6세)	솔선성 대 죄의식 (주도성 대 죄책감) 유희기		직관적 사고단계	전인습적 수준 (4~10세)
아동기 = 학령기 = 도당기	7~12세	잠재기 (잠복기) (6~12세)	근면성 대 열등감 학령기	구체적 조작기	인습적 수준 (10~13세)	
청소년기	13~18세	생식기 (12세 이상)	정체감 대 정체감 혼란 청소년기	형식적 조작기	후인습적 수준 (13세 이상)	청소년기 와 성인기
청년기 = 성인초기	19~39세		친밀감 대 소외(고립) 초기 성인기			
중 장년기 = 성인중기	40~64세		생산성 대 침체 중 장년기			중년기
노년기 = 성인후기	65세 이상		자아통합 대 절망 노년기			노년기

※ 콜버그의 도덕발달단계는 **전인습적 도덕기**(1단계 : 복종과 처벌지향 도덕성, 2단계 : 욕구충족수단으로서 도덕성), **인습적 도덕기**(3단계 : 착한 아이지향 도덕성, 4단계 : 법과 질서지향 도덕성), **후인습적 도덕기**(5단계 : 인권과 사회복지 도덕성, 6단계 : 보편적 원리 지향 도덕성)이다.

※ 융은 **아동기(출생~사춘기), 청소년기와 성인기(사춘기부터 34~40세), 중년기, 노년기**로 구분

암기법

☺ 신(신뢰감)자(자율성)라면 솔선(솔선성)수범 해야 한다!! 근(근면성)데 정(정체감)말 친(친밀성)생(생산성)자(자아통합)여야 한다!!

☺ 감전 시키는 것은 구시대적인 형벌이다.

05 인간 발달과 사회복지실천 [6 8 ⑪ ⑫ ⑬ ⑭ ⑮ ⑰ ㉑]

1 인간 발달과 사회복지실천의 관계

(1) 인간 발달연구가 사회복지실천에 주는 유용성
① 전 생애에 걸친 변화와 안정에 기여하는 요인의 판별
② 신체, 심리 그리고 사회적 기능 간의 상호관련성 설명
③ 인간의 사회적 기능과 적응수준의 평가(개인의 적응과 부적응의 판단 기준 제공)
④ 인간 발달에 영향을 미치는 사회적 영향력을 평가할 수 있는 잣대를 제공

(2) 사회복지실천의 기본과정 중 원조과정과 밀접한 관련성
① 자료수집 조사단계 및 사정단계와 밀접한 관련성을 지니고 있다.
② 인간 발달에 관한 지식은 사회복지실천의 실제에서 직접적으로 사용되는 기술이라기보다 올바른 실천을 위해 필수적으로 갖추어야 하는 기초지식이라 볼 수 있다.

2 인간 발달이론의 사회복지실천에 대한 기여

① 생활주기를 순서대로 정리할 수 있는 준거 틀을 제공해 준다.
② 임신에서부터 사망에 이르기까지의 각 단계에서 수행해야 할 발달과업이 무엇인지를 제시해 준다.
③ 전 생애에 걸쳐 일어나는 안정성과 변화의 과정을 설명할 수 있다.
④ 생활전이(life transition, 삶의 전환)*에 따른 안정성과 변화를 파악할 수 있다.

> **생활전이(life transition, 삶의 전환)**
> 삶의 국면이 이전과 달라지는 것으로 초등학교 입학, 은퇴, 이혼, 사별 등을 들 수 있음

⑤ 특정 발달단계에서 특징적으로 나타나는 발달적 요인을 설명해 준다.
⑥ 발달을 구성하는 다양한 신체 심리 사회적 요인을 파악할 수 있다.
⑦ 이전 단계의 결과가 다음 생활단계에 미치는 영향을 파악할 수 있다.
⑧ 이전 단계의 결과에 의해서 형성된 각 단계에서의 성공과 실패를 설명할 수 있다.
⑨ 개인적인 발달상의 차이를 파악할 수 있다.
⑩ 클라이언트의 욕구와 문제를 파악하는데 도움을 주어, 사회복지사가 파악해야 할 클라이언트에 관한 사항을 사정할 수 있게 한다.
⑪ 클라이언트의 발달과업 수행에 필요한 서비스가 무엇인지 파악할 수 있게 한다.
　　※ 발달단계별 욕구에 따른 사회복지제도의 기반을 제공한다.(O)
⑫ 사회복지사가 모든 연령층의 클라이언트를 이해하고 그들과 함께 일할 수 있게 한다.
　　※ 모든 연령 계층의 클라이언트와 일할 수 있는 기반이 된다.(O)

김진원 OIKOS 사회복지사1급 통합이론서 1교시

제 2 부

전생애주기적 발달관점에서 이해

제2장 태내기, 영유아기, 학령전기
제3장 아동기(childhood) : 7~12세
제4장 청소년기(adolescence) : 13~18세
제5장 청년기(youth) : 19~39세
제6장 중·장년기(middle adulthood) : 40~64세
제7장 노년기(old age) : 65세 이상

CHAPTER 02 태내기, 영유아기, 학령전기

제2부 **전생애주기적 발달관점에서 이해**

📊 제2장 회차별 출제빈도, 출제비중 및 출제논점 1, 2, 3순위

구분	10회 2012	11회 2013	12회 2014	13회 2015	14회 2016	15회 2017	16회 2018	17회 2019	18회 2020	19회 2021	20회 2022	21회 2023	22회 2024
제2장 태내기, 영유아기, 학령전기	5	3	3	2	4	3	3	3(1)	3	3(2)	2(1)	3(1)	3(1)
태내기 : 임신~출산	1	1	-	1	2	1	1	1	1	1	1	-	1
영유아기 : 0~2세	3	1	1	1	2	-	1	1(1)	1	1(1)	(1)	2	1(1)
학령전기 : 3~6세	1	1	1	1	1	1	1	1	1	1(1)	1	1(1)	1

목차	출제 비중	출제 논점 1순위 ☺	출제 논점 2순위 ※	출제 논점 3순위 ☆
제2장 태내기, 영유아기, 학령전기	2 3 4			
태내기 : 임신~출산	0 1 2	① 태아의 발달에 영향을 미치는 요인 (유전적 요소 + 환경적 요인)	① 태아의 발달: 발생학적 + 임신단계별 구분	① 태내기의 개요
영유아기 : 0~2세	0 1 2	① 신체, 심리, 사회적 발달 ② 감각운동기	① 대상영속성 ② 애착관계 형성과 발달	① 신생아기 발달: 반사운동
학령전기 : 3~6세	1	① 신체, 심리, 사회적 발달 ② 전조작기 특징	① 자아개념 형성 ② 성 역할에 대한 인식 및 학습	① 자아통제 및 자율성 발달

1순위 스마일표시(☺): 출제 빈출도가 높은 부분으로 무조건 시험에 출제되는 영역
2순위 당구장표시(※): 나왔다 안 나왔다 하는 영역이지만 출제가능성 높은 영역
3순위 별 표(☆): 출제 된 적이 있긴 하지만 다시 출제될 가능성은 다소 떨어지는 영역

💡 MAP

태내기, 영유아기, 학령전기

- 태내기 : 임신~출산
  - 태내기의 개요 ☆
  - 태아의 발달 ※
  - 태아의 발달에 영향을 미치는 요인 ☺
  - 사회복지실천의 관심 대상이 되는 문제
- 영유아기 : 0~2세
  - 영유아기의 개요 ☆
  - 영유아기의 발달 ☺
- 학령전기 : 3~6세
  - 학령전기의 개요 ☆
  - 걸음마기의 발달 ☺
  - 학령전기의 발달 ☺

01 태내기(Prenatal) : 임신 ~ 출산

1 태내기의 개요 [⑦⑰]

① 수정(임신)에서 출생까지 이르는 기간 동안을 말하는 것으로 **일생 중 가장 빠른 속도로 성장·발달**이 이루어지는 시기이다.
② 정자(sperm)와 난자(ovum)의 세포핵이 결합하는 것을 수정 또는 임신이라 하며, 이로 인해 **23쌍(46개)의 염색체**를 가진 새로운 개체가 형성된다. ✗ 22쌍의 44개 염색체(X)
　㉠ 46개의 염색체는 두 개씩 쌍을 이루는데, 이 중 22쌍을 상염색체(autosome), **23번째 쌍**을 **성염색체(sex chromosome)**라고 한다.
　㉡ 23쌍의 염색체 중 인간의 성별을 결정짓는 것은 23번째 염색체로, 정상적인 **여성의 성염색체는 XX**이고 **남성의 성염색체는 XY**이다.
③ 수정 후 34~40주, 238~280일(10개월) 동안 어머니의 체내에서 자란 후 출생하게 된다.

2 태아의 발달

(1) 발생학적 구분 : 배란기-배아기-태아기 [⑦②]

① **배란기(germinal stage, 발생기, 난체기, 정착기, 배종기)**
　㉠ 수정에서부터 수정체가 나팔관을 거쳐 자궁벽에 착상하기까지의 시기
　㉡ 난자와 정자가 수정된 접합자(배란, zygote)가 자궁벽에 착상하고 세포분열을 거듭하면서 포배낭(blastocyst)을 형성하게 되는 **약 2주 내지 15일간**

　　✗ 배종기(germinal period)는 수정 후 수정란이 자궁벽에 착상할 때까지의 시기를 말한다.(O)

② **배아기(embryonic stage)** [⑬⑯②]
　㉠ 수정란이 자궁벽에 착상한 후부터 **임신 약 8주까지의 기간(2주~8주 사이)**을 말하며, 이 시기에 분화하는 유기체를 배아(embryo)라고 한다.
　　㉮ 3주 : 배아에 초기 **심장**이 생기고, 3주가 끝날 무렵에는 심장이 뛰기 시작
　　㉯ 4주 : **눈, 귀, 다리**, 팔, 소화기관이 형성되며, 척추가 생기고 신경계가 형성
　　㉰ 5주 : 호흡기 계통이 생성되며, 45일경에는 주요 기관들이 초기 활동 시작
　　㉱ 7주 : 얼굴과 목, 눈꺼풀이 형성되며, 근육이 빠르게 분화되고 **외부 생식기**가 형성
　㉡ **인간의 성장과정 중 성장률이 가장 높은 시기**, 신체의 모든 주요기관과 조직이 형성된다.
　㉢ 이 시기 수정된 접합자의 내세포는 **외배엽, 중배엽, 내배엽**의 세 개층으로 분화된다.
　　㉮ 외배엽 : 피부의 표피, 손톱, 머리카락, 신경계, 감각기관으로 발달
　　㉯ 중배엽 : 피부의 진피, 근육, 골격, 순환계, 배설기관으로 발달
　　㉰ 내배엽 : 소화기관, 간, 췌장, 호흡기관으로 발달

　　✗ 배아의 구성은 외배엽과 내배엽으로 이루어지며, 외배엽은 폐, 간, 소화기관 등을 형성하게 된다.(X)

③ **태아기(fetal stage)** : 수정 후 9주(수정 후 3개월)부터 출산까지의 시기에 해당하며, 이때부터 성장하는 유기체를 태아(fetus)라고 한다.

> **주의**
> 제17회 시험 태아기에 관한 설명을 묻는 문제에서 "수정이 이루어지는 순간부터 출생하기까지의 시기를 말한다."
> 라는 문장이 가답안에서는 옳은 문장이었으나, 최종정답에서는 틀린 문장으로 처리되었는데, 그 이유는 전생애주
> 기 단계에서 태아기(Prenatal, 태내기)는 수정(임신)에서 출생까지 이르는 기간 동안을 말하지만, 발생학적 구분
> 에서의 태아기로 본다면, 수정 후 9주(수정 후 3개월)부터 출산까지의 시기이기 때문이다.

■ 태내발달의 결정적 시기(신명희 외, 2013 ; Shaffer & Kipp, 2007) ■

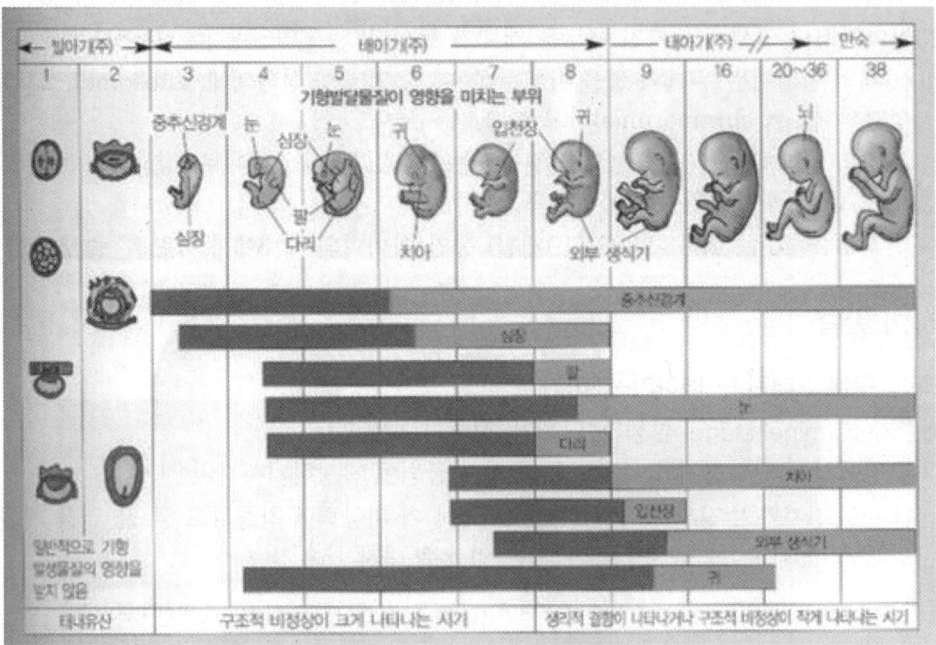

(2) **임신단계별 구분** [②⑦⑧⑪⑬②]

① **임신 1단계(임신 초기)** : 수정에서 임신 3개월까지. 임신 기간 중 가장 중요한 시기이다. 배아가 빠른 속도로 분화하고 조직이 발달하기에 **임산부가 유해한 약물을 복용하거나 건강 상태가 좋지 않을 경우 매우 위험**하다.

㉠ **임신 1개월(4주)** : 원시적인 형태의 **심장과 소화기관 발달**, 두뇌와 신경계의 기본 구조, 팔과 다리가 될 부분도 나타난다.

㉡ **임신 2개월(8주)** : **인간의 모습을 갖추게 됨**. 눈, 코, 입, 귀를 비롯한 얼굴 전체 모습이 드러나기 시작한다. 임신 2~3개월이 되면 배아는 인간의 모습을 갖추기 시작한다.(O)

㉢ **임신 3개월(12주)**
㉮ 팔, 다리, 손, 발의 형태가 나타나며, 모든 기관들이 기본적인 형태를 갖추게 된다(**태아의 모든 장기가 발달**).
㉯ 손톱과 모낭, 눈꺼풀이 발달하고 **태아의 성별을 확실하게 구분할 수 있으며**, 연골도 뼈로 대체되기 시작하며, 태아의 움직임이 감지된다.

② **임신 2단계(임신 중기)** : 임신 4~6개월까지. 이 시기에도 태아는 계속 성장한다.
  ㉠ **임신 4개월(16주)**
    ㉮ 4개월 말이 되면 **임산부는 태동을 느껴 발로 차는 것을 느낄 수 있다.**
      💬 일반적으로 16~20주가 되면 임산부가 태동을 느낄 수 있다.(O)
    ㉯ 18주가 되면 태아는 탯줄과 입을 통해 양수를 흡입하여 필요한 영양분을 흡수하며 배설물을 배출하다. 💬 24주 : 태아가 영양분을 섭취하고 배설물을 배출한다.(O)
  ㉡ **임신 5개월(20주)**
    ㉮ 어머니의 자궁은 복강까지 밀고 올라가며, 태아는 처음에는 가볍게 뒤틀다가 나중에는 **발길질, 주먹질까지 하는 태동을 활발**하게 된다.
    ㉯ 이 시기에 피부가 두터워지고, 등이나 팔다리에 털이 나며, 머리카락과 눈썹이 형성된다.
  ㉢ **임신 6개월(24주)**
    ㉮ 감각수용기의 발달로 **촉각에 민감**해지고, 근육움직임에 의한 접촉을 인식할 수 있게 된다.
    ㉯ **쓴맛에 반응**하여 혀를 내밀기도 하고, 망막과 대뇌를 연결하는 신경섬유가 생성되어 **빛에도 반응**을 보인다.
③ **임신 3단계(임신 말기)** : 임신 7~9개월에 태아의 발달이 완성. 이 시기에는 몸무게가 증가하면서 근육과 골격에 무리가 오게 되고, 이는 통증과 근육경련을 일으킬 수 있으며, 자궁의 팽창으로 주위 장기들이 압박을 받아 불편함을 느끼게 된다.
  ㉠ **임신 7개월(28주)** : 30주 정도의 시기가 지나면 신경계의 조절능력이 생기고 어머니로부터 분리되어도 조산아보육기(incubator)에서의 생존이 가능해지므로 **임신 210일을 생존 가능연령**이라고 부른다. 💬 일반적으로 임신 3개월 혹은 13주가 되면 조산아의 생존이 가능하다.(X)
  ㉡ **임신 8개월(32주)** : **빛과 소리에 급격히 반응**하며, 운동이 적극적으로 지속되고, 놀라는 반사를 보인다.
  ㉢ **임신 9개월(36주)** : 운동이 활발하고, 근육에 자극을 주면 반응하며, 두개골이 부드러워지고 배고프거나 불편할 때 울 수 있다.
  ㉣ **임신 10개월(40주)** : 손톱이 길게 자라고, 지방이 계속 축적되며, 출생할 준비를 다하여 태어나게 된다.

■ 태내 발달 과정 ■ [8]

임신 3단계	발생학적 3구분		기 간	길 이	무 게
임신 1단계 -임신 초기-	배란기		0~2주		
	배아기		2~8주	2.5cm	14g
	태아기		8~37주		
		3개월	12주	7.5cm	28g
임신 2단계 -임신 중기-		4개월	16주	15cm	110g
		5개월	21주	30cm	450g
		6개월	26주	36cm	900g
임신 3단계 -임신 말기-		7개월	30주	40cm	1.4kg
		8~9개월		50cm	3.2kg

(3) 출산

① **분만예정일** = (최후월경이 있었던 달 - 3월)月 (최후 월경 시작 일 + 7일)日
   - 예) 최후 월경이 8월 23일이면, 출산예정일은 5월 30일
② 분만 예정일 전후 2주 정도를 정상적 분만으로 간주한다.
③ 20세 미만이나 40세 이상에서 출산할 경우 신체적 정신적 미발육된 아기를 낳을 가능성이 있으며, 35세가 넘어 첫 출산을 할 경우 임신기간 잔병이 많고 출산과정이 힘들어 제왕절개수술을 하는 경우가 많다.

3 태아의 발달에 영향을 미치는 요인 [①③⑤⑦⑨⑩⑪⑫]

(1) 태내기 유전적 요소가 결정하는 개인적 특징

① **유전적 요인의 영향** : 성장률과 개인적 특징
② **유전성 질환(유전병)** : 유전적 요인이나 염색체 이상 또는 태아 때 받은 손상 등으로 인해 출생 시부터 지니는 **신체적·정신적 이상**을 모두 가리키는 것이다. [⑮]
   ㉠ 유전병 혹은 유전성 질환은 의학적으로 유전자에 의해 일어나는 신체적·정신적 이상을 모두 가리키지만, **염색체 이상은** 부모로부터 자녀에게 전해지는 것이 아니므로 엄격한 의미에서 유전적 질환이라고 하지는 않는다.
   ㉡ 유전성 질환을 가진 태아(염색체 이상인 태아)는 **대부분 임신 초기에 자연유산되기도 하지만, 때로는 결함을 가진 채 출산**되기도 한다. 이를 선천성 이상이라고 하는데 이는 해마다 증가하고 있다. 유전성질환을 가진 태아는 임신초기에 유산된다.(X)
   ㉢ 유전성 질환의 발생과 관련하여 가족력이 가장 중요한 요인으로 인식되지만, 사실 대부분의 **유전성 질환은 유전적 요인과 환경적 요인의 상호작용에 의해 발생**한다.

■ **유전적 요인에 의한 태아 이상(유전적 결함)** ■ [⑦⑨⑪⑬⑭⑮⑱⑲⑳]

> ① **유전자 이상 장애**에는 ① 우성인자에 의한 유전질환인 헌팅턴무도병과 ② 열성인자에 의한 유전병인 페닐케톤요증, ② **염색체 이상 장애**에는 ① 상염색체 이상 장애인 다운증후군과 ② 성염색체 이상 장애인 터너증후군, 클라인펠터 증후군, XYY증후군, 다중X증후군 등이 있다.

태아 이상	증상
터너증후군 (Turner Syndrome) [⑨⑪⑬⑭⑱⑲⑳]	• 성염색체가 XO로 X염색체 한 개가 없으며, 2,500명~8,000명당 1명꼴로 여성에게만 나타난다. → 성염색체 이상 장애로 X 염색체 하나만 가진 여성 • 외견상 여성이지만 여성호르몬의 부족으로 2차적 성징이 나타나지 않고 난소가 기능을 제대로 하지 못하여 생식능력이 없다. • 키가 작고 살이 쪘으며, 목이 없이 얼굴과 어깨가 거의 붙어 있고, 가슴이 넓고, 손가락이 짧으며, 심장과 신장의 기형을 나타낸다.

클라인펠터증후군 (Klinefelter Syndrome) [⑨⑬⑭⑲⑳]	• 성염색체가 XXY, XXXY, XXXXY로 이루어져 있다. → 성염색체 이상 장애로 X염색체를 더 많이 가진 남성(X염색체를 2개 이상 가진 남성) • 남아 900명당 1명꼴로 발생하며, 사춘기 때에 가장 분명한 특징이 나타나서 남자이기는 하나 남성적 특징이 약하다. • 약간의 정신지체(75%는 정상 지능)와 언어지체를 나타내며, 고환이 작고, 키가 크고 마르며, 사지가 길고 생식 능력이 없고, **남성 호르몬의 수준이 낮아 유방이 발달**한다.
다운증후군 (Down Syndrome) [⑦⑨⑪⑭⑱⑲⑳]	• 21번째 염색체가 3개인 삼체형이거나 21번째 염색체 하나가 15번 또는 22번에 걸쳐 길게 누적되어 있는 전위형일 때 나타난다. • 가장 보편적인 것은 21번 염색체가 3개(trisomy)인 삼체형으로 염색체 수가 47개가 되는 것이지만, **46개의 정상 염색체 수를 보이는 전위형도 있다.** • 머리가 작고 뒷머리가 납작하며, 팔다리가 짧고 통통하고, 지능은 40~60 정도이지만, 성격이 밝고 다정하고 쾌활하여 사교성이 좋다.
페닐케톤요증 (Phenylketonuria, PKU) [⑨⑭⑳]	• **페닐알라닌(phenylalanine)을 분해하는 효소를 만들지 못하는 선천적 대사장애 유전병**으로서 임신 중 진단이 가능하고 유아 10,000명당 1명꼴로 나타난다. • 12번 염색체의 끝부분 유전자에 이상이 생겨 발생하는 상염색체 열성질환으로, **아미노산을 분해시키는 효소가 결핍된 열성 유전자에 기인**한다. • 선천적인 효소계 장애에 의하여 **단백질의 대사장애**를 일으키며, 발달지체와 심한 지적장애(IQ 50 이하), 행동장애를 나타내고, 잘 흥분하고 발작을 일으키기도 한다. 식이조절로 치료가 가능하나 단명한다.
혈우병 (hemophilia) [⑨⑭⑳]	• 혈액이 혈관 밖으로 나와 일정기간이 경과하여도 응고되지 않고 계속 출혈하는 증상으로 여성은 혈우병의 유전인자를 갖고 있지만 발병하지 않고 남성에게만 발병한다. → **성염색체인 X염색체의 열성유전자에 기인** • 임신 중 진단이 가능하고, **남성 10,000명 중 1명꼴로 발생**하며, 평소 다치지 않도록 늘 조심해야 한다.
묘성증후군 (Cri-du-chat Syndrome) [⑮]	• 5번 염색체의 짧은 부분이 없는 것으로 50,000명당 1명꼴로 나타난다. • 고양이 울음소리 같은 소리를 내며, 저체중, 소두증, 신경근육의 손상과 키가 작은 것이 특징이며, 대부분 태아 때 사망한다.
타이삭스병 (Tay-Sachs Disease)	• 가족성 흑내장성 백치(지진아)라고도 함. 소아가 점차 시력을 잃게 된다. • 열성 유전자에 의해 발생하며 3,600명당 1명꼴로 출생한다. • 출생 직후에는 정상적으로 보이나 생후 6개월 경 이상이 나타나기 시작하여 중추신경계가 쇠퇴하고, 안구진탕, 수정체 혼탁으로 시력이 매우 낮고, 전신쇠약 등의 증상이 나타나 대개 3, 4세경 사망한다.
시클셀빈혈증 (Skckle-cell anemia)	• 겸상 적혈구 빈혈증이라고도 하며, 적혈구 세포의 이상으로 발생한다. 임신 중 진단이 가능하고 600명당 1명꼴로 아프리카계 미국인에게서 나타난다. • 원활하지 못한 산소 공급, 통증, 부종, 기관 손상과 호흡기 질환에 취약하며, 저항력이 쇠퇴된다.
헌팅톤무도병 (Huntington s Chorea) [⑳]	• 헌팅톤병(Huntington s Disease)이라고도 하며, **우성인자에 의한 중추신경계 질병**이다. • 주로 30~40대에 발병하며, 무도증, 정신장애, 치매가 주요 증상이다. 즉 신경계가 손상됨에 따라 우울증, 환각, 망상과 같은 정신장애와 치매가 나타나고, 근육이 무력해짐에 따라 손발에 심한 경련이 오거나 몸이 뒤틀리는 무도증이 나타난다.

※ 태내기(수정-출산)에 관한 설명 : 성염색체 이상증세로는 클라인펠터 증후군(Klinefelter's syndrome), 터너증후군(Turner's syndrome)이 있다.(○)

제2장 **태내기, 영유아기, 학령전기** 51

■ 태아의 진단방법 ■

방 법	기 술
초음파 검사 (Ultrasonography)	• 음파를 자궁에 투사하며 반사된 화면으로 태아의 크기, 모양, 위치를 알아낸다. • 정확한 태아의 월령, 쌍생아 여부, 심한 신체적 결함을 확인할 수 있다. • 양수검사나 융모검사를 해야 하는지를 알 수 있다.
융모 생체 표본검사 [10⑱] (Chorionic villus sampling : CVC, 융모막검사)	• **임신 초기(9~11주)에 시행할 수 있고, 염색체 이상이 의심되거나 35세 이상 임산부에게만 제한적으로 실시**된다. • 가는 관을 질을 통해 자궁으로 삽입하거나 가느다란 복벽을 통해 삽입하여 작은 융모조직을 떼어내 유전적 결함을 알아낸다. • 양수검사보다 유산의 위험이 크며 초기에 시행될수록 위험이 증가한다. • 정확도가 양수검사에 비해 떨어지고 유산 위험성이나 사지 기형 가능성이 있어 염색체 이상이나 노산일 경우에 제한적으로 실시하는 것이 좋다.
양수검사 [⑤⑬②] (Amniocentesis)	• **가장 광범위하게 사용되는 태아진단법**으로, 가느다란 바늘로 자궁 안의 양수를 추출하여 유전인자의 이상을 발견해 내는 방법이다. • **수정 후 12~17주 사이에 행하며 15~17주가 되어서 검사하면 그 결과가 더욱 정확**하다. 검사 결과를 알기 위해 3주 정도가 소요된다. • 선천성 결함이 있는 아이를 출산한 경험이 있는 여성, 선천성 결함의 유전적 보균자가 있을 것으로 판단되는 여성, 그리고 35세 이상의 여성에 필요하다. • 임신초기에 할 경우 자연유산의 위험성이 있으므로 임신중기에 실시하는 것이 좋다.
산모혈액 검사 (Maternal blood tests)	• 임신 15~20주 사이에 이루어지며, 이 검사를 통해 태아의 다양한 상태를 알 수 있다. • 초음파검사, 양수검사, 그리고 이 두 가지 모두는 혈액검사의 결과를 확인하기 위해 사용되기도 한다.

(2) **환경적 요인의 영향** [③⑤⑦⑰⑱②] 임산부의 교육 정도(×), 어머니의 학력(×)

① **임산부의 연령(나이)**

　㉠ 이상적인 임신의 시기는 16~35세이며, 임산부의 연령이 16세 이하 또는 35세 이상일 경우 태아의 선천성 결함가능성이 높아진다.

　㉡ 모의 연령이 25~29세 사이에 있을 때, 태어나면 성장에 가장 좋은 태내환경 조건이 이루어지는 것으로 알려져 있다.

② **임산부의 영양 상태(건강 상태)** : 임산부의 임신 전 영양상태와 임신기간 중 영양섭취는 태아의 발달에 결정적인 영향을 미친다.

③ **임산부의 질병** : 임산부의 질병은 태반을 통해 태아에게 전이되거나 출생 시 태아에게 감염된다.

④ 임산부의 심리 정서 상태
  ㉠ 임산부의 장기간 계속되는 스트레스나 흥분(임산부의 불안정한 정서 상태)은 직접적으로 태아의 건강에 영향을 미칠 수 있다.
  ㉡ 심각한 불안 증상이 지속될 경우 유산, 미숙아, 저체중아, 언청이 또는 호흡기 질환을 가진 아기를 출산할 확률이 높아진다.
    ✗⊙ 태내기(수정-출산)에 관한 설명 : 임산부의 심각하고 지속적인 불안은 높은 비율의 유산이나 난산, 조산, 저체중아 출산과 연관이 있다.(O)
  ㉢ **남편과의 관계, 사회경제적 요인**, 임산부의 정서적 성숙 정도, 자녀의 수, 아이를 갖고 싶은지 여부, 임신에 대한 양가감정 등이 임산부의 정서상태에 영향을 미치고 이는 태아에 영향을 미치게 된다.

⑤ 임산부의 흡연
  ㉠ **직접흡연** 뿐만 아니라 임산부의 **간접흡연**도 태아의 발달에 부정적인 영향을 준다.
  ㉡ 흡연여성은 저체중아를 출산할 가능성이 높아진다. 연구에 따르면 흡연여성이 비흡연 여성에 비해 저체중아를 출산할 확률이 2배 이상 높은 것으로 나타났다.

⑥ **임산부의 알코올 섭취(음주)** : 임신 중 알코올을 과도하게 섭취하게 되면 태아알코올증후군과 태아알코올효과에 걸린 아기를 출산하게 된다.
  ㉠ 태아알코올증후군(FAS, fetal alcohol syndrome) : 임신 중에 알코올을 섭취했던 임산부 아이는 특이한 얼굴과 작은 머리, 작은 몸, 선천적인 심장질환, 관절상 결함, 정신능력 저하 그리고 이상한 행동패턴을 보인다.
  ㉡ 태아알코올효과(FAE, fetal alcohol effect) : 출생 시 몸무게가 덜 나가고, 영아기에는 성급하고 과잉행동을 보이며, 아동기에는 주의 집중 시간이 짧고 학습에 어려움을 보인다.

> **기형발생물질(teratogen)**
> 태내 발달기에 노출된 결과, 인간의 신체적, 심리적 발달에 부정적 영향을 야기할 수 있는 환경적 요인을 말하는 것으로, 임신 중 알코올 섭취, 흡연, 마약류, 방사능, 환경 오염 물질에 과다하게 노출되는 것 역시 아기의 이후 발달에 부정적 영향을 미침

  ✗⊙ 태내기(수정-출산)에 관한 설명 : 기형발생물질*이란 태내발달에 영향을 미쳐 심각한 손상을 일으키는 환경적 매개물을 말한다.(O)

⑦ **임산부가 복용한 약물과 치료** : 임산부가 복용한 모든 약물은 거의 그대로 태반을 통해 태아에게 전달되는데, 특히 임신 4~10주(임신 1~3개월)는 태아가 약물에 가장 취약한 시기로, 이 시기 복용하는 약물은 기형아의 발생률을 높다.

⑧ **분만 횟수와 출산 간격** : 출산간격이 너무 짧은 경우 미숙아를 출산할 가능성이 높다.

⑨ Rh 인자의 부조화(혈액의 불일치)
  ㉠ Rh+인 남성과 Rh-인 여성과의 사이에 Rh+인 자녀가 임신될 경우 첫아이는 정상적으로 출산할 수 있으나, 둘째 아이부터는 임산부의 항체가 Rh+인 태아의 적혈구를 파괴하여 사산하고 정신지체아를 출산할 가능성이 높다.
  ㉡ 임신 직후부터 글로부린(globulin)주사를 주기적으로 맞음으로써 예방이 가능하다.

제2장 태내기, 영유아기, 학령전기

⑩ **출산과정의 영향** : 난산, 인공분만 혹은 치료가 잘못되었을 경우, 신생아에게 상해를 입혔을 경우는 아기의 감정에 격동이 있으며, 흥분을 잘하고, 감정통제에 미숙하고 운동을 지나치게 하는 경우가 있다.
⑪ **환경오염(환경호르몬)** : 수은, 납, 카본 등과 같은 중금속이나 유해한 화학물질은 태아에게 심각한 영향을 미칠 수 있다.
⑫ **사회·경제적 요인** : 적은 수입 등의 경제적 여건 및 낮은 사회 경제적 지위
⑬ **쌍생아(다생아) 임신** : 쌍생아나 삼생아를 임신하면 조산과 같은 임신의 합병증 위험이 높아진다. 다생아의 임신은 출산 시에 문제가 생길 가능성이 보통보다 두 배 정도 높다.
⑭ **방사선** : 수정란이 자궁에 착상되기 이전에 방사선에 노출되면 수정란은 죽게 되며, 착상한 이후 방사선에 노출되면 기형이나 정신지체아를 출산할 수 있으며, 태아의 성장이 지체되거나 중추신경계의 기형으로 출생 직후 사망하는 경우도 있다.

OIKOS UP 아버지가 태아에 미치는 영향

① 최근에는 남성도 태내환경에 중요한 영향을 미치는 것으로 밝혀지고 있다.
② 남성의 흡연은 정자의 수를 감소시켜 생산능력을 떨어뜨리며, 흡연 남성 자녀가 비흡연 남성 자녀에 비해 뇌수종, 안면마비, 뇌암, 임파종, 백혈병에 걸릴 확률이 높다.
③ 음주습관에 따라서는 하루 2병 이상의 맥주를 마신 경우 태아의 체중이 평균치에 비해 적게 나간다.
④ 아버지가 특정 화학약품에 노출되는 직업을 가진 경우 사산, 조산, 저체중아의 출산 가능성이 높다.
⑤ 아버지의 연령이 20세 이하이거나 55세 이상인 경우에는 다운증후군의 위험이 급격하게 증가하는 것으로 나타난다.

4 사회복지실천의 관심 대상이 되는 문제 [6]

① **생물학적 문제** : 불임의 문제, 임산부의 건강문제, 선천성 장애발생의 상담 예방 부모교육, 인간복제의 가능성과 문제점에 대한 관심 등
② **심리적 문제** : 성폭력에 의한 임신, 10대의 임신, 계획에 없던 원치 않은 임신, 사회문화적으로 규정된 과정이나 규범을 벗어난 경우 등으로 인한 임산부의 부정적 심리반응 고려, 임신과 출산에 대한 지식제공, 사회적 지지, 출산 후 산후우울증, 출산에 대한 불안 상담, 낙태에 대한 불안 상담 등
③ **사회적 문제** : 가족의 사회경제적 안정성을 위한 지원, 직장생활을 하는 임산부에 대한 지원, 부모교육 등

02 영유아기(Infants) : 0~2세

1 영유아기의 개요 [③⑨⑩⑰⑱⑲⑳㉒]

① 영유아기(嬰幼兒期, infancy)는 출생에서부터 만 2세까지의 시기이다.
② 이 시기의 특징은 매우 빨리 성장한다는 것이며, 급격한 신체적 발달 특성 때문에 이 시기를 **제1성장 급등기**(first growth spurt)라고도 한다.
③ 이 시기는 프로이트의 구강기(口腔期, 출생~1.5세), 피아제의 감각운동기(출생~2세), 융의 아동기에 해당하며, 에릭슨은 기본적인 **신뢰감***과 불신감이 형성되는 시기(출생~2세, 유아기)라고 하였다.

신뢰감
다른 사람들을 믿을 수 있고 또 그들의 행동이 예측가능한 것이라고 인식하는 것으로, 모성인물(주로 어머니) 또는 주 양육자와 관계를 바탕으로 신뢰감을 형성함

※ 영아기(0-2세) : 영아기(0-2세)에는 주 양육자와의 안정된 정서적 신뢰관계가 다른 사람이나 사물과의 관계를 형성하는데 영향을 미치고 이후의 사회적 발달의 밑바탕이 된다.(O)

2 신생아기(the neonatal period)의 발달

(1) 발달 특징 [⑤⑪]

① 신생아의 평균 신장은 50~52cm 정도, 체중은 3.2~3.4kg(정상범주 : 2.6~4.1kg, 2.5kg 이하이면 체중 미달)으로 **신생아의 두개골에는 6개의 숫구멍이 존재한다.**
　㉠ 남아가 여아보다 좀 더 무겁고 키가 큰 반면, 여아들은 남아보다 신경체계와 골격이 더 성숙해 있다.
　㉡ **체중미달의 주 원인** : 엄마의 약물복용, 유전적 결함, 임신기간을 다 채우지 못한 경우, 임산부의 영양상태가 좋지 못할 때 등
② 머리둘레가 가슴둘레보다 크고 동체가 길며 하지가 짧고 팔이 다리보다 긴 것이 특징이다.
③ 생후 몇 달 동안은 시각, 청각, 미각, 후각, 촉각과 같은 **감각체계가 운동체계보다 더 높은 수준에서 기능한다.**
　㉠ 움직임, 색깔, 밝기, 복잡성, 명암, 윤곽, 깊이, 거리를 포함한 다양한 시각적 차원에 반응한다(시각).
　㉡ 단맛, 신맛, 짠맛을 구별할 수 있으며, 모유수유의 아기는 어머니의 신체냄새에 민감하다(미각과 후각).
　㉢ 추위와 더위에도 민감하며, 볼에 닿는 차가운 것과 따뜻한 것의 차이를 표현할 수 있다. 또한, 뾰족한 것의 자극에서 오는 아픔에 대해서도 명확히 반응한다(촉각과 통각).
④ 신생아의 운동은 전신운동과 신체 특정부위의 운동으로 분류할 수 있다.
　㉠ 신경근육계통의 미분화로 인해 생후 10일 동안은 전신운동이 활발하게 이루어진다.

ⓒ 신체특정부분의 특수운동은 주로 뇌간에 의해 통제되는 20여 가지의 무의식적 반사운동과 관련된다.

(2) 신생아기의 주요 반사 운동 [2⑪⑬⑭⑰]

① 반사운동은 **어떤 특수한 자극에 대하여** 반사적이고 불수의적인 본능적 반응으로, 어떤 자극에 대해 **학습되지 않은 비자발적인 반응**이다.

② 신생아의 반사운동은 생존과 관련된 것(생존반사)과 생존과 관계없이 단지 진화과정에서 퇴화되어 남아 있는 것(원시반사)이 있다.

③ **생후 1년에 거의 사라지거나 의식적 행동으로 대치**된다.

반사운동유형		반사운동의 특성
생존반사 [⑱]	젖찾기반사 [㉑] = 근원반사 (rooting reflex)	입술 주위에 뭔가 닿으면 그 대상물을 향하여 입을 벌리고 고개를 돌리면서 빨려고 하는데, **탐지반사(searching reflex, 탐색반사)**라고도 한다.
	빨기반사 [⑱] (sucking reflex)	손가락이나 물체 등 입에 닿는 것은 무엇이나 빨려고 하는 반사이다. 반사적인 것은 생후 1년경 사라지며 이후부터는 의식적으로 빨게 된다.
	위축반사 (withdrawal reflex)	신생아의 발바닥에 고통스런 자극을 주면 발을 움츠리고 발가락을 오므리며, 얼른 다리를 빼려고 발버둥치는 것을 말한다.
	순목(瞬目)반사 (eye blink reflex)	밝은 빛을 비추거나 머리 근처에서 손뼉을 치는 등 갑작스런 자극을 주면 **눈을 깜빡거려 보호하려는 반사**로 일생 동안 지속된다.
	연하반사 [②⑱㉑] (swallowing reflex)	음식물을 **삼키는 반사운동**이다. 아이에게 영양분을 섭취하게 하고 질식하지 않도록 보호한다.
원시반사	모로반사 [②⑪⑬⑭⑱㉑] (Moro reflex)	평평하게 눕고 갑자기 큰소리를 내거나, 머리를 약간 들었다 떨어뜨리면 등은 활처럼 휘고 팔과 다리를 허우적거리며 쫙 벌리고 난 후 팔을 가슴으로 가져가서 **껴안는 자세**를 취한다.
	바빈스키반사 [②⑪⑬⑭⑱] (Babinski reflex)	아기의 발바닥을 간질이면 **발가락을 발등을 향하여 부채모양으로 쫙 편 후 다시 오므린다.**
	파악반사 [㉑] = 잡기/쥐기반사 (palmar grasp reflex)	아기의 손바닥에 성인의 손가락을 놓고 손바닥을 눌러 주면 자발적으로 자신의 체중을 매달릴 수 있을 정도로 성인의 손가락을 움켜잡는 것이다. Darwin이 발견했다 하여 **다윈반사(Darwinian reflex)**라고도 한다.
	걷기반사 [㉑] = 걸음마반사 (stepping reflex)	평평한 바닥에 아기를 세워서 양쪽 겨드랑이를 받쳐 주면 한 발씩 움직이며 마치 걷는 것처럼 다리와 발을 움직이는 행동을 보이는 것이다.

> **암기법**
> ☺ 연애할 때 여자친구를 깜짝 놀래주면, 오빠 몰라~!!(모로반사)하면서 **껴안긴**(껴안는 자세)다.
> ☺ 밥(Bab) 인(in) 스키(ski)! 스키(ski)를 타는데 신발 안(in)에 밥(Bab)이 들어가 있어서, 끈적거리니까 발바닥을 부채모양으로 쫙 폈다 오므렸다 한다.

3 영유아기의 발달

(1) 신체적 발달 [⑤⑥⑨⑩⑲]

① 출생 후 1년간은 **신체와 뇌의 성장이 급속도로 이루어지는데**, 이러한 급격한 신체적 발달특성 때문에 이 시기를 **제1성장 급등기**(first growth spurt)라고도 한다.

> 영아기(0-2세) : 제1성장 급등기라고 할 정도로 일생 중 신체적으로 급격한 성장이 일어난다.(○)

② **영유아기 신체적 발달**
  ㉠ 초기에는 매우 빠르게 성장하다가 점차 성장 속도가 둔화되며, 남아가 여아에 비해 더 크고 몸무게가 더 많이 나가는 것이 그 특징이다.
  ㉡ **태어난 지 1년 이내의 몸무게가 2~3배 정도 증가**하며, 두 돌에 이르면 출생 시의 거의 4배로 늘어난다.

③ **영유아의 운동기능 발달** : 출생 후 1년 반 정도가 지나면 혼자 걸어 다닐 정도로 대근육 운동이 발달하게 된다(11개월 : 혼자서 서기, 12개월 : 혼자서 걷기).

(2) 심리적 발달 [①④⑤⑦⑪⑬⑭⑯㉑]

① **인지적 발달**
  ㉠ 인지(cognition)는 인간의 정신적 사고과정 전부를 포괄하는 개념으로, 영유아기에는 '**반사적 유기체**'에서 점차 '**생각하는 유기체**'로 발달한다.
  ㉡ 영아는 정지된 것보다 **움직이는 것을 선호**하며 지각한다.

② 피아제와 인헬더(Piaget & Inhelder)는 **감각운동단계(감각운동기)를 6단계로 구분**한다.

단 계	연 령	인지발달
반사기	출생~1개월	• 원인과 결과가 자유의지가 아니라 반사적 반응에 의해 연결된다. • 반사행동(빨기반사, 잡기반사 등)을 통하여 환경 내 자극들을 동화시키며 성장한다. ⒠ 볼을 건드리면 자극이 있는 방향으로 머리를 돌리면서 입을 벌려 닿는 물건을 빤다. 종소리가 들리면 소리가 나는 쪽으로 머리를 돌릴 수 있다.
1차 순환반응의 성립	1~4개월	• 외부대상보다는 자신의 신체에 관심이 있으며, 자신이 한 우연한 행동이 재미있고 만족스러우면 그 행동을 계속 반복한다. • 영아의 행동은 외부보다 자신을 향해 있으므로 일차적이라고 하며, 같은 행동을 반복하기 때문에 순환반응이라고 한다. ⒠ 손가락 빨기와 같이 우연한 신체적 경험을 하여 흥미있는 결과를 얻었을 때 반복하게 된다. 이런 행동은 행위 자체의 즐거움을 위해 반복되는 것이다.
2차 순환반응의 성립	4~8개월	• 자신의 신체보다 주변 세계(외부 세상)에 대해 관심을 가지고, 행동이 일으키는 변화에 흥미를 가지고 행동을 반복한다. ※ 2차순환반응기에는 자신과 외부대상의 구별이 가능(O) • 수단과 결과의 조정통합을 할 수 있으며 영유아는 예상되는 어떤 결과를 보기 위해 반복행동을 한다. ⒠ 딸랑이 흔들기와 같이 환경 변화에 흥미를 가지고 그 행동을 반복한다. 소리를 다시 듣기 위해 딸랑이를 흔드는 행위를 반복하게 된다.
2차 도식의 협응	8~12개월	• 새로운 목적을 성취하기 위해 친숙한 행동이나 수단을 사용하며, **이 단계의 행동은 의도적이고 목적지향적이다.** • 1차 도식(⒠ 엄마의 옷을 잡아당기기)과 2차 도식(⒠ 엄마를 다른 곳으로 데려 가기)의 협응이 이루어진다. • 장애물을 치우고 원하는 물건을 잡는 등 의도적 행동을 할 수 있다. ⒠ 곰인형이 토끼인형 아래 있으면 곰인형(원하는 물건)을 가지고 놀기 위해 토끼인형(장애물)을 치워 버리는 행동을 한다.
3차 순환반응의 성립	12~18개월	• 목적을 성취하기 위해 행위를 수정할 수 있게 된다. ⒠ 다양한 소리를 듣기 위해 숟가락, 연필 등 여러 물체를 이용해 두드리는 것을 시도해보고, 여러 위치에서 물건을 떨어뜨려 그 상황을 관찰하기도 한다.
통찰기	18~24개월	• 문제해결을 위해 시행착오적 시도를 하기보다 **행동하기 전에 머릿속에서 먼저 생각을 한 이후 행동**을 한다. • 행동이나 물리적 조작을 통해 실제로 수행해 보지 않고서도, 어떤 행동의 결과를 예측할 수 있는 통찰력이 생긴다. • 영아는 눈앞에 없는 사물이나 사건을 정신적으로 그려내는 **상징적 표상을 사용(상징적 표상사고의 시작)**할 수 있다. ⒠ 병원에서 의사선생님이 환자를 치료하는 것을 목격한 영아가 다음 날 인형을 가지고 의사놀이를 하는 것, 엄마가 자신에게 했던 행동을 인형에게 똑같이 하는 것 등이다.

③ 대상영속성(object permanence, = 대상불변성)의 개념 발달 [③⑥⑭⑯⑰⑱]
  ㉠ 우리 자신을 포함하는 모든 대상들이 독립적 실체로서 존재하며, **시야에서 그 대상이 사라지더라도 다른 장소에 계속 존재한다는 사실에 대한 지식**을 의미한다.
    ㉮ 피아제는 이 능력을 갖고 태어나는 것이 아니라고 하였다.
    ㉯ **생후 9~10개월 정도**가 되면 환경에 있는 대상은 그 존재가 영속적이며 자신의 눈앞에서 사라진다 해도 그 존재가 사라지지 않는다는 것을 알게 된다. → **장난감을 숨기면 의자 뒤로 가서 찾음**
    ㉰ **만 24개월이 되면 대상영속성이 형성(확립)**된다. 즉, 만 2세 이후 전조작기가 되면 대상영속성과 함께 자신이 독립된 개체라는 것을 명확히 깨닫는다.
  ㉡ 대상영속성의 개념은 안정된 애착관계를 형성하기 위해서 중요한 개념으로 **낯가림이나 분리불안 등의 발생과 관계**가 있다.

④ **정서적 발달(감정분화)** [④⑨⑬㉑]
  ㉠ **정서(emotion)** : 외적 자극과 개인의 사고과정 및 감정변화 사이의 관계를 나타내는 용어로, 자극에 직면하여 발생하거나 자극에 수반되는 생리적 변화 또는 눈에 보이는 행동 등의 반응을 의미한다.
  ㉡ 출생직후 미분화된 흥분만 있게 되지만, 3개월 이전에 **불쾌의 반응**을 보이고 3개월 경에는 **쾌의 반응**이 나타나면서 불쾌와 쾌가 분화된다. → **부정적 정서 표현이 먼저 분화**

  ❌⭕ 영아기(0-2세) : 정서발달은 긍정적 정서를 표현하는 것에서 시작하여 점차 부정적 정서까지 표현하게 된다.(X)

> **OIKOS UP** 영유아의 정서(감정)분화
> 처음에는 흥분만을 나타내지만, 6개월이 지나면서는 정서를 구분하고 타인의 정서를 인식하며, 정서를 규제하는 능력도 발달한다. 2세가 끝날 무렵에 성인에게서 볼 수 있는 거의 모든 정서가 나타난다.
> ① 신생아 때 : 흥분 상태에서 자거나 빠는 등 매우 본능적인 정서가 지배한다.
> ② 2개월 : 불쾌감을 호소하는 표정으로 울거나 뚜렷한 목표 없이 미소를 짓는다.
> ③ 3개월 : 노(怒)하는 표정(분노)이 처음 나타나기도 하는 반면, 기쁨과 행복감의 정서도 함께 가지게 된다.
> ④ 6개월 : 무서움(공포)을 알기 시작하고 노여움이 증가한다.
> ⑤ 12개월 : 의기양양하고, 애정이 더욱 증가된다.
> ⑥ 18개월 : 성인을 위한 애정과 어린이를 위한 애정 및 질투가 생긴다.
> ⑦ 19개월 : 환희의 감정이 나타난다.

⑤ **언어발달** [⑬㉑]
  ㉠ 반복, 독백 등을 포함한 **자기중심적인 언어**를 사용하며, 영유아들끼리 뜻이 통하고 알아들을 수 있는 **표현적 언어와 전보식 언어**가 특징이다.
    ㉮ **전언어 단계(10~13개월)** : 울음, 옹알이 등의 언어적 표현을 한다.
    ㉯ **한 단어 단계(12~18개월)** : 생후 1년을 전후하여 첫 단어를 말하기 시작하는데, 18개월 경까지 한 단어를 사용한다. 예 맘마, 과자/까까, 멍멍이

ⓒ 두 단어 단계(18~24개월) : 16~24개월 정도에 이르면 단어 습득의 속도가 급속하게 빨라져 어휘가 폭발적으로 늘어난다. 예 "엄마, 과자", "우유, 더"
　ⓒ 인지발달 및 사회성 발달과 밀접한 관련성을 지니고 있다.

(3) **사회적 발달** [②④⑤⑥⑧⑨⑩⑫⑬⑭⑮⑯⑰⑱⑲⑳㉑㉒]
　① **애착관계 형성과 발달(사회적 애착의 확립)**
　　㉠ **애착(attachment)**이란 친숙한 사람과의 강력한 정서적 유대를 말하는 것으로, **영유아와 보호자 사이**에 형성되는 친밀한 정서적 유대감을 의미하며, 주로 양육자에서 점차적으로 기타 가족이나 친구에게로 확대된다. 애착 : 엄마에게만 나타난다.(X)
　　　㉮ **보울비(Bowlby, 1969)가 최초로 사용**했으며, **동물의 각인 행동**에서 그 기원을 찾을 수 있다.
　　　㉯ 애착 형성의 민감기는 **생후 1.5개월에서부터 2년까지 확대될 수 있으며, 2세 이후 애착 형성이 불가능한 것은 아니지만 대단히 어렵다.** 2세 이후 애착형성 불가능하다.(X)
　　　㉰ 양육자와의 애착관계형성은 사회·정서적 발달에 매우 중요하다.
　　㉡ **애착의 유형** : **에인스워드(Ainsworth)**는 영유아의 애착의 질을 평가하여 크게 **안정 애착과 불안정 애착**으로 구분하고, 불안정 애착을 다시 세분화하여 회피애착, 저항애착, 혼란애착 (또는 비조직적 애착)의 3가지 유형으로 분류한다. [⑯]

유형		특성
안정애착		• 부모가 영아의 요구에 즉각적으로 반응해 주고 안정적으로 상호작용을 하는 경우 안정애착을 형성한다. • 낯선 사람보다 어머니를 뚜렷하게 선호하고 주위의 탐색을 위해 어머니로부터 쉽게 분리된다.
불안정 애착	회피 애착	• 부모가 자기중심적이고 강압적이며 지나친 자극을 주는 경우 회피애착을 보일 수 있다. • 어머니가 방을 떠나도 불안해하거나 울지 않고 어머니가 돌아왔을 때에도 안기려 하지 않는 등 무시하거나 회피한다.
	저항 애착 [⑯]	• 기준 없이 부모의 기준에 따라 다르게 반응하는 일관성 없는 양육태도는 영아를 불안하게 만든다. • 어머니가 떠나기 전부터 매우 불안해하며 어머니가 방을 나가면 심하게 울며 분리불안 증세를 보이고, 어머니가 돌아온 후에는 어머니와 접촉하려고 시도하지만 안아 주어도 안정감을 느끼지 못해 화를 내며 밀쳐내는 등 양가 감정을 표현한다.
	혼란 애착	• 불안정 애착의 가장 심한 형태로 회피애착과 저항 애착의 결합된 형태로 나타난다. • 학대받은 영아의 경우, 부모가 자신의 안전기지가 되어 줄 수 있는 존재인지, 자신의 안전을 위협하는 존재인지 혼란스러워한다. • 어머니와 재결합했을 때 어머니가 안아주어도 얼어붙은 표정으로 있거나 먼 곳을 응시하며, 양육자에게 접근하다가도 양육자가 다가오면 멀리 도망가고 피한다.

ⓒ 애착 행동의 형성 요인
㉮ 영유아의 인지능력에 기초하지만, **신체적 접촉이 애착형성의 더 중요한 요인이다.**
㉯ 애착을 형성하는 데는 반드시 1:1의 보호가 필요한 것도 아니고, 영유아와 대부분의 시간을 같이 보내는 사람에게만 애착이 형성되는 것도 아니다.
㉰ 유아에게 적절히 자극을 주고 유아가 울거나 신호를 보낼 때 신속히 반응을 잘해 주는 사람에게 애착이 형성된다.

② 애착과 관련된 불안 : 낯가림 → 분리 불안
영유아가 특정인물과 애착관계를 형성했다는 증거를 낯가림과 분리불안을 통해 확인할 수 있다.

※ 애착관계가 형성되면 분리불안을 느끼지 않는다.(X)

㉠ 낯가림(stranger anxiety)
㉮ 영유아의 낯선 사람에 대한 불안 반응으로, **생후 5~6개월경**이 되면서 보이기 시작하다가, 첫돌 전후에 가장 심하게 나타나며 이후에 점차 없어진다.
㉯ 낯가림은 분리 불안보다 보통 먼저 나타난다.

㉡ 분리 불안(separation anxiety)
㉮ 낯가림과 비슷한 시기인 **출생 후 9개월경에 시작**(대상영속성 개념을 얻기 시작하면서)하여 15개월에 절정에 달했다가 20~24개월경(대상영속성의 확립이 이루어지는 시기)이면 사라진다.
㉯ 엄마에 대한 사회적 애착을 확립하고 대상영속성의 개념을 완벽하게 획득한 후에는 엄마가 눈앞에서 사라져도 그 존재는 영속적이며 다시 돌아온다는 것을 확신함으로써 불안이 완화된다.

③ **자아개념 및 성격발달의 기초를 형성**하는 시기이다.

※ 학령전기 : 자아개념 형성(O), 아동기 : 자아개념 발달(O)

(4) 사회복지실천의 관심 대상이 되는 문제
① **신체적 문제** : 선천성 질병(장애아를 둔 가족에 대한 가족 내 갈등 완화를 위한 지지적 서비스와 조기에 전문적 치료 및 교육훈련을 받을 수 있도록 적절히 개입)과 장애문제, 운동발달지체(부모와의 상담을 통해 여아의 운동 발달 상태를 평가하고, 필요시 의학적 진료를 받을 수 있도록 의뢰) 등
② **심리적 문제** : 정신지체(mental retardation)와 같은 인지발달상의 장애, 언어발달상의 장애 등
③ **사회적 문제** : 애착확립의 문제(자폐증의 속성을 보일 경우 조기진단과 치료), 양육문제 등

03 학령전기(preschool childhood) : 3~6세

1. 학령전기의 개요 [⑬㉑]

① 아동 전기, 학동 초기, 제1의 반항기로 불리며, 만 3세~6세까지의 초등학교 입학 전까지를 의미한다.
② 세부적으로 3~4세까지를 **걸음마기**로 5~6세까지를 **학령전기**로 나누어 정리한다.

2. 걸음마기(toddlerhood)의 발달

(1) 개요 [④⑦⑩⑬⑱⑲]

① 만 3~4세까지의 시기로, 걸음걸이가 아직 완전히 안정되지 못한 특성 때문에 이와 같은 발달단계의 명칭이 붙여진 것이다.
② 3다(三多)의 시기로, 얘기를 많이 하고(多辯), 움직임이 많으며(多動), 자기주장이 강하게 나타나 **부모에게 반항하는(多抗)** 등 좀 더 자율적이고 독립적 존재가 되어 간다.
③ 프로이트의 항문기(1.5~3세), 에릭슨의 자율성 vs 수치심 단계(2~4세, 초기아동기), 융의 아동기, 피아제의 전조작기(2~7세)의 전개념적 사고단계(2~4세), 콜버그의 도덕발달 수준 중 전인습적 수준(4~10세, 1단계 : 복종과 처벌지향 도덕성, 2단계 : 욕구충족수단으로서 도덕성)에 해당한다.

 ㊀ 유아기(3~6세)는 융의 아동기에 해당하며 자아가 형성되는 시기이다.(○)

(2) 신체적 발달 [⑩⑲㉒㉔]

① **신체성장** : 영아기(0~2세)에 비해 성장속도가 완만해진다.
 ㉠ 머리에 집중되어 있던 신체적 성장이 신체 하부로 확산되어 가긴 하지만 **아직까지는 머리가 크고, 가슴이 작고, 배불뚝인 데다가 다리는 짧다.**
 ㉡ 아동은 질병이나 영양불량에 의해 성장에 손상을 입을 수 있지만, 건강 상태가 회복되고 적절한 영양공급이 이루어지게 되면 또래 아이들과 유사한 수준으로 성장하는 **따라잡기 성장(catch-up growth)**이 가능하다.

 ㊀ 유아기(3~6세) : 영아기(0-2세)에 비해 성장속도가 빨라지는 특성을 보인다.(X)

② **운동능력의 발달**
 ㉠ 걸음마기에는 운동능력이 보다 정교화 된다. 즉 걷는 능력이 정교해지고, 대근육과 소근육 운동의 활동이 이루어진다.
 ㉡ 이 시기 동안에 수영, 스케이트, 율동과 같은 여러 가지 다른 형태의 운동을 접하게 되며, 이런 스포츠를 통해 다양한 방식으로 그들의 몸을 사용하고 싶어 하고 또한 매우 빨리 필요한 동작을 배운다.

(3) 심리적 발달

① **인지적 발달** [⑧⑮]
- ㉠ 이 시기는 Piaget의 **전조작적 사고단계 중 전개념적 사고단계(2~4세)**로, 마음속으로 사물의 이미지를 만들 수 있는 상징적 사고를 할 수 있게 된다. 상징적 사고 능력이 생기면서 외부 세계를 표상하기 위한 **상징(symbol)**을 사용하는 표상적 사고를 한다.
  - 예) 냉동실 문을 열지 않고도 아이스크림을 말하면서 차갑고 맛있는 아이스크림의 특징을 생각할 수 있음
  - 유아기(3~6세)는 사물을 정신적으로 표상할 수 있는 능력이 발달하여 가장놀이를 즐기며, 이는 사회정서 발달에 영향을 미친다.(O)
- ㉠ **전개념적 사고단계의 특징** : 상징적 사고, **언어기술 획득**, 자기중심적 사고, 물활론적 사고, 인공론적 사고, 전환적 추론(= 전도추리, 비약적 추론) 등
- ㉠ **상상 능력과 가장놀이(상상놀이)**
  - ㉮ 실제 행동을 통해서가 아니라, 상징적으로 대상을 다룰 수 있게 해주는 다양한 기술을 습득하여(**상상 능력**), **가장놀이(pretend play, 가상놀이, 상상놀이, 상징놀이)**를 할 수 있다.
  - ㉯ 이전에 관찰했던 것을 모방하거나, 인형이나 물건을 사람으로 상상하고 가상의 상황을 만들어노는 가상놀이는 사회정서 발달에 영향을 미친다.
  - ㉰ 대상이 눈앞에 없는 상태에서도 모방할 수 있는 능력, 정신적인 영상을 간직할 수 있는 능력, 상상 속에서 그리고 묘사할 수 있는 능력, 가장놀이(상상놀이)를 할 수 있는 것, 언어능력(언어는 의사소통하는 상징체계의 사용)이 이에 포함된다.
  - ㉱ 걸음마기의 가장놀이는 **학령전기의 집단놀이와 아동기의 팀스포츠**로 이어진다.
- ㉢ **언어의 발달** : **언어발달의 결정적 시기(언어발달이 왕성한 시기)** [⑯②]
  - ㉮ 타인의 말을 이해하는 능력이 크게 증가하고, 사용하는 어휘 수와 문장의 길이가 길어져서 기본적인 의사소통이 가능하게 된다.
  - ㉯ 3세경의 유아는 **3개 이상의 낱말을 연결하여 문장을 만들어 사용**할 수 있으며 900~1,000단어 정도의 어휘력과 문법의 초보적 지식을 갖추게 된다.
  - 2~3세 유아는 언어활동이 급격히 증가하고 낱말을 이어 문장으로 말하기 시작한다.(O)

② **자아통제 및 자율성의 발달** [⑥]
- ㉠ **자아통제(self control, 자기통제)** : 타인의 특정한 요구에 순응할 수 있고, 상황에 맞추어 행동을 조절하거나 지연시킬 수 있으며, 외부에 의해 꼭 지시받지 않더라도 사회적으로 받아들여지는 방식으로 행동할 수 있는 능력 등을 포함한다.
  - ㉮ 자아통제능력 획득은 **대소변 훈련(toilet training)에서 시작**된다.
    - 유아기(3~6세) : 주요발달과업 중의 하나는 배변훈련이다.(O)
  - ㉯ 대소변 훈련은 **개인의 자율성과 사회적 요구의 갈등이 최초로 일어나는 장(場)**으로서, 갈등의 성공적 해결은 자아통제능력의 발달에 기여한다. → **자율성(autonomy)**이란 심리적 기제가 발달
- ㉡ 이 시기 자아통제는 **충동에 대한 통제와 환경에 대한 지배**의 두 방향으로 형성

㉮ **충동에 대한 통제** : 충동의 만족이 지연되는 것을 견디는 능력이 향상(**시간적 사고와 연결**)

㉯ **환경에 대한 지배** : 환경을 지배할 수 있다는 것은 자신의 일상생활의 지속된 공간감각을 익히면서 가능(**공간적 사고와 연결**)

(4) 사회적 발달

① **훈육** : 부모가 아동의 행동에 제한을 가하면서 사회적 기준을 가르치기 위한 훈육이 시작된다.

② **또래와의 접촉(분리와 개별화 과정을 경험)** : 이 시기 아동은 부모로부터 분리되어 또래와의 상호작용에 적극적으로 참여하려 하며, 3~4세경이 되면 성인과의 접촉보다는 또래와의 접촉이 더 많아진다.

(5) 사회복지실천의 관심 대상이 되는 문제 [3]

① **신체적 측면** : 영양결핍과 질병, **주의력 결핍 과잉행동장애**(ADHD, Attention Deficit Hyperactivity Disorder)와 공격성, 과잉보호로 인한 운동능력 발달의 지연 등

② **심리적 측면** : 걸음마기 아동에게 나타날 수 있는 특징적인 심리적 발달장애로 자폐증, 눌어증(stammering, 말더듬기), 야뇨증, 수면장애 등

③ **사회적 측면**

㉠ **아동을 학대 또는 방임**하는 가족에 대한 면밀한 욕구평가에 근거하여 필요한 서비스를 제공하고, 필요할 경우 아동복지 전문기관에 의뢰해야 한다.

㉡ **프로텍티브 서비스(protective service)** : 아동학대에 대한 사회복지실천 프로그램으로, 학대받거나 방치되는 아동을 보호하기 위하여 주어지는 매우 강력한 형태의 아동복지 프로그램이다.

OIKOS UP 주의력 결핍 과잉행동장애(Attention Deficit Hyperactivity Disorder; ADHD)

① 주요 특징(증상)

㉠ **주의력 결핍**(inattention), **과다활동**(hyperactivity), **충동성**(impulsivity)
당면한 과제에 주의를 기울이거나 주의를 지속함에 있어서 제한된 능력을 보이며(**부주의**, inattention), 어떤 일을 심사숙고하여 조직적으로 처리하지 못하거나 목적 없이 행동하며(**충동성**, impulsivity), 활동의 양이 같은 연령대의 또래나 주어진 과제에 비해 과도함(**과잉행동**, hyperactivity)을 특성으로 하는 장애이다.

㉡ 지각과 인지의 장애를 가진다.
이러한 아동은 눈과 손의 협응, 공간지각, 청각지각 등에 장애를 갖게 됨. 이들은 감각운동을 조정하고 연합하는 데 장애를 갖고 있어 블록 쌓기, 수수께끼 놀이 등을 잘 하지 못하고 떨어지는 공을 잘 받지 못함. 또한 이들은 과거와 현재에 일어난 일을 잘 기억하지 못하며, 일반적인 규칙을 기억하지 못하고 장기적 목표를 성취할 수 없다는 것이다.

② 이것의 원인은 유전, 출산전후의 뇌손상, 부적절한 환경 등을 들고 있지만, 아직도 분명하게 밝혀지지 않고 있으며, 남아가 여아보다 2~3배 많다.

3 학령전기(preschool childhood)의 발달

(1) 개 요 [4⑪⑫⑲]
① 만 5~6세까지의 시기로 아동이 유치원에 입학하는 등 생활환경이 확대됨으로써 보다 복잡한 사회적 영향을 받게 된다.
② 프로이트의 남근기(3~6세), 에릭슨의 솔선성(주도성) vs 죄의식 단계(4~6세, 유희기), 융의 아동기, 피아제의 전조작기(2~7세)의 직관적 사고단계(5~7세), 콜버그의 도덕발달 수준 중 전인습적 수준(4~10세, 1단계 : 복종과 처벌지향 도덕성, 2단계 : 욕구충족수단으로서 도덕성)에 해당한다.

(2) 신체적 발달
① 이 시기 운동발달 특징
  ㉠ 신체의 각 부분을 효율적으로 움직일 수 있고 균형을 유지할 수 있는 능력, 즉 신체적 안정성이 발달하고, 걷기, 뛰기 등을 통하여 이동능력이 발달
  ㉡ 여러 가지 사물을 접하면서 각각의 특성에 따라 다양한 조절방법을 배우게 됨으로써 조작적 능력이 발달
  ㉢ 장난감보다 자신의 몸을 이용한 운동, 즉 달리기, 줄넘기, 축구, 등산, 자전거, 수영 등의 운동을 선호
② 안전사고 : 운동발달이 급속히 이루어짐에 따라 매우 활동적이며 호기심과 모험심이 많아 안전사고의 위험성이 더 크다.

(3) 심리적 발달
① 인지적 발달
  ㉠ 이 시기는 Piaget의 전조작적 사고단계 중 직관적 사고단계(5~7세)로, 직관적 사고는 사물의 여러 측면에 주의를 기울일 줄 모르고 현재 지각되는 어느 한 사실에만 주의를 기울임으로써 그 대상을 규정짓는 사고 특성이다.
    예) 크리스마스에 산타클로스 복장의 선생님이 선물을 주면, 정말 산타클로스가 와서 선물을 주었다고 생각
  ㉡ 직관적 사고단계의 특징 [④⑤⑥⑦⑩㉑㉒]
    ㉮ **불완전한 분류능력** : 수와 종류는 알지만 상위개념과 하위개념을 완전히 구분하지 못한다.
    ㉯ **전환적 추론(transductive reasoning, 전도추리, 비약적 추론)** : 걸음마기에 이어 사물이나 사건의 개별적 특성만을 고려하여 추리하는 사고유형이 지속적으로 나타난다.
      ⓧ 유아기(3~6세) : 전환적 추론이 가능하다.(○)
    ㉰ **중심화 경향(centration)** : 전체 상황 중에서 하나의 차원이나 측면에만 주의를 기울이고 다른 차원은 무시한다.
    ㉱ **불가역성(irreversibility, 비가역성)** : 일련의 논리나 사건을 원래 상태로 역전시킬 수 없다고 생각한다.
    ㉲ **자기중심성(egocentrism)** : 자신의 입장에서 세계를 지각하는 자아중심적 사고가 나타나며 자기중심적 언어를 사용한다.

② **초기적 수준의 도덕발달(기초적 도덕성 발달)** [④⑨⑩⑯⑰⑱②]
  ㉠ 프로이트(Freud)의 정신분석이론
    ㉮ 도덕적 행동을 산출하는 심리적 과정을 지배하는 초자아(superego)는 오이디푸스 콤플렉스(Oedipus complex)와 엘렉트라 콤플렉스(Electra Complex)의 해결로 형성된다.
    ㉯ 오이디푸스 콤플렉스를 통과해 나가는 과정과 그에 따른 초자아의 발달이 남자와 여자에 있어 상이하다고 보았다.
  ㉡ 인지적 발달이론
    ㉮ **피아제(Piaget)의 이론** : 타율적 도덕성(학령전기), 즉 어른들의 신체적 힘에 대한 두려움과 어른의 권위에 대한 복종에서 시작하는 것으로, 사고의 경향이 아직 자기중심적인 **2~6세 동안의 전조작기에 존재하는 도덕적 수준**이다.
    ㉯ **콜버그(Kohlberg)의 이론** : 학령전기(3~6세)의 아동은 **전인습적 도덕기(1단계 : 복종과 처벌지향 도덕성, 2단계 : 욕구충족수단으로서 도덕성)**에 머물러 있다고 할 수 있다.
      ⊗ 유아기(3~6세) : 콜버그(L. Kohlberg)의 도덕발달단계에서는 보상 또는 처벌회피를 위해 행동한다.(O)
  ㉢ 행동주의 이론
    ㉮ **학습이론** : 초기적 수준의 도덕발달은 상(보상)과 벌(처벌)에 대한 반응으로 성취된다.
    ㉯ **사회학습이론** : 아동이 모방(관찰을 통한 학습)을 통해서 도덕적 행동을 학습한다.
③ **정서발달** : 정서적 적응과 방어기제 [④⑨⑩]
  ㉠ 학령전기 아동은 정서가 좀 더 복잡해지고 다양해진다. 사랑, 분노, 공포, 좌절감 등 여러 가지 감정을 다루고 적절한 방식으로 표현하며, 충동이나 사회적 요구 간에 균형을 유지할 수 있는 방법을 배우게 된다.
  ㉡ 이 시기 아동은 여러 가지 근원에서 비롯된 **불안과 공포심을 경험**하는데, 5~6세 정도 되면 불안으로부터 자신을 보호하기 위해 자아가 사용하는 적응장치로서 **방어기제(defense mechanism)를 습득**한다.
    ⊗ 유아기(3~6세) : 정서적 표현이 시작된다.(X)
    ⊗ 유아기(3~6세) : 정서적 표현의 특징은 일시적이며 유동적이다.(O)
    ⊗ 유아기(3~6세) : 성적 관심을 나타내며 정서 분화가 두드러지게 나타난다.(O)

(4) **사회적 발달**
① **자아개념 형성** [④②] ⊗ 유아기(3~6세) : 자아개념과 자아존중감을 형성한다.(O)
  ㉠ **자아개념(self-concept)**은 자신이 주변에 있는 물체나 다른 사람과 구분되는 독립적인 존재이고, 시간이 지나도 지속적으로 존재할 것이며 자신만의 독특한 특성을 가지고 있음을 알게 되는 것이다.
  ㉡ 자아개념과 함께 **자아존중감(self-esteem)도 발달**하며, 이것은 인간이 일하고, 생활하고, 무언가를 추구하고, 다른 사람과 긍정적인 관계를 유지하기 위해 필요한 것이다.
    ㉮ 자아개념이 자아에 대한 인지적 측면이라고 한다면 자아존중감은 자신에 대한 정서적 측면이다.

㉯ **자아존중감**(self-esteem)은 자기 자신에 대해 갖고 있는 개인적 가치감이나 긍정적 평가로서, 자아개념을 구성하는 하위요인이다.

② **사회적 관점 수용능력**(social perspective taking ability, 조망수용능력) [⑧⑫㉑]
- ㉠ 타인의 입장, 관점, 사고, 감정을 추론하고, 감정이입적으로 타인의 감정을 이해하는 능력을 말한다. 유아기(3~6세) : 타인의 감정을 수용할 수 있는 사회적 관점이 발달하기 시작한다.(○)
- ㉡ 학령전기에 속하는 아동은 **사회적 관점 수용능력이 매우 낮기 때문에 대인관계상의 갈등을 객관적으로 해결하지는 못한다.** → 구체적 조작기 특징 : 조망수용능력

③ **집단놀이**
- ㉠ 걸음마기(3~4세)의 가장놀이(상상놀이)와 아동기의 팀스포츠 사이의 과도기적 놀이형태이다.
  - ㉮ 몇 개의 쉬운 규칙을 가지고 있는 것이 보통이며 경쟁에서 이기는 것보다 친구들과의 협동이나 상호작용에서 즐거움을 얻을 수 있는 그러한 유형의 놀이이다.
  - ㉯ 집단 놀이는 보통 여러 차례 반복되어 놀이에 참가한 성원이면 누구에게나 이길 수 있는 기회가 돌아가도록 되어 있는 것이 보통이다.
    - 예 술래잡기, 공받기와 같은 놀이 등
- ㉡ 놀이의 유용성 [③⑩⑬]
  - ㉮ 유아의 사회성은 놀이를 통해 이루어진다. 놀이를 통해 **운동기술을 숙달**시키고, **성취감을 키우고, 사회적 관계를 알게 되고, 타인의 역할을 수용**하게 되며, **현실에서 경험한 좌절을 해소**할 수 있다.
  - ㉯ 유아는 놀이를 통해 **실제 상황에서 겪는 어려움을 극복하는 연습**을 하고, 곤란을 스스로 극복하고자 노력하며, 이러한 과정을 통해 **내적인 힘을 키우게 된다.**
  - ㉰ 학습이론의 입장에서 보면 **놀이는 학습된 행동**이다.
  - ㉱ **자신의 감정과 행동을 적절하게 표현**하는 것을 배운다.

④ **우정의 발달**
- ㉠ 또래와의 집단놀이를 통해 우정을 경험하지만, 아직도 자아 중심 성향이 남아 있기에 이 시기 형성한 우정은 오래 유지되기 어렵고, 극단적인 좌절감을 유발하기도 한다.
- ㉡ 친밀하고 지속적인 우정은 초등학교에 입학하는 아동기에 가서야 본격적으로 발달할 수 있다.

⑤ **성 역할에 대한 인식 및 학습** [⑥⑰⑲㉑㉒]
- ㉠ 이 시기에 자신의 **성 역할**(sex role, 특정문화에서 남성과 여성에게 적절하다고 규정하고 있는 행동)**에 대한 인식이 생기며** 아동은 전체적인 자아개념에 자신의 성을 연결시키게 된다.
- ㉡ 이 시기 아동은 성과 관련된 사회적 관계 성향에 관심을 나타내고, 자신의 성에 걸맞은 행동을 함으로써 **성 역할 정체감**(개인이 그의 자아 속에 남성적 역할이나 여성적 역할과 연합된 특성을 수용하는 정도)**을 형성해 가기 시작**한다.
- ㉢ 부모의 기대와 문화적 기준에 맞는 **성역할 기준을 이해**하고 **내면화**하게 된다.
  - 예 우리나라에서는 남성성에 보다 우월한 가치를 부여함으로써 성에 따른 사회적 차별을 유아기부터 은영 중에 내면화할 가능성이 있음

- 유아기(3~6세) : 성역할의 내면화가 이루어진다.(○)
- 유아기(3~6세) : 성적 정체성(gender identity)*이 발달하는 시기이다.(○)
- 청소년기 : 성역할에 대한 정체성이 확고해지는 시기이다.(○)
- 청년기 : 성역할 정체감 확립(○)

> **성적 정체성(gender identity)**
> 3세경의 유아가 최초로 자신을 남자 또는 여자로 범주화하는 능력

⑥ **사회화(socialization)**
  ㉠ 인간이 태어나서 타인과의 상호작용을 통해서 그 사회의 가치와 규범, 도덕, 신념 등을 내면화함으로써 그 사회가 바라는 인간다운 인간으로 성장하는 과정이다.
  ㉡ 사회화 과정에서 가장 많은 영향을 미치는 집단은 가족이며, 그중 부모의 양육행동이 사회화뿐 아니라 이후의 성격발달에도 중요한 영향을 미친다.

(5) 사회복지실천의 관심 대상이 되는 문제

① **신체적 측면** : 질병을 예방하고 치료할 수 있도록 필요한 정보와 자원을 제공하는 것, **안전사고를 미연에 방지할 수 있도록 철저한 안전점검 실시** 등
② **심리적 측면** : 유치원이나 보육시설에서 **적절한 인지교육이 필요**하며, 지나치게 강압적인 방식으로 도덕기준을 아동에게 부과해서는 안 된다.
③ **사회적 측면** : 이 시기 남아의 경우 **공격적 성향이 증가**된다. 아동의 공격성을 증가시키는 중요한 사회적 요인은 텔레비전(폭력적 장면)과 같은 대중매체이다.

MEMO

CHAPTER 03 아동기(childhood) : 7~12세

제2부 **전생애주기적 발달관점에서 이해**

제3장 회차별 출제빈도, 출제비중 및 출제논점 1, 2, 3순위

10회 2012	11회 2013	12회 2014	13회 2015	14회 2016	15회 2017	16회 2018	17회 2019	18회 2020	19회 2021	20회 2022	21회 2023	22회 2024
2	1	2	1	1	1	(1)	1(1)	1	1(1)	1	1(1)	1(1)

출제 비중	출제 논점		
	1순위 ☺	2순위 ※	3순위 ☆
(1)1 2	① 신체, 심리, 사회적 발달 ② 구체적 조작기 특징	① 단체놀이의 경험	① 짝패집단 형성

1순위 스마일표시(☺) : 출제 빈출도가 높은 부분으로 무조건 시험에 출제되는 영역
2순위 당구장표시(※) : 나왔다 안 나왔다 하는 영역이지만 출제가능성 높은 영역
3순위 별 표(☆)   : 출제 된 적이 있긴 하지만 다시 출제될 가능성은 다소 떨어지는 영역

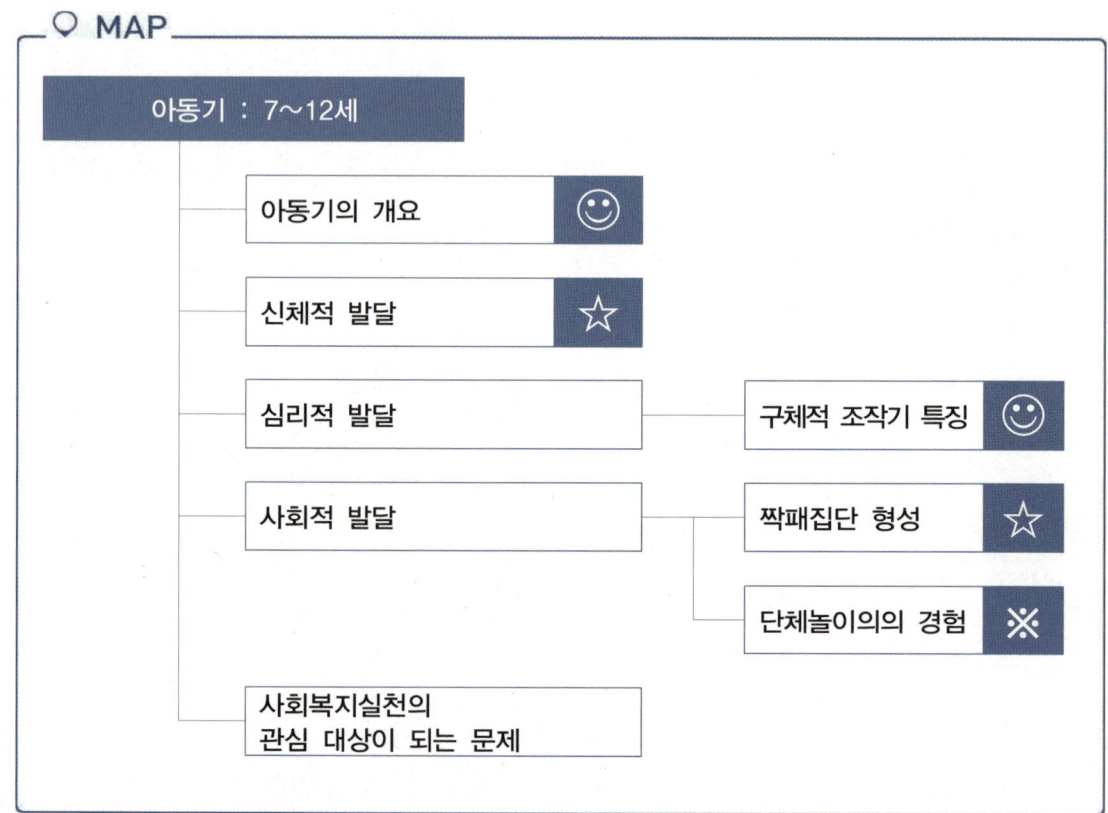

01 아동기의 개요 [③⑥⑧⑩⑫⑬⑭⑱⑳㉒]

① 아동기 후기 또는 후기 아동기(middle childhood), 학령기(school age), 학동기(學童期), 도당기(徒黨期; gang age), 잠복기(潛伏期), 동성기 등으로 불리기도 하며, 초등학교 입학부터 졸업까지의 시기인 **만 7세~12세까지의 시기**이다.

> 아동기(7~12세) : 동성 또래관계를 통해 사회화를 경험한다.(O)

② **프로이트의 잠복기**(latency period, 잠재기), **에릭슨의 근면성 대 열등감**(6~12세, 학령기), **피아제의 구체적 조작기**(7~12세), **콜버그의 도덕발달 수준 중 인습적 수준**(10~13세, 3단계 : 착한 아이지향 도덕성, 4단계 : 법과 질서지향 도덕성)에 **해당**한다.

> 아동기(7~12세) : 성에너지가 무의식 속으로 잠복하는 시기이다.(O)

02 신체적 발달

(1) 신체적 성장 [⑤⑭]

① 신체적 성장과 발달이 **비교적 완만하게 진행**되긴 하지만 꾸준한 성장이 이루어지고 전체적인 신체의 체계가 안정되는 시기이다.

㉠ **치아는 유치(젖니)가 영구치로 바뀐다.** 6세경에 유치가 빠지기 시작하며 13세경이 되면 거의 모든 유치가 영구치로 대치된다.

> 아동기(7~12세) : 유치가 영구치로 바뀌고 보존개념을 획득할 수 있다.(O)

㉡ 근육성장기 **골통(骨痛)** 또는 **성장통**(growing pain, **뼈가 신체보다 더 빠른 속도로 자람으로써 느끼는 통증**)을 성장기 아동 중 10~20%가 경험한다.

② 초등학교 입학시기에는 남아가 여아보다 신체적 성숙이 더 빠르지만 11~12세경에 **여아의 신체적 성숙이 남아에 비하여 더 우세**해진다.

㉠ 신체적 급성장이 이루어지는 사춘기가 남아보다 여아에게서 약 2년 정도 먼저 시작되는데 기인한다.

㉡ 여자 어린이들의 우세한 발육은 청소년기에 들어서면 곧 남자 어린이들에게 압도당하며 이후에는 남자들이 체중과 신장에서 우위를 지키게 된다.

(2) 운동기능의 발달 [⑧]

① 이 시기에는 장난감이나 도구를 사용하는 것보다 자신의 신체를 이용한 달리기, 던지기, 뛰기 등의 능력을 활용한 **스포츠와 조직적인 단체놀이에 강한 관심**을 보인다.

② **이 시기 운동발달의 중요한 의미** : 신체적 발달뿐만 아니라 심리사회적 발달에도 영향

㉠ **다양한 운동을 통해 신체적 균형을 시험해 보기도 하고, 신체 각 부분의 조정과 통합을 추구**하며, 신체적 유연성을 기른다.

ⓒ **자아와 자존심 형성**, 즉 자아개념의 한 부분인 신체상(body image)을 갖게 되고, **사회적 관계형성**에도 밀접한 관계가 있다.
ⓒ **성격발달**에도 밀접한 관련성을 지닌다.
ⓔ **비만을 예방하고 정상적 발달**을 꾀할 수 있다.

03 심리적 발달

1 감각 / 지각발달

감각기관을 통해 사물이나 현상을 식별하는 과정을 지각(perception)이라 하며, 아동기에는 **지적 기능이 분화됨에 따라 객관적인 지각이 가능**해진다.

(1) **공간지각**(space perception)
① 6~7세경에 이르러서야 친척집, 이웃, 친구집, 다른 나라, 우주 등에 대한 정확한 공간개념이 형성된다.
② 8세경에는 새로운 곳으로 여행을 하고 싶은 모험심에서 탐험여행을 떠나는 경우도 있으며, 역사나 지리, 전기 등에 흥미를 가지며, 외국인의 생활양식에도 흥미가 증진된다.
③ 9세경에는 한두 번 가 본 곳이면 혼자서 교통수단을 이용하여 찾아갈 수 있다.

(2) **시간지각**(time perception)
① 6세경에는 현재 자신이 생활하고 있는 시간 외에 다른 시간의 세계가 있다는 것을 이해하기 시작한다.
② 7~8세경이 되면 4계절에 대해 말할 수 있게 되고, 또한 1시간이 60분이라는 것과 1년이 열두 달이라는 것을 알게 되어 그 순서를 점차 헤아릴 수 있게 된다.
③ 9~10세경이 되면 시간을 말할 수 있을 뿐 아니라, TV 프로그램이 시작하는 시간도 정확히 알게 된다.
④ 13~14세경이 되어야 시간관념이 어른처럼 되어 진다.

2 정서발달 [9회]
① **비교적 정서적으로 안정된 시기**로서, **정서적 혼란이나 흥분은 적은 편**이다.
② 아동은 모방성이 강하여 성인과 같은 정서 표현을 학습하게 됨으로써 정서 표현에 많은 변화가 온다. 즉, 정서표현은 **아동의 성숙수준과 학습요인**에 따라 달라진다.

3 언어발달
공식교육의 결과로 문자언어, 발표력과 문법력, 독해력의 발달이 현저히 일어난다.

4 지능과 창의성 발달

(1) **지능(intelligence)**
  ① 각 개인이 유목적적으로 행동하고 합리적으로 사고하고 능률적으로 환경에 대처할 수 있는 총체적 능력으로, 언어능력, 논리적-수학적 능력, 음악적 능력, 공간능력, 대인관계능력, 문제해결능력 그리고 환경에 대한 적응능력이 포함된다.
  ② 지능발달수준은 지능지수(IQ; intelligence quotient)로 표현하며, 지능지수는 역연령을 정신연령으로 나눈 수치이다.

(2) **창의성(creativity)**
  ① 판에 박힌 사고에서 벗어나 융통성 있는 사고를 통해 새로운 아이디어를 고안해 내는 능력과 경향을 의미한다.
  ② 창의성은 지능과 상관이 높지 않으며, 확산적 사고에서 비롯된다. 창의성이 높은 아이를 엉뚱한 아이로 볼 가능성이 높기에, 교사는 독창성을 인정하여야 한다.

5 인지적 발달 : 구체적 조작기(7~12세) [⑤⑥⑦⑧⑨⑪⑭⑯⑱⑲㉑㉒]

(1) 구체적인 사물과 행위에 대한 체계적 사고능력이 발달하며, 어떠한 문제를 해결하는 과정에서 직관에 의존하기보다 **논리적으로 사고하고 규칙을 적용**한다.

(2) **구체적 조작기의 특징**
  ① **가역적 사고** : 이 시기 아동의 사고능력은 비논리적 사고에서 **구체적인 수준의 가역적인 논리적 사고로 발달**한다. 아동은 자신이 직접 경험한 구체적 세계에 한정된다.
  ② **전조작기의 자기중심성 극복** : 아동은 자아중심성에서 벗어나 다른 사람의 시각에서 사물을 보는 능력을 발달시키며, 다른 사람을 이해하고 공감하는 능력도 더욱 향상된다.
  ③ **탈중심화(집중성의 극복)** : 아동들은 보다 복잡한 생각을 할 수 있으며, 다양한 변수를 고려하여 상황과 사건들을 파악하고 조사하게 되며 집중력도 향상된다.
  ④ **서열화 가능** : 길이와 같은 양적인 차원에 따라 특정한 사물을 차례대로 배열할 수 있는 능력을 의미한다.
  > 예) 크기가 큰 자동차부터 가장 작은 자동차까지 배열하거나, 여러 개의 자동차를 크기와 종류에 따라 동시에 배열
  ⑤ **보존, 분류, 조합기술 획득** : 아동은 또한 전조작기에 불완전하게 획득했던 **보존기술, 분류기술, 조합기술** 등의 개념적 기술(능력)을 완전하게 획득한다.
  ㉠ **보존기술(conservation skill)** : 물질의 양, 길이, 무게, 면적, 부피 등이 그 형태가 달라지더라도 동일하다는 것을 이해하는 능력으로, **동일성, 보상성, 가역성의 원리**에 대한 이해가 뒷받침되어야 한다.
    ㉮ **동일성** : 어떤 물체의 모양이 변해도 그 물체는 모양이 변하기 이전과 같은 대상이기 때문에 결국 질량의 변화는 없다는 개념

㉯ **보상성** : 동시에 여러 차원을 볼 수 있어서 한 가지 차원에서 변화가 다른 차원에서의 변화로 보상될 수 있다는 개념
㉰ **가역성** : 머릿속에서 처음의 상태로 돌아가도록 거꾸로 생각할 수 있어서 결국 양의 변화가 없다는 것을 알게 되는 것
  ⓔ 공 모양의 찰흙덩어리를 눌러서 소시지 모양으로 만들고 이것을 다시 공 모양으로 만들 수 있음
ⓛ **분류기술(classification skill, 분류화)** : 대상이 공통적으로 지니고 있는 차원에 따라서 물체를 분류하고 통합하는 능력과 위계적 방식으로 하위집단으로 나열하여 하나의 새로운 집단으로 분류할 수 있는 능력을 의미한다.
  ⓔ 식물이라는 상위 범주를 꽃과 나무라는 하위 범주로, 꽃이라는 범주를 다시 다양한 하위 범주로 분류
ⓒ **조합기술(combination skill)** : 수(數)를 조작하는 능력으로써, 일정한 수의 사물이 있으면 그걸 펼치든지 모으든지 또는 형태를 바꾸든지 수가 같다는 것을 이해할 수 있는 능력을 의미한다.
  ⓔ 초등학생들은 더하기, 빼기, 곱하기, 그리고 나누기와 같은 사칙연산 가능
  ⓧ 아동기(7~12세) : 조합기술을 획득하기 위해서는 가역성, 보상성, 동일성의 원리에 대한 이해가 필요하다.(X)

6 도덕성 발달 [⑱]

(1) 피아제의 자율적 도덕성 단계
옳고 그름에 대한 판단을 행위의 결과가 아닌 의도성에 의해 판단한다. 10세경에는 대부분의 아동이 자율적 도덕성 단계에 도달한다.

(2) 콜버그의 인습적 수준의 도덕발달 단계
① 10~13세는 인습적 도덕기로, 타인을 기쁘게 하고 사회적으로 인정을 받고픈 욕망이 강하다.
② 인습적 수준은 3단계(착한 아이지향 도덕성), 4단계(법과 질서지향 도덕성)로 나뉜다.

OIKOS UP   피아제의 이론에서의 도덕성 발달

① 타율적 도덕성(heteronomous morality)
  ㉠ 어른들의 신체적 힘에 대한 두려움과 어른의 권위에 대한 복종에서 시작하는 것으로, 사고의 경향이 아직 자기중심적인 2~6세 동안의 전조작기에 존재하는 도덕적 수준이다.
  ㉡ 규칙을 신성하고 불변적인 것으로 이해하며 행동의 옳고 그름을 규칙에 의거하여 판단한다. 즉 유아가 성인에 의해 부여된 규칙에 맹목적으로 복종하는 것을 뜻하며, 또한 규칙은 지키지 않으면 벌을 받기 때문에 반드시 지켜야 하는 것으로 믿는다.
  ㉢ 산타클로스가 있다고 믿으며 거짓말을 하면 피노키오처럼 코가 길어진다고 믿으며, 의도와는 상관없이 결과적으로 컵을 더 많이 깬 아이가 그만큼 더 나쁘다고 판단한다.
  ㉣ 학령전기 아동의 타율적 도덕성은 피아제가 말하는 구체적 조작사고단계(7~11세)에서 감소되고 점차 자율적 도덕성으로 옮아가게 된다.

② 자율적 도덕성(autonomous morality)
   ㉠ 규칙이 상호합의에 의해 제정되며, 서로의 동의하에 언제든지 규칙은 자율적으로 변화될 수 있다는 것을 의미한다.
   ㉡ 사회적 규칙이 사람들의 동의에 의해 만들어진 것이며, 그들의 동의에 의해 변경될 수 있다고 생각한다.
   ㉢ 옳고 그름에 대한 판단을 행위의 결과보다 행위자의 의도(의도성)에 의해 판단한다. 따라서 규칙을 어겼다고 반드시 처벌을 받는 것은 아니며 정상참작을 할 필요성을 인정하는 것이다.

04 사회적 발달

1 자아개념(self-concept, 자기개념)의 발달 [4②]

① 아동은 학교라는 사회 맥락 안에 놓이면서 자신이 누구인지에 대한 **자기개념 및 자아존중감, 나아가 자기효능감을 발달**시켜 나간다.

> 청소년기 : 자기개념(self-concept)의 발달이 시작되고 자기효능감이 급격히 증가한다.(X)

② **자아개념(self-concept, 자기개념)은** 한 개인으로서 자신에 대해 긍정적 혹은 부정적으로 인식하게 되는 것을 의미하며, 자기상(self-image)과 자아존중감(self-esteem, 자긍심)의 두 가지 요소를 포함한다.
   ㉠ **자아존중감은 자기 자신에 대해 갖고 있는 개인적 가치감이나 긍정적 평가로서 자아개념을 구성하는 하위 요인**이다.
   ㉡ 자아개념은 학령전기(3~6세)에 형성되어 아동기(7~12세)에 발달한다.
   ㉢ 아동기의 자아개념 및 자아존중감 발달에는 **교사와 친구 그리고 부모에 의한 평가가 매우 중요한 역할**을 한다.

③ **자기 효능감(self-efficacy)은** 자신이 스스로 어떠한 상황을 극복할 수 있고 자신에게 주어진 과제를 성공적으로 수행할 수 있다는 개인의 신념이나 기대를 의미하는 것으로, 아동기는 자기 효능감의 형성을 위한 중대한 시기이다. 이 시기가 되면 아동은 특정한 영역에 대하여 자신이 얼마만큼 잘해 낼 수 있는지에 대하여 스스로 예견할 수 있을 정도로 인지가 발달한다.
   ㉠ **높은 자아효능감은** 자신에 대하여 긍정적 자아개념을 형성하고 그만큼 과제 지향적 노력을 촉진시켜 높은 성취 수준에 도달하게 한다.
   ㉡ **낮은 자아효능감은** 자신에 대하여 부정적인 자아개념을 형성하고 그만큼 자신감을 낮추어 낮은 성취수준에 머무르게 한다.

2 학교의 영향 [⑤⑥⑬]

(1) 아동의 사회화
  ① **사회적 강화** : 선생님이 학생들의 행동을 바르게 형성하고 발달시키기 위하여 가장 중요한 강화물인 성적 외에 칭찬, 비난, 특권, 처벌과 같은 강화를 사용하는 것
  ② **사회적 비교** : 주로 어린이들의 능력과 성취에 입각해서 이루어지며, 그 결과 아동은 학급 내에서 자신의 지위가 어느 정도인지를 깨닫게 됨

(2) 사회적 규범의 학습
  ① 학교는 어린이에게 자주성, 성취의 중요성, 획일성과 같은 규범을 학습하는 경험을 제공함으로써 가족과 직장을 연결하는 역할을 한다.
  ② 드리벤(Dreeben)이 제시한 사회적 규범 네 가지
    ㉠ **보편주의** : 교사가 아동들을 다루고 평가하는 데 있어 획일적인 기준을 적용하는 것으로, 학급 내 선생님으로부터 학생들이 공평한 대우를 받는 것과 관련된다.
    ㉡ **교사와 학생 간 관계의 특수성** : 가족 내 엄마의 존재가 영속적인 것과 달리 교사와 학생관계는 역할이 한정되고 일시적이며 자주 바뀐다는 것을 알게 된다.
    ㉢ **자주성** : 자신의 일을 스스로 처리하는 것과 자신의 행동에 대한 책임을 받아들이는 것 등을 가리킨다.
    ㉣ **성취감** : 학교를 통해 얻게 되는 가장 중요한 규범으로, 이것은 활동과 지배의 개념을 포함하며 우수하다는 기준에 도달하기 위하여 노력하는 것을 말한다.

(3) 학교생활을 통해 인지적 기술 뿐 아니라 사회적 기술도 습득한다. [⑬]

(4) 학교가 가족과 구별되는 특징
  ① 아동의 통제와 교육에 대한 책임이 그들과 친족 관계에 있지 않은 성인에게 주어진다.
  ② 아동은 매일 아침 집을 떠나 학교에 가지만 하루가 끝나기 전에 집으로 돌아감으로써 가족의 한 구성원으로서의 기능과 능동적인 참여를 지속한다.
  ③ 어린이들은 1년 단위로 한 학년씩 통과해 나가며, 매 학년이 끝날 때마다 그 학년의 선생님과 관계를 끝내고 새로운 학년의 선생님과 관계를 확립한다.
  ④ 구성원들의 연령분포가 다양한 가족과는 달리 아동은 연령적으로 동일한 집단의 일원으로서 학교에 소속된다.
  ⑤ 학교와 가족은 다 같이 성인과 어린이로 구성되지만, 구성비율이 달라서 학교의 아동수가 훨씬 많다.

3 친구관계의 경험 [②⑤⑥]

(1) 아동은 또래친구와의 접촉과 상호작용을 통해(또래집단의 기능)
  ① 사회적 상호작용에 필요한 기술이나 규범을 배운다(사회화의 기능).

② 또래집단의 행동기준이나 태도, 가치관을 배운다(태도나 가치관 형성).
③ 정서적 안정감을 갖게 됨과 동시에 인지발달을 촉진한다(정서적 안정감 제공, 인지발달과 정보 제공).
④ 자신에 대해 새롭게 지각하게 된다.
⑤ 집단에 대한 소속감이나 또는 그와 반대로 소외감을 발달시킨다(집단의식의 발달).

(2) **친구들과의 일상적 상호작용을 통해 배우는 점** [②⑥]
① 친구들과 어울리면서 삶에 관한 여러 측면에는 다양한 방식이 있음을 알게 된다.
② 친구집단은 아동에게 행동의 지침을 제공하며, 친구집단의 경험을 통하여 또래집단의 사회적 규범과 압력에 점점 더 민감해진다.
③ **동성의 친구와 친밀한 관계를 경험**하며, 이는 후에 원만한 대인 관계나 이성과의 친밀한 관계에 기여한다. 그러나 이 시기 친구와의 친밀성은 동성에 국한하며 이성에 대해서는 부정적인 감정을 보인다.

(3) **친구로서의 동조성(conformity)**
또래집단의 승인을 중요시하여, 또래집단의 승인을 받고자 하는 아동의 욕구는 또래집단에 대한 동조경향을 자극한다.

4 짝패집단(= 도당집단) 형성 [⑥⑮⑰]

(1) 강한 연대성과 소속감을 가진 또래 친구집단을 형성하여 조직적인 활동을 하기 좋아한다. 이러한 집단을 **짝패(clique)** 또는 **도당(gang)**이라고 하고, 이러한 활동을 **도당활동**, 이 시기를 **도당시기**라고 한다.

> 아동기(7-12세)는 또래 친구들과 함께 많은 시간을 보내면서 정서 및 사회적 발달에 영향을 받아 도당기라고도 한다.(○)

(2) **도당시기에 갖는 특징 : 또래집단의 규범과 압력에 민감**
① **친구로부터 승인이나 인정을 받고자 하는 욕구가 강하여**, 친구의 의견에 동조하고 친구의 기대에 부합하고자 자기의 역할을 충실히 이행하려고 노력한다.
② 자기들끼리 통하는 은어나 소지품을 갖고 싶어 하며, '**우리'라는 감정(we-feeling)**이나 의식이 강하고 집단의 응집성도 높다.
③ 외부에 대해서는 **강한 폐쇄성과 배타성**을 나타내는 수가 많다.

(3) **도당 활동의 장점과 단점**
① 장점
㉠ 아동은 집단 내에서 상호작용을 통하여 자기표현을 할 수 있는 기회를 갖게 되므로 성취감을 경험하게 된다.
㉡ 상호의존적 감정을 공유함으로써 우정이 싹튼다.

ⓒ 자아중심성을 극복하고 서로 협동관계를 맺게 된다.
ⓔ 또래로부터의 승인을 통해 자아존중감이 발달한다.
ⓜ 짝패집단에서 인기 있는 아동 소위 ~짱이 되는 아동들은 지도력, 자아존중감, 사회적 상호작용 기술의 학습 등과 같은 긍정적 발달이 촉진된다.

② **단점**
ⓐ 짝패집단에 참여할 수 있는 기회를 갖지 못하게 되거나 짝패집단으로부터 거부 또는 무시당하고 괴롭힘을 당하는 집단따돌림의 피해자, 즉 왕따가 되는 경우 높은 수준의 불안과 우울, 낮은 자아존중감과 부정적 자아개념을 형성하게 되며, 부적응적 행동을 보이게 된다.
ⓑ 도당집단(gang group) 자체가 어른들로부터 격리된 집단이기 때문에 짝패집단 참여를 통해 나쁜 유희나 게으른 버릇, 세속적이고 악한 지식의 교환, 집단적 범죄를 범하는 것, 비행 등과 같은 비사회적 행동이나 반사회적 행동을 학습하고 이를 행동화하는 경우도 발생할 수 있다.

⑤ 단체놀이[(team play, 팀놀이) 또는 팀스포츠]의 경험 [①②⑥⑩⑫⑱]
① 아동기에는 학령전기의 **집단놀이(group play)보다 단체놀이(team play)를 선호**하는데, 단체놀이는 심판이 필요하고 규칙이 매우 복잡하다.
② **단체놀이(또는 팀스포츠)에 참여하고 팀에 대한 소속을 경험함으로써 배우게 되는 세 가지**
ⓐ **상호의존성** : 집단의 목표를 자신의 개인적인 목표보다 상위에 놓는 것을 배우게 된다.
ⓑ **노동의 분화** : 분업의 원리, 즉 노동배분의 개념을 배우게 된다.
ⓒ **경쟁** : 경쟁의 본질과 승리의 중요성을 배우게 된다.

> 아동기 : 단체놀이를 통하여 협동, 경쟁, 협상하는 능력이 향상된다.(○)
> 아동기 : 단체놀이를 통해 개인의 목표가 단체의 목표에 속함을 인식하고 노동배분(역할분담)의 개념을 학습한다.(○)

05 사회복지실천의 관심 대상이 되는 문제

❶ 신체적 측면
결식아동 문제, 지나친 영양공급으로 인한 비만 아동 수의 증가 문제 등

❷ 심리적 측면

(1) **학습장애(learning disability)**
지적 능력의 제한, 심리적 갈등, 불안감 등으로 지적 호기심이 억압되거나 학습동기가 결여되어 학업수행에 지장을 초래하는 것이다.

(2) 학교공포증(school phobia, 등교거부증)
① 심인성(心因性) 등교 거부, 정신신경증적 거부라고도 할 수 있으며, 학교에 가는 것에 대한 비현실적 두려움이다. 즉, 학교에서 경험한 불안이 심해져 학교에 가는 것을 싫어하거나 아예 가지 않으려는 행동을 말한다.
② 격리불안장애(separation anxiety disorder)의 한 유형으로 아동이 가정이나 애착을 가진 사람으로부터 분리되어 적어도 4주 동안 학교에 가는 것에 대해 과도한 불안을 가지는 상태를 말한다.

(3) 정신지체아
정신지체아동은 대부분 고등교육기관에 진학하지 못하기 때문에 성인으로서의 생활준비를 위해 전환교육이 필요하다.

③ 사회적 측면

(1) 따돌림(왕따)
왕따가 되는 경우 높은 수준의 불안과 우울, 낮은 자아존중감과 부정적 자아개념을 형성하여 부정적 행동을 보이며, 그 영향이 오랫동안 지속된다.

(2) 품행장애(conduct disorder)
아동기의 사회성 미발달로 인해 나타나는 상습적 거짓말, 도벽, 가출, 무단결석, 환각제 흡입 등의 다양한 문제를 통칭하여 말한다.

(3) 반응성 애착장애(Reactive attachment disorder)
① 심하게 손상되고 발달적으로 부적절한 사회적 관계를 형성하는 것으로 5세 이전 시작되고 병적인 보살핌(예 아동의 기본적인 감정적·신체적 욕구의 지속적인 방치 혹은 양육자의 빈번한 교체 등)과 밀접한 관련이 있다.
② 태어날 때는 정상적으로 태어났으나 어머니가 자녀에게 적극적인 관계의 형성을 시도하지 않아 후천적으로 자폐증과 같은 상태가 된 것을 의미한다.

(4) 다문화가정의 아동문제
다문화가정 자녀의 학교생활 문제는 언어능력의 부족으로 말미암아 학습부진 정도가 심각, 정체성의 혼란 경험, 집단 따돌림 등으로 건강하지 못한 정서적 충격을 경험하고 있다는 것이다.

CHAPTER 04 청소년기(adolescence) : 13~18세

제2부 **전생애주기적 발달관점에서 이해**

제4장 회차별 출제빈도, 출제비중 및 출제논점 1, 2, 3순위

10회 2012	11회 2013	12회 2014	13회 2015	14회 2016	15회 2017	16회 2018	17회 2019	18회 2020	19회 2021	20회 2022	21회 2023	22회 2024
3	2	2	1	1	0	2	1(1)	2	1(1)	1(1)	1	1(1)

출제 비중	출제 논점		
	1순위 ☺	2순위 ※	3순위 ☆
0 1 2	① 신체, 심리, 사회적 발달 ② 형식적 조작기 특징	① 마르시아의 자아정체감 유형 ② 섭식장애	① 또래집단

1순위 스마일표시(☺) : 출제 빈출도가 높은 부분으로 무조건 시험에 출제되는 영역
2순위 당구장표시(※) : 나왔다 안 나왔다 하는 영역이지만 출제가능성 높은 영역
3순위 별 표(☆)   : 출제 된 적이 있긴 하지만 다시 출제될 가능성은 다소 떨어지는 영역

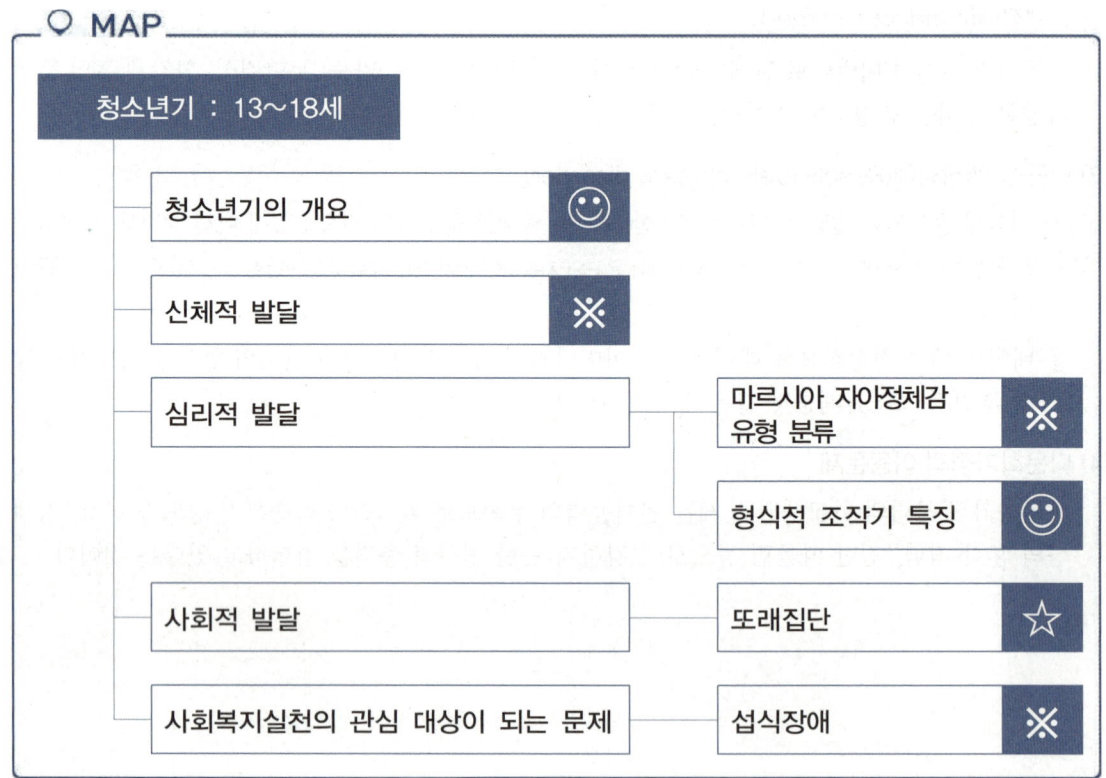

01 청소년기의 개요 [5 9 10 14 17 18 22]

(1) 제2의 탄생이라고 불리는 청소년기는 아동기로부터 성인기로 전환하는 **과도기**(transitional period)로, 13세에서 18세까지의 시기를 말한다.

(2) 프로이트의 생식기(12세 이상~청소년기까지), 피아제의 형식적 조작기(12세~청소년기까지), 에릭슨의 정체감 대 정체감 혼란의 시기(12~22세, 청소년기), 콜버그의 도덕발달 수준 중 후인습적 수준(13세 이상, 5단계 : 인권과 사회복지 도덕성, 6단계 : 보편적 원리 지향 도덕성)에 해당한다.

(3) **청소년기를 일컫는 용어** [13 18 21 22]

청소년기는 신체, 심리, 사회적 측면에서 급격한 발달이 이루어지는데, 이런 특징적 발달양상을 근거로 서로 다른 용어로 부르고 있다.

① **신체적 발달 측면**
  ㉠ 신체적 성장이 급격하게 이루어지는 **제2의 성장급등기**(second growth spurt)
  ㉡ 성적 성숙이 급격히 이루어지는 **제1의 사춘기**(puberty)

② **심리적 측면**
  ㉠ 부모로부터 심리적으로 독립하고 자아정체감을 형성하는 **심리적 이유기**(psychological weaning)
  ㉡ 정서적 변화가 급격히 일어나 갈등으로 가득한 격동의 시기란 의미로 헐(Hall)은 **질풍노도기**(storm and stress period)

③ **사회적 측면**
  ㉠ 부모로부터의 독립을 추구하는 과정에서 부모의 권위에 도전하고 잦은 갈등을 일으킨다하여 뷸러(Buhler)는 **부정기**(negative) 또는 **제2의 반항기**(second opposition period)
  ㉡ 여전히 어린이도 성인도 아닌 **주변인**(marginal man) 또는 중간인

④ 이 외에도 보호통제의 해제와 성인 의무 면제의 지불유예상태인 **지불유예기**(moratorium), 오수벨(Ausubel)은 **탈위성화**(de-satellization), 루소(Rousseau)는 **제2의 탄생기**(re-birth)라고 하였다.

02 신체적 발달 [9⑩⑭]

❶ 신체적 성숙(신장의 확대)

(1) 영유아기 제1의 성장 급등 현상이 있은 후 만 2세경부터 둔화되었던 신체적 발달이 청소년기에 이르게 되면 다시 급격한 급등 현상을 보이기 때문에 **제2의 급등기**라고 부른다.

(2) 소년의 성장 속도가 더 빠르게 진행되어 청소년기가 끝날 무렵에는 소년의 신체적 발달이 더 우세해 진다(성장역주).
   ① 소년이 소녀보다 약 2%가량 키가 크지만 여자가 역주를 더 빨리 시작하기 때문에, 11~13세 사이에 여자가 남자보다 키가 크고 몸무게도 많으며 힘도 세다.
   ② 소년 소녀가 이 역주를 마칠 무렵이면 또 다시 남자아이가 여자아이보다 더 커진다.

(3) **신체적 성장은 여자가 16세경에, 남자는 19세경에 거의 정점**에 이르게 되며, 남녀의 체형이 다르게 변모하고 신체적으로 성숙해 진다.

(4) 급격한 신체 구조적인 발달의 영향으로 신체 내부기관의 발달도 현저히 나타난다.

(5) 신장과 체중의 증가뿐 아니라 다른 신체 부위에서도 성장 급등 현상이 동일하게 나타나므로, 소년 소녀 모두 일시적인 신체 불균형 상태를 경험하기도 한다.
   ① 청소년들은 자신의 신체에 대해 부정적인 신체상을 형성하기도 하는데, 일반적으로 남아가 여아에 비해 긍정적인 신체상을 갖고 있는 경우가 많다.
   > 청소년기 : 조숙한 남성의 경우 이성관계에서 긍정적 자아개념을 가지게 된다.(O)
   ② 신체상은 **자아존중감과 정적인 상관관계**를 지니고 있다.
   ③ 어느 발달단계보다 신체이미지가 자아존중감에 중요한 영향을 미친다.

(6) **급속한 신체적 변화가 소년·소녀들에게 미치는 심리적 영향**
   ① 청소년들로 하여금 자신을 더욱 성인에 가깝게 느끼도록 해준다.
   ② 성 역할에 대한 동일시를 강화한다. 즉 청소년기의 신체적 변화는 이 시기의 소년으로 하여금 좀 더 남자로서, 소녀로 하여금 좀 더 여자로서 자신을 받아들이도록 한다.
   ③ 신체적 변화 중에서도 특히 성적 성숙에 따라 일어나는 현상들은 청소년들로 하여금 양면적인 감정으로 반응하게 한다.
   ④ 이 같은 급속한 자신의 신체적 변화에 관심이 집중되어서 청소년들은 자기도취적 상태에 빠지는 경향이 있다.

❷ 성적 성숙 : 생식기관 성숙과 2차 성징 출현 [19②②]

(1) 여자 청소년의 성적 성숙

① 여성의 생식선 자극 호르몬(생식선이 정자와 난자를 만들어 내는 것을 조절하는 호르몬)은 사춘기 동안 난소의 활동을 자극하며, 난소는 여성 호르몬인 **에스트로겐(estrogen)과 프로게스테론(progesterone)을 분비**한다.
  ㉠ 여성의 1차, 2차 성징에 관여하는 호르몬은 에스트로겐이며, 프로게스테론은 보조적 역할을 수행한다.
  ㉡ 에스트로겐은 에스트론, 에스트라디올, 에스트리올의 세 종류가 있으며, 이 중 에스트라디올은 여성에 주로 존재하는 성호르몬으로 에스트로겐 중 가장 강력하고 대표적인 호르몬이다.
② 가슴이 발달하면서 자신의 신체를 가치 있고 긍정적인 것으로 받아들이게 된다.
③ 여자에게 나타나는 사춘기의 분명한 징후는 **생리(menstruation, 월경)**이다.
  ㉠ 초경(menarche)은 일반적으로 12~13세에 시작되는데, **보통 처음에는 배란이 되지 않으므로 초경 후 12~18개월이 지나야 임신이 가능**하다.
  ㉡ 여자들은 남자들과는 달리 신체적 성숙을 축복으로 받아들이기보다 추하고 더럽고 불쾌한 것으로 느낀다.
④ 청소년기 내내 여자는 남자에 비해 자신의 신체에 대해 비판적이고 불만족스러워 하는 경향이 많은데, 특히 체중 면에서 더욱 그러하다.
⑤ 여자 청소년에게 **섭식장애(eating disorders)**가 중요한 정신적 문제가 된다. 그 이유는 아름다움의 기준이 서구화되면서 마르고 날씬한 것을 선호하는 경향 때문이다.
  청소년기 : 성장하면서 남녀모두 체지방이 감소하는 경향이 있다.(X)

■ 여자 청소년의 사춘기 신체 변화 시기와 그 순서 ■

연 령	신체 변화와 그 순서
10~11세	**유방(가슴)의 발육이 시작**되고 자궁이 확대되는 등 자궁과 질의 변화가 시작된다.
11~12세	**음모**가 나타난다.
12~13세	**겨드랑이털**이 나타나며, 그 후에 **초경(유방발육 시작에서 1~2년 후)**이 나타난다.
13~14세	**첫 배란(초경 후 1~2년)**이 이루어지고 음모가 성숙해진다.
14~15세	유방이 성숙해진다.

청소년기(13~19세)의 성적 성숙 : 여성은 난소에서 에스트로겐이 분비되어 초경, 가슴 발육, 음모, 겨드랑이 체모 등의 순으로 성적 성숙이 진행된다.(X)

(2) 남자 청소년의 성적 성숙

① 약 12세경에 고환과 음낭이 확대되며 음모도 출현하게 되며, 음경은 13세부터 커지기 시작하여 약 2년 동안 확대되고 전립선이 발달하여 **사정**하는 능력이 생긴다.
  ㉠ 고환은 난자와 수정할 성숙한 정자를 만들고 **테스토스테론**(testosterone)을 분비하는데, 테스토스테론은 음경과 음낭을 확대시키고 어깨뼈를 발육시키는 등 남성 특유의 성적 발달을 일으킨다.
  ㉡ 테스토스테론을 포함하는 남성 호르몬인 **안드로겐**(androgen)은 각 신체 부위의 체모를 발달시키고 근육을 재배치함으로써 넓은 어깨, 좁은 엉덩이를 갖는 남성 고유의 체격을 형성하게 한다.

② 청소년들은 밤에 자면서 **야간몽정**(nocturnal emission)이 나타나며 이것은 이성과의 성교 없이 정액 비슷한 분비물이 무의식적, 불수의적으로 나오는 상태를 의미한다.
  ㉠ 우리나라 남자 청소년은 약 13세경에 처음 몽정을 경험하며, 첫 몽정 경험 이후 정자 생산량이 많아지는 3~4년 뒤에는 대부분의 청소년이 자위를 통해 사정을 하게 된다.
  ㉡ 사춘기 청소년에게 **자위행위**(masturbation)는 지극히 정상적인 것이다.

■ 남자 청소년의 사춘기 신체 변화 시기와 그 순서 ■

연 령	신체 변화와 그 순서
11~12세	**고환이 확대**되고, 그 이후에 **음모**가 나타난다.
12~13세	**음경이 확대**된다.
13~14세	성장 급등이 절정에 이르는 시기로 **첫 사정**과 **겨드랑이털, 얼굴 수염**이 나타난다.
14~15세	**목소리가 저음**으로 변하고 **성인초기의 음경으로 확대**된다.
15~16세	**음모가 성숙**하며 **성인크기의 고환에 도달**한다.

청소년기(13~19세)의 성적 성숙 : 남성은 고환에서 분비되는 안드로겐의 영향으로 음모, 고환과 음경 확대, 겨드랑이 체모, 수염 등의 순으로 성적 성숙이 진행된다.(X)

OIKOS UP 1차 성징과 2차 성징 [19]

청소년기 성장의 특징은 성적 성숙으로, 성적 성숙은 1차 성징(primary sex characteristics)과 2차 성징(secondary sex characteristics)으로 나뉜다.
① 1차 성징 : 성이나 생식기능과 직접 관련된 것(생식을 위해 필요한 기관들)으로 여자에게는 자궁, 난소, 질의 발달을 의미하고 남자에게는 음경, 고환, 음낭, 정낭 및 전립선의 발달을 의미한다.
② 2차 성징 : 남자와 여자를 구분하게 해주지만 직접적인 생식기능과 연관되지 않은 것(성적 성숙의 생리적 징후)으로 여기에는 생리(월경), 여성의 가슴의 발달, 남성의 넓은 어깨, 수염, 체모, 목소리의 변화(변성), 몽정, 자위행위 등이 포함된다.

03 심리적 발달

1 자아정체감(ego identity)의 확립 [⑭]

(1) **자아정체감의 개념**
  ① **용어** : 용어를 처음 사용한 것은 에릭슨(erikson)이며, 청소년기의 중심적 과업
  ② **개념** : 시간이 흐르거나 상황이 바뀌어도 여전히 본질적으로 불변하는 자기 자신에 대한 인식으로서, 역할, 목표, 가치 및 이념에 있어서 자기가 지니고 있는 고유성에 대한 지각과 이에 부합되는 자기통합성과 일관성을 견지해 나가려는 노력을 의미한다.

(2) **자아정체감 형성**
  정체감 형성의 과정은 아동기에 그 뿌리를 두고 청소년기를 거쳐 성인기까지 지속되지만, 특히 청소년기에 본격적인 발달이 이루어진다.

(3) **마르시아(James Marcia)의 자아정체감의 유형 분류** [②③⑤⑦⑧⑨⑫⑯⑱]
  에릭슨(erikson)의 이론을 바탕으로 ㉠ 역할실험과 대안적 선택 중에서 의사결정을 할 수 있는 능력, 즉 **정체감 형성에 관련된 위기(crisis, 정체감을 갖기 위해 노력하는가)를 경험**하였는가와 ㉡ 직업 활동, 종교, 정치이념 등의 수행에 몰입하는 정도, 즉 **역할에 전념(commitment, 무엇인가에 전념하고 있는가)**했는가라는 두 기준으로 정체감 수준을 네 범주로 구분한다.

■ Marcia의 자아정체감의 범주 ■

정체감의 범주	위 기	전 념	특정가치 / 믿음의 형태
정체감 성취	+	+	확고한 개인적 정체성
유예(moratorium)	+	−	실험단계
정체감 유실	−	+	부모나 사회의 가치관
정체감 혼란	−	−	부재

  ① **정체감 성취(identity achievement)** : 위기를 성공적으로 극복하고, 정치적 또는 개인적 이념체계를 확립하며, 자신의 의사에 따라 자율적 의사결정을 하고, 직업적 역할을 성공적으로 수행할 수 있는 상태이다.
  ② **정체감 유예(identity moratorium)**
    ㉠ 정체감 위기 상태에 처하여 정체감을 확립하기 위한 다양한 역할실험을 수행하고 있는 상태로서, 정체감 성취 또는 정체감 혼란 중 어느 방향으로도 나아갈 수 있는 가능성이 있는 상태를 말한다.
    ㉡ 대학시절 인위적으로 **연장된 청소년기**로서 외부적 요구로부터 일시적으로 해방되어 정체감 형성을 위한 다양한 실험을 할 수 있는 시기이다. 이런 특성 때문에 대학시절을 **심리사회적 유예기간(psychosocial moratorium)**이라고 한다.
  ③ **정체감 유실(identity foreclosure)**
    ㉠ 위기를 경험하지 않고 타인에 의해 의사결정을 내리는 상태로, 부모나 사회의 가치관을 자신

의 것으로 그대로 선택하므로 위기도 경험하지 않고 쉽게 의사결정을 내리지만 독립적 의사결정을 하지 못하는 상태이다.

ⓒ **부정적 정체감(negative identity)** : 정체감 유실상태의 특수형태로, 부모의 가치관이나 사회적 가치관과 정반대가 되는 자아개념을 의미하는 것(비행청소년)이다. 개인적 성공에 대한 부모나 사회의 지원을 받지 못할 때 형성된다.

④ **정체감 혼란(identity diffusion, 정체감 혼미)**
  ㉠ 정체감을 확립하기 위한 노력도 없고, 기존의 가치관에 대한 의문도 제기하지 않은(의사결정도 하지 않은) 상태이다.
  ㉡ 가장 미성숙한 상태로 청소년은 아직 정체감 형성을 위한 욕구를 경험하지 않는다.

(4) 자아정체감 형성의 영향요인
  ① 정체감의 형성은 오랜 시간을 필요로 하는 과정으로 정체감 혼란 상태로부터 점차 정체감 성취의 상태로 이루어진다. 즉, 정체감 유형은 **연령과 밀접한 관계**를 지니고 있다.
  ② 청소년의 자아정체감의 형성에 영향을 미치는 요인은 다양하지만 그 중에서도 **부모(또는 부모와의 관계)와 동년배**가 많은 영향을 미치고 있다.
  ③ 자아정체감의 형성에는 **성별 차이**가 존재한다.
  ④ 인지의 성장, 집 밖에서의 경험, 더 넓어진 문화적 배경도 정체감 획득에 영향을 미친다.

❷ 인지발달 : 형식적 조작사고(formal operational thought)

(1) 형식적 사고의 발달로 인한 주요 특징(형식적 조작사고의 특성) [④⑦⑧⑨⑩⑪⑭⑯⑰⑱]

① 청소년 자신의 지각과 경험보다 논리적 원리에 의해 지배를 받기 때문에, 실제적·구체적으로 경험할 수 없는 사물이나 사건을 머릿속으로 생각하는 **추상적인 사고(abstract thinking)가 가능**해진다.

② 청소년기에는 경험하지 못한 사건에 대한 가설을 설정하여 미래의 사건을 예측하는 **가설적·연역적 사고(hypothetical-deductive reasoning)가 발달**한다. 즉, 구체적 조작기인 아동기에는 어떤 문제상황에 놓이게 되면 과거의 문제해결 경험을 바탕으로 문제를 해결하려고 하지만, 형식적 조작기인 청소년기에는 문제해결 방안과 관련된 가설을 설정하고 체계적인 검증을 통해 하나의 문제해결의 원리를 표출해낸다.

③ 모든 가능한 개념적 조합을 고려할 수 있으며, 사건이나 현상과 관련된 변인을 동시에 다룰 수 있는 **체계적인 조합적 사고능력(combination thinking)*** 이 발달한다.

> **조합적 사고(combination thinking)**
> 하나의 문제를 해결하기 위해 여러 가지 가능한 해결책을 논리적으로 구성하여 문제해결에 이를 수 있는 사고로, 형식적 조작기에는 문제해결을 위해 사전에 모든 가능한 방법을 생각하고 체계적으로 조합할 수 있는 능력을 갖게 됨

④ 미래의 이상에 대한 상상과 공상이 많아지는 **이상적 사고**가 발달하게 된다.

⑤ **은유(metaphor)나 비유를 이해**할 수 있다. 따라서 추상적 상징을 사용할 수 있다.

⑥ **기억 전략을 발달**시킨다. 기억량이 급증하게 되는데 그 이유는 기억 전략의 발달로써 분류 체계화할 수 있기 때문이다.

⑦ **도덕성의 발달과 관련된 형식적 조작사고를 할 수 있다.** 즉 타인의 외형적 행동배경에 숨겨진 의도 및 동기를 추리하고 이해할 수 있기 때문에 고착적인 도덕판단을 할 수 있게 된다.

(2) 형식적 사고 발달로 인한 부정적 영향 [⑳]

① 추상적 사고의 발달로 인해 추상적인 이론과 관념적인 사상에 몰두하며, **불완전한 현실을 비판하거나 비관하기도 한다.**

② 미래사건을 예측할 수 있는 사고능력의 발달로 인해 가까운 미래에 일어나게 될 진학이나 취업, 결혼 등에 대해 지나친 염려를 함으로써 **과도한 불안을 경험**하기도 한다.

> 청소년기 : 이상적 자아와 현실적 자아의 괴리로 인해 갈등과 고민이 많은 시기이다.(○)

③ 자신의 사고를 비판적으로 검토할 수 있고 자신과 세계에 대해 상대론적 관점에서 이해할 수 있게 되지만, 자기성찰과 비판적 성향이 지나치게 강화될 경우 **열등의식이 강화**될 우려가 있다.

④ 자신과 세계에 대한 상대론적 입장에서 생각할 수 있는 능력을 발전시키지 못하는 경우 자신의 외모에 지나치게 신경을 쓰거나 **타인의 입장을 배려하지 못하는 자아중심적 사고 성향**이 그대로 유지되기도 한다.

OIKOS UP 청소년기 자아중심적 사고(자기중심성)의 대표적인 예 [⑥⑩⑭⑯⑱⑳]

데이비드 엘킨드(David Elkind, 1967)는 청소년의 사고 특징을 청소년기 자아중심성으로 정의하고, 이는 상상적 청중과 개인적 우화의 두 가지 문제로 나타난다고 제안하였다.

① 상상적 청중(imaginary audience)

청소년들은 자신은 주인공이 되어 무대 위에 서 있는 것처럼 행동하고, 다른 사람들을 모두 구경꾼이라고 생각하는 등 자신을 관심의 초점에 두고자 한다.

㉠ 자의식을 지나치게 과장한 나머지 자신의 행동이 모든 사람의 관심 대상이라고 생각한다.

㉡ 실제적이거나 가상적인 상황에서 자신에 대해 다른 사람이 어떤 반응을 할 것인지를 예측해보려는 것으로 항상 누군가가 자신을 지켜보고 있고 관심을 가지고 있다고 믿는 경향이다.

> 예 유치하고 요란한 옷차림을 하고 멋있다고 생각하며, 어른들이 자신의 복장을 못마땅하게 생각한다는 것을 모르는 경우가 이에 해당한다. 버스를 타면 앉아 있는 사람이 모두 나를 쳐다볼 것이라고 생각하거나, 교실의 모든 친구가 오늘 내가 무엇을 입고 왔는지에 관심을 가질 것이라고 생각한다.

> 모든 사람이 자신에게 관심을 가지고 있다고 생각하는 '개인적 우화'가 나타난다.(X)

② 개인적 우화(personal fable)

자신은 남들과는 다른 아주 특별한 존재이므로 자신의 감정이나 경험의 세계는 다른 사람과 근본적으로 다르다고 믿는 것으로, 이것은 청소년의 자기 과신에서 비롯된 것이며 자신의 독특성에 대한 비합리적이고 허구적인 관념이다.

㉠ 다른 사람이 경험하는 위기, 위험, 죽음이 자신에게는 일어나지 않으며, 혹시 일어나더라도 피해를 입지 않을 것으로 확신한다.

㉡ 우화 속의 주인공처럼 그들의 삶은 주변 인물과 달리 일반적 법칙이 적용되지 않는다고 믿는 것이다.

> 예 자신은 어느 누구도 경험하지 못한 아름답고 숭고한 첫사랑을 하고 있다고 생각하거나, 위험한 놀이를 하면서도 자신은 절대로 다치지 않을 것이라고 믿는 경우를 들 수 있다. 청소년은 오토바이를 타다가 사고가 나도 '난 괜찮을 것'이라고 믿고, 성관계를 해도 자신은 임신되지 않을 것이라고 믿는다.

> 상상적 청중과 개인적 우화는 청소년기에 타인을 배려하는 사고가 반영된 예이다.(X)

3 정서발달 [6⑩⑭㉑]

(1) 청소년기에는 **정서가 매우 강하고 변화가 심하며, 극단적 정서 경험**을 한다.

(2) 불안, 분노, 질투, 수치심, 우울, 죄책감, 고독, 열등감, 공허감 등의 **부정적 감정을 경험하는 빈도가 많다.**
  ① 청소년기 분노는 자신의 욕구좌절, 간섭, 압박, 불공평한 취급, 무시, 개인적 자유의 속박 등에서 나타나며, 강한 분노는 주로 사람과 관계된 사회적인 것이다.
  ② 청소년기 질투는 남녀관계, 경쟁의식 등에서 많이 나타나며, 공포는 물질적 대상보다는 사회적 사태에 관한 것이 많다.

4 도덕과 이상의 발달 [⑩]

(1) **피아제 이론**

형식적 조작기로 넘어가면서 청소년들은 대안을 고려하고 논리적으로 추론하며 구체적인 것에서 일반적인 것을 이끌어 낸다. 이런 인지발달을 통해 청소년들의 도덕, 가치, 이상이 발달한다.

(2) **콜버그 이론**
  ① 후인습적 수준(13세 이상)에 도달하게 되면 청소년 도덕적 사고의 특징 중의 하나인 도덕적 상대주의의 불안정성과 불확실성으로부터 벗어나 개인의 권리와 존엄성에 대한 확신을 가진다.
  ② 후인습적 수준은 5단계(인권과 사회복지 도덕성), 6단계(보편적 원리 지향 도덕성)로 나뉜다.

04 사회적 발달

1 가족관계 : 부모로부터의 독립 [6⑲]

① 청소년은 부모나 가족으로부터 분리되어 **자기 자신과 친구에게 의존하려는 경향**이 높아진다.
② 청소년들이 부모의 보호로부터 벗어나서 자기의 판단에 의해 독립적으로 행동하려는 성향(**부모와의 분리-개별화**)을 **심리적 이유**(psychological meaning)라고 부른다.
③ 심리적 이유를 추구하는 과정에서 부모에게 반항(부모와의 갈등은 불가피)하는 행동적 특성 때문에 제1반항기인 걸음마기에 비유해 **제2의 반항기**라고 부른다.

> 청소년기(13-19세)는 또래집단의 지지를 더 선호함으로써 부모로부터 독립하려는 경향을 보인다.(O)

> **OIKOS UP** 자아 의식(자아 발견) 출현과 심리적 이유
>
> ① 청소년기는 자아의식이 확립되어, 환경과 대립하는 새로운 자아에 눈을 뜨게 되는데, 이러한 현상을 **슈프랑거(Eduard Spranger)는 자아의 발견**이라고 하였다.
> ② **자아의 발견이란** 내면적으로 자기 자신을 관찰하고 맛보는 내성적(內省的)인 생활의 시작으로, 학령기에는 주로 외적인 세계에만 관심이 집중되었던 것이 청소년기에 들어오면서 자신의 내적인 세계를 인식하게 되는 것이다.
> ③ 이런 자아의식은 자기주장의 경향이 나타나고 부모의 보호로부터 벗어나 독립태세를 갖추는데, 이러한 독립의 요구를 **심리적 이유**라 한다.

② 친구관계 또는 또래집단 [④⑤⑥③⑦⑲②]

① 부모와 성인으로부터의 지지보다 **또래들로부터의 지지와 이해가 더 필요**하며, 또래로부터의 지지와 이해를 통해 **사회성이 발달**한다.
  ㉠ 청소년기는 집단적으로 교우관계를 맺게 되는데, 이는 집단성원들을 동일시함으로써 정체감을 형성할 뿐 아니라 부모나 다른 성인과의 관계에서 발생한 갈등에 대한 보상도 얻게 된다.
  ㉡ 또래집단은 청소년에게 소속감과 연대감, 지지와 수용 등의 긍정적 요인을 제공하고, 규범과 행동기준을 제공하며, 또한 이를 준수했을 때 청소년들은 집단으로부터 인정과 지지를 받는다.
② **청소년은 또래집단의 인정을 받고자 하는 욕구가 매우 강하며, 이 시기 또래집단의 특징은 보다 더 조직적이며 그 구성원들은 이질적이라는 것이다.**
③ 가족들과 보내는 시간보다 **또래와 어울리는데 더 많은 시간을 할애하려는 경향이 있으며, 또래집단의 지지를 더 선호함으로써 부모로부터 독립하려는 경향**을 보인다.

③ 이성관계 [⑥]

① 청소년기 신체적 성숙으로 이성에 대한 관심을 갖게 하지만, 이성교제 역시 주로 집단적 성격을 띠어 **개별적인 데이트(1 : 1 관계)보다는 주로 집단적인 데이트**를 한다.
② 이성교제를 통해 타인과의 관계형성에 필요한 사회적 기술을 습득하고, 친밀감과 정체감 형성에 도움을 받는다.

④ 성역할에 대한 정체성이 확고해지는 시기 [⑩]

① 아동기에서 청소년기 후기에 이르기까지 자신의 성에 대한 정체감이 재개념화되고 확고해진다.
② **청소년기 후기에 성정체감이 확고해지는 과정을 성적 사회화라고 한다. 성적 사회화란** 좋아하는 성적 대상을 선택하는 것, 성정체감을 확립하는 것, 적절한 성인의 성역할을 배우는 것, 성행위에 대해 이해하고 그에 대한 지식을 습득하는 것 등을 말한다.

  ✗○ 학령전기 : 성 역할에 대한 인식 및 학습(O), 청년기 : 성 역할 정체감 확립(O)

05 사회복지실천의 관심 대상이 되는 문제

1 신체적 측면

(1) **섭식장애**(eating disorders) [②③⑨⑫⑭]
   ① 최소한의 정상적 체중조차 유지하려 하지 않고 체중 증가에 대해 병적인 두려움을 갖는 것으로, **여성 청소년에게 많다.**
   ② 강박적으로 체중을 측정하면서 절제된 식사를 하고 식사조절 외에 스스로 구토를 유발하거나 설사제나 이뇨제를 사용하는 정신장애이다.
   ③ **거식증과 폭식증**으로 알려진 **섭식장애(음식 섭취와 관련한 장애)**는 단순히 많이 먹고, 아예 입에도 대지 않는 식사량의 문제를 떠나 심각한 경우 사망에까지 이를 수 있는 위험한 증상이다.
      ㉠ 거식증은 음식을 거부하는 증세로 살을 빼려는 지속적인 행동, 체중감소, 음식과 체중과 연관된 부적절한 집착, 무월경 등을 주요 특징으로 하는 질환이다.
      ㉡ 폭식증은 한 번에 집중적으로 많은 양의 음식을 먹고, 배가 부른데도 먹는 것을 멈출 수 없을 것 같은 느낌을 가지며, 무엇을 얼마나 먹어야 할 것인지 조절할 수 없는 증상이다.

(2) **성문제**
   10대 임신과 미혼부모 문제, 성폭력 문제 등

2 심리적 측면

① 청소년기 중요한 발달과업인 자아정체감 형성을 위해 자아발견과 대인관계 형성을 지원할 수 있는 프로그램을 개발하여 실시할 필요가 있다.
② 청소년기는 심리적 격동기로 다양한 정신장애를 일으킬 가능성이 높다. 청소년기 호발하는 정신장애로는 정신분열증, 불안장애, 공포증, 우울증, 자살, 물질남용 등이 있다.

3 사회적 측면

(1) **집단따돌림**
   두 명 이상이 집단을 이루어 지속적이면서도 집요하게 특정인을 그가 소속한 집단 속에서 소외시켜 구성원으로서의 역할 수행을 제약하거나 인격적으로 무시하고 괴롭히는 일체의 심리적 · 신체적 행위를 지칭한다.

(2) **청소년 비행**(juvenile delinquency)
   10세 이상 19세 미만의 청소년이 저지른 범법행위를 말하는데, 일탈행위라는 점에서 청소년 비행은 사회 또는 집단에서 규정하는 규범이나 규칙을 위반하는 일체의 행위라 할 수 있다.

MEMO

CHAPTER 05 청년기(youth) : 19~39세

제2부 전생애주기적 발달관점에서 이해

📘 **제5장 회차별 출제빈도, 출제비중 및 출제논점 1, 2, 3순위**

10회 2012	11회 2013	12회 2014	13회 2015	14회 2016	15회 2017	16회 2018	17회 2019	18회 2020	19회 2021	20회 2022	21회 2023	22회 2024
1	1	0	1	1	(1)	1	1(1)	0	1	1	(1)	1

출제 비중	출제 논점		
	1순위 ☺	2순위 ※	3순위 ☆
0~1(1)	① 신체, 심리, 사회적 발달	① 친밀감의 형성과 발달	① 자율성 발달, 애정발달

1순위 스마일표시(☺) : 출제 빈출도가 높은 부분으로 무조건 시험에 출제되는 영역
2순위 당구장표시(※) : 나왔다 안 나왔다 하는 영역이지만 출제가능성 높은 영역
3순위 별 표(☆) : 출제 된 적이 있긴 하지만 다시 출제될 가능성은 다소 떨어지는 영역

💡 MAP

```
청년기 : 19~39세
├─ 청년기의 개요 ☺
├─ 청년기의 발달
│   ├─ 신체적 발달 가장 정점 ※
│   ├─ 자율성 발달, 애정발달 ☆
│   └─ 성 역할 정체감의 확립 ☺
├─ 성인초기의 발달
│   ├─ 유동성지능↓ 결정성지능↑ ☆
│   └─ 친밀감의 형성과 발달 ☺
└─ 사회복지실천의 관심 대상이 되는 문제
```

01 청년기의 개요 [10⑪⑭⑮⑲]

① 청년기 전의 모든 시기는 준비하는 시기라고 볼 수 있으며, **청년기 이후는 이제까지 준비해 온 것을 실현하고 구체화하는 시기**이다.
　㉠ 신체적, 지적 측면에서 가장 정점에 있는 시기로, 심리사회적 측면에서는 다른 사람을 사랑하고 보살피는 능력이 심화되는 시기이다.
　㉡ 주요 발달과업은 진로 및 직업선택, 혼인 준비 등으로 발달과업에서 신체적 요소보다는 **사회문화적 요소를 중요시**한다.

② 에릭슨의 친밀성(친밀감) 대 소외(고립감)의 시기(22~34세, 성인초기)에 해당한다.

③ 하비거스트(R. Havighurst)가 제시한 청년기의 발달과제 [③⑦⑮⑲]

조흥식 외 공저(2010)	김선아 외 공저(2006)
㉠ **배우자를 선택**한다.	㉠ 자기의 체격을 인정하고 자신의 성 역할을 수용한다.
㉡ 배우자와 함께 생활하는 방법을 학습한다.	㉡ 동성이나 이성의 친구와 새로운 관계를 형성한다.
㉢ 가정을 꾸민다.	㉢ 부모와 다른 성인들로부터 정서적으로 독립한다.
㉣ 자녀를 양육한다.	㉣ 경제적 독립의 필요성을 느낀다.
㉤ **가정을 관리**한다.	㉤ **직업을 선택하고 준비**하며, 직업생활과 유지를 한다.
㉥ **직장(직업)생활을 시작**한다.	㉥ 유능한 시민이 갖추어야 할 지적 기능과 개념을 획득한다.
㉦ 시민의 의무를 완수한다.	㉦ 사회적으로 책임이 있는 행동을 원하고 이를 실천한다.
㉧ 마음이 맞는 사람과 **사회적 집단을 형성**한다.	㉧ 결혼과 가정생활을 준비한다.
	㉨ 적절한 과학적 세계관에 맞추어 가치체계를 형성한다.

④ 레빈슨(D. Levinson)이 제시한 청년기의 발달과제 [⑮]
　㉠ 아직 현실에 기반을 두지 못하고 다소 과장된 목표로 구성되어 있는 희망을 명확하게 정의하는 것이다.
　㉡ 청년의 목표를 인정해주고, 기술이나 지혜를 가르쳐주며, 청년이 자신의 경력에서 전진하도록 영향력을 발휘하고 자신감을 갖게 해주는 지도자(mentor)를 발견해야 한다.
　㉢ **직업을 선택**하고 나아가 경력을 쌓고 발전시켜 나가야 한다.
　㉣ **친밀한 관계를 형성**해야 한다.

⑤ 청년기를 19~39세까지로 한정하고, 결혼 전과 후의 성인의 발달에 매우 큰 차이가 있기 때문에 청년기를 19세부터 27세까지의 청년기(youth)와 28세부터 39세까지의 성인 초기(early adulthood)로 구분한다.

02 청년기(19~27세)의 발달

1. 신체적 발달 : 신체발달 가장 정점에 도달 [5⑩⑭㉑]

① 청년기는 **전생애에 있어서 체력이 절정**에 달하고, 활기, 힘이 최고 수준을 유지하는 시기로, **신체적 발달이 완성**되며 매우 건강한 시기이다.
  ㉠ 골격의 발달은 17~21세경에 완성되며, 신체적 수행능력, 근육과 내부기관은 19~26세 사이에 **정점에 도달**한다.
  ㉡ **신체적 기능이 최고조에 달하며 이를 정점으로 쇠퇴하기 시작**하는 시기이다.
    ✗ 청년기 : 아동기 이후 인생의 과도기로서 신체적·성적 성숙이 빠르게 진행된다.(X)
② **감각기관도 청년기에 가장 예민**한데, 시력은 20세경이 가장 좋으며, 청력은 25세 이후부터 뚜렷이 감소하며, **미각과 후각, 통각 등도 최고 수준**에 이르게 된다.
③ 성인 초기에 발생하는 **주된 사망원인은 사고, 자살, 암 등**이다.
    ✗ 장년기는 사고가, 청년기는 질병이 가장 큰 사망 원인이다.(X)

2. 심리적 발달 : 인지발달 가장 정점에 도달

(1) 인지발달

① 피아제는 청소년기에 형식적 조작사고가 발달한 이후에는 인지발달이 거의 이루어지지 않는 것으로 보았다. 그러나 최근 이에 대한 비판이 제기되면서 기계적 암기나 지적 과제의 수행속도 등은 10대 후반이 가장 뛰어나지만, 판단, 추론, 창의적 사고 등은 청년기는 물론 전생애를 통해 발달하는 것으로 보는 견해가 우세하다.
② **실증적 연구들** : 청년기 인지발달에 대해서는 아직 학자들 간에 이견이 존재
  ㉠ 베일리(Bayley)는 웩슬러 성인지능검사를 사용하여 조사한 결과 언어적 검사 점수는 청년기에 상승하는 데 반해 동작성 검사 점수는 26세를 정점으로 하강하는 것으로 보고하였다.
  ㉡ 샤이(Schaie)는 지능을 결정성 지능, 인지적 융통성, 시각-운동적 융통성, 시각화의 네 가지 유형으로 구분하였으며, 시각-운동적 융통성은 25세 전후를 정점으로 쇠퇴하였으나 인지적 융통성에는 변화가 없었으며, 결정성 지능과 시각화 능력은 오히려 연령이 증가함에 따라 향상되었다.

(2) 자율성 발달(부모와 정서적 독립) [④⑤⑧⑰㉒]

① 청년기 부모로부터 독립하여 자립적 생활을 하기 위해서는, 신변처리와 같은 일상생활능력, 신체적 성숙, 인간관계 능력, 자율적 판단을 내리고 이에 따라 행동할 수 있는 능력의 발달이 선행되어야 한다.
② 청년기 부모로부터 분리, 독립하여 자율성을 찾는 과정에서 대부분의 **청년들은 양가감정(ambivalence), 즉 부모로부터의 독립에 대한 갈망과 함께 부모로부터 분리되는 것에 대한 불안감을 동시에 가진다.** ✗ 청년기 : 부모로부터의 독립에 대한 양가감정에서 해방된다.(X)

(3) 자기주장(self-assertiveness) 능력

① 청소년기에서부터 청년기까지 획득해야 할 중요한 기술로, 자기주장 능력은 개인의 정체감과 타인을 향한 도덕적 관점을 형성하는 핵심 부분이다.

② 자기주장 은 직설적이지만 무례하지 않은 언어적 비언어적 행동을 말하며, 자기주장은 자신의 권리와 타인의 권리 모두를 고려한 것이다.

(4) 애정발달 [16⑰] 청년기 : 사랑하고 보살피는 능력이 심화되는 시기이다.(O)

① 청소년기 이성에 대한 관심은 청년기가 되면서 인생의 동반자를 구하는 사람으로 변해간다.

② 스턴버그(R. Sternberg)의 애정발달이론

㉠ 사랑에는 **친밀감**(intimacy), **열정**(passion), **전념**(commitment, 헌신)의 세 가지 요소가 있으며, 초기에는 열정이 최고조에 달했다가 점차 감소되고 친밀감과 전념은 점차적으로 증가된다.

　㉮ **친밀감** : 가깝고 편하게 느낌, 서로를 잘 이해함, 함께 공유함, 원활한 의사소통, 긍정적 인지지 등을 의미

　㉯ **열정** : 사랑의 뜨거운 측면으로, 연인들을 생리적으로 흥분시켜 들뜨게 하고 사랑하는 사람과 함께 있고 싶고 일체가 되고 싶은 강렬한 욕망을 불러일으킴

　㉰ **전념** : 상대방을 사랑하겠다는 결정과 행동적 표현으로, 사랑하는 사람을 지키겠다는 선택이자 결정이며 책임의식이기도 함

㉡ 세 요소 각각의 존재 여부에 따라 8가지 사랑 유형(비사랑, 우정, 짝사랑, 공허한 사랑, 낭만적 사랑, 허구적 사랑, 우애적 사랑, 완전한 사랑)으로 분류하였다.

■ Sternberg의 사랑의 삼각형(신명희 외, 2013) ■

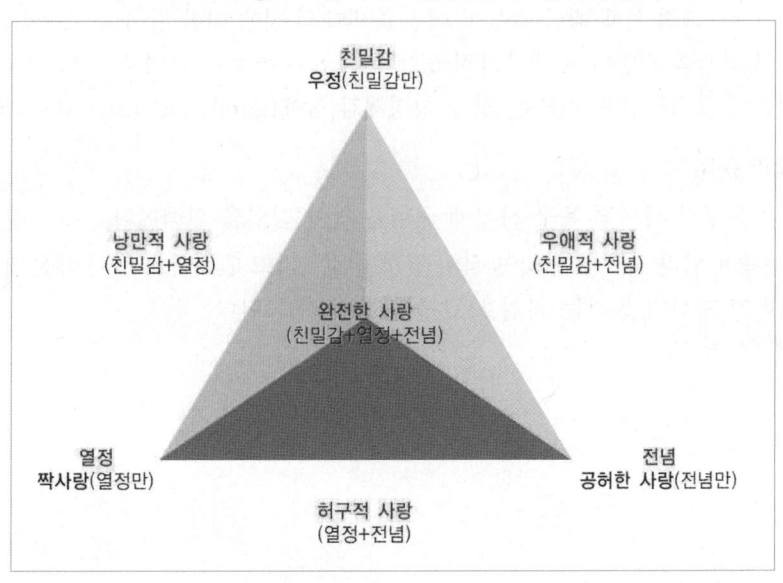

(5) 영적 발달과 역량 강화
① 청년기는 생에 대한 비판적 사고가 증가하는 시기로 청년기에 이루어야 하는 다양한 발달과업은 많은 사색과 고통을 동반하는데, 이런 차원에서 영성은 인간에게 고통을 견뎌내는 힘과 인생 행로에서 무엇을 취할지 결정하도록 안내한다.
② 청년기 영성의 발달과 역량 강화는 험난한 사회환경 속에서 인간행동의 성숙된 형태를 위한 발달과제로 인식할 필요가 여기에 있다.

3 사회적 발달

(1) 성 역할 정체감의 확립 [⑦⑨⑬⑭⑰]   청년기 : 사회적 성역할 정체감이 확립되는 시기이다.(O)
① **성 역할 정체감(sex-role identity)** : 개인 정체감의 한 부분으로서 사회가 특정 성에 적절하다고 인정하는 특성, 태도, 흥미와 동일시하는 과정으로 성에 따른 사회의 역할기대를 내면화 하는 과정을 의미한다.
② **성 역할 정체감을 형성하게 되는 네 가지 중요한 경험**
  ㉠ 아동기에 친밀한 동성 친구와의 경험, 즉 적절한 성 역할 행동에 대한 친구 간의 규범을 알게 해준다.
  ㉡ 청소년기 초기에 일어나는 신체적 변화를 자신의 성 역할에 대한 정체감에 통합하게 된다. 즉, 자신의 자아개념에 남자 또는 여자로서의 성인의 신체를 통합하여야 한다.
  ㉢ 청소년기의 호르몬의 변화가 생식능력과 더불어 성적 충동을 갖게 한다.
  ㉣ 청소년기 후기(청년기)를 통과해 나가면서 성인 남자와 여자에게 주어지는 성 역할 행동에 대한 사회적 기대를 접하게 된다.
③ 자신의 생물학적 성에 대한 수용이 어렵고 반대의 성에 대한 강하고 지속적인 동일시, 즉 반대의 성이 되기를 소망하며 생물학적 성에 대하여 지속적인 불편을 느끼거나 자신의 성에 맞는 성 역할에 부적절함을 느끼는 것을 **성정체감 장애(gender identity disorder)**라 한다.

(2) 직업선택과 준비 [③④⑦⑬②②]
① 개인적 욕구와 사회적 욕구 사이에 균형을 찾아 직업을 선택한다.
② 직업선택에 따라 성인기 삶의 방식이 결정될 것이라고 인식하고 있기 때문에, 직업선택에 신중을 기하고 자신이 원하는 직업을 갖기 위한 노력을 한다.

03 성인 초기(28~39세)의 발달

1 신체적 발달

① 아동기보다 더 건강하고 질병률도 낮으며 이러한 최적의 건강 상태는 중년기에 건강이 쇠퇴하기 시작할 때까지 지속되지만, 이 시기에도 만성적인 질병이나 건강상의 문제를 가질 수 있다.

② 성인 초기에 발생하는 주된 **사망원인은 사고, 자살, 암 등이다.** [⑬]

2 심리적 발달

(1) 인지발달

① 인간의 인지발달은 대략 25세경부터 하강곡선을 그리는 것으로 알려지고 있지만, 연령의 증가에 따른 인지기능의 쇠퇴가 거의 없거나 매우 적으며, 인지기능의 쇠퇴가 있더라도 종류에 따라 변화 정도가 다르다는 주장이 있다.

② 혼(Horn)과 도날드선(Donaldson)에 의하면 유동성 지능은 10대 후반에 절정에 도달하고 성인 초기부터 점차 감소하는 반면 **결정성 지능은 성인 초기의 교육경험의 결과로 생의 말기까지 지속적으로 증가**한다. [⑲]
  ㉠ **결정성 지능** : 학교교육이나 일상생활에서 경험을 통해 얻게 되는 지능이며, 어휘력, 일반상식, 사회적 상황에 대한 반응 등이 속한다.
  ㉡ **유동성 지능** : 타고난 지능으로 생물학적으로 결정되며 경험이나 학습과 무관한 것으로, 공간지각, 추상적 추론, 지각속도 등을 포함한다.

(2) 친밀감의 형성과 발달 [②③④⑤⑧⑰⑫]

① **친밀감(intimacy)** : 상대방과 가깝게 되는 과정에서 자신의 정체성을 잃지 않고 타인과 개방적이고 지지적이며 다정하고 조화로운 관계를 형성하는 능력이며, 서로의 욕구에 대한 인식뿐 아니라 공감할 수 있는 능력이다.

② 친밀감은 **전 단계(청소년기)에서 비슷한 정체감이 있는 사람들끼리의 만남을 통해 더욱 형성**되며, 이 시기 친밀감을 발달시키지 못하면 고립감의 위기를 가진다.

③ 개인의 심리체계인 친밀감은 청년기 동안의 중요한 생활사건인 **이성 간의 교제와 결혼**이라는 환경체계에 영향을 미친다.

❸ 사회적 발달

(1) 결혼(결혼에 대한 적응)과 부부관계 [③④⑤⑬⑭]
① 결혼 초기 긴장이나 갈등이 많은 시기로 상호적응이라는 과업을 성취하지 못할 경우 이혼을 하게 된다.
② 결혼한 부부의 결혼만족도 또는 상호작용의 질을 결정하는 요인은 사회경제적 지위와 결혼생활기간, 남편의 심리사회적 성숙도 그리고 부부 간의 의사소통 유형이다.

(2) 자녀의 출산과 양육 또는 부모역할 [④⑤]
① 첫 자녀를 가진 후의 적응을 순조롭게 하기 위한 조건들
  ㉠ 부모로의 역할 변화에 대한 준비
  ㉡ 육아에 관련된 교육
  ㉢ 부부 간의 역할과 책임에 대한 재정의와 그에 대한 만족스러운 합의
② 갈린스키(Galinsky)의 부모역할 여섯 변화단계
  ㉠ 1단계 : 이미지 형성단계(Image-making Stage)
  ㉡ 2단계 : 양육단계(Nurturing Stage)
  ㉢ 3단계 : 권위단계(Authority Stage)
  ㉣ 4단계 : 설명단계(Interpretive Stage)
  ㉤ 5단계 : 상호의존단계(Interdependent Stage)
  ㉥ 6단계 : 떠나는 단계(Departure Stage)

(3) 직업생활과 유지
직업에 대한 태도는 사회적 계층, 연령, 성, 성격 등에 따라 달라지며, 직업을 찾거나 준비하는 과정에서 네 가지 요소(전문적 기술, 권위적 관계, 그 직업에 존재하는 고유한 요구나 위험, 동료들과의 인간관계에 대한 정보)를 얻어 직업결정을 해야 한다.

04 청년기·성인 초기 사회복지실천의 관심 대상이 되는 문제

1 신체·심리·사회적 측면 [6]

(1) 신체적 측면
성인 초기에는 최고조에 달한 신체적 기능 상태를 지속적으로 유지하기 위해 규칙적 운동이 필수적이다.

(2) 심리적 측면
성인 초기의 주요한 심리적 발달과업은 친밀감의 성취이며, 부부교실을 운영, 부부상담을 통한 부부갈등 해결 등을 지원한다.

(3) 사회적 측면
직업상담과 취업알선서비스 프로그램, 임산부 교실이나 부모역할 훈련프로그램 실시, 자녀양육을 지원, 맞벌이 부부에 대한 자녀양육 지원을 위한 방과 후 보호사업 등 다양한 사업을 실시할 필요가 있다.

2 청년기 대표적 관심 문제

(1) 이혼(divorce)
부부와 자녀의 삶에 심각한 영향을 초래하는 중대한 사건이다.

(2) 배우자 학대(spouse abuse)
남편 또는 아내가 다른 한 편의 배우자에게 신체적 정서적 성적으로 위해를 가하는 것을 말한다.

(3) 출산율 저하문제
합계출산율(여성 1명이 평생 동안 낳을 수 있는 평균 자녀수, 즉 출산 가능한 여성의 나이인 15세부터 49세까지를 기준으로, 한 여성이 평생 동안 낳을 수 있는 자녀의 수)이 2.1은 돼야 인구를 유지할 수 있지만, 우리나라 합계출산율은 2019년 0.918명이다.

CHAPTER 06 중·장년기(middle adulthood) : 40~64세

제2부 전생애주기적 발달관점에서 이해

제6장 회차별 출제빈도, 출제비중 및 출제논점 1, 2, 3순위

10회 2012	11회 2013	12회 2014	13회 2015	14회 2016	15회 2017	16회 2018	17회 2019	18회 2020	19회 2021	20회 2022	21회 2023	22회 2024
2	1	1	2	1	1	1	1(1)	1	1	1	1	1(1)

출제 비중	출제 논점		
	1순위 ☺	2순위 ※	3순위 ☆
1~2	① 신체, 심리, 사회적 발달 ② 여성의 갱년기	① 신체적 변화 ② 빈 둥지 증후군	① 직업관리, 성취, 전환

1순위 스마일표시(☺) : 출제 빈출도가 높은 부분으로 무조건 시험에 출제되는 영역
2순위 당구장표시(※) : 나왔다 안 나왔다 하는 영역이지만 출제가능성 높은 영역
3순위 별 표(☆) : 출제 된 적이 있긴 하지만 다시 출제될 가능성은 다소 떨어지는 영역

💡 MAP

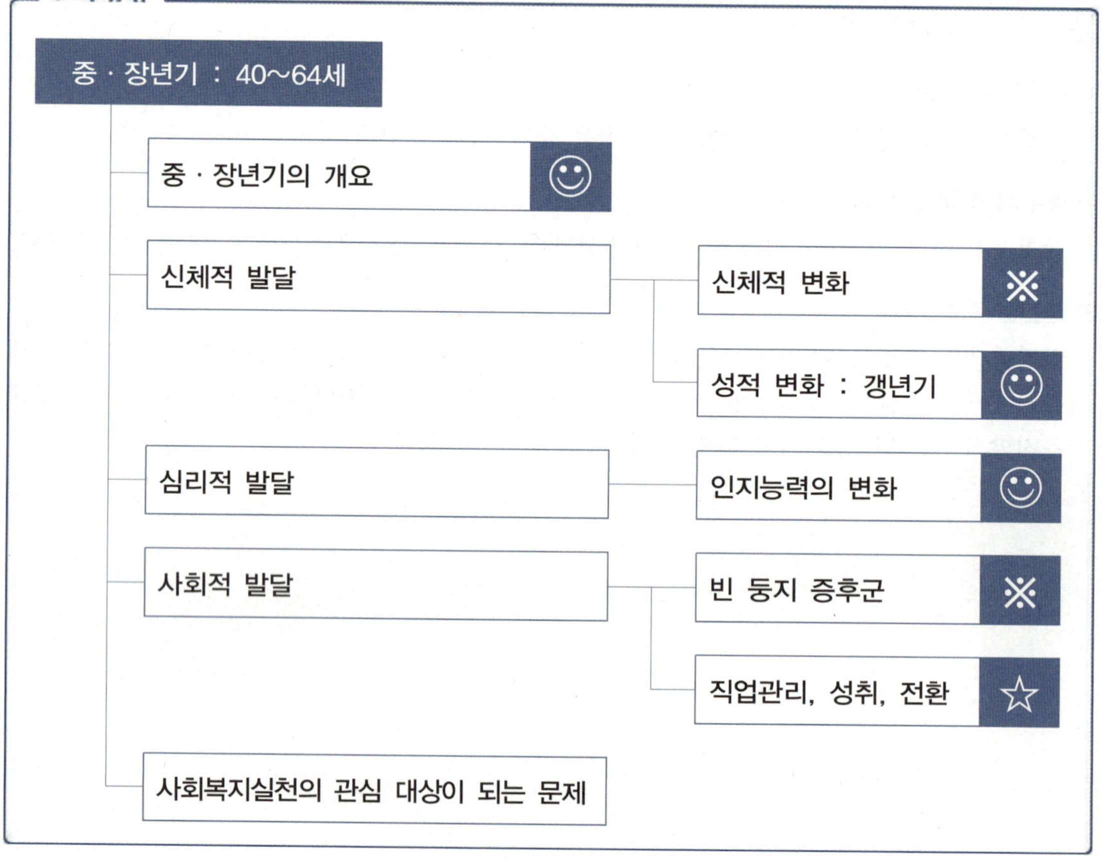

```
중·장년기 : 40~64세
├─ 중·장년기의 개요                    ☺
├─ 신체적 발달 ──┬─ 신체적 변화        ※
│                └─ 성적 변화 : 갱년기  ☺
├─ 심리적 발달 ──── 인지능력의 변화    ☺
├─ 사회적 발달 ──┬─ 빈 둥지 증후군    ※
│                └─ 직업관리, 성취, 전환 ☆
└─ 사회복지실천의 관심 대상이 되는 문제
```

01 중·장년기의 개요 [3❼❷⓱⓲⓲❷]

① 인간의 발달과정에 있어 결정적 시기이며, '샌드위치 세대', '협공받는 세대', '빈둥지 증후의 세대', '상실감의 시기', '제2의 사춘기' 혹은 '정체성 위기의 시기' 등으로 다양하게 표현된다.
② 에릭슨의 생의 주기 7번째 단계인 성인기(34~60세), 즉 인생의 중반기에 해당하며, 그는 이를 **생산성(generativity, 생성) 대 정체(stagnation, 침체)의 시기**라고 한다.
③ 펙(R. Peck)이 제안한 중년기를 성공적으로 적응하기 위한 조건 4가지 [⓯⓴]
　㉠ **지혜를 중요시하기 대 육체적 힘을 중요시하기** : 육체적 힘이 쇠퇴해져도 평가의 기준과 문제 해결의 수단이 되는 정신적 능력인 지혜를 통해 보완
　㉡ **대인관계를 사회화하기 대 성적 대상화하기** : 남성과 여성이 서로 간의 관계에 성적 대상으로 가치를 두기보다 개인, 친구, 동료로서 개인적인 인격에 가치를 둠
　㉢ **정서적 융통성을 가지기 대 정서적 빈곤을 경험하기**
　　㉮ 부모의 사망, 자녀의 독립 등에 의해 정서적 투자의 대상이 되었던 사람들이 사라지게 되어 관계의 단절을 경험 → 감정 재투자를 못하면 **정서적 빈곤**을 경험
　　㉯ **정서적 융통성은** 한 사람 또는 한 활동에 집중하던 것에서 다른 사람, 다른 활동으로 정서적 투자를 전환할 수 있는 능력을 말하는 것
　㉣ **지적 융통성을 가지기 대 지적 경직성을 가지기** : 견해나 활동에 대해 융통성이 있어야 하고 새로운 사고에 대해 수용적이어야 함
④ 굴드(R. Gould)가 제시한 중년기에 벗어나야 할 다섯 가지 비합리적인 가정 [⓳]
　㉠ **안전이 영원히 지속될 것이라는 가정은 비합리적인 것이다.** 그 이유는 중년기에는 부모로부터의 보호를 상실하며 부모가 생존해 있다고 해도 역할전도(role reversal)가 일어나기 때문이다.
　㉡ **자신과 자기가 사랑하는 사람들에게 죽음이 일어나지 않을 것이라는 가정은 비합리적인 것이다.** 이 시기에는 부모가 병에 걸리거나 사망하며, 이로 인하여 중년기에 있는 자신의 죽음에 대해서도 신호를 받는다.
　㉢ **배우자 없이 사는 것이 불가능하다는 가정은 비합리적인 것이다.** 중년기 여성들은 배우자와의 보호 없이 살 수 없다는 사고를 버림으로써 더 광범위한 사회적 접촉을 경험하게 되고, 인격의 발달을 도모할 수 있다.
　㉣ **가족 밖에서는 어떠한 삶이나 변화도 존재할 수 없다는 가정은 비합리적인 것이다.** 중년기에는 자신을 재정의하고 결혼생활에 대한 새로운 협상을 함으로써 가족 밖에서의 생활과 자신의 변화 가능성을 발견하는 것은 의미 있는 일이다.
　㉤ **자신이 순수하다는 가정은 비합리적인 것이다.** 자신 이외의 대부분의 성인들이 탐욕, 시기, 경쟁과 같은 속성들을 지니고 있다고 생각해 왔으나, 중년기가 되면 자신에게도 그러한 속성이 있음을 깨닫고 그 결과로 자신의 장점뿐만 아니라 약점도 분명하게 알게 된다.

　　🔍 중년기(40~64세) : 굴드(R. Gould)는 46세 이후에 그릇된 가정을 모두 극복하고 진정한 자아를 찾는 시기라고 하였다.(O)

⑤ 레빈슨(D. Levinson)이 제시한 중년기 세 가지 발달과제 [19]
  ㉠ **자신의 과거에 대한 재평가** : 자신의 죽음에 대한 의식이 강해진 것과 남은 시간을 현명하게 사용하고자 하는 의도에서 비롯된다.
  ㉡ **인생의 남은 부분을 새로운 시기로서 시작하는 것** : 이를 위하여 삶의 기존 구조에서 부정적인 요소들을 수정하고 새로운 요소들을 갖추기 위한 선택들이 이루어져야 한다.
  ㉢ **개별화** : 중년기 이전에는 반대의 관계로 경험하던 상태나 경향 및 양극에서 그 중 하나에만 해당할 수 있고, 동시에 둘의 상태를 취할 수 없다고 느끼던 것들을 직면하고 통합할 수 있어야 한다.

  > 중년기(40~64세) : 레빈슨(D. Levinson)은 성인 초기의 생애 구조에 대한 평가, 중년기에 대한 가능성 탐구, 새로운 생애 구조 설계를 위한 선택 등을 과업으로 제시하였다.(O)

⑥ 하비거스트(R. Havighurst)가 제시한 중년기의 발달과제
  ㉠ 10대에 돌입한 자녀들을 책임감 있고 성실한 성인으로 성장하도록 도와주는 것
  ㉡ 성인으로서의 사회적 책임감을 성취하는 것
  ㉢ 개인의 직업적 경력에 있어서 만족할 만한 성과를 거두고 이를 유지하는 것
  ㉣ 여가시간을 활용하는 것
  ㉤ 배우자와의 인격적 관계
  ㉥ 장년기의 생리적 변화를 수용하고 적응하는 것
  ㉦ 노화해 가는 부모들에 대해 적응하는 것 등

OIKOS UP 전환의 시기로서의 중·장년기 [19]

① 학자에 따라 중·장년기를 인생의 황금기 또는 전성기로 간주하기도 하고, 인생의 쇠퇴기로 규정하는 사람도 있다. 하지만 전성기 또는 쇠퇴기라는 어느 한 가지 관점에서 이 시기를 이해하기 보다는 청소년기와 마찬가지로 **중·장년기도 인생의 전환기로 이해하는 것이 바람직**하다.
② 장년기가 전환의 시기라는 것을 가장 먼저 지적한 사람은 융(Jung)으로 그에 의하면 사람들은 삶의 전반부에서 자신의 외부세계를 다스리지만 삶의 후반부에서는 개인적 한계와 질병이나 사망을 지배할 수 없다는 것을 이해하면서 점점 더 내면세계에 초점을 맞추기 시작한다. 융은 장년기에 자아를 **외적, 물질적 차원으로부터 내적, 정신적 차원으로 전환시키는 것**을 가리키기 위해 **개별화**(individualization)라는 개념을 사용하였다.

  > 중년기(성인중기, 40-64세) : 아들러(A. Adler)는 외부에 쏟았던 에너지를 자기 내부로 돌리며 개성화과정을 경험한다고 본다.(X)

02 신체적 발달

1 신체적 변화 [①②④⑤⑩⑭⑱②]

① 대부분의 장년기 성인들은 아직 양호한 건강과 에너지를 가지고 있으나, 이 시기부터 신체적 노화, 즉 **신체적 능력과 건강이 감퇴**되기 시작한다.
  - ㉠ **신체구조상의 변화** : 신장이 줄어들고 신진대사 활동이 둔화되면서, 허리둘레와 체중이 늘고 배가 나오기 시작하며 **머리카락이 빠지기 시작**한다.
  - ㉡ **신체적 기능의 저하** : 장년기가 시작되면서부터 **활기를 잃고, 육체적 힘이 약화**되기 시작하며, 질병에 대한 저항력이 약해질 뿐만 아니라 질병에서 회복되는 데 소요되는 시간도 늘어나게 된다.
  - ㉢ **감각기관의 능력이 감소** : 노화로 인해 시력이 낮아지고 중년기부터 나타나기 시작한 **시각기능의 원시현상이 더욱 뚜렷**해지며, 청각도 예민성이 줄어들게 된다. [⑬]

② 관절염, 당뇨병, 심장병, 고혈압, 악성 신생물 등과 같은 **만성적이고 심각한 성인병에 이환될 가능성**이 다른 어떤 시기보다 높다.

③ 장년기 초기인 35세부터 50대 초반까지의 **주요 사망원인으로는 암과 심장질환 사고**가 많고, 장년기 후기에는 **암과 심장질환, 뇌졸중** 등으로 사망하는 경우가 많다.

2 성적 변화 [①⑤⑦⑨⑬⑭⑯⑱㉑㉒]

① 남녀 간 차이가 있긴 하지만 **남녀 모두 성적 능력의 저하가 이루어지는 갱년기(climacteric)를 경험**하게 된다.

  - ⓧ 중년기 : 남성이 여성보다 더 뚜렷한 갱년기를 경험한다.(X)
  - ⓧ 중년기 : 갱년기는 여성만이 경험하는 것이다.(X)

② **여성의 갱년기** : 폐경기
  - ㉠ 재생산 체계의 노화, 즉 여성의 월경 기간의 종료를 **폐경***이라 부른다. 폐경이 이루어지면 **생식능력을 상실**(가임기가 끝나게 됨)하게 되고, **여성호르몬인 에스트로겐(estrogen)이 1/6 정도 줄어들며, 자궁과 유방의 퇴화**가 이루어진다.
    ↔ 남성호르몬인 테스토스테론과 안드로겐(고환에서 생성되는 테스토스테론)과 구별
  - ㉡ 폐경에 따른 증상
    - ㉮ **신체적 증상** : **번열증**(hot flashes, 몸 전체가 달아오르는 갑작스러운 열 반응), **안면홍조**(flushes, 얼굴이 붉게 달아오르는 현상), 생리주기 불순, 질 건조증, 요실금, 피부건조 등을 경험
    - ㉯ **심리적 증상** : 폐경을 부정적으로 받아들이면 일시적인 정서불안, 분노감, 가벼운 우울증, 자신감의 저하 및 성취감의 상실과 같은 정서적 문제들을 경험

> **폐경(menopause)**
> 여성이 배란과 월경을 멈추고 더 이상 아이를 임신할 수 없게 되는 것으로 마지막 월경 후 약 1년 정도 걸리며, 한 번의 사건이 아니라 일련의 과정이기 때문에 폐경으로의 전환으로 명명하기도 함

③ **남성의 갱년기** : 중년의 위기(mid-life crisis)
  ㉠ 남성의 갱년기는 정자나 정액 생성의 종결을 의미하지는 않으며, 여성에 비해 비교적 늦게 찾아오는 것이 일반적이다. → **성기능 저하 및 성욕감퇴 경험하지만 생식능력 있음**
  ㉡ 여성의 폐경과 같이 중년에 갑자기 호르몬 생산이 중단되지는 않지만, 30세 이후 1년에 1% 정도씩 **테스토스테론의 수준이 서서히 감소**한다.
  ㉢ 호르몬 분비 변동으로 **심리적 폐경**(psychological menopause), 즉 노화에 대한 두려움을 갖게 된다.

■ 중·장년기의 생식 기능의 변화 ■

구분	여성	남성
호르몬의 변화	에스트로겐과 프로게스테론의 감소	테스토스테론의 감소
증상	안면홍조, 번열증, 질 건조증, 비뇨장애 등	분명하지 않음
생식능력	종료	생식능력 유지

💬 중년기(성인중기, 40-64세) : 남성은 테스토스테론이, 여성은 에스트로겐의 분비가 감소되는 호르몬의 변화과정을 겪는다.(O)

03 심리적 발달

1 인지능력의 변화 [⑧⑪⑫⑭⑯⑱⑲㉑㉒]

① 장년기 인지적 반응속도가 늦어진다는 점에는 대부분 학자들이 동의하고 있으나, 일상생활에 지장을 초래할 정도로 늦어지지는 않는다.
② 혼(Horn)과 도날드선(Donaldson)에 의하면 유동성 지능은 10대 후반에 절정에 도달하고 성인 초기부터 점차 감소하는 반면 **결정성 지능은 성인 초기의 교육경험의 결과로 생의 말기까지 지속적으로 증가**한다. 즉, **장년기에 유동성 지능은 감소하지만 결정성 지능은 증가**한다.

💬 중년기(40-64세) : 혼(J. Horn)은 유동적 지능은 증가하는 반면, 결정적 지능은 감소한다고 하였다.(X)
💬 중년기 : 결정성 지능은 감소하고 유동성 지능이 증가하는 인지변화를 경험한다.(X)
💬 중년기(성인중기, 40~64세) : 결정성 지능은 계속 증가하지만 유동성 지능은 감소한다고 본다.(O)

③ 문제해결능력 역시 연령에 따라 차이를 보이는데, 추상적 문제해결능력은 성년기에 감소하지만 현실적이고 **실제적인 문제해결능력은 장년기에 절정**에 달한다.

💬 중년기 : 인지능력은 서서히 감퇴되지만 경험에 의해 문제해결능력은 높아진다.(O)

④ 장년기의 풍부한 경험과 높은 수준의 문제해결능력으로 사회조직에서 '지휘하는 세대(command generation)'로서의 지위를 구가할 수 있다.

2 심리적 변화 : 심리적 위기 [7⑭⑰⑱㉒㉑]

① 에릭슨은 이 시기를 자신과 타인의 행동방향을 제시하고, 미래를 계획하며, 타인의 욕구를 예측할 수 있는 시기라고 규정하고, 이 시기에 직면하게 되는 심리사회적 위기를 **생산성 대 침체**(generativity vs. self-stagnation)라고 하였다.

② 마모어(Marmor)가 주장한 장년기에 직면하는 4가지 위기
  ㉠ 사회에서 일어나는 문화에 대한 스트레스를 경험하는 것이다.
  ㉡ 신체에 나타나는 노화현상을 인식하는 것이다.
  ㉢ 경제적 스트레스가 증가한다.
  ㉣ 자녀의 독립, 부모의 사망, 결혼생활의 갈등 등으로 인한 이별과 상실감, 젊은 시절의 환상적인 희망, 그리고 죽음이라는 운명에 직면하는 것으로 인한 정신적 스트레스이다.

③ 융(Jung)은 전 인생주기를 통한 지속적 성장 발달, 자아실현에 강조를 두었으며, 특히 **개성화(individuation, 개별화)**'를 통해 중년기 심리적 발달을 설명한다.
  ㉠ **자아를 외적, 물질적 차원으로부터 내적, 정신적 차원으로 전환시키는 것**을 말한다.
  ㉡ 무의식을 의식에 조화롭게 통합시키고 자신의 내면적 존재를 경험하는 데 있어 성공적으로 긍정적인 심리적 건강을 이룬 사람들이 경험할 수 있다.

④ 성 역할 변화에 대해 남녀 모두 중년기 이후, 특히 자녀의 성장 독립 이후에 **양성성**(androgyny)으로 전환하여, 남성은 여성성이, 여성의 경우엔 남성성인 지배성, 공격성 등이 증가하는 경향이 있다.

⑤ 장년기 여성들의 경우 자녀가 모두 집을 떠나고 부부만 남게 되는 **빈둥지 시기**(empty nest)에 인생의 무의미함을 느끼고, 자신이 더 이상 쓸모없게 되었다는 느낌을 갖기도 한다.

04 사회적 발달

1 안정된 가족생활 환경

(1) 빈 껍데기 결혼(empty-shell marriage)
부부가 서로 애착을 느끼지 않는 관계이다.

  예) 업무상의 이유나 투자 상의 이유(부부가 호화로운 집과 재산을 가지고 있는데 헤어지면서 이런 것들을 잃고 싶지 않을 때), 이혼에 대한 친척이나 친구의 반응이 두려워 겉으로만 함께 사는 것 등

(2) 빈 둥지(empty nest)와 빈 둥지 증후군(empty nest syndrome) [⑥⑦⑭⑰②]
① **빈 둥지(empty nest)** : 50대 중반 이후에는 성인 자녀들이 결혼하여 집을 떠나 독립을 하기 때문에 중년기 부부만 남는 시기로, 자녀들이 집을 떠난 후 부부만 남는 상태를 말한다.

② **빈 둥지 증후군(empty nest syndrome)** : 남성은 사회생활과 직장의 일로 바쁜 반면에 여성은 직업이 없으며 하루 종일 집에만 있게 되고 자신이 살아온 과거에 대한 삶의 회환과 후회를 느끼는 경우, 갱년기 우울증과 같은 심리적 상태가 나타나는 현상을 말한다.

(3) **샌드위치 세대(sandwich generation)** [③]

① 청소년기에 접어들게 된 자녀들에 대한 부모역할 이외에 노부모에 대해서는 자녀로서의 역할도 동시에 수행해야 한다.

② 중년의 자녀 세대는 노부모에게 자식의 역할을, 그리고 자녀에게는 부모의 책임을 다해야 하는 **"협공받는 세대"** 라고 부른다.

2 자녀교육 및 훈육(자녀양육)

① 자녀들은 항상 변화하고 예측 불가능한 존재로서 부모는 자녀의 발달단계에 맞는 자녀훈육방법을 습득하여, 자녀의 요구와 변화하는 상황에 융통성 있게 대처해야 한다.

② 자녀의 발달단계를 기준으로 하여 볼 때, 장년기 부모가 직면하는 가족발달단계는 대략 자녀들이 학령전기에 있을 때부터 자녀들이 모두 독립하는 자녀독립기까지에 해당한다.

③ 자녀를 기르는 것은 부모에게 많은 스트레스를 초래하지만, 자녀들의 성장을 위해 새로운 문제들에 대결하는 가운데 **부모의 인격발달을 촉진하는 구실도** 한다.

3 노인부양(노부모 부양, 부모자녀 역할 전도 현상) [③⑤]

① 부모의 건강이 약화되어 보호를 요하는 시기는 대개 자녀들이 중년기에 있는 시기와 일치한다.

② 이들은 대부분 충분히 준비되지 않은 상태에서 부모에 대한 간병의 책임을 맡게 되며, 자신을 길러준 부모를 거꾸로 돌보아야 하는 역할 전도는 중년기에 해당하는 자녀들에게 심리적 충격을 주기도 한다.

4 직업관리, 직업적 성취와 직업전환 [③⑬]

(1) **직업안정과 관리**

① 장년기에 자신의 직업을 관리하는 것은 개인적 성취와 사회적 통합을 위한 가장 중요한 과제이다.

② **직업을 수행하는 데 중요하게 생각해야 할 필수 요소들**

㉠ 대인관계 기술, 즉 자신을 신뢰할 수 있는 존재로 인식시키고 유창한 대화기술과 집단이나 팀으로 효과적으로 일할 수 있는 능력을 갖추며 타인에게 영향력을 발휘할 수 있는 것은 장년기의 직업에서의 성공에 중요하다.

㉡ 자기 직업이 동료 간에 협동적 관계를 강조하는 지 아니면 경쟁적 관계를 강조하는 지를 분간할 수 있는 능력도 필요하다.

㉢ 자신의 직업에 존재하는 권력의 구조를 확인하고 그 구조 내에서 자신의 위치를 확립하여야 한다.

ⓔ 직업에 따라 필요로 하는 기술이 있으며 청년기에서 장년기에 걸쳐 종사하는 직업과 직장에서 맡은 업무는 그 사람의 지적 발달에 영향을 미친다.

(2) 직업적 성취
① 체력이나 빠른 속도를 요구하는 직업에서의 직무수행능력(job performance)은 오히려 감소하게 되며, 그 외에의 직업분야에서는 오랜 경험을 통한 축적된 지식과 기술을 활용하여 높은 직무 성취도를 보인다.
② 장년기는 직업 성취도가 최고조에 이를 가능성과 직업적 전환을 해야 하는 가능성이 공존하는 시기이기 때문에, 직업으로 인해 야기되는 긴장이 많은 편이다.

(3) 직업전환
① **자발적 직업전환의 결정** : 개인의 동기나 성격, 취업 기회, 가족생활의 안정도 등이 복합적으로 작용한다.
② **비자발적 직업전환** : 개인의 직무수행능력이 다른 직장동료들에 비해 지나치게 떨어지거나, 회사나 전체사회가 경제적 불황 상태에 있는 경우에 특히 많이 일어난다.

※ 중년기 : 사회적, 가정적으로 인생의 전성기이지만, 갑작스러운 실직을 경험하기도 한다.(O)

5 여가활동 개발
① **여가(recreation)활동** : 직업활동, 생리적 욕구 충족 등과 같은 생활시간을 제외한 잔여시간에 휴식, 기분전환, 사회적 성취 및 개인적 발전을 위해 활용하는 제반활동을 말한다.
② 중년기에는 은퇴에 대비해 경제적 심리적 준비가 필요하며, 여가활동은 은퇴를 위한 심리적 준비에 도움이 될 수 있다.

05 사회복지실천의 관심 대상이 되는 문제

❶ 신체적 측면 : 성인병과 갱년기 장애

(1) 성인병(Adult Disease)

장년기에는 신체구조의 변화와 신체기능의 저하로 인해 성인병에 걸릴 위험성이 증가한다.

(2) 갱년기 장애(climacterium)

갱년기에 접어들면서 발한, 두통, 불면증, 수족냉증, 이명증(tinnitus), 우울증 등이 나타나는 신체적·생리적·정서적 장애를 말한다.

❷ 심리적 측면

① 부부갈등이나 이혼 등 부부 간 문제점을 돕기 위한 부부상담 프로그램 실시 및 부부치료이다.
② 중년기의 위기를 극복할 수 있는 프로그램을 개발, 즉 여성 사회교육프로그램, 여가선용프로그램, 스트레스 대처 프로그램 같은 개입이 필요하다.

❸ 사회적 측면

(1) 직업에서 발생할 수 있는 문제

① **실업(실직)** [⑬]
　㉠ 장년기의 실업은 수입 상실로 인한 경제적인 어려움뿐만 아니라 자존심을 상실하게 하며, 가정생활을 어렵게 하므로, 이 시기에는 그 어느 시기보다도 실업에 대한 두려움이 높다.
　㉡ 장년기의 실업은 자녀교육을 포함한 많은 금전적 지출에 대비하기 어렵기 때문에 재정적 압박 등으로 많은 스트레스를 받게 된다.

② **직업스트레스**
　장년기 남자들에게 심각한 문제이며, 이것은 과로사, 높은 질병률 등의 현상으로 나타난다.
　　예) 과다한 업무량, 역할 갈등, 직업이나 업무에 대한 만족의 결여, 직업이 주는 보상에 대한 불만, 직업과 개인 생활의 부조화 등

(2) 가족과 관련된 문제

장년기 성인 자녀들은 부모와의 관계에서 역할전도와 간병의 부담(재정적 부담, 신체적 부담, 정서적 부담)을 경험한다.

MEMO

노년기(old age) : 65세 이상

제2부 전생애주기적 발달관점에서 이해

제7장 회차별 출제빈도, 출제비중 및 출제논점 1, 2, 3순위

10회 2012	11회 2013	12회 2014	13회 2015	14회 2016	15회 2017	16회 2018	17회 2019	18회 2020	19회 2021	20회 2022	21회 2023	22회 2024
2	1	2	1	1	1	(1)	1	1	2(1)	(1)	1(1)	(1)

출제 비중	출제 논점		
	1순위 ☺	2순위 ※	3순위 ☆
(1)**1**2(1)	① 신체, 심리, 사회적 발달 ② 큐블러-로스의 죽음 단계	① 노년기 정서 및 성격변화	① 조부모의 역할

1순위 스마일표시(☺) : 출제 빈출도가 높은 부분으로 무조건 시험에 출제되는 영역
2순위 당구장표시(※) : 나왔다 안 나왔다 하는 영역이지만 출제가능성 높은 영역
3순위 별 표(☆)   : 출제 된 적이 있긴 하지만 다시 출제될 가능성은 다소 떨어지는 영역

MAP

- 노년기 : 65세 이상
  - 노년기의 개요 ☺
  - 신체적 발달 ☺
  - 심리적 발달
    - 정신기능의 변화 ☺
    - 정서 및 성격변화 ※
    - 큐블러-로스의 죽음 단계 ☺
  - 사회적 발달
    - 조부모의 역할 ☆
  - 사회복지실천의 관심 대상이 되는 문제

01 노년기의 개요 [③⑦⑨⑭⑱⑲⑳]

(1) 노년기는 **인생의 마지막 시기**로, 신체적 능력의 쇠퇴 및 질병이환, 사회적 관계의 축소, 사회경제적 지위의 하락 등과 같은 퇴행적 발달이 일어나는 시기이다.

(2) 에릭슨의 생의 주기 8번째 단계인 노년기(60세~사망), 즉 마지막 단계에 해당하며, 그는 이를 **자아통합(integrity) 대 절망(despair)의 시기**라고 했다.

(3) 펙(R. Peck)의 발달과업이론에서 펙은 에릭슨의 자아통합 대 절망을 노년기의 주요 발달과업으로 인정하면서 에릭슨의 7단계(생산성 대 침체, 중장년기)와 8단계(자아통합 대 절망, 노년기)를 통합하여 7단계 모델을 제시하였다.

> 노년기(65세 이상) : 펙(R. Peck)의 발달과업이론은 생애주기를 중년기와 노년기로 구분하여 설명하였다.(X)

(4) **노년기의 발달에 관하여 펙(R. Peck)이 제시한 세 가지 이슈** [⑧⑮⑲⑳]

어르신들이 노년기를 의미 있고 기쁘게 만들기 위해 세 가지 기본 심리적 조절이 강조된다. 즉, 고정된 일 역할로부터 자기분화, 신체중시로부터 신체에 관한 초월, 자기에의 몰두에서 자기로부터 초월 이라는 심리적 조절이다.

① **자아 분화 대 직업역할의 몰두(전념)**
  ㉠ 은퇴(퇴직)의 영향에 관한 것으로 오랫동안 종사해 온 직업을 떠나 새롭게 하는 활동들에서 만족을 얻을 수 있도록 개인적 가치가 재평가되고 재정의 되어야 한다.
  ㉡ 은퇴라는 사실을 통해 고통스러워하는 것보다 더 이상 직장에서 일할 수 없다는 사실을 받아들이고 이에 적응하며 지속적으로 활기 있는 새로운 삶을 살 수 있는 성공적인 노화가 자신의 가치를 느낄 수 있게 한다.

② **신체 초월 대 신체 몰두**
  ㉠ 은퇴시기가 되면 대부분의 사람들은 신체적 약화를 경험하는데 삶의 안락을 신체적 건강과 동일시해 온 사람들은 건강의 쇠퇴를 큰 충격으로 받아들인다.
  ㉡ 쇠퇴하는 건강에도 불구하고 삶을 즐기는 사람들은, 이들의 가치체계에서 삶의 만족에 대한 사회적, 정신적 요소들이 신체적 요소를 초월하였다고 할 수 있다.

③ **자아 초월 대 자아 몰두**
  ㉠ 노년기에 자신이 죽을 것이라는 사실을 이해하고 받아들여야 한다.
  ㉡ 자아를 초월하여 인간의 문화를 영속화하고자 열심히 활동함으로써 자신의 생활에서 의미 있고 적극적인 참여가 가능한 것이다.

> 노년기에 자기몰두에서 자기초월이라는 심리적 조절이 필요하다.(O)

> 청년기 혹은 장년기의 발달과제 : 펙(R. Peck) - 자아분화, 친밀한 관계 활동(X)

(5) 하비거스트(R. Havighurst)가 제시한 노년기의 발달과업
① 약화되는 신체 힘과 건강에 따른 적응
② 퇴직과 경제적 수입 감소에 따른 적응
③ 배우자의 죽음에 대한 적응
④ 자기 동년배 집단과의 유대관계 강화
⑤ 사회적 역할을 융통성 있게 수행하고 적응하는 일
⑥ 생활에 적합한 물리적 생활환경의 조성

(6) 노년기의 특징은 **사회적 활동의 감소**로, 이러한 현상에 대한 설명에서 **분리이론과 활동이론**은 대조적이다. [⑲]

분리이론	활동이론
커밍과 헨리(Cumming & Henry)에 의해 제시	하비거스트(Havighurst)와 동료에 의해 주창
• 노인의 사회적 후퇴는 사회의 요구에 반응하는 것이라기보다는 본질적이고 발달적인 속성을 지닌다. • 감소된 사회적 상호작용은 **사회와 노인이 서로 후퇴하는 일종의 상호적 과정(mutuality)**으로 노인은 사회적 활동의 축소에 대해 수용적이고 나아가 그것을 소망하는 것으로 보인다. • 노인의 사회적 활동으로부터의 분리는 사회에 의해 강요된 과정이라기보다 자연스러운 현상이다.	• 노인이 생물학적 측면과 건강상의 불가피한 변화를 제외하고는 중년기의 사람들과 똑같은 심리적, 사회적 욕구를 가진 사람들이라고 본다. • 사회적 상호작용의 감소는 **사회가 노인으로부터 후퇴하기 때문에 일어나며, 사회적 활동에 계속 참여하고 싶어 하는 노인의 소망에 상반되게 진행되는 것**으로 간주한다. • 성공적으로 노화하는 노인은 중년기 활동을 가능한 유지하고 그런 활동을 그만둘 수밖에 없을 경우 대체할 활동을 찾음으로써, 그의 사회적 세계는 축소되지 않는다.

노년기(65세 이상) : 분리이론은 노년기를 노인 개인과 사회가 동시에 상호분리를 시작하는 시기로 보는 이론이다.(○)

노년기(65세 이상) : 활동이론은 노년기를 잘 보내기 위해서는 은퇴와 같은 종결되는 역할들을 대치할 수 있는 활동을 발견하는 것이 중요하다는 이론이다.(○)

02 신체적 발달 [⑤⑩⑪⑱]

① **신체구조의 쇠퇴**를 들 수 있는데, 피부 및 지방조직의 감소, 세포의 감소, 골격 및 수의근의 약화, 치아의 감소, 심장비대 및 심장박동의 약화 등의 현상이 나타난다.
② **신체의 외면상의 변화**를 들 수 있는데, 백발의 증가, 두발의 감소, 주름살의 증가, 얼룩반점의 증가, 신장의 감소 등의 현상이 나타난다.
  ㉠ 늘어나는 주름살, 줄어드는 민첩성, 구부정한 어깨, 불편한 거동, 가늘어진 머리카락, 이상(異常) 확장의 정맥 등에서 볼 수 있다.
  ㉡ 특히 피부가 주름지는 현상은 조직의 탄력성과 피부의 지방층 상실에 의해 일어난다.

③ 질병의 가능성은 노년기에 급격히 증가하는데, 실제로 노인의 70% 정도가 적어도 하나 이상의 만성적인 질환들을 앓고 있으며, **보편적으로 복합적인 질환들을 가지고 있는 것**으로 나타났다.
- ㉠ **만성질환의 상병률 증가를** 들 수 있는데, 동맥경화증, 고혈압, 당뇨병, 심장병, 신장병 등의 만성질환이 나타난다.
- ㉡ **노인들의 사망의 주요 요인이 되는 질병들은** 순환기 질환, 암, 뇌일혈, 폐렴, 기관지염, 동맥경화, 당뇨병 등으로 나타났다.
- ㉢ 전반적으로 예비력이 감소하기 때문에 잠재하고 있는 질병이 나타나기 쉽고, 질병이 발생하면 급격히 상태가 악화되어 쉽게 죽음에 이르게 된다.

④ 근육이 위축되어 근육의 강도와 운동력이 감소되며, 평형감각이나 동작 조정의 능력도 감소하여 **신체의 균형을 잃고 넘어지기도 잘하고 민첩성도 상실하게 된다.**

⑤ 항상성의 능률은 떨어진다. 즉, 몸 전체를 유지하는 강화기제들의 활동이 둔해지고 신체적 적응성이 떨어진다. 예를 들면, 심장박동과 호흡의 간격이 길어지며 상처가 아무는 데도 시간이 오래 걸린다.

⑥ **남성노인은** 생식기능이 저하되고 성교기능이 저하되긴 하지만 **여성보다는 기능 저하가 덜하다.** [⑪]
- ㉠ 남성의 경우 생식기능이 저하되며, 발기능력과 음경크기의 감소, 음경 강직도의 저하, 발기각도의 변화 등과 같은 불완전한 발기문제로 인하여 성교능력이 저하되긴 하지만 여성보다는 그 기능저하가 덜하다.
- ㉡ 70대 이상에서도 충분히 성적 관계를 유지할 수 있다는 연구들이 많이 있다. 60~91세 노인을 대상으로 한 조사에서 남성의 70%, 여성의 20%는 60세 이상에서도 성적으로 활동적임을 보여주었다.
- ㉢ **성에 관한 인식은 바뀌어야 한다.** "어르신들은 성욕을 상실했다."거나 "어르신들의 성생활은 꼴불견이다."는 식의 생각을 지양해야 한다.

⑦ 연령증가에 따라 신장의 크기, 무게, 피질의 양 등이 감소되며 신장 혈관의 경화(硬化)현상이 나타남으로써, **신장기능이 저하**된다. [⑱]
- ㉠ 신장에서 노폐물이나 독소를 여과하는 비율이 80세에는 30세의 50% 정도 수준으로 감소함에 따라, **각종 신장질환에 이환될 가능성이 높다.**
- ㉡ 방광이나 요도기능의 저하로 인하여 **야간에 소변을 보는 횟수가 증가하게 된다.**

03 심리적 발달

1 감각기능의 변화 → 감각기능 둔화 [②⑬⑱]

(1) 감각기능은 신체의 내적 및 외적 상황과 변화에 대한 정보를 수집하여 뇌에 전달하는 기능을 말하며, 이런 정보수집의 수단이 시각, 청각, 미각, 후각, 촉각 및 통각의 기관들이다.

(2) **감각의 예민함 악화**는 대체로 외모의 변화 이후 나타난다.
   ① 촉감은 나이가 들면서 떨어지는데 이는 피부가 건조해지고, 주름이 생기고, 단단해지기 때문이다. 또한 어르신들의 피부는 체온의 변화에 민감해진다.
   ② 신체기능의 자동조절 반응이 더뎌지기 때문에 어르신들은 추위를 더 심하게 느끼며, 청력, 시력, 미각, 균형감각 등의 쇠퇴를 가져와 어르신들의 활동에 지장을 초래한다.

(3) **시각의 기능**
   ① **노안, 원시안** : 노화에 따른 렌즈의 조절 작용이 쇠퇴(신축성 감소)하며, **중년기부터 나타나기 시작한 원시 현상이 더욱 현저하게 나타난다.** [⑬]
   ② **백내장** : 노화가 되면 수정체에 섬유질이 증가하여 차양처럼 가려져서 시각이 흐려지는 현상이다.
   ③ **녹내장** : 노화와 더불어 안내압이 상승하여 시신경의 기능이 부분적으로 저하되고 실명에 이르는 것이다.
   ④ **황화현상(yellowing)** : 수정체의 색체가 노란색으로 변하여, 노랑, 주황, 빨간색 계통의 색은 더 잘 구별할 수 있게 되나, 보라, 남색, 파란색 계통의 색은 잘 구별할 수 없게 되는 현상이다.
   ⑤ **암순응장애** : 암순응은 빛의 강도가 감소하는 경우에 순응하는 과정으로, 눈이 빛을 받아들이는 능력이 저하됨으로써 어두움에 대한 감지와 적응능력이 약화된다.
   ⑥ **임계점멸빈도가 낮아짐** : 임계점멸도란 단위시간당 불빛이 깜박인 빈도가 많아질수록 어느 시점에 가면 관찰자가 단절된 불빛을 하나의 연속적인 불빛으로 지각하게 되는데 이 순간을 말한다.
   ⑦ **눈부심 현상** : 눈부신 빛에 대한 감수성이 예민해지고 그 인내력이 감퇴한다.

(4) **청각의 기능**
   ① 연령증가와 더불어 높은 소리와 작은 소리에 대한 감지도가 저하된다.
   ② 50세 이후에는 노인성 난청(연령증가에 따른 청각장애를 통칭함)이 현저하게 나타나며 여성보다는 남성에게 더 많이 나타난다.

(5) **미각과 후각의 기능**
   ① 연령증가에 따라 점차 상실된다는 점은 예상되지만 현저한 기능 상실을 보고하는 연구 결과는 아직 없다. 즉, 노화에 따른 미각 및 후각의 기능 변화는 거의 없다.
   ② 80세 이후부터는 맛봉우리가 감소하여 미각 구별 능력이 현격히 쇠퇴하며, 후각의 경우도 80세 이후 노인의 75% 정도가 후각에 문제를 경험하게 된다.

(6) 촉각의 기능
신체부위에 대한 접촉의 민감성은 대체로 45세경까지는 증가하다가 이후는 현저히 감퇴되는 경향이 있다. 따라서, 노인들은 접촉의 강도가 높아야 쉽게 접촉을 느낄 수 있다.

(7) 통 각
통증에 대한 민감성이 연령증가에 따라 약화된다는 편이 우세하지만 확실한 결론을 내리기는 어렵다.

(8) 수면시간 : 연령이 증가함에 따라 일반적으로 수면시간이 감소하는데, 20대에는 하루 평균 7~8시간의 수면을 취하지만 55세 이후에는 급격히 감소하여 65세 이상에서는 5~6시간 정도 수면을 취하게 된다. [⑬]

② 인지적 변화

(1) 지각기능의 변화
① 지각기능은 감각기관에 의해 수집된 정보를 의식적인 수준에서 처리하고 평가하는 기능으로서, 연령증가에 따라 지각과정의 속도가 저하되고 있다는 것이 일반적인 연구결과이다.
② 노인은 환경의 변화에 즉각적으로 대처하지 못하여 **안전사고를 당하는 비율이 높게 된다.**

(2) 정신운동 기술에서도 어르신들은 젊은이들에 비해 현저히 떨어지며, 신경계의 기능도 쇠퇴할 수밖에 없다.
① 어르신들은 젊은이들이 하는 일을 모두 할 수는 있으나 중앙신경계에 의한 정보처리 속도가 늦기 때문에 모든 행동이 더딜 뿐 아니라 사고를 유발하기도 한다.
② 노화과정에 들어서면 신경계의 변화가 거의 없다고는 하나 일부 신경조직의 섬유질 세포로 대체되면서 어르신들의 반사작용과 반작용이 늦어진다. 한편, 뇌세포의 총수는 줄어들지만 혈액순환에 장애가 없는 한 뇌의 정상기능은 지속된다.

(3) 정신기능의 변화 [⑦⑧⑨⑪⑫㉑]
① **지능** : 노년기에는 일반적으로 쇠퇴한다고 보고 있으나, 지능에는 여러 종류가 있으므로 특정 영역의 지능만을 근거로 지능의 약화를 주장할 수는 없는 것이다.
  ㉠ 지적 기능이 노화와 함께 전적으로 떨어진다는 주장은 옳지 않다.
  ㉡ **지능검사에서 어르신들이 젊은이들에 비해 낮은 점수를 보이고, 갈수록 점수가 낮아진다.** 다만, 지능검사에서 어르신들의 성취도는 낮아지나 실제적인 지적 능력은 떨어지지 않기 때문에, 지적 기능이 노화와 함께 **전적으로 떨어진다는 주장은 옳지 않다.**
    ✗ 노인들은 IQ 검사에서 젊은 사람과 점수 차이를 보이지 않는다.(X)

② **기억력** : 노년기에 이르게 되면 **일반적으로 서서히 감퇴**된다.
  ㉠ **단기기억과 최근 기억이 장기기억에 비해 더 약화**되며, 암기보다는 논리적인 것의 기억능력이 더 많이 감퇴되는 것으로 알려지고 있다.

㉮ 단기기억 : 5~10초 후에 회상해 내는 기억
㉯ 최근기억 : 1시간~며칠 후에 회생해 내는 기억
㉰ 장기기억 : 오래전에 일어난 일을 생의 과정을 통하여 자주 회상되었던 것을 회생해 내는 기억

ⓒ 보는 것보다 듣는 것의 기억력이 뛰어나므로 노인의 학습능력 증진을 위해서는 **청각을 활용한 교육방법이 효과적**이다.

③ **학습능력**
㉠ 연습이나 경험을 통하여 정보 및 기술을 습득하는 능력을 의미하며, 일반적으로 연령증가에 따라 저하되는 것으로 알려지고 있다.
㉡ 학습기간과 반응기간이 충분히 주어지면 노인층이 청년층보다 학습의 증진이 더 많이 일어나며, 학습의 과제가 의미 있고 동기가 분명할수록 노인층과 청년층의 차이가 줄어든다고 보고되고 있다.

④ **사고 및 문제해결능력** : 연령이 증가함에 따라 저하되는 것이 일반적이지만, 단순히 연령증가만이 그 원인이라 단정 짓기는 어려우며, 연령과 교육수준, 인생경험, 지능, 직업, 동년배 효과 등의 요인이 복합적인 영향을 미친다.

⑤ **창의력(성)** : 자기실현이나 또는 실제로 적응하고 실현시킬 수 있는 독특한 반응이나 생각을 말하는 것으로, 30대에 정점에 이른 후 이후부터 조금씩 감퇴되지만, 60~70세에도 20대와 동일한 수준의 창의성을 발휘할 수 있으며, 80세에도 여전히 중요한 일들을 훌륭하게 수행하는 경우가 많다.

> **OIKOS UP 치매(dementia)**
> ① 노년기에 주로 일어나는 사고능력과 기억력의 심각한 장애로 심각한 사회문제로 제기되고 있다.
> ② 치매는 뇌질량의 감소, 뇌혈관장애, 알코올 등과 같은 원인에 의하여 **인지기능과 고등정신기능이 감퇴**되는 기질성 정신장애로서, 기억장애, 추상적 사고 장애, 판단장애, 대뇌피질장애, 성격변화가 수반됨으로써 직업, 일상적 사회활동 또는 대인관계에 지장을 받게 되는 복합적 임상증후군이다.
> ③ 주요증상 : 기억력 상실, 지적 능력 저하, 지적 판단 기능장애, 지남력 상실, 행동변화 등

3 정서 및 성격변화[②⑥⑦⑨⑪⑫②]

(1) **정서적 변화**

노년기에 이르면 **감정표현능력의 저하**가 이루어지는데, 감정표현을 억제하는 것이 사회문화적으로 보다 바람직한 것이라는 사회적 압력에 순응한 결과라고 할 수 있다.

(2) 성격 변화

① **우울증 경향의 증가** : 신체적 질병, 배우자의 죽음, 경제사정의 악화, 사회와 가족들로부터의 고립, 일상생활에 대한 자기통제 불가능, 그리고 지나온 세월에 대한 회한 등으로 전반적으로 우울 경향이 나타난다.

② **내향성 및 수동성의 증가**
  ㉠ 노화해 감에 따라 사회적 활동이 점차 감소되고 사물에 대한 판단과 활동방향을 외부로부터 내부로 돌리는 행동양식이 많이 나타난다.
  ㉡ 노화에 따라 모든 문제를 능동적으로 해결하려는 경향이 약해지고, 누군가의 도움을 받아 수동적으로 해결하거나 신비적으로 또는 우연히 잘 되도록 내맡겨버리는 경향이 증가한다.

③ **성 역할 지각의 변화(양성화)** : 노인이 되면 남성과 여성 사이에 청 장년기 때 보이던 성차이가 줄어들게 되어 성 역할 지각의 변화를 보이게 된다.

④ **경직성의 증가**
  ㉠ 경직성(rigidity)이란 융통성(flexibility)과 반대되는 개념으로 어떤 문제해결에 있어서 그 해결방법이나 행동이 옳지 않거나 이익이 없음에도 불구하고 자기의 고집대로 행동하는 경향을 말한다.
  ㉡ 경직성은 노화와 함께 증가되는 경향이 있고 이러한 경향은 노인의 학습능력과 문제해결능력을 저해하는 요인이 된다.

⑤ **조심성의 증가** : 노인 스스로의 의지로서 정확성을 중요시하고, 시각 청각 등의 감각능력 감퇴를 비롯한 신체적 심리적 메커니즘 기능이 쇠퇴하며, 자신감이 감퇴되기 때문에 확실성을 기하기 위해 조심성이 요청된다.

⑥ **친근한 사물에 대한 애착심** : 노인이 될수록 오래 사용해 온 물건, 즉 집, 가재도구, 사진, 골동품, 일용품 등 여러 가지 친숙한 물건들에 대한 애착심이 증가한다.

⑦ **유산을 남기려는 마음** : 노인이 되면 자기가 죽을 때 무언가를 남기려는 경향이 나타나는데, 그들이 남기고 싶어 하는 것은 자손, 예술작품이나 문학작품, 독특한 기술, 지식, 교훈(영적인 지식), 부동산, 돈, 때로는 아름다운 기억 등이다.

⑧ **생에 대한 회상의 경향** : 생의 시간이 얼마 남지 않았음과 죽음이 가까이 다가옴을 지각할수록 지나온 생을 뒤돌아보고 회상하는 경향이 있다.

⑨ **시간전망의 변화** : 시간전망의 변화는 40세 이후(중년기)부터 나타나는데, 이것은 지금까지 살아온 날을 계산하기보다는 앞으로 남은 날을 계산하기 시작한다는 것이다.

⑩ **의존성의 증가** : 노인의 의존성은 경제적 의존성, 신체적 의존성, 정신적 의존성, 사회적 의존성, 심리적 및 정서적 의존성을 들 수 있다.

4 자아통합과 죽음수용[20]

(1) 노년기 발달시켜야 될 긍정적인 성격특성은 **자아통합**(ego identity)이다. 긍정적인 자아통합이 발달되지 못하면 절망의 태도가 형성되는 것이다.
   ① **통합**은 삶에서 일어나고 있는 사실을 받아들이는 능력과 큰 두려움 없이 죽음을 직면하는 능력을 의미한다.
   ② **절망**은 죽음을 조용히 수용할 수 있는 태도를 불가능하게 하는데, 절망 속 어르신들은 자신의 삶을 미완성 혹은 미성숙한 것으로 간주한다.

(2) **자아정체감 변화에 관한 이론**
   ① **정체감 위기 이론**(identity crisis theory) : 밀러(Miller)에 의해 제창된 이론으로, 퇴직은 직업적 역할과 이에 부수되어 있던 다른 역할의 상실까지 가져오게 됨으로써 자아기반이 무너져 정체성 유지는 위기를 맞게 되고 결국은 와해된다는 것이다.
   ② **정체감 유지 이론**(identity continuity theory) : 애츨리(Atchley)에 의해 제기된 이론으로, 정체감 위기 이론과 상반되는 입장에 있는 이론이다. 자기의 정체감을 전적으로 한 가지 역할을 통해 끌어내는 것이 아니라 여러 가지 역할을 통해 끌어낸다는 전제 위에서, 즉, 직업역할 수행만이 정체감 유지의 기반이 아니었으므로 퇴직 후에도 여러 가지의 역할에 참여하여 정체감을 유지시킬 수 있다.

(3) **죽 음**
   ① **큐블러-로스**(E. Kübler-Ross)의 죽음에 대한 적응(반응, 수용)단계 [②⑤⑧⑫⑭⑮⑯⑰⑱⑲]
      ㉠ 큐블러-로스는 불치병을 앓고 있는 환자 200명을 대상으로 심리상태를 살펴본 결과 사람들이 자신의 죽음에 대비하여 5단계의 심리적 단계를 거쳐 다가오는 죽음을 깨닫는다고 하였다.
      ㉡ 세상에는 '전형적인' 죽음의 과정은 없으며, 큐블러-로스의 5단계도 하나의 과정 후에 반드시 다음의 과정이 오는 연쇄적 발생이 아니다.

단 계	죽음에 대한 반응 양상
부정과 고립 (denial and isolation) = 부인(denial)	• 죽음에 자신을 내맡기기를 거부하고 부정하여 스스로 고립상태에 빠지는 단계("내가 그럴 리가 없어") • 진단이 잘못되었거나 의사의 실수라고 여겨 더 긍정적이고 만족스러운 처방이 나올 때까지 다른 병원이나 다른 의사를 찾아다니게 된다.
분노의 단계 = 격노와 분노 (rage and anger)	• 죽음의 위협이 닥쳤을 때 더 이상 자신의 죽음을 부정할 수 없게 되어 분노하고 절망하게 되는 단계("왜 하필 내가?", "왜 하필 나에게..?!") • 분노가 아무 때나 닥치는 대로 폭발하기 때문에 가족 또는 주변 사람들이 감당하기가 힘들게 된다.

타협 (bargaining, 협상)	• "내가 죽어가고 있구나, 그러나…"하고 말하는 시기, 죽음을 연장시키기 위한 신과 타협을 하는데 노력하는 단계 • 절박하게 다가온 죽음을 잠시 초인적 능력이나 의학 또는 의사, 신과 타협을 하려고 노력하는 단계이다.
우울 (depression)	• "아아 슬프도다"라는 체념과 절망이 섞인 우울 상태로 빠지는 단계 • 자신이 소유했던 것들 때문에 슬퍼할 뿐만 아니라 여러 가지 사물을 상실하게 됨에 따라 더욱 슬퍼하게 된다.
수용 (acceptance)	• 행복한 단계는 아니나 감정이 없는 단계. 환자 자신도 지치고 허약하게 되어 죽음을 수용하는 단계 • 수용단계에 있는 환자들은 매우 뚜렷한 침착함과 평온함을 보이고 '**이제 떠날 시간이다**'는 태도를 보인다. 이 단계를 최후의 성장단계라고 말한다. 예) 요양병원에 입원하고 있는 A씨는 간암 말기 진단을 받았다. 그는 자신이 죽는다는 것을 인정하고, 가족들이 받게 될 충격을 최소화하기 위해 만남과 헤어짐, 죽음, 추억 등의 이야기를 나누며 시간을 보내고 있다.

※ 노년기(성인후기, 65세 이상) : 퀴블러 로스는 인간이 죽음에 적응하는 5단계 중 마지막 단계를 타협단계라고 하였다.(X)

② **죽음을 두려워하는 이유**
- ㉠ 죽는 과정에 관련된 두려움의 원인으로는 죽음이 고통스러울 것이라는 생각, 혼자서 죽음을 맞보게 될지도 모른다는 걱정, 자신이 고통스러울 것을 다른 사람들이 보는 것, 자신의 사고와 신체에 대한 지배력을 잃게 되는 것 등이다.
- ㉡ 죽음의 결과에 관련된 공포는 죽음 이후의 미지의 세계에 대한 두려움, 자기가 잊혀 질 것이라는 점, 가족이나 친지들이 자신의 죽음에 대해 겪을 슬픔, 신체가 소멸되는 것, 사후 세계에 존재할지도 모르는 벌과 고통 등이다.

③ **죽음에 대한 연구**
- ㉠ 노인들은 청년들보다 죽음에 대해 더 자주 생각하기는 하지만 특히 더 두려워하지는 않는다고 한다.
- ㉡ 여성이 남성보다 죽음을 더 수용한다.
- ㉢ 좋은 환경에서 살았던 노인이 나쁜 환경에 살았던 노인보다 죽음에 더 부정적인 것으로 나타났다.
- ㉣ 종교적인 신념이나 자아정체감이 확립된 사람이 그렇지 못한 사람보다 죽음의 공포를 적게 갖고 있는 것으로 보고된다.

④ **애도(bereavement)** : 노인들은 자신의 죽음뿐 아니라 가족이나 친지의 죽음에 대해서도 대응해야 하는데, 사랑하는 사람의 죽음에 따른 정서적 고통을 말한다.

⑤ **안락사(euthanasia)** [8]
- ㉠ 불치의 병으로 고통을 받고 있는 환자들과 이들의 가족에게 부담을 덜어주기 위해 고의로 유도하는 죽음을 일컫는다.

ⓒ 안락사는 노년기의 어르신뿐만 아니라 생애의 여러 단계에서 일어날 수 있으며, 안락사는 법에 의해 가부가 결정된다. **노년기에만 해당되는 것은 아니다.**

> **OIKOS UP** 안락사(euthanasia)와 존엄사(Death with dignity)
>
> ① 안락사와 존엄사는 차이가 있는데, 존엄사는 의사가 환자의 동의 없이 치료 행위를 할 수 없다는 것으로 소극적 안락사로도 한다.
> ② 안락사란 극심한 고통을 받고 있는 불치의 환자에 대해 본인이나 가족의 요구에 따라 고통이 적은 방법으로 인위적으로 죽음에 이르게 하는 것을 말한다.
> ③ 존엄사는 환자의 고통이 그다지 문제되지 않으며 환자 자신이 의식불명으로 인하여 자기결정권을 행사할 수 없다는 점에서 안락사와 구별되며, 존엄사 주장의 핵심은 인간으로서 최소한의 품위를 지키면서 죽을 권리를 달라는 것이다.

5 자신의 삶에 대한 수용과 자긍심 [10②] 노년기의 과업은 자신의 삶을 수용하는 것이다.(○)

① 노년기에는 중년기까지 이룩한 축적된 많은 과업들의 결과를 통해 노인은 자신의 결혼생활, 직업, 자녀양육, 대인관계 등의 역할들에서 성취를 평가하게 된다.
② 노인들은 다양한 반응을 보일 수 있으나 노인이 실망이나 위기의 영역을 받아들이면서 이것을 자신의 성취에 균형을 취하여 받아들일 수 있어야 자신에 대한 자부심을 유지할 수 있다.

6 하위 지위와 연령차별

① 산업화가 되면서 어르신들은 빈곤의 대상이 되었고, 사회적 지위가 떨어졌다.
② 어르신들의 하위 지위는 늙었다는 이유로 부정적인 이미지와 태도를 갖는 연령차별과 밀접히 관련한다.

7 부정적인 삶의 사건들

① 삶의 사건들은 모든 발달단계에서 일어날 수 있지만 노년기 후기에 발생하는 사건들은 예측 불가능하고 바람직하지 않은 성격이 더 강하다. 그 반면 이에 대처하는 데 필요한 자원이나 능력은 현저하게 감소하여 특별한 관심이 요청된다.
② 노년기 후기 주로 경험하는 삶의 사건들은 기능손상 등으로 인한 건강의 상실, 퇴직 후 지속적인 소득 감소로 인한 빈곤, 배우자나 친지의 죽음, 자녀나 다른 가족성원에 관련된 문제 등이며 이러한 사건들은 만성적인 긴장이나 고통을 유발한다.

04 사회적 발달

❶ 사회적 역할 변화에 대한 적응 [②④⑤⑩⑬]

① 상실의 시기 또는 역할 없는 역할(roleless role)
② **새로운 역할 및 역할전환 경험** : 노년기에 사회적 지위나 역할을 잃기만 하는 것이 아니며 새로운 역할을 얻기도 하며, 동일한 역할을 수행하더라도 그 수행방법이 변화되고, 역할 자체의 중요성이 변화되는 등 다양한 역할전환을 경험하게 된다. 💬 노년기 : 새로운 역할이 생기지 않는다.(X)
③ **노년기 지위와 역할의 변화** : 2차 집단에서의 지위와 역할의 종류와 수는 줄어들지만 1차 집단 내 지위와 역할은 큰 변화가 없다. 💬 노년기 : 제도적 지위와 역할은 늘어나며, 비공식역할은 축소된다.(X)

❷ 조부모의 역할 : 뉴가르텐과 웨인스타인(Neugarten & Weinstein)의 분류 [④]

① 조부모와 손자녀 관계에서 **적극성 여부에 따라** 다섯 가지로 역할 유형을 구분한다.
② 손자녀 훈육도 엄격하지 않고, 온화하고 관대해지는 경향이 강하게 나타나고 있으며, 성인자녀와의 별거로 인해 **원거리형 조부모 역할 유형이 증가**하고 있는 실정이다.

유 형	특 성
공식적 유형 [④] (the formal, 공식형)	조부모의 1/3에 해당하는 가장 보편적인 유형으로, 이들은 손자녀에게 관심을 보이며 때때로 돌봐주고 부모도 도우나 간섭하지 않도록 조심하는 것으로, 부모의 책임이나 권위를 침해하지 않기 위해 손자녀의 양육방법에는 관여하지 않고 주어진 조부모 역할만 수행한다.
기쁨(재미) 추구형 (the fun-seekers)	손자녀들과 유희적 관계를 맺고 여가시간에 손자녀들과 놀아 주는 것을 낙으로 삼는다. 즉 손자녀와 비공식적이고 재미있는 상호작용을 하는 조부모유형으로 이들은 서로 즐기는 유형이다.
대리부모형 (the surrogate parents)	이 유형은 엄마가 집 밖의 직업을 가진 경우 아이의 양육을 책임지면서 부모와 같은 역할을 하는 유형으로 부모를 대신해서 육아와 교육을 담당해 준다.
가족 지혜의 원천 유형 (the reservoirs of family wisdom)	가족 내에서 최고의 권위를 유지하면서 젊은 세대에게 복종을 요구하고 지식과 기술을 전수한다. 지혜의 원천의 역할을 하며, 조부가 보통 지혜 기술 자원을 베풀고 부모 및 손자녀들은 이에 복종하는 다소 권위적 관계이다.
원거리 유형 (the distant figures)	공식적 가족 모임 이외에는 손자녀와 모임을 갖지 않는다. 이 유형은 주로 생일이나 명절 때에나 서로 방문하여 보통 손자녀와는 거의 접촉이 없는 유형이다.

3 부부관계 : 미망인의 역할

① 노년기에 가장 힘든 새로운 역할에 대한 적응은 자신의 배우자를 상실했을 때 일어난다. 이때 많은 노인들에게 이러한 상실은 슬픔이나 우울뿐만 아니라 극심한 혼란을 가져온다.
② 혼자 남은 사람들은 이제 사회적으로나 가정에서 배우자가 없는 채로 기능하는 것을 배워야 하는데, 홀로 남은 여자노인들의 문제 가운데 한 가지는 재정적 자원의 감소이며, 대부분 혼자 된 사람에게 배우자 상실은 정서적 지지의 상실을 의미한다.

4 은퇴(퇴직)자의 역할 [19]

① **은퇴(retirement)** : 노년기에 어떤 사회적 지위에서 물러나 그 지위와 관련된 역할수행을 중단하게 된 현상을 말하며, 은퇴의 가장 대표적인 유형이 일에서 물러나는 퇴직이다.
② 퇴직이 갑작스러울수록, 그리고 자아개념이 그 사람의 직업역할에 깊이 뿌리박고 있을수록 퇴직 후의 적응에 어려움을 겪는 것으로 보고된다.
③ **퇴직으로 인한 다양한 생활변화**
  ㉠ **수입이 급격히 줄어들거나 상실되는 반면 지출은 지속적으로 이루어지기 때문에 경제적 어려움을 경험할 가능성이 높아진다.**
  ㉡ 퇴직 이후에 신체적 건강 상태나 정신건강이 악화될 가능성이 높다고 알려지고 있지만, 신체 및 건강 상태는 퇴직 전과 비교하여 변화가 없거나 오히려 스트레스 수준이 낮아지고, 규칙적인 운동을 포함한 건강관리시간이 늘어남에 따라 오히려 건강이 더 좋아지는 경우도 있다.
  ㉢ 퇴직으로 인한 직장동료와의 관계가 단절되고 사회활동 참여도가 낮아짐으로써 사회적 소외와 고독을 경험할 가능성이 높지만, 이전부터 사회적 관계망과 빈번한 교류를 통해 원만한 관계를 유지해 온 경우엔 사회적 관계망이 다소 위축되기는 하나 사회적 소외를 경험하지는 않는다.
  ㉣ 자신의 정체감을 유지해 왔던 직업적 지위를 상실하게 됨으로써 부정적 자아개념을 형성할 가능성이 높아지고 자기 자신의 가치를 낮게 평가할 가능성이 높아지며 이에 따라 삶에 대한 만족도 역시 낮아질 수 있다. 그러나 삶의 만족도는 퇴직의 직접적 영향을 받기보다, 개개인의 성격적 특성에 따라 결정되는 경향이 강하다.
  ㉤ 퇴직 이후의 여가시간이 증가함에 따라 일반적으로 여가활동의 참여도는 증가하지만, 퇴직 이전의 여가에 대한 예비사회화 정도와 재정상태 건강 상태 등에 따라 여가활동 참여도가 달라질 수 있다.
  ㉥ 퇴직 전에는 남성은 대외적 지위에 요구되는 수단적 역할 그리고 여성은 가정 내 지위에 요구되는 표현적 역할을 주로 수행하지만 퇴직 이후에는 두 가지 역할 모두를 수행하는 경향이 높아진다.

> 노년기(65세 이상)는 생물학적으로 노화를 경험하는 시기이면서 경제적으로 안정된 시기이므로 심리적 위기를 경험하지 않는다.(X)

5 사회화 [⑬]

① 급격한 변화를 경험한 우리 사회는 노년기에 적합한 연령규범에 대한 합의가 이루어지지 않고 있다.
② 이 같이 노년기와 관련된 명확한 연령규범의 부재로 인해 중년기 이후 노년기에 적합한 가치, 기술, 지식, 행동 등을 사전에 학습하고 싶어도 할 수 없게 된다.
③ 예비적 사회화 과정을 거치지 못한 채 노년기에 진입하게 됨으로써 노후생활에 많은 혼란과 어려움을 경험하게 된다.

6 노년기 사회적 측면의 특성

① 사회 경제적 힘에 의한 영향이 어르신들의 문제를 심화시키고 있다. 급격한 기술변화는 과거 지식의 중요성을 송두리째 빼앗아 갔다.
② 노년기의 인구증가 역시 중요한 문제이다. 어르신 인구의 증가는 다양한 욕구와 문제를 폭발적으로 발생시키기 때문에 심각한 사회문제로 등장하게 된다.
③ 조기퇴직이 어르신들에게 다양한 문제를 불러일으키고 있다.
④ 경제적 어려움을 들 수 있는데, 많은 수의 어르신들이 가난하게 살고 있다.
⑤ 사회보장제도가 어르신들에게 적합하지 못하다. 즉, 사회보장제도가 어르신들 소득의 주 재원이 될 수 있도록 마련되어 있지 못하다.
⑥ 어르신 학대가 사회문제로 등장하고 있다.
⑦ 힘, 민첩성 등이 떨어지면서 어르신들은 범죄 피해자로 노출된 상태로, 범죄 피해 역시 어르신들의 중요한 문제로 대두되고 있다.

05 사회복지실천의 관심 대상이 되는 문제 [③]

1 신체적 측면

① 신체기능의 저하로 야기되는 만성질환으로 고통을 받을 가능성이 높아지며, 노년기에는 **의료비 부담과 수발 및 간호에 대한 불안**이 증가하게 된다.

② **호스피스(Hospice)** : 호스피스 보호에 있어 사회복지사의 기능은 ㉠ 고통의 완화, ㉡ 중요한 관계의 보존, ㉢ 예견된 슬픔에 대한 촉진, ㉣ 잔여 갈등의 해결, ㉤ 클라이언트의 본래 모습 지원과 통제 지원 등이다.

2 심리적 측면

① **여가생활** : 노년기의 주요 심리적 문제 중의 하나인 고독과 소외를 극복하고 효과적인 여가활용을 도모할 수 있는 프로그램을 집중적으로 개발하여 실시하는 것이 필요하다.

② **노인성 치매(senile dementia)** : 노인에게 나타나는 대표적 정신장애로 만성적 혼돈, 망각, 성격변화 등과 같은 인지적 행동적 기능장애를 의미한다. 치매 예방프로그램, 치매노인을 보호하기 위한 프로그램, 그리고 치매노인 가족의 부양스트레스를 지원할 수 있는 사업 등을 실시할 필요가 있다.

3 사회적 측면

① **노인학대** : 노인학대를 예방하기 위해서는 부양가족에 대한 지원서비스가 확충되어야 하고, 상담서비스, 노인학대에 대한 인식 증진과 홍보도 확산시켜 나가야 한다.

② **세대통합 프로그램(Intergeneratinal Program)** : 두 세대 간의 협력, 상호작용 및 교환을 증가시키는 활동 또는 프로그램 이며, 궁극적으로 의미 있는 접촉을 통해 양 세대 간의 올바른 이해와 긍정적인 관계향상을 도모한다는 명백한 목표를 가진다.

③ **범죄 피해와 노인 범죄 증가** : 어르신들은 힘, 민첩성 등이 떨어지기 때문에 범죄 피해자로 노출된 상태이며, 또한 고령화 사회에 접어들면서 60세 이상 노인 범죄가 심각하다.

MEMO

김진원 OIKOS 사회복지사 1급 통합이론서 1교시

제3부

인간의 성격에 대한 이해

제8장　정신역동이론
제9장　행동주의이론
제10장　인지이론
제11장　인본주의이론

CHAPTER 08 정신역동이론

제3부 인간의 성격에 대한 **이해**

제8장 회차별 출제빈도, 출제비중 및 출제논점 1, 2, 3순위

구분	10회 2012	11회 2013	12회 2014	13회 2015	14회 2016	15회 2017	16회 2018	17회 2019	18회 2020	19회 2021	20회 2022	21회 2023	22회 2024
제8장 정신역동이론	11	4	6	4	3	5	6	5(3)	4(2)	4(2)	3(1)	3	4(4)
프로이트의 정신분석이론	4	1	1	1	-	1	2	2(1)	1(1)	1(1)	1(1)	1	1(1)
에릭슨의 심리사회이론	3	1	2	1	2	1	2	1(1)	1	1	-	1	1(1)
융의 분석심리이론	2	1	1	1	1	2	1	1	1(1)	1	1	1	1(1)
아들러의 개인심리이론	2	1	2	1	-	1	1	(1)	1	1(1)	1	-	1(1)

목차	출제 비중	출제 논점		
		1순위 ☺	2순위 ※	3순위 ☆
제8장 정신역동이론	3 5 6			
프로이트의 정신분석이론	0~2(1)	① 자아방어기제 ② 연속적 체계: 심리성적 발달단계	① 구조적 체계: 원초아, 자아, 초자아	① 역동적 체계: 정신에너지 리비도 ② 지형학적 모델: 의식, 전의식, 무의식
에릭슨의 심리사회이론	0 1 2	① 심리사회적 발달단계	① 점성원칙	① 심리사회이론의 개요
융의 분석심리이론	1~2	① 주요개념: 원형, 집단무의식, 페르소나...	① 중년기: 개별화, 양성성의 시작	① 심리적 유형
아들러의 개인심리이론	0 1 2	① 주요개념: 우월에 대한 추구, 열등감...	① 성격발달: 출생순위	① 성격유형 : 생활양식 태도

1순위 스마일표시(^^) : 출제 빈출도가 높은 부분으로 무조건 시험에 출제되는 영역
2순위 당구장표시(※) : 나왔다 안 나왔다 하는 영역이지만 출제가능성 높은 영역
3순위 별 표(☆) : 출제 된 적이 있긴 하지만 다시 출제될 가능성은 다소 떨어지는 영역

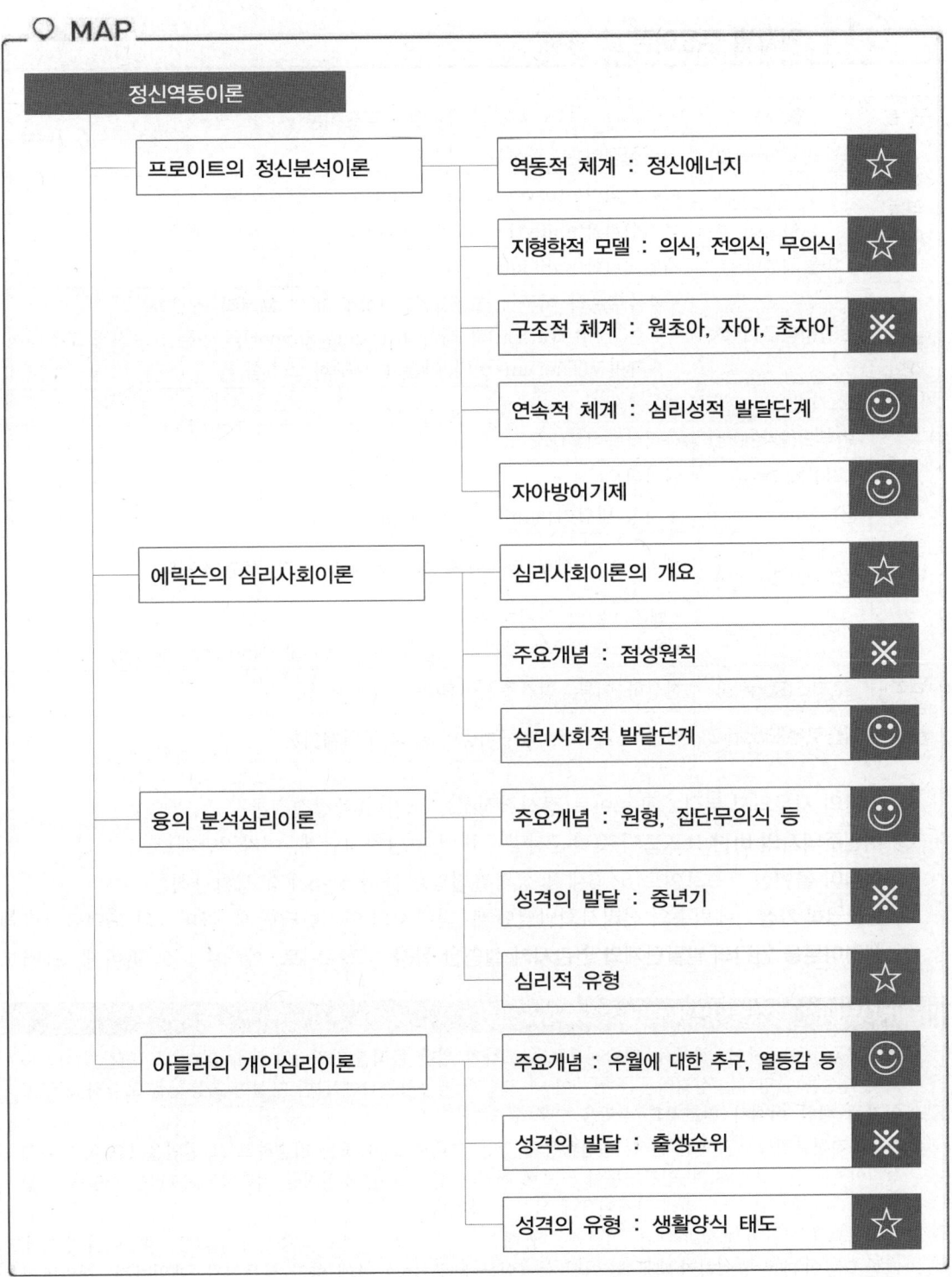

01 학자별 주요이론 [12][13][14][18]

구 분	학 자	주요이론
정신역동이론	프로이트(Freud)	심리**성적**이론, 정신분석이론
	에릭슨(Erikson)	심리**사회**이론(psychosocial theory), 자아심리이론
	융(Jung)	분석심리학(analytical psychology)
	아들러(Adler)	개인심리학(individual psychology)
행동주의이론	초기행동주의학자	• 파블로브의 이론 : 고전적 조건형성 또는 고전적 조건화 • 왓슨(John Watson)과 레이너(Rosalie Rayner)의 이론 : 고전적 조건형성 • 손다이크(Thorndike)의 이론 : 도구적 조건화
	스키너(Skinner)	행동주의적 학습이론
	반두라(Bandura)	사회학습이론(social learning theory)
인지이론	피아제(Piaget)	인지이론
	콜버그(Kohlberg)	도덕성 발달이론(moral development theory)
	캐롤 길리건 (Carol Gilligan)	콜버그의 가설적 딜레마에 대한 문제점 지적, **돌봄의 도덕**
	인지치료이론	• 벡(Beck)의 인지치료이론 • 엘리스(Ellis)의 합리적-정서치료(rational-emotive therapy)
인본주의이론	로저스(Rogers)	현상학 이론, 인간중심이론
	매슬로우(Maslow)	인간 동기이론, 욕구계층이론, 욕구위계이론

① **인간의 자유의지 부정** : 프로이트(정신결정론), 스키너(환경결정론)
② **여권주의자의 비판** : 프로이트(남근선망), 콜버그(남자 4단계, 여자 3단계)
③ **성격이 불변성** : 프로이트(5~6세경 성격결정), 아들러(4~5세경 생활양식)
④ **점성원칙 가정** : 에릭슨의 심리사회발달단계, 피아제의 인지발달단계, 콜버그의 도덕발달단계
⑤ **성격이론을 인간의 발달단계와 연관시켜 설명한 학자** : 프로이트, 에릭슨, 융, 피아제, 콜버그

OIKOS UP 성격이론에 관한 사회복지의 관심 [2][17]

① 인간행동을 이해하여, 체계적, 과학적으로 원조하기 위한 목적을 가진다고 볼 수 있다. 즉, 인간의 심리사회적 특성을 규명하는 성격이론은 인간이 왜 그렇게 행동하는가에 관한 가설이나 통찰을 포함하고 있어 인간에 대한 이해와 원조계획 수립을 도울 수 있다.
② 사회복지전문직에서는 인간 본성, 인간행동을 있는 그대로 묘사 또는 기술하고 그 원인을 설명하기 위해 성격이론에 관심을 가지며, 인간행동이 앞으로 어떻게 변화해 갈 것인지를 예측하고, 그러한 행동을 수정할 수 있는 방법을 찾기 위해 성격이론에 관심을 가진다.
③ 성격이론은 인간의 본성과 관점, 인간행동에 대한 기본 가정, 그리고 적응이나 부적응, 정상이나 병리에 대한 관점이 매우 상이하기 때문에, 어떤 성격이론에 근거하느냐에 따라 실무원칙, 개입목적, 개입방법 등이 달라질 수 있다.

02 프로이트(Freud, 1856~1939)의 정신분석이론

[지그문트 프로이트의 생애]

프로이트(Sigmund Freud, 1856~1939)는 정신분석이론의 창시자로, 1856년 모라비아(Moravia, 현재는 체코슬로바키아의 일부)에서 7남매 중 장남으로 태어났다. 1873년 입학한 비엔나의대에서 의학을 공부하였고, 25세 되던 1881년 의학박사학위를 받았다. 당대의 유명한 신경생리학자인 장 샤르코(Jean Charcot)에게서 최면술을 통한 히스테리(Hysteria)의 치료법을 배웠다. 그는 자신의 꿈, 기억, 어린시절의 경험이 저장된 무의식을 분석하기 시작해서『꿈의 해석(The interpretation of Dreams)』(1900년)이란 저서 초판600권을 출판하였다. 1905년 '성 이론에 관한 세 편의 에세이'(Three essays on the theory of sexuality)를 발표하였고, 1920년에는 본능 이론을 '쾌락의 원리를 초월하여'라는 논문에서, 1923년에는 인간의 마음을 이드(id), 자아(ego), 초자아(superego)로 나누어『구조적 이론』이라는 저서를 발표하였다. 그 후 1930년에는『문명과 그 불만』, 1933년에는『신 정신분석학입문』등을 출간하였다. 후두부와 턱에 암이 자라고 있어서, 암 때문에 33회나 수술을 받았고 고통이 많았으며, 엽궐련을 많이 피웠는데(그는 날마다 스무개의 쿠바 담배를 피웠다) 끊으려고 하였으나 끊지 못했고 1939년 84세로 세상을 떠났다.

1 인간관과 기본 가정 [5⑧⑪⑫]

(1) 인간관
① 인간을 의식의 영역 밖에 존재하는 **비합리적이고 통제할 수 없는 무의식적 본능의 지배를 받는 존재**로 보고 있다.
② 인간의 모든 행동, 사고, 감정은 신체적 긴장상태에 의해 유발되는 **무의식적인 성적 본능과 공격적 본능에 의해 결정**된다고 보며, 인간은 이러한 본능적 긴장을 해소하기 위해 행동을 한다고 본다.
③ 인간의 자유를 인정하지 않았으며, 인간의 모든 행동은 **무의식적인 힘에 의하여 결정**되고, 인간은 이런 힘의 지배를 받은 **수동적 존재**라고 본다.
④ 인간의 기본 성격구조는 **초기 아동기 특히 만 5세 이전 어떠한 경험을 하였는가**에 따라 결정되며, 성인기가 되어서도 변하지 않고 지속된다고 보고 있어 **현재보다는 과거를 중시**한다.
⑤ **개인의 쾌락원칙과 문명화된 사회 사이의 갈등**이 존재, 즉 인간 존재를 자신의 행복을 극대화하기 위하여 사회와 지속적으로 대항하는 **투쟁적 인간(Homo Volens)**으로 보고 있으며, 사회를 개인활동의 산물로 본다.

(2) 기본 가정 : 정신결정론(psychic determinism)과 무의식적 동기
① **모든 정신생활은 유의미하다.** 따라서 우연히 또는 무작위적으로 일어나는 것은 아무것도 없으며, 각각의 정신적 사건은 이전의 사건에 의해 결정된다.
② 정신활동은 갈등적 힘의 표현이다.

③ 성격은 심리성적 발달단계의 결과물이며, **성격형성은 출생 후 첫 5~6년 사이에 주로 이루어진다.**
④ **무의식이 대부분의 의식적 행동, 감정 그리고 사고를 결정**한다.
⑤ 아동 초기 경험으로 성인기에 정신병리가 발생 가능하다. 즉 프로이트는 모든 정신병리의 원인을 과거, 특히 5세 이전의 정신적 외상에 있다고 보고 원인의 발견을 통한 치료를 강조하고 있다.

❷ 주요 개념

(1) 역동적 체계 : 정신에너지 [①⑤⑧]

① **리비도(libido, 라틴어 '소망', '욕망'에서 유래)** : 정신적 에너지 또는 본능적 충동이며, 의식적으로 또는 무의식적으로 개인의 성격과 행동에 좋게 또는 나쁘게 영향을 미친다.
② 역동적 체계는 **정신에너지(psychic energy)로 구성**된다.
 ㉠ **처음엔 협의의 성적 에너지**로 생각하다가, 점차 그 개념이 넓혀져 사랑과 쾌감의 모든 표현을 포함하였다.
 ㉡ 리비도는 **심리적 혹은 생리적 의미에서 성적 에너지를 지칭**하다가, 말년에 가서는 리비도의 개념을 **생의 본능인 에로스(Eros)뿐만 아니라 죽음의 본능인 타나토스(Thanatos)까지 포함하는 것**으로 설명하였다.
 ㉢ 삶의 본능과 죽음의 본능은 서로 영향을 미치며, 서로 융합되어 있기도 한다.
  > 예) 음식물을 섭취하는 것은 생명을 위협하는 배고픔을 해결하고자 하는 삶의 본능의 표현이지만, 음식물을 파괴하여 섭취한다는 점에서 죽음의 본능이다. 또한 성행위는 번식을 목적으로 한 친밀하고 유쾌한 신체적 접촉이긴 하지만 동시에 공격적 행동이라는 점이다.

  > 프로이트 이론 : 리비도는 인생 전반에 걸쳐 작동하는 일반적인 생활에너지를 말한다.(X)

■ **인간의 본능 두 가지** ■

에로스(Eros) : 삶의 본능	타나토스(Thanatos) : 죽음의 본능
• 생명을 유지, 발전시키고 사랑을 하게 하는 본능. 즉, 생존과 번식에 목적을 둔 신체적 욕구의 정신적 표상이다. • 이 본능 때문에 인간은 자기를 사랑하고, 친밀하고 유쾌한 신체적 접촉을 갖고, 타인과 사랑을 나누며, 생명을 지속시키고 발전시키며, 종족을 보존시킴 또한 창조적 발전을 도모하게 된다. 예) 배고픔, 갈증, 성욕 등	• 생물체가 무생물체(무기질 상태)로 환원(회귀)하려는 충동으로, 공격욕, 파괴욕 등이 포함된다. • 이 본능 때문에 생명은 결국 사멸되고, 살아있는 동안 자기를 파괴하고 자학하며, 타인이나 환경을 파괴하는 공격적 행동을 한다. 예) 개인적 차원에서 잔인성, 공격, 살인, 강도, 자살 등과 국가적 차원에서의 전쟁

③ **에너지의 1차원을 본능(instinct, 신체구조의 긴장상태에 의해 유발되는 정신적 표상, 즉 소망의 집합체)이라고 가정**했으며, 본능은 유기체의 생물학적 욕구에 그 기원을 두고 있다.

④ 신체적 긴장상태에 의해 만들어지는 정신에너지는 어떤 형태로든 이용 가능하며, **폐쇄체계**이기 때문에 이용 가능한 에너지의 양은 고정되어 있다.
　㉠ 정신에너지의 배분은 생리적 욕구, 개인의 발달단계, 과거의 경험, 현재의 환경 등과 같은 복잡한 요인들에 의해 결정된다.
　㉡ 고정된 양의 정신에너지가 삶의 본능과 죽음의 본능에 어떠한 비율로 배분되는가에 따라 각 개인이 보이는 행동은 달라진다고 보고 있다.

(2) **지형학적 모델(의식수준 또는 자각수준)** : 의식, 전의식, 무의식 [⑬]
인간의 마음을 빙산에 비유하여 물 위에 떠 있는 작은 부분을 **의식**, 물표면으로 나타나기도 하고 잠기기도 하는 부분을 **전의식**, 물 속에 있는 더 큰 부분을 **무의식**이라 하였다.

① **의식(consciousness)**
　㉠ 의식은 **현재 느끼거나 알 수 있는 모든 경험과 감각**을 뜻한다.
　㉡ 정신생활의 극히 일부분(사고, 느낌, 지각, 기억)만이 의식의 범위 안에 포함된다.

② **전의식(pre-consciousness)**
　㉠ **이용 가능한 기억**이라 불리며, 즉시 인식되지는 않지만, 주의를 집중하고 조금만 노력하면 의식이 될 수 있는 정신생활의 일부분이다.
　㉡ 무의식과 의식의 영역을 연결한다. 즉, **의식과 무의식 사이에서 문지기 역할**을 한다.
　　예) 초등학교 시절의 친구에 관해 당장 생각하고 있지 않더라도 누군가 물으면 생각해 낼 수 있다.

③ **무의식(un-consciousness)**
　㉠ 인간정신의 가장 크고 깊은 심층에 잠재해 있으면서 의식적 사고와 행동을 전적으로 통제하는 힘으로, 전의식의 사고 형태와는 달리 전혀 의식되지 않지만 **사람들의 행동을 결정하는 주된 원인**이 된다.
　㉡ 대부분의 자료들은 **억압(repression)**이라는 기제를 통해 무의식 속에 들어가게 된다.
　㉢ **무의식이 작용하는 증거** : 잘 알고 있는 사람 이름이나 인상 그리고 생활상 경험을 잊어버리는 경향, 소유물을 잃어버리는 경향, 말 실수, 실수로 잘못 쓴 문장 등

(3) **구조적 체계(구조적 모델 또는 성격 구조)** : 원초아, 자아, 초자아 [①⑦⑧⑬⑯⑰⑳]
원초아는 전적으로 무의식인 반면, 자아와 초자아는 무의식, 전의식, 의식의 세 측면을 모두 가지고 있다. 원초아는 출생 시 타고나며, 자아는 원초아로부터 초자아는 자아로부터 발달한다.

　💬 프로이트 이론 : 자아(ego)는 의식, 전의식, 무의식의 세 측면을 모두 가지고 있다.(○)

■ 프로이트의 의식수준 및 성격구조, 자아와 초자아의 형성 ■

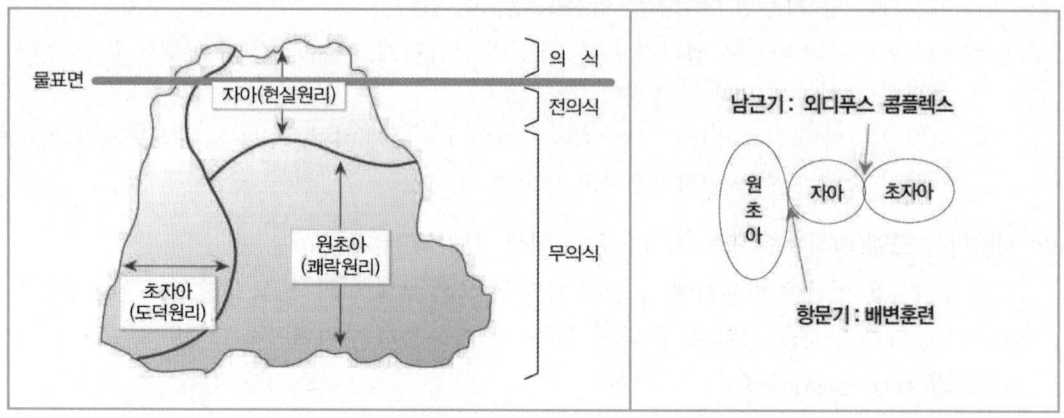

① **원초아(Id)** : 쾌락원리(pleasure principle)에 따라 만족을 추구, 길들여지지 않은 열정 [⑦]
  ㉠ 출생 시부터 타고나는 본능과 충동 또는 정신에너지의 근원으로, 세 가지 심리구조 중에서 **가장 먼저 발달**하며, 후에 자아와 초자아를 **분화시키는 모체**가 된다.
  ㉡ **쾌락원칙(pleasure principle)** : 고통은 최소화시키고 쾌락을 최대화하려는 속성으로 참을성 없이 즉각적인 만족을 구하고자 하는 특성을 의미
  ㉢ **대상 선택(objet choice) 또는 대상 충당(object cathexis)** : 원초아는 단지 긴장 감소와 만족에 관심을 두고 있는데, 원초아가 본능적 충동을 만족시켜 주고 긴장을 감소시켜 줄 수 있는 대상에 정신에너지를 투입하는 것
  ㉣ 원초아가 긴장을 해소시키는 2가지 기제
    ㉮ **반사행동(reflex action)** : 선천적이고 자동적인 행동으로, 재채기, 기침, 눈을 깜빡이는 것과 같은 반사행동을 선천적으로 할 수 있다.
    ㉯ **1차적 사고과정(primary process thinking, 1차 과정 사고)** : 욕구를 만족시키는 대상의 심상(image)을 기억 속에서 만들어내는 것 [⑦⑳]
      예 배고픈 사람이 맛좋은 스테이크의 시각적 심상을 머리에 떠올림으로써 배고픈 충동을 조금이나마 만족시키는 것

② **자아(Ego)** : 현실원리(reality principle), 이성과 분별 [①⑧⑳]
  ㉠ 원초아가 실제로 긴장을 감소시키지 못하기 때문에 **긴장 해소의 효과적인 방편을 마련하기 위해 현실을 고려할 수 있는 자아(Ego)의 형성이 불가피**해지게 된다.
    ㉮ 자아는 1세 말에서 2세에 이르는 동안 **원초아의 일부로부터 발달**한다.
    ㉯ 원초아를 좌절시키려는 것이 아니라 **원초아의 목적을 달성시키기 위해 존재**한다.
    ㉰ 성격의 조직적이고 합리적이며 현실지향적인 체계로서 **성격의 집행자이며 경영자이다.**
  ㉡ **현실원칙(reality principle)** : 사회적으로 바람직한 또는 수용될 수 있는 방출방법이 발견될 때까지 긴장을 참아내고 실제적인 만족을 얻어내는 것

ⓒ **2차적 사고과정(secondary process thinking, 2차 과정 사고)**
  ㉮ 원초아의 1차적 사고과정은 긴장 감소와 본능적 충동의 만족에 필요한 대상의 표상(representation)을 만들어내는데 까지만 작동하며, **실제로 그 대상을 발견하는 데 작동하는 것은 2차적 사고과정**이다.
  ㉯ 2차적 사고과정은 긴장 감소를 위해 수립한 행동계획의 실현 가능성을 판단하는데, 이를 **현실검증(reality test)**이라 한다.

  ❌ 프로이트 이론 : 자아(ego)는 일차적 사고과정과 현실원칙을 따른다.(X)

ⓓ **반대충당(anti-cathexis)과 자아충당(ego cathexis)**
  ㉮ 정신에너지가 원초아로 흐르는 것을 억제하는 것을 자아의 **반대충당**이라 한다.
  ㉯ 본능적 충동을 만족시킬 수 있는 방안을 마련하기 위한 2차적 사고과정에 에너지를 투입하는 것을 **자아충당**이라 한다.
ⓔ 프로이트는 **동일시가 원초아에서 자아를 형성해 가는 기제**로 보았으며, 자아는 원초아뿐만 아니라 초자아도 통제한다.

③ **초자아(Superego) : 도덕원리(morality principle)** [②⑯㉑]
  ㉠ 초자아는 **자아로부터 발달하며, 성격의 도덕적 측면이며 심판자**로서 자아와 함께 작용하여 개인이 자신의 행동을 통제할 수 있게 해준다.
    ㉮ **사회의 전통적 가치와 이상으로 구성**되어 있으며, 현실적인 것보다는 이상적인 것, 현실이나 쾌락을 추구하기보다는 완전을 추구하는 속성을 지니고 있다.
    ㉯ 일부는 **사회의 도덕률이나 금기로 구성**되어 있고, 일부는 부모에게서 받은 **도덕교육을 토대로 형성된 도덕관념으로 구성**된다. 즉 **외부세계의 대변자**인 것이다.
    ㉰ 초자아의 발달은 심리성적 발달단계 중 **남근기 갈등의 산물**이다.
  ㉡ **초자아의 기능** : 원초아와 자아를 비판하여 사회규범에 맞는 생활을 하게 하는 것으로, 이를 위해 초자아는 자아로 하여금 원초아를 억제하도록 압력을 가한다.
  ㉢ **초자아를 구성하는 두 개의 하위 체계**

양심(conscience)	자아 이상(ego ideal)
• 양심은 마음의 도덕적 가르침	• 부모가 도덕적으로 바람직한 것이라고 간주한 것
• **벌을 통해 발달**하는 것	• 긍정적인 이상형을 뜻함
• 자신에 대한 비판적 평가, 도덕적 억압, 죄책감(guilt-feeling) 등이 포함	• **보상이나 칭찬을 통해 발달**하는 것
	• 자아가 긍지를 느끼도록 작용

(4) 연속적 체계(성격의 발달) : 심리성적 발달단계 [①③⑤⑥㉓⑯⑲㉑]
리비도(libido)가 집중된 신체 부위(입, 항문, 성기 등)를 **성감대(erogenous zone)**라고 하며, 리비도가 머무는 곳에 따라 발달단계를 나누었기 때문에 심리성적 발달단계라고 한다.
① 성격의 발달이 유아기부터 청소년기까지 **다섯 단계**에 걸쳐 이루어지며, 이 단계들 중 특히 **앞의 세 단계(남근기까지)가 성격형성에 결정적 역할**을 한다고 하였다.

㉠ 구강기(구순기, 0~1.5세) → 항문기(1.5세~3세) → 남근기(오이디푸스기, 3세~6세) → 잠재기(잠복기, 6세~12세) → 생식기(12세 이상)
㉡ 특정단계에서의 만족이 지나치거나 과도한 에너지를 투입한 경우에는 **고착(fixation)** *이 이루어진다.

> **고착(fixation)**
> 각각의 심리성적 발달단계에서 더 이상 성숙하지 못하고 특정 단계에 머물러 있는 것을 의미

② **고착현상은 좌절과 방임으로 나타난다.**
  ㉠ **좌절** : 아동의 심리성적 욕구를 양육자가 적절하게 충족을 시켜주지 못하는 것
  ㉡ **방임** : 아동의 심리성적 욕구를 양육자가 과잉 만족시킴으로써 아동에게 의존성이 생기도록 하는 것

③ **구강기(oral stage, 구순기)** [①③⑤⑥⑲]
  ㉠ 출생부터 생후 약 1.5세(18개월) 정도까지의 시기에 해당한다.
  ㉡ 입과 구강부위가 쾌락의 주된 원천으로, 입이 성적, 공격적 욕구 충족을 하는 신체부위가 된다.
  ㉢ **구강기 전기(출생~8개월 정도) : 구순적 빨기 단계 또는 구순동조적 단계**
    ㉮ 유아의 성감대는 구순 영역에 집중되며, 빨기와 삼키기가 긴장을 감소시키고 쾌락을 성취하는 주된 전략이 된다.
    ㉯ 이 단계에서 과도하게 만족감을 얻거나 불만족한 경우에는 성인이 되었을 때 세상일에 대해 매우 낙관적이며, 타인을 믿고 의존하며, 모든 것을 희생해서라도 타인의 인정을 받으려고 한다. 이런 사람은 수동적이며, 미숙하며, 안정감이 없고, 남에게 잘 속는 특징을 지니고 있다.
  ㉣ **구강기 후기(약 18개월까지) : 구강공격적 단계 또는 구강가학적 단계**
    ㉮ 생후 8개월 정도가 되면서 이빨이 나기 시작하면 유아는 좌절감을 경험할 때 깨물고 싶은 충동을 느끼게 된다.
    ㉯ 구순공격적 단계에 고착되게 되면, 논쟁적이고, 비판적이며, 상대방을 비꼬며, 자신에게 필요할 때까지 타인을 이용하거나 지배한다.
  ㉤ 구순기의 욕구를 적절히 충족시키게 되면 **개별화, 분리 그리고 대상관계의 형성과 같은 발달과업을 적절히 성취**할 수 있게 된다.
    ㉮ 보통 유아는 6개월이 되기 전까지는 **대상부재(objectless)의 상태**이며, 6개월이 지나면 유아는 자신과 분리된 타인, 즉 어머니의 존재를 느끼고 자신의 욕구를 채워주는 대상(어머니)이 존재한다는 것을 알게 된다.
    ㉯ 이때부터 어머니가 보이지 않으면 불안해지고 또한 이유가 시작되면서 어머니에 대한 욕구불만을 가지는 등 **구강기 후반기에 최초의 양가감정**을 가지게 된다.
  ㉥ 프로이트는 구순 영역은 일생 동안 성감대로 남아있게 된다고 보는데, 성인기에 나타나는 이 단계의 특성으로는 손톱 물어뜯기, 껌을 씹는 행위, 흡연, 키스, 과식 등이 있다.

④ **항문기(anal stage)** [①②③⑤⑥⑯⑲]
  ㉠ 리비도(성감대)의 방향이 **항문으로 이동하는 발달단계로 대소변을 가리는 훈련이 시작되는 생후 1년 반에서 3년(3세)까지**를 말한다.

ⓛ 배변훈련(toilet training)이 시작되면서 아이의 본능적 충동은 외부(양육자인 어머니)에 의해 통제되며, 이때 **자아가 발달**한다.
ⓒ 항문적 배설단계
㉮ 유아는 자신의 본능적 충동의 만족을 방해하는 외적 세력과 직면하게 될 경우 배설과정을 공격적 무기로 사용함으로써 부모를 조종하는 방법을 배운다.
㉯ 유아는 변기가 없을 때 부모에게 변기를 달라고 요구하거나, 몇 시간씩 변기 위에 앉아 어머니로 하여금 착한 아이가 줄 최종의 선물, 즉 변을 초조하게 기다리게 만드는 데 이 기간을 말한다.
ⓔ 항문적 보유단계
㉮ 유아는 변을 통제하여 내보내지 않고, 소유하는 것의 중요성을 배운다.
㉯ 유아는 적절한 시간에 적절한 장소에 배설을 함으로써 부모에게 큰 가치가 있는 선물로 변을 줄 수도 있으며, 부적당한 시간과 장소에서 배설을 하여 부모를 화나게 하거나 일상의 흐름을 깨뜨려서 변을 처벌의 도구로 활용하기도 한다.
ⓜ 배변훈련 방법에 따른 성격 특징
㉮ **항문보유적(anal retentive) 성격** : 부모 혹은 일차적 양육자의 지나치게 엄격한 배변훈련으로 인해 고집이 세고, 인색하며, 복종적이고, 시간을 엄수하며, 지나치게 청결한 특징을 가진다. 프로이드 이론 : 엄격한 배변훈련으로 항문보유적 성격이 형성될 수 있다.(O)
㉯ **항문폭발적(anal explosive) 성격** : 잔인하고, 파괴적이고, 난폭하고, 적개심이 강하며, 불결한 특징을 갖는다.

■ 자아의 형성(정옥분, 2004) ■

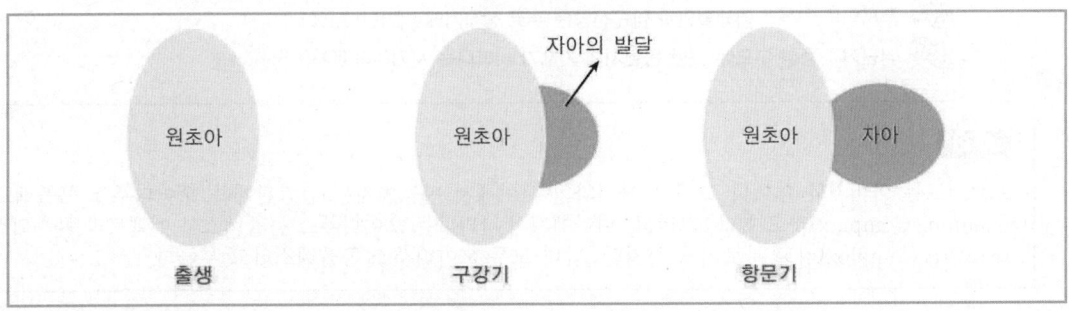

⑤ **남근기(phallic stage 또는 오이디푸스기, Oedipal period)** [①③⑤⑥⑬⑯⑲㉑]
㉠ 3세에서 6세까지로 아동이 자신의 성기를 만지고 자극하는데서 쾌감을 느끼는 시기를 말하며, 원초아, 자아, 초자아는 역동적으로 작용하기 시작한다.
ⓛ 남아는 **오이디푸스 콤플렉스(Oedipus Complex)**를 그리고 여아는 **엘렉트라 콤플렉스(Electra Complex)**를 경험한다.
㉮ **남아의 오이디푸스 콤플렉스(Oedipus Complex)** : 어머니 사랑 → 거세불안, 거세 공포 → 아버지 동일시

ⓐ 남아는 어머니에 대한 성적 매력을 느끼고 어머니를 소유하고 싶어 하며, 이 근친상간적 충동과 함께 남자 아이는 아버지에 대한 증오와 질투를 경험하게 되어 이 경쟁자가 없어지기를 바란다.
ⓑ 남아의 상상이 확대되면, 내적 갈등이 형성되기 시작함. 이 아이는 계속 혼자만 어머니에게 접근할 수 있기를 바라지만, 만약 자신의 감정과 생각이 아버지에게 알려지면, 아버지는 능히 복수를 할 수 있는 위협적이고 힘이 센 인물임을 알게 된다.
ⓒ 그 결과 **거세불안(castration anxiety)**이나 **거세 공포(castration fear)**가 발달하게 되는데, 이것이 남아의 오이디푸스 콤플렉스의 주된 특징이다.
ⓓ 정상적인 해결방법은 아버지에 대한 남아의 **동일시(identification)**를 통해서이다. 이는 아버지의 가치관과 기준을 내면화시켜, 자신의 거세불안을 감소시키는 것을 뜻한다.

㉯ **여아의 오이디푸스 콤플렉스(Electra Complex, 엘렉트라 콤플렉스)** : 아버지 사랑 → 남근선망 → 어머니 **동일시**

ⓐ 여아는 어머니를 대신해서 아버지를 소유하고 싶어한다. 그리고 여아는 남자의 성기가 자신에게는 없음을 깨닫는 것이 시발점이 된다.
ⓑ 이런 감정이 강해지면 **남근선망(penis envy)**이 나타나게 된다. 여아는 자신의 신체적 결함을 가져다 준 사람으로 생각되는 어머니에 대한 적개심을 발달시켜 나가며, 어머니를 거부하고 아버지에게서 사랑을 구하려고 한다.
ⓒ 어린 소녀에게 어머니를 간단히 포기한다는 것이 어려운 일이기 때문에 어머니에 대한 **동일시(identification)**를 통해 어머니의 특성을 모방 하고, 아버지와의 관계에서 어머니의 역할을 빼앗아 아버지의 성기를 공유하려 한다.

프로이트 이론 : 거세불안과 남근선망은 주로 생식기에 나타난다.(X)
남근기 : 동성 부모에 대한 동일시의 기제가 나타나는 시기이다.(O)

주 의

프로이트는 아버지와 어머니 그리고 아이와의 사이에서 만들어지는 삼각관계를 오이디푸스 콤플렉스(Oedipus Complex)라고 했다. 그리고, 여아에게서 나타나는 오이디푸스 콤플렉스를 엘렉트라 콤플렉스(Electra Complex)라고 부르기도 하지만, 남녀 모두 오이디푸스 콤플렉스라고 부른다.

ⓒ 프로이트는 **남근기에 초자아가 확립되는 것이 오이디푸스 콤플렉스의 결과**라고 했다.
ⓓ **남근기에 고착된 경우**
  ㉮ **성인 남자의 경우** : 대부분 경솔하며, 과장이 심하고, 야심적이다. 남근기형은 성공하려고 아주 노력하여, 항상 그들의 강함과 남자다움을 나타내려고 노력한다. 이런 남성들은 남들에게 자신이 진정한 남자 임을 확신시키려고 한다.
  ㉯ **여성의 경우** : 성관계에 있어서 순진하고, 결백해 보이지만 난잡하고 유혹적이며 경박한 기질이 있다. 또 어떤 여성들은 이런 기질 대신 아주 자기 주장적이어서 남성을 능가하고자 노력한다.

⑥ 잠재기(latency stage, 잠복기) [①③⑤⑥⑲㉑]
  ㉠ 6세에서 12, 13세(사춘기)까지의 시기로 리비도의 신체적 부위는 특별히 한정된 데가 없고 따라서 성적인 힘도 잠재된다.
  ㉡ 성격의 하위체계인 **원초아, 자아, 초자아 간의 관계가 정립**된다.
  ㉢ 신체의 발육과 성장, 지적인 활동, 친구와의 우정 등에 집중되어 성적인 관심은 줄어들며, **원초아보다 자아와 초자아가 강해지며 가장 평온한 시기로 사회성이 발달**한다.

  ※ 잠복기 : 리비도(libido)가 항문부위로 집중되는 시기이다.(X)
  ※ 잠복기에 원초아(id)는 약해지고 초자아(superego)는 강해진다.(O)

⑦ 생식기(genital stage) [③⑤⑥⑭⑲]
  ㉠ **사춘기(12세경)부터** 성적으로 성숙되는 성인기 이전까지의 시기로서 심한 생리적 변화가 특징이며, 격동적 단계로 불린다.
  ㉡ 구순기부터 남근까지는 자기애적 성본능이 강한 전생식기(pregenital stage)에 해당하며, **사춘기 기간 동안 지속되는 생식기(genital stage)에는 정신적 사랑(platonic love)**을 하게 된다.
  ㉢ **호르몬과 생리적 요인(2차 성징)들로 인해 그동안 억압되었던 성적 감정들이 크게 강화**되면서 잠복기 동안 억제되었던 성적, 공격적 충동이 자아와 자아의 방어를 압도할 정도로 강해진다.
  ㉣ 이 단계의 중요한 특징은 생산적으로 활동하거나, 깊은 사랑을 하거나, 성적 오르가즘을 느낄 수 있는 능력이 형성된다는 것이며, 대부분의 사람들이 완전한 성숙을 성취할 수 있다.

  ※ 프로이드 이론 : 생식기에는 이성에 대한 관심과 호기심이 높아진다.(O)
  ※ 생식기 : 오이디푸스 · 엘렉트라 콤플렉스가 강해지는 시기이다.(X)

■ 초자아의 형성(정옥분, 2004) ■

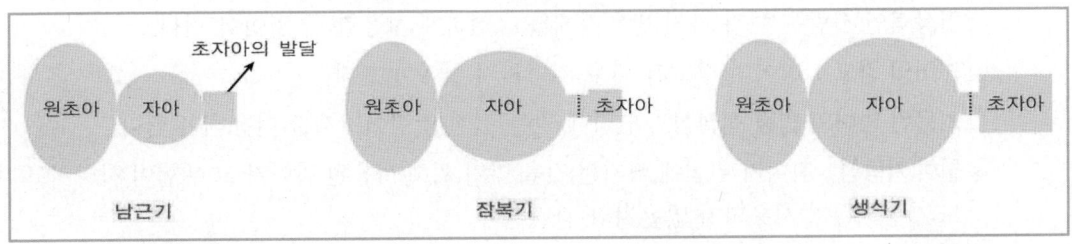

3 자아방어기제(ego defense mechanism) [①②③④⑤⑥⑦⑧⑨⑩⑬⑮⑰⑱⑳]

(1) 불안
  ① 불안은 어떤 행동을 하도록 우리를 동기화시키는 긴장상태로, 원초아, 자아, 초자아 사이의 갈등이 정신에너지의 통제를 넘어설 때 생긴다.

㉠ 불안은 각 개인에게 반격하거나 피해야 하는 절박한 위험을 알려주는 자아의 기능이다.
㉡ 불안은 개인으로 하여금 위급한 상황에 적합한 방법으로 반응하도록 한다.
　　불안 : 공포상태로서 위급한 상황에 적합한 방법으로 반응하지 못하는 것이다.(X)
② 불안의 세 가지 유형 [⑰⑳]
㉠ **현실적 불안** : 자아가 지각한 현실세계에 있는 위협적인 상황에 대한 두려움이다.
㉡ **신경증적 불안** : 원초아의 충동이 의식화될 것이라는 것으로 인하여 위협받고 이에 따라 생긴 두려움으로, 성적 충동이나 공격적 충동과 같은 본능이 통제되지 않은 행동에 대한 공포다.
㉢ **도덕적 불안** : 도덕이나 양심에 위배되는 생각이나 행동에 대한 양심과 죄의식에 의해 생기는 불안으로, 원초아와 초자아 간의 갈등에서 느끼는 양심에 대한 두려움이다.
③ 용납할 수 없는 **본능적 충동이 자아의 영역을 침범하려고 위협할 때 자아는 위험을 느끼게 되지만 그 위험이 내적인 것이기 때문에 자아는 도망칠 수 없으며** 이에 따라 정신이 위협받고 있다는 것을 알리는 신호인 불안이 생기게 된다.

(2) **자아방어기제의 사용** [②⑤⑧⑨]　　초자아가 사용하는 심리적 기제이다.(X)
① 자아방어기제는 자아가 불안과 갈등에 대응하고 대처함에 있어서 활용하는 심리적 책략으로, **갈등의 원천을 왜곡, 대체, 차단**하는데 이는 **무의식적으로 채택**되며, **대부분 한 번에 한 가지 이상의 방어기제가 동원**된다.　　방어기제는 갈등의 원천을 해결한다.(X)
② 자아방어기제는 불안을 감소시킬 뿐만 아니라 긍정적인 사회적 결과를 가져오기도 하므로 **정상인들도 자주 사용**하게 되며, 자아방어기제의 사용이 사회 적응을 도모하고 정신건강을 향상시키기도 한다.　　방어기제는 긍정적 기능을 하는 경우도 있다.(O)
③ 안나프로이트가 제시한 자아방어기제가 정상적인지 병리적인지를 판단하는 4가지 근거 [④]
㉠ **균형** : 한 가지 방어기제를 사용하는 지 혹은 여러 가지 방어기제를 사용하는 지와 관련된다. 정상적인 사람은 여러 가지 방어기제를 유연하게 사용할 줄 알아야 한다.
㉡ **방어의 강도** : 방어의 강도가 너무 지나치지 않아야 한다.
㉢ **사용된 방어의 연령 적절성** : 연령에 맞는 적절한 방어기제를 사용해야 한다.
㉣ **철회 가능성** : 자아가 위험에 빠지는 것을 막기 위해 사용된 방어가 그 위험이 사라지고 나서도 사용되는지 사용되지 않는지와 관련된다.
　　사용횟수(×), 왜곡 여부(×), 내용의 독특성(×)

(3) **자아방어기제의 종류**
① **억압(repression)** [⑨⑩②⑤②]
㉠ 불안에 대한 1차적 방어기제로서, **가장 흔하게 사용되는 무의식적 방어기제**이다.
㉡ 의식에서 **용납하기 힘든 생각, 욕망, 충동들을 무의식 속으로 눌러 넣어 버리는 것**으로, 죄의식을 느끼게 하는 일들을 의식으로부터 무의식으로 밀어내는 것이다.

예 전형적인 예가 기억상실이며, 하기 싫고 귀찮은 과제를 잊지 않고 '깜빡 잊었다'고 말하는 경우, 자신의 애인을 빼앗아 결혼한 친구의 얼굴을 의식하지 못하는 현상, **시험을 망친 후 성적발표 날짜를 아예 잊어버리는 경우** 등

② **억제(suppression)**

의식적, 반의식적으로 잊으려고 노력하는 것으로, 모든 것이 억압과 같으나 무의식이 아닌 의적 차원에서 이루어진다는 것이 차이점이다.

예 실연당한 젊은이가 연인과의 추억을 잊으려 하는 경우 사용하는 것, 창피를 당한 기억들을 머리에서 지우려는 경우 등

③ **반동형성(reaction formation)** [①②⑥⑦⑩⑫⑯⑰②]

㉠ 용납할 수 없는 감정이나 충동을 정반대의 감정이나 행동으로 대체시켜 표현하는 방어기제이다. 즉, 겉으로 나타나는 태도나 언행이 마음 속의 욕구와 반대인 경우이다.

㉡ **'미운 놈에게 떡 하나 더 준다'** 는 속담에 잘 반영되어 있다.

예 자기를 학대하는 남편 앞에서 그를 매우 사랑하는 것처럼 행동하는 것, 적개심과 공격성을 덮기 위해 무골호인(無骨好人)으로 행세하는 경우, 사랑을 미움으로 표현하는 경우, **남편이 바람을 피워 다른 여자와의 사이에서 태어난 아이를 키우면서 과잉보호하는 본부인의 경우**, 관심이 가는 이성에게 오히려 짓궂은 말을 하게 되는 경우, 위협적인 성적 충동에 사로잡혀 있던 사람이 정반대로 포르노그라피를 맹렬히 비판하는 것 등

④ **역전(reversal, reversion)**

감정, 태도, 특징, 관계, 방향을 반대로 변경하는 것을 뜻한다. 반동형성과 역전을 구별하는 것은 어렵지만, 역전이 반동형성보다 더 광범위한 행동을 포함한다.

예 극도로 수동적이며 무기력한 어머니에게 무의식적으로 반항하면서 유능한 여성으로 성장한 사람이 자신의 성공에 대해 죄책감과 불안을 경험하는 경우

⑤ **퇴행(regression)** [⑩]

잠재적 외상(trauma)이나 실패 가능성이 있는 상황에 처할 때 해결책으로 **초기의 발달단계나 행동양식으로 후퇴하는 것**이다.

예 배변훈련이 충분히 된 아동이 동생이 태어난 후 부모의 관심이 동생에게 집중되자 대소변을 가리지 못하게 되거나 어리광을 부리게 되는 것, 실의에 찬 어린아이가 손가락을 빠는 것, 어른들의 경우 친구들을 만나면 마치 아이들처럼 즐거워하고 들뜨게 되는 것, **중병에 걸려 입원한 어른 환자가 간호원에게 아이같이 졸라대는 모습** 등, 아이가 학교에 가야 한다는 위협에 직면하여 잠자리에 오줌을 싸는 행동

⑥ **격리(isolation, 유리, 분리)** [⑤]

고통스러운 사실은 의식세계에 남고, 이와 관련된 감정은 무의식 세계에 보내서 각기 분리되어 있다는 말이다(고통스런 생각이나 기억을 감정상태와 분리시키는 것). 즉, **가슴 아픈 사건이나 생각은 기억하나 그 기억에 수반된 감정은 기억되지 않는 것**이다.

예 몇 년 전 아버지가 돌아가신 기억을 다시 생각해 보면, 그 당시에는 너무나 충격적이고 슬펐으며 고통스러웠으나 지금 다시 생각해 보면 당시의 기억들은 생생하나 그에 수반된 감정들은 억압되어 버리고 의식화되지는 않는다. 아버지의 죽음에 대해 말할 때는 슬픈 감정을 느끼지 못했던 한 청년이 아버지를 연상시키는 권위적 남자 주인공이 죽는 영화를 볼 때는 비통하게 우는 경우 등

⑦ **취소(undoing, 원상복귀)** [②⑰]

무의식에서 어떤 대상을 향해 품고 있는 자기의 성적인 또는 적대적인 욕구로 인해 상대방이 당할 것이라고 생각되는 피해를 원래 상태로 되돌려 놓은(원상복구시키려는) 것을 의미한다.

㉐ 속죄행위, 굿과 같은 의식(ritual)에서 주로 활용됨. 여비서에게 성적으로 끌리는 것을 느낀 남자가 부인에게 줄 비싼 선물을 사는 것이나 기도문을 되풀이하는 마술적 방법으로 죄책감에서 벗어나려고 하는 것, 순간적으로 화가 난 엄마가 아이를 때리고는 곧 "엄마가 잘못했다 아팠지? 미안해……" 하며 쓰다듬어 주는 것, 사과, 변명, 화해를 위한 선물 등

⑧ 투사(projection) [①⑥⑮⑰⑱②]
  ㉠ 전치의 한 형태이나 부정이란 기제와 밀접한 관련이 있으며, **받아들일 수 없는 충동이나 욕망 등을 타인의 탓으로 돌리거나 자신의 실패를 남의 탓으로 돌리는 것**을 말한다. 그렇게 함으로써 그 자신은 불안이나 죄책감에서 벗어날 수 있다. "나는 누가 싫다."를 "그가 나를 싫어한다."로 바꾸는 것
  ㉡ "**잘못되면 조상 탓한다.**" 라는 속담이 바로 여기에 해당한다.
    ㉐ 어떤 사람을 미워할 때, 그 사람이 자기를 미워하기 때문에 자신도 그 사람을 미워한다고 말하는 경우, 무의식적으로 바람을 피우고 싶은 욕구가 강한 부인이 자신의 그러한 욕구를 남편에게 뒤집어 씌움으로써 남편을 의심하고 부정하다고 불평을 늘어놓는 경우와 시험을 잘 치지 못한 학생이 "시험 공부를 할 여유가 없었다." 또는 "시험 문제가 너무 황당한 것이었다."라고 말하며 자신이 제대로 공부하지 않은 것은 생각하지 않는 경우, **자신이 싫어하는 직장 상사에 대해서 상사가 자기를 싫어하기 때문에 사이가 나쁘다고 여기는 경우** 등

⑨ 전이(transference)와 역전이(counter-transference)
  ㉠ **전이**란 과거의 중요한 인물에게 가졌던 경험을 현재의 인물과 동일시하여 현재의 인물을 과거의 인물인양 대하는 것으로 쓰였으나 요즘은 주로 상담이나 정신치료에서 클라이언트가 치료자를 과거의 인물과 동일시하는 것을 말한다.
  ㉡ 치료자 역시 자신의 과거 인물과 클라이언트를 동일시하여 클라이언트의 아버지처럼 클라이언트에게 화를 내고 싫어하게 되면 **역전이**라고 한다.

⑩ 자기로의 전향(turning against self, 자기에게로 향함)
  공격적인 충동이 다른 사람이 아닌 자기에게로 향하는 것을 말하며, 남에게 향했던 분노가 자기를 향하게 되므로 자기공격이 생기며 우울증이 오기도 한다.
    ㉐ 무의식 속에서 아버지를 증오하는 사람이 아버지가 돌아가셨을 때 심한 우울에 빠질 수 있는데, 그것은 현실의 아버지를 향하던 증오심이 자기에게로 전향하여 자신 내부의 아버지를 향하게 되기 때문이다. 부부싸움을 한 남편이 화가 나서 자기 머리를 벽에 부딪치는 것은 부인에 대한 분노를 자기한테로 향한 것, 어머니로부터 심한 꾸지람을 받은 아이가 화가 나서 자신의 머리를 벽에 부딪쳐 자해하는 것

⑪ 전치(displacement, 이동) [⑩⑮⑯⑰]
  실제로 있는 어떤 대상에 향했던 감정 그대로를 다른 대상에 표현하는 것으로, **어떤 대상이나 사물로 향했던 본능적이고 충동적인 감정을 덜 위험하거나 편안한 대상 혹은 사물로 향하게 하여 긴장을 완화시키는 방어기제이다.**
    ㉐ 자기의 도덕적 타락에 대해 강한 무의식적 죄책감을 느끼는 사람의 경우 하루에도 몇 번씩 옷을 갈아입고, 수십 번씩 손을 씻고, 시내버스 손잡이도 장갑을 끼어야 잡는 경우, **아버지에게 혼이 난 아이가 마당의 개를 발로 차버림으로써 화를 푸는 것**, 전라도 출신 정치인을 미워하는 남편이 전라도 출신인 아내에게 화를 내는 경우, 언니를 미워하는 여동생이 언니의 공책을 찢어버리는 것, 일본을 미워하는 젊은이가 일본 노래를 부르는 어른을 공격하는 행동 등

⑫ 대리형성(substitution, 대체형성, 대치) [⑩]
  ㉠ 목적 하던 것을 갖지 못하게 되면서 생기는 좌절감을 줄이기 위해 원래의 것과 비슷한 것을

취해 만족을 얻는 것을 말한다.
ⓒ '꿩 대신 닭'이라는 속담이 잘 표현하고 있다.
　예) 오빠에게 매력을 느끼는 여동생이 오빠와 비슷한 외모를 가진 오빠의 친구와 사귀는 것, 자신의 아이를 갖지 못해서 입양을 하는 것 등

⑬ **동일시(identification, 동일화)**
㉠ 용납할 수 없는 충동 그 자체는 부정하고 그 충동을 갖고 있는 사람 또는 그 사람의 일면과 동일화하여 받아들이는 과정이다.
ⓒ **자아와 초자아의 형성에 가장 큰 역할을 하며 성격발달에 가장 중요한 방어기제이다.**
　예) 아빠가 의사인 아들이 청진기와 주사기를 갖고 놀기를 좋아하는 것, 강한 공격적 충동을 억압하고 있는 사람이 강력하고 공격적인 히틀러와 같은 사람과 동일시하거나, 아버지를 무서워하는 아들이 그 아버지를 닮아가거나, 강한 성적 욕망이 있는 여자가 화려한 여배우와 동일시하는 것, 부모의 가장 싫은 점을 자신이 닮아가며 그대로 따라하는 행동 등

⑭ **상환(restitution)**
무의식의 죄책감을 씻기 위해 사서 고생을 하는 행동이나, 잃어버린 대상을 그리워하면서 불행하게 지내는 경우를 말한다.
　예) 한 가장이 가족들은 끼니 끓일 것이 없어 굶주리고 있는데, 조금이라도 돈이 생기면 몽땅 자선사업에 바쳐 버리는 것(자신은 가난하고 불행하게 살면서 모든 수입을 자선사업에 바치는 경우), 사랑하는 아내를 잃은 남편이 죽은 아내를 대신 할만한 여인이 나타날 때까지 불행하게 지내는 경우 등

⑮ **승화(sublimation)** [①②③⑩]
본능적 욕구나 참아내기 어려운 충동에너지를 사회적으로 용납되는 형태로 돌려쓰는 방어기제로, 가장 건강한 방어기제이다.
　예) 강한 공격적 욕구를 가진 사람이 격투기 선수가 되거나, **심한 열등감을 가진 사람이 열심히 공부해서 학자로 성공하는 경우**와 잔인한 공격적 충동을 가진 사람이 열심히 공부해서 학자로 성공하는 경우와 잔인한 공격적 충동을 가진 사람이 유명한 생체해부학자가 되는 경우 등

⑯ **부정(denial)** [⑩]
발달단계 중 최초이면서 가장 원초적인 방어기제 중의 하나로, 의식화되면 도저히 감당할 수 없는 어떤 생각, 욕구, 충동, 현실적 존재를 무의식적으로 부정하는 것을 말한다.
　예) 어머니가 사망했음에도 돌아가신 것이 아니라 며칠 동안 딴 곳으로 갔다고 하는 경우, 암환자가 자기의 병을 부정하거나 의사의 오진이라고 주장하는 것, **불치병으로 죽어가면서도 명랑하게 장래를 계획하는 환자의 경우** 등

⑰ **상징화(symbolization)**
곧 바로 의식화되기에는 어려운 억압된 어떤 대상을 의식화되어도 무난한 중립적인 대상으로 바꾸어 상징성을 부여하는 것으로 꿈 작업에 있어서 주요한 방어기제이다.
　예) 꿈, 공상, 신화(단군신화 등) 등은 상징화의 가장 흔한 예가 되는데, 남근(penis)은 길게 팽창하는 것이나 뱀 등으로 상징화되며, 아이를 낳고 싶은 강렬한 소망을 지닌 여인은 꿈에서 달걀이나 새알을 보기도 한다.

⑱ **합리화(rationalization)** [①②⑤]
㉠ 자신의 언행 속에 숨어있는 용납하기 힘든 충동이나 욕구에 대해 사회적으로 그럴듯한 설명이나 이유를 대는 것이며, 그 설명이나 이유도 합리적이고 이상적이며 자아가 받아들일 수

있는 내용으로 꾸며진다.
- ⓒ 합리화의 방어기제
  - ㉮ 신포도(sour grapes)형 : 어떤 목표를 달성하려 했으나 실패한 사람이 자신은 처음부터 그것을 원하지 않았다고 변명을 하는 것
  - ㉯ 레몬(sweet lemon)형 : 자기가 현재 가지고 있는 것이야말로 바로 그가 원하던 것이라고 스스로 믿는 것
  - ㉰ 투사(projection)형 : 자신의 결함이나 실수를 자기 이외의 다른 대상에게 책임을 전가시키는 것
  - ㉱ 망상(delusion)형 : 원하는 일이 마음대로 되지 않을 때 자신의 능력에 대해 허구적 신념을 가짐으로써 실패의 원인을 합리화시키는 것
    - 예) 하찮은 일로 자신의 동료를 상관에게 고발한 병사가 "그 친구는 벌을 받아야 마땅하다. 그리고 나는 의무를 다했을 뿐이야." 라고 말하는 경우와 **이솝우화의 '여우와 신포도'의 이야기, 공주병, 왕자병**

⑲ **보상**(compensation) [①②⑤]
- ㉠ 실제적인 노력이든 상상으로 하는 노력이든 간에 자신의 성격, 지능, 외모 등과 같은 이미지의 결함을 메우려는 무의식적인 노력을 말한다.
- ㉡ **'작은 고추가 맵다'는 속담**이 이에 해당한다.
  - 예) 키 작은 사람이 목소리가 큰 것, **자신의 친부모에게 효도를 하지 못한 사람이 이웃의 홀로 된 노인을 극진히 부양하는 경우**, 멸시받은 작은 섬 코르시카에서 태어난 키 작은 나폴레옹이 세계정복의 야심을 갖고 나섰던 것, 신체적으로 열등감을 느끼는 몸이 약한 사람이 보디빌딩 장비를 구입해서 최고의 무게를 들 때까지 체력을 소진하거나 최우수 학생이 되기 위해 학업에 정진하는 것, **운동을 잘 못하는 사람이 공부에 열중하는 행동** 등

⑳ **지성화**(intellectualization, 지식화) [①]
격리보다는 발달된 형태로서, 감정과 충동을 억누르기 위해, 그것들을 직접 경험하는 대신 그것들에 대해 생각만 많이 하거나 이야기를 늘어놓는 현상으로 지적(知的)이고 수준 높은 토론 같지만 문제해결엔 아무런 도움이 되지 않는다.
- 예) 마음에 드는 여학생에게 제대로 말도 못 붙이는 남학생이 친구들과 "사랑이 뭐냐?", "인생이 뭐냐?" 등의 토론을 벌이는 것과 사춘기에 철학이나 종교에 심취하는 것 등

㉑ **해리**(dissociation) [②⑰]
- ㉠ 마음을 편치 않게 하는 성격의 일부가 그 사람의 지배를 벗어나 하나의 독립된 성격인 것처럼 행동하는 경우로, 성격의 부분들 간에 의사소통이 잘 이뤄지지 않을 때, 괴롭고 갈등을 느끼는 성격의 일부분을 다른 부분과 분리시키는 기제이다.
- ㉡ 문학작품으로 **'지킬박사와 하이드(Dr. Jekyll and Mr. Hyde)'가 그 좋은 예로**, 지킬일 때는 하이드를 하이드일 때에는 지킬을 자신은 기억하지 못한다는 것
  - 예) 몽유병, 이중인격자, 둔주(fugue, 배회증), 잠꼬대, 건망증

㉒ **저항**(resistance)
자아가 관여하기에는 너무나 괴롭고 불안한 억압된 자료들이 더 이상 의식으로 떠올라오는 것을 막는 것이다.

예 상담 시 클라이언트의 중요 문제에 접근해 들어가면, 침묵하거나, 대개 "기억이 잘 나지 않는다."고 말하며, 얼굴이 빨개지고 당황하기도 하고, 울어버리는 등 상담을 지연시키는 행위와 그 다음 상담 시간에 나타나지 않는 경우 등 상담에 협조를 하지 않는 경우

㉓ **투입(introjection, 내면화)**

외부의 대상을 자기내면의 자아체계로 받아들이는 것을 뜻한다. 특히 애증과 같은 강한 감정을 직접적으로 표현하는 것을 피하기 위해 다른 사람을 자기로 간주하는 것을 의미한다. **투사와 반대되는 개념**

예 어머니를 미워하는 것이 자아에 수용될 수 없기 때문에 나 자신이 미운 것으로 대치된다.

㉔ **전환(conversion)** [⑤⑰]

심리적 갈등이 신체감각기관과 수의근 계통의 증상으로 표출되는 것을 말한다.

예 글을 쓰는데 갈등을 느끼는 소설가가 원고를 쓰는 오른팔에 마비를 가져오는 것, 군에 입대하기 싫어하는 사람이 입영 영장을 받아보고 시각장애를 일으키는 경우

㉕ **신체화(somatization)** [②⑫]

심리적 갈등이 감각기관, 수의근계 외의 신체 증세로 표출되는 것이다.

예 '사촌이 논을 사면 배가 아픈' 경우, 실적이 낮은 영업사원이 실적 보고를 회피하고 싶을 때 배가 아픈 현상 등

(4) 방어기제의 위계서열 [②]   방어기제 : 발달전기에는 억압, 후기에는 퇴행이 나타난다.(×)

① 방어가 성격의 성숙수준을 나타내며, 일반적으로 성격발달에 밀접하게 연관된다고 본다.

② 일반적으로 억압과 승화는 발달과정상 후기에 사용되는 방어기제인 반면, 투사, 퇴행, 역전, 자기로의 전향 등은 어릴 때부터 나타나는 방어기제이다.

③ 방어기제의 위계서열

| 1. 합리화 | 2. 억압 | 3. 전치 | 4. 동일시 | 5. 전환 | 6. 격리 혹은 지성화 |
| 7. 반동형성 혹은 과잉보상 | 8. 취소 | 9. 내면화 | 10. 투사 | 11. 부정 | |

㉠ 좀 더 정교한 방어기제들이 '1. 합리화' 쪽에 있으며, '11. 부정'으로 갈수록 더 원시적이며 초기 발달 단계에서 사용되는 방어기제이다.

㉡ 방어기제가 상대적으로 정교한지 또는 원시적인지를 결정짓는 가장 중요한 기준은 그 방어기제가 보유하는 **현실검증의 정도**이다(합리화는 현실을 최소한도로 왜곡하는 반면, 부정은 전적으로 현실을 부인).

4 이론의 한계점과 사회복지실천에 미친 영향

(1) 프로이트 이론의 한계점 [③④⑧]

① **성적인 면을 지나치게 강조** : 모든 인간을 근친상간적 욕구 등 성적 자극에 의해 지배당하는 존재로 보는 것은 당시의 사회적 분위기로서 받아들여지기 어려웠다.

② **문화적 편견과 성적 편견이 있는 것으로 지적**

㉠ 프로이트는 결국 자신이 속한 사회의 여성에 대한 편견을 극복하지 못하였다는 점을 비판받았다.

ⓒ 프로이트의 이론에서 **여성이 남근선망**을 가지고 있다는 것과 초자아의 발달이 남성보다 부족하다는 것은 남성 지배적 사회에서 동등한 권리가 부여되지 않은 탓이지 여성의 문제가 아니라는 **여권주의자들의 강한 반론**을 받게 된다.

③ **과학성에 대한 비판** : 정신병리를 가진 성인들의 기억이나 환상, 혹은 꿈을 통해 보편적인 아동 발달 이론을 정립하였다는 점에서 이는 단지 개인적 견해일 뿐 과학적 이론이 될 수 없다는 것(이론의 일반화가 어렵다는 것)이다.

④ 발달에 미치는 생물학적 요인의 강조로 **대인관계적·사회적 요인의 영향을 고려하지 못하였다.**

⑤ 프로이트의 인간관은 매우 비관적이어서 인간은 통제할 수 없는 무의식 속의 본능에 의해 지배당한다고 보면서 **인간의 자유의지를 부정**하였다.

(2) 사회복지실천에 끼친 영향 [③]

① **긍정적 영향**
　ⓐ 개인의 과거 경험을 중심으로 개별적으로 접근하는 진단주의 학파에 영향을 미쳤다.
　ⓑ 문제에는 일정한 원인이 있다는 직선적 원인론(linear casuality)을 채택함으로써 사회복지실천이론의 과학적 토대를 제공했다.

② **부정적 영향**
　ⓐ 인간의 정신내적 현상을 지나치게 강조하였다.
　ⓑ 지나치게 기계론적이고 결정론적 인간관과 이에 따른 실천을 조장함으로써 사회복지직의 분열과 사회복지실천상의 불균형을 초래하는 문제점을 야기시켰다.

OIKOS UP　자유연상(free association) [⑦⑱⑳]

① 정신분석적 치료의 주된 기법 중의 하나로, 프로이트는 **환자의 저항수준을 낮추기 위해 '자유연상'**이라는 절차를 고안해 냈다.

② 자유연상은 **검토하거나 순서대로 생각하지 않은 채**(일상생활의 상념과 선입견을 제거하고 어떤 감정이나 생각도 억압하지 않은 채) 긴장을 풀고 마음 속의 모든 생각을 떠오르는 대로 즉시 말하게 하는 방법이다.
　ⓐ 환자에게 그것이 아무리 사소하고 당혹스러운 것일지라도 상관하지 말고 마음에 떠오르는 모든 것을 말하게 하는 것이다.
　ⓑ 이러한 언어 연상을 주의 깊게 경청함으로써 프로이트는 그가 무의식적 욕구와 공포의 표현이라 믿었던 일관된 주제를 간파하였다.

③ 환자의 머릿속에 떠오르는 것을 편안한 자세에서 아무런 방어 없이 자유롭게 연상하다 보면 무의식 속의 고통스런 자료들이 의식으로 떠오르게 되고 분석가는 이렇게 연상된 자료들의 연관성을 해석해 줌으로써 통찰력을 가질 수 있도록 돕는다.

④ 무의식적 소망, 환상, 동기 등을 해방하는 데 사용되어지는 도구인 자유연상 과정에서 치료자는 **내담자의 무의식 속에 숨겨진 억압된 생각이나 감정들을 확인**할 수 있다. 또한 이런 자유연상이 차단되거나 중단되는 것은 내담자의 무의식의 갈등을 해결할 수 있는 중요한 실마리를 제공한다.

03 에릭슨(Erikson, 1902~1994)의 심리사회이론

[에릭슨의 생애]

에릭슨(Erik H. Erikson, 1902~1994)은 1902년 독일의 프랑크푸르트 근방에서 태어났다. 덴마크 인인 친부는 그의 출생 전에 헤어졌고, 그가 세 살 적에 어머니는 에릭슨의 소아질병을 치료했었던 소아과의사와 재혼하였다. 에릭슨은 수년이 지나서야 자기 生父가 아니라는 것을 알았다. 그는 고등학교를 마쳤으나 더 이상의 학교교육은 받지 않았다. Erikson이 정신분석연구를 처음 배우게 된 것은 비엔나 근처의 한 산악온천장에서부터였다. 거기서 그는 가정교사로서 처음 Freud 가족을 알게 되어 결국 비엔나 정신분석원에서 훈련을 받을 우수한 후보자로 뽑히게 되었다. 1927년부터 1933년까지 Anna Freud 등의 지도하에 정신분석에 대한 훈련을 받은 것이 유일한 그의 공식적인 교육훈련이다. 1950년 그의 첫 저서 『아동기와 사회(Childhood and Society)』가 출판되었으며 이 책은 그를 미국의 자아 심리학의 대변자로서 인정하게끔 만들었다. 그는 정식교육을 받지 못했고 학위도 없지만 임상가와 대학교수로 왕성한 활동을 하였으며, 1994년 92세의 나이로 미국에서 사망하였다.

❶ 심리사회이론의 개요 [⑪⑬⑯⑲]

(1) 심리사회이론의 특징

① 사회적 힘이 성격발달에 미치는 영향을 강조하여 **심리사회적 이론**(psychosocial theory)이라 부르고 있다.

② 자아를 성격을 통합시키는 구조로 간주했고, 자아력을 다양한 심리기능의 차원을 결속시키는 접착제로 보았다. → 인간의 행동은 의식수준에서 통제 가능한 자아에 의해 동기화

③ 에릭슨 이론의 특징 [②⑧⑲]
　㉠ 인간의 **전 생애에 걸친 발달**(성격발달을 전생애로 확장)과 **변화 가능성**(인간을 가변성을 지닌 존재)의 강조
　㉡ 병리적인 것보다 **정상적이고 건강한 측면의 강조**
　㉢ 원초아보다 자아의 역할을 중요시하며, **자아의 자율적 기능을 강조**
　㉣ **자아정체감 확립**의 중요성
　㉤ **문화적·역사적 요인과 성격구조의 관련성**을 중시한 점
　㉥ **사회문화적 환경이 성격 발달에 영향**을 미침

(2) Erikson 이론과 Freud 이론의 비교 [②④⑧⑪⑲]

① 공통점
　㉠ 인간의 자아분석에 기초를 두고 **자아의 성장과정을 설명**
　㉡ 인간의 성격형성에 있어서 **초기의 경험**을 중시

ⓒ 인간의 발달을 **발달단계설**로 나타내며, 인간의 성격발달의 단계는 미리 정해져 있으며 그 순서가 불변한다고 봄
ⓒ **인간행동이 기본적으로 생물학적 요인에 의해 발생하며, 이것들이 성격형성에 기초가 된다**고 보았음
ⓔ **과학적인 정보성의 결여**, 즉 계획적이고 조직적인 실험과정을 거쳐 도출된 결과가 아니라, 광범위한 범위의 대상들에서 연구자의 통찰과 직관에 의해 도출된 결과라는 지적

> 에릭슨 이론 : 과학적 근거나 경험적 증거가 미흡하다.(O)

② **차이점**
ⓐ 프로이트가 인간행동의 동기를 원초아(id)에 둔데 반해, 에릭슨은 **자아를 성격의 자율적 구조로 간주**했다.
ⓑ 아동의 성격발달에서 프로이트는 부모가 지대한 영향을 준다고 주장한 반면, 에릭슨은 **아동의 자아가 형성되는 심리·역사적(psycho-historical) 환경을 강조**했다.
ⓒ 인간의 성격형성이론에서, 프로이트는 인간의 성격발달을 5단계로 나누어 설명하며 그 중에서도 초기 아동의 경험의 중요성을 강조한데 반해, 에릭슨은 **인간의 전 생애를 총망라(유아기부터 노년기까지 8단계로 설명)**하고 있을 뿐만 아니라 **청소년기의 자아정체감 형성기의 중요성을 강조**한다.
ⓓ 프로이트는 자아발달에 대한 이론에서 초기 아동기에 성격의 기틀이 형성된다고 보고 남근기 이후의 발달에는 관심을 보이지 않는 반면, 에릭슨은 **초기 아동기부터 노년기에 이르기까지 전 생애를 포괄하는 성격발달을 고려**한다.
ⓔ 인간의 심리성욕 갈등의 양상과 그 해결방법에 대해 프로이트는 인간 정신생활의 무의식적 작용과 존재를 해명하고 초기 성장과정에서 경험한 외상(trauma)이 성인기에 어떻게 병리를 일으키는가를 설명하려고 한데 반해, 에릭슨은 **인간생활에서 오는 정신사회적 위험을 이겨낼 수 있는 인간의 능력, 즉 인간 발달단계에서 나타나는 자아자질에 관심**을 가졌다.
ⓕ 인간을 그의 본능적 추구를 하도록 내버려둔다면 인류는 멸망으로 운명 지워질 것이라는 프로이트의 인간에 대한 비관론에 반해, 에릭슨은 인간의 모든 **개인적 사회적 위기는 오히려 외계의 어려움을 극복하고 성장으로 유도하는 도전감을 갖게 한다는 낙관적인 견해**를 갖고 있다.
ⓖ 프로이트는 한 단계에서 실패는 고착이 되어 되돌릴 수 없는 것으로 보았지만, 에릭슨은 **실패에 대한 수정은 주위의 사랑과 관심으로 언제든지 가능하다고 보는 낙관론적 입장**을 가지고 있다.
ⓗ 성격발달에서 제도가 담당하는 역할에 대한 관점에 대해서, 프로이트는 사회제도가 인간의 공격성과 성적 관심이 표출되는 것을 억제하는 금지적 사회화 역할을 한다고 보았으나, 에릭슨은 **사회제도가 개인적 효과성을 지지하거나 키워주지 못하였을 때, 개인의 발달이 부정적 영향을 받게 된다**고 하였다.
ⓘ 프로이트가 성격의 병리적 측면에 초점을 두었다면, 에릭슨은 **건강한 성격성장의 기회가 항상 존재한다고 보았다.**

■ Erikson 이론과 Freud 이론의 비교 ■

구 분	프로이트	에릭슨
공통점	• 인간의 자아분석에 기초를 두고 **자아의 성장과정을 설명** • 인간의 성격형성에 있어서 **초기의 경험을 중시** • 인간행동이 기본적으로 **생물학적 요인에 의해 발생** → 성격형성에 기초 • **발달단계설** → 인간의 성격발달의 단계는 미리 정해져 있으며 그 순서 불변 • **과학적인 정보성의 결여**	
차이점	인간행동의 동기 : **원초아(id), 자아는 타율적 기능**	자아를 성격의 **자율적 구조**로 간주
	아동 성격발달 : 부모가 지대한 영향	심리 역사적(psycho-historical) 환경을 강조
	인간의 성격발달 : 5단계	8단계(인간의 전생애 총망라)
	초점 : 성격의 병리적 측면	건강한 성격성장의 기회가 항상 존재
	제도가 담당하는 역할 : 사회제도가 인간의 공격성과 성적 관심이 표출되는 것을 억제하는 금지적 사회화 역할	사회제도가 개인적 효과성을 지지하거나 키워주지 못하였을 때, 개인의 발달이 부정적 영향을 받게 된다고 함

2 인간관과 기본 가정

(1) **인간관**

① 인간을 내적 통합성, 좋은 판단력 그리고 성공할 수 있는 능력을 지니고 있는 **합리적이고 이성적이며 창조적인 존재로 규정**하고 있다.

② 인간을 **총체적 존재**로 보고 있으며, **환경 속의 존재**(person in environment)로 규정하고 있다.

③ 인간의 행동은 **생물학적 성숙뿐만 아니라 개인의 심리적 요인과 사회문화적 요인의 상호작용에 의해 결정**된다고 보았으며, 그 중에서도 **사회문화적 요인**(social forces)의 영향을 특히 중요시하였다.

    ❌ 에릭슨 이론 : 성격발달에서 유전적 요인의 영향력을 배제하였다.(×)
    ❌ 에릭슨 이론 : 발달에 영향을 미치는 유전적·생물학적 요인을 배제하였다.(×)

④ **인간을 가변성을 지닌 존재**, 즉 인간의 발달은 끝이 없으며, 전체 생활주기를 통해 지속된다고 보고 있다.

(2) **기본 가정** [⑧⑩⑫]

① 발달은 생리 심리 사회적 속성을 지니며, **전체 생애**에 걸쳐 일어난다.

② 사회제도와 보호자는 개인적 효과성(personal effective)의 발달에 긍정적 지지를 제공하며, **개인의 발달은 사회를 풍요롭게 한다.**

③ 발달은 심리사회적 위기가 일어나는 8단계로 구분될 수 있다. **성격은 각 단계의 위기를 해결한 결과이다.**

④ **심리사회적 위기는 보편적인 것**이며, 모든 문화에서 일어난다. 각각의 문화에 따라 각 생활단계의 해결방안이 서로 다르다.
⑤ 심리적 건강은 **자아강점(ego strength)과 사회적 지지의 기능**에 달려 있다.
⑥ 위기를 성공적으로 해결하지 못하고, 사회제도로부터 소외될 경우 자아정체감의 혼란이 야기된다.

3 주요 개념

(1) **자아와 자아정체감** [②⑧⑬]
① **자아(ego)** : 원초아와 초자아의 두 세력을 어느 정도 무시하고 자아가 **자율적인 기능**을 하는 것으로 간주한다.
② **자아정체감(ego identity)** : 정체감의 형성을 전 생애에 발달하고 있다고 보고 정체감을 **심리사회적 정체감(psychosocial identity)과 개별적 정체감(individual identity)** 으로 나눈다.
  ㉠ **심리사회적 정체감** : 개인이 속하고 있는 집단에 대한 구속감 내지는 일체감을 말한다.
  ㉡ **개별적 정체감** : 개인이 어떤 집단에 속해 있지만 그 집단 속에서 타인과는 독립되고 고유한 존재로서 갖게 되는 정체 의식이다.

(2) **점성원칙(epigenetic principle, 점성적 원리)** [①⑥⑭⑥⑱②]
① 성장하는 모든 것은 기초안을 가지고 있으며 그 기초안에서 부분이 파생하고, 각 부분에는 특별한 상승기(우세해지는 시기)가 있으며 궁극적으로 통합된 전체로 기능하게 된다.
② 인간 발달은 최적의 시기가 있고, **모든 단계는 예정된 계획대로 전개**된다. → 인간이 예정된 단계를 거치며 성장하고 발달한다.

4 심리사회적 발달단계 [②③⑤⑥⑨⑫⑭⑮⑯⑰⑱⑳㉑㉒]

① 성숙은 **점성적 원리(epigenetic principle)** 에 따라 일어난다. 즉, 각 단계의 발달은 이전 단계의 발달을 토대로 이루어진다. 예를 들면, 1단계에서 기본적 신뢰감이 발달하지 않으면 부모와 떨어져 독립적으로 자율성과 주도성을 발달시키기 어렵다는 것이다.
  ❌ 에릭슨 이론 : 각 단계의 발달은 이전 단계의 심리사회적 갈등해결과 통합을 토대로 이루어진다.(O)
② 각 단계는 개인의 행동과 성격에 있어 **어떤 변화를 위해 필요한 전환점(위기)** 이 있다.
③ 각 단계별 **심리사회적 위기를 극복하면 자아특질(ego quality)이 강화**된다. 즉 심리사회적 발달의 각 단계는 개인에게 기본적 강점 혹은 덕목을 발달할 기회를 제공한다.
  ❌ 에릭슨 이론 : 각 단계별 심리 사회적 위기를 극복하면 자아특질(ego quality)이 강화된다고 하였다.(O)
④ 개인이 심리사회적 각 단계의 위기에 **적응방식과 부적응 방식으로 반응**할 수 있다고 보았다.
  ❌ 에릭슨 이론 : 발달단계에서 외부 환경에 대처하고 적응하는 과정을 중요하게 다룬다.(O)

■ 점성원칙에 따른 에릭슨의 심리사회적 발달단계 ■

※ 인간행동의 궁극적 목표 : 자아통합

단계	시기	긍정적 자아특질 ↔ 부정적 자아특질		주요관계범위
Ⅷ	노년기 (60세 이상)	자아통합 대 절망	지혜 ↔ 경멸	인류 동족
Ⅶ	중장년기 (성인기) (34~60세)	생산성 대 침체	배려(돌봄) ↔ 거부	직장, 동료 확대가족
Ⅵ	초기 성인기 (22~34세)	친밀성 대 소외	사랑 ↔ 배척	우정, 애정, 성 협동의 대상들
Ⅴ	청소년기 (12~22세) - 생식기	정체감 대 정체감 혼란	충성심(성실) ↔ 거절	또래집단, 교사 지도자(리더)
Ⅳ	학령기 (6~12세) - 잠재기	근면성 대 열등감	능력 ↔ 무력감	이웃, 학교(친구, 교사)
Ⅲ	유희기 (4~6세) - 남근기	솔선성 대 죄의식 (주도성) (죄책감)	목적 ↔ 억제	가족(조부모포함)
Ⅱ	초기아동기 (2~4세) - 항문기	자율성 대 수치심 (자율성 대 수치심과 의심)	의지력 ↔ 강박증	부모(아버지), 형제
Ⅰ	유아기 (0~2세) - 구강기	신뢰감 대 불신감	희망 ↔ 위축(철퇴)	어머니, 양육자

✏ 암기법

신(신뢰감)자(자율성)라면 솔선(솔선성)수범 해야 한다!! 근(근면성)데 정(정체감)말 친(친밀성)생(생산성)자(자아통합)여야 한다!!

❺ 이론의 평가와 사회복지실천의 함의

(1) 에릭슨 이론의 평가

① **기여한 점**

㉠ 생애주기를 통한 **전 생애의 발달변화를 강조**하였으며, **사회·문화적 요인을** 배경으로 인간 발달을 이해하게 함으로써 정신분석학을 확대 발전시켰다.

㉡ 인간성격의 건전한 발달을 위한 가능성을 제시했으며, 성숙의 개념을 보다 폭넓은 의미로 이해하고 활용할 수 있도록 하였다.

㉢ 노년기에도 성장의 가능성이 있다는 새로운 통찰력을 제시한다.

② **한계점**
　㉠ 자아발달의 여러 측면들을 **프로이트의 성적 신체부위에 너무 무리하게 연결**시키려고 하였다는 것이다.
　㉡ 에릭슨의 이론은 **개념체계가 명확하지 않고 불분명**하다는 것이다.
　㉢ 발달의 원인이 무엇인가에 대한 설명이 부족하다는 점, 즉 **인간의 사회정서발달에 대한 기술만 있고 설명이 없다는 것이다.**
　㉣ **각 단계로의 전환이 어떻게 이루어지는지 그 기제가 명확하지 않다는 점** 또한 문제점으로 지적되고 있다.
　㉤ **성인발달 단계의 연령구분이 아동기에 비해 모호**하고, 다른 문화권 혹은 같은 문화권이라고 하더라도 시대에 따른 차이가 있어 보편적인 적용이 힘들다.
　㉥ 프로이트의 이론과는 달리 **에릭슨의 심리사회적 이론을 지지해 주는 연구가 턱없이 부족한** 실정으로 이론의 유용성이 프로이트보다 낮다는 점이다.

(2) **사회복지실천 함의**
　① 사회복지실천에서는 내담자가 자신의 환경을 지배하는 방법을 어떻게 학습하게 되는가에 초점을 두게 되었으며, **성격과 상황적 요인 사이의 균형**을 이루는 데 다시 관심을 갖게 만들었다.
　② 에릭슨의 **인간의 자아기능에 관한 견해**는 사회복지실천 방법론에 중요한 영향을 미쳤다고 평가된다.
　　㉠ **개인의 자아를 강화하고 클라이언트를 둘러싼 환경적 조건을 향상**시킴으로써 문제해결이 가능하다는 관점은 아직도 사회복지전문직의 핵심적 시각이다.
　　㉡ 1940년대에 사회복지실천이 단선적인 의료모델로부터 변화를 시도할 때 에릭슨의 이론은 **사회복지실천의 심리사회적 접근방법의 지식기반을 제공**한 것으로 평가되고 있다.
　③ 미국의 경제 대공황으로 인한 많은 사회적 문제가 대두되고, 기능주의 학파 출현 이후 사회에 대한 관심이 높아지면서 **진단 학파에서는 '상황 속에 있는 인간(person in situation)' 이라는 개념을 통해 심리사회이론이 활발히 전개되었다.**
　④ **인간의 성격이 전 생애에 걸쳐 생물학적 요인과 개인의 심리, 사회문화 영향의 상호작용에 의해 결정**된다고 보았으며, 사회에 관심을 두고 특히 개인과 부모와의 관계, 가족관계와 사회적 관계에 관심을 가져야 한다고 하였다.
　　㉠ 아동복지에서 노인복지까지 전 생애 발달에 관심을 갖는 사회복지의 이론적 배경이 되었으며, **개인발달에 사회환경을 강조했다는 점**에서 의미가 있다.
　　㉡ **청소년기의 자아정체성, 노년기의 자아통합감은 사회복지실천 현장에서 프로그램 개발의 이론적 토대**가 되고 있으며 사회복지 연구 분야에서도 이를 통한 연구가 꾸준히 계속되고 있다.
　　㉢ 원초아보다 자아를 강조함으로써 개인의 자율성을 중시했으며, 인간을 상황 속에서 이해하고 자율적인 결정을 할 수 있는 존재이며 심리사회적 위기를 극복할 수 있는 존재로 보고 있는 것은, **사회복지에서 클라이언트의 자율성을 존중하며, 클라이언트를 능력이 있는 자로 보고 사회복지사가 이를 가능케 하는 역할을 하는 것과 유사한 맥락으로 볼 수 있다.**

04 융(Jung, 1875~1961)의 분석심리이론

[융의 생애]

융(Carl Gustav Jung, 1875~1961)은 1875년 스위스 케스빌에서 개혁파 목사의 맏아들로 태어났다. 초기에는 고고학과 의학에 관심을 두었으며, 1900년에 정신의학으로 박사학위를 받았다. 프로이트의 『꿈의 해석』으로 인하여 정신분석학에 관심을 가졌으며, 1906년 프로이트와 정기적인 서신교환을 시작으로, 프로이트의 후계자로서 지대한 영향을 받았다. 그러나 1912년 결별하고 다시 만나지 않았다. 그 이유는 개인적·이론적 이유 때문이었다. 그러나 가장 명백한 이유는 리비도와 성욕의 본질에 대한 견해가 다른 것이었다. 융은 무의식과 예언, 점성술, 텔레파시, 투시, 강령술, 환상, 꿈, 종교적 상징, 연금술, 요가 등을 연구하였으며, 1961년 스위스의 퀴스나흐트에서 사망하였다.

1 분석심리이론의 개요

(1) 분석심리이론의 특징 [⑦]

① **분석심리학(analytical psychology)**이라고 하며, 융이 자기 자신의 경험을 이해하려는 노력의 산물이라 할 수 있는 정도로 **경험적 심리이론**이다.
② 정신의 두 측면인 **의식과 무의식 간의 관계를 확립하고 이해하는데 초점**이 맞추어져 있다.
③ **개인적, 사회문화적 원형이 갖는 힘의 상호작용을 고려하지 않고는 정신을 이해할 수 없다**고 믿었다.
④ 인류 역사를 통해 발달해온 정신과 개인이 속한 문화적 영향을 바탕으로 형성된 타고난 **정신적 소인의 중요성을 강조**하였다.

(2) 융과 프로이트의 이론 비교 [⑩]

구 분	Freud의 정신분석이론	Jung의 분석심리이론
인간관	무의식에 의해 휘둘려지는 **수동적 존재**이고 **병리적 존재**	인간에게 **창조적이고 긍정적인 측면이 존재**한다는 사실을 강조
정신에너지 (리비도)역할	리비도(libido)를 인간의 성적 에너지라고 주장	성뿐만 아니라 다른 삶의 에너지를 포함한 일반적인 생활에너지
무의식 개념 정립	인간의 정신의 자각 수준에 초점을 맞추어 무의식을 강조	집단무의식이란 개념을 도입하여 무의식의 범위를 확장

2 인간관과 기본 가정 [⑦⑩⑯⑲]

(1) 인간관

① 인간이 경험과 학습을 통해 여러 부분이 하나로 모인 것이 아니라, 이미 전체성을 갖고 있고, **하나의 전체로 태어나며, 타고난 전체성은 일생을 통하여 분화되고 통합되어 가는 존재**라고 보았다.

② 전체적 존재로서의 **인간은 역사적이면서 동시에 미래지향적 존재**이다. 즉 인간성격은 과거사건 및 미래에 대한 열망에 의해 형성된다.

- 융은 개인성격형성은 과거와 무관함을 주장하였다.(X)
- 융의 분석심리이론 특징 : 인간의 성격은 과거사건 및 미래에 대한 열망에 의해 형성된다고 보았다.(O)
- 융(C. Jung)의 이론 : 과거의 사건 및 미래에 대한 열망이 성격발달에 동시에 영향을 미친다.(O)

③ **인간의 미래지향성은 성장지향적 존재라는 의미와 연결**되어 있다. 이는 아들러의 우월 추구의 성향과 유사한 관점이다.

④ 융은 프로이트가 인간을 불변적 존재로 보는 것과는 달리 인간을 **가변적 존재**로 보았다.

(2) 기본 가정

① **정신 또는 성격**은 부분들의 단순한 집합이 아니라 **하나의 전체성**을 이루고 있다.

② **인간행동**은 **의식과 무의식 수준에서 서로 상반되는 두 가지 힘에 의해 동기화**된다.

③ 인간의 행동은 과거에 의해 상당한 정도로 결정되지만, **미래의 목표와 가능성에 의해 조정**된다.

④ **성격의 발달은 전생애에 걸쳐 일어나는 개성화 또는 자기실현의 과정**이며, 인생 전반기와 후반기에 각기 다른 특성을 보인다.

⑤ **개인은 독립된 존재가 아니라 역사적으로 연결**되어 있으며, 사회적 규범이나 문화의 요구에 적응해가며, 개인은 자기실현과정을 통하여 사회의 발전에 기여한다.

⑥ 심리적 건강은 정신의 전체성을 유지하는 것이며, 정신병리는 이러한 전체성의 분리현상이다.

3 주요 개념

(1) 정신과 정신에너지(리비도, libido) [⑦]

① **정신(psyche)**

㉠ 퍼스낼리티 전체를 정신이라 일컬었으며, 정신을 생리적 충동에 예속되지 않은 독자적 실체로 보았다.

㉡ 영(spirit), 혼(soul) 그리고 마음(mind)이라는 의미를 포괄하는 것으로, 의식 및 무의식적인 모든 사고, 감정, 행동을 포함하고 있다.

■ Jung이 제시한 정신(마음)의 구조(이부영, 2005) ■

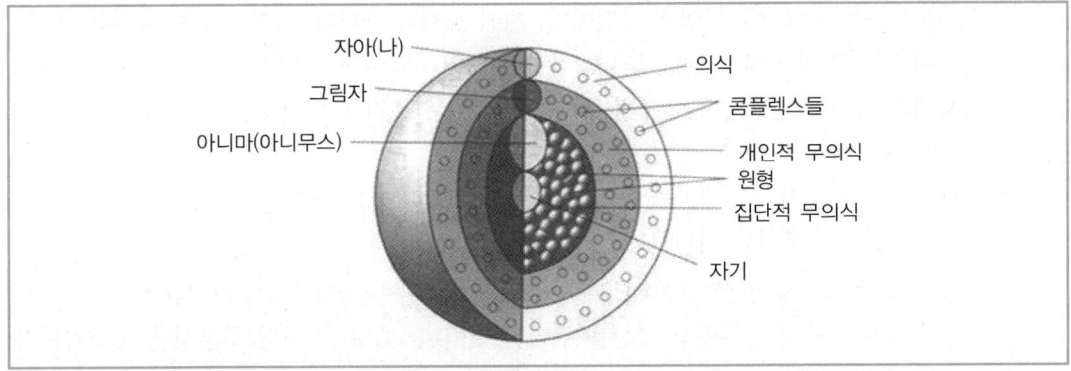

② **정신에너지(리비도, libido)** [⑦⑫⑲⑳]
　㉠ 프로이트의 리비도 개념을 넓혀 리비도가 **생물학적, 성적, 사회적, 문화적, 창조적인 모든 형태의 활동에 에너지를 제공하는 전반적인 생명력**을 의미한다고 보았다.
　㉡ 융에게 리비도는 전반적인 인생과정 에너지(life process energy)로 프로이트의 성적 충동은 그러한 에너지의 한 측면이었다.

> 융(C. Jung)의 이론 : 리비도는 인생 전반에 작동하는 생활에너지이다.(O)
> 융(C. Jung)의 이론 : 리비도(libido)는 전반적인 삶의 에너지를 말한다.(O)

(2) 콤플렉스(complex, 복합) [⑥⑧]
① 특수한 종류의 감정으로 이루어진 **무의식 속의 관념 덩어리**로, 감정, 기억, 사고, 지각 등의 유사한 내용이 모여 하나의 무리를 형성하고 있는 정서적 색채가 강한 심리적 내용을 말한다.
② 어떤 핵심적 요소를 중심으로 유사한 정신적 요소들이 무리 지어진 것으로 자석을 중심으로 철분들이 들러붙어 하나의 자장을 형성하는 것과 같다.

> 예) 사랑하는 주변 사람의 죽음을 체험한 사람은 죽은 사람에 관하여 연상되는 것들을 모아 하나의 응어리로 형성하게 되며, 보통 때는 무의식에 숨어 있으므로 그 존재를 느끼지 못하다가 죽음을 연상할 만한 상황에 이르면 자아로 하여금 슬픔과 같은 특정의 강한 감정반응을 보이게 만든다.

③ 개인의 사고의 흐름을 방해하거나 의식의 질서를 일시적으로 또는 장기적으로 교란하며, 감정적으로 동요하거나 흥분하게 만들고 강한 부정적 정서를 경험하게 한다.

(3) 원형(archetype) [②⑥⑩⑪⑤⑳]
① 집단무의식을 구성하고 있는 **인류역사를 통해 물려받은 정신적 소인**으로, **표상 불가능한 무의식적이고 선험적인 이미지**를 의미한다.

> 집단무의식 : 인류역사를 통해 조상으로부터 물려받은 정서적 소인으로 개인마다 그 원형은 다르다.(X)

② 시간, 공간, 문화나 인종의 차이와 관계없이 **모든 인간에게 보편적으로 존재하는 인류의 가장 원초적인 행동유형**을 말한다. → 인간의 정신 근저에 존재하는 보편적이고 근원적인 핵
③ 원형은 **인간이 갖는 보편적, 집단적, 선험적인 심상들**로서, 그 수가 무수히 많으며 언제 어디서 생겼는지 알 수 없으며 이미 형성되어 있는 것이다.
④ 대표적인 원형으로는 페르소나, 아니마와 아니무스, 음영, 자기를 들 수 있다.

(4) 페르소나(persona, 문화의 가면을 쓴 자아) [②⑤⑥⑭⑯⑱㉑㉒]

① 가면을 뜻하는 희랍어로 **자아의 가면**이며, 개인 자체가 아니라 **'타인에게 보여지는 개인'** 또는 **'사회가 그 개인에게 담당하기를 기대한 배역'** 이라 할 수 있다.
  ⊙ 사회가 개인에게 요구하는 규범, 사명이나 본분, 윤리를 의미하는 우리말의 **체면, 얼굴과 낯**에 해당하는 것이다.
  ⓒ 개인이 사회적 요구들에 대한 반응으로서 **밖으로 내놓은 공적 얼굴(사회적 모습)**로, 개인이 외부세계에 내보이는 이미지이다.
    > 페르소나는 개인이 외부 세계에 보여주는 이미지이며, 사회적 요구에 대한 반응이다.(O)
② 가면의 목적은 남에게 뚜렷한 인상을 주려는 것이며, 때로 그 사람의 본성을 감추기도 한다.

(5) 아니마(anima)와 아니무스(animus) [①②⑤⑦⑧⑪⑫⑭⑯⑱㉑㉒]

① 융은 **인간은 본질적으로 양성동물**이라고 표현했다.
② 남성의 내부에 있는 여성성, 즉 **남자의 여성적인 면을 아니마(anima)**, 여성 내부에 있는 남성성, 즉 **여자의 남성적인 면은 아니무스(animus)**라고 명명했다.
③ **남성성의 속성은 이성(logos)**이고, **여성성의 속성은 사랑(eros)**이므로, 성숙한 인간이 되기 위하여 남성은 이성을 바탕으로 내부에 잠재해 있는 사랑을, 그리고 여성은 사랑을 바탕으로 내부에 잠재해 있는 이성을 개발할 필요가 있다.
④ 아니마와 아니무스가 있기에 **이성에게 적절히 반응하고 이성을 이해할** 수 있게 된다.

> 🖉 암기법
> 남자는 머시마(아니마)!! 여자는 무스(아니무스)를 많이 사용한다!!

(6) 음영(shadow, 그림자, 인간의 본능) [②⑤⑥⑦⑧⑪⑫⑭⑯⑱㉑]

① **자아나 자기상(self-image)과는 반대되는 개념**으로 우리 자신이 용납하기 힘든 특징과 감정으로 구성된다.
  ⊙ **인간성격의 어둡거나 사악한 동물적 본능**으로 이루어져 있어 **자아가 자신의 일부로 받아들이기를 꺼리는 것들**이다.
  ⓒ 지킬박사와 하이드의 경우처럼 **개인의 의식적인 자아와 상충되는 무의식적 측면**으로, 자신 속에 있는 정열, 충동성, 공격성, 잔인성, 부도덕성 등 **프로이트 성격구조의 원초아(id)와 유사**하다.
② **동물적 본능의 근원**인 동시에 자발성, 창의성, 통찰력 등 완전한 인간성에 필수적인 요소의 원천이다. 즉 인간생활의 활력과 추진력이며 삶의 원천이다.
③ 음영은 긍정적인 자기상과 반대되기 때문에 대부분의 경우가 부정적이지만, 의식적인 자기상이 부정적이라면, 무의식적인 음영은 긍정적인 모습이 된다.

(7) 자아(ego) : 의식의 중심 [②⑤]
① 자아는 의식의 **개성화**(individuation, 개인의 의식이 다른 사람으로부터 분리되는 과정)를 말한다.
② 자아란 의식의 견해를 나타내므로 의식적인 지각, 기억, 사고, 감정이 자아를 이루게 되며, 이때 **자아가 의식의 문지기 역할**을 한다.

(8) **자기(self)와 자기실현** [⑤⑧⑨⑪⑫⑬⑲]
① **자기(self)는 중심성, 전체성을 무의식적으로 추구하는 원형**으로, 성격의 중심이며 통일성과 안정성을 제공한다.
  ㉠ 태양이 태양계의 중심인 것처럼, 자기는 집단무의식 내에 존재하는 **타고난(태어날 때부터 존재하는)** 핵심적 원형이다.
      ❌ 자기(self)는 유아기에 발현되는 원형으로 성격의 조화와 통일을 관장한다.(X)
  ㉡ 의식과 무의식을 포함한 전체 정신의 중심인 자기는 태어날 때부터 존재하는 원형으로, 의식의 중심인 자아(ego)는 의식의 영역밖에 볼 수 없지만, 자기(self)는 모든 것을 볼 수 있고 통합시킬 수 있다.
  ㉢ **자아가 '일상적인 나', '경험적 나'라고 한다면 자기는 '본래적 나', '선험적 나'이다.**
② 성격의 궁극적인 목표는 **자기실현(self-actualization)**이다.
  ㉠ 자기가 어느 정도 완전히 드러나기 위해서는 성격이 **개성화**를 통해 충분히 발달되어야 하기 때문에, 자기는 인생의 결정적인 변화의 시기인 **중년기**에 이르기까지 표면화되지 않는다.
  ㉡ 개인이 자신을 정확히 인식하지 못하고 자기를 실현한다는 것은 불가능하므로, 융은 자기실현을 달성하는 것보다 더 중요한 것은 정확한 **자기인식**이라고 했다.
      ⭕ 융(C. Jung)의 이론 : 성격발달은 개성화를 통한 자기실현의 과정이다.(O)
      ⭕ 융은 자기를 실현할 수 있는 시기를 중년기 이후로 보았다.(O)
      ⭕ 융(C. Jung)의 이론 : 자기(Self)는 중년기 이후에 나타나는 원형(archetype)이다.(O)
      ⭕ 융은 성격의 여러 측면을 통합하여 자기실현을 할 수 있는 인생의 후반기를 강조하였다.(O)

(9) **무의식의 구성 : 개인무의식과 집단무의식** [⑥⑦⑧⑭⑯⑰⑱㉒]
① **개인무의식(personal unconscious)**
  ㉠ 개인무의식의 자료는 개인의 과거경험으로 비롯된 내용이며, 이런 점에서 개인무의식은 **프로이트의 전의식과 유사한 개념이지만 무의식까지 포함한 개념**이라고 할 수 있다.
  ㉡ 개인무의식은 **의식되었지만 그 내용이 중요하지 않거나 고통스러운 것이기 때문에 망각되었거나 억제된 자료의 저장소**이다.
  ㉢ 개인무의식은 정서적 색채가 강한 관념과 행동적 충동이라고 하는 **콤플렉스(complex, 복합)**를 중심으로 모여 있다.
  ㉣ '등잔 밑이 어둡다'는 말처럼 등잔이라는 자아의 이면에 자신이 모르는 자신의 분신인 **음영(shadow, 그림자)**이 존재한다.

② **집단적 무의식(collective unconscious)**
- ㉠ 융이 제안한 독창적 개념으로 분석심리학의 이론체계에서 가장 핵심적인 개념으로, 모든 개인의 정신이 공통으로 가지고 있는 하부구조를 일컫는다.
- ㉡ 사람들이 역사와 문화를 통해 공유해 온 모든 정신적 자료의 저장소(**조상 대대로의 경험의 침전물**)이고, 생명의 원천이며 창조적 가능성을 지닌 인류의 지하 보물이 숨 쉬고 있는 심연의 무의식 영역이다.
- ㉢ 인류역사를 통해 선조로부터 물려받은 우리의 행동에 영향을 주는 정신적 소인인 수없이 많은 원형(archetypes)으로 구성되어 있다.
- ㉣ 집단무의식은 개인이 한 번도 직접적으로 의식화하지 못한 정신세계로, **인간행동이 의식에 의해 조절될 수 있지만 집단무의식의 영향을 받는다.**

4 성격의 발달 [⑬]

융은 생애주기에서 **중년기와 노년기를 아주 중요**하게 다루고 있다.

(1) 아동기(출생부터 사춘기까지)
① 출생부터 사춘기까지로, 출생 후 몇 년 동안은 정신이 완전히 본능에 의해 지배되므로, 이 시기 동안 전적으로 부모에게 의존한다.
② 의식적 자아가 발달하기 전이므로, 지각된 것은 조직화되지 못하며 의식적 기억도 쓸모가 없다.

(2) 청소년기와 성인기
① 사춘기에 일어나는 생리적 변화로 시작되어 30~40세 사이에 끝난다.
② 융은 청소년기를 **정신적 탄생(psychic birth)**이라 불렀으며, 정신적 탄생과 부모로부터 자아의 의식적 분리는 청소년기에 일어난다. 생리적 변화가 이런 정신적 혁명을 수반한다.

(3) 중년기 [②③⑧⑮]
① **35~40세를 전후해 정신적 변화가 오게 되며**, 외향적 목표와 야망은 중년이 되면 그 의미를 잃기 쉽다.
② 융은 **중년기 한때 위기가 찾아온다고 가정**했다.
- ㉠ 중년기 위기에서 정신은 인간으로 하여금 내면으로 시선을 돌려 생의 의미를 음미하도록 촉구하여 위기에서 벗어날 출구를 제시했는데, 무의식이 정신의 균형과 조화를 위해 억압된 측면을 인식할 것을 요구한다.
- ㉡ 중년기에는 외부세계를 정복하는 데 쏟았던 에너지를 자신의 내부에 초점을 맞추도록 자극을 받으며 자신의 잠재력에 깊은 관심을 갖게 된다.
- ㉢ 남자는 여성적인 측면을 여자는 남성적인 측면을 표현하게 된다. 남자들은 공격적인 야망을 덜 갖고 그 동안 소홀했던 대인관계에 관심을 갖게 되지만 여성들은 보다 공격적이고 독립적이 된다. [⑮]

③ 심리적 건강으로서의 개성화(individualization, = 개별화) [②⑧③⑤①⑧②]
  ㉠ 중년기에 **자아를 외적, 물질적 차원으로부터 내적, 정신적 차원으로 전환시키는 것**을 말하며, 무의식을 의식에 조화롭게 통합시키고 자신의 내면적 존재를 경험하는 데 있어 성공적으로 긍정적인 심리적 건강을 이룬 사람들이 경험할 수 있다.
  ㉡ **자기실현이라고도 하며** 모든 콤플렉스의 원형을 끌어들여 성격을 조화하고 안정성을 유지하는 것이다.
    예) "우리의 인생은 마치 해가 떠오르고 지는 과정과 같다. 태양은 아침에 어머니 바다의 자궁으로부터 나와 자신이 나왔던 어머니 바다로 다시 돌아가기 전까지 반원으로 움직인다. 우리는 인행의 아침 프로그램에 따라서 삶의 오후를 살 수 없다. 왜냐하면 아침에 대단하였던 것처럼 생각되었던 것이 저녁나절에는 시들하게 생각될 수도 있으며, 아침에 진실처럼 보였던 것이 저녁에는 거짓으로 보일 수도 있기 때문이다."(Jung, 1933)

(4) 노년기
  ① 나이든 사람에게도 미래를 향한 목표는 필요하며 죽음의 불가피성은 어느 정도 죽음 자체가 하나의 목표로 간주되어야 함을 시사한다.
  ② **사후의 생도 생 그 자체의 연장**으로 보고, 사자(死者)도 노인처럼 존재에 대한 물음과 계속 씨름한다.

5 심리적 유형 [④③⑰⑳]

(1) 자아의 태도와 기능
  ① 자아의 태도
    ㉠ 융은 자아의 기본적 태도를 **외향성**(extraversion)과 **내향성**(introversion)의 두 가지로 구분했으며, 태어날 때부터 결정되는 것으로 간주한다.
    ㉡ 모든 사람은 외향성과 내향성 양쪽 다 가지고 있으나 **어느 한쪽의 상대적 우세가 그 유형을 결정**하며, 자아의 태도유형은 성별, 연령, 직업, 계층 등과 상관이 없다.
  ② 자아의 기능
    ㉠ **융은 심리적 기능(정신기능)을 사고, 감정, 직관, 감각이라는 네 가지로 보았으며**, 이 네 기능 중 어떤 한 기능이 우세하면 그에 상응하는 유형이 된다. 즉, 자아기능은 **사고형, 감정형, 감각형, 직관형**으로 분류된다.
      ✗ 4가지 정신기능으로 사고, 감정, 판단, 인식을 주장하였다.(X)
    ㉡ 평가 혹은 판단에 사용되는 기능인 **사고와 감정은 합리적 기능**이라고 하는데 이 두 기능이 판단행위를 필요로 하기 때문이다.
      ㉮ **사고** : 여러 가지 생각을 연결시켜서 일반적인 생각 또는 문제해결에 도달하는 기능임. 즉, 사물을 이해하고자 하는 지적 기능이다.
      ㉯ **감정** : 내적 혹은 외적 실체에 대한 인정 혹은 경시를 포함한다.
    ㉢ 지각의 두 형태인 **감각과 직관은 이성을 필요로 하지 않으므로 비합리적 기능**이다.
      ㉮ **감각** : 감각기관을 통해 현실을 경험하는 것으로, 감각기관의 자극에 의해 생기는 모든 의식적 경험을 포함한다.

㉰ **직관** : 일종의 초감각적 경험이나 육감을 토대로 하며, 내용을 모르는 채 전체적 형태를 깨닫는 것으로 갑자기 나타난다.

자아의 기능에서 감각(sensing)과 직관(intuiting)은 이성을 필요로 하는 합리적 기능이다.(X)

㉣ 사람은 성장하면서 네 가지 심적 기능을 같은 비중으로 똑같이 사용하지는 않는다. 이 네 기능 중 어느 기능을 많이 사용했느냐에 따라 기본적인 성격이 달라진다.

㉮ **사고형**
ⓐ 모든 중요한 행동이 지적인 동기로부터 나오고 감정을 누르는 경향이 있으며, 주로 사고를 통해 외부세계에 적응하는 사람으로 감정의 문제는 잘 다루지 못한다.
ⓑ **객관적인 진실과 원리원칙에 의해 판단하며 논리적, 분석적이고 규범과 기준을 중시**한다.

㉯ **감정형**
ⓐ 평가할 때 어떤 생각이 유쾌한지 불쾌한지, 흥미있는지 없는지 등에 의해 그 생각을 받아들이거나 거부하거나 한다. 주로 감정판단에 근거해 생활을 영위하며 사고기능이 열등하다.
ⓑ 객관적 진실에 관심을 가지는 사고형과 달리 **사람과의 관계, 보편적 선따위에 관심을 가지며 원칙보다 상황적·우호적 판단**을 한다.

㉰ **감각형**
ⓐ 사물의 현재 있는 그대로에 관심이 있으며, **나무를 보나 숲을 보지 못한다.**
ⓑ **구체적이고 사실적인 측면에 초점을 두고 매우 일관성 있는 현실수용을 중시**한다.

㉱ **직관형**
ⓐ 사물을 가능한 모습으로 바라보며, **숲을 보나 나무를 보지 못한다.**
ⓑ **미래의 가능성과 육감에 초점을 두어 변화와 다양성을 중시**한다.

(2) **심리적 유형 : 태도와 기능의 조합**
① 태도와 정신기능을 조합하여, 외향적 사고형, 외향적 감정형, 외향적 감각형, 외향적 직관형, 내향적 사고형, 내향적 감정형, 내향적 감각형, 내향적 직관형이라는 **8가지로 성격유형을 구분**하고 있다.
② 융은 성격유형론을 참작하면서 독창적인 부분을 가미한 측정도구가 MBTI(Myers-Briggs Type Indicatior) 성격검사이다.

■ MBTI 4가지 선호경향 지표 ■

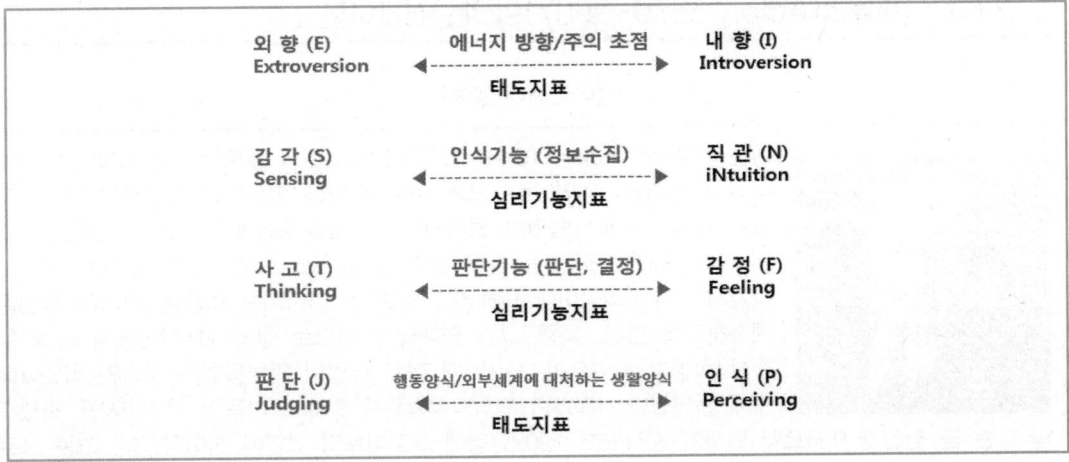

6 이론의 평가와 사회복지실천의 함의

(1) 이론의 평가

① **기여한 점**
  ㉠ 현대 심리학의 발전에 크게 영향을 미쳤으며, 정신의학, 철학, 종교학 등을 비롯한 다양한 학문 분야의 발전에도 기여했다.
  ㉡ 내적 경험의 중요성, 인간 본성의 양면성, 상징주의, 중년기 발달에 대한 관심 등은 지금까지도 중요하게 다루어지고 있다.

② **한계점**
  ㉠ 개념의 명료성이 다른 정신역동이론에 비해 부족하며 이론 간 관련성이 애매하며, 이론이 체계적으로 구성되어 있지 못하며 신비로움과 초자연적인 것과 깊이 관련되어 있어서 모호한 점이 많다.
  ㉡ 환자의 치료과정에서 나타난 경험적 자료를 바탕으로 연구한 것이기 때문에 과학적인 검증이 어렵다.
  ㉢ 문화, 종교, 신화, 상징, 연금술, 신비 등과 관련된 자료를 활용하여 연구한 것이기 때문에 실증적인 검증이나 설명이 어렵다.

(2) 사회복지실천 함의

융 이론에 대해 사회복지분야에서 직접적인 관심을 가진 적은 없었지만 인간행동과 인간 발달에 관한 이해를 넓히는 데 그의 이론의 주요 개념, 심리적 유형, 중년기의 마음에 관한 연구는 매우 유용하다.

05 아들러(Adler, 1870~1937)의 개인심리이론

[아들러의 생애]

아들러(Alfred Adler, 1870~1937)는 육남매의 둘째로 오스트리아의 비엔나에서 1870년 태어났다. 그는 아주 평범한 학생이었다. 사실 중학교 때 그는 수학 실력이 형편이 없어서 그 과정을 재수해야 했다. 선생님은 그의 아버지에게 아들러는 아무 일도 할 줄 모르므로 그를 학교에서 데리고 나가서 구두제화공이나 만들라고 했으나, 아버지는 아들을 격려해 학업을 계속하도록 했다. 나중 그는 인내와 노력으로 결국 그 학급에서 가장 우수한 학생이 되었으며, 18세 때 당시 유럽의 일류의대의 하나인 비엔나대학에 들어갔다. 1895년 의학박사학위를 받고 얼마동안 안과의사를 하였으나 그는 곧 정신과 의사로서 일하기 시작했고 1902년경에 프로이트의 회합에 참여하였다. 그는 프로이트의 이론이나 기타 정신분석학 이론과는 상이한 생각들을 갖기 시작했다. 1911년 비엔나 정신분석학회(Vienna Psychoanalytic Society)의 회장직을 물러났고, 다른 23명의 회원 중 9명과 함께 그 학회를 떠나 "자유정신분석학회(Society for Free Psychoanalysis)"를 형성하여 프로이트를 비롯한 그의 동료들의 많은 분노를 샀다. 다음 해인 1912년 학회 명칭을 "개인심리학회(Society for Individual Psychology)"로 바꾸었다. 아들러는 자발적이고, 인기 있고, 지칠 줄 모르는 강사였으며, 강연 여행 도중 갑자기 스코틀랜드의 애버딘에서 1937년 숨졌다. 아들러의 죽음에 대해 프로이트는 "비엔나 촌에서 태어난 한 유태소년이 대도시 애버딘에서 죽은 것은 그 자체가 전례 없는 출세이며 그가 큰 성공을 했다는 증거입니다. 그가 정신분석학을 반대한 것에 대하여 세계는 너무나 과분한 보답을 하였습니다."라고 말했다.

1 개인심리이론의 개요

(1) 개인심리이론의 특징 [④⑱]

① 프로이트에 비해 성격형성에 있어서의 **사회적 영향을 더욱 중시**하며 인간행동이 사회적 힘에 의해 동기화된다는 **사회목적론적 관점**(socioteleological approach)을 취하고 있다.

② **개인심리학(individual psychology)***이라 명명된 아들러의 성격이론은 **인간을 전체적으로 보는 관점**을 갖고 있다.

③ **성격이론을 인간의 발달단계와 연관시켜 설명하지 않았다.**

　　⊗ 아들러 이론 : 인간의 성격발달 단계를 제시하였다.(X)

> **개인심리학(individual psychology)**
> 개인(individual)이라는 단어의 어원적 의미처럼 인간을 정신과 신체 혹은 각종 정신기능 등으로 분리하지 않고 하나의 통합된 유기체로 봄, 즉 인간은 유일하고, 더 이상 분해할 수 없으며, 자아일치적이고, 통합된 총체임

(2) 아들러 이론과 프로이트 이론의 비교

① 인간행동은 본능에 의해 동기화된다고 가정한 프로이트와는 달리, 아들러의 성격이론은 **사회적 자극에 의해서 동기유발** 된다고 보았다.

② **창조적 자아**(creative self)의 개념으로, 프로이트의 자아(ego)는 id의 목적에 기여하는 심리적 과정인데 비해, **아들러의 자아(self)는 개인의 주체적 체계로서 유기체(有機體)를 통제하는 힘이다.**

❷ 인간관과 기본 가정 [④⑧⑪⑬⑲㉑㉒]

(1) 인간관

① 인간을 **총체적 존재**로 보고 있다(**총체적 실재로서의 관점**). 인간을 정신과 신체 혹은 각종 정신기능 따위로 분리하지 않고 **하나의 통합된 유기체**로 본다.

> ❌ 아들러(A. Adler)의 이론은 인간을 하나의 통합된 유기체로 인식하는데 공헌하였다.(O)

② 각 개인의 성격은 자신의 주관적 선택에 의해 창조된다고 보고 있다(**현실에 대한 주관성을 지닌 존재**).

  ㉠ 인간은 각자 나름대로 자신의 세상을 해석하는 눈을 갖고 있으며 어떤 경험에 대해서도 자신이 갖고 있는 의미에 의한 해석을 내릴 줄 아는 **능동적인 존재**로 보았다.
  ㉡ 아들러는 유전적 요인과 환경적 요인이 성격형성에 미치는 영향을 인정하고 있지만 **각 개인이 지닌 창조적 힘이 인간의 본성을 결정하는 데 더욱 중요**하다고 보고 있다.

> ❌ 아들러 이론 : 인간행동의 객관성과 보편성을 강조한다.(X)
> ❌ 아들러(A. Adler)의 이론 : 개인이 지닌 창조성과 주관성을 강조한다.(O)

③ 인간이 **창조적 능력**이 있기 때문에 그들이 인생목표를 직시할 수 있고, 그들의 목적과 가치와 일치되는 여러 삶의 방식을 선택할 수 있는 **합리적인 존재**로 보고 있다.

④ 인간은 **미래에 대한 자신만의 목표를 갖고 있으며**, 이 목표를 달성하기 위해 노력하는 존재로 여겼다.

> ❌ 아들러(A. Adler)의 이론 : 인간은 목적론적 존재이다.(O)

⑤ 인간은 **사회적 존재**로 사회와 상호작용하고, **선천적으로 갖고 있는 사회적 관심으로 서로 협동할 수 있다는 존재**로 사회에 기여할 수 있는 인간으로 보았다.

> ❌ 아들러(A. Adler)의 이론 : 인간을 사회적 존재로 보았다.(O)

(2) 기본 가정

① 인간이 **총체적 존재**이며, **성장지향적 동기**를 지니고 있다는 점이다.
② 인간의 모든 행동은 **개인의 주관적 의사결정에 의해 동기화**된다고 보고 있다.
③ 발달이란 완전한 것을 향한 능동적인 노력, 즉 **성장을 위한 노력**이다.
④ 유전, 문화적 압력이나 본능적 욕구는 발달에 영향을 미치는 요인이긴 하지만, **대부분의 발달은 개인의 능동적 선택**에 의해 이루어진다.
⑤ 모든 사람은 협동하고 상호작용하는 **사회적 관계를 맺을 수 있는 선천적 능력**을 타고난다.
⑥ 발달은 5세경에 거의 형성되며, 이후에는 근본적인 변화가 없다.

3 주요 개념

(1) **우월에 대한 추구**(striving for superiority, 우월에 향한 노력) [③④⑥⑦⑨⑪⑯]
   ① 우월성(superiority)이란 개념을 **자기완성 혹은 자아실현이란 의미**로 사용하였으며, 인간의 자기신장, 성장, 능력을 위한 모든 노력의 근원이 열등감이라고 말했다.
   ② 우월을 향한 노력은 **열등감을 보상하려는 욕구에서 나오며** 환경을 더욱 잘 통제할 수 있도록 **권력 혹은 힘을 성취하려는 것**이다.
   ③ 우월에 대한 추구의 본질과 기능
      ㉠ 우월에 대한 추구는 유아기 때 자기가 주위의 사람들보다 무력하고 **열등하다는 것을 인식한 것에 근거하여 발달**한다.
      ㉡ **우월의 목표는 긍정적(건설적) 경향이나 부정적(파괴적) 경향을 모두 취할 수 있다.**
         ㉮ 긍정적 경향은 사회적 관심이나 다른 사람의 행복을 지향하는 이타적 목표이다.
         ㉯ 부정적인 경향은 개인적인 우월성을 추구하는 자기 존중, 권력, 개인적 허세와 같은 이기적인 목표이다.
      ㉢ **우월을 향한 추구는 개인과 사회 두 가지 수준 모두에서 일어나므로** 개인적 차원에서 완성을 향한 노력함과 아울러 사회의 일원으로서 사회의 문화를 완성하기 위해서도 노력한다.

(2) **열등감과 보상** [②⑤⑥⑦⑧⑨㉓⑭⑰⑲㉑]
   ① **열등감**(inferiority feeling)
      ㉠ 인간은 현재보다 나은 상태인 완전성을 실현하기 위해 노력하는 존재이기 때문에, **누구나 어떤 측면에서 열등감을 느끼고 있다. → 보편적인 감정**
         💬 아들러(A. Adler)의 이론 : 열등감은 모든 인간이 지닌 보편적인 감정이다.(O)
      ㉡ 열등감은 결코 약점이나 비정상이 아니라고 하였으며, 이를 부정적으로 보지 않았다.
         ㉮ **열등감은 모든 사람들에게 더 발전하고자 하는 노력을 하게 만드는 추진력이 된다**고 하였다.
            💬 아들러 이론 : 열등감은 보다 나은 자기완성의 의지를 약화시키는 요소이다.(X)
         ㉯ **인간의 모든 행동을 동기화하는 근원**으로, 개인의 성장과 발달은 열등감을 극복하려는 시도에서 나온다.
      ㉢ 열등감을 극복하기 위해 노력해도 어떤 이유로든 안 될 경우에는 이 열등감이 강화되어 병적 열등감에 이르게 된다. 병적 열등감에 이르기 쉬운 세 가지 어릴 때 환경을 **기관열등**(organ inferiority, 기관의 결함, 신체적 열등감), **과잉보호**(spoiling, 응석받이로 키움), **양육태만**(neglect, 방임)으로 서술한다.
         ㉮ **기관열등** : 기관이 선천적으로 약하거나 기능이 저조한 것으로, 신체적으로 불완전하거나 만성적인 아픈 아이들은 다른 아이들과 성공적으로 경쟁할 수 없음으로 인해 열등감이라는 소라껍질 속에 움츠러든다.

㉯ **과잉보호** : 부모의 자녀교육과 관련된 것으로, 아이 스스로 해결할 수 있도록 기회를 주기보다 부모들이 먼저 나서서 모든 일을 해결함으로 인해, 자신이 인생의 어려운 고비에 부딪쳤을 경우 해결할 능력이 없다고 믿고 깊은 열등감에 젖게 된다.

㉰ **양육태만** : 부모가 자녀에 대한 최소한의 도리를 하지 않는 것과 관련된 것으로, 양육태만된 아이들은 근본적으로 자신이 필요하지 않다고 느끼고 있기 때문에 열등감을 극복하기보다 오히려 문제에 대해 회피하거나 도피한다.

> 아들러(A. Adler)의 이론 : 아동에 대한 방임은 병적 열등감을 초래할 수 있다.(O)

② **보상(compensation)** : 심한 신체적 약점이나 결함이 있는 사람이 연습이나 훈련을 통해 이를 보상하려는 노력을 하며, 가끔 아주 훌륭한 기술이나 힘으로 발전되는 경우가 있다는 사실을 관찰했다. → 보상은 잠재력을 발휘하도록 인간을 자극하는 건전한 반응

(3) 생활양식(life style) [②③⑥⑧⑨⑩⑰]

① 생의 목표에 도달하기 위하여 설계한 좌표를 의미하며, 자기 혹은 자아, **성격**, 성격의 통일성, 개성, 문제들에 대처하는 방법, 삶에 공헌하려는 소망 등으로 정의된다.

② 생활양식은 모든 행동을 구체화시키는데 아들러는 **4~5세경에 이것이 기본적으로 결정되며**, **그 이후에는 커다란 변화가 일어나지 않고**, 어릴 때 정착된 기본구조의 개정이나 확대만 이루어진다고 보았다.

(4) 사회적 관심(social interest) [⑦⑯⑱⑲㉑]

① 각 개인이 이상적인 공동사회의 목표를 달성하고자 사회에 공헌하려는 성향을 의미하며, **선천적이지만 의식적인 개발을 필요**로 한다.

㉠ 협동심이나 연대의식 또는 동료의식 같은 사회적 관심의 발달에 가장 큰 영향을 주는 사람은 바로 **어머니**이다.

㉡ **아버지**는 사회적 관심에 영향을 미치는 두 번째로 중요한 사람이다.

㉢ **부모의 부부관계**가 자녀의 사회적 관심의 발달에 지대한 영향을 미친다고 했다.

> 사회적 관심은 가족관계 및 아동기 경험의 맥락에서 발달한다.(O)
> 사회적 관심은 선천적으로 타고나는 것이어서 의식적인 개발과 교육이 필요하지 않다.(X)

② 사회적 관심을 개인의 장래에 모든 적응이 달린 중요한 문제로 간주하여, **개인의 사회적 관심에 대한 수준을 가지고 그 개인의 심리적 건강을 측정하는 척도로 사용**하였으며, 사회적 관심이 부족한 사람은 적응이 어렵다고 추정하였다.

> 아들러(A. Adler)의 이론 : 사회적 관심은 선천적으로 타고 나는 것이다.(O)

(5) 창조적 자아(creative self, 창조적 자기, 자아의 창조적인 힘) [②⑤⑥⑧⑨⑩⑫⑯⑱㉒]

① 인간이 스스로 자신의 성격을 만든다는 주장으로 인간에게는 **유전과 경험이라는 원료를 사용하여 창조적 자기(창조적 자아)를 만들어 내는 능력**이 있다는 것이다.

㉠ 유전과 환경은 성격형성에 있어 재료인 회반죽과 벽돌일 뿐이며 인간이 창조적 방법으로 건축물을 디자인, 즉 인생에 대한 태도를 형성한다.

ⓒ 유전에서 나온 능력과 환경과의 상호작용에서 나온 경험을 해석하여 자기 나름대로의 성격을 만든다는 주장이다.

② 인간은 자신의 삶을 스스로 창조해갈 수 있는 능동적인 존재로서, **성격형성에 있어 개인의 자유와 선택을 강조**한다.

> **주의**
> 아들러는 인간행동을 형성하는 결정 요인으로 환경과 유전의 영향을 부인하지 않았다. 개인은 유전과 경험이라는 재료를 조합하여 성격을 형성하지만, 더 중요한 것은 개인이 무엇을 소유하고 있느냐가 아니고 그것을 어떻게 사용하느냐는 것이다. 따라서 성격형성에 있어서 주어진 재료는 이차적인 것이며, 사람들은 스스로 자신을 만들어가게 된다. 개인마다 재료를 이용하는 방법이 다르기 때문에 사람들 간에 성격적 차이를 나타나게 되는 것이다(김동배·권중돈, 2006).

(6) 인생과업(task of life, 인생과제)

① 아들러는 사람이면 누구나 적어도 세 가지 주요 인생과업인 **일과 여가**(work & leisure), **우정**(friendship), **사랑**(love)에 직면하게 된다고 믿었다.

② 모삭과 드레이커스(Mosak & Dreikurs)는 아들러에 의해 암시되기만 했던 **영성**(spirituality)과 **자기지향**(self-direction)의 인생과제를 확인하였다.

(7) 가상적 목표(fictional finalism, 가공적 목적론, 허구적 최종 목적론) [⑦⑨⑲㉑]

① 개인이 추구하는 궁극적 목적은 현실에서 결코 검증되거나 확인할 수 없는 가상적 목표라고 했다.

ⓐ 진실이 아닌 진실이라고 믿는 것에 의해 동기유발된다는 것이다. "정직이 최선의 길이다"라는 목적은 현실보다 더 효과적으로 사람들을 움직이게 한다.

ⓑ 현실에 대처하는 데 큰 도움이 되기도 한다. "노력하면 뜻을 이룰 수 있다"라는 목적은 어려움에 부딪혔을 때 유용하고 건전한 노력을 하게 할 수 있다.

② 가상적 목표의 개념은 프로이트와 달리 인간의 행동이 과거에 대한 경험보다는 **미래에 대한 기대로 동기화된다**고 보았고, 각 개인의 우월성의 추구는 그들이 채택하는 가상의 목표에 의해 결정된다고 했다.

> 예) 어떤 사람은 열심히 일하고 조금만 운이 따르면 못할 일이 없다는 신념으로 이 세상을 살아갈 수 있는데, 이러한 신념은 실제가 아니라 허구인 것이다. 왜냐하면 열심히 일하지만 아무 것도 성취하지 못한 사람들이 수 없이 많기 때문이다.

- 아들러(A. Adler)의 이론 : 개인이 추구하는 목표는 현실에서 검증하기 어려운 가상적 목표이다.(○)
- 아들러(A. Adler)의 이론 : 개인이 궁극적으로 추구하는 목적은 가상적 목표이다.(○)
- 에릭슨(E. Erikson)은 가상적 목표(fictional finalism)의 중요성을 역설하였다.(X)

4 성격의 발달과 유형

(1) 가족형상(family constellation, 가족구도) [②⑱]

① 유아기의 성격발달에 있어서 가족과정(family process), 즉 가족성원들 사이의 관계 분위기가 매우 중요한 역할을 한다고 하였다.

② 가족성원 간의 정서적 유대, 가족의 크기, 가족의 성적 구성, 출생순위, 가족역할 모델 등을 포함하는 가족 분위기를 의미하는 **가족형상(family constellation, 가족구도)**은 이후의 성격발달에 지대한 영향을 미치며, 더 나아가 이웃, 학교, 종교 등의 사회문화적 힘이 개인의 성격에 많은 영향을 미친다는 점을 인정하였다.

> 아들러(A. Adler)의 이론 : 출생순위, 가족과 형제관계에서의 경험은 생활양식에 영향을 준다.(○)

(2) 성격의 발달 [⑧]

① 성격발달에 영향을 주는 요인들 [⑦⑧⑯⑱]

㉠ 아들러는 가족구성원의 성격특성, **출생순위(가족 내에서의 아동 순위)**, 가족구성원 간의 정서적 유대, 지배 혹은 복종관계, 연령 차이, 형제의 성별, **가족의 수(가족의 크기)**, 양친과 아동 간의 관계(부모와 자녀와의 관계) 등 가족이 개인의 성격발달과 생활양식에 미치는 영향을 강조했다.

㉡ **출생순위(birth order)와 성격 특징** : 아들러의 의도는 단지 가족 내의 서열상의 위치에 따라 부딪히게 되는 독특한 문제들이 있을 수 있다는 점을 보여주려는 것이다. 즉, **성격에 영향을 미치는 것은 출생 순서에서의 숫자가 아니라 태어난 상황이다.**

■ 출생순위와 성격 특징 ■

출생순위	성격의 특징
첫째 아이 (맏이)	• 맏이는 태어났을 때 혼자라는 상황을 경험한다. 외동자녀와 비슷하게 일반적으로 주위의 많은 관심과 보호와 애정을 경험하며 자신이 가족의 중심이라는 것에 익숙해진다. • 둘째가(동생이) 태어나면서 자신의 지위가 빼앗기는 새로운 상황에 있게 되는데(아들러는 '폐위된 왕', 즉 쫓겨난 황제에 비유했음), 이때 맏이는 자신의 상황에서 자신의 부모에게 관심을 끌기 위해 퇴행적인 행동을 하거나 동생과 싸우거나 거짓말을 시작한다.
둘째 아이 또는 중간 아이	• 맏이처럼 주목받는 상황에서 태어나는 것이 아니기 때문에 부모의 관심에 대한 박탈감은 겪지 않는다. • **둘째 아이의 가장 큰 특성은 '경쟁'이다.** • 둘째는 맏이보다도 성공을 하는 경우가 많은데 이것은 유전적 요소보다는 성공 지향적이고 야망을 갖고 노력한 결과이다.
막내 아이	• 막내는 동생에게 자리를 빼앗기는 충격을 경험하지 않고, 가족의 귀염둥이로 부모나 형제들-특히 대가족인 경우-에 의해 응석받이로 자라게 된다. • 부모가 경제적으로 넉넉하지 못할 경우, '늘 귀찮게 붙어 다니는 아이'의 위치로 전락할 수도 있다. • 막내가 가지고 있는 한 가지 이점은 형들을 능가하려는 강한 동기유발이다.

외동 자녀 (독자 독녀)	• 경쟁할 상대가 없는 독특한 위치로, 응석받이가 되기 쉬운 위치이며, 아버지와 강한 라이벌 의식을 갖게 된다. • 이들은 자기중심적인 성격이 되기 쉽고, 동생이 생기는 것과 같이 자신이 사랑받고 있다는 위치를 잃게 되는 상황을 매우 두려워하고, 그가 주목의 대상에서 벗어나면 곤란함을 느낀다.

(3) 성격의 유형 : 생활양식 태도 [⑨⑤⑲㉒]

① 유형구분 기준

  ㉠ **사회적 관심** : 개인적 이익보다 사회발전을 위해 다른 사람과 협력하는 것

  ㉡ **활동수준** : 삶의 문제를 해결하려는 개인의 에너지 수준

  🚫 아들러(A. Adler)가 제시한 개념 : 사회적 관심과 열등감에 기반하여 네 가지 생활양식 유형을 제안하였다.(X)

  🚫 아들러(A. Adler)의 이론 : 위기와 전념을 기준으로 생활양식을 4가지 유형으로 구분하였다.(X)

② 성격유형(생활양식 유형)

  ㉠ **지배형(the ruling type)**

    ㉮ 부모가 막무가내로 힘을 통해 자녀를 지배하고 통제할 때 자녀의 생활양식은 지배형으로 형성된다.

    ㉯ 타인의 안녕에는 아랑곳하지 않고 행동하며, 독단적이고 공격적이며 자신의 욕구를 충족시킨다.

    ✅ 지배형 : 사회적 관심이 적고 활동수준이 높아 독단적이고 공격적이며 자신의 욕구를 충족시킨다.(O)

  ㉡ **기생형(the getting type, 획득형)**

    ㉮ 주요한 특징은 의존성으로 이런 생활양식은 부모가 자녀를 지나치게 과잉보호할 때 나타나는 생활태도이다.

    ㉯ 기생적인 방법으로 외부세계와 관계를 맺으며 다른 사람에게 의존하며 자신의 욕구를 충족시킨다.

    ㉰ 이들의 인생의 주된 관심은 가능한 한 많은 것을 다른 사람으로부터 얻어내는 것이다.

  ㉢ **도피형(the avoiding type, 회피형)**

    ㉮ 부모가 자녀교육을 할 때 자녀의 기를 꺾어 버리는 것이 이러한 회피형 생활양식을 갖게 할 수 있다.

    ㉯ 참여하려는 사회적 관심도 적고 활동수준도 낮은 유형으로, 성공하고 싶은 욕구보다 실패에 대한 두려움이 더 강하기 때문에 인생과업으로부터 도피하는 행동을 한다.

  ㉣ **사회적 유용형(the socially useful type)**

    ㉮ 긍정적 태도를 가진 성숙한 사람으로서 심리적으로 건강한 사람의 표본이 된다.

    ㉯ 사회적 관심과 활동수준이 높아 자신과 타인의 욕구를 동시에 충족시키는 한편, 인생과제를 완수하기 위해 기꺼이 다른 사람들과 협동한다.

■ 아들러의 성격 유형(생활양식 유형) ■

구 분	사회적 관심	활동수준
지배형	↓ (낮음)	↑ (높음)
기생형	↓	(중간수준)
도피형	↓	↓
사회유용형	↑	↑

구 분		사회적 관심	
		고	저
활동수준	고	사회적 유용형	지배형
	저		기생형, 회피형

※ 활동정도가 낮은데 높은 사회적 관심을 갖는다는 것은 거의 불가능하다. 즉, 사회적 관심을 많이 가진 사람이 다른 사람을 도울 수 있는 무엇인가를 하지 않고는 못 배긴다.

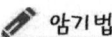 암기법

아빠가 **아들**(아들러)하고 놀아 줄 때는 이길 수 있지만 자꾸 져 주는 **지**(지배형) **기**(기생형) **도**(도피형) **사**(사회적 유용형) 한다!!

5 사회복지실천의 함의

① 아들러의 사회목적론(social-teleological)적 접근은 **인간의 주체성에 입각한 개인의 자기결정의 능력과 자아통제 및 조정의 능력을 인정하는** 전제 아래서 인간을 바라보고 있다.
② 아들러의 사회성 강조는 **개별사회사업에서 추구하는 목표인 사회기능(social-functioning)과 일치**하는 개념이다.
③ 생활양식(life style)에 관한 개념은 사회복지실천에 있어서 **각 개인의 문제 및 성격을 이해하는 데 기본적인 역할을 제공**해 주고 있다.
④ 인간의 사회적 관심은 선천적으로 타고나지만 계속 훈련되어져야 한다고 주장하고 있는데, 이는 사회성 발달의 보다 높은 차원으로 **사회복지에서 추구하는 공익성 및 연대성과 동일한 맥락**으로 볼 수 있다.
⑤ 가족분위기, 가족형태, 가족구성원의 생활양식 등에 초점을 둔 아들러의 이론은 **가족상담에 유용한 지식기반**이 될 수 있다.
⑥ 사회적, 정서적 문제의 근원인 잘못된 생활양식은 집단경험을 통해 변화가 가능하므로 아들러 이론의 주요 개념은 **집단사회사업에서도 유용**하게 활용될 수 있다.

행동주의 이론

제3부 **인간의 성격에 대한 이해**

제9장 회차별 출제빈도, 출제비중 및 출제논점 1, 2, 3순위

구 분	10회 2012	11회 2013	12회 2014	13회 2015	14회 2016	15회 2017	16회 2018	17회 2019	18회 2020	19회 2021	20회 2022	21회 2023	22회 2024
제9장 행동주의 이론	4	4	2	3	3	2	2	1(1)	2(1)	2(1)	2(2)	2	2(2)
초기 행동주의와 스키너의 학습이론	4	3	1	1	1	2	1	-	1(1)	1(1)	2(1)	1	1(1)
반두라의 사회학습이론	-	1	1	2	2	-	1	1(1)	1	1	(1)	1	1(1)

목차	출제 비중	출제 논점		
		1순위 ☺	2순위 ※	3순위 ☆
제9장 행동주의 이론	1(1)**2**3			
초기 행동주의와 스키너의 학습이론	0**1**2(1)	① 주요개념: 조작적 조건화, 소거, 자발적 회복...	① 강화와 처벌 ② 강화계획	① 파블로프, 왓슨, 손다이크
반두라의 사회학습이론	0~**2**	① 주요개념: 모델(링), 자기강화, 자기효능감...	① 관찰학습과정	① 자기규제, 대리학습

1순위 스마일표시(☺) : 출제 빈출도가 높은 부분으로 무조건 시험에 출제되는 영역
2순위 당구장표시(※) : 나왔다 안 나왔다 하는 영역이지만 출제가능성 높은 영역
3순위 별 표(☆)   : 출제 된 적이 있긴 하지만 다시 출제될 가능성은 다소 떨어지는 영역

MAP

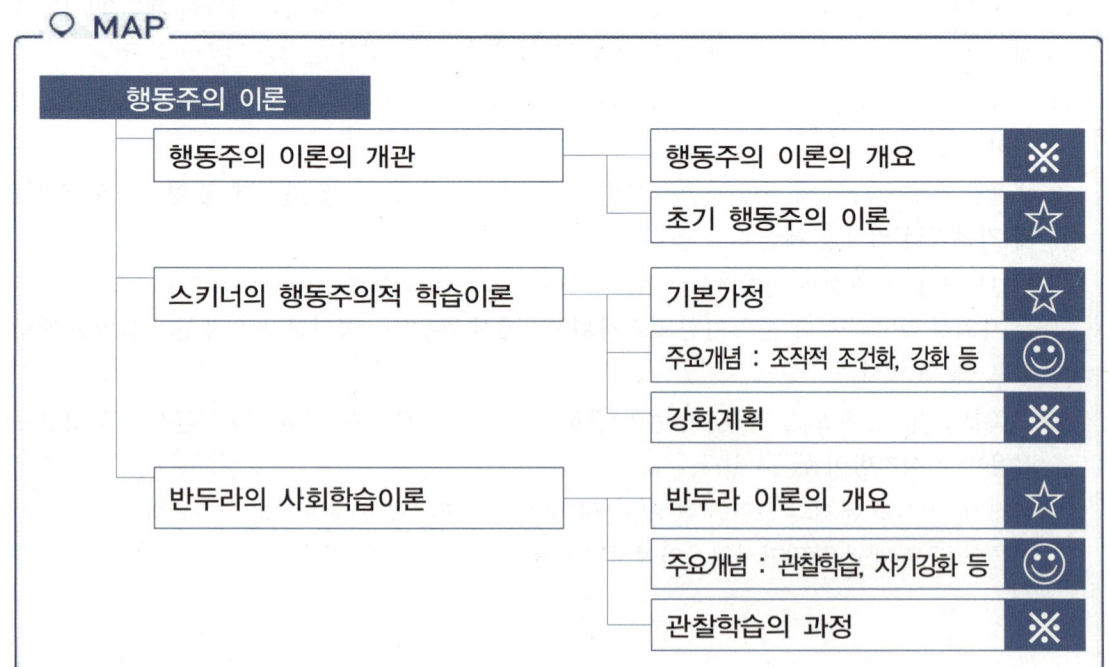

01 행동주의 이론의 개관

1 행동주의 이론(behavioral theory)의 개요

(1) 개념
인간행동의 대부분은 학습되거나 학습에 의해 수정된다는 기본 전제에 근거를 두고 있기 때문에 **학습이론(learning theory)**이라고 불린다.

(2) 행동주의자들의 관점 [2]
① 관찰하고 실험하여 얻은 결과가 아닌 것을 인정하지 않는 철저한 **실증주의자들의 입장을 고수**하였다.
② 인간행동에 관한 연구는 직접 관찰할 수 있는 **어떤 유기체에 주어지는 자극(stimulus)과 이로부터 생기는 반응(response)으로만 연구되어야 한다**고 주장하여 **인간행동의 동기를 무시하였다.**
③ 인간을 자율적인 존재가 아닌 외부 환경의 산물로 봄으로써 **인간을 그저 외부환경에 반응하는 수동적인 모습으로 표현**했다.
④ **인간을 기계의 한 부속품으로 간주**하는 위험한 사고를 낳았다.

> **주의**
> 행동주의이론의 인간관은 스키너를 비롯한 전통적 행동주의자의 관점과 반두라를 비롯한 사회학습이론가와 인지적 행동주의자들 사이에 많은 차이점이 있다.
> 1 스키너를 비롯한 전통적 행동주의자들은 자율적인 인간은 존재할 수 없다고 주장하며, 인간의 자기결정과 자유의지 가능성을 완전히 배제하고 있다.
> 2 반두라를 비롯한 사회학습이론가와 인지적 행동주의자들은 인간은 사회문화적 조건의 산물이 아니라 그 자신이 환경을 산출해내는 주체자라고 보고 있다.

(3) 행동주의 이론이 사회복지실천에 미친 영향 [9]
① **환경의 변화를 통해 문제를 해결할 수 있는 기반을 제공**하였다.
  ㉠ 사정(assessment) 과정은 행동주의 이론을 적용하는 중요한 영역으로, 오늘날 가장 많이 사용하는 사정 도구는 사고와 감정을 포함하는 행동적 요소와 인지적 요소를 측정하는 도구들이다.
  ㉡ 피셔와 코코란(Fisher & Corcoran)의 '임상활동을 위한 측정도구(Measures for Clinical Practice)'는 행동, 사고, 감정, 증상을 측정하기 위해 자주 사용된다.
② **다양한 사회복지실천영역에서 활용**되고 있다.
  ㉠ **정신건강 영역**에서 우울한 상태에 있는 사람들, 불안감으로 고통 받는 사람들, 정신증상으로 어려움을 겪고 있는 사람들을 돕는 방법으로 많이 활용되고 있다.

ⓒ **가족분야**에서 부모역할기술 획득방법을 가르치고, 부모들이 자기 아이들의 떠남에 따른 어려움을 어떻게 극복할 것인지를 가르치는데 활용한다.
③ 보상프로그램이나 인센티브(성과급제)를 사용한 **조직이나 기관에서도 행동기법을 사용**한다.
④ **상품의 판매를 촉진시키기 위하여 사은품(강화물)을 제공**하면서 소비자들의 소비심리를 촉발시키는 행동기법을 활용한다.

2 초기 행동주의 이론

(1) 파블로브의 이론 : 고전적 조건형성 또는 고전적 조건화 [⑤⑩⑪⑭⑳]

① 개에 대한 실험에서 개의 입에 고기조각(**무조건적인 자극**, unconditioned stimulus)을 넣으면 항상 침(**무조건적 반응**, unconditioned response ; 학습되지 않은 반응)을 분비하게 된다는 것을 발견한다.
 ㉠ 고기를 주기 전에 매회 종을 울리면, 후에 종소리(**조건적인 자극**, conditioned stimulus)만 듣고도 침을 흘린다(**조건화된 반응**, conditioned response).
 ㉡ 종소리는 원래 타액분비와는 관계가 없는 **중립자극**(neutral stimulus, 중성자극)이기 때문에 단지 종소리만으로는 개가 침을 흘리지 않으나, 중성자극을 1차적인 유발자극과 연결시켜서 개에게 투입함으로써 중성자극에도 타액을 분비하는 반응이 유발된다.
 ㉢ 중성자극에 반응 유발 능력을 가지게 하여 조건자극으로 변화시키는 과정이 고전적 조건화이다.

② 고전적 조건화는 어떤 자극에 유기체가 **자동적으로 또는 수동적으로** 어떤 반응을 일으키게 만드는 속성 때문에 **반응적 조건화(respondent conditioning)**라고도 불리며, 이러한 조건화에 의해 형성된 행동을 **반응적 행동**이라 한다.
 ㉠ **반응적 행동**은 인간 유기체가 특정자극에 대해 **자동적으로 유발되는 반사적 반응**으로, 구체적 자극에 의해 유발되는 구체적 행동을 말한다. [⑪⑭]

> 예) 타액분비, 눈물, 재채기 등과 같은 반사행동과 수업시간에 교수가 질문을 하면 초조해 하는 행동, 타인의 칭찬을 받았을 때 수줍은 미소를 짓는 것, 영유아기 아기 입에 젖꼭지를 물리면 빨기반응을 보이고 손바닥에 어떤 물체를 놓으면 잡기 반응을 보이는 것 등

> ✗ 파블로프 이론 : 환경적 자극에 능동적으로 반응하여 나타나는 행동에 관심을 가진다.(X)

 ㉡ 반응적 행동의 특징은 반응을 유발하는 자극에 의해 전적으로 통제된다는 것으로, 자극이 있으면 반응하고 자극이 없으면 반응하지 않는 매우 단순한 모형이다.

③ **고전적 조건 형성의 4가지 학습 원리** [⑳]
 ㉠ **시간의 원리** : 조건 자극은 무조건 자극과 동시에 또는 조금 앞서서 제시되어야 조건형성이 잘 이루어진다는 것
 ㉡ **일관성의 원리** : 무조건 자극과 조건 자극은 조건이 형성될 때까지 일관성 있게 같은 자극으로 지속적으로 제시되어야 조건형성이 잘 이루어진다는 것

ⓒ **강도의 원리** : 후속되는 무조건 자극의 강도가 처음보다 강할수록 조건형성이 잘 이루어진다는 것

ⓓ **계속성의 원리** : 자극과 반응 과정의 반복 횟수가 많을수록 조건형성이 잘 이루어진다는 것

(2) 왓슨(John Watson)과 레이너(Rosalie Rayner)의 이론 : 고전적 조건형성 [⑨]

① 파블로프가 동물을 대상으로 실시한 조건형성을 인간에게도 적용할 수 있음을 최초로 보여준 사람이 왓슨이다.

② 그는 그의 연구 조교인 레이너와 '**앨버트에게 공포반응 조건형성하기**' 실험에서 인간의 정서도 조건형성될 수 있음을 입증하였다. 즉, 11개월 된 앨버트(Albert)의 정서적 공포반응을 조건화시켰다.

ⓐ 실험 이전에는 앨버트는 흰쥐(중립자극)를 보고 공포심을 보이지 않았다.

ⓑ 왓슨과 레이너는 길들인 흰쥐를 앨버트 뒤에서 쇠망치를 두드리는 소리와 함께 제시했다.

ⓒ 앨버트는 쇳소리에 놀라 쓰러지면서 머리를 파묻었다.

ⓓ 잠시 후 앨버트가 흰쥐를 잡으려고 하자 또 쇳소리를 냈다.

ⓔ 앨버트는 울면서 넘어지고 일주일 후 쥐 근처에 갔을 때 앨버트는 손을 움츠렸고 몇 번 더 흰쥐를 대면시켰더니 울면서 흰쥐(조건자극)를 피했다.

ⓕ 그 후 쥐를 닮은 대상뿐 아니라 흰 털 달린 인형, 산타클로스의 수염에도 공포증을 보였다.

(3) 손다이크(Thorndike)의 이론 : 도구적 조건화

① 음식물을 얻기 위해 지렛대를 조작하여야만 빠져 나올 수 있는 문제상자에 동물 지능이 존재하는가를 알아보기 위해 동물(굶주린 개, 병아리, 고양이)을 집어넣는 실험을 실시하였다.

■ **손다이크가 사용했던 문제상자와 고양이가 보여준 학습곡선(현성용 외, 2008)** ■

반응잠재기가 점진적이고 불규칙적으로 감소되었는데, 이는 고양이의 시행착오과정임을 의미한다.

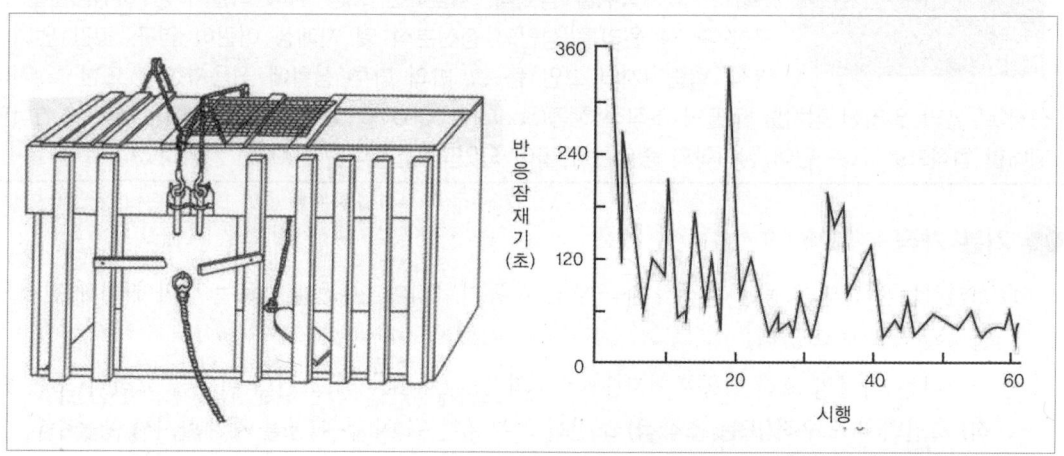

제9장 **행동주의 이론** 173

㉠ 고양이를 문제상자(puzzle box)에 집어넣고 고양이가 지렛대를 밟고 밖으로 나올 때까지 소요된 반응잠재기(response latency)를 측정하였다.
㉡ 고양이는 상자에서 벗어나 바깥에 놓인 음식물을 먹기 위해 다양한 행동을 하다가, 우연히 지렛대를 밟으면 문이 열린다.
㉢ 그 다음에 고양이는 이전 시행에서와 비슷한 행동을 하지만 조금 더 빨리 지렛대를 밟았다.
㉣ 시행이 반복됨에 따라 고양이가 지렛대를 밟고 바깥으로 나오는 반응잠재기는 짧아지지만 감소되는 형태는 점진적이고 다소 불규칙적인 것이었다.
㉤ 동물들은 실제로 여러 번의 시행착오를 거친 이후 즉시 도구(지렛대)를 조작하여 미로상자를 빠져나오는 방법을 학습하였다.

② **시행착오(trial and error)에 의한 효과의 법칙(law of effect)**이라 하는데, 그것은 반응 후에 수반되는 결과가 바람직한 것이면 그 반응률이 나타날 확률이 증가되고, 그 결과가 바람직하지 않으면 그 확률이 감소된다는 것이다.
③ **특정 행동에 따르는 결과가 다음 행동의 원인이 되며, 행동은 결과, 즉 보상과 벌에 의해 유지 또는 통제된다**는 것이다.

02 스키너(Skinner, 1904~1991)의 행동주의적 학습이론

[스키너의 생애]

부르스 프레드릭 스키너(Burrhus Fredrick Skinner, 1904~1990)는 1904년 펜실베이니아주의 부유한 가정에서 두 명의 아들 중 큰아들로 출생하였다. 변호사인 아버지는 스키너의 출생을 지역신문을 통해 알렸다. 1928년 하버드 대학의 심리학과 대학원에 입학하였다. 동물 행동을 전공하였으며, 1931년 박사학위를 받았다. 처음에는 보통 쥐나 비둘기 등 하위동물을 연구한 후 그 원리를 성인의 정신분석 및 자폐성 어린이 연구, 인간 언어의 분석, 학습기계의 고안 등 그 밖의 다른 상황에 적용시켰다. 또한 "스키너 상자"로 널리 알려진 장치를 동물의 조작적 행동(operant behavior)을 연구하는데 사용했다. 스키너의 지대한 업적으로 그는 현대 심리학의 중요한 인물이 되었다. 스키너는 1990년 사망하였다.

1 기본 가정

① 스키너는 인간의 행동은 환경적 자극에 의해 동기화되며, 행동에 따르는 강화에 의해 전적으로 결정된다고 보고 있다.
② 스키너는 이전의 고전 행동주의자(Pavlov와 Thorndike)의 조건화 이론을 **고전적(또는 반응적) 조건화와 도구적(또는 조작적) 조건화**로 분류한 뒤 이 두 이론을 체계화시켜 행동주의 심리학의 입장을 확고하게 만든 학자이다.

③ 인간의 행동을 **반응적 행동과 조작적 행동으로 구분**하였으며, **인간행동의 초점은 자극과 고전적 조건화보다 행동의 결과와 조작적 조건화에 있다**고 본다.
  ㉠ **반응적 행동**은 구체적 자극에 의해 유발되는 구체적 행동을 일컫는다.
  ㉡ **조작적 행동**은 환경을 조작해서 어떤 결과를 낳게 되는 행동으로, 조작적 조건화에 의해 습득된 행동을 일컫는다.
④ **인간행동에 대한 기본 가정** [④⑤⑧⑪⑬⑭⑯⑱⑲]
  ㉠ **인간의 행동은 환경적 자극에 의해 동기화**되며, 그것에 따르는 강화에 의해 전적으로 행동의 빈도와 강도가 결정된다.
  ㉡ 환경적 요인에 의해 인간의 본성이 결정된다는 **기계론적인 환경결정론의 입장**을 강하게 취하고 있다.
  ㉢ 인간은 자신의 행동을 통제할 수 있는 힘이 없다.
    ⊗ 스키너(B. Skinner) 이론 : 인간행동은 인간이 지닌 자유의지의 결과이다.(×)
  ㉣ 인간행동에 영향을 미치는 **인간의 내적인 동기를 부정**한다.
  ㉤ 외적 강화가 없이는 어떠한 행동의 학습이나 수정도 이루어질 수 없다.

❷ 주요 개념

(1) 조작적 조건화와 조작적 행동 [⑥⑧⑩⑫⑭⑲]

① 조작적 조건화
  ㉠ 모든 다른 조건이 동일하다면 강화된 행동은 반복되는 반면 비강화되거나 처벌받은 행동은 반복되지 않거나 소거되는 경향을 말한다.
  ㉡ 자극이나 특수한 조건에 의해, 어떤 반응이 유발되는가에 대해 기능적 분석을 실시하여, 행동의 원인과 결과를 발견하고, 원인인 자극을 조정함으로써 그 결과인 반응을 통제할 수 있다는 원리이다.
    예 스키너의 상자에서 흰쥐는 계속 움직이면서 환경탐색을 하다가 우연히 지렛대를 눌러 먹이가 먹이통에 떨어지는 것을 보고, 지렛대를 누르는 행동을 계속하게 된다. 이때 먹이로 인하여 지렛대를 누르는 행동이 증가된다.

제9장 **행동주의 이론**

| OIKOS UP | 스키너 상자 실험(최순남, 2005) |

■ 스키너상자(현성용 외, 2008) ■

왼　쪽 : 쥐가 지렛대를 누르는 장면
오른쪽 : 비둘기가 원판을 쪼는 장면

스키너 상자는 동물실험을 위한 조종장치로서 쥐나 다른 동물이 먹이를 얻기 위해 지렛대를 누르도록 훈련시키는 장치이다. 스키너 상자에 24시간 굶주린 쥐를 넣으면 처음에 쥐는 새로운 환경을 탐색하기 위해 이리저리 돌아다니면서 걷고, 냄새 맡고, 몸을 핥는 여러 가지 행동을 한다. 이 같은 행동은 어떤 인식되는 자극에 의해 산출되는 것이 아니라 본능적으로 행하는 것이다. 쥐는 이러한 탐구활동을 하다가 우연히 지대를 누르게 되며, 그러면 작은 음식 덩어리가 자동적으로 접시에 나오게 된다. 쥐가 지렛대를 누를 때마다 음식 접시에 먹이를 주면, 쥐가 음식이 나올 때까지 지렛대 근처에 있는 시간이 많아지게 되며, 지렛대를 누르는 횟수도 점점 많아진다.

② **조작적 행동**

㉠ 손다이크가 실시한 도구적 조건화의 실험에서 유래된 것으로, 스키너의 **조작적 조건화에 의해 인간이 환경적 자극에 능동적으로 반응하여 습득된 행동**을 말한다.

㉡ **환경을 조작해서 어떤 결과를 가져오도록 하는 행동**으로, 하나의 행동에 어떤 결과가 뒤따르고 그 결과의 특성에 따라 유기체가 그 행동을 되풀이하는 습득된 행동을 말한다.

㉢ 스키너는 **반응적 행동보다 조작적 행동을 중요시한다.** 즉 인간이 성장하면서 고전적 조건반응보다 조작적 조건반응인 행동을 주로 하는 것을 주목하였다.

　스키너 이론 : 조작적 행동보다 반응적 행동을 중요시한다.(X)

(2) **변별자극과 변별 강화**

① **변별자극(discriminative stimulus)** [⑤⑱]

㉠ **어떤 반응이 보상되거나 보상되지 않을 것이라는 단서 혹은 신호로 작용하는 자극**을 말하는 것으로, 바람직한 결과를 얻기 위해 어떤 행동을 선택해야 할지를 암시해 준다.

　예 벽에 색칠을 했을 때 어머니의 무서운 얼굴은 처벌을 받는다는 신호, 무인속도측정기는 운전자가 교통위반 범칙금을 물지 않기 위해서 속도를 줄이게 만드는 신호

　변별자극은 어떤 반응이 보상될 것이라는 단서 혹은 신호로 작용하는 자극이다.(O)

㉡ 변별자극을 통해 인간행동을 완전히 통제할 수 있는 것은 아니지만, **인간은 변별자극을 통해 자신의 외부세계를 더 잘 관리하고, 예측하며 통제하는 것이 가능**하다.

② **변별 강화** : 두 개의 반응 중 하나는 문제성이 있는 반응이고 또 다른 하나는 사회 적응적인 반응이라고 할 때, 사회 적응적 반응에는 강화가 주어지고, 문제가 있는 반응에 대해서는 강화가 주어지지 않는다면 그 결과로 사회 적응적 반응은 증가되고 문제성이 있는 반응은 감소하게 되는 것을 말한다.

(3) **강화와 벌** [②⑦⑧⑨⑩⑬⑱⑲㉒, 기술론 ⑪]

① **강화(reinforcement)**
㉠ 행동 재현의 가능성(빈도수)을 높이는 것으로, 어떤 행동에 따르는 결과가 그 행동을 다시 야기하도록 하는 가능성을 높이는 자극이다.
㉡ 강화의 형태
㉮ **정적 강화** : 유쾌한 자극을 **제공**함으로써 반응의 빈도를 높이는 것
  예) 알코올중독자가 치료를 잘 받아서 외박권을 줌
㉯ **부적 강화** : 뒤따르는 혐오자극을 **제거**함으로써 반응의 빈도를 높이는 것
  예) 선생님이 학생들의 자원봉사활동을 높이기 위해 "자원봉사하면 청소 면제해주겠다."라고 약속
  ✗ 부적 강화는 특정행동을 제거하는 데 목적이 있다.(X)
  ✗ 스키너(B. Skinner) 이론 : 부적 강화는 특정 행동의 빈도를 감소시키는 효과를 지닌다.(X)

② **벌(punishment, 처벌)**
㉠ 어떤 행동에 뒤따르는 결과가 그 **행동을 다시 야기하도록 하는 가능성을 감소시키는 자극**이다.
㉡ 벌의 형태
㉮ **정적 처벌** : 혐오스런 자극을 **제공**하는 것
  예) 적색 신호등에 정지하지 않은 사람에게 범칙금을 부과하여 교통위반빈도를 줄이는 것
㉯ **부적 처벌** : 유쾌한 자극을 **제거**하는 것
  예) 숙제하지 않는 행위를 감소시키기 위해, 숙제를 하지 않은 학생의 핸드폰을 압수
㉢ 스키너는 바람직한 행동을 증가시키는 것에는 처벌보다 강화가 효과적이며, 부적절한 행동의 감소를 위해서는 **벌보다는 소거(extinction)가 효과적**이라고 하였다.

과정 \ 결과	강화(reinforcement) 반응 혹은 행동의 증가	처벌(punishment) 반응 혹은 행동의 감소
정적 제공	정적 강화물 : 음식, 고기덩어리, 칭찬, 상, 안아주기 등 ☞ 유쾌한 자극 제공	정적 처벌물 : 전기쇼크, 신체적 고통, 야단치기 등 ☞ 혐오스런 자극 제공
부적 제거	부적 강화물 : 고통스러운 결과를 줄 수 있는 것 없애줌 ☞ 혐오스런 자극 제거	부적 처벌물 : 기쁨이나 만족을 주는 것을 제거시킴 ☞ 유쾌한 자극 제거

(4) 1차적 강화물과 2차적 강화물

① **1차적 강화물**: 그 자체로 생리적 만족(음식, 물, 성적 접촉, 따뜻함 등)을 줄 수 있는 강화물이며, 무조건적 자극으로서 이는 학습이 필요하지 않는 것들이다.

> 예) 배고픈 사람에게 음식을 주는 것에서 음식은 그 자체로 충분한 강화물, 목마른 사람에게 물

② **2차적 강화물**: 1차적 강화물과 연결됨으로써 강화력을 가지게 된 자극(미소, 칭찬, 관심, 인정, 애정, 호의, 돈 등)으로, 조건적인 역사를 통해 학습되고 개발된다. 유아에게 있어 어머니는 항상 2차적 강화물인데 그 이유는 어머니가 1차적 보살핌(유유, 기저귀 교환 등)과 함께 미소, 칭찬, 인정을 해주기 때문이다.

> 예) 배고픈 아이에게 음식을 주면서 보여주는 엄마의 웃음 또는 지원의 표시

(5) 소거와 자발적 회복

① **소거(extinction)** [⑧]

이전에 강화되었던 행동이 더 이상 이전과 같은 결과를 가져오지 않는 것으로, 일상생활에서 특정 행동을 무시하는 형태를 말하는데, 여기서 특정행동이란 이전에 관심을 받아 이미 강화된 것을 말한다.

> 예) 학급에서 바보처럼 행동하는 아동의 경우, 선생님과 다른 학생들은 그 아이의 우스꽝스러운 행동에 관심을 기울이지 않고, 웃지도 않기로 약속한다. 이러한 조건하에서 처음에는 아동의 우스꽝스러운 행동의 빈도가 증가하지만 결국 아동은 그런 행동을 중단하게 된다.

② **자발적 회복(spontaneous recovery)**: 소거를 통해 완전히 감소된 행동이 다음에 발생할 기회가 주어졌을 때 다시 나타나는 것을 말한다. [⑬]

> 예) 마약 중독에서 회복되었다고 생각하는 코카인 중독자가 흰색 파우더와 같은 마약과 강한 연합을 이루고 있는 자극을 갑자기 접한다면, 마약을 다시 사용하고자 하는 극심한 충동을 경험

OIKOS UP 　벌의 효과를 극대화하기 위한 방법 [②]

벌을 사용하기로 결정한 경우, 그 효과를 극대화하기 위해서는 다음의 4가지 사항을 기억해야 한다(김규수 외, 2002).

① **초기에 개입해야 한다**. 즉 행동 직후에 가능한 빨리 벌을 주어야 한다.
② **그 행동이 있을 때마다 벌을 주어야 한다**. 특정한 행동이 일어날 때마다 벌을 주는 것은 그러한 행동의 결과가 별로 좋지 않다는 생각을 강화시킨다.
③ **벌을 주는 동안 냉정한 태도를 가지는 것**. 즉, 특정 행동에 지나치게 과도한 관심을 보이는 것은 그 행동을 보다 강화하는 긍정적 강화물이 될 수 있다.
④ **벌을 주는 것과 동시에 다른 적절한 행동을 강화하기 위한 보조 프로그램을 사용해야 한다는 것이다.** 즉, 벌을 가장 효과적으로 사용하는 경우는, 벌과 동시에 강화를 사용하는 경우이다. 이는 벌을 사용할 때 발생할 수 있는 벌을 가한 사람에 대한 적개감, 공격적인 행동, 벌의 상황에서 회피하는 것 등의 **대안이 될 수 있는 적절한 행동을 동시에 강화함으로써** 그 정도를 약화할 수 있다.

(6) **강화계획(reinforcement schedule, 강화스케줄)** [⑤⑧⑨⑩⑪⑬⑱⑲㉒㉒]
① 조작적 행동이 학습되고 유지되는 비율로 행동과 그 결과 사이의 순서를 나타낸다. 즉, 행동증가를 목적으로 사용하는 강화물을 제시하는 빈도를 말한다.
② **강화 간격과 강화 비율이라는 두 가지 기준에 따라 구분**
   ㉠ **연속적 강화(continuous reinforcement, 지속적 강화)계획** : 행동이 일어날 때마다 강화물을 제시하는 것
   ㉡ **간헐적 강화(intermittent reinforcement)계획** : 스케줄을 간격이나 비율에 따라서 강화를 주며, 고정적으로 주거나 일정치 않게 강화를 제공

■ 간헐적 강화계획의 네 가지 종류 ■

강화계획 종류	설 명
고정간격 스케줄	특별히 정해진 시간간격에 따라 강화를 준다. 예) 10분 안에 다섯 번의 강화를 준다면 매 2분마다 강화를 제공. 공부하는 자녀에게 1시간 간격으로 간식을 제공
변수간격 스케줄 (변동간격 스케줄, 가변간격 스케줄)	일정한 시간의 한도 내에서 강화를 주는 시간 조정을 다양하게 한다. 예) 10분 내에 다섯 번의 강화를 준다고 할 때, 2분 30초에 한번의 강화를 주고, 그 다음에는 각각 3분 50초, 7분, 8분 10초, 그리고 10분에 강화를 줌. 공부하는 자녀에게 하루 중 세 번의 간식을 주기로 하고 아무 때나 간식을 제공
고정비율 스케줄	특정한 반응빈도를 보일 때마다 강화를 준다. 예) 전체 열 번의 반응을 나타내는 동안 다섯 번의 강화를 제공한다면 두 번의 반응이 나타날 때마다 강화를 줌. 공부하는 자녀에게 한 과목 문제풀이를 끝낼 때마다 한 번의 간식을 제공
변수비율 스케줄 (변동비율 스케줄, 가변비율 스케줄)	특정한 반응이 나타날 때마다 강화를 주지만 반응의 빈도를 고정적으로 하지 않고 빈도를 다양하게 정하여 그 빈도에 따라 강화를 준다. 예) 열 번의 반응이 나타나는 동안에 다섯 번의 강화를 준다면 1회, 3회, 6회, 7회, 10회의 반응이 있을 때 강화를 제공. 공부하는 자녀에게 처음에는 2과목 문제풀이를 끝낸 후, 두 번째는 5과목을 끝낸 후에 간식을 제공

✗❓ 스키너(B. Skinner) 이론 : 변동간격계획은 평균적으로 일정한 수의 반응이 일어난 후에 강화물을 제공하는 것을 말한다.(✗)

③ 강화스케줄은 반응을 나타내는 비율에 영향을 주는데, **최고 높은 비율의 반응을 발생시키는 강화 스케줄의 순서는 변수비율(VR) 스케줄, 고정비율(FR) 스케줄, 변수간격(VI) 스케줄, 그리고 고정간격(FI) 스케줄의 순이다.**

가변(변동, 변수) 비율 강화 스케줄	>	고정 비율 강화 스케줄	>	가변(변동, 변수) 간격 강화 스케줄	>	고정 간격 강화 스케줄
도박 · 자동도박기		도급(운송계약, 토목공사 나 건축 등)		어부가 고기 낚는 것, 불시에 시험		주급, 월급

(7) 행동조성(shaping, = 행동형성) [⑤⑨⑭⑰⑱⑲㉑㉒]

① 행동조성은 **복잡한 행동이나 기술을 학습시키는 데 매우 유용한 방법**으로, 기대하는 반응이나 행동을 학습할 수 있도록 기대에 부응하는 행동에 대해서 강화를 함으로써 **행동을 점진적으로 만들어 가는 것**이다.

② **기존의 행동목록에 포함되어 있지 않은 행동은 강화시킬 수 없으며**, 이미 일어나고 있는 행동 중 목표로 삼고 있는 바람직한 행동에 가까운 것을 찾아내는 데서 시작된다.

> 예) 아이가 대소변을 가리도록 행동을 학습시키는 경우, 아이의 배변욕구에 관한 의사표현에 칭찬을 하여 자기의 표현행동을 조성하고, 그 다음 순서로 바지를 내리고 변기에 앉고, 배설 한 후에 변기의 물을 내리는 행동을 차례대로 행하게 함으로써 전체적으로 배변을 해결할 수 있는 바람직한 행동을 학습시킨다.

> 스키너(B. Skinner)의 이론 : 행동조성(shaping)은 복잡한 행동의 점진적 습득을 설명하는 개념이다.(O)

(8) 행동수정(behavior modification) [②]

① **조작적 조건형성의 원리를 활용하여 행동의 변화를 추구하는 기술**로, 관찰이 가능한 개인의 문제행동을 대상으로 하며, 이러한 행동의 학습·강화·유지·약화·제거에 초점을 두고 있다.

② **행동수정에서는 처벌보다는 강화를 사용하는 것이 바람직**하며, 관찰과 측정이 불가능한 의식이나 성격, 사고와 같은 내적 심리구조나 과정은 제외되며, 관찰이나 측정이 가능한 행동을 대상으로 한다.

■ 행동수정기법 ■ [②]

기 법	설 명
충만 (flooding, 홍수법)	불안을 일으키는 자극을 갑자기 많이 일시에 제시하여 불안을 소멸시키는 것
체계적 둔감화 (systematic desensitization)	• 볼페(Wolpe)가 제시한 기법으로, 불안이나 공포로 인해 야기되는 부적응적 행동이나 회피행동을 수정하는데 매우 효과적임 • 불안을 일으키는 자극을 행동적으로 분석하고 불안 유발상황에 대한 위계목록을 작성한 다음 이완훈련을 시키고, 불안을 유발하는 상황을 상상하게 하여 치료하는 방법
용암법 (fading)	한 행동이 다른 상황에서도 발생할 수 있도록 그 상황을 점차적으로 변경하여 가는 방법을 말하는 것 예) 대인관계에 미숙한 클라이언트에게 대화법을 학습시키고자 할 때 먼저 사회복지사의 관계에서 대화법을 익힌 후 점차 다른 상황에서도 대인관계를 잘할 수 있도록 확대시켜 나가는 방법
토큰경제 (token economy)	• 아일론(Ayllon)이 제시한 기법이며, 스키너의 조작적 조건화의 원리를 활용한 기법 • 개인이 적절한 행동을 할 때 상징적 강화인자로서 토큰을 주고, 토큰이 일정하게 모였을 때 개인이 원하는 것과 교환하는 방법으로 행동 수정하는 기법
타임아웃 (time out, 격리) [⑳]	• 부적응적 행동을 했을 때 긍정적 강화를 받을 수 있는 기회를 박탈함으로써 부적응적 행동을 소거하려는 기법 • 신체적인 규율에 대한 대안으로, 원하지 않는 행동을 강화시키는 환경으로부터 클라이언트를 일정기간 이동시킴으로써 문제행동을 감소하거나 제거시키는 것 예) 장난감이 많은 방에서 어린 동생과 싸우는 자녀를 장난감도 흥미 있는 책들도 전혀 없는 방으로 이동시키는 방법

3 이론의 평가와 사회복지실천 함의

(1) **이론의 평가**
  ① **장 점**
    ㉠ 치료기법의 효과성을 중시하고 발전시킨 점
    ㉡ 치료기법에 대한 정밀한 측정을 강조한 점
    ㉢ 비교적 짧은 시간 내에 개입의 효과를 기대할 수 있다는 점
  ② **이론의 한계점**
    ㉠ 인간의 행동에 대한 **환경의 결정력을 너무 강조**하여 행동에 영향을 미치는 **인간의 내적·정신적 특성을 배제**하고 있다.
    ㉡ 인간행동을 결정함에 있어 고도의 정신과정이 중요함에도 불구하고 스키너는 **인지의 창조적인 면을 염두에 두지 않았다.**
    ㉢ 인간의 모든 행동이 조작을 통해 변화될 수 있다고 보는 것은 **인간을 지나치게 단순화·객관화·과학화하고 있다**는 측면에서 비판을 받고 있다.
    ㉣ 스키너에 따르면 인간행동은 결과, 즉 보상과 처벌에 의해 유지되며, 인간의 행동은 법칙적으로 결정되고 예측이 가능하며, 통제될 수 있다고 보았다. **자율적인 인간의 성격, 심리상태, 느낌, 계획이나 목적, 의도를 부정**하였다.
    ㉤ 철저하게 통제된 스키너의 실험은 **관찰되지 않은 절차나 과정의 추론을 어렵게 만들고 예기치 않은 자극이 일어나는 상황이나 과거의 자극이 예기치 않은 방식과 결합되는 상황에서 무엇이 발생할 것인지를 예측하기가 매우 어렵다.**
    ㉥ 지나치게 비인간적이라는 비판을 받는다. 즉, 행동주의에서의 처벌 원칙은 인간서비스의 측면에서 보면 다소 비인간적인 면을 정당화시킨다는 점이다.
    ㉦ 인간의 모든 행동은 조작을 통해 변화할 수 있다는 주장에 대해 **주류적인 심리학에서는 전적으로 받아들이기 힘든 제한점**을 안고 있다.

(2) **사회복지실천 함의**
  ① 상당수 사회복지 전문직으로 하여금 원조의 초점을 정신 내적 갈등에서 외현적 행동으로 이동시키도록 하였으며 **신체적·심리적 발달에 환경이 얼마나 중요한가를 제시**하였다.
  ② 학습이론의 폭을 확장시켜 학습방법의 하나로 **행동의 강화가 사회복지실천 현장 및 일상생활에 적용**되고 있다.
  ③ 인간을 기계적으로 보고 모든 인간행동은 법칙적으로 결정되며, 예측이 가능하고, 통제될 수 있다고 보는 스키너의 이론을 **인간의 자율성과 자기 결정을 실천의 원칙으로 보고 있는 사회복지에 적용하는데 많은 한계**가 따른다.
  ④ 행동수정과 행동치료의 고전적 조건화와 조작적 조건화의 원리에 따라 개입기법을 적용하여 **클라이언트의 행동수정과 행동치료를 가능하게 하고 다양한 개입방법을 제시**하였다.

03 반두라(Bandura)의 사회학습이론

[반두라의 생애]

반두라(Albert Bandura, 1925~)는 폴란드계 밀농사군의 아들로, 1925년 캐나다에서 태어났다. 뱅쿠버에 있는 브리티쉬 컬럼비아(British Columbia)대학에 진학하여 아이오와(Iowa)대학 대학원에 들어가서 1951년에 석사학위, 1952년에 학사학위를 받았다. 『청소년의 공격성(Adolescet Aggression)』(1959), 『사회학습과 성격발달(Social Learning and Personality Development)』(1963), 그리고 『공격성 : 사회학습분석(Aggression: A Social Learning Analysis)』(1973)에 출간하였으며, 1977년 53세 때에 유명한 『사회학습이론(Social Learning Theory)』라는 저서를 내놓으면서 1980년대 심리학의 지표를 바꾸어 놓았다. 말년에는 자기효능감에 관심을 가지게 되어 1997년에 『자기효능감 : 통제훈련(Self-efficacy : The Exercise of Control)』을 출간하였다.

1 개요와 기본 가정 [①④⑥⑦⑧⑨⑯⑱⑲㉑]

(1) 개 요

① 반두라(Albert Bandura)에 의해 세워진 이론으로, 그의 이론은 **전통적 행동주의 관점에 인지적 접근을 추가하여 형성**되었다.

② 사회학습이론은 관찰을 통해 이루어지는 학습이라 하여 관찰학습이라고 하는데, **관찰학습(observational learning)은 모방학습, 사회학습, 대리학습(vicarious learning), 모델링** 등으로도 불리기도 한다.

③ 일생 동안 갖게 되는 습관의 대부분이 다른 사람을 관찰하고 모방함으로써 배우는 것이라고 생각하고, 사회학습의 경험이 성격을 형성한다고 보고 있다.

④ 인간의 행동이 사회적 상황 속에서 개인의 내적·인지적 과정과 환경적 영향력 간의 상호작용으로 결정된다는 성격이론이다(상호결정론).

- 반두라(A. Bandura) 이론 : 학습은 사람, 환경 및 행동의 상호작용에 의해 이루어짐을 강조한다.(○)
- 반두라 이론 : 인간행동은 개인·행동·환경의 상호작용으로 발달한다.(○)
- 반두라 이론 : 인간의 성격은 개인적, 행동적, 환경적 요소들 간의 지속적인 상호작용에 의하여 발달한다.(○)

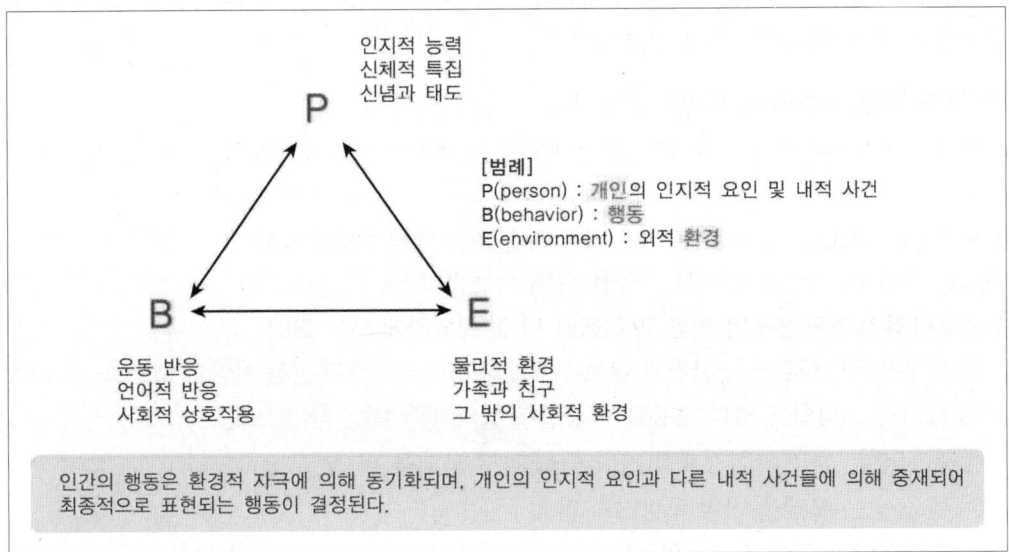

■ Bandura의 상호결정론 모형 ■

인간의 행동은 환경적 자극에 의해 동기화되며, 개인의 인지적 요인과 다른 내적 사건들에 의해 중재되어 최종적으로 표현되는 행동이 결정된다.

(2) 인간행동에 대한 기본 가정 [14 22]

① 반두라는 환경결정론적인 스키너의 기본 가정과는 달리 **인간행동은 외적 환경의 자극과 인간 내적 사건이 상호작용하여 결정**된다고 보고 있다(반두라의 상호결정론).
  ㉠ 인간행동은 환경적 자극에 의해 동기화되며, 개인의 인지적 요인과 다른 내적 사건들에 의해 중재되어 최종적으로 표현되는 행동이 결정된다.
  ㉡ **인간은 자기효율성을 성취하는 방향으로 행동을 규제할 수 있다.**
  ㉢ 새로운 행동의 학습은 외적 강화 없이도 이루어질 수 있다.

② 스키너의 이론과 차이
  ㉠ 직접 경험에 의한 학습에 전적으로 관심을 둔 행동주의와는 달리 자극과 반응을 연결하는 **인지적 기능을 강조**하여 관찰을 통해 행동을 할 수 있다고 본다.
  ㉡ 환경자극이 인간행동에 영향을 주지만, **신념, 기대 같은 요인이 더 많이 행동방식에 영향을** 준다는 가정이다.

2 주요 개념

(1) 관찰학습 [③⑦⑨⑫⑭⑰⑱]

① 관찰학습은 인간이 단순한 환경적 자극에 대한 반응을 통해 행동을 학습하는 것이 아니라 **타인들의 행동을 관찰함으로써 학습한다는 것을 의미한다.**
② **인간은 단순히 타인의 행동을 기계적으로 모방만 하지 않는다.** 즉 서로 상이한 모델 및 사례들로부터 선택하여 그것을 종합해서 새로운 행동을 만들어내기도 한다.

③ 관찰학습은 행동 수행의 가치를 배우고 다른 모델의 행위를 통합하여 새로운 행동을 만들어 내기도 하는 능동적이고 선택적인 행동을 의미하는 것으로, 반두라는 직접적 학습보다 오히려 관찰을 통한 대리적 학습을 강조하였다.

(2) **모델과 모델링(modeling, 모방)** [13⑯⑳㉑]
① **모델**은 관찰자를 위해 어떤 행동을 수행하고 그 행동이 어떻게 행해지면 그것으로부터 어떠한 이익이 생기는가를 보여주는 사람을 말한다.
② **모델링(modeling, 모방)은 관찰을 통한 학습** 또는 **대리경험에 의한 학습**으로 다른 사람이 행동하는 것을 보고 들으면서 그 행동을 따라 하는 것이다.
③ 반두라의 실험적 연구에 의할 때 아동이 더 잘 모방하게 되는 모델
  ㉠ 위대하다고 생각하는 사람의 행동을 위대하다고 생각하지 않는 사람의 행동보다 더 잘 모방
  ㉡ 자기와 동성인 모델의 행동을 이성인 모델의 행동보다 더 잘 모방
  ㉢ 돈, 명성, 높은 사회경제적 지위 등을 지닌 모델을 더 잘 모방
  ㉣ 벌을 받은 모델을 거의 모방하지 않음
  ㉤ 연령이나 지위에서 자기와 비슷한 모델을 상이한 모델보다 더 잘 모방
④ **모방학습을 효과적으로 사용하기 위한 원칙** [⑭]
  ㉠ 바람직한 행동은 가능한 한 여러 사람이 여러 번 시범을 보인다.
  ㉡ 모방의 내용은 쉽고 간단한 것에서 시작하여 점차로 복잡하고 어려운 것으로 옮겨간다.
  ㉢ 각 단계에서 말로 설명해 주거나 지도해 주는 것이 필요하다.
  ㉣ 가르치는 내용에 따라서 보여주는 것이 효과적이다.
  ㉤ 각 단계마다 잘하면 칭찬을 해 주어야 한다.

(3) **인 지** [⑲]
① 인지는 지식을 획득하고 조직하고 사용하는 과정이라고 할 수 있는데, 인간은 장래를 계획하고, 내적 표준들에 의해 자신의 행동을 조절하며 행동의 결과들을 예상할 수가 있다.
② 학습된 반응을 수행할 수 있는 의지는 인지적인 통제 하에 있는 것이다.
  반두라(A. Bandura) 이론 : 개인이 지닌 인지적 요인의 영향력을 강조한다.(O)

(4) **자기강화와 자기규제(self-regulation, 자기조정)**
① **자기 강화(self-reinforcement)** [⑩⑯⑰⑱⑲㉒㉒]
  각 개인이 수행 또는 성취와 관련된 내적 기준을 설정하고 자신의 기대를 달성하거나 초과하거나 또는 그 수준에 못 미치는 경우에 자신에게 보상 또는 벌을 내린다는 개념이다.
  예) 중간고사에서 나쁜 성적을 받은 학생이 기말고사를 치를 때까지 스스로 인터넷 게임을 중단하고 학업에 매진하기로 결심하였다.
  반두라(A. Bandura) 이론 : 인간은 스스로 자신의 행동을 강화할 수 있음을 강조한다.(O)
  반두라 이론 : 외부로부터 주어지는 강화의 중요성을 강조하는 자기강화(self reinforcement)의 개념을 제시하였다.(X)

② **자기규제(self-regulation, 자기조정)** [⑦⑫]
　⑦ **자신의 행동을 감독하고 스스로 자부심을 가지는 것**으로서, 주로 인간의 행동은 자기강화에 의하여 규제된다.
　ⓒ 자기규제는 개인이 자신의 성과를 어떻게 평가할 것인지 **개인적 기준에 따라서 좌우**되며 자기평가적 반응과 관련이 있을 뿐만 아니라 **타인들이 만든 외적 기준에 입각하여 자신의 행동을 규제**한다.

(5) **자기효능감(self-efficacy, 자기효율성)** [③⑦⑧⑪⑫⑭⑯⑱⑲㉒]
　① **바람직한 효과를 산출하는 행동을 성공적으로 수행할 수 있다는 개인의 신념**을 가리키는 것으로, 개인이 특별한 상황에서 자신의 행동능력에 대한 믿음을 말한다.
　　⑦ **역량 강화 이론(empowerment theory)**과 관련이 있다.
　　ⓒ **자아존중감(self-esteem)**은 자기가치에 대한 판단을 포함하지만, **자기효능감**은 개인의 능력에 대한 판단을 수반한다.
　　ⓒ **어떤 행동을 모방할지 결정하는 데 도움**이 되며, 자신의 능력 범위 내에 있는 활동은 시도하고 능력 범위를 벗어나는 과제나 활동은 회피하도록 한다.
　　　※ 반두라(A. Bandura) 이론 : 특정행동을 성공적으로 수행할 수 있다는 신념을 강조한다.(○)

　② **자기효능감의 원천** [⑧⑰㉒]
　　⑦ **성취경험** : 목표를 달성하기 위한 시도에서 비롯된 성공・실패에 대한 과거 경험은 **자기효능감의 가장 중요한 결정요인**
　　ⓒ **대리경험** : 타인의 성공・실패를 목격하는 것은 자기효능감의 중요한 결정요인이 됨
　　ⓒ **언어적 설득** : 타인으로부터 어떤 과제를 숙달할 수 있는지 혹은 숙달할 수 없는지에 관해 듣는 것은 역시 자기효능감을 증가 혹은 감소시킬 수 있음
　　ⓔ **정서적 각성** : 개인의 자기효능감은 어떤 주어진 수행상황에서 개인이 느끼는 정서적 각성의 정도와 질에 의해 영향을 받음
　　　※ 반두라 이론 : 자기효능감을 높이는 가장 효과적인 방법으로 대리적 경험을 제시하였다.(X)

(6) **공격성의 사회화와 친사회적 행동(prosocial behavior)**
　① **공격성의 사회화** : 아동들의 공격성은 공격적인 모델을 관찰하고 그 모델이 언제 강화를 받는지를 주시함으로써 학습된다.
　② **친사회적 행동(prosocial behavior)**
　　⑦ 도움 주기, 나누어 갖기와 같이 사람들 사이의 우호적 관계를 촉진시키거나, 유지하는 행동 등의 긍정적인 **사회적 행동**을 의미한다.
　　ⓒ 부모가 다른 사람에 대해 친사회적 방식(예 방송 불우이웃돕기, TV 수재의연금 돕기)으로 행동할 경우 아동의 친사회적 행동은 더욱 확실해진다는 것이다.

제9장 **행동주의 이론** 185

OIKOS UP 반두라의 공격성 모델 실험(서봉연, 1992)

남자 모델이 공격적 행동을 하고 있는 5분짜리 영화를 4세 된 남아와 여아에게 시청하게 한 후 행동을 관찰하였다. 영화 속의 모델은 성인 크기의 보보(Bobo) 인형에게 다가가서 길을 비키라고 명령 후 상대(보보 인형)가 말을 안 듣자 모델은 그를 노려본 다음 네 가지 공격적 행동을 한다.

① 공격적 행동
  ㉠ 먼저 모델은 보보를 깔아 눕히고, 타고 앉아서 코를 때리며 "쾅쾅"하고 소리친다.
  ㉡ 그 다음 모델은 인형을 일으켜 세우고 방망이로 머리를 두드리면서 "쳐라, 때려 눕혀라"하고 소리친다.
  ㉢ 방망이 공격이 끝난 후, 모델은 인형을 이리 저리 발로 차고 다니면서 "꺼져 버려"하고 소리친다.
  ㉣ 끝 장면에서 모델은 보보에게 공을 던지면서 "땅"하고 소리친다.
② 실험집단 : 똑같이 이 공격적인 영화를 보았지만, 마지막 부분은 세 집단으로 나누어 각각 다른 결과를 보게 된다.
  ㉠ 첫 번째 집단(공격성-보상조건) : 모델의 공격적인 행동이 긍정적인 강화를 받는 영화를 본다. 즉 영화 끝 장면에서 어떤 어른이 나타나 모델을 "강한 챔피언"이라고 부르고 많은 선물을 준다.
  ㉡ 두 번째 집단(공격성-벌 조건) : 모델이 공격적 행동을 함에 따라 벌을 받는 것을 본다. 즉 영화 끝 장면에서 여러 사람이 나타나 모델을 "깡패"라고 욕하고 때려 주며 겁을 준다.
  ㉢ 세 번째 집단(아무 결과도 없는 조건) : 모델의 공격적 행동에 긍정도 벌도 주지 않는 중립적이었다. 세 번째 집단의 경우 모델이 강화 받는 것도 아니고 처벌 받는 것도 아니었다.
③ 결과 : 실험자는 한쪽 거울(one-side mirror)을 통해 아동들이 인형에 대한 공격적인 행동을 어느 정도 모방했는지를 관찰했다.
  ㉠ 공격성-보상 집단 아동들이 가장 공격적이었다.
  ㉡ 공격성-벌 집단의 아동들이 가장 덜 공격적이었다.
  ㉢ 중립적인 결과 집단 아동들의 공격적 행동의 정도는 두 집단의 중간 정도였다.

(7) 대리학습 및 대리조건화

① **대리학습과 대리적 강화**(vicarious reinforcement) [⑤⑬②]
  ㉠ 관찰학습은 이전에 하지 않았던 행동을 학습하는 과정을 말하지만, 반두라에 의하면 **대리학습도 가능하다.**
    예) 철수는 친구가 학교규칙을 위반해 벌을 서는 것을 목격하고, 학교규칙을 준수하게 되었다.
  ㉡ 어떤 경우에는 **모델을 관찰함으로써 이미 알고 있는 행동들이 강화**되는 경우도 있는데, 이같이 모델이 하는 행동을 보고 학습 강화를 받는 것을 **대리적 강화**라고 한다.

② **대리적 조건화**(vicarious conditioning)
  ㉠ 대리적 강화와 더불어 **대리적 조건화**(vicarious conditioning)에 의한 학습도 이루어질 수 있다.
  ㉡ 직접적 경험이 아니라 타인의 경험을 봄으로써 이미 알고 있는 행동이 더욱 강화된다.

3 관찰학습의 과정(모델로부터 학습하는 과정) [①②⑤⑪⑯⑰⑱⑲②]

① **주의 집중 단계**(attention process, 주의과정) : 주의 집중의 정도를 결정짓는 요인은 모델자극이 지니는 특성과 관찰자가 지니고 있는 특성이다.

② **파지 단계**(把持段階; retention process, 보존과정, 기억유지과정)
  ㉠ 모델자극 또는 모델행동을 재생하려면 반드시 그것을 기억해야 하므로, 모델자극의 주요요소들을 회상할 수 있는 능력이 관찰학습을 결정하는 주요 요인이다.
  ㉡ 모델의 행동에 대한 정보를 유지하는 두 가지 방법(보존과정의 두 가지 방식)
    ㉮ **심상의 표상체계** : 모델을 관찰하는 동안에 보고 있는 내용에 대한 생생한, 쉽게 기억해 낼 수 있는 심상을 형성한다.
    ㉯ **언어적 표상체계** : 개인은 관찰했던 내용을 언어로 부호화하여 저장하는 것이다.

③ **운동 재생 단계**(motor reproduction process, 행동적 재현과정, 생산과정) [①⑤]
  ㉠ 모델을 모방하기 위해, 심상(imagery) 및 언어로 저장된 상징표상을 적절한 행동으로 전환해야 하는데 이러한 전환과정을 재현과정이라 한다.
  ㉡ 기호화된 표상을 외현적 행동으로 전환시키는 단계로서 새로운 행동을 수행할 수 있는 신체적 능력이 전제조건이 된다.

④ **동기화 단계**(motivational process, 동기과정, 자기 강화의 과정)
  ㉠ 우리가 행동을 주의 깊게 관찰하고, 잘 유지하고, 수행할 충분한 능력을 가진다해도 동기과정이 없으면 그렇게 하지 못할 것이다.
  ㉡ 동기화는 주로 강화에 의해 이루어지는데 동기화를 촉진시키는 요인으로는 **외적 강화, 대리적 강화, 자아강화**가 포함된다.

  반두라 이론 : 관찰학습의 마지막 단계는 운동재생단계이다.(X)
  반두라 이론 : 관찰학습의 첫 번째 단계는 동기유발과정이며, 학습한 내용의 행동적 전환을 강조한다.(X)

■ 관찰학습단계 ■

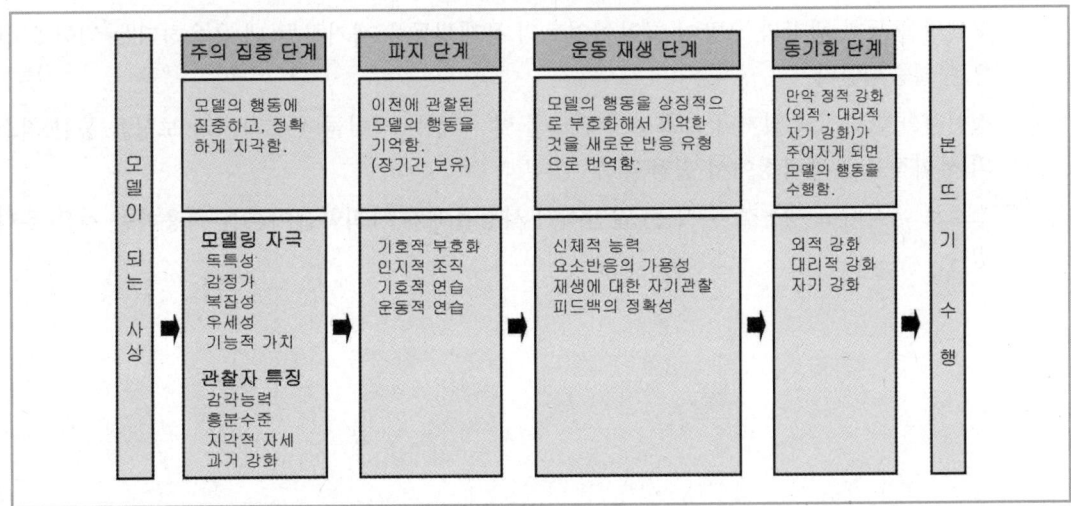

4 이론의 평가와 사회복지실천 함의

(1) 이론의 평가

① 기여한 점
  ㉠ 모방학습의 중요성에 대해 우리의 자각을 증진시켰으며, 사회적 환경이 인간에게 얼마나 많은 영향을 미치는가에 대해 다시 한 번 인식하도록 하였다.
  ㉡ 자기 강화와 자기효능감 등과 같은 인지적 요소의 중요성을 받아들였으며, 행동주의 학습이론을 한 단계 높은 수준으로 끌어올려 놓았다.
  ㉢ 인간을 더욱 낙관적으로 보며, 과거보다는 '여기 그리고 지금', 또는 미래에 대하여 강조점을 두고 있다는 장점이 있다.

② 이론의 한계점
  ㉠ 인간행동에서 외부환경의 중요성을 강조하면서 **내적이고 자발적인 측면을 과소평가하고 있다.** 즉, 인간의 행동에서 외적 강화가 행동을 증가시키는 중요한 요인이지만, **모델의 강화 없이도 내적 흥미로부터 자발적으로 행동을 학습**할 수 있다.
  ㉡ 관찰학습은 단순한 행동을 신속하고 쉽게 학습할 수 있다는 장점을 가지고 있지만, 다양하고 **복잡한 기능을 필요로 하는 행동의 학습을 설명하는 데는 한계**가 있다.
  ㉢ 인간행동의 발달에서 **연령별로 다르게 나타나는 학습과 관련된 인지적 수준을 고려하지 않고 있다.**
  ㉣ 인간의 공포증(phobia)과 같이 **단순한 행동적인 문제만 다룰 수 있을 뿐이라는 비판**을 받기도 한다.

(2) 사회복지실천 함의
  ① 사회복지사가 클라이언트와 다른 사람들의 행동을 명확하게 인지하고 이 **행동들이 서로 어떻게 연관되는지 파악하는 것을 가능**하게 하였다.
  ② 어떤 행동이 있을 때와 없을 때 어떻게 다른지 **관찰하는 평가의 중요성을 강조**하고 있다.
  ③ 모델링을 통한 **관찰과 모방이 클라이언트의 문제행동을 제거하는 데 유용**하다는 것이 임상적으로 입증되었다.
  ④ 정신질환을 가지고 있거나 스스로 무언가를 할 수 없는 사람들에게 **자극과 보상을 통한 최소한의 사회적응 훈련과정에서 활용**할 수 있다.
  ⑤ 스스로 생각하고 행동할 수 있는 **일반적인 사람들에게 사회학습이론을 적용하는 것은 무리**가 있다.

MEMO

CHAPTER 10 인지이론

제3부 **인간의 성격에 대한 이해**

제10장 회차별 출제빈도, 출제비중 및 출제논점 1, 2, 3순위

구 분	10회 2012	11회 2013	12회 2014	13회 2015	14회 2016	15회 2017	16회 2018	17회 2019	18회 2020	19회 2021	20회 2022	21회 2023	22회 2024
제10장 인지이론	7	4	2	4	2	3	2	1	1(3)	1(2)	2(1)	1	1(1)
피아제의 인지이론	4	1	1	3	2	3	2	–	1(1)	1(1)	1(1)	1	1
콜버그의 도덕발달이론과 인지치료	3	1	1	1	–	–	(1)	1	(2)	(1)	1	–	(1)

목차	출제 비중	출제 논점		
		1순위 ☺	2순위 ※	3순위 ☆
제10장 인지이론	1**2**4			
피아제의 인지이론	0**1**3	① 인지발달단계와 단계별 특징	① 피아제 이론의 평가	① 주요개념: 도식, 동화, 조절, 평형화
콜버그의 도덕발달이론과 인지치료	0~1	① 콜버그 도덕발달단계	① 콜버그 이론의 한계점(vs 길리건 이론)	① 인지치료 : 엘리스의 합리정서치료, 벡의 인지치료

1순위 스마일표시(☺) : 출제 빈출도가 높은 부분으로 무조건 시험에 출제되는 영역
2순위 당구장표시(※) : 나왔다 안 나왔다 하는 영역이지만 출제가능성 높은 영역
3순위 별 표(☆) : 출제 된 적이 있긴 하지만 다시 출제될 가능성은 다소 떨어지는 영역

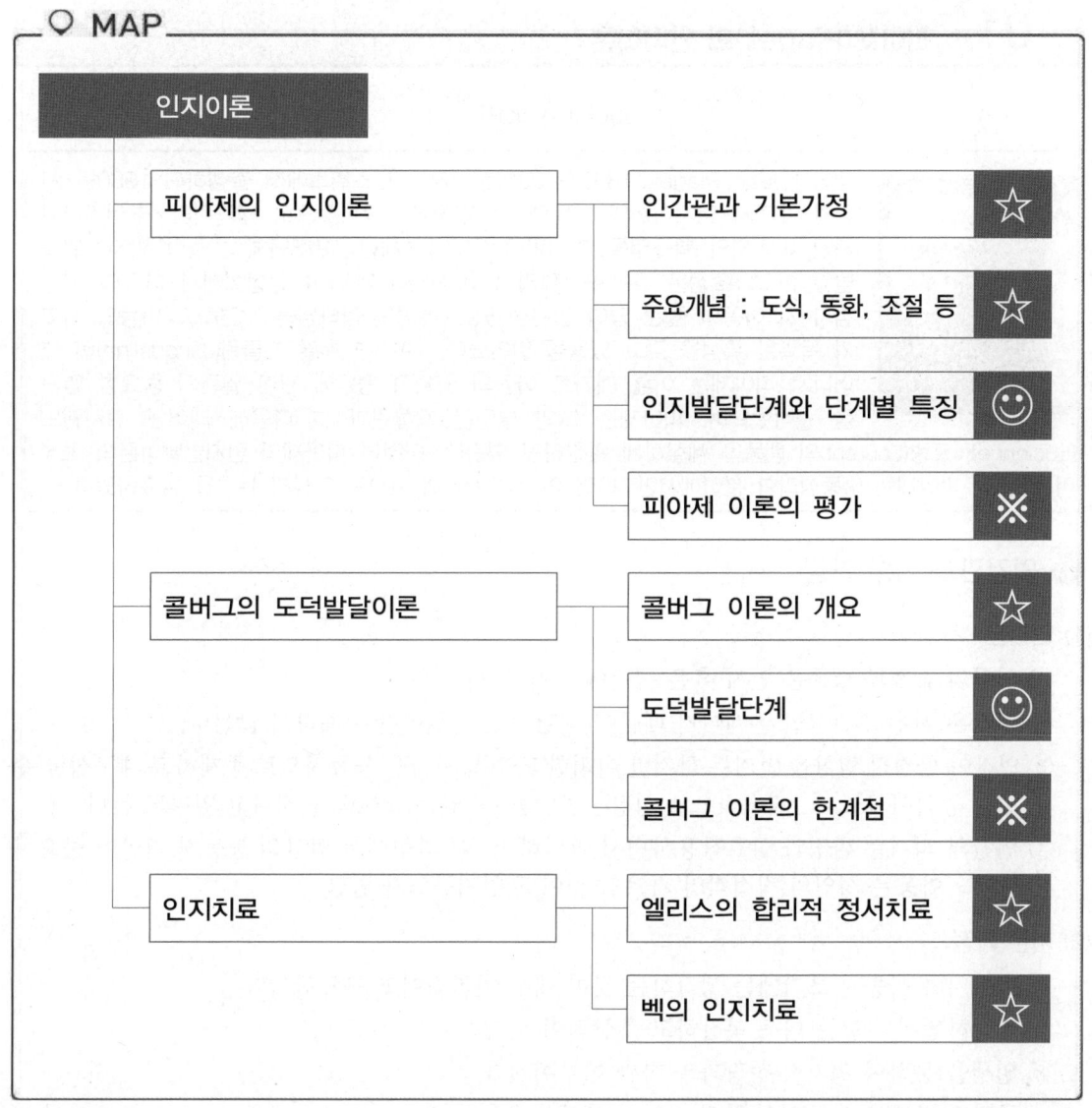

01 피아제(Piaget)의 인지이론

[피아제의 생애]

피아제(Jean Piaget, 1896~1980)는 1896년 스위스에서 출생하여 1980년 사망할 때까지 인지이론의 발달에 큰 업적을 남긴 것으로 평가된다. 중세역사학자인 아버지의 학구열을 이어받아 약관 21세인 1918년에 생물학 박사학위를 받았다. 그 초점은 1920년 파리 비네(Alfred Binnet) 실험실에서 아동의 지능검사 시 아동의 틀린 답이 일관성 있는 유형을 나타냄을 발견하고 아동의 사고가 독특한 특성을 갖고 있음을 알아냈다. 1925년 첫딸 재클린(Jacqueline)이 태어나자 피아제는 이를 계기로 아동의 인지적 행동에 관한 일련의 중요한 연구를 시작했으며, 피아제는 그의 부인은 재클린과 그 다음에 태어난 뤼시엔느(Lucienne), 로랑(Laurent)의 행동을 세심하게 관찰하게 되는데, 이것이 피아제의 인지발달이론의 초석이 되었다. 피아제는 아동심리학 분야에서만 40권 이상의 저서와 100편 이상의 논문을 발표하였다.

1 인간관과 기본 가정 [⑧⑨⑪]

(1) 인간관
① 인간의 **감정과 행동은 인지 혹은 생각에 의해 통제**될 수 있다.
② 인간은 매우 주관적인 존재이기 때문에 **객관적인 현실이란 존재하지 않는다.**
③ 인간이 환경적 영향을 받기는 하지만 이러한 환경적 자극을 **능동적으로 중재하고 재구성할 수 있는 능력**이 있으며, 지속적으로 성장 발달할 수 있는 잠재력을 지니고 있다고 본다.
④ 인간의 의지는 환경과 상호작용하면서 발달하며, 이 과정에서 **인간의 능동적 역할이 중요**하다. → 아동은 성인의 직접적인 가르침 없이도 인지구조가 발달

(2) 기본 가정
① 유아기와 아동기 초기에는 생각하는 것이 매우 기본적이고 구체적이다.
② 성장하면서 사고는 더욱 복잡하고 추상적이 된다.
③ 일생을 통하여 인지적 성장과 변화가 이루어진다.
④ 특정 연령에서 각 개인의 특정 영역의 **인지적 유능성**(예 지능, 문제해결능력, 의사결정)은 개인이 기능하는 맥락에 따라 차이가 있다.
⑤ 사고, 감정, 행동, 그리고 그 결과는 원인적으로 관련성을 지니고 있다.
⑥ **인지변화는 행동변화에 영향을 미친다.**

2 주요 개념 [⑬⑭]

(1) 도식(schema)
① 어원으로는 **형태**라는 의미이며, 일반적으로 **사물이나 사건 또는 사실에 대한 전체적인 윤곽이나 개념**을 말한다. 인간의 마음속에서 어떤 개념 또는 사물의 가장 중요한 측면이나 특성을 인식하고 표현하는 능력이다.

② 도식은 그에게 기억되어 있는 '**인지적 틀**' 즉 '**지식의 묶음**' 혹은 '**이해의 틀**'이라 할 수 있으며, 이 도식은 기존(선천적)의 인지적 틀에 의해 결정되기도 하지만 환경적 자극재료(stimulus allowance)에 의해서 결정되기도 한다.

③ 유아는 기본적 도식을 가지고 태어나 조직화와 적응의 과정을 통해 새로운 도식을 개발하고 기존의 것들을 변화시킨다.
- ㉠ 빨기와 잡기 같은 최초의 도식은 본질적으로 반사적이다.
- ㉡ 도식은 연합에 의해 발달하는데, 반사가 다른 경험과 연합되면 빨기, 잡기, 보기와 같은 단편적인 행동이 좀 더 반경이 넓어지고 통합적으로 된다.

(2) 적응과정(순응과정) : 동화와 조절 [①⑩⑤⑥⑫㉒]

① **적응(adaptation)**
- ㉠ 유기체가 자신의 주위 환경조건을 조정하는 **능력**을 말하는 것으로, 이것은 유기체가 주위환경과 조화를 이루면서 생존을 위해 변화하는 과정이다.
- ㉡ 유기체의 환경에 대한 적응은 동화와 조절의 상호작용에 의해서 일어나는 것으로, **동화와 조절이 동시에 작용하는 것이 적응이다.**

② **동화(assimilation)**
자극 혹은 입력되는 정보자료를 이전부터 존재하는 구조의 활동에 의해 처리하는 것으로, **새로운 경험을 기존의 도식 또는 구조에 통합시키는 과정**으로 기존 도식의 관점에서 새로운 경험을 해석하는 경향을 말한다.

> 예 '개'의 도식을 가지고 있는 아동이 '소'를 접했을 때 '커다란 개'라고 반응하는 것

③ **조절(accommodation, 조정)**
대상의 새로운 차원 또는 감추어진 사건을 설명하기 위해 기존의 도식을 수정하는 과정으로, 환경은 유기체에게 도식의 변화를 요구할 수 있는데 이러한 기존의 도식에 대한 변화가 조절이다.

> 예 '개'와 '소'의 차이점을 들고 '말'이라는 새로운 도식을 형성하는 경우

(3) 평형화와 평형 [⑭㉒]

① **평형(equilibrium, 평형상태)** : 동화와 조절의 균형을 의미한다.
② **평형화(equilibration)** : 동화와 조절의 상호작용을 통한 조화를 통해서 유기체가 자신과 환경 간의 균형 상태를 이루는 것을 의미한다.

> 인간은 자신과 환경 사이에 조화로운 관계인 평형화(equilibration)를 이루고자 하는 경향성이 있다.(○)

(4) 자아중심성 [⑤⑥⑧⑩]

① 자신과 대상을 서로 구분하지 못하는 것으로 정의되며, 단계별로 이러한 분화의 결핍 상태가 각기 다르다.
② 인지발달단계에 따른 자아중심성의 변화과정
- ㉠ 감각운동기의 자아중심성
  - ㉮ 감각운동기의 아동은 자신이 직면하는 **외부의 대상과 자신을 구별하지 못한다.**
  - ㉯ 이 단계의 중요한 발달과업은 **대상획득**이다. 신생아는 충족되어야 하는 기본적 욕구를 가진 협응되지 않은 반사들의 집합체 수준이므로 자신과 대상을 분리하지 못한다.

ⓒ 전조작기의 자아중심성
  ㉮ 전조작기 아동은 자기와 외부 대상을 구분할 수 있다. 그러나 이 시기의 아동은 **자신 이외 다른 사람들의 관점을 추측할 수 없으므로**, 전조작기 아동은 다른 사람과 연결된 대화를 할 수 없다.
  ㉯ 이 단계에서는 다른 사람의 관점이나 관심사를 고려하는 객관성이 획득되지 않았기 때문에 아동은 자신의 지각적 경험이나 자신의 관심사에만 집중하는 것이다.

ⓓ 구체적 조작기의 자아중심성
  ㉮ 현재 또는 실제적인 것을 잘 이해하지만, 가능한 것은 실제적인 것의 연장선에서 어렴풋이 이해한다. 즉, 원인과 결과가 연속된 과정이라는 것을 이해하지만 그 요소들 간의 관계에는 관심이 없다.
  ㉯ **가정과 사실을 구별하지 못하므로** 아동은 상황에 대한 그들의 가정을 바꾸기보다는 상황의 사실들을 바꾸는 경향이 있다.
  ㉰ 전조작기 아동의 주된 불일치는 자기와 타인 간에 발생하지만 **구체적 조작기 아동에게서는 자기와 사실 간의 불일치**가 주로 발생한다.

ⓔ 형식적 조작기의 자아중심성
  ㉮ 청소년기는 논리에 도취되는 것처럼 보일 만큼 형이상학이 가장 우세한 시기이다. 피아제는 **청소년기의 이상주의**를 이 시기의 자아중심성으로 보았다.
  ㉯ 이 단계에서는 **자신의 사고와 다른 사람의 사고를 구별하지 못한다.**
    예) 청소년들은 자기의 행동과 외모에 대해 다른 사람들이 항상 살피고 있는 것처럼 생각한다.
  ㉰ 이 시기 목표는 사고의 획득으로 **자신과 다른 사람의 사고를 구분**하는 것이다.

■ 인지발달단계에 따른 자아중심성의 발달 과정 ■

단계	목표	성취	자아중심성
감각운동기	대상의 획득	대상 영속성	자신이 직면하는 **외부의 대상과 자신을 구별하지 못함**
전조작기	상징의 획득	언어	자기와 외부대상을 구분할 수 있으나 **다른 사람의 관점을 추측할 수 없음**, 다른 사람과 연결된 대화를 할 수 없음
구체적 조작기	현실의 획득	원인과 결과	**가정과 사실을 구분하지 못하므로 자기와 사실 간의 불일치가 주로 발생**함, 현실의 획득을 통해 가정과 사실을 구분하는 능력을 획득해야 함
형식적 조작기	사고의 획득	현실과 환상의 구별	**자신의 사고와 다른 사람의 사고를 구별하지 못함**

❸ 인지발달단계 [①⑩⑪⑮⑯⑱⑲⑳㉒]

(1) 개 요
 ① 인지발달의 단계를 결정하는 인간 발달의 기본적 요인(인지발달의 촉진요인) 4가지 [⑲]
  ㉠ **내적 성숙(유전적 요인)** : 신생아가 외부세계의 문제에 적응하는 최초의 상태를 결정할 뿐 아니라 성장, 발달의 각 시점에서 어떤 새로운 발달 가능성을 전개할 것인지 결정한다.

- ⓒ **물리적 경험(신체적 경험)** : 유전 혹은 내적 성숙이 발달을 촉진하는 데 필요하지만 그것만으로는 충분하지 않으며, 직접적 경험으로부터 논리나 지능이 발달한다. 즉, 물리적 경험은 자발적·심리적인 지적 발달에 기여한다.
  - ⓒ **사회적 상호작용(사회적 전달)** : 신체적 경험이 정신발달에 본질적이지만 그것만으로는 지적 발달에 불충분하며, 사회적 상호작용이 인지발달의 심리사회적 측면에 기여한다.
  - ⓔ **평형화(평형상태)** : 내적 성숙, 물리적 경험, 사회적 상호작용은 서로 잘 조화되어야 하고 평형상태가 유지되어야 한다.
 ② 피아제의 인지발달단계의 특징
  - ㉠ 사고의 형식은 각 **단계별로 질적인 차이가** 있다.
  - ㉡ 개인은 진보적이고 불변하는 방법 속에서 단계를 통하여 발달하며 **단계는 건너뛰지 않는다.**
  - ㉢ 각각 더 높은 단계가 만들어지고 계층적인 방식으로 다음 더 낮은 단계를 **통합**한다. 즉 **상위 단계는 이전 하위단계를 기초로 형성되며 하위단계를 통합**한다.
  - ㉣ **단계별 성취 연령은 개인차가 있기 때문에 제시된 연령이 반드시 들어맞지 않는다.**
  - ㉤ **모든 아동은 단계를 순서대로 통과**하여 발달하며 절대로 단계를 뛰어넘을 수 없다.
    - ⓧ◯ 인지능력 발달은 아동과 환경 간의 상호작용에 의해 단계적으로 성취되며 발달단계의 순서는 변하지 않는다.(O)
  - ㉥ 다음 단계로 이동하는 과도기에는 **두 단계의 인지적 특징이 함께** 나타날 수 있다.
  - ㉦ 형식적 조작기에 도달한 아동이나 고도로 인지발달이 된 **성인도 때로 낮은 단계의 사고를** 한다. ⓧ◯ 피아제 이론 : 발달이 완성되면 낮은 단계의 사고로 전환하지 않는다.(X)
  - ㉧ 각 단계는 내부적으로 일관된 체계로 조직화되며 그것은 스스로 완전체이다.
  - ㉨ 성인기 이후의 발달을 다루고 있지 않다. ⓧ◯ 피아제 이론 : 전생애의 발달을 다루고 있다.(X)

(2) **인지발달단계와 특징**
 ① **감각운동기**(sensory motor stage, 감각운동단계) [④⑦⑩⑮]
  - ㉠ 출생부터 약 2세까지 지속되는 이 단계의 유아는 외부세계에 대해 빨기, 쥐기, 때리기와 같은 신체적 행동양식을 조직화하므로 **감각운동기**라 한다.
  - ㉡ 대부분 자극에 대한 반응으로 과거에 대한 기억이나 미래에 대한 계획이 아닌 순전히 감각운동에 기초하여 행동하게 된다.
    - ㉮ 대상이 보이지 않을 때라도 대상이 계속해서 존재한다는 사실을 인식하는 것을 의미하는 **대상불변성**(object permanence, 대상영속성)이 포함
    - ㉯ 유아가 **원인과 결과 사이의 관계에 대한 인식을 표현하기 시작**한다는 것을 의미하는 **원 인론**이 포함
    - ㉰ 목적지향적 행동의 출현에 동반되는 의도성의 획득이 포함
 ② **전조작기**(preoperational stage, 전조작적 사고단계) [②⑤⑥⑨⑩⑭㉒]
  2세부터 7세까지 지속되는데, **조작(operation)** *이란 정보의 전환을 이해하는 정신능력, 즉 처음으로 되돌아갈 수 있는 능력을 의미하는 것이다.

> **조작(operation)**
> 수, 액체, 질량의 보존개념을 논리적으로 이해하는 것으로, 이러한 조작이 아직 되지 않는 시기를 전조작기라고 함

- ㉠ **전개념적 사고단계(preconceptual thinking)**
  - ㉮ 2~4세까지의 시기로 영아기에 발달한 도식이 내적으로 표상되는 전환기로서, 이 단계의 아동은 환경 내의 대상을 상징화하고 이를 내면화시키는 과정에서 성숙한 개념을 발달시키지 못하므로 전개념적 사고단계라고 한다.
  - ㉯ 모방, 심상, 상징화, 상징놀이, 언어기술과 같이 상징적으로 사물을 조작할 수 있도록 해주는 표상기술을 획득하게 된다. ⊗⊙ 전조작기 : 언어발달이 왕성한 시기이다.(O)
  - ㉰ 상징놀이(symbolic play)를 통해 사회, 신체 및 내적 세계를 실험하고 이해하며, 현실적으로 불가능한 것도 다룰 수 있고, 언어적 제한성을 보충할 수 있게 된다.
- ㉡ **직관적 사고*단계(intutive thinking)** : 5~7세까지로서 여러 사물과 사건을 표상하기 위해 많은 개념들을 형성하지만 아직 **불완전하며, 부분적 논리를 통해 추론**을 한다.

> **직관적 사고**
> 사물의 여러 측면에 주의를 기울일 줄 모르고 현재 지각되는 어느 한 사실에만 주의를 기울임으로써 그 대상을 규정짓는 사고 특성을 말한다.

■ 전조작기의 특성 ■

특 성	내 용
상징적 기능 (symbolic function, 상징적 사고)	• 상징(symbol)은 어떤 다른 것을 나타내는 징표로, 국기는 국가를 악수는 우정을 상징한다. • 상징적 능력은 눈에 보이지 않는 사물이나 행동을 표상하기 위해 상징기호를 사용하는 능력으로, 상상놀이와 그림 및 언어를 통해 나타난다. • 상징놀이(예 소꿉놀이, 병원놀이, 학교놀이 등)는 물리적으로 실제 존재하는 대상이 아닌 아동의 내부에서 정신적 표상으로 대상을 만들어 놀이를 하는 것으로, 감각운동기 6단계에 최초로 나타나 전조작기에 가장 많이 발달한다.
자기중심적 사고 (egocentric thought)	전조작기 아동들은 자신의 위치에서만 사물을 이해할 뿐 타인의 위치에서 보이는 사물의 모습을 추론하지 못하는 사고의 한계를 보인다. 예 Piaget에 의한 세 가지 산 실험 → 이 시기 아동이 아직 조망수용능력(perspective taking ability)을 갖고 있지 않다는 것을 보여준다.
물활론 (animism, 물활론적 사고)	• 생명이 없는 대상에게 생명을 부여하는 것이다. • 전조작기의 아동은 사물은 모두 살아 있고, 각자의 의지에 따라 움직인다고 생각하는 것이다. 예 인형에 생명을 부여하여 인형을 던지면 인형이 다친다고 생각한다.
인공론적 사고 (artificialism)	세상의 모든 사물이나 자연현상이 사람의 필요에 의해서 자신의 목적에 맞도록 쓰려고 만들어진 것이라고 믿는다. 예 사람들이 집이나 교회를 짓듯이 해와 달도 우리를 비추게 하기 위해 사람들이 하늘에 만들어 두었다고 생각한다. 비가 오는 이유는 누군가가 커다란 스프링클러로 물을 뿌렸기 때문이라고 생각한다.
타율성 도덕성 (heteronomous morality)	• 유아가 성인에 의해 부여된 규칙에 맹목적으로 복종하는 것을 뜻하며, 또한 규칙은 지키지 않으면 벌을 받기 때문에 반드시 지켜야 하는 것으로 믿는다. • 이러한 타율적 도덕은 규칙이 상호협약에 의한 계약이라는 것을 배우면서 10세 이후에 점차 자율적 도덕성이 나타난다.

전환적 추론 (transductive reasoning, 전도추론)	전개념적 사고의 한계 때문에 귀납적 추론이나 연역적 추론을 하지 못하고, 전환적 추론을 하게 되는데, 이것은 특정 사건으로부터 다른 특정 사건을 추론하는 것이다. 예) 한 유아가 동생을 미워한다는 사실과 동생이 아프다는 두 가지 사실을 자기가 동생을 미워해서 동생이 아프게 되었다는 인과관계로 연결시킨다. 또는 항상 낮잠을 자는 아이가 어느 날 낮잠을 자지 않았는데, "내가 아직 낮잠을 자지 않았기 때문에 아직 낮이 아니다"라고 말하는 것을 들 수 있다.
꿈의 실재론 (realism)	자신이 꿈꾸는 것이 실제라고 생각하는 것이다. 예) 꿈에 나타난 도둑이 실제로 나타났냐고 물으면, 정말로 도둑이 나타났으며, 거실에 도둑의 발자국 소리도 들었다고 말한다.
중심화 경향 (concentration, 집중성)	• 아동이 상황의 한 부분에만 집중하고 다른 부분을 무시하는 경향을 말함. 즉, 같은 양의 물을 좁고 긴 컵과 넓고 짧은 컵에 부었을 경우, 아동은 흔히 좁고 긴 컵에 물이 더 많이 있다고 지적한다. • 이는 아동이 높이 개념에 초점을 두고 상황을 이해하고 있기 때문이다.
일방성 (irreversibility)	• 이는 한 방향에서만 상황을 이해하는 것을 말하며, 반대 입장에서 상황을 이해하지 못한다. 예) 4세 아동에게 '너의 사촌이 누구냐'고 묻는다면 '정현'이라고 대답한다. 다시 '그러면, 정현의 사촌은 누구니'라고 물으면 '잘 모르겠다'고 대답한다.
불가역성(비가역성)	일련의 논리나 사건을 원래 상태로 역전시킬 수 없다고 생각한다.
불완전한 분류능력	수와 종류는 알지만 상위개념과 하위개념을 완전히 구분하지 못한다.

■ 세 산 모형 실험(정옥분, 2016) ■

유아로 하여금 탁자 주위를 한 바퀴 돌아보게 한 다음 한 의자에 인형을 다른 의자에 유아를 앉히고, 인형이 본 것을 고르게 하면 자신이 본 것을 고른다.

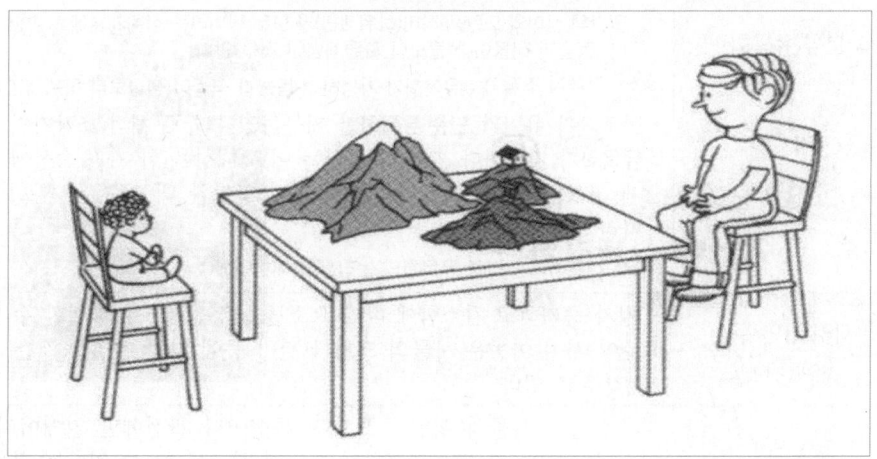

③ **구체적 조작기**(concrete operational stage, 구체적 조작 사고단계) [①③⑥②⑤⑯⑧②]
  ㉠ 7세부터 12세까지 지속되며, 인지적 능력이 급속도로 발전하는 단계로 비논리적 사고에서 **(체계적인) 논리적 사고로 전환**된다.

㉮ 이 시기를 '구체적'이라 표현한 이유는 구체적인 사물과 행위에 대해서만 체계적으로 사고하고, 직접적인 경험을 통해서만 인지획득을 하기 때문이다.
㉯ **인지적 능력이 급속도로 발전하는 단계로**, 논리적 사고가 현저하게 발달한다. 전조작기 아동들이 할 수 없는 다양한 지적 과업을 수행한다.
ⓒ 아동은 논리적으로 사고할 수 있지만 이러한 논리를 언어나 가설적 문제에 적용하지는 못한다.

■ 구체적 조작기의 특성 ■

특 성	내 용
보존개념	• 물질의 양, 길이, 무게, 면적, 부피 등이 그 형태가 달라지더라도 동일하다는 것을 이해하는 능력으로, 동일성, 보상성, 가역성(역조작성)의 원리에 대한 이해가 뒷받침되어야 한다. • 한꺼번에 습득되는 것이 아니라 수와 길이 및 양에 대한 보존개념이 먼저 습득되고, 다음으로 무게 부피에 대한 보존개념의 순으로 획득한다. ⊗ 구체적 조작기 : 대상의 형태와 위치가 변화하면 그 양적 속성도 바뀐다.(X) ⊗ 구체적 조작기 : 보존개념을 획득하게 되어 역조작성의 논리를 사용할 수 있다.(O)
조망수용능력 (perspective taking)	자기중심적 사고에서 벗어나 타인의 관점 감정 인지 등을 추론하고 이해할 수 있는 능력을 의미한다.
분류(유목화) (classification)	• 분류는 유사점과 차이점을 구별하여 한 가지 범주에 포함된 것을 몇 개의 하위 항목으로 나누는 것을 의미한다. • 상위유목과 하위유목 간의 관계, 즉 전체와 부분의 관계를 이해하는 능력으로, 구체적 조작기의 아동은 논리적 사고를 획득함에 따라 대상의 공통점과 차이점 및 관련성과 같이 유목에 관련된 분류가 가능하게 된다. 예 빨간색 장미와 노란색 장미(하위개념)가 모두 장미라는 상위개념에 포함한다는 것을 알거나, 동물과 식물이 생물보다 하위개념인 것을 안다. ⊗ 구체적 조작기 : 유목화가 가능하여 동물과 식물이 생물보다 하위개념임을 안다.(O) • 전조작기 유아가 **단순 유목화**만 가능하였다면, 구체적 조작기의 아동은 **다중 유목화**가 가능하다. 단순 유목화는 어떤 대상을 한 가지 속성에 따라 단순하게 분류하는 것이며, 다중 유목화는 일정한 대상을 두 개 이상의 속성에 따라 분류하는 것이다. ⊗ 전조작기 : 다중 유목화의 논리를 이해한다.(X)
서열화(연속성) (seriation)	크기가 증가하고 감소함에 따라 요소들을 정신적으로 배열할 수 있는 능력으로, 이 시기 아동은 사물의 크기나 길이 등에 따라 서열을 짓는 서열화 능력을 갖추고 있다.
탈중심화	탈중심화는 사물의 어떤 두드러진 특성이나 관점에만 얽매이지 않고 여러 가지 특성이나 측면을 고려하는 다면적 사고를 할 수 있다는 것을 의미한다. ⊗ 구체적 조작기 : 탈중심화로 인해 또래들과의 관계 속에서 의사소통이 활발하게 이루어지는 시기이다.(O)
자율적 도덕성 (autonomous morality)	자율적 도덕성은 규칙이 상호합의에 의해 제정되며, 서로의 동의하에 언제든지 자율적으로 변화될 수 있다는 것을 의미한다.

가역성 (reversibility)	• 시작한 곳까지 합리적으로 거슬러 올라갈 수 있는 능력을 말한다. • 어떤 변화상태란 그 변화과정을 역으로 거쳐 가면 본래의 상태로 되돌아갈 수 있다는 것을 이해할 수 있다.
조합기술 (combination skill)	• 수(數)를 조작하는 능력으로써, 일정한 수의 사물이 있으면 그걸 펼치든지 모으든지 또는 형태를 바꾸든지 수가 같다는 것을 이해할 수 있는 능력을 의미한다. • 조합기술의 획득으로 초등학생들은 더하기, 빼기, 곱하기, 그리고 나누기와 같은 사칙연산이 가능하다.

■ 보존개념 실험의 예(정옥분, 2016) ■

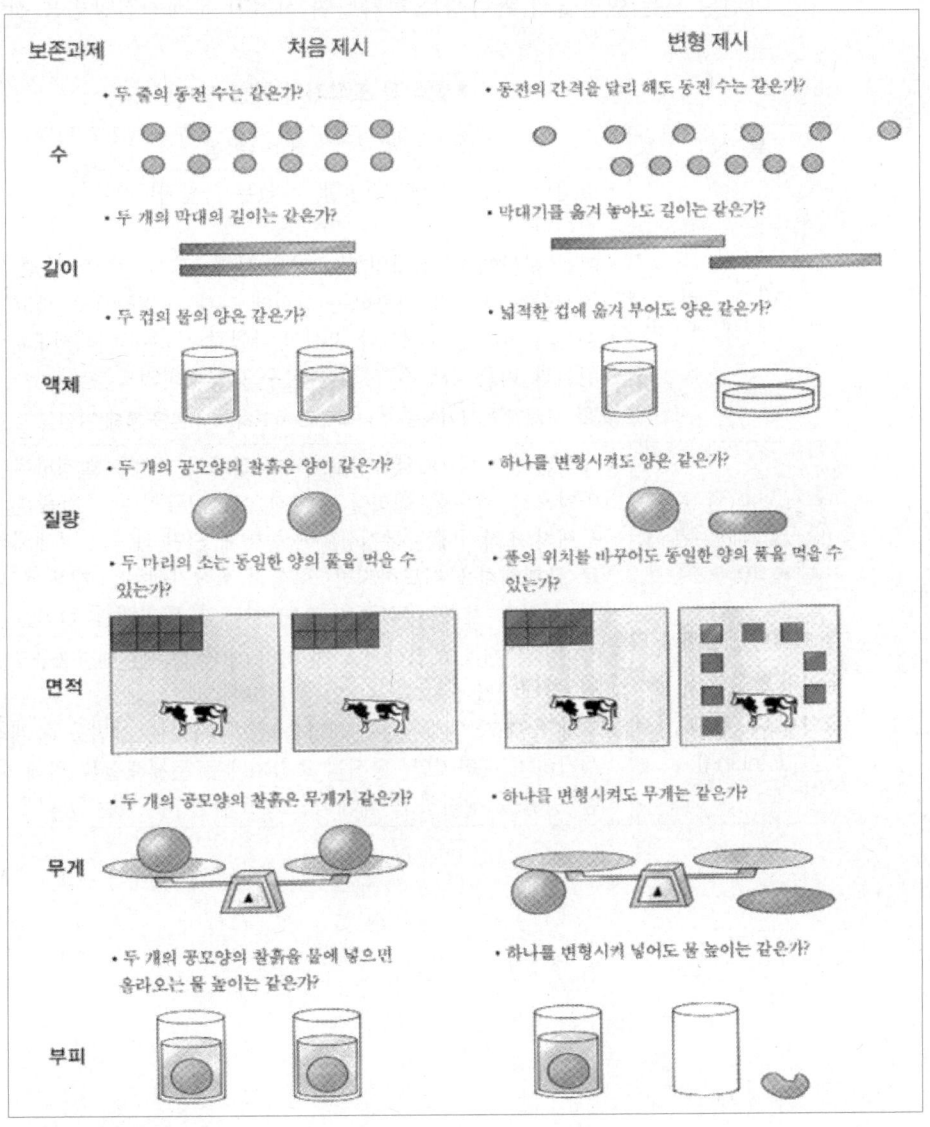

④ 형식적 조작기(formal operational stage, 형식적 조작 사고단계) [②⑥⑧⑨]
  ㉠ 12세에서부터 15세까지 지속되는 단계로서, 아동은 자신의 지각이나 경험보다는 논리적 원리의 지배를 받으며, **추상적 사고가 가능하기 때문에 경험하지 못한 사건에 대한 가설적이고 추상적인 합리화를 통해 과학적 사고를 할 수 있게 된다.**
  ㉡ 형식적 조작사고단계에서 나타나는 인지발달의 특성
    ㉮ 구체적인 상황을 초월하여 **상상적 추론**이 가능하다.
    ㉯ **가설설정과 미래사건의 예측이 가능**하며, 제시된 문제가 자신의 이전 경험이나 신념과 어긋난다 할지라도 처리가 가능하다.
    ㉰ 있을 수 있는 **모든 개념적 조합을 체계적으로 고려하고 검증**할 수 있다.
    ㉱ **관련된 모든 변인들의 관련성을 파악**하여 적절한 문제해결방법을 찾아낼 수 있다.

■ 형식적 조작기의 특성 ■

특 성	내 용
추상적 사고 (abstract thinking)	• 실제적 구체적으로 경험할 수 없는 사물이나 사건을 머릿속으로 생각하는 것이다. • 어떤 사물에 대해 다양한 요인을 함께 고려할 수 있을 뿐만 아니라 사물이 존재하는 방식과 기능하는 방식에 대해 창의적으로 사고할 수 있다. • 자신의 미래에 대해서나 자신이 나아갈 사회에 대해서도 사고를 하게 되며, 현실과 다른 가상적 사회를 꿈꾸고 구상하기도 한다. ※ 구체적 조작기에는 추상적으로 사고하고 추론을 통해 가설을 검증할 수 있다.(X)
가설 연역적 추리 (hypothetical-deductive reasoning)	• 제시된 문제에 내포된 정보로부터 하나의 가설을 설정하여 일반적인 원리를 바탕으로 특수한 원리를 논리적으로 이끌어내는 것을 말한다. • 구체적 조작기에는 문제상황에 놓이게 되면 과거의 문제해결 경험을 바탕으로 문제해결을 시도하지만, 형식적 조작기에는 문제해결 방안과 관련된 가설 설정과 체계적 검증을 통해 하나의 문제해결 원리를 표출해낸다.
조합적 사고 (combination thinking)	• 하나의 문제를 해결하기 위해 여러 가지 가능한 해결책을 논리적으로 구성하여 문제해결에 이를 수 있는 사고이다. • 구체적 조작기에는 문제해결을 위한 가능한 방법을 체계적으로 조합하여 생각하지 못하지만, 형식적 조작기에는 문제해결을 위해 사전에 모든 가능한 방법을 생각하고 체계적으로 조합할 수 있는 능력을 갖게 된다.

■ 인지발달단계와 특징 ■ [③]

단 계		연령범위	특 징
감각운동기 (감각운동단계)		출생~2세	• 지능은 감각적 경험에 기초 • 대상불변성(object permanence, 대상영속성) • 원인과 결과 사이 관계에 대한 인식 표현 시작 • **목적지향적 행동의 출현**에 동반되는 의도성의 획득이 포함
전조작기 (전조작적 사고단계)	전개념적 사고단계	2~4세	• 자기중심적 사고(egocentric thought) • 물활론(animism), 인공론적 사고 • 상징적 기능(symbolic function, 상징적 사고) • 언어기술 획득
	직관적 사고단계	5~7세	• **타율성 도덕성(heteronomous morality)** • 전환적 추론(transductive reasoning, 전도추리) • 꿈의 실재론(realism) • 중심화 경향(concentration, 집중성) • 일방성(irreversibility) • 불가역성(비가역성) • 불완전한 분류능력(**단순유목화**)
구체적 조작기 (구체적 조작 사고단계)		7~12세	• 보존개념, 가역성(reversibility) • 조망수용능력(perspective taking) • 분류(유목화, **다중유목화**)(classification) • 서열화(연속성)(seriation) • 탈중심화 • **자율적 도덕성(autonomous morality)** • 조합기술(combination skill)
형식적 조작기 (형식적 조작 사고단계)		12~15세	• **추상적 사고** • **가설-연역적인 추론 가능** • 조합적 분석능력(조합적 사고)

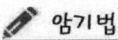 암기법

감전 시키는 것은 구시대적인 형벌이다.

4 피아제 이론의 평가 [8⑩⑪⑫④⑤⑲㉑]

(1) 기여한 점
① **아동은 스스로 지식을 구성하는 능동적 존재**로 어른이 가르치는 대로 배우는 것이 아니라 스스로의 방법으로 배운다.
② 아동의 사고방식이 성인과 다르다는 새로운 관점을 보여주었다.
③ **아동의 인지발달에 대한 폭넓은 관점**은 아동에 대한 이해를 넓혀주었다.
④ **아동대상 프로그램 실행 시 이론적 토대**가 될 수 있다.

(2) 한계점
① 모든 개인의 사회적 및 정서적 성장과 발달이 고정된 과정을 거친다는 인지발달모델은 문화적 차이를 고려하지 못하고 있으며, **과도하게 결정론적이다.**
 > 피아제의 이론은 발달단계의 순서가 개인과 문화에 따라 다르게 나타날 수 있음을 인식하는데 공헌하였다.(X)

② 아동은 성인의 직접적인 가르침 없이도 인지구조가 발달된다는 것에 대해, **많은 이론가들은 훈련이나 연습의 효과를 무시한 것이라고 비판**한다. 특히 **학습론자들은 훈련의 효과를 제시하며 부모와 교사의 교육의 중요성을 강조**하였다.
③ 아동에 대한 직접적인 관찰을 통해서 수집한 자료이기 때문에 **과학적인 방법으로 증명되기 어려우며**, 도식·적응·평형 등과 같은 개념들은 그것의 발달과정을 증명하기 어렵다는 것이다.
④ 피아제의 과학적 수학적 사고의 발달이론은 인정하지만 사회적 발달 부분, 즉 **자아중심성, 도덕판단과 관련된 개념들은 정교하지 못하다는 비판**이 있다.
⑤ 실험실 상황에서 과학적으로 연구한 것이 아니라 자기 아이들을 관찰한 내용을 토대로 정보를 얻었기 때문에, **피아제 자신이 사용한 언어, 태도 등에 개인적인 편견이 있었을 가능성이 크다.**
⑥ **문화적, 사회경제적, 인종적인 차이를 충분히 고려하지 않았다.** 피아제의 모든 개인의 사회적 및 정서적 성장과 발달이 고정된 과정을 거친다는 인지발달모델에 대해, 문화적 차이를 고려하지 못하고 있으며 과도하게 결정론적이라 비판을 받고 있다.
⑦ 인지발달에 관련이 있는 몇 가지 구체적인 경우를 제외하고는 **인간 발달의 왜곡된 부분에 대해서는 거의 언급하지 않고 있다.**
⑧ 인지발달의 각 단계에 도달하는 연령은 다소 유동적일 수 있다고 하였지만, 이것은 개인의 경험과 문화에 따라 매우 다를 수 있다. 또한 **각 단계에서 행동특성의 유사성이 결여되어 있고 행동을 예측하기가 힘들다는 것이다.**
⑨ 피아제는 최종적인 인지발달이 청소년기가 되면 이루어진다고 보았는데 일부학자들은 성인기에도 인지발달은 계속된다고 주장하였다. 즉 **성인기 이후의 인지발달을 간과**하였다.

02 콜버그(Kohlberg)의 도덕발달이론

[콜버그의 생애]

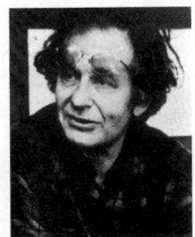
로렌스 콜버그(Lawrence Kohlberg, 1927~1987)는 1927년 뉴욕의 부유한 가정에서 태어났다. 고등학교를 졸업하자마자 선원이 되고자 하는 자신의 꿈을 쫓아, 17세의 어린 나이에 상선회사 선원으로 취직하여 20세가 될 때까지 세계를 여행하였다. 1949년 시카고 대학을 졸업한 후 박사과정에 들어가 임상심리학과 아동발달문제에 관심을 가지게 되었으며, 보스턴 근교의 아동병원에서 실습을 하면서 정신분석적 관점에 회의를 품고, 이론적 갈등과 방황 끝에 피아제의 이론을 접하고 그것에 심취하게 되었다. 이때부터 아동의 도덕적 추론이 어떻게 전개되고 발달하는지에 대한 새로운 생각을 하게 되고, 이를 토대로 1958년에 도덕성발달에 관한 논문으로 박사학위를 받게 된다. 그의 저서로는 『도덕적 사고와 도덕적 행동의 발달단계(Stages in the Development of Moral Thought and Action)』(1969), 『도덕성발달의 철학(The Philosophy of Moral Development)』(1981), 『도덕성발달의 심리학(The Psychology of Moral development)』(1984) 등이 있다. 1973년 이후 콜버그는 이전에 중앙아메리카를 여행하던 중에 감염된 병으로 인해 고통을 받게 되고 심한 우울증에 빠지게 되며, 1987년 1월 17일 실종된 것으로 공식발표 되고 그해 5월 초순 보스턴 교외의 늪에서 사체로 발견되었다.

1 콜버그 이론의 개요 [⑧⑳]

(1) 콜버그 이론의 특징

① 도덕성 발달이론(moral development theory)은 콜버그(Lawrence Kohlberg)가 **피아제의 이론을 보다 세분화하고 체계적으로 발전시킨** 이론이다.

> 콜버그 이론 : 피아제(J. Piaget)의 도덕성 발달 이론에 기초를 제공하였다.(X)

② 문화나 사회마다 도덕적 신념이나 가치의 내용이 다양하기 때문에 도덕성의 내용보다는 **도덕적 사고구조**에 중점을 두었다.

(2) 도덕의 정의

① **정의(justice)의 원리를 도덕으로 규정**하고, 도덕이란 개인의 도덕적 딜레마를 해결하려는 의사결정 또는 도덕판단이라고 언급하였다.

② 한 사람이 어떤 선택을 해서 어떤 행동을 하게 되었는가, 그리고 왜 그러한 선택을 하게 되었는지 그 선택의 이유에 콜버그는 관심을 두었기 때문에 **콜버그에 있어서 도덕발달이란 사고의 방법, 도덕적 추론의 발달을 의미하는 것이다.**

2 도덕발달단계 [④⑦⑪⑬⑰⑱⑳]

(1) 도덕발달에서 단계가 가지는 특성

① 도덕 발달은 개인의 인지구조와 환경 간 상호작용의 결과이다.

② 각 단계는 연속적인 계열의 불변성을 갖기 때문에 반드시 순서에 따라 각 발달단계를 거쳐야 하며 바로 다음 단계를 거치지 않고 더 높은 단계에 도달할 수 없다.
- ㉠ 도덕적 판단에 위계적 단계가 있음을 강조한다.
- ㉡ 아동은 동일한 발달단계 순서를 거친다.
- ㉢ 개인이 도달하는 최종 도덕 발달단계는 다를 수 있다.

③ 낮은 단계에 있는 사람은 보다 상위 단계에서 일어날 수 있는 도덕적 추론을 이해할 능력을 갖추고 있지 않는다.

> 콜버그 이론 : 하위단계에 있는 사람도 상위단계의 도덕적 추론을 능동적으로 표현할 수 있다.(X)

(2) 도덕성 발달단계 구분

① 콜버그는 도덕발달 수준을 **도덕적 갈등 상황**에 대한 판단 양식에 따라 **전 인습적 수준**(pre-conventional level : 4~10세), **인습적 수준**(conventional level : 10~13세), **후 인습적 수준**(post-conventional level : 13세 이상)의 3수준으로 나누고 각 수준에 2단계씩 총 6단계를 거쳐 발달한다고 본다.

> 피아제 이론 : 도덕발달단계를 1단계에서 6단계로 제시한다.(X)

> 콜버그 이론 : 도덕적 딜레마가 포함된 이야기를 아동, 청소년 등에게 들려주고, 이야기 속 주인공의 행동에 대한 도덕적 판단과 그 근거를 질문한 후 그 응답에 따라 도덕성 발달 단계를 파악하였다.(O)

|| OIKOS UP   콜버그의 가설적 도덕적 딜레마(도덕적 갈등상황)

하인츠(Heinz)는 죽어가는 아내를 살리기 위해 필요한 약을 구하고자 한다. 그 약을 발견한 약제사는 그 약으로 돈을 벌고자 한다. 약의 원료는 200달러밖에 되지 않는데 이 약제사는 한 알에 2,000달러를 달라고 한다. 하인츠가 구한 돈은 1,000달러밖에 되지 않는다. 약제사에게 찾아가 사정하며 나중에 돈을 갚겠다고 해보았지만 약제사는 이 약으로 돈을 벌어야 하므로 안 된다고 거절하였다. 결국 하인츠는 약방 문을 부수고 들어가 약을 훔쳤다.

② **도덕발달단계의 발달 특성**
- ㉠ **전 인습적 수준(pre-conventional level : 4~10세)** : 자기중심적이고 이기적인 도덕적 판단이 특징으로, 아직까지 타인의 입장을 고려하는 수준이 자신의 이익을 극대화시키려는 목적으로만 이용될 뿐이다. 이 수준에서 아동은 **행위의 결과가 가져다주는 보상이나 처벌에 의해 옳고 그름을 판단**하거나, 규칙을 정하는 사람들의 물리적 권위에 따라 도덕성을 고려하여 판단한다.
  - ㉮ **[1단계] 복종과 처벌지향의 도덕성 또는 처벌 회피단계(처벌과 복종지향), 타율적 도덕성**
    인간적인 의미나 가치와 무관하게 **보상과 처벌의 기준에 따라 행동을 판단하는 것**으로, 착한 행동은 보상을 받고 나쁜 행동은 벌을 받을 것이라는 단순한 논리이다.
    > 예) 하인츠 딜레마에 대한 콜버그 인터뷰 : "훔치면 안돼요.", "훔치면 감옥에 가요."

㉯ **[2단계] 목적과 상호교환 지향의 도덕성, 상대적 쾌락주의(도구적 상대주의 지향), 욕구충족 수단으로서 도덕성, 개인적·도구적 도덕성**

모든 것이 자신이 어떻게 보느냐에 따라 달라질 수 있다고 보며, **자신의 욕구와 쾌락에 따라 도덕적 가치판단을 한다.** 각자의 입장에서 보상받는 것을 선택하며, 어느 쪽 입장에서 생각하느냐에 따라 결과가 달라진다.

> 예 하인츠 딜레마에 대한 콜버그 인터뷰 : "훔쳐요. 왜냐하면 그렇게 하지 않으면 그에게 음식을 해줄 수 있는 사람이 없기 때문이에요.", "아내를 죽게 내버려두면 난처한 지경에 빠질 것이다."

ⓒ **인습적 수준(conventional level : 10~13세)** : 인습적이란 사회규범, 관습, 기대, 권위에 순응하는 것을 뜻하는 것으로, 인습적 도덕기는 **역할동조적 도덕성**이다. 이 시기에 아동들은 사회적인 질서 유지를 위해 규칙의 필요성을 인식하게 되는 단계에 이르게 된다.

㉮ **[3단계] 착한 아이(소년/소녀) 지향의 도덕성(착한 소녀·소년지향), 개인 상호 간의 규준적 도덕성**

다른 사람의 인정(승인)과 좋은 관계를 유지하는 것에 초점. 즉 남을 기쁘게 하고 인정받고자 하는 욕구에 기초해 사회적 기대에 복종하는 방식으로 도덕적 행위를 결정하는 단계이다(대인관계의 조화로서의 도덕성).

> 예 하인츠 딜레마에 대한 콜버그 인터뷰 : "만약 그 약을 훔치지 않으면 가족들이 인정없는 남편이라고 생각할 것이다."

㉯ **[4단계] 법과 질서(사회질서와 권위의 유지) 지향의 도덕성(법과 질서지향), 사회체계 도덕성**

사회의 이익을 중시하며, **사회의 법률이나 규칙을 지지하는 정도에 따라 행동을 판단(사회적 규범을 일치하는 것에 초점)**한다(법질서를 준수하는 것으로서의 도덕성).

→ 법은 절대적(법치주의 강조 예외 인정 않음), 사회적 질서의 유지

> 예 하인츠 딜레마에 대한 콜버그 인터뷰 : "약을 훔쳐서는 안 된다. 모든 사람이 법을 어긴다면 사회는 혼란에 빠지고 말 것이다."

> ✗ 후인습적 수준의 도덕성 : 도덕적으로 옳고 법적으로도 타당할 때 충족된다.(X)

ⓒ **후 인습적 수준(post-conventional level : 13세 이상)** : 이 수준에서 집단의 권위와 권리를 행사하는 사람들과는 무관하게 도덕적 가치와 원리를 규정하는 노력을 보인다. 즉 사회규범을 이해하고 인정하지만 **법이나 관습보다는 개인의 가치기준에 우선순위를 두고 도덕적 판단을 한다.**

㉮ **[5단계] 사회계약(민주적으로 용인된 법) 지향의 도덕성(사회계약과 합법적 지향), 인권과 사회복지 도덕성**

법이나 사회적 약속은 이전단계와 달리 도덕적 융통성을 가진다. 사회적 계약을 의미하는 것에 근거한 권리와 의무를 공유하는 기능에 의해 특징지어진다. → 법의 절대성과 고정성에서 벗어나 **사회적 융통성을 인정, 인간의 기본권과 사회적 공리에 입각**해서 옳고 그름 판단

> 예 하인츠 딜레마에 대한 콜버그 인터뷰 : "약방 문을 부수고 들어가 약을 훔친 것은 법률적으로 잘못이지만, 인명을 구하기 위해서 한 일이므로 용서되어야 한다."

㉴ **[6단계] 보편적 원리 지향의 도덕성(보편적 윤리원리 지향)**
시대와 문화를 초월한 **인간의 존엄성에 대한 보편적 원리에 입각한 도덕적 판단을 한다.**
도덕적으로 옳은 것은 **자기 선택에 의한 양심의 원칙으로 정의 내려진다.**

> 예 하인츠 딜레마에 대한 콜버그 인터뷰 : "약을 훔치지 않는다면, 그 사람은 비난받지도 않을 것이고 다른 사람이 정해 놓은 법률에 따라 사는 셈일 것이다. 그러나 그 사람은 자기 자신의 양심의 기준에 맞게 사는 것은 아닐 것이다."

> 후인습적 수준의 도덕성 : 인간의 존엄성과 양심에 따라 자율적이고 독립적 판단이 가능하다.(○)

③ 콜버그 이론의 한계점 [⑪⑫⑬]

① 개인의 가치와 권리를 높이 평가하는 **서구사회의 문화적 편향성을 보인다는 비판**으로, 모든 문화권에 보편적으로 적용하기에는 한계가 있다.
② 콜버그는 **남성만을 연구의 대상으로 삼은 한계**가 있으며, **여성이 남성보다 도덕적 수준이 낮다는 성차별적 관점(여자는 3단계 정도, 남자는 4단계 정도 도달)**을 지니고 있으나 실제로는 성적 차이가 없다는 결과가 많다.
③ 사회적 조화와 집단적 가치를 우선시하는 문화에서는 후 인습적 수준을 발견할 수 없고 그들은 **대부분 인습적 수준에 있지만 그것이 결코 낮은 개념의 도덕이라고 할 수 없다**는 것이다.
④ 높은 단계의 도덕적 추리를 하는 사람이 낮은 단계의 도덕적 추리를 하는 사람보다 더 높은 도덕적 행동을 한다고 주장하였으나 **도덕적 사고와 행동 간의 관계에 대한 연구가 부족하다(도덕적 판단과 도덕적 행위 간에 불일치).** → 도덕적 행동에 영향을 미치는 여러 상황적 요인을 고려하지 않음
⑤ 도덕적 사고만 강조하고 **도덕적 행동과 감정을 무시하였으며, 인간관계 속에서 타인을 배려하고 타인과의 관련성을 중시하는 관계적 측면을 등한시하고 있다.**

|| OIKOS UP 　캐롤 길리건(Carol Gilligan, 1936~)의 이론

콜버그의 제자로서 콜버그의 도덕성 발달에 관한 여러 프로젝트에 함께 참여한 길리건은 콜버그의 도덕발달단계 이론이 소수 특권층의 백인 남성들을 중심으로 이루어졌다는 점과 남성연구 대상자만을 연구함으로써 도덕성 발달에 존재하는 남녀의 성차를 고려하지 않은 점에 의문을 제기하기 시작하였다(이효선 외, 2006).
① 여성들은 남성들과는 상이한 도덕적 추론을 한다고 주장하였다. 즉, 남성들이 개인적 권리나 사회적 정의의 실현과 관련된 추론을 하는 것과는 대조적으로, 여성들은 보살핌이나 동정과 같은 대인관계와 관련된 추론 원리를 사용한다고 하였다.
② 평균적으로 남자들은 규칙과 권리를 강조하는 정의의 도덕을 받아들이는 경향이 강한 것에 비해 여성들은 **관계와 책임을 강조하는 '돌봄의 도덕'**을 받아들인다고 하였다.
③ 남성들이 개인적 권리나 사회적 정의의 실현과 관련된 추론을 하는 것과는 대조적으로, 여성들은 보살핌이나 동정과 같은 대인관계와 관련된 추론 원리를 사용한다고 하였다.

> 콜버그 이론 : 남성은 권리와 규칙, 여성은 책임감을 중시하는 형태로 도덕 발달이 이루어진다.(X)

03 인지치료

1 엘리스(Albert Ellis)의 합리적 정서치료(Rational Emotive Therapy : RET) [③⑪⑱]

(1) 개 요
① **등장 배경**
  ㉠ 엘리스는 Columbia 대학에서 임상심리학을 전공한 후 정신분석에 기초한 심리상담을 실행하다가 그 한계성에 접하였다.
  ㉡ 정신분석적 접근보다 좀 더 직접적이고 지시적이며 생활상의 문제를 다룰 수 있으며, 과거가 아닌 현재 부딪치는 상황에서 문제해결책을 발견할 수 있다고 확신하여 인본주의적, 철학적, 행동적 치료를 결합하여 '합리정서치료'를 창안하였다.

  > 학자의 주요이론과 기법 : 피아제(J. Piaget) - 분석심리이론 - 합리정서치료(X)

② **주요 내용** : 인간의 사고와 감정은 매우 연관되어 있으며, 부정적인 감정과 증상들은 비합리적 신념에서 비롯된다고 주장
  ㉠ **초점** : 부정적인 감정이 아닌 **비합리적 신념에 초점**
  ㉡ **치료의 목표** : 부정적 감정의 뿌리가 되는 **비합리적 신념을 규명하고 도전함으로써** 이를 재구조화

③ **주요 개념**
  ㉠ **합리적 신념** : 우리의 행동을 합리적이고 효과적으로 통제하는 것으로 객관적 현실에 근거하여 불필요한 갈등을 피하고, 편안한 감정을 느낄 수 있도록 하는 사고
  ㉡ **비합리적 신념** [⑪③②]   > 학자와 주요 개념 간의 연결 : 벡(A. Beck) - 비합리적 신념(X)
    ㉮ 근거가 없는 비실제적인 믿음으로서 자기 자신이나 다른 사람에 대해서 지나치게 완벽하게 또는 절대적인 신념을 품게 되어 스스로 이기적, 독단적, 모순적인 행동을 만들어내는 원인으로 작용된다.
    ㉯ 비합리적 신념은 태어나면서부터 가지고 나오는 것이 아니라 성장 과정을 통해서 주변 환경, 즉 주요 타자의 영향을 받아 학습되고 강화되는 특성이 있다.
    ㉰ 비합리적 신념은 아무 근거도 없는 과도한 당위성을 강조하며, 이러한 신념들은 대부분 깨어지기 쉽고 그에 따라 여러 가지 정서적·행동적 문제를 야기한다.

■ 11가지 주요 비합리적 신념의 범주리스트(노안영 외, 2003) ■

유형 구분	내 용
인정의 욕구	• **내용** : **모든** 주요 타자들로부터 사랑과 인정을 받는 것은 성인에게 절대적으로 필요하다. • **반박** : 모든 사람으로부터 사랑과 인정을 받는 것은 바람직한 일이지만 필수적으로 이루어지는 것은 아니기 때문에 비합리적이다.

과도한 자기 기대감	• **내용** : 가치 있는 사람이 되기 위해서는 가능한 모든 면에서 **완전히** 능력이 있고, 적절하며, 성취적이어야 한다. • **반박** : 이런 믿음을 가진 사람은 항상 자신을 다른 사람과 비교하지만, 다른 성공적인 사람들의 능력과 성취를 통제할 수 없는 상황에서 자신을 이들과 비교하는 것은 의미가 없다.
비난적 성향	• **내용** : 자신에게 해를 끼치거나 악행을 저지르는 사람은 나쁘고 사악한데, 이런 사람들은 자신들의 악행에 대해 **반드시** 심하게 비난받고 처벌받아야 한다. • **반박** : 선과 악에 대한 절대적 기준이 없다는 판단이 오히려 인간의 비합리적인 편견일 수 있으므로 그것은 비합리적인 생각이다.
좌절적인 반응	• **내용** : 원하는 대로 상황이 되지 않는다면 이는 끔찍하고 **파멸적**이다. • **반박** : 원하지 않는 상황이나 사람을 싫어할 수는 있지만 현실이기 때문에 매우 괴로워한다면 이는 비합리적이다.
정서적 무책임	• **내용** : 불행은 외부적 요인에 기인하며, 사람들은 자신의 슬픔과 근심을 조절할 능력이 거의 없거나 **전혀** 없다. • **반박** : 자신의 부정적인 감정은 다른 사람들이나 사건들보다는 자기 자신이 만드는 것(자기의 내부에서부터 생기는 것)이다.
과도한 불안	• **내용** : 위험하거나 두려운 것에 대해서는 **매우** 염려해야 하며, 이것이 일어날 가능성을 늘 염두해 두어야 한다. • **반박** : 사전에 대비하는 것은 필요하지만 아직 일어나지 않은 것에 대해 지나치게 염려하고 불안해하며 두려워한다면, 오히려 이에 대한 대처능력을 떨어뜨린다.
문제에 대한 회피	• **내용** : 인생의 어려움과 책임을 대면하는 것보다는 **회피**하는 것이 쉽다. • **반박** : 싫더라도 자신이 수행해야 하는 것들은 불필요한 고통을 최소화하기 위해 자신이 수행하는 것이 바람직하다.
의존성	• **내용** : 우리는 다른 사람들에게 **의존**해야 하고, 의존할 수 있는 강한 사람을 필요로 한다. • **반박** : 다른 사람에게 의존하면 할수록 더 의존하게 되고, 결국 인생이 자신의 사고와 행동보다는 다른 사람들의 처분에 의해 결정된다.
무력감	• **내용** : 과거는 현재 행동의 **전적인** 결정요인이며, 과거에 영향을 미친 것은 현재에도 비슷한 영향을 미친다. • **반박** : 이 신념은 어떤 상황에서 옳은 것이 모든 상황에서 옳다는 과잉일반화(overgeneralization)이다.
지나치게 다른 사람 염려	• **내용** : 우리는 다른 사람들의 문제에 대해 **매우** 근심해야 한다. • **반박** : 문제나 사람을 변화시킬 수 있는 실제 능력이 부족한 상황에서 다른 사람들의 문제에 대해 매우 근심해야만 한다는 생각은 비합리적이다.
완벽주의 (완전무결주의)	• **내용** : 인간 문제에는 옳고 정확하며 **완벽한** 해결이 있으며 이런 해결책을 찾지 못한다면, 이는 파멸적이다. • **반박** : 여러 가능한 해결책과 대안들 중에서 가장 현실적인 선택을 하는 것이 바람직하다.

㉣ 비합리적 신념에는 '반드시', '절대로', '모든', '완전히', '전혀', '파멸적인'(catastrophic), '해야만 한다' 등이 저변에 깔려 있다.

　　※ 엘리스의 비합리적 신념의 예 : 어떤 문제든지 완전한 해결책은 없다.(X)

③ 성격 형성
　㉠ 합리적 정서치료에는 **성격을 형성하는 기본적인 요소**가 일상적인 일련의 **자기언어**(self-talk, 자기독백, 자기 자신에게 하는 말)라고 생각한다.
　　㉮ 사람들은 어떤 사건이 일어나면 자동적으로 익숙한 자기언어를 보이게 되고 이것이 반복되면서 태도, 가치, 신념을 형성하게 된다.
　　㉯ 모든 정서적 문제의 주요 원인이 그 상황에 대해 스스로 말하는 자기언어에 달려 있다고 전제한다.
　㉡ 비논리적, 비이성적, 혹은 경직된 사고가 혼란스럽거나 뒤틀린 감정 및 행동을 유발하며, 생각은 **자술언어**(self-verbalization), '자기 자신에게 하는 말'(self-talk) 혹은 '내면화된 문장들'(internalized sentences)이다.
　㉢ 이것이 결국 자신에 대한 개념(자아 개념)에 영향을 주어 그 개인의 전반적인 감정과 행동을 결정하게 되며, 이것이 성격이라 할 수 있다.

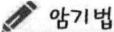 **암기법**
이상한 나라 **엘**리스는 **비**합리적 **신**념을 가지고 있고 혼자서 중얼 중얼 **자기독백**을 한다.

(2) 개입 목표와 방법
① 개입 목표
　㉠ 부정적 감정의 뿌리가 되는 비합리적 신념을 규명하고 도전함으로써 이를 재구조화하는 것이다.
　㉡ 클라이언트의 주된 자기패배적 신념을 최소화하고 더욱 현실적이고 관대한 인생철학을 얻도록 하는 것으로, 클라이언트의 근본적인 성격과 인생관의 변화를 촉구하는 것이다.

② 개입과정 : ABCDE모델의 적용 [⑩]

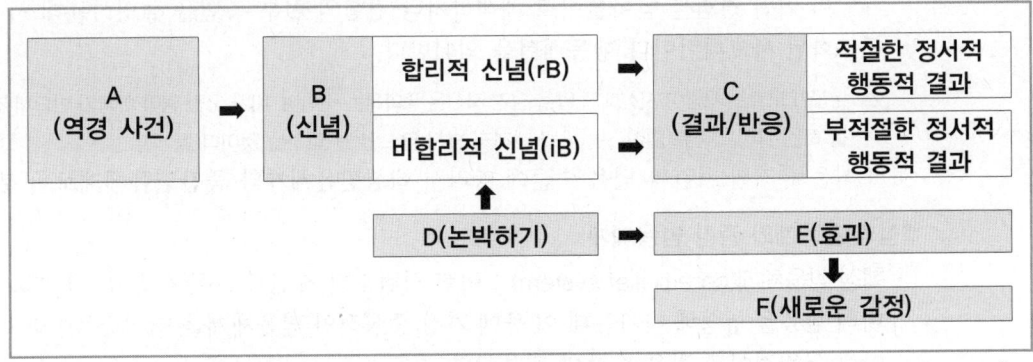

㉠ A는 역경사건(Activating event, 선행사건) : 개인에게 혼란을 야기하는 실재하는 어떤 현상 (사건) 또는 행위이다.
㉡ B는 신념체계(Belief system) : 어떤 사건이나 행위 등과 같은 자극에 대해 개인이 갖는 태도 혹은 사고방식으로, A에 대해 가지고 있는 생각이다.
㉢ C는 결과(Consequence) : 그 사건을 신념에 의거하여 해석해서 느끼게 되는 정서적 행동적 결과이다.
㉣ D는 논박(Dispute) : 클라이언트가 가지고 있는 비합리적인 신념이나 사고에 도전하고 그것이 사리에 맞는지를 검토하는 것이다. → 개입을 실시하는 단계
㉤ E는 효과(Effect) : 클라이언트의 비합리적인 신념에 대해 논박하여 합리적인 신념으로 대체한 뒤 느끼게 되는 수용적이고 긍정적인 태도와 감정의 결과 및 효과이다.
㉥ F는 새로운 감정(Feeling) : 성공하면 새로운 감정이 창출되는 것

❷ 벡(Aron Beck)의 인지치료(Cognitive Therapy) [⑪⑬]

(1) 개 요

① 주요 내용
㉠ 벡(Beck)에 의하면, 인간은 자극에 대해 선별적으로 주의를 기울이면서 자극을 유형으로 결합하고 상황을 개념화한다.
㉡ 인간은 **특정상황에 처하게 되면, 상황과 연관된 도식을 활성화하고 이 도식에 따라 정보를 조직화하고 처리**한다.
㉢ 정서문제를 가지고 있는 사람은 논리적 오류가 있는 **역기능적 도식에 따라 정보를 처리하게 되고 결과적으로 현실을 부정적으로 왜곡**한다.

② 주요 개념 [⑪]
㉠ 인지 도식(schema, 스키마)
㉮ 기저에 깔려있는 가정이나 신념으로, 핵심 믿음을 수반하는 '정신 내의 인지 구조'로 정의된다.
개인이 어떤 경험을 받아들이고 해석하거나 경험의 일부 측면을 설명하는데 사용되는 **구조화된 사고패턴이나 행동패턴을 의미**한다.
　예) 누군가 모르는 사람이 자신에게 말을 걸면 자신을 좋아하는 것이며, 비가 오면 엄마 아빠가 반드시 부부싸움을 하는 날이고, 전화벨이 3번 울릴 때까지 받지 않으면 날 피하는 것이다 등
㉯ 도식은 유지된 기간과 믿음 수준에 따라서 **핵심믿음체계와 중간믿음체계로 구분**된다.

㉡ 핵심 믿음체계와 중간 믿음체계
㉮ **핵심 믿음체계(core belief system)** : 어린 시절부터 자신과 다른 사람들, 그리고 세상에 대해 믿음을 형성해 나가는데 이 중에 가장 중심적인 믿음체계를 핵심믿음이라고 하며, 아주 근원적이고 깊은 수준의 믿음이다.

㉯ **중간 믿음(intermediate belief)** : 핵심 믿음은 중간 믿음의 형성에 영향을 주며, 이러한 믿음은 어떤 상황을 보는 관점에 영향을 주게 되고 그것은 또다시 그 사람이 어떻게 생각하고 느끼고 행동하는지에 영향을 준다.

㉢ **자동적 사고(automatic thinking)** : 한 개인이 어떤 상황에 대해 내리는 즉각적이고 자발적인 평가를 의미한다.

■ 자동적 사고의 원리 ■

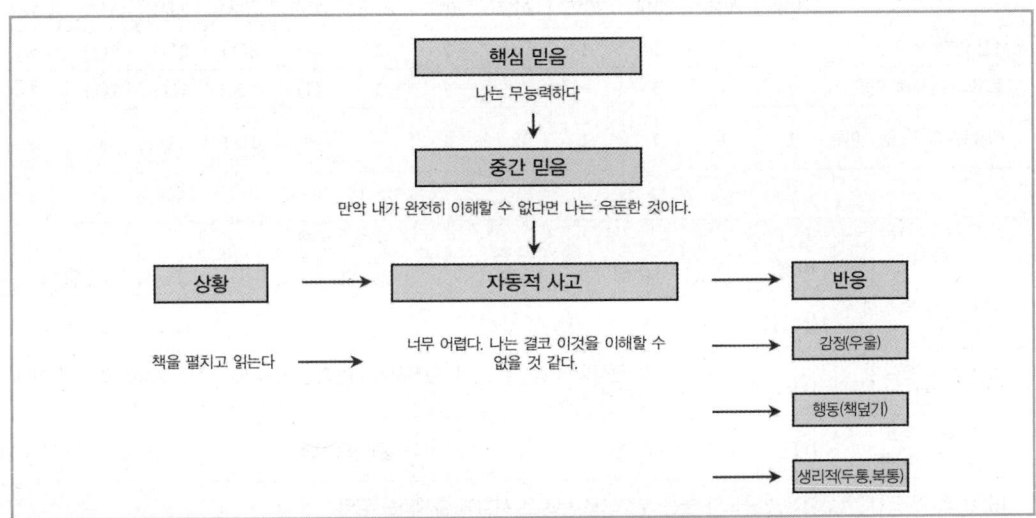

③ **인지적 왜곡(인지적 오류, 잘못된 정보처리)** : 그릇된 가정 및 잘못된 개념화로 이끄는 생각에 있어 체계적 오류이며, 정보처리가 부정확하거나 비효과적일 때 나타나며 대개 비현실적인 세계관을 나타내거나 비논리적인 추론과 관련된다. **부정적 자동적 사고라고 불린다.**

인본주의 이론

제3부 **인간의 성격에 대한 이해**

제11장 회차별 출제빈도, 출제비중 및 출제논점 1, 2, 3순위

구 분	10회 2012	11회 2013	12회 2014	13회 2015	14회 2016	15회 2017	16회 2018	17회 2019	18회 2020	19회 2021	20회 2022	21회 2023	22회 2024
제11장 인본주의 이론	3	2	2	1	3	2	1	(1)	3(1)	2(1)	2(1)	2	1(2)
로저스의 현상학 이론	2	1	1	-	1	1	1	(1)	2	1(1)	1(1)	1	1(1)
매슬로우의 인간동기이론	1	1	1	1	2	1	-	-	1(1)	1	1	1	(1)

목차	출제 비중	출제 논점		
		1순위 ☺	2순위 ※	3순위 ☆
제11장 인본주의 이론	1 2 3(1)			
로저스의 현상학 이론	0 1 2	① 주요개념: 현상학적 장, 무조건적 긍정적 존중..	① 완전하게 기능하는 사람 특징	① 로저스 이론의 평가
매슬로우의 인간동기이론	0 1 2	① 욕구단계이론	① 자아실현인의 특징	① 매슬로우 이론의 평가

1순위 스마일표시(☺) : 출제 빈출도가 높은 부분으로 무조건 시험에 출제되는 영역
2순위 당구장표시(※) : 나왔다 안 나왔다 하는 영역이지만 출제가능성 높은 영역
3순위 별 표(☆) : 출제 된 적이 있긴 하지만 다시 출제될 가능성은 다소 떨어지는 영역

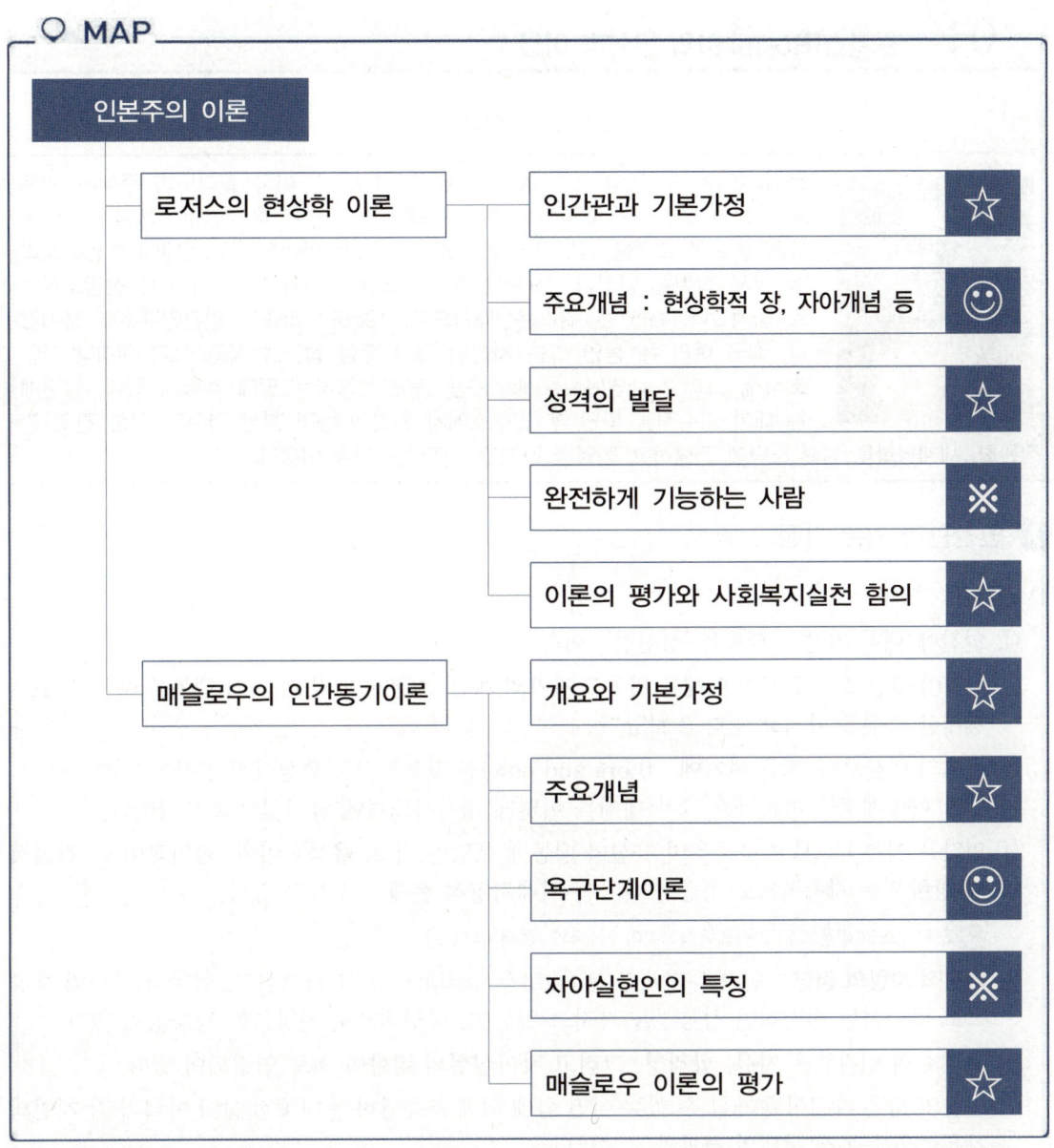

01 로저스(Rogers)의 현상학 이론

[로저스의 생애]

로저스(Carl R. Rogers, 1902~1987)는 1902년 미국 일리노이 주에서 기독교 가정의 5남 1녀 중 4번째 아들로 태어났다. 결혼 후 2년간 유니온신학대학에서 종교적 교리를 공부하였고, 1931년 컬럼비아대학의 사범대에서 임상심리학 박사 학위를 받았다. 1945년 시카고대학의 심리학과 교수이자 상담소장으로 옮겨갔다. 1957년 위스콘신대학으로, 1968년 라졸라 인간연구소로 옮겨갔다. 최근 여러 해 동안 그는 자신이 개인 중심 접근 방식을 학교 체제나 산업 조직체, 그리고 대면(encounter)운동 등에 응용하는 일에 주력해 왔다. 말년에는 대학 교수직을 떠난 후 연구소에서 인간의 능력 향상 연구와 인종 간의 긴장완화, 세계평화를 위해 노력에 전념하고 정열을 바쳤고, 1987년 생을 마쳤다.

1 인간관과 기본 가정

(1) 인간관 [⑦⑨⑩⑪⑫⑯⑱]

① 인간에 대한 기본적 관점은 '**성선설**'이다.
② **인간이 그들 스스로 자기 이해를 위하고 자기의 개념, 기본적인 입장, 자기 행동을 바꿀 수 있는 광대한 자원을 가지고 있다**고 보았다.
③ 문제의 역사보다 '**지금 여기에**'(here and now)를 강조하므로 **현상학적 성격**이라고 하며, 사람이 어떻게 행동하는가는 그가 세계를 어떻게 지각하느냐에 달려있다고 생각한다.
④ 인간은 기본적으로 자유로우며 자신의 행동에 책임을 지고, **유목적이며, 합리적이고, 건설적인 방향**으로 지속적으로 성장해 나가는 **미래지향적 존재**라고 보고 있다.
　　로저스의 이론 : 인간은 합목적적이며 건설적인 존재이다.(○)
⑤ **긍정적 지향의 경향** : 인간 유기체란 분화(differentiation), 자기책임감, 협동과 성숙의 방향으로 나아가는 선천적인 경향성을 가지고 있으며, 긍정적으로 지향하는 경향성이 있다.
⑥ 로저스의 인간관은 **자유, 합리성, 그리고 자아실현의 경향**이 서로 연결되어 있다.
⑦ 인간의 삶은 자신이 통제할 수 없는 어떤 힘에 의해 조종당하는 피동적 삶이 아니라 각 **개인의 자유로운 능동적 선택의 결과**라고 보았다.
⑧ **인간이 합리적 존재라고 규정**한다.
⑨ 인간을 항상 **전체성과 통합성을 향하여 발전하는 존재**로 보고 있다.
　　로저스의 이론 : 인간을 통합적 존재로 규정하였다.(○)
⑩ 로저스는 인간은 자신이 사건에 대해 어떤 인상을 갖느냐에 따라 행동한다고 하였다. 따라서, 어느 누구도 자기의 현실을 타인에게 강요할 권리를 가지고 있지 않는다. 즉 **클라이언트의 사회적 책임은 강조하지만, 사회적 권리는 부인하고 있다.**
　　로저스의 현상학적 이론 : 클라이언트의 사회적 권리와 책임을 강조한다.(X)

⑪ 치료적 관계의 구성요소로서 **비위협적인 환경, 비심판적 태도, 감정이입(공감)과 진실성, 무조건적 긍정적 관심, 문제 해결자로서의 클라이언트**에 중요성을 두고 있다.

(2) **기본 가정 : 자아실현 경향과 미래 지향성** [④⑯⑱⑲㉑㉒]

① **주관적 경험론**(subjective experience)에 입각하고 있다. 모든 인간은 자신의 **사적 경험체계** 또는 **내적 준거체계**(internal frame of reference)와 일치하는 방향으로 객관적 현실을 재구성하며, 이러한 **주관적 현실에 근거하여 행동하는 것**이다.

- 로저스의 이론 : 주관적이고 사적인 경험 세계를 강조하였다.(○)
- 로저스의 이론 : 모든인간에게는 객관적 현실만 존재한다.(X)
- 로저스(C. Rogers)의 이론 : 인간이 지닌 보편적·객관적 경험을 강조하였다.(X)

② 인간은 자신이 사건에 대해 어떤 인상을 갖느냐에 따라 행동한다고 하였다. 이는 **인간의 행위를 지배하는 것은 자극 상황에 대한 주관적인 해석과 그것에 대한 개인적 의미**이다.

③ **현재의 행동에 영향을 끼치는 것은 과거의 경험이 아니라 과거 경험에 대한 현재의 해석이다.** 즉 인간의 행동과 성격은 현재-미래 의 틀 속에서 연구되어야 한다는 입장이다.

④ 모든 인간은 내적 긴장이 증가하더라도 **자아실현을 위해 그 고통을 감내하고 행동한다**고 보고 있으며, 이러한 인간행동의 동기에 대한 기본 가정이 인간행동의 **미래지향성**으로서 인간의 본질적 가치와 성장 가능성에 대한 그의 신념에서 유래된 것이다.

2 주요 개념

(1) **현상학적 장**(phenomenal field) [⑧⑰]

① **현상학***적 장이란 경험적 세계(experiential world) 또는 **주관적 경험**이라고 불려지는 개념으로 특정 순간에 개인이 지각하고 경험하는 모든 것을 의미한다.

② 동일한 현상이라도 개인에 따라 다르게 지각하고 경험하기 때문에 이 세상에는 개인적 현실(individual reality), 즉 현상학적 장만이 존재한다고 보고 있다.

> **현상학**
> 개인의 주관적 경험, 감정, 세계와 자신에 대한 개인적 견해와 사적 개념을 연구하는 학문으로, 로저스는 현상학적 심리학자에 속함

(2) **생물학적 유기체로서의 인간**

① 생물학적 유기체로서의 인간이란 신체적 심리적 영적인 관점을 분리할 수 없는 하나의 전체로서 보는 것이다.

② 유기체(Organism)란 경험하는 모든 것이 존재하는 소재지와 같은 것으로 경험은 특정한 순간에 유기체 내에서 진행하고 있는 잠재적으로 의식하는 모든 것을 포함하며 경험의 총체는 **현상학적 장**(phenomenal field)을 구성하고 있다.

(3) **자아와 자아실현**

① **자아**(self, 자기) [⑦⑯]

㉠ **자아개념** : 현재 자신이 어떤 존재인가에 대한 개인의 개념으로, 자기 자신에 대한 자아상(self

image)이다.
- ㉮ **현실자아(self image)** : 자아개념은 현재 자신의 모습에 대한 인식
- ㉯ **이상적 자아(ideal self)** : 앞으로 자신이 어떤 존재가 되어야 하며, 어떤 존재가 되기를 원하고 있는지에 대한 인식. **근본적으로 프로이트 이론의 초자아와 같음**
  - 로저스의 이론 : 인간 본성의 긍정적인 측면과 자아개념의 중요성을 강조한다.(○)
- ㉡ **현재 경험이 이러한 자아구조와 불일치할 때 개인은 불안을 경험**한다고 보았다.
- ㉢ 불안을 느낄 때 자아는 방어기제를 사용함으로써 **위협적인 상황**에서 벗어나고자 하는데, 로저스는 자아가 사용하는 기본적인 방어기제로 **지각의 왜곡(distortion)과 부정(denial)**을 제시하고 있다.
  - ㉮ **부정** : 프로이트의 방어기제 중 **부정이나 억압**과 매우 유사한 개념으로, 위협적인 상황을 부정하는 것
    - 예) 중간고사도 잘못 봤고 실습보고서도 전혀 제출하지 않은 대학생이 기말고사를 치르기 몇 시간 전에 F학점을 받지 않으려면 무엇을 공부해야 하는지를 교수에게 질문하는 경우를 들 수 있음. 이 학생의 경우 F학점을 받는다는 것이 자아개념과 일치하지 않기 때문에 그 과목에서 F학점을 받을 수밖에 없다는 사실을 인정하지 않고 아예 부정해버리는 것
  - ㉯ **왜곡** : 프로이트의 방어기제 중 **합리화**와 매우 유사한 개념으로, 지각의 왜곡은 받아들이기 어려운 경험을 자신의 현재 자아상과 일치하는 형태로 변형하여 받아들이는 것
    - 예) 좋지 못한 성적을 받아 이것을 위협적인 상황으로 지각하는 학생의 경우, '교수가 잘 가르치지 못해서' 또는 '시험문제가 너무 어려워서' 등으로 자신을 합리화한다는 것. 즉 학업실패를 왜곡시킴으로써 현재의 자아상을 유지하는 경우
- ② **자아실현(또는 자기실현) 경향** [⑧⑪⑫⑳]
  - ㉠ 인간은 선천적으로 자신을 유지시키거나 향상시키기 위해 자신의 능력을 개발하는 **자아실현경향성**을 지니고 있다고 본다.
  - ㉡ 모든 인간은 성장과 자아 증진을 위해 끊임없이 노력하며, 고통이나 성장 방해 요인에 직면하여 극복할 수 있는 **성장 지향적 유기체**라고 보고 있다.

3 성격의 발달
로저스의 이론 : 인간의 성격발달단계를 제시한다.(X)

(1) **긍정적인 존중(또는 긍정적 관심에 대한 욕구)** [⑧]
① 긍정적인 존중은 **아동에게 아주 절박한 요구**로서, 이것의 만족을 위해 아동은 거의 무엇이라도 희생하려 든다.
② 긍정적인 존중의 욕구와 성실한 자기 향상 과정들 사이에서 일어나는 갈등이 해소되어야만 정신적 성숙도 오게 된다.

(2) **가치의 조건**
① 어린아이들은 자라면서 점점 더 다른 사람들로부터 긍정적인 존중을 받고 싶어 하지만, 긍정적인 존중은 어떤 조건들을 충족시킬 때에만 주어지는 것이다(예) 공부를 잘하는 것 ○, 스포츠나 음악 뛰어난 것 ×).
② 이런 가치 조건들이 사회화시키는 뼈대를 제공해 준다는 중요한 기능을 하지만, 이런 조건들에 너무 집중하여 환경의 다른 국면들을 지각하지 못하며 우리의 성장과 실현의 잠재력은 그만큼 줄어든다.

(3) 무조건적인 긍정적 존중(= 무조건적인 긍정적 관심) [28④④⑧⑨②]
① 로저스는 건강한 성격의 발달을 위한 중요한 요소가 **무조건적인 긍정적 관심**(unconditional positive regard)이라고 하였다.
② 어떤 개인에 대해 **조건 없이 있는 그대로 그 사람을 수용하거나 존경하는 것**을 의미한다.

> 로저스의 이론 : 무조건적 긍정적 관심이 건강한 성격 발달을 위한 중요한 요소이다.(○)
> 로저스(C. Rogers)의 이론 : 무조건적 긍정적 관심과 수용을 강조하였다.(○)

(4) 일관성과 위협
① 인간은 **현상적 자아와 체험 사이의 일관성을 유지하려고 노력**하기 때문에 자아구조와 일관된 경험들은 지각되어 그 구조의 일부가 된다.
② 자기나 가치의 조건들과 상치하는 개념들은 '**위협**'을 주는데, 이 위협에 대항하기 위해 사람들은 흔히 이런 체험들을 자기 속에서 받아들이기를 거부하거나 그 의미를 왜곡시킨다.

❹ 훌륭한 삶을 영위하는 성격 : 완전하게 기능하는 사람 [①⑤⑧④⑦⑱⑨②⑫]

(1) '훌륭한 삶'과 '완전하게 기능한다'는 것
① '**훌륭한 삶**(good life)' : 어떤 목적지가 아니라 방향, 즉 유기체가 어떠한 방향으로든 자유롭게 움직일 수 있는 내적 자유가 있을 때 그가 선택하는 방향으로 움직이는 과정
② '**완전하게 기능**'한다는 것 : 자신의 잠재력을 인식하고 능력과 재질을 발휘하여 자신에 대한 완벽한 이해와 경험을 풍부히 하는 방향으로 이동해 나가는 개인을 지칭

> 로저스(C. Rogers)의 이론 : 자아실현을 하는 사람을 완전히 기능하는 인간(fully functioning person)이라는 용어로 정리하였다.(○)

(2) 완전히 기능하는 사람이 공통적으로 갖는 다섯 개의 중요한 성격 특질
① **경험에 대해 개방적**(openness to experience)이다. 경험을 개방한다는 것은 방어성의 반대로, 경험을 완전하게 개방하는 사람은 그 자신을 들을 수 있으며 그 자신 내부에서 무엇이 일어나고 있는가를 경험할 수 있다.

> 로저스의 이론 : 완전히 기능하는 사람은 자신의 경험에 대해 개방적이다.(○)

② **실존적인 삶**(existential living), 즉 **매순간에 충실한 삶을 영위**한다. 실존적인 삶이란 인간의 존재의 매 순간을 충분히 만끽하며 사는 것을 뜻한다. 실존적인 삶을 살아가는 과정에서 자신의 경험구조를 발견하며, 유동적이고 적응적이며 관용적이고 자발적이다.
③ **유기체적 신뢰**(organismic trusting)가 있다. 대부분의 사람들은 일부 집단이나 기관이 지켜온 사회적 규범에 의존하며 타인의 판단이나 과거에 자기가 유사한 상황에서 행동했던 방법에 의존하지만, 완전히 기능하는 사람은 **자신의 유기체적 경험을 통해 자신이 해야 할 것과 하지 말아야 할 것을 결정**한다.
④ 제약 혹은 억제 없이 **경험적 자유**(experiential freedom), 즉 **선택과 행동의 자유의식**을 지니고 있다. 주관적인 경험적 자유란 인간이 자기의 세계를 형성하는 데 중요한 역할을 담당할 수

있다는 자신의 의지를 나타내는 감정이다. 경험적 자유는 인간이 자신의 행동과 그 결과에 책임을 지는 것은 자신뿐이라는 의미를 내포하고 있다.
⑤ **창조성**(creativity)을 지니고 있다. 훌륭한 삶을 사는 인간은 그에게서 창조적 산물과 창조적 삶이 나타나는 그러한 유형의 사람이며, 그들은 문화 내에서 건설적으로 살아가는 경향이 있다.

> 📝 **암기법**
> **충실**(충실한 삶)한 **개**(경험에 대해 개방적)는 **신뢰**(유기체적 신뢰)할 수 있으므로, **창**(창조성)살 안에 가두지 말고 **자유**(경험적 자유)를 줘라!!

5 이론의 평가와 사회복지실천 함의

(1) 이론의 평가 [10·18·19·20]

① **기여한 점**
  ㉠ 심리치료와 상담영역에서 상당한 공헌을 하였다. 특히 **클라이언트 중심의 비지시적 치료방법을 개발**하여 정서적 장애를 가진 사람들의 치료에 적용되어 왔다.
  ㉡ **인간 본성의 긍정적인 측면과 자기개념의 중요성을 강조**한 것은 많은 공감을 받고 있다.
  ㉢ 이론보다는 치료기법에 관하여 영향을 많이 끼쳤으며, 치료적 관계의 구성요소로서 **비위협적인 환경, 비심판적 태도, 공감과 진실성, 무조건적 긍정적 관심, 문제 해결자로서의 클라이언트에 중요성을 두고 있다는 점이 장점이다.**
    - ❌⭕ 로저스(C. Rogers)의 이론 : 개입 과정에서 상담가의 진실성 및 일치성을 강조하였다.(○)

② **이론의 한계점**
  ㉠ 기본적인 인간 본성에 대한 선한 측면을 너무 강조하고 있으며, **인간의 악한 면과 부적응적인 인간에 대한 설명이 부족**하다.
  ㉡ 유기체적 경험, 자기개념, 완전한 기능 등은 **개념이 모호하고 너무 포괄적이어서 이해하는 데 어려움**이 있다.
  ㉢ 문제에 대한 클라이언트 자신의 인식과 이해를 증가시키려는 통찰 지향적 접근이기 때문에 **대안제시가 어렵고 개입의 효과성을 파악하기가 어렵다.**
  ㉣ 치료자는 비지시적이어야 하기 때문에 상담의 주제를 제시하거나 어떤 제안을 하지 않고, 또한 해석도 하지 않아야 하는 반면에 **클라이언트가 면접의 방향을 잡아야 할 책임이 있다.**
  ㉤ **클라이언트 중심의 비지시적 치료**에서 치료자가 수행해야 할 역할은 '**역할 없는 상태가 되는 것**'으로, 이것은 내담자에게 무엇을 하라고 요구하는 기법을 사용하지 않는다는 것이다.
    - ❌⭕ 로저스(C. Rogers)의 이론 : 치료과정은 지시적이고 치료자는 능동적 참여자이다.(X)
    - ❌⭕ 로저스(C. Rogers)의 이론 : 공감과 지시적인 상담을 강조하였다.(X)
  ㉥ 클라이언트의 말을 비판 없이 그대로 받아들이는 순진한 현상학을 취하고 있으며, **클라이언트에 관한 자료들의 신뢰도와 타당도가 의문시** 된다.

(2) 사회복지실천 함의 [⑩⑭⑮⑱㉒]
① 인간 본성에 대한 낙관적 관심과 신념은 사회복지전문직의 기본가치와 일맥상통하며, 촉진적인 치료적 관계의 원칙은 사회복지사의 바람직한 행동원칙으로 받아들여지고 있다.
② 로저스가 강조한 **개인의 존엄성과 가치, 자기결정권, 사회적 책임과 상호성에 대한 소신**은 사회복지실천 철학과 조화를 이루는 원칙이라 할 수 있다.
③ 원조관계의 본질도 사회복지실천에 중요한데, 사회복지실천 이론가들은 이 **원조관계를 개별사회사업 과정의 핵심**이며 모든 치료의 기본으로 보고 있다.
④ 실제 현장에서 실천할 수 있는 구체적이고 현실적인 방안들에 대해서는 제시하지 못하고 있으며, **어떤 경우에는 비지시적이고 공감적 상담이 원조 대상자에게 부적절**할 수도 있다.

02 매슬로우(Maslow)의 인간 동기이론(욕구계층이론)

[매슬로우의 생애]

아브라함 매슬로우(Abraham H. Maslow, 1908~1970)는 1908년 뉴욕의 브루클린에서 태어났다. 그의 부모는 러시아로부터 이민 온 교육을 받지 못한 유태인으로서 자신들보다는 아들의 행복한 삶을 꿈꾸는 그런 사람들이었다. 그는 자신의 어린 시절이 상당히 힘들었다고 기술하였다. 그는 동네에서 유일한 유태인이었으며, 따라서 친구도 별로 없이 대부분의 시간을 혼자서 책과 씨름하며 도서관에서 보냈다. 1930년 심리학 학사 학위를, 그리고 1931년, 1934년에 위스콘신대학에서 심리학 석사와 박사 학위를 취득했다. 그는 처음 박사학위를 행동주의 심리학으로 받았으나 나중에는 출생한 딸아이의 복잡한 행동을 보고 행동주의 심리학을 포기하고 인본주의 심리학으로 바꾸었다. 1970년 62세에 지병인 심장병으로 생을 마감하였다.

1 개요와 기본 가정 [⑤⑦⑨]

(1) 개 요
① 프로이트식으로 정신질환자들을 연구하거나 행동주의식으로 동물을 연구하는 것을 비판하면서, **심리학의 연구과제는 심리학적으로 건강한 사람들의 특성을 발견하는 것**이라고 주장한다.
  ㉠ **심리학적 건강에 대한 강조** : 신경증 환자를 대상으로 한 Freud의 연구를 비롯한 인간행동에 대한 기존의 연구들은 인간본성의 부정적인 면을 강조할 수 있으므로, 인간행동을 이해하기 위해서는 심리학적으로 건강한 사람을 대상으로 긍정적이고 건설적인 측면이 연구되어야 한다.
  ㉡ **동물연구의 부적절성** : 동물연구는 인간만 가지고 있는 특성인 가치관, 이상, 사고, 용기, 사랑, 창조성 등을 무시하기 때문에 그것만으로는 인간행동을 이해하는 데는 부적절하다.

② 욕구계층이론의 기본적 전제
　　㉠ 인간의 본성은 본질적으로 선하며, 인간의 악하고 파괴적인 요소는 나쁜 환경에서 비롯된 것이다.
　　㉡ 인간의 잠재적 본성은 창조성이다(**인간의 잠재적 창조성**). [⑪⑱]
　　　　㉮ 창조성은 인간이 태어날 때부터 잠재적으로 가지게 되는 인간본성의 공통적 특질이라는 것이다.
　　　　㉯ 창조성은 누구에게나 잠재해 있는 것이기 때문에, 이것을 갖기 위한 특별한 자질이나 능력이 요구되지 않는다.
　　　　　매슬로우의 이론 : 창조성이란 누구에게나 잠재해 있기 때문에 특별한 자질이나 능력을 요구하지 않는다. (O)

(2) 인간에 대한 기본 가정 [⑱⑲⑳㉑]
① 인간의 본성은 선하며, 더불어 자기실현을 긍정적인 과정으로 갈망한다.
　　매슬로우의 이론 : 인간본성에 대해서 낙관적인 태도를 보이고 있다.(O)
② 인간은 자유롭고 자율적이며, **인간 행동은 내면으로부터 나오지만 무의식적 동기의 산물이 아니다.**
③ 인간행동을 연구하고, 이해하기 위해서는 **인간의 병리적인 측면보다는 건강한 사람의 행동과 지각에 대해 탐구해야 한다.**
④ 각 개인은 **통합된 전체**로 간주된다.
⑤ 모든 인간은 선천적으로 자기실현을 이루고자 하는 노력 혹은 경향이 있다.
⑥ **소수의 사람만이 자아실현에 완전히 도달**하며, 대부분의 사람은 자신의 욕구를 충족시키고자 하는 갈망을 항상 간직하고 있다.
　　매슬로우의 이론 : 극소수의 사람들만이 자아실현을 달성할 수 있다.(O)
　　매슬로우의 이론 : 대부분의 사람들이 자아실현의 욕구를 달성한다.(X)
⑦ 자아실현의 욕구 외에 **인간은 본능적 요구를 가지고 태어나며**, 이러한 본능적 욕구들은 인간을 성장하게 하고 발달하게 하며 인간 자신을 실현시키고 성숙하게 하는 원동력이 된다.
　　매슬로우의 이론 : 인간의 욕구는 자신을 성장하도록 동기부여 한다.(O)

2 주요 개념

(1) 매슬로우의 전반적 입장 : 내적 본성
① 인간은 본질적으로 생물학적인 내적 본성을 가지고 있는데, 여기에는 성장과 자아실현을 위한 기본적인 욕구와 충동이 포함된다.
② 우리는 모두 특수한 소질이나 기질, 능력 등을 가지고 있기 때문에, 이러한 **내적 본성의 일부는 종보편적(species-wide)이며 일부는 개인 특질적(idiosyncratic)이다.**

③ 내적 본성은 자아실현을 향해 나아가도록 하는 긍정적인 힘인데, 이것은 마치 도토리가 떡갈나무가 되기 위해 힘을 받는 것과 같다. 여기에서 길잡이 역할을 하는 것은 환경이 아니라 **내적 본성**이다.
④ **내적 본성은 동물의 본능처럼 그렇게 강하지 않다.** 오히려 그것은 미묘하고, 섬세하며, 여러 가지 면에서 약하다. 그것은 학습이나 문화적 기대, 공포나 비난 등에 의해 쉽게 기가 꺾인다.
⑤ 자아실현을 향한 충동과 더불어 내적 본성은 비록 약하기는 해도 완전히 사라지지는 않으며 성인기에도 여전히 남아 있다.
⑥ 자아실현을 이룬 사람들은 성인이 되어서도 **내적 본성이나 성장을 향한 충동에 여전히 반응적이다.**

(2) 욕 구

① **제1의 형태** : 기본적 욕구 혹은 결핍성의 욕구(deficiency need, 결핍동기) [⑭]
 ㉠ 삶을 유지하기 위한 호흡, 배설, 수면, 식욕, 성욕, 음식, 물, 쾌적한 온도, 신체의 안전, 애정, 존경의 욕구를 말하며, 이러한 욕구로 인해 생기는 동기를 말한다.
 ㉡ 매슬로우는 신경증이 결핍성 질환이라고 보았다. 즉, 기본적 욕구의 만족이 결핍되는데서 신경증이 생긴다고 하였다.
② **제2의 형태** : 성장욕구(meta need, 메타욕구, 성장동기) 혹은 자기실현 욕구 [④⑦]
 ㉠ 잠재능력, 기능, 재능을 발휘하려는 욕구이며, 이러한 욕구로 인해 생기는 삶을 창조하고자 하는 동기, 즉 **자신의 잠재력을 실현하고 자기를 완성하고자 하는 동기**를 말한다.
 ㉡ 결핍동기만큼 본능적이거나 선천적인 것은 아니지만, 심리적 건강을 유지하고 완전한 성장을 이루려면 성장욕구를 만족시켜야 한다.
 ㉢ 결핍동기를 만족시키면 긴장이 완화되지만 성장동기를 만족시키려면 오히려 긴장이 증가한다.
  (예: 즐거움을 맛보기 위해 험한 산을 오름으로써 성장동기를 만족시키려는 것은 신체적 어려움이 수반).

3 욕구단계이론 [⑤⑦⑨⑪⑬⑲㉑]

(1) 개 요

① 인간의 행동을 일으키는데 있어 직접적 영향을 미치는 **다섯 가지 욕구의 위계체계**(hierarchy of needs)를 제안했다.
  ※ 매슬로우의 이론 : 연령에 따른 욕구단계를 구체적으로 제시하였다.(X)
② 인간의 욕구는 생리적 욕구, 안전의 욕구, 소속과 애정의 욕구(사회적 욕구), 자기존중의 욕구(자존감의 욕구), 자아실현의 욕구의 순서로 나타난다.
 ㉠ 인간의 욕구는 그 중요성과 강도에 따라 위계적으로 배열되어 있어 일반적으로 **위계서열이 낮은 욕구일수록 강도와 우선순위가 높다.**
 ㉡ 보편적으로 하위단계 욕구가 **어느 정도 충족된 후** 상위단계의 욕구를 충족시키기 위한 노력을 경주한다.
  예 만약 생리적 욕구가 85% 정도 충족되면, 안전욕구는 70% 정도, 소속과 애정의 욕구는 50%, 자존의 욕구는 40%, 그리고 자아실현의 욕구는 10%가 충족된다.
  ※ 매슬로우의 이론 : 상위단계의 욕구는 하위단계의 욕구가 완전히 충족된 이후에 나타난다.(X)

제11장 **인본주의 이론** 221

ⓒ 위계구조가 절대적인 것이 아니므로 단계적 배열에 예외가 있을 수 있다.
　예) 단식을 해가며 자기의 이상을 주장하는 사람, 나라를 위해 목숨을 걸고 참전하는 사람, 구도를 위해 사랑하는 가족을 떠나는 사람 등
　매슬로우의 욕구단계 : 단계순서는 절대적이다.(X)
③ 개인에 따라 차이가 있고 특정 시기에 강하게 나타나는 욕구가 있긴 하지만 **모든 욕구가 동시에 존재한다.**
　㉠ 다섯 가지 욕구는 동시에 일어날 수 없다고 전제한다.
　㉡ 두 가지 이상 욕구가 동시에 나타나기도 한다.
　㉢ 한 번에 2가지 이상의 욕구가 발생한다.

(2) **욕구단계** [①⑥⑦⑤⑱⑲⑳㉑]
① **생리적 욕구(physiological needs)** : 생물학적 유지와 직접적으로 관련되어 있는 것(예) 음식, 수면, 성의 욕구 등)으로 **인간의 욕구 중에서 가장 기본적이고 가장 강렬하며 분명한 욕구이다.**
　매슬로우의 이론 : 자아실현의 욕구는 인간의 모든 동기 가운데 가장 강력한 동기이다.(X)
② **안전욕구(safety need)** : 안전, 안정, 보호, 의존, 질서, 구조, 제한성 및 불안과 공포로부터의 해방 등과 같은 욕구를 말하며, 은행에 돈을 저축하고, 보험에 가입하며, 안정된 직장을 얻는 것 등이 좋은 예이다.
　매슬로우의 이론 : 안전의 욕구는 소속과 사랑의 욕구보다 상위단계의 욕구이다.(X)
③ **소속과 애정의 욕구(need for belonging & love)** : 사랑, 애정, 가족이나 집단에 대한 소속감, 결혼하여 가정을 이루고자 하는 것, 우정, 친분, 사람들과 시간을 함께 보내는 것 등이 있다.
④ **자존의 욕구(self-esteem need, 자아존중감의 욕구)** : 자존감의 욕구는 2가지 유형이 있는데, 자기에 대한 존중과 타인으로부터의 존경이다.
　㉠ **자기에 대한 존중** : 개인 스스로가 가치 있다고 생각하며 능력, 신뢰감, 개인적인 힘, 적합성, 성취, 독립, 자유 등의 개념을 가지는 것이다.
　㉡ **타인으로부터의 존경** : 수용, 주목, 평판, 인정을 포함하며, 타인들로부터 좋게 인식되고 평가받음으로써 자신이 가치 있는 사람이라고 느끼는 것이다.
⑤ **자기실현 욕구(self-actualization need, 자아실현 욕구)**
　㉠ 자아실현이란 자아의 완전한 발달을 의미하며, 자신의 모든 잠재력과 능력을 최대한 발휘하여 자기가 원하는 사람이 되는 것을 말한다.
　㉡ 내면적 자아의 모든 가능성, 잠재성, 경향성을 실현(포부실현)한 사람들, 자발성, 창조성의 욕구를 말한다.
　매슬로우의 이론 : 자아실현의 욕구는 가장 상위단계에 있는 욕구이다.(O)

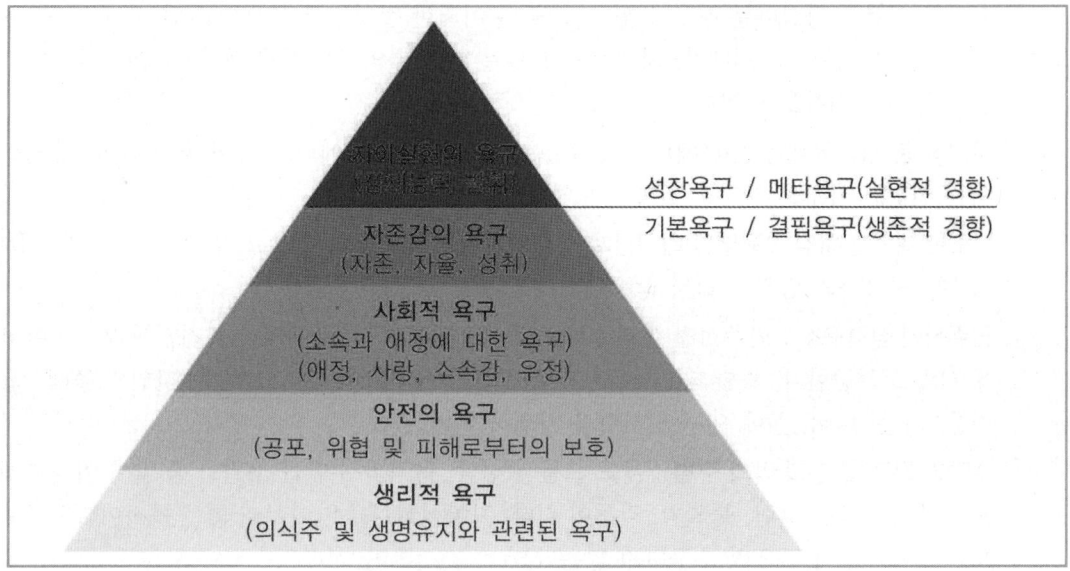

■ 매슬로우의 인간욕구단계 ■

4 자아실현인(자기실현자)의 특징 [②③⑧⑬]

① **효율적인 현실지각(정확한 현실 인지)** : 사람과 사물을 객관적으로 지각한다. 즉, 자신의 소망, 감정, 욕망으로 인해 현실을 왜곡하지 않으며, 환경에 대한 분석이 객관적이고 거짓과 부정직을 감지하는 능력이 있다.

② **본성, 타인 및 자기 자신에 대한 수용** : 자기의 약점과 장점, 각종 성향을 부끄럽게 생각하거나 죄책감을 가지지 않고 자신의 본성 그대로를 받아들인다.

③ **솔직성(순수성), 자발성 및 자연스러움(자연성)** : 삶의 모든 측면에서 가식이 없고, 솔직하며, 자연스럽고 자발적임을 말한다.

④ **자기 자신 이외의 문제에 대한 몰두(문제중심)** : 자기중심이 아닌 자신 밖에 있는 문제나 일에 초점을 맞추는 것을 말하며, 그 문제는 자신만을 위한 것이 아니라 인류 전체와 단체적 삶에 대한 사명감 내지 책임감에서 나온 것이다.

⑤ **분리감 및 사생활에 대한 욕구(초연함)** : 혼자 있기를 좋아하고, 홀로인 것에 개의치 않음. 즉, 보통사람들보다 고독과 프라이버시를 즐긴다.

⑥ **자율적 기능(자율성)** : 자율적인 성향을 띠고 있을 뿐 아니라 물질적 사회적 환경으로부터 비교적 독립적인 태도를 보이고 있다. 이 같은 독립심은 어려운 시기나 좌절상황에 직면하더라도 비교적 안정감을 갖게 한다.

⑦ **계속적인 감상의 신선함(계속적인 신선한 감상력)** : 고정관념의 틀에서 벗어나 경이, 기쁨, 황홀감을 가지고 삶을 신선하고 순수하게 계속해서 감상할 수 있는 능력을 가지고 있다.

⑧ **절정경험(peak experience, 신비로운 경험)** : 종교적 경험과 유사한 강렬하고 저항할 수 없는 황홀한 기쁨을 경험하는 경우가 있다. 그들은 이러한 절정경험을 하는 동안 자아는 초월하게 되고 자신감, 결정감, 지배감, 성취감 등과 같은 심오한 의식을 갖게 되며, 자신이 몰두하고 있는 활동에서 쾌감을 느낀다.

⑨ **사회적 관심(공동체감, 인류애)** : 매슬로우는 공동체감 때문에 자아실현인들이 인류를 돕고자 하는 진정한 욕구를 가지고 있다고 보았다.

⑩ **심오한 대인관계(깊고 풍부한 대인관계)** : 대인관계가 피상적이지 않고 깊고 풍부하지만, 가까이 지내는 사람들의 범위는 넓지 않는다.

⑪ **민주적인 성격구조** : 민주적인 성격특성을 가지고 있으며, 누구에게나 조건없이 우호적이며 모든 사람을 존중한다. 또한 타인들로부터 무엇인가 기꺼이 배우려고 하며, 타인의 출생, 인종, 혈통, 가문, 나이, 힘에 의하여 사람을 차별하지 않는다.

⑫ **수단과 목적 및 선과 악의 구별** : 옳고 그름과 선악, 목적과 수단을 구별할 줄 알아 이에 대해서 보통 사람이 겪는 혼란, 불일치, 갈등이 적다. 자아실현인들은 아무리 좋은 목적이라도 수단이 도덕적으로 옳지 않으면 추구하지 않는다.

⑬ **철학적인 유머감각(철학적이고 적개심이 없는 유머감각)** : 다른 사람에게 상처를 주거나 어떤 특정한 사람을 놀림감으로 삼는 종류의 유머를 좋아하지 않는다. 그들의 유머는 폭소를 자아내기 보다는 이해의 미소와 고개를 끄덕이게 하는 철학적인 유머이다.

⑭ **창조성(창의성)** : 창의성은 자아실현인의 공통된 특성으로 창의성 여부에 따라 자아실현 여부를 알 수 있다. 창의성은 반드시 시, 미술, 음악, 과학 등에서 나타날 수 있는 비범한 재능이나 천재성이 아니라 자연적이고 비제도적인 것을 의미한다.

⑮ **문화의 내면화에 대한 저항(문화적 동화에의 저항)** : 자아실현인은 자신의 문화를 대부분 인정하지만 무조건 동의하지는 않는다. 권위에 대한 무조건적인 반항적 태도를 보이지 않으며, 인습을 고집하지 않는다. 또한 현실적인 입장에서 참을성 있게 대처해 가며, 문화에 대한 비판력을 가지고 자유롭게 의사를 결정하는 주체적인 면을 보여준다.

5 매슬로우 이론의 평가

(1) **이론의 한계점** [⑩⑪]

① **연구방법에서 비판**을 받고 있다. 자아실현에 관한 정보를 수집하는 방법에서 자료를 이끌어내기 위한 표본이 모집단에 비해 너무 적기 때문에 일반화하기에 어려움이 있으며, 실험자료의 해석과 전기적 자료의 분석의 방법을 명시하지 않았다.

② **관찰하거나 검증될 수 없는 부분이 많고 과학적인 방법론이 취약**하며, **지나친 획일성**으로 인해 개인 차이나 상황을 고려하지 않았다.

③ 성장욕구, 메타병리, 절정경험, 자아실현 등과 같은 **개념들은 명료성이 부족하고 모호한 점이 많다**는 것이다.

④ 건전하고 창조적인 인간을 너무 강조한 나머지 **인간행동에서 내적인 측면과 환경에 의한 영향을 무시**하고 있다.
⑤ 인간욕구의 우선순위가 사람에 따라 다양성을 보일 수 있기 때문에 욕구의 단계가 순서적으로 일어난다고 볼 수는 없다. **사회의 가치에 따라 욕구계층의 순서가 바뀔 수도 있음을 간과**하였다.
⑥ **연령에 따른 욕구의 발달단계를 구체적으로 설명하지 않았다.**

> 매슬로우 비판 : 유기체적 평가과정, 완전히 기능하는 인간 등의 개념이 추상적이고 모호하다는 비판을 받았다.(X)

(2) 사회복지실천의 함의 [⑭]

① **인간 본성에 대해 긍정적으로 바라보는 관점**은 사회복지실천에 중요한 시사점을 제공한다.
② 욕구단계 이론은 사회복지사가 **클라이언트의 욕구평가(욕구사정)를 하는데 유용**하게 활용하고 있다.
③ 인간이 추구해야 할 **진실한 삶의 형태**를 잘 제시해 주고 있다.
④ **사회복지사는 우선 클라이언트의 기본욕구(즉, 생리적 욕구)가 충족되도록 원조**해야 한다. 즉 클라이언트의 기본욕구가 충족되고 나면, 더 높은 단계의 욕구를 다룰 수 있게 된다.

김 진 원   OIKOS   사 회 복 지 사 1 급   통 합 이 론 서   1 교 시

제4부

사회환경에 대한 이해

제12장 사회체계이론
제13장 사회체계로서의 가족, 집단
제14장 사회체계로서의 조직·지역사회·문화

사회체계이론

제4부 **사회환경에 대한 이해**

제12장 회차별 출제빈도, 출제비중 및 출제논점 1, 2, 3순위

10회 2012	11회 2013	12회 2014	13회 2015	14회 2016	15회 2017	16회 2018	17회 2019	18회 2020	19회 2021	20회 2022	21회 2023	22회 2024
1	2	1	-	1	2	3	4	2	4	4	3	4

출제 비중	출제 논점		
	1순위 ☺	2순위 ※	3순위 ☆
03.5	① 주요개념: 체계, 경계, 홀론, (넥)엔트로피, 환류...	① 생태적 체계의 구성	① 사회복지실천에의 유용성

1순위 스마일표시(☺) : 출제 빈출도가 높은 부분으로 무조건 시험에 출제되는 영역
2순위 당구장표시(※) : 나왔다 안 나왔다 하는 영역이지만 출제가능성 높은 영역
3순위 별 표(☆) : 출제 된 적이 있긴 하지만 다시 출제될 가능성은 다소 떨어지는 영역

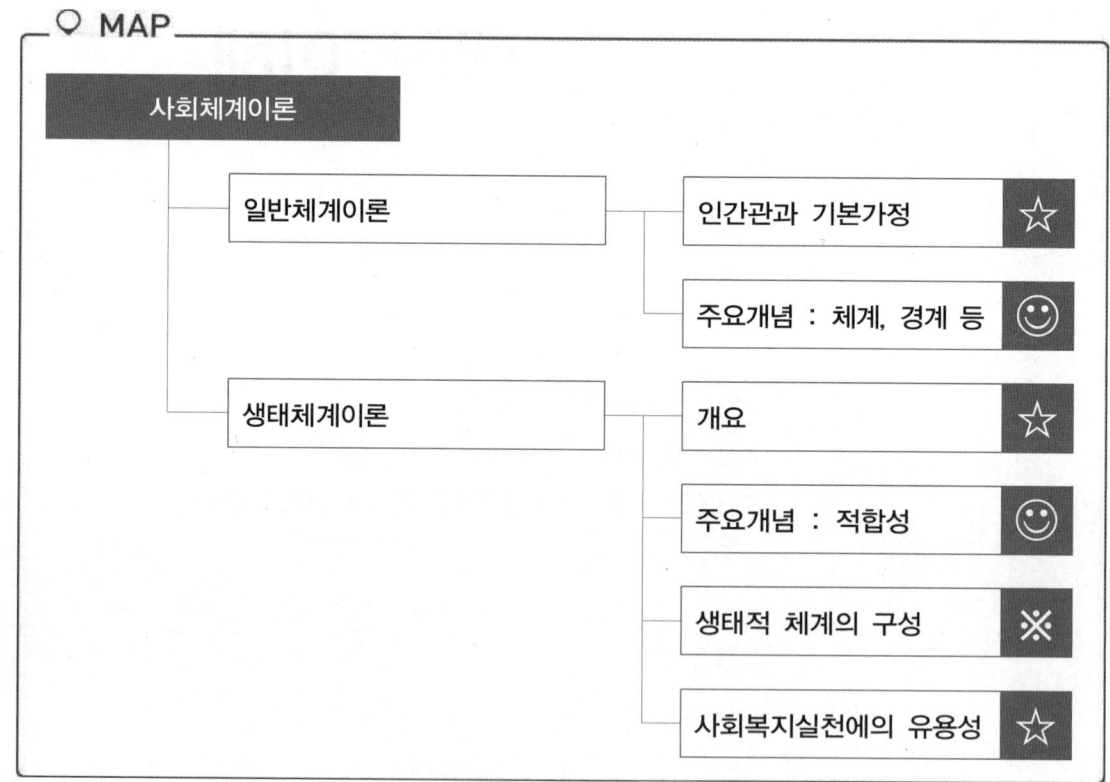

01 일반체계이론(general system theory)

❶ 개 요
① **의의** : 전체는 부분들의 집합 이상으로 부분들 간의 상호작용과 상호의존적 관계를 통해서 체계의 한 부분의 변화는 전체로서의 체계와 체계 내의 모든 부분에 영향을 미친다는 이론이다.
② **이론 제시** : 생물학자인 **버탈란피**(Ludwig von Bertalanffy)에 의해(1937년 개발) 1940년대 처음으로 제시되었으며 1960년대 이후 주목받기 시작했다.
③ **사회복지에 도입 응용** : 핀커스와 미나한은 4체계 모델, 콤튼과 갤러웨이는 6체계 이론

❷ 인간관과 기본 가정

(1) 인간관
① 인간을 통합된 하나의 체계로 간주하는 전체적 인간관
② 환경과 상호작용하는 인간

(2) 기본 가정 [③]
① 체계는 어떤 형태의 규칙적 **상호작용이나 상호의존성에 의해 통합된 조직**이다.
② 체계는 부분들 간의 지속적인 관계를 맺음으로써 **비교적 안정된 상호작용 유형**을 지니고 있다.
③ 체계는 **다양한 수준에 걸쳐 존재**한다.
④ 체계는 자체적으로 다른 체계와 구분되는 경계를 가지지만 **상호 간의 교환과 침투**가 이루어진다.
⑤ 사회체계의 생활은 그 참여자의 활동을 단순히 합산한 것 이상이다(**비총합성, 비합산성**).
⑥ 사회체계는 하나의 단위 또는 전체를 형성하는 상호관련된 성원들로 구성되어 있다. 따라서 사회체계의 한 성원의 변화는 전체 사회체계의 속성에 영향을 미친다(**순환적 인과관계**).

❸ 주요 개념

(1) 체계(system)의 개념
① 상호의존적이고 상호작용하는 부분들로 구성된 전체, 즉 '부분들 간에 관계를 맺고 있는 일련의 단위'로 정의된다.
② 인과적인 관계 속에서 직·간접으로 관련된 구성요소들의 복합체이다.

(2) 체계의 구조적 특성
① 개방체계와 폐쇄체계 [③⑥⑧⑩⑯⑰㉑, 실천론 ⑬]
  ㉠ **개방체계**(open system) : 다른 체계와 에너지, 정보, 자원 등을 상호교류하는 체계로, 체계 내 사람들이 환경 또는 다른 체계들과 상호작용을 하는 경우 → **넥엔트로피 속성**

㉮ **반투과성 경계**를 가지므로 **경계가 상대적으로 느슨**해 에너지, 정보, 자원을 다른 체계와 교환한다.
㉯ 체계 내에서 뿐만 아니라, 외부로부터와 외부로의 자유로운 에너지, 정보, 자원의 교환을 통해 체계 자체의 기능을 유지 발전시킬 수 있다.
ⓒ 폐쇄체계(closed system) : 다른 외부체계들과 상호교류가 없거나 교류할 수 없는 체계
㉮ 외부환경과 에너지의 상호교환이 이루어지지 않은 채 고립되어, 다른 체계로부터 투입도 없고 다른 체계로 산출도 전하지 못하는 체계이다.
㉯ 체계가 폐쇄적이면 시간이 지나면서 모든 요소들이 비슷해지기 시작하여 조직과 효과적인 기능의 상실이 초래되는 **엔트로피(entropy) 속성**이 나타나게 된다.

② 대상체계, 상위체계, 하위체계
ⓙ **대상체계**(subject system) : 분석대상이 되는 체계
ⓛ **상위체계**(suprasystem) : 대상체계의 외부에 있으면서 그 체계의 기능적으로 연결되어 영향을 미치는 사회 단위들
ⓒ **하위체계**(subsystem) : 대상체계의 내부에 있으면서 내부의 다른 하위체계의 단위들과 상호작용하여 체계를 이루는 것

③ 경계와 공유영역
ⓙ **경계**(boundary) [⑤⑥⑨⑳㉒]
㉮ 체계의 외부와 내부 또는 한 체계와 다른 체계를 구분해 주는 일종의 구획, 선, 혹은 침투성을 지닌 테두리로서, 체계의 독특성 혹은 정체성을 유지하는 기능을 한다.
㉯ 체계 내부의 에너지, 정보, 자원의 흐름(투입)과 외부로의 에너지, 정보, 자원의 유출(산출)을 규제한다.
  ⓧ⃝ 경계는 모든 사회체계에서 볼 수 있는 사회적 구조를 말한다.(○)
ⓛ **공유영역**(interface) : 두 개의 체계가 함께 공존하는 곳으로 체계 간의 교류가 일어나는 곳이다. [⑲]
  ⓧ⃝ 공유영역(interface) : 두 개 이상의 체계가 공존하는 부분으로 체계 간의 교류가 일어나는 장소(○)

④ **위계**(hierarchy) [⑰]
체계 내에는 일련의 하위체계가 있고, 이런 하위체계는 그 상위체계에 의존하며, 그 역할과 권력·통제의 양에 따라서 등급이 정해지는데 이것을 **위계질서**라 하고, 이러한 상위체계와 하위체계들 사이의 일련의 관계를 **위계**라 한다.

⑤ **홀론**(holon) [⑰⑲, 실천론 ②]
ⓙ 특정 체계는 그 체계를 구성하고 있는 보다 작은 체계의 입장에서 보면 전체 체계인 동시에 그보다 큰 체계의 입장에서 보면, 그 체계의 부분 또는 구성분자가 되는 현상
ⓛ 희랍어의 holos(전체)의 처음 부분과 proton 또는 neuron(작은 분자)의 끝 부분이 결합되어 형성된 합성어인데, 중간 수준의 체계가 가지고 있는 이중적인 성격을 나타내 주는 말이다.
  예) 인간은 주변환경과의 관계에서는 환경체계의 부분이지만, 인간을 구성하고 있는 신체, 생물학적 체계, 인식체계, 감정체계, 정서체계 등의 하위체계들을 통합하는 전체인 것이다.
  ⓧ⃝ 체계는 부분성과 전체성을 동시에 가지며 위계질서가 존재하는 경우가 많다.(○)

(3) 체계의 진화적 특성

① 균형, 항상성, 안정상태, 호혜성 [⑤⑥⑧⑪⑫⑮⑯⑰⑲㉑㉒]

㉠ **균형(equilibrium)**
- ㉮ **체계가 고정된 구조를 가지고 외부환경과 상호작용하지 않고 새로운 에너지를 투입하지 않으며** 현상을 유지하고자 거의 교류를 하지 않는 것을 말한다. → **폐쇄체계**에서 나타남
- ㉯ **주위환경과 수직적 상호작용을 하기보다 수평적 상호작용**을 하면서 외부와의 교류나 체계의 구조 변화가 거의 없는 고정된 평형 상태를 말한다.
  - 예) 폐쇄적인 관료조직이나 엘리트 집단은 변화보다는 현상유지를 가장 바람직한 상태로 여기면서 다른 조직이나 집단과 거의 교류를 하지 않는다.

㉡ **항상성(homeostasis)**
- ㉮ **위협을 받았을 때 균형을 회복하려는 경향**으로, 이는 환경과 지속적으로 상호작용하면서 정적인 균형보다 역동적인 균형을 이루고 있는 상태이다.
- ㉯ 비교적 안정적으로 균형 상태를 유지하기 위한 체계의 경향으로 균형보다 일정한 수준의 개방체계를 전제로 하며, **체계의 구조는 크게 달라지지 않는다.**
  - 예) 난방기의 온도를 섭씨 25도에서 30도로 맞추어 놓으며, 이 난방기는 25도에서 30도 범위 내에서 자율적으로 변화하는데, 이러한 변화의 폭이 항상성의 범위이다.
  - ⓧ 항상성(homeostasis)은 시스템에서 위기가 왔을 때 불균형을 유지하려는 경향을 말한다.(X)

㉢ **안정상태(steady state)**
- ㉮ 전체체계가 균형을 이루고 있고, 부분들 간의 관계를 유지시키고 쇠퇴하여 붕괴하지 않게 하기 위해 환경과의 융통성 있는 에너지 교환관계를 유지하고 있는 상태이다.
- ㉯ **에너지를 계속해서 사용하고 있는 상태로 균형이나 항상성보다는 더욱 개방적이며 역동적(가장 개방체계)**이다.
- ㉰ 환경과의 교류뿐만 아니라 환경에 적응하기 위해 **체계의 구조를 변화시키는 과정 또는 상태**로서, 체계가 건강한 상태 혹은 안녕(well-being) 상태를 의미한다.
  - 예) 안정상태로 개인-환경의 상호교환을 하고 있는 은퇴노인은 은퇴라는 변화를 이겨내기 쉽다. 그들은 상실한 직업적 역할에 집착하는 대신 새로운 취미를 익히고, 새로운 친구를 사귀며, 새로운 역할을 맡는다. 또는 가정 내에서 자녀가 성장함에 따라 자녀에 대한 규율과 관리를 융통성이 있게 변화시킴으로써 부모의 권위를 긍정적으로 유지시키는 경우이다.
  - ⓧ 균형(equilibrium) : 환경과 상호작용하기 위하여 체계의 구조를 변화시키는 과정 또는 상태(X)

㉣ **호혜성(reciprocity)** : 한 체계에서 일부가 변화하면, 그 변화가 모든 다른 부분들과 상호작용하여 나머지 부분들도 변화한다는 개념이다. → **순환적 인과성을 의미**
  - 예) 회사에서 간부 직원이 바뀌었을 때, 파생적으로 나타나는 조직의 변화 및 직원 역할의 변화 등을 들 수 있다.

② 엔트로피와 넥엔트로피, 그리고 시너지 [⑤⑥⑧⑪⑫⑮⑱⑲㉒㉒, 실천론 ⑪②③]

㉠ **엔트로피(entropy)**
- ㉮ 체계 구성요소들 간의 **상호작용이 감소함에 따라 유용한 에너지가 감소하는 상태**를 말한다.
- ㉯ 체계 내의 질서, 형태, 분화가 없는 무질서한 상태로서 **폐쇄체계의 특징** → 체계가 해체하는 방향으로 진행함
  - 예) 가정 안에서 부부 사이가 좋지 않아 서로 대화가 없어지고 긴장이 흐르면 부모-자녀 관계도 불안정해지고 자녀들이 일탈에 빠질 수 있는데, 이러한 역기능적 행동이 증가한다.

ⓒ 넥엔트로피(negentropy, 네겐트로피, 부적 엔트로피)
- ㉮ 체계 외부로부터 에너지를 유입함으로써 **체계 내부에 유용하지 않은 에너지가 감소하는** 상태를 말하며, 체계를 유지하고, 발전을 도모하고, 생존하는 것을 의미한다.
- ㉯ 체계 내에 질서, 형태, 분화가 있는 상태로 **개방체계의 특징** → 체계가 성장 발달하는 방향으로 진행함
    - 예) 이혼 위기에 처한 부부가 상담을 받아 관계가 회복되는 계기를 맞게 되고, 외부 전문가의 도움으로 부부 간의 불화가 개선되고 긴장이 감소되었다.
    - 넥엔트로피(negentropy) : 체계내부의 유용하지 않은 에너지가 감소되는 상태(O)

ⓒ 시너지(synergy) [⑫⑮⑱⑲㉑]
- ㉮ 체계 내 유용한 에너지 증가하는 것을 말하는데, 이는 **체계구성요소들 사이에 상호작용** 증가하면서 나타난다. → 개방적이고 살아있는 체계(**개방체계**)에 적합
    - 시너지(synergy)는 폐쇄체계의 특징과 관련이 있다.(X)
    - 홀론(holon) : 외부와의 상호작용으로 체계 내의 에너지가 증가하는 현상 또는 상태(X)
    - 시너지는 체계 내에 유용한 에너지가 증가하는 것이다.(O)
- ㉯ 체계 내부 간 또는 체계외부와의 상호작용이 증가함으로써 **체계 내의 에너지양이 증가하는 것**이다.
    - 예) 이혼 위기에 처한 부부가 외부 전문가의 도움으로 관계가 개선되면 가족 전체 분위기가 긍정적으로 변하고 예전에 없었던 가족모임과 행사에 적극 참여하고 자녀들은 더욱 성숙해지는 등의 긍정적 변화가 나타난다.

③ 긴장 [⑥]
- ㉠ 복잡한 적응체계의 불가피한 속성으로 간주되며, 체계가 환경과 상호작용할 때 그 체계가 진화하는 데 있어 긴장은 자연스러운 속성인 것이다.
- ㉡ **파괴적 혹은 건설적으로 나타나지만 긴장 그 자체에 대해서 긍정적이거나 부정적 가치를 부여하지는 않는다.**
    - 예) 외부체계에 개방적인 가족은 스트레스를 느낄 기회가 더 많지만 그 스트레스를 처리할 수 있으며, 이러한 긴장의 결과로 성장할 수 있다.

(4) **수평적 상호작용과 수직적 상호작용** [⑪]
① **수평적 상호작용** : 체계 내에서 이루어지는 상호작용
- 예) 가족이라는 체계를 기준으로할 때, 부모자녀 혹은 형제관계 간의 상호작용
- 균형은 환경과 수직적 상호작용보다 수평적 상호작용 선호한다.(O)

② **수직적 상호작용** : 경계를 넘어 두 체계 간에 발생하는 상호작용
- 예) 가족이라는 체계를 기준으로 할 때, 자녀와 학교교사 간 상호작용, 부모와 직장상사 간 상호작용

(5) **체계의 행동적 특성(과정적 특성)**
① **의사소통(communication)** : 두 사람 또는 그 이상의 개인들 사이에서 정보를 전달하는 체계이며, 개인들 간의 관계를 형성하는 기반이 되는 축적적인 상호교환이다.

② **투입-전환-산출의 과정** : 모든 체계는 투입 – 전환 – 산출이라는 교환과정을 통해서 환경과 교류한다. [③⑨, 실천론 ⑬]
  ㉠ **투입(input)** : 체계가 환경으로부터 에너지, 사물, 정보 등을 받아들이는 과정을 말하며, 체계의 생존과 성장을 위해서는 외부환경으로부터 적절한 투입이 있어야 한다.
  ㉡ **전환(through-put)** : 체계 내부로 투입이 이루어지고 나면, 체계는 투입된 에너지를 자신에게 적절하게 변형시키게 되는 재조직화 과정을 거치게 되는 것을 말한다.
  ㉢ **산출(output)** : 체계 내에서 변형된 에너지를 환경으로 방출하는 것을 의미하는 것으로, 산출과 관련된 일반체계이론의 주요 개념으로 동등종결성과 다중종결성이 있다.

③ **동귀결성(equifinality, 동일결과성)과 다중귀결성(multifinality, 다중종결성)** [⑨㉒, 실천론 ⑬]
  ㉠ **동귀결성(동등종결성)**
    ㉮ 처음의 조건이 어떠하든 그리고 수단이 어떠하든 그 결과는 동일하다는 개념으로, 투입이나 전환에 관계없이 동일하다는 의미
    ㉯ "다양한 출발에서 시작해서 동일한 결과에 이른다."는 뜻으로, 체계들이 개방되어 있어 서로 교류를 하고 있을 경우 **동일한 목적을 달성하는 방법은 여러 가지가 있을 수 있다는 것을 의미**한다.
      ㉠ 30대 후반에 실업자가 된 것은 개인의 능력이 부족하다는 한 가지 원인에 의한 결과라기보다는 자본주의 경제구조, 국제적 경제상황, 학력, 국내경기 침체상황, 주변여건 등 여러 가지 원인으로 나타난 결과인 것이다.
  ㉡ **다중귀결성(다중종결성)**
    ㉮ 처음의 조건과 수단이 비슷하다고 할지라도 다른 결과가 야기된다는 것
    ㉯ "똑같은 출발에서 다양한 결과에 이른다."는 뜻으로, 유사한 상황에 있는 체계라 할지라도 체계 내의 구성요소들 간의 상호작용 양상, 또는 **체계들과의 상호작용 양상과 특성이 다르면 최종 상태도 서로 달라질 수 있음**을 나타낸다.
      ㉠ 재혼이라는 하나의 원인으로 인해 행복, 자녀출산, 새로운 가족관계 등 여러 가지 결과가 생길 수 있다.

④ **피드백(feedback, 환류)** : 체계의 작동을 점검하고, 적응적 행동이 필요한지를 판단하여 이를 수정하는 능력 → **순환적 성격을 가장 잘 나타내주는 개념** [④⑤⑰㉒, 기술론 ④⑪⑬]
  ㉠ **정적 환류(positive feedback)** : **적극적 환류, 적극적 피드백**이라고도 하며, 현재의 변화가 **지속되거나 증폭되도록 하는 환류**
    ㉮ 어떤 체계가 A라는 행위를 하고 상대체계가 B라는 반응을 보였을 때, 처음의 체계가 A를 계속하게 되면 B는 정적 환류이다.
    ㉯ 가정에서 일어나는 일탈행동이나 갈등 상황에 대해 정적 환류를 적용하면, 정적 환류는 **최초의 일탈이나 갈등을 증폭시키는 작용**을 한다. → **체계가 한쪽 방향으로 계속 이탈되어 가는 것**
      ㉠ 사춘기 자녀가 반항적인 행동(변화)을 하자 잔소리를 했더니, 자녀의 반항적 행동이 더 많아졌다(결과 : 변화 유지 및 발생).

제12장 **사회체계이론** 233

㉰ 내용이 긍정적이든 부정적이든 관계없이 상황이나 행위, 변화를 지속하게 하면 정적환류가 된다.
- 자녀의 행동에 대해 칭찬을 하면 그 행동이 증가하고, 일탈행동에 대해 잔소리를 하면 일탈행동을 더 하는 것이다. 이때 칭찬과 잔소리 모두 정적 환류이다.

ⓒ **부적 환류(negative feedback)** : 부정적 환류, 소극적 환류, 소극적 피드백이라고도 하며, 어떤 상태나 변화, 새로운 행동이 **부적절하므로 원래 상태로 돌아가게 하는 환류**
  - ㉮ 변화를 극소화시키면서 체계 자체를 유지시키는 환류를 말하며, 이런 환류는 체계 내의 부분만을 변화시키고 체계 전체를 유지시키는 기능을 한다.
  - ㉯ 가족규범으로부터 벗어나려는 행동은 부적 환류를 통해 저지되면서 항상성을 유지하는 데 기여한다. → **체계의 이탈을 수정하거나 변화시키는 것**
    - 밤 9시 이전 귀가해야 하는 가족규칙을 자녀가 어겼을 경우 부모가 꾸중을 함으로써 자녀가 9시 이전 귀가해야 하는 규칙을 지키게 한다(결과 : 일탈감소).

  부적 환류(negative feedback)는 체계가 목적 달성이 어려운 방식으로 움직이고 있다는 정보를 제공하여 체계의 변화를 도모한다.(○)

■ 체계의 투입-전환-산출 과정 ■

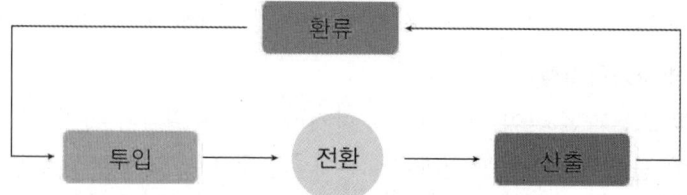

(6) 체계의 기능적 요건(functional imperatives, 사회체계의 역동성) [④]

파슨즈(Parsons)는 사회체계가 안정상태를 유지하기 위해 성공적으로 해결해야 할 네 가지 **기능적 요건**으로 **적응, 목표 달성, 통합, 형태 유지**를 말한다. AGIL이라 부르기도 한다.

① **A-적응(Adaptation) 기능** : 체계가 외부환경으로부터 자원을 얻어 이를 분배하거나 보존하는 활동을 말한다(예 경제제도).

② **G-목표달성(Goal Attainment)** : 체계가 내부적으로 목표의 우선순위를 정하고 그 목표를 달성하기 위해 상위체계인 외부환경과 교류하면서 체계 내부의 구성부분들을 동원하는 기능을 말한다(예 정부, 정치제도).

③ **I-통합(Integration)** : 체계가 내부적으로 부분들의 상호작용을 조정하고 유지하는 활동을 말한다(예 법, 사법기관, 경찰서).

④ **L-형태 유지(Latent Pattern Maintenance and Tension Management, 잠재적 유형유지와 긴장 관리)** : 체계 내에서 발생하는 긴장을 다루는 활동을 말한다(예 종교, 학교). 유형유지는 체계가 목표 달성과 통합을 성취하도록 하는 데 매우 중요한 기능을 수행한다.

02 생태체계이론(ecological theory, 생태학적 이론)

1 개요

① **의의** : 인간이 환경의 제 요소들과 끊임없이 상호교류를 하면서 적응하고 진화한다는 견해로, 인간이 그들의 물리적, 사회적 환경을 변화시키며, 환경과의 지속적인 상호적응 과정을 통해 환경에 의해서 변화된다는 이론이다.

② **이론제시** : 브론펜브레너(Urie Bronfenbrenner)는 인간 발달과정을 분석하는 가운데 체계론적 관점을 확대하여 '생태적 체계(ecological system)'라는 용어를 사용하고 **체계화**하였다.
→ 체계이론과 생태학적 관점을 통합

③ **사회복지에 도입응용** : 저메인과 기터맨(Germain & Gitterman)의 **생활모델**(life model)

④ **생태체계이론(생태학적 이론*)의 특징** [④⑤⑥⑱]

> **생태학적 이론(ecological theory)**
> 자연과학영역에서 생물집단과 환경과의 상호관계를 고찰하는 자연생태학에서 발달한 학문으로, 이를 인간과 생활과 환경과의 관계에 초점을 맞춰 접근한 이론

　㉠ 일반체계이론의 한계점(이론적 추상적 분석적)을 극복하기 위해 **생태학적 관점도입**(실증적 구체적, 환경과 협상하는 개인의 능력)

　㉡ 유기체와 환경 간의 상호관계를 이해하고자 하는데 기여한 학문분야

　㉢ **'환경 속 인간'** 이라는 **총체적 인간관** → 개인과 환경이 상호 간에 영향을 미침 → **상호교류**
　　　⊗ 생태학적 이론 : 환경과의 상호작용에서 인간을 수동적인 존재로 본다.(X)

　㉣ 인간에 대한 **낙관론적 관점**
　　　⊗ 생태학적 이론 : 인간의 병리적 관점을 강조한다.(X)

　㉤ 변화를 위한 유일한 전략이 있는 것이 아니라 **다양한 전략**이 있다고 보는 것

　㉥ 하나의 사례에 대한 개입에 있어 다양한 이론들의 개입을 가능하게 함

④ **생태학적 이론의 기본가정** [⑱⑲⑳]

　㉠ 환경과 상호작용하고 타인과 관계를 맺는 능력은 타고난 것이다.
　　　⊗ 생태학 이론 : 타인과 관계를 맺는 인간의 능력은 환경과의 상호작용을 통하여 후천적으로 습득된다고 전제한다.(X)

　㉡ 유전적 및 다른 생물학적 요인은 환경과 상호작용하는 과정에서 다양한 방식으로 표현된다.

　㉢ 개인과 환경은 상호영향을 미치는 단일체계를 형성한다. 즉, 인간과 환경을 서로 영향을 주고받는 단일체계로 간주한다.

　㉣ 적합성이란 적응적 개인과 양육적 환경 사이의 상호작용을 통하여 형성되는 상호적 인간-환경 과정이다.

　㉤ 인간은 목적지향적이고 유목적적이다. 인간은 유능성을 획득하기 위하여 노력한다. 개인의 환경에 대한 주관적 의미는 발달에 매우 중요하다.

　㉥ 개인을 자연적 환경과 상황 속에서 이해할 필요가 있다. 즉, 개인을 환경과 상황 속에서 이해한다.

ⓐ 성격은 개인과 환경 사이의 상호작용의 산물이다. 즉, 성격을 개인과 환경 사이의 상호교류의 산물로 이해한다.
ⓞ 생활경험에 따라 긍정적 변화가 일어난다.
ⓩ 생활상의 문제는 전체 생활공간 내에서 이해하여야 한다.
ⓒ 내담자를 원조하기 위하여 사회복지사는 내담자의 생활공간에 개입할 준비가 되어 있어야 한다.

2 주요 개념

(1) 적합성, 적응(성) [②⑤⑥⑰⑱⑳㉑]

① **적합성(goodness of fit)** : 개인의 적응적 욕구와 환경의 속성 간의 조화를 이루는 정도를 의미한다. 즉, 인간의 욕구와 환경자원이 부합되는 정도를 말한다.

> 생태체계이론 : 적합성이란 체계가 균형을 위협받았을 때 이를 회복하려는 경향을 말한다.(X)

② **적응(adaptiveness, 적응성)**
㉠ 주변 환경조건에 맞추어 조절하는 능력을 말하는 것으로, 개인과 환경 사이의 좋은 적합성을 유지 또는 강화시켜 주는 환경에 대한 내적 또는 외적 변화이다.
㉡ 생태학적 관점에서는 적응상의 문제를 병리적으로 보지 않으며, 개인적 욕구와 대처가 환경적 자원이나 혹은 지지와 일치되지 못한 것으로 간주한다.

(2) 상호작용과 상호교류

① **상호작용(interaction)** : 개인과 환경이라는 두 가지 요인이 상호간에 영향을 미치지만, 각기 독립적인 정체감을 유지한다.
② **상호교류(transaction)** : 개인과 환경이 상호영향을 미치며, 개인과 환경이 하나의 단위, 관계 그리고 체계로 융합되는 것이다.

(3) 생활 스트레스 요인, 스트레스와 대처

① **생활 스트레스 요인, 스트레스(stress)** : 스트레스란 개인과 환경 사이의 상호교류에서 나타나는 불균형에 의해 야기되는 생리, 심리, 사회적 상태라고 할 수 있다. 스트레스가 발생했다고 해서 항상 문제가 되는 것은 아니다. [⑳]

② **대처 또는 대처기술(coping or coping skill)**
㉠ 대처는 생활 스트레스에 의해 발생되는 욕구를 해결해 나가기 위해 고안된 새롭고 특별한 행동이다.
㉡ 대처능력을 갖추기 위해서는 내적 자원(자존감과 문제 해결 기술이 포함)과 외적 자원(가족, 사회적 관계망 그리고 조직의 지원)이 필요하다.

③ 관계와 역할 및 유능성
  ㉠ **관계(relatedness)** : 인간관계를 형성하거나 타인과 연결될 수 있는 능력으로, 관계를 맺고자 하는 욕망과 능력은 초기의 양육과정에서 시작되고 일생을 통해 상호적 보호행동의 유형을 결정하게 된다.
  ㉡ **역할(role)** : 특정 사회적 지위를 갖고 있는 개인이 타인에게 어떻게 행동해야 하는지에 대한 기대뿐만 아니라 타인이 그 사람에게 어떻게 행동해야 하는지에 대한 기대까지도 포함하고 있다.
  ㉢ **유능성(competence, 역량)** : 사람들의 생활문제를 완화시키는 또 다른 적응전략이며, **개인이 환경과 효과적인 상호작용하는 능력**을 말한다. [⑳]
    ⓧ 생태체계이론 : 적합성이란 개인이 환경과 효과적으로 상호작용을 할 수 있는 능력이다.(X)

(4) 환 경
① **사회적 환경** : 사회 내에 존재하는 다양한 수준의 조직과 조직 내의 인간관계망 또는 사회적 관계망(social network)까지를 포함하는 개념이다.
② **물리적 환경** : 인간에 의해 만들어진 인위적 세계와 자연적 세계를 말하는 것으로 자연환경과 인위적 환경으로 구성된다.
③ **공간과 시간적 리듬**
  ㉠ 공간과 관련된 변인들이 도시지역과 농촌지역 모두에서 개인-환경단위의 적응에 중요한 영향을 미친다고 보고 있다.
  ㉡ 속도 및 기간과 같은 시간적 리듬이 적응과 밀접한 관련성을 지니고 있다고 본다.
④ **문화적 환경** : 생활영역과 거주환경 [⑥]
  ㉠ **생활영역(niche, 적소)** : 지역사회 성원들이 차지하고 있는 직접적 환경이나 지위들을 말한다.
  ㉡ **거주환경(habitat)** : 개인의 문화적 맥락 내에서 존재하는 물리적 사회적 환경과 관련된 개념이다.

3 사회체계(환경체계)에 대한 이해(생태적 체계의 구성) [②⑥⑦⑭⑯⑰⑲㉑㉒]

(1) **미시체계(micro system)**
① **소속체계**라고도 하며, 가족이나 학급 친구들과 같이 개인에게 직접적으로 영향을 미치며 성장함에 따라 변화하는 생태학적 환경을 의미하는 것이다.
  예 아동의 입장에서 보면 부모, 친구, 학교 등이 미시체계에 해당한다.
  ⓧ 거시체계는 인간이 가장 밀접하게 상호작용하는 가족, 친구, 학교 등을 포함한다.(X)

② '**가장 인접한 수준(proximal level)의 환경**'으로 정의된다. 즉 **개인 혹은 인간이 속한 가장 직접적인 사회적, 물리적 환경**들이다.
  ㉠ 개인의 특성과 성장시기에 따라 달라진다.
  ㉡ 건강한 미시체계는 상호 호혜성에 기반을 두고 있다.

(2) 중간체계(mezzo system)

① **미시체계 간의 연결망에 해당하는 것으로, 상호작용 중에 있는 여러 미시체계**를 말한다.
   - 예) 아동의 입장에서 학교(교사)와 가정(부모) 간의 관계, 형제 간의 관계, 가정과 또래집단과의 관계
② 가정과 학교 간의 관계, 학교와 직장 간의 관계와 같이 개인을 둘러싸고 있는 두 가지 이상의 환경에서 일어나는 과정과 연결성을 말한다.
③ 여러 미시체계가 각기 다른 가치관을 표방할 때 잠재적 갈등의 위험이 따른다. 예를 들면, 또래집단은 음주, 흡연, 비행행동을 영웅시하고 격려하지만 부모와 교사는 이러한 행동을 부정적으로 보며 처벌한다.
④ 개인이 새로운 환경으로 이동할 때마다 형성되거나 변화되며, 개인이 다양한 역할을 동시에 수행한다는 의미(예) 가정에서 아들 또는 딸은, 또래집단에서 친구, 학교에서 친구, 운동장에서 운동선수, 직장에서 일꾼 등 역할 수행)가 내포된다.

(3) 외체계(exo system, 외부체계)

① **개인이 직접 참여하지 않은 체계이지만, 그 개인의 발달에 영향을 주는 환경체계**를 말한다.
   - 예) 어린 아동의 경우 부모의 직장, 형제가 속한 학급, 부모의 친구들, 교육청, 대중매체, 문화시설 등이 된다.
② 부모의 근무조건, 직장에서의 역할, 책임감 정도, 의사결정 과정에의 참여와 같은 부모의 직업환경(외체계 요인)은 자녀양육에도 강력한 영향력을 갖는다.

(4) 거시체계(macro system)

① **개인이 소속한 문화나 하위문화로 개인에게 간접적 영향을 미치는 것**으로, 특정 문화나 하위문화에서 구조적 특징을 갖춘 미시체계, 중간체계, 외체계들로 구성되어 있다.
② 사회구조적 맥락을 포함하고 있기 때문에 비록 간접적이긴 하지만 강력한 영향력을 행사하며, **역사적·사회적·문화적 세력**(예) 전쟁, 조약, 선거, 입법 따위)**에 의해서 형성되고 수정되는 특징**이 있다.
   - 예) 일반적인 문화, 정치, 사회, 법, 종교, 경제, 교육에 대한 중심 가치관, 그리고 가장 중요한 것으로 공공정책을 포함

> 거시체계(macro system) : 역사적 · 사회적 · 문화적 요인에 의해서 형성되고 수정되는 특성이 있다.(O)

(5) 시간체계

① 브론펜브레너가 처음 발표한 생태학적 모델에는 포함되어 있지 않았으나 생태학적 관점에서 아동을 설명하는 데 필요한 체계로 간주되어 후에 새롭게 포함된 것으로, **시대가 흐름에 따라 달라지는 경험**을 말한다.
② 전 생애에 걸쳐 발생하는 변화와 사회역사적인 환경을 포함하며, 인간의 생에 단일 사건 뿐 아니라 시간의 경과와 함께 연속적으로 일어나는 사건들이 누적되어 영향을 미친다는 것을 보여주고 있다.
   - 예) 결혼관의 변화, 가족제도변화 등

📝 암기법
미국과 **중**국은 **외**국의 국가 중 가장 큰(**거**, **타**) 국가들이다.

■ Bronfenbrenner의 생태적 체계 구성(정옥분, 2016) ■

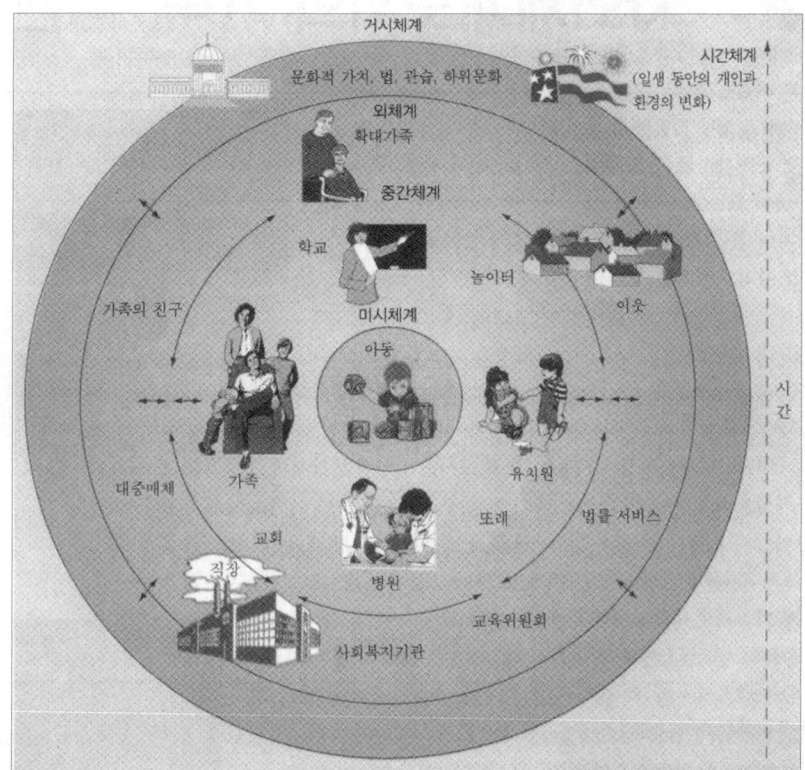

4 사회복지실천에의 유용성 [③⑥⑨⑯⑰㉑, 실천론 ⑬]

① 과거의 어떠한 실천 모델보다 넓은 관점과 관심영역을 포괄하며 문제에 대한 **총체적인 이해를 가능**하게 해준다. → 인간과 환경 간의 균형을 강조
② **개인, 집단, 공동체를 포함한 다양한 크기의 사회체계에 적용(다체계적 접근)**되는 이론으로서 특정 대상에 국한하지 않는다.
③ 개입을 위한 실천 모델을 활용함에 있어 어느 한 가지 모델에 치우치지 않고 보다 **다양한 모델을 절충적으로 선택하고 활용**할 수 있다.
④ **인간과 환경 간의 균형을 강조**하며, 문제에 대한 포괄적인 이해의 틀을 제공한다.
⑤ **문제를 전체체계의 총체성(wholeness) 속에서 이해(맥락적 사고)**하도록 하기 때문에 개입을 할 때에도 어느 한 부분에 치중하지 않고 전체 체계를 변화시키는 전략을 세우도록 해준다.
⑥ 문제를 사정할 때 문제와 관련된 많은 체계들을 접촉하여 정보를 얻어 내므로 개인으로부터 나오는 정보에만 의지하던 과거의 방법보다 **훨씬 다양하고 객관적인 정보를 획득**할 수 있다.
⑦ **사정(assessment)의 도구로도 직접적인 유용성**이 있다. 생태도와 사회적 관계망 지도는 사회복지실천에서 체계적 관점을 대표하는 사정도구이다.

CHAPTER 13 사회체계로서의 가족, 집단

제4부 **사회환경에 대한 이해**

제13장 회차별 출제빈도, 출제비중 및 출제논점 1, 2, 3순위

10회 2012	11회 2013	12회 2014	13회 2015	14회 2016	15회 2017	16회 2018	17회 2019	18회 2020	19회 2021	20회 2022	21회 2023	22회 2024
1	-	-	-	1	2	1	(2)	2	-	-	1	-

출제 비중	출제 논점		
	1순위 ☺	2순위 ※	3순위 ☆
01₂	① 가족체계이론의 기본개념 ② 집단의 유형, 목적에 따른 집단분류	① 사회체계로서의 가족 ② 집단의 유형	① 가족에 대한 기본적 이해 ② 집단의 개념과 특성, 역동성

1순위 스마일표시(☺) : 출제 빈출도가 높은 부분으로 무조건 시험에 출제되는 영역
2순위 당구장표시(※) : 나왔다 안 나왔다 하는 영역이지만 출제가능성 높은 영역
3순위 별 표(☆)   : 출제 된 적이 있긴 하지만 다시 출제될 가능성은 다소 떨어지는 영역

MAP

- 사회체계로서의 가족, 집단
  - 가족체계
    - 가족에 대한 기본적 이해 ☆
    - 사회체계로서의 가족 ※
    - 가족체계이론의 기본개념 ☺
  - 집단체계
    - 집단의 개념과 특성 ☆
    - 집단의 유형 ☺
    - 목적에 따른 집단분류 ☺
    - 집단의 역동성 ☆

01 가족체계

1 가족에 대한 기본적 이해

(1) 개념

사회제도 가운데 가장 오래된 것으로서 인간의 성장과 발달에 필요한 것을 가르치고 양육하는 **1차적인 집단**이다.

(2) 가족의 기능(역할) [⑨, 기술론 ⑭]

① 인구의 재생산 기능(자녀의 출산과 양육, 성관계를 통한 세대 유지 기능)
② 가족원에 대한 보호 기능(아동을 보호하는 기능)
③ 가족의 사회화 기능
④ 성 행동을 규제(부부의 성적 기능) → **사회통제기능**
   ㉠ 성행동을 규제하는 데 실패한다면 개인들 간의 충돌을 일으키게 된다.
   ㉡ 성행동을 적절히 통제하지 못한다면 사회의 혼란이 초래된다.
⑤ 애정의 원천(정서적 지지 기능, 정서적 교류)
⑥ 경제적 기능(경제적인 협조의 단위로서 기능)
   ㉠ 전통적으로 가족은 성별에 따라 일을 나누어 맡는 경제적인 협조의 단위이다.
   ㉡ 가족은 보통 소비단위로 생각하기 쉬우나 생산단위이기도 한다. 즉, 아내의 자녀양육이나 가사노동, 남편이 아내를 돕는 일, 자녀의 가족원 돌보기, 청소하기 등은 모두 생산적인 활동이다.
⑦ 지위와 사회적 역할 부여
   ㉠ 결혼을 통해 가족을 형성하게 되면 부부에게는 남편과 아내라는 새로운 역할이 부여되고 사회로부터의 진정한 성인으로서의 지위를 얻게 된다.
   ㉡ 아동도 역시 가족구성원이 되면서 가족 내에서의 역할과 지위를 갖게 된다.
⑧ 가족의 문화와 전통계승

2 사회체계로서의 가족 [⑧⑩⑬⑰]

(1) 사회체계론적 관점(가족체계이론)에서 가족

① 전체로서의 가족은 가족구성원들의 개인적 특성의 합보다 크다.
   → **비총합성**(nonsummativity)
② 체계의 움직임은 **어떤 일반적 규칙**(family rule, 가족규칙)에 의해 지배되고 있다.
③ 모든 체계는 **경계**(boundary)를 가지고 있으며, 이와 같은 경계의 특성은 체계가 어떻게 기능하는가를 이해하는 데 중요하다.
④ 체계 **한 부분의 변화는 가족체계 전체의 변화**를 초래할 수 있다.

⑤ 가족체계는 완전하지 않으므로 **항상 비교적 안정된 상태를 유지하려는 경향**이 있다. 즉 가족은 변화와 안정성의 균형을 맞추려고 노력한다.
⑥ 체계 간의 **의사소통(communication)이나 피드백(feedback) 기능이 중요**하다.
⑦ 가족 내에서의 개인의 행동은 직선적(linear) 인과관계보다는 원인이 결과이며, 결과가 원인이 될 수 있다는 **순환적(circular) 인과관계**로 보는 것이 이해하기 쉽다.
⑧ 다른 개방체계와 마찬가지로 **가족체계는 목적을 추구**한다.
⑨ 체계는 하위체계에 의해 성립되며, 그 체계는 지역사회와 같은 보다 큰 상위체계의 일부분이다. 즉, **가족은 보다 큰 사회체계에 속하며 많은 하위체계를 포함**한다.
⑩ **가족 내의 구조가 변하면** 가족구성원들의 위치, 역할, 기능이 변하게 되므로 결과적으로 **가족구성원 개인의 행동도 변한다.** → 가족구성원 간 상호 영향은 지속적이다.
⑪ 이 관점에서 보는 **가족의 중요한 과업은 가족구성원의 사회화와 사회통제**가 된다.
⑫ 가족은 **시간이 지나면서 반복되는 상호작용 패턴, 즉 적응과 균형을 추구**한다.
⑬ 가족마다 권력구조와 의사소통 형태를 갖고 있다.
⑭ 한번 구성원은 영원한 구성원으로 남아 있다.

(2) **가족체계의 특성 : 기능적 혹은 역기능적 가족체계** [④⑩⑮⑱]
  ① **기능적 가족체계 → 개방형 가족체계**
    ㉠ 성원 사이에 분명한 경계와 높은 자율성이 있다.
    ㉡ 서로에 대한 깊은 신뢰감이 있다.
    ㉢ 가족규범은 상호작용을 통해 일정하게 유지되면서도, 가족생활주기에 맞게 변화하고, 유연성이 있다.
    ㉣ 부모체계는 서로 연합하여 권력을 가지지만 가족성원에게 위협성이 없다.
    ㉤ 가족생활주기에서 요구되는 과업수행에 융통성이 있고, 적응적 경계인 개방형 가족체계이다.
    ㉥ 환경체계와 구분되면서 개방적이고 융통성이 있고, 적응적 경계인 개방형 가족체계이다.
    ㉦ 가족성원의 역할이 분명하고, 가족생활주기에 따라 유연성이 있다.
    ❌⭕ 개방형 가족체계 : 에너지, 정보, 자원을 다른 체계와 교환한다.(○)

  ② **역기능적 가족체계 → 폐쇄형 가족체계**
    ㉠ 외부체계와 폐쇄적이며, 교류가 없다.
    ㉡ 가족성원 간에 집착도가 심하거나 지나치게 무관심하다.
    ㉢ 성원에게 정형화된 역할 부여, 혼란스럽고 모호한 의사소통을 한다.
    ㉣ 발달과업의 수행에 유연성이 없고, 경직되어 있다.
    ㉤ 가족 간 의사소통의 불일치가 있다.
    ㉥ 가족규범의 융통성이 없다.

3 가족체계이론의 기본 개념

(1) **가족의 하위체계(subsystem)** [⑧]
　① **부부하위체계(spouse subsystem)** : 서로 다른 성을 가진 두 성인이 생리적·심리적·사회적 욕구를 만족시키기 위해 합해질 때 형성되고, 부부는 가족체계의 시작이고 핵심이므로 부부하위체계의 정서적 안정과 원활한 기능은 가족체계의 안녕을 좌우한다.
　② **부모하위체계(parental subsystem)** : 자녀가 출생하면서 부부는 부모로서 기능하게 되며, 부모·자녀관계는 민주주의를 강조한다. 부모하위체계의 중요한 기능은 자녀의 발달을 위한 양육과 적절한 지도·통솔, 그리고 자녀의 사회화이다.
　③ **부모-자녀하위체계** : 부모와 한 자녀, 부모와 모든 자녀는 한 영역 내에서 하나의 기능적인 단위로서 상호작용한다. 다른 하위체계와 다른 점은 다른 세대의 사람들로 구성된 체계라는 점이다.
　④ **형제하위체계(sibling subsystem)** : 자녀들 간의 협동·경쟁심·협상·지지를 배우고 동료관계를 배우는 체계이다.

(2) **가족경계선(boundary, 가족의 경계)** [⑧⑨]
　① 분명한 경계선(명료한 경계선, 유연한 경계선)
　② 밀착된 경계선(모호한 경계선, 애매한 경계선)
　③ 분리된 경계선(경직된 경계선, 유리된 경계선)

■ 가족 구조 내의 경계선 ■

분리된 경계 (경직된 경계선) ─── 분명한 경계 (정상 경계선) ─ ─ ─ 밀착된 경계 (불명확한 경계선) ······

구 분	내 용
밀착된 경계선 = 모호한 경계선 = 애매한 경계선	• 가족 구성원 간의 상호작용에서 그 관계가 지나치게 밀착되어 있고 강력해 **서로의 생활에 지나치게 관여하고 과잉염려를 하는 것을** 일컫는다. • 가족 구성원들 사이의 경계선이 개방적이며 거리감이 없고 소속감이 강한 반면, 독립과 자율성은 부족하다. 　예) 과잉보호, 과잉염려
분리된 경계선 = 경직된 경계선 = 유리된 경계선	• 경계선이 유리된 경우 가족 내의 경계가 심하게 분리되어 가족 성원들 사이의 경계는 경직되어 있고, 지나치게 분명하며, 가족 구성원들 간의 상호교류를 하지 않는 것을 의미한다. • 반응이 필요할 때 반응을 나타내지 않는 경향이 있으므로 의사소통에 어려움이 있고, 가족은 보호적인 기능을 수행하기 힘이 든다. 　예) 부부와 부모·자녀관계에서 지나치게 무관심한 기능부전가족

분명한 경계선 = 명료한 경계선 = 유연한 경계선	• 분명한 경계선은 **안정되고 융통성이 있는 것을 의미**하며, 명확한 경계는 가족 안에서 하위체계 사이에 분리성을 유지하는 데 도움이 되고, 전체 가족체계에 소속되어 있는 것을 강조한다. • 분명한 가족체계에서 가족 성원들이 서로 지지적이며, 상호 간의 자율성을 존중한다. • 경계선이 분명할 때 부모와 자녀들은 가족체계에 속해 있으면서 서로 간에 적절한 독립성과 의존관계를 유지한다.

(3) 개방체계와 폐쇄체계

① **개방체계**(open system) : 외부로부터 그리고 외부를 향한 정보 흐름의 수준이 높은 체계로, **네겐트로피**(negentropy : 변화에의 적응력, 개방성)가 있다.

② **폐쇄체계**(closed system) : 환경과의 상호작용이 없고 자신의 경계 내에서만 작용하는 체계로, **엔트로피**(entropy, 비조직성, 자기파괴성)의 성향이 있다.
  ㉠ 환류(feedback)가 일어나기 어렵다.
  ㉡ **고무울타리**(rubber fence) [실천론 ⑤]
    ㉮ 정신분열증 환자가족에 대한 연구에서 발견된 개념으로 '늘어나고 줄어드는 가족의 심리적 경계' → **병리적 가족의 특징**
    ㉯ 허용할 수 있는 정보는 받아들여지지만 허용할 수 없는 정보는 돌연적이고 독단적인 방식으로 폐쇄하여 배척하는 것이 고무같다고 하여 붙여짐

(4) 순환적 인과관계와 파문효과 [기술론 ⑩⑪⑬]

① 순환적 인과관계(circular causality, 순환적 인과성 원칙)
  ㉠ 단선적 또는 직선적 인과관계(linear causality)와 대립되는 개념으로, 결과로 나타난 한 현상은 그 앞의 원인변수에 의해 한 방향으로 영향을 받아서 나타난 것이 아니라 상호영향을 주고받는 순환과정에서 나타난 현상(A ⇆ B)이다.
  ㉡ 순환적 인과관계 관점을 가지고 가족단위 개입을 할 경우에는 **문제에 초점을 맞춰 문제의 직접적인 원인을 추궁하기보다는 악순환적인 상호작용관계의 맥락이나 양상을 파악하려는 노력이 더욱 중요**하다.

② **파문효과**(ripple effect)
  ㉠ 상호작용의 고리를 형성하고 있는 체계의 한 구성요소에 변화를 주면 그 효과는 다른 구성요소에 영향을 주고 결국 전체체계에 영향을 주게 된다는 것이다.
  ㉡ 하위체계의 변화효과는 상위체계까지 미칠 수 있다.

(5) 가족항상성(homostasis)

① 가족이 안정된 상태로 돌아가려는 경향 또는 균형을 이루려고 하는 속성을 말한다.
② 전문가의 가족 개입 과정에서 가족의 항상성이 작동될 수 있다. [기술론 ⑬]

(6) 환류고리(feedback loops)
정보가 체계에 들어와 적용할 때 체계가 그때까지의 안정을 깨고 일탈을 향해 움직이려는 경향을 증대 또는 감소시키느냐에 따라 **정적 환류와 부적 환류로 구분**하며, **어느 것이 더 바람직한가의 의미는 없다.**

(7) 가족규범(가족규칙)
가족의 항상성 유지를 위해 가족들 간에 지켜야 할 의무나 태도에 대한 지침이나 권리 등이다.

(8) 동귀결성(equifinality, 동일결과성)과 다중귀결성(multifinality, 다중종결)
① **동귀결성(equifinality, 동일결과성)** : 가족체계는 동귀결성의 원칙을 갖고 움직인다. 가족원 한 사람을 희생양으로 삼은 가족을 보면 문제가 어디에서 시작되었건 간에 늘 그 한 사람이 잘못한 것으로 귀결된다.
② **다중귀결성(multifinality, 다중종결)** : 유사한 문제를 갖고 있는 클라이언트라 하더라도 문제의 종결 상태가 항상 동일하지 않다고 할 수 있다.

(9) 가족신화(family myth)
가족구성원들 서로 간에 지켜지는 어떤 신념 내지 기대들로서 구성된다. → 신화는 가족 내의 항상성 유지를 위해 필요하다.

02 집단체계

❶ 집단의 개념과 특성

(1) 집단의 개념
공통의 목적이나 관심을 가지고 있는 2명 이상의 사람들이 모인 집합체로서, 구성원들의 소속감과 규범을 가지고 상호작용을 하면서 일정한 목적을 달성하기 위해 일관되게 행동하는 사회체계이다.

(2) 집단의 특성 [㉑]
① **일정한 규모** : 최소한 2명 이상의 구성원으로 이루어지며, 구성원들 간에 직접적 상호작용을 하지 않을 경우에는 더 이상 집단이라 할 수 없다.
② **공통 목표(목적을 갖는 구조)** : 공통적인 목표를 가지고 있으며, 목표는 명백하기보다는 오히려 암시적이다.
③ **정체성(집단적 정체감)** : 집단의 구성원들은 공통의 집단 정체성을 공유하며, 전체적으로 집단을 인식한다.

④ **배타성** : 집단구성원들의 관계가 개인적인 차원에서 이루어지고 개인의 내부에서 우러나오는 감정에 의해 이루어지기 때문에, 집단은 모든 사회체계 중 가장 배타적이다.
⑤ **자기조직화(내적·자연적 상호작용)** : 집단은 스스로 조직된 것이며, 상호작용은 1차적으로 정서적 맥락에서 이루어지며 집단과 관련된 행동은 이성적인 요소보다 정서적 측면에 의해 나타난다.
⑥ **개인행동에 대한 영향** : 집단은 구성원들에게 **사회화와 사회통제의 기능을 수행**한다. [04]

2 집단의 유형

(1) **게마인샤프트와 게젤샤프트-퇴니스(Tönnies)가 제시**
  ① **게마인샤프트(gemeinschaft)** : 공동사회라는 뜻으로, 비공식적이고 개인적이며, 집단구성원 간의 자발적 의지에 의해 자연적 정서적으로 결합된 절친한 친구 사이의 관계를 말한다.
  ② **게젤샤프트(gesellschaft)** : 이익사회의 뜻으로, 공식적이며 인위적이며 계약적 결합, 즉 판매자와 구매자와 같은 관계처럼 어떤 목적을 이루기 위해 형성된 것이다.

(2) **개방집단과 폐쇄집단 : 구성원의 가입과 탈퇴의 자율성 여부에 따른 구분** [18 21]
  ① **개방집단(open-ended group)** : 구성원의 가입과 탈퇴가 자유로운 집단
    ㉠ 장점 : 새로운 구성원이 계속 들어오면서 집단에 새로운 신념과 가치관이 유입될 수 있음
    ㉡ 단점 : 일정수준 이상의 목적을 달성하거나 구성원의 개별화에는 어려움이 있음
  ② **폐쇄집단(close-ended group)** : 가입에 대한 자격을 분명히 하고 집단 구성 후 새로운 구성원의 유입없이 끝까지 운영되는 집단
    ㉠ 장점 : 집단에 대한 응집력이 높고 집단의 목표와 개별적으로 갖고 있는 목표를 모두 달성할 수 있음
    ㉡ 단점 : 집단구성원 중 중도탈락을 하는 경우에는 집단 운영이 어려워짐

(3) **1차 집단과 2차 집단-쿨리(Cooley)의 구분** [16 18 21]
  ① **1차 집단(primary group) → 감정적인 측면이 강조**
    ㉠ 혈연과 지연을 중심으로 자연발생적으로 만들어진 집단이다.
    ㉡ 가족, 동료, 일상적인 모임과 같은 친근하고 정서적인 모임이다.
  ② **2차 집단(secondary group) → 합리성이 강조**
    ㉠ 목적달성을 위해 수단적 공식적으로 계약에 의해 만들어진 집단이다.
    ㉡ 기업체, 학교, 정당, 정치단체모임, 군대집단과 같은 모임을 들 수 있다.

(4) 자연집단과 형성집단 [16⑱㉑]

① **자연집단(natural group)**
  ㉠ 자연발생적으로 만들어진 집단이다.
  ㉡ 공식적인 지원체계가 없는 것이 특징이다.
  ㉢ 1차 집단과 매우 유사하다.
  > 자연집단은 특정위원회나 팀처럼 일정한 목적을 갖는 것이 특징이다.(X)

② **형성집단(formed group)**
  ㉠ 특정 위원회나 팀(team)처럼 일정한 목적을 갖는 것이 특징이다.
  ㉡ 이 집단은 보통 공식적 규칙과 일련의 과업을 가지며, 설정된 목적을 달성하기 위해 역할에 의해 구조화되고 지위에 의해 층화된다.
  ㉢ 2차 집단과 매우 유사하다.
  ㉣ 형성집단은 집단이 추구하는 목적에 따라 치료집단과 과업집단으로 분류한다.

3 목표(목적)에 따른 집단분류

구 분	핵심내용
치료집단 (treatment group)	• 집단의 공동목적과 성원 개개인의 목적을 모두 다룬다. • 성원의 사회 정서적 욕구를 충족시키려는 목적을 가지며, 한 집단은 여러 가지 목적을 동시에 갖기도 한다. • 자기개방 수준이 높고, 공개적인 의사소통과 적극적 상호작용을 위해서 성원을 격려한다. • 집단의 성공 여부는 성원들의 치료적 목표가 성공적으로 달성되었는가에 근거한다.
지지집단 (support group) [기술론 ⑦⑧⑩]	• 목적 : <u>집단 성원끼리 상호 지지</u>를 통해서 생활상의 문제나 위기를 극복하고 희망과 위로를 얻고자 하는 것 • 특징 : <u>자기 개방 정도가 매우 높은 편</u>. 집단개입의 치료적 효과 중 이타심을 이끌어 냄 예 자녀양육에 어려움을 겪는 한부모 모임, 장애아동을 가진 부모친목 모임, 정신장애인 사회복귀집단 등
교육집단 (education group) [⑤, 기술론 ⑧]	• 목적 : <u>지식이나 정보를 제공거나 기술을 습득</u>하게 하는 것 • 특징 : 자기 개방 정도가 지지집단에 비해 떨어짐. 참여 숫자가 적을 경우 의사소통의 기회가 많아질 수는 있음 예 참부모교육실천 교육집단, 암환자 가족들을 위한 정보제공집단, 청소년 성교육집단 등
성장 집단 (growth group) [②, 기술론 ③⑧⑫]	• 목적 : <u>자기인식 또는 자아성찰, 잠재력 개발 등과 같은 인간의 내적 개발</u>을 통하여 사회적 기능을 향상시키기 위해 구성된 집단 • 특징 : 상호작용이 많고 피드백을 적극적으로 받아들이기 때문에 자기개방 정도가 뛰어남. 성장집단의 결속력은 성원들이 잠재력을 발전시키도록 서로 도와주려는 가운데 발달함 예 청소년을 위한 가치명료화 집단, 학급임원의 리더십 훈련 모임, 부부를 위한 참만남집단, 인카운터 그룹(encounter group), 퇴직준비집단 등

치료/치유집단 (therapy group) [⑤, 기술론 ③⑥⑧⑫⑬]	• 목적 : 성원 문제들이 **치유 받고 회복되거나 증상이 완화될 수 있도록 전문적인 개입** • 특징 : 개별적인 치료 세션보다 새로운 상호작용을 시험해보기 쉽고, 무엇보다도 시간과 인력 차원에서 동시에 여러 사람을 같이 치료할 수 있어 효율적임 예) 약물·알코올·마약중독자 치료집단, 섭식장애 치료집단, 실직자 분노조절 집단, 도박중독재활집단, 발달장애아동집단, 성학대피해자집단, 비행청소년집단 등	
사회화 집단 (socialization group) [기술론 ⑧]	• 목적 : **대인관계나 의사소통과 같은 사회적 관계 행동이나 태도를 습득**하도록 하는 것 • 사회화 집단의 구성 : 사회적 기술훈련 집단, 자치집단, 레크레이션 집단(여가집단) 예) 사회복귀시설이나 지역사회정신보건센터의 정신장애인들, 퇴원한 정신장애인을 위한 사교집단 등	
과업집단 (task group) [⑥⑯⑱, 기술론 ⑤⑥]	• 목적 : 조직 기관의 **문제해결책 모색, 새로운 아이디어 개발, 효과적인 원조전략 수립** 등의 과업수행 목적 • 특징 : 집단과 함께 일하고 노력할 주제에 대한 관심이 많은 사람이나 특별한 재능을 가진 사람들로 구성, 성원의 개인적 성장보다는 방침을 만들어 나가면서 의사를 결정하고 산출물을 만들어내는 것에 집중 예) 팀, 직원발전집단, 처리위원회, 프로그램의 책임을 맡는 행정집단인 위원회나 자문위원회, 이사회 등	
자조집단 (self-help group) [⑤⑦⑨⑱, 기술론 ⑧⑨]	• 목적 : 스스로 돕는 집단, 즉 **정신건강 전문가의 도움을 필요로 하지 않거나 전문가들이 돕기에 한계가 있는** 문제를 지닌 사람들을 위한 집단 • 사회복지사의 역할 : **정신건강 전문가보다는** 특정한 문제를 이미 겪었거나 극복한 사람 또는 집단원들이 차례로 돌아가면서 집단을 이끌게 됨 ✗) 자조집단은 전문가 개입이 필요없다.(X) • 특징 : 집단에 소속된 성원 중 한 사람이 집단지도자 역할을 함 예) 단주모임(AA : Alcohol Anonymous), 단약모임(NA : Narcotics Anonymous), 단도박모임 등 ○) 자조집단(self-help group)은 유사한 어려움과 관심사를 가진 구성원들의 경험을 나누며 바람직한 변화를 추구한다.(O)	

4 집단의 역동성

(1) **집단성원의 내적 역동성**

① 집단에 참여하는 성원들은 자기만이 가지는 어떤 특징(취미, 능력 등)이 있는데 그것은 집단역동성에 영향을 준다. 이런 집단성원들의 상호작용의 결과는 집단과정(group process)의 힘으로 발전하며, 이런 모든 힘들의 총화 또는 조화를 말한다.

② 집단활동에서 성원들의 행동에 절대적인 영향을 주는 집단의 내적 역동성

㉠ 집단 내의 분위기(atmosphere)

㉡ 집단 내의 의사소통(communication patterns)

ⓒ 집단참여(group participation)의 정도
② 집단기준(group standards)
⑩ 사회통제(social control)
ⓗ 우리 감정(we feeling) 또는 동일시
ⓢ 성원 개개인의 행동역할(functional unit act roles of group member)
ⓞ 동질성(homogeneity) 및 이질성(heterogeneity)
ⓩ 집단의 크기(group size)

(2) 집단의 외적 역동성 [②]
① 외적 힘들은 모든 집단활동에 영향을 주며, 어떠한 집단도 사회적 공백 속에서 존재하지 않는다.
② **지역사회의 가치관, 지역사회의 기대, 기관의 목적, 모체집단과의 제휴, 집단들 간의 경쟁(외부 집단과의 경쟁), 그리고 명예와 지위 등,** 이와 같은 힘들은 모든 집단에게 영향을 준다.

5 집단지도자의 역할 [⑧]
① 구성원 개인의 신념과 가치가 집단 내에서 표현하도록 한다.
② 구성원들의 의도와 행동이 조화를 이루는지 살펴본다.
③ 규칙이나 절차를 결정하고 이를 적용해 나가는 형식에 지나치게 집착하게 되면 집단이 면하고 있는 진정한 문제를 해결하는 일에는 소홀해 지기가 쉽다.
④ 하위집단의 형성은 자연현상으로 받아들이고 이것이 전체 집단에 유리하게 작용하도록 도움을 주는 것이 중요함을 인식해야 한다.
⑤ 소수의 의견이라도 수용하여 집단성원 모두가 집단과정에 참여할 수 있도록 함으로써 모든 집단성원의 참여를 촉진해야 한다.

6 사회체계로서의 집단 [⑭]
① 집단은 하나의 사회체계로서 구성원들의 상호작용을 바탕으로 개인의 사회적 관계를 증진시키며, 다양한 욕구를 충족시키고 문제를 해결한다.
② 집단은 구성원들의 활동에 따라 구성원 각자와 사회에 유익하기도 하지만, **긍정적 기능만 수행하는 것이 아니라 부정적인 영향력을 미치기도 한다.**
③ 집단은 다른 집단에 의해 영향을 받으며, 지역사회나 국가의 기대, 가치관, 문화 등에 의해 영향을 받는다.

CHAPTER 14 사회체계로서의 조직·지역사회·문화

제4부 **사회환경에 대한 이해**

제14장 회차별 출제빈도, 출제비중 및 출제논점 1, 2, 3순위

10회 2012	11회 2013	12회 2014	13회 2015	14회 2016	15회 2017	16회 2018	17회 2019	18회 2020	19회 2021	20회 2022	21회 2023	22회 2024
1	2	1	2	1	1	1	1(3)	-	-	1	2	2

출제 비중	출제 논점		
	1순위 ☺	2순위 ※	3순위 ☆
01₂	① 문화체계: 구성요소, 개념, 특성, 기능…		① 조직체계: 집단과의 유사점과 차이점

1순위 스마일표시(☺) : 출제 빈출도가 높은 부분으로 무조건 시험에 출제되는 영역
2순위 당구장표시(※) : 나왔다 안 나왔다 하는 영역이지만 출제가능성 높은 영역
3순위 별 표(☆) : 출제 된 적이 있긴 하지만 다시 출제될 가능성은 다소 떨어지는 영역

○ MAP

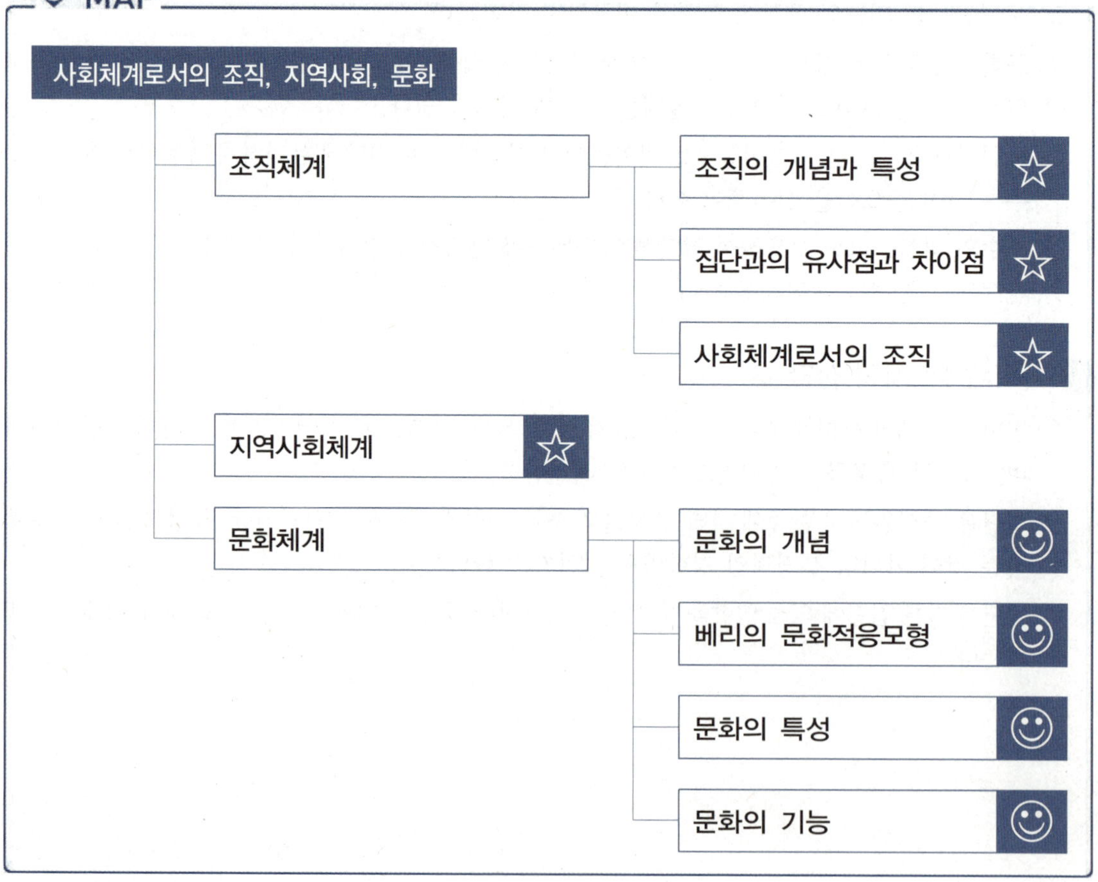

사회체계로서의 조직, 지역사회, 문화
- 조직체계
  - 조직의 개념과 특성 ☆
  - 집단과의 유사점과 차이점 ☆
  - 사회체계로서의 조직 ☆
- 지역사회체계 ☆
- 문화체계
  - 문화의 개념 ☺
  - 베리의 문화적응모형 ☺
  - 문화의 특성 ☺
  - 문화의 기능 ☺

01 조직체계

1 조직(organization)의 개념과 특성

(1) 개념
주어진 목표나 목적을 달성하기 위해 자원과 기술의 사용을 조정하는 사람의 공식화된 집단

(2) 조직의 특성 [②]
① 조직은 특정한 목적을 가진다.
② 조직은 그 조직의 특성에 맞는 일정한 규범을 가진다.
③ 조직의 운영과 유지를 위해 조직 외부로부터 합당한 투입이 있어야 한다. 조직을 운영하기 위해 다른 조직과 교류한다.
④ 권위수준이 다양한 조직은 반드시 권위수준을 계급화한다.
⑤ 조직 간 위계를 갖는 독립조직은 상위조직 혹은 하위조직에 의존한다. 조직의 각 부분은 일정한 기여를 한다.
⑥ 조직은 독특한 문화를 가진다.
⑦ 조직의 경계는 분명하고 투과성이 있어야 한다.
⑧ 조직은 목표달성 욕구가 있다.

2 집단과의 유사점과 차이점 [⑤⑦]

(1) 유사점
① 집단과 조직은 인간에 의한 집합체로 **특정 목표와 문화를 지닌다는 점**에서 양자는 비슷하다.
② **집단의 목표가 뚜렷하고 집단성원의 결합과 집단역동이 강한 소집단은 조직과 유사한 점이 많다.** 이 같은 소집단은 집단성원의 결속력과 책임의식, 집단성원의 집단 내 자유로운 의사소통, 집단의 기능을 평가하는 능력과 의지의 존재 등과 같은 특성을 지니기 때문에 조직과 크게 다르지 않다.

(2) 차이점
① **집단의 목적은** 개인적으로 성취할 수 없는 목적을 달성하기 위해 집단에 가담하는 것임에 반해, **조직의 목적은** 조직이 실현하고자 하는 미래의 이미지로써 현재의 행동을 통제하고 현재의 행동과 반응에 강력한 영향력을 미치는 힘이 되어야 하므로, **집단보다 더 목표지향적이며 관료적 성격이 강하다.**
② **집단은** 공동목표를 위해 성원 간 상호의존과 성원에 대해 서로 잘 알면서 대면에 의해 상호작용하는 두 명 이상의 개인들로, **조직은** 목적이나 임무를 완수하기 위해 특화되고 상호의존적인 행동에 관여하는 사람들의 집합체로 정의된다는 점을 볼 때, **집단의 성원은 조직의 성원에 비해 자율적으로 활동한다**는 점에서 차이가 있다.

③ 조직은 단순한 인간 집합체에서 볼 수 없는 조직에서 강조하는 공식적 상위관계, 노동의 정교한 분배, 투명하게 형성된 구조 등과 같은 특성을 지니며, 뿐만 아니라 조직의 형성은 일단의 사람들이 특정한 계기를 거쳐 특정한 목표를 중심으로 위계적으로 결합한다. 따라서, **1차 집단과 2차 집단, 자연집단과 형성집단, 개방집단과 폐쇄집단 등으로 구분되는 집단의 특성을 조직에서는 찾아볼 수 없다.**

④ 집단과 조직의 구분이 쉽지 않으나 **조직은 집단에 비해 공식적인 지위, 역할과 노동의 배분 및 위계적 구조 등과 같은 특성이 더욱 강하며, 성원의 목적보다는 전체로서의 조직의 목적을 더욱 중시한다는 점에서 차이가 있다.**

3 사회체계로서의 조직 [2⑩]

(1) 체계로서의 조직

조직의 목표 구조 기능에 따라 조직구성원의 행동에 상이한 영향을 미치게 된다. 특히 조직에서 결정한 조직의 목표와 조직이 의도하는 목표가 효율적으로 달성되도록 만들어진 조직의 구조는 조직구성원의 행동에 큰 영향을 미친다.

(2) 사회체계로서의 조직

① 조직은 구체적이고 명백한 목표 달성을 그 목적으로 하는 하나의 사회체계이다.
② 그 목적을 충족하기 위해서 조직구성원들은 비교적 좁은 범위의 행동에 그들 자신을 얽매이게 한다.
③ 조직의 구성원들은 권한과 위계적 통제수단으로 타구성원에게 힘을 발휘한다.
④ 이것은 구성원들에게 주어진 역할에 따르고 체계의 목표에 순응하도록 만든다.

02 지역사회체계

1 개념 : 로스(Ross)의 정의 [②]

① 지리적 지역사회(geographic community)
② 기능적 지역사회(functional community)

2 지역사회의 특성 [①②]

① 지역사회는 물리적 또는 지리적 장소에 의해 제한된 사회체계의 형태이다.
② 지역사회는 공동의 장소에 거주하거나 그곳에서 동일시된 사람과 그들의 사회조직에 초점을 둔다.
③ 지역사회는 그곳에 거주하는 사람들의 삶의 질의 향상을 최고의 목적으로 한다.
④ 지역사회는 그곳에 거주하는 개인에게 서비스를 제공하는 집단이나 조직으로 구성되어 있다.

⑤ 지역사회는 공통적인 욕구와 문제 및 성장과 발달의 기회와 연결된 상호의존적인 사회체계이다.
⑥ 지역사회는 전체 사회의 하위체계로서 개인이 사회와 관계를 맺고 사회가 개인과 연관된 중요한 중간체계이다.

03 문화체계

1 문화의 개념 [17②②]

(1) 개 념
① 공유하는 가치와 믿음, 생활의 일과로 조직된 활동, 감정적인 의미를 지니고 있는 상호작용 경험 등의 혼합체로서, **인간집단의 생활양식의 총체**이다.
② **자연환경적 요인보다 인간의 정신활동을 중시**하며, 시대적 상황에 따라 변화하지만 사회마다 공통적인 문화형태가 존재한다. → 동일문화권에 속하는 사람이라고 동일한 성격을 지니는 것은 아니다.
③ 개별 클라이언트에게 영향을 주는 **거시체계**로, 사회구성원들의 내면세계에 영향을 주어 인간행동에 영향을 미친다.

(2) 문화의 구성요소 [⑯⑰]
① **물질문화(도구문화)** : 기계, 도구, 기구, 건물, 도로, 교량, 공예품, 예술품, 의상, 차량, 장신구, 식료, 약품 등
② **비물질문화** : 가치, 규범, 지식, 언어 등을 말하며, 오늘날 문화의 개념은 비물질적인 것을 말한다.
  ㉠ **관념문화** : **과학적 진리, 종교적 신념, 신화, 전설**, 문학, 미신, 격언, 속담, 민화 등
  ㉡ **규범문화** : **법률**, 명령, 규범, **관습**, 민습, 원규, 금기, 유행, 의식, 예절, 인습, 의례 등
  ⊗ 규범적 문화는 종교적 신념, 신화, 사상 등으로 구성된다.(X)

■ 문화의 형태 ■

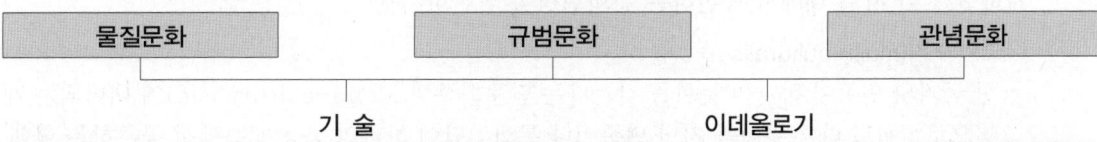

① 관념문화와 규범문화의 중간적 위치에 이데올로기(ideology)가 있고, 규범문화와 물질문화의 중간적 지위에 기술(technology)이 있다.
② 이데올로기는 규범에 의해 지지되는 관념이고, 기술은 인간이 물질 또는 도구를 소유하고 있다고 해서 충분한 것이 아니라 그것을 사용하는 방법(기술)을 알아야 한다.

(3) 문화와 관련된 개념들

① **문명(civilization)** : 한 개인이 행동에서 보이는 일정한 품위를 함축하며, 도시화된 국가 수준의 사회에 대한 약호처럼 쓰인다. 이 정의는 문명이란 용어가 미개 또는 야만이란 용어와 반대되는 개념으로 사용되고 있다.

② **문화변용(acculturation, = 문화접변)** [⑧⑫⑭㉑]
  ㉠ **독립된 문화를 지닌 둘 이상의 사회가 장기간 직접적인 접촉에 의해 한쪽 또는 양쪽의 문화체계에 변화가 일어나는 현상**이다.
  ㉡ 서로 상이한 문화를 가진 두 개 이상의 집단(사회)이 장기간 지속적인 접촉에 의해 어느 한편 또는 쌍방의 문화에 변화를 일으키는 현상을 문화변용이라고 한다.
  ㉢ 문화변용에는 **문화접촉, 문화전파, 문화해체, 반동현상, 문화동화, 문화수용, 문화변형**이 있다.

③ **문화접촉** : 문화변용(문화접변)은 우선 상이한 두 문화의 접촉을 통해 시작된다. **문화 중에서 가장 용이하게 접촉이 이루어지는 것은 물질문화**이다. 규범문화와 관념문화는 어렸을 때부터 원초적 사회화 과정을 통해 마음 속 깊이 내면화될 뿐만 아니라 정서적 애착이 강하며, 집단 간의 이해관계를 내포한 것이기 때문에 접촉에 대한 거부와 저항이 강하다.

④ **문화마찰** : 서로 다른 문화가 접촉하면서 **역사나 전통 따위의 문화적인 차이에 의하여 사고(思考)나 행동 양식에 갈등이 생기는 것**이다. 이는 저마다 자신의 문화의 규준으로 상대문화를 헤아리는 데서 오는 것이다.

⑤ **문화동화(assimilation)** [⑪⑬㉑]
  ㉠ **여러 가지의 독특한 하위문화를 가진 집단이 그 사회의 지배문화로 통합되는 문화현상**을 말한다.
  ㉡ 한 사회 내의 세력이 약한 문화가 세력이 강한 **지배문화와 유사해지거나 지배문화권 속으로 흡수되는 현상**을 말한다.
  ㉢ 주류사회와의 관계는 유지하지만 모국의 문화적 가치는 유지하지 않는 상태를 말한다.
  ㉣ 인종의 용광로는 다양한 문화를 가진 사람들이 섞여 하나의 동질한 문화를 만들어가는 것을 의미하는 것으로 동화주의와 관련된다.

⑥ **문화수용** : 두 개의 이질적인 문화가 접촉을 하면서도 **각각 자체의 문화의 가치관과 특성을 유지하면서 한 사회 내에서 공존하는 문화현상**을 말한다. [⑪]

⑦ **다문화주의(multi-culturalism)** [⑬㉑㉒]
  ㉠ 한 국가나 민족이 하나의 문화를 갖는다는 단문화주의(Mono-culturalism)에 대비되는 개념으로, '서로 다른 문화를 지닌 민족이나 문화집단이 하나의 공동체 속에서 공존하는 형태'를 의미한다.
  ㉡ 인간 사회의 인종적·문화적 동일성과 보편성이 아니라 **문화적 다양성**을 의미하며, 다양한 문화나 언어를 공유하고 상호 존중하여 적극 수용하려는 입장을 취한다.
  ㉢ **인종의 샐러드**는 서로 다양한 문화를 가진 사회 구성원들이 각자의 문화 정체성을 유지하며

사회 내에서 조화로운 통합을 이루어나가게 하는 것으로 다문화주의와 관련이 있다.

> 다문화주의는 인간 사회의 인종적·문화적 동일성과 보편성을 설명하는 용어이다.(X)

⑧ **문화적 상대주의(cultural relativism)**
  ㉠ 어떤 특정 사회의 문화는 그 사회의 특수한 환경과 상황 및 역사적 맥락에서 이해되고 평가되어야 한다는 신념이다.
  ㉡ **문화의 다양성을 인정하고, 각 문화는 그 문화의 독특한 맥락에서 이해되어야 하며, 각 문화의 가치를 인정하고 존중해야 한다는 태도**를 말한다.

⑨ **문화지체(cultural lag)**
  ㉠ 베블렌(T. Veblen)의 기술결정론적 사회변동이론에서 출발하여 **오그번(W. F. Ogburn)**에 의해 제기 및 발전되었다.
  ㉡ 문화의 제 측면의 변화 속도의 차이에서 일어나는 문화의 부조화 현상의 하나로 **물질적 문화의 급격한 변화속도에 규범적·관념적 문화가 적응하지 못하는 경우**를 말하는 것이다.

⑩ **문화층(layers of culture)**
  ㉠ 개인이 접하는 문화의 여러 수준을 의미한다. 한 개인은 국가, 지역, 종교, 언어, 성별, 사회계층, 조직 등과 같은 다양한 수준에서 문화를 복합적으로 형성함과 동시에 각 수준의 문화로부터 영향을 받는다.
  ㉡ 이는 인간이 여러 유형의 집단이나 조직과 같은 생활현장에서 층층이 각 수준의 문화를 가지고 있기 때문이다.
  ㉢ 이들 문화층은 개인과 조화를 이루어 영향을 미치기도 하고, 마찰을 일으킴으로써 갈등을 불러일으킬 수도 있다.

2 베리(J. Berry)의 문화적응모형 [⑬②]

(1) **통합(integration)-동화(assimilation)의 개념 틀에 입각해 이주민들이 주류 문화에 어떤 태도를 취하는가에 초점을 맞춘 분석틀**
  ① 통합과 동화 개념을 기본적인 분석틀로 삼고 있는 베리의 모형은 기존의 주류 집단이 다문화 상황에서 어떻게 반응하는지를 분석하는 데에도 활용된다.
  ② 그러나 이주민들이 기존의 정치 문화는 수용하되, 결혼과 같은 가족 문화에서는 이를 거부할 수도 있는 등 분야별로 각기 다른 전략을 선택할 수 있다는 점에서 실제 적용에는 더 많은 고려가 필요하다.

(2) **이주민들이 자신의 고유문화를 유지하는가와 새로운 주류 문화를 수용하는가의 여부에 기초해 네 가지 문화적응 형태를 제시**
  ① **통합(Integration)** : 이주민이 고유의 문화를 유지하면서 주류 사회의 새로운 문화를 수용하는 형태
  ② **동화(Assimilation)** : 이주민들이 자신 고유의 문화를 포기하고 새로운 문화를 수용하는 형태

③ **분리(Segregation)** : 이주민이 새로운 문화를 거부하고 자신들의 고유문화를 유지하는 형태
④ **주변화(Marginalization)** : 새로운 문화도 거부하지만, 고유문화를 유지하는 데에도 성공하지 못하는 가장 나쁜 상황

> 동화(assimilation)는 주류사회와의 관계는 유지하지만 모국의 문화적 가치는 유지하지 않는 상태를 말한다.(O)

■ 베리(J. Berry)의 문화적응모형 ■

구 분	고유문화 유지	고유문화 포기
주류문화의 수용	통합(Integration)	동화(Assimilation)
주류문화의 거부	분리(Segregation)	주변화(Marginalization)

3 문화의 특성 [④⑤⑥⑩⑭⑮⑰㉑㉒]

(1) 보편성
문화는 그것이 문화 사회이건 미개 사회이건 간에 모든 사회에 존재한다.

(2) 사회성
사회적 동물로서 인간과 문화는 떼어 놓을 수 없는 불가분의 관계에 있다. 바로 이 문화가 다른 동물과 인간을 구별해 주는 기본으로, 이러한 뜻에서 **문화는 비생물학적이고 비유전적**이라 할 수 있다.

(3) 공유성
다른 것들과 공유된다는 속성을 가지고 있다. 즉, 사람들은 그들이 다른 사람들과 다르게 행동한다 하더라도 기본적으로 다른 사람들과 비슷한 행동양식을 보이게 마련이다.

(4) 후천성과 학습성
문화의 특성은 문화가 인간의 출생과 함께 선천적으로 타고난 것이 아닌 후천적으로 학습에 의해 획득된다는 점에 초점을 두고 있다. 즉 생득적이기보다는 사회 속에서 성장하며 학습을 통해 습득된다.

(5) 체계성 또는 통합성(integrated)
문화는 그 내용 하나하나가 별개로 떨어져 있는 것이 아니라 하나의 전체 또는 체계를 이루고 있다. 즉, 각각의 문화 요소는 하나의 전체 속에서 다른 것들과 관련을 이루며 존재하는 것이다.

(6) 역사성[전승성과 축적성(accumulative)]
문화는 한 세대에서 다음 세대로 전승되는 축적성을 지닌다. 새로운 기술은 새로운 형태의 생활양식을 낳는 것이나, 이는 옛 것과의 단절이라기보다 그것에 기초하여 그 위에 세워지는 것이다.

> 문화에 관한 설명 : 지속적으로 누적되기 때문에 항상 같은 형태를 지닌다.(X)

(7) 상징성
모든 문화가 외형으로 드러난 것 외에 속으로 품고 있는 의미가 따로 있음을 뜻한다. 그래서 문화를 사람들의 경험을 해석하고 행동을 유도·규제하는 의미와 상징의 체계로 정의하기도 한다.

(8) **역동성**

문화가 고정되어 존재하는 것이 아니라 특정 문화 내에서뿐만 아니라 문화 간 움직임이 매우 강하게 이루어지고 있음을 의미한다.

> 사회체계로서 문화 : 문화는 외부의 요구와 무관하게 고정되어 있다.(X)

(9) **다양성**

문화의 다양성은 인간사회의 문화형태가 매우 상이함을 일컫는다. 문화의 차이를 의미하는 이 특성은 국가, 지역, 개인별로 지니는 다양한 문화로부터 짐작할 수 있다.

(10) **초유기체적(super-organism) 특성 또는 초개인적임**

문화는 인간에 의해 창조된 것이지만 일단 형성된 문화는 인간으로부터 독립된 자기체계를 가진 독자성을 띠고 있다. 즉, 인간유기체는 문화를 창조, 사용, 전달하는 주체임에도 불구하고 문화는 유기체와 전혀 다른 종류의 현상이다.

4 문화의 기능 [⑪⑫⑭⑮㉑㉒]

(1) **사회화**

① 개인이 사회에서 어떻게 행동하고 어떻게 말하며 어떻게 세상을 인식할 것인가를 가르쳐 주는 지침이 된다.
② 다양한 생활양식을 내면화시켜 개인이 사회에 적응하며 살아갈 수 있게 한다.

(2) **욕구충족**

① 다양한 생활양식을 통해서 의식주와 같은 개인의 기본적인 욕구를 충족시켜 준다. 즉 개인의 생리적·심리적 욕구 충족에 기여한다.
② 개인이 다양한 문화와 접하면서 사회적으로 안정감을 가지고 살아갈 수 있게 한다.

> 문화에 관한 설명 : 개인의 생리적 욕구와 심리적 욕구 충족에 영향을 준다.(○)

(3) **사회통제**

① 개인의 행동양식을 규정하기 때문에 개인들이 대인관계와 사회생활에서 자기의 행동이 상대방에게 어떤 영향을 주고 상대방이 어떤 반응을 보일 것인가를 알고 적절히 행동할 수 있게 한다.
② 사회의 안정과 질서에 악영향을 미치는 문제들을 제거·조절하는 기능을 수행한다.

(4) **사회존속**

① 사회를 유지시키고 존속시키는 데 필수 불가결한 요소이다. 즉, 인간의 행동과 사고에 직·간접적으로 영향을 미치며 세대 간 전승된다.
② 문화가 없이는 사회가 존재할 수 없으며, 사회가 없이는 문화도 존재할 수 없다.

5 문화의 유형

(1) 은둔문화(covert culture)
① 외부에서 손쉽게 파악할 수 없는 감추어진 문화를 말하는 것으로, 인간의 행동이나 사물을 통해서 나타나지 않는 것으로 문화의 내부나 하부에 존재하는 가치관, 내세관을 말한다.
② 은둔문화는 **내재된 문화**(implicit culture)라고도 하며, 나타나 보이지 않지만 인간의 행동과 사고에 크게 영향을 미친다.

(2) 하위문화(subculture)
① **전체 문화의 일부분을 이루는 문화**를 말하는 것으로, 한 사회집단 내에서 다른 것과 구분될 수 있도록 다르게 나타나는 생활양식을 말한다.
② 한 사회집단의 각 부분에서 특징적으로 나타나는 행위양식이나 사고방식을 포함한 생활양식의 차이를 나타내며, 그러한 차이를 통해 사회의 각 부분에 대한 이해를 촉진하고 변화에 적절히 대처할 수 있게 한다(예 빈곤문화).

(3) 절반문화(half culture)
① 어느 한 문화가 완전한 의미의 **독자적인 형태를 이루지 못하고 다른 문화에 의존하는 것**을 말한다.
② 한 민족이나 지역의 문화가 다른 문화에 의존한 것을 말한다.

(4) 민속문화(folk culture)
① **어느 한 민족에서 오랫동안 일반 대중들에게 전승되어 온 전통적인 문화**를 말하는 것으로, 전승된 신앙, 풍습, 의례 등의 형태로 서민생활에 남아 있는 문화이다.
② 민속문화는 도시문화에 대비하여 농촌문화와 비슷한 의미로 쓰이기도 하며, 변화에 따른 적응이 늦으며, 친족 중심적이며 인간관계가 지적 정적인 측면 등을 모두 포함하는 **전인적인 형태를 띤다**.

MEMO

1교시 사회복지기초

제2영역
사회복지조사론
Research Methods in Social Welfare

교과목 개요

본 과목은 사회복지 실천현장에서 사용되는 다양한 양적, 질적 조사방법론을 학습한다. 조사방법의 기초지식으로 조사방법의 기본개념, 형태와 절차 등을 다루고, 양적조사방법으로 척도구성, 질문지 작성, 신뢰도 및 타당도 검증, 표본추출 등 사회조사의 설계와 설문지조사, 면접조사, 관찰, 실험, 내용분석, 욕구조사, 평가조사 등 자료수집방법을 다루며, 질적조사방법으로 조사설계, 자료수집 및 분석방법을 다룬다. 한편 실무에 도움이 될 수 있도록 직접 조사 설계를 하여 자료를 수집하고 분석하는 방법을 다룬다.

교과목 목표

1. 과학적 방법 및 사회복지 조사방법에 관한 기본개념과 기초이론을 학습한다.
2. 양적조사방법론의 설계와 자료수집 방법을 학습한다.
3. 질적조사방법론의 설계, 자료수집 및 분석방법을 학습한다.
4. 조사연구의 설계와 실행을 통해 사회복지조사의 실제 수행능력을 학습한다.

출제 경향 분석

이해 틀	목차 (교과목 지침서에 준함)	10회 2012	11회 2013	12회 2014	13회 2015	14회 2016	15회 2017	16회 2018	17회 2019	18회 2020	19회 2021	20회 2022	21회 2023	22회 2024
사회조사 방법의 기초	제1장 과학과 조사연구방법	4	4	3	2	3	3	4	–	2	2	1(3)	2	3
	제2장 사회조사방법의 기본 개념	3	3	3	3	5	3	2(1)	4(1)	3	2	2(3)	2	2
	제3장 사회조사방법의 형태와 절차	1	2	2	2	(2)	3	1	1	3	1	2(1)	2	2
사회조사 방법의 설계	제4장 질문지 작성	–	1	–	1	–	1	–	1	1	(3)	–	–	
	제5장 측정과 척도	1	2	2	1	1	1	3	2(1)	2	3	3	3	3
	제6장 신뢰도와 타당도	1	2	2	2	3	3	2	2(2)	3	2(1)	3(1)	3	2
	제7장 표본추출(표집)	3	4	4	4	2	2	3	4	2	2	3(2)	3	2
자료수집	제8장 자료수집과 질문지법	4	–	3	1	1	1	1	(2)	1(1)	2	(1)	–	–
	제9장 면접법과 관찰법	–	1	–	1	–	(1)	1	(3)	(2)	(1)	(1)	2	1
	제10장 비반응성 자료수집과 내용분석	2	1	2	1	3	1	1	(2)	1(2)	1	–	–	1
	제11장 실험설계(집단설계)	5	4	3	4	5	3	2	4(1)	2	4	3	3	4
	제12장 단일사례연구	1	–	1	1	(1)	1	1	1	1	1	–	2	1
	제13장 질적 연구방법론	2	5	1	1	1	2	2	4	3	4	3	2	3
	제14장 욕구조사와 평가조사	3	1	–	1	1(1)	2	1	(1)	–	1	1	1	–
자료처리/ 보고서 작성	제15장 자료처리 및 연구보고서 작성	–	–	–	–	–	–	–	–	–	–	–	–	–

※ 표 안에 ( ) 안의 숫자는 단독 출제되지는 않았으나 문제의 지문상에 해당 부분의 내용이 출제된 것을 의미합니다.
※ 제12회 시험부터 영역별 30문제에서 25문제 출제로 변경되었으므로 출제빈도는 12회시험부터 눈여겨보시기 바랍니다.

김 진 원   O I K O S   사 회 복 지 사 1 급   통 합 이 론 서   1 교 시

제1부

사회조사방법의 기초

제1장 과학과 조사연구방법
제2장 사회조사방법의 기본 개념
제3장 사회조사방법의 형태와 절차

과학과 조사연구방법

제1부 **사회조사방법의 기초**

📖 제1장 회차별 출제빈도, 출제비중 및 출제논점 1, 2, 3순위

10회 2012	11회 2013	12회 2014	13회 2015	14회 2016	15회 2017	16회 2018	17회 2019	18회 2020	19회 2021	20회 2022	21회 2023	22회 2024
4	4	3	2	3	3	4	-	2	2	1(3)	2	3

출제 비중	출제 논점		
	1순위 ☺	2순위 ※	3순위 ☆
02₄	① 과학적 연구의 특징 ② 사회복지조사의 윤리성	① 과학적 조사의 논리: 연역법, 귀납법 ② 과학혁명 ③ 사회복지조사의 유용성과 필요성	① 현상을 탐구할 때 일반인이 범하는 오류 ② 사회복지조사의 특징

1순위 스마일표시(☺): 출제 빈출도가 높은 부분으로 무조건 시험에 출제되는 영역
2순위 당구장표시(※): 나왔다 안 나왔다 하는 영역이지만 출제가능성 높은 영역
3순위 별 표(☆)   : 출제 된 적이 있긴 하지만 다시 출제될 가능성은 다소 떨어지는 영역

01 과학이란 무엇인가

1 과학의 정의와 목적

(1) 과학의 정의
진리, 본질, 본성 또는 법칙을 찾아내기 위한 논리적 체계적인 방법으로, 자연현상과 사회현상에 관한 지식이나 이론을 체계적 경험적 비판적으로 습득하기 위한 방법이라고 규정할 수 있다.
① 과학이란 자연현상과 사회현상에 관한 지식이나 이론을 체계적 경험적 비판적으로 습득하기 위한 방법이라고 규정할 수 있다.
② 과학은 논리적 체계적인 방법에 의해 얻어진 지식 또는 이론을 의미하기도 한다. 이 경우 과학은 자연과학과 사회과학으로 분류한다.

(2) 과학의 목적 : 이론제시 [③⑤]
① **과학의 목적** : 사회현상 및 자연현상을 포함하여 모든 현상을 설명하는 이론을 제시하는 것으로, 사회현상과 자연현상을 이해시키기 위해 **탐색, 기술/묘사**(description), **설명, 평가, 규칙의 발견**(discovery of regularity, 법칙의 발견) **및 이론과 법칙의 형성**(formulation of theories and laws), **예측, 통제** 등의 활동을 한다.
② 과학의 목적인 이론개발을 통해 달성할 수 있는 하위 목적들
   ㉠ **지식을 제공**
      ㉮ 이론을 연구의 대상으로 하는 것이지, 결코 가치관이나 철학을 연구의 대상으로 하는 것이 아니다. → **철학이나 신념보다 이론에 기반**
      ㉯ **존재**(what is)**하는 것에만 관심을 갖고 있으며 가치관이 개입된 당위**(what should be)**에 대해서는 관심을 갖지 않는다.**
   ㉡ **현상에 대한 규칙성을 알림** : 과학적 이론은 자연 및 사회현상 속에 존재하는 논리적이고 지속적인 패턴을 알리는 데 그 목적이 있다.
      ㉮ 과학은 **발견된 규칙성을 이론과 법칙으로 일반화**시키려고 하며, 이러한 과정에서 과학적 연구가 갖추어야 할 기본조건은 **객관성**이다.
      ㉯ **객관성**(objectivity)**이란** 모든 사람이 어떤 사실을 동일하게 느껴야 한다는 의미 이상의 의미를 지니는 것으로, 과학적 연구에서는 증거를 중요시하기 때문에 모든 명제들은 경험적으로 검증되어야 한다.
   ㉢ **변수**(variable)**들 사이의 관계를 기술**(descriptive)**하고 설명**(explanation) : 변수관계를 설명하는 진술(statement)을 이론이라 하며, 이때 변수들 사이의 관계를 설명하기 위해서는 변수 사이의 인과관계가 분명히 밝혀져야 한다.
   ㉣ **이론을 바탕으로 현상을 예측**(prediction) : 이론의 한 측면으로 이론의 기초적인 명제로부터 보다 복잡한 명제를 추론하는 것을 뜻한다.

2 과학적 연구의 특징 [③④⑤⑨⑩⑪⑫⑤②]

(1) 체계적(systematic)이고 논리적(logical)이다.
① 경험적 자료를 체계적으로 분류-정리하는 일이다.
② **논리적**이란 어떤 현상이 나타나게 된 원인과 결과에 대한 설명(인과성, causality)이 시간적 순서와 이치에 맞아야 된다는 것을 의미한다.

(2) 결정론적(deterministic)이다.
① 모든 현상은 자연발생 적인 것이 아니라 어떤 원인에 의해서 발생한다는 것이다.
② 추계적 결정론 또는 확률적 결정론에 근거를 둔다.

(3) 일반적(general)인 것을 추구한다.
① 개별적인 현상(event)들을 하나하나, 설명하기보다는 그것들에 대한 **일반적인 이해를 추구**한다는 것이다.
② '일반적' 이라는 개념은 '확률적 결정론' 과 관련되며, 전체 현상 속에서 내재한 공통된 특성을 밝히는 것이다.

(4) 간결한(parsimonious) 것을 추구한다.
① 현상의 유형을 구분하는 데 도움이 되지 않는 요소를 발견해 내고 그러한 요소를 일반화된 이론에서 배제하려 한다.
② 현상을 이해함에 있어 필요한 **최소한의 설명변수만을 이용하여 가능한 한 최대한의 설명력**을 얻으려고 한다.

(5) 구체적(specific)이다.
① **개념적 조작화(operationalization)를 통해 개념을 보다 정확히 측정**하고 정의해야 한다.
② 연구결과로 새로운 사실이 발견되고, 발견한 것을 해석할 때도 특정 시킨 범위 내에서 해석되어야 한다.

(6) 경험적으로 검증 가능(empirically verifiable)하다. → 관찰에 의한 증거에 바탕을 두고 있음
① 경험 가능성(empiricism, 경험성)을 갖고 있다.
② 우리의 감각기관에 의해 지각될 수 있는 것이어야 한다는 의미로, 경험적으로 자료를 모아 분석·검증함으로써 이론이나 법칙을 도출할 수 있다.

(7) 연구과정이 같으면 같은 결론(inter-subjectivity, 간주관성)을 얻어야 한다.
① 간주관성이란 말은 연구자나 시기가 달라도 조작적 연구과정이 같으면 연구자가 서로 다른 주관적 동기가 있더라도 결과가 같게 나타나야 한다는 것을 의미한다.
② 만일 학자들이 내린 개념의 조작화가 다르다면, 같은 현상 내지 같은 주제를 연구하여도 같은 설명이 되지는 않는다.

(8) **수정 가능**(open to modification)**하다.**
① 과학적 결론은 **일시적, 잠정적**(provisional)이다.
　　❌ 과학적 방법 : 잠정적이지 않은 지식을 추구한다.(X)
　　❌ 과학적 지식의 특성 : 연구결과는 잠정적이며 수정될 수 있다.(O)
② 변하지 않는 진리는 변하지 않는 것은 없다는 사실이다.
③ 과학은 진리를 추구하기보다 **효용을 탐색**하는 것이다.
④ **허위화**(falsification, 반증)**의 가능성에 대해 개방적**이어야 한다.

(9) **설명적이다.**
① 과학적 활동은 사실을 수집하는데 그치지 않고 그것을 토대로 설명, 즉 이론을 수립한다.
② 과학은 경험적 사상이나 사건을 설명할 수 있는 일반법칙을 개발하고, 단편적인 지식들을 결합하여 사건에 대해 보다 신뢰성 있는 예측을 해내도록 하는데 있다.

(10) **재생 가능성**(reproducibility, 재현 가능성 replication)**이 있다.**
① 같은 방법을 사용했을 때 누구나 같은 결과를 얻을 수 있는 가능성을 의미하는 것으로, 표준화된 방법에 의해 동일한 결과나 결론을 얻을 수 있는 가능성을 말한다.
② 재생 가능성 내지 반복 가능성은 연구과정의 객관성과 밀접한 관계를 지니며 간주관성과 유사하다.
　　❌ 과학적 방법 : 연구의 반복을 요구하지 않는다.(X)
　　❌ 과학적 지식의 특성 : 같은 절차를 다른 대상에 반복적으로 적용하여 같은 결과가 나오는지 검토할 수 있다.(O)

(11) **객관성**(objectivity)**을 가져야 한다.**
① 객관성은 건전한 감각기관을 가진 다수의 사람들이 하나의 대상을 같게 인식하고 그로부터 얻은 결과가 일치하는 것을 의미하는 것으로, 다수결은 객관성과 같은 의미가 아니다.
② 객관성은 **과학자 공동체에 속한 모든 사람의 동의가 아니라 그 문제에 대하여 관심을 가지고 이해할 수 있는 사람들 간의 동의**를 말한다. 일부가 자기들끼리 동의한 것이라는 의미에서 **간주관성**이라고 부른다. [⑩]
③ 실증주의적 접근에서는 객관성을 매우 강조하지만, 해석주의적 접근에서는 주관적 경험에 관심이 많다.

(12) **과학은 비규범적이다.** 과학은 무엇이 옳은가에 대한 규범적 문제는 상관하지 않는다. 현재의 어떤 현상이 왜 일어나는지에 관심이 있다.
　　❌ 과학적 조사 : 조사자의 규범적 판단에 의거한다.(X)

3 과학적 지식

(1) **지식 형성의 방법**

① **과학적 지식탐구(과학적 방법 또는 반사적 탐구)** : 과학적인 절차를 통해 체계적으로 사고하는 방식으로, 과학적 지식은 과학적 방법에 의해 증명된 지식

② **비과학적 지식탐구(비과학적 방법)**
  ㉠ **관습에 의한 방법(method of tenacity)** : 사회적으로 이미 형성되어 있는 선례나 관습 또는 습성 등을 비판 없이 그대로 수용하여 자신의 지식으로 형성하는 것이다.
  ㉡ **권위에 의한 방법(method of authority)** : 자신의 주장의 타당성과 설득력을 높이기 위하여 인품이 뛰어나거나, 전문기술을 갖고 있거나, 사회적 지위가 높은 사람을 인용하는 경우 신뢰할만한 정보출처를 대거나, 신뢰도가 높은 공공기관의 유권해석을 요구하는 경우에서 찾아볼 수 있다.
  ㉢ **직관에 의한 방법(method of intuition)** : 추론 등을 개입하지 않고 대상을 직접 인식하여 스스로 분명한 명제에 호소하는 방법이다.

(2) **일상적 지식의 성격** [②]

① **경험적 지식(experiential reality)** : 한 개인이 직접 관찰하고 경험하며 축적한 지식으로 직접적인 경험으로부터 도출된다.
  ㉠ 기존의 합의적 지식에서 벗어나면, 인간의 지식탐구는 대부분 경험이나 직관 등에 의한 직접적인 사유의 방법들을 사용하게 된다.
  ㉡ 인간들의 경험이란 본시 불완전한 것이며, 따라서 순수하게 경험에만 의존하여 만들어진 지식이라 해도, 그것이 참다운 지식이 될 수 있을 것인지에 대한 확신은 갖기 어렵다.

② **합의적 지식(agreement)** : '전통(tradition)'과 '권위(authority)'
  ㉠ **전통(tradition)** : 축적된 지식을 말하며, 그로 인해 인간들의 탐구에 있어서 불필요한 시행착오를 줄일 수 있게 해준다.
  ㉡ **권위(authority)** : 특정한 지식에 대한 우위성을 사회적으로 공인받은 상태를 말하는 것으로, 지식 탐구에 필요한 많은 시간과 노력을 감소시켜 줄 수 있으나 그러한 권위를 만들어 내는 지식체계 자체에 오류가 존재할 때는 문제를 발생시킨다.

(3) **현상을 탐구할 때 일반인이 범하는 오류** [②⑫⑮]

① **부정확한 관찰(inaccurate observation)**
  ㉠ 일상생활에서 하는 관찰은 자신의 관점에서 무의식적으로 받아들이기 때문에 부정확한 관찰이 되기 쉬움을 말한다.
  ㉡ 어떤 사건에 대해 특별한 관심을 두고 지켜보지 않았다면 정확한 기억을 떠올리지 못하고, 틀린 정보를 말하게 되는 경우이다.

② **과도한 일반화(overgeneralization)** [②]
  소수의 사례를 가지고 일반적인 사실로 받아들일 때의 오류로, 개인이 우연히 관찰한 몇 가지의 예외적 현상을 마치 전체 현상 속에 내재하는 규칙적 특성으로 일반화해 버리는 오류를 말한다.
  > 예) 공공부조를 받고 있는 모자가정 여성 5명을 대상으로 직장체험의 효과를 조사한 결과 모두 효과가 없는 것으로 나타났다. 그래서 "공공부조를 받고 있는 모자가정에 있어서 어머니의 직장체험 효과는 없다."라고 결론을 내리는 것

③ **선택적 관찰(selective observation)**
  ㉠ 규칙성을 전제로 이와 부합되는 특수한 사례만을 관찰하는 것이다.
  ㉡ 자신의 결론이나 주장에 대해 들어맞는 사건이나 상황에만 관심을 기울이고 관찰하는 경향이다.
  > 과학적 조사 : 선별적 관찰에 근거한다.(X)

④ **꾸며진 지식(made-up information, 고정관념)**
  ㉠ 일반화된 관점을 유지하기 위해 스스로 사실이 아닌 정보를 만들어 내는 것이다.
  ㉡ 자신의 편견을 가진 대상이 **자신이 기대하는 방향으로 나타나지 않을 때 이를 부정하기 위한 정보를 스스로 조작**하는 경우를 말한다.

⑤ **사후발생적(소급) 가설(Ex Post Facto Hypothesizing, 사후가설설정)** : 이론을 바탕으로 세운 가설이 맞는 지를 관찰을 통해 검증(사전가설 설정방법)하는 것이 아니라, **관찰에 들어맞게 가설을 설정하거나 본래의 가설을 수정**하는 경우이다.

⑥ **비논리적 추론(illogical reasoning, 비논리적 근거, 비논리적 설명)** : 평소에 생각하고 있는 관점과 상반되는 일이 발생했을 때 그것이 왜 그러한지를 논리적으로 따지려고 하지 않고, 그것을 예외적인 것으로 단순히 치부하는 경향이다.

⑦ **자아 개입(Ego Involvement in Understanding, 자기중심적 이해)**
  ㉠ 관찰자의 자아특성이 현상을 이해하는 데 영향을 미치는 것이다.
  ㉡ 개인적 경험이나 직관에 의한 지식탐구는 현상을 이해하는 데 있어서 **자기중심적인 해석을 하게 하는 경향**이 있다.

⑧ **탐구의 성급한 종료(탐구의 조기 종결)** : 상황을 이미 이해했다는 판단 하에 더 이상 새로운 해답을 찾지 않으려는 경향으로, 과도한 일반화나 선택적 관찰이 함께 일어나는 경우이다.

⑨ **신비화(mystification)** : 문제를 이해할 수 없을 때, 초자연적인 현상이나 신비적 원인으로 돌리는 행위를 말한다.

⑩ **실수하는 것이 인간이다** : 개별과학자들 조차 오류를 저지를 뿐 아니라 과학자 집단도 오랜 시기 동안 함정에 빠져 나오지 못하기도 한다.

02 과학적 조사(scientific research)

1 과학적 조사의 의의

① 기존의 이론을 통해서 개발되거나 관찰된 변수들 사이의 관계를 경험적으로 검증하는 과정을 말한다.
② 일반 현상 가운데서 관계가 있으리라고 생각되는 개념들을 조작적으로 정의하여 변수로 전환한 후 이들 변수들의 관계를 나타내는 가설들을 체계적이고 경험적으로 검증하는 탐구활동이다.
③ 이런 탐구활동 과정은 동일하게 만들어진 상황에서 다른 사람에 의해 조사되어도 동일한 결과가 나타날 수 있도록 객관적이어야 한다.

2 과학적 조사의 논리 [③④⑥⑦⑩⑪⑫]

(1) 연역법(deduction) [③⑩] → 양적연구

① **보편적이거나 일반적인 원리나 법칙으로부터 구체적이고 특수한 현상에 대한 지식을 이끌어내는 접근방법**, 즉 일반적인(general) 것으로부터 특수한(specific) 것을 추론해 내는 접근방법이다(일반화된 이론을 통해 개별적 사실을 확인).
② **이론에 의해 가설을 세우고 이를 경험적으로 검증**한다. 즉, 일정한 연구주제를 연구가설의 형태로 만든 후 이 연구가설을 현실적 경험사회에서 실증적으로 증명할 수 있을 것이라는 가정 하에 출발하는 이론의 형성방법(**실증주의자들이 사용하는 방법**)이다.
③ 기본적인 연역법의 유형

> 이론 ➡ 가설 ➡ 조작화 ➡ 관찰 ➡ 검증 : 가설 채택 또는 기각

④ **연역법의 과정**
  ㉠ 선택한 연구주제나 연구문제를 하나 또는 수개로 명제를 구성한다. 이때 명제를 구성하는 개념 등을 정확하게 정의하고, 정의된 개념으로 형성된 명제가 연구주제와 연구목적에 타당하고 적절한지 판단한다.
  ㉡ 명제를 검증할 수 있도록 하나 또는 수개의 가설 형태로 구성한다. 명제를 증명하기 위해서는 가설을 만들어야 하고 가설을 검증하면 자연히 명제가 증명되고 나아가 연구주제가 증명되면서 이론이 형성된다.
  ㉢ 필요한 자료를 수집하고 분석해서 연구가설을 증명하면 이론이 형성된다.

⑤ 연역법의 대표적인 예

일반화된 설명이나 논리(가설)	모든 사람은 죽는다
조작화	소크라테스는 사람이다
관찰, 경험	그러므로 소크라테스는 죽는다
검증(가설채택 또는 기각)	모든 사람은 죽는다

⑥ **연역법에서 범할 수 있는 오류** : 구성의 오류(fallacy of composition)
부분이 맞는다고 해서 전체에도 그것이 맞는다고 생각하는 것을 말하는 것이다.
 ㉠ 어떤 원리가 부분적으로는 성립하지만 전체적으로는 성립하지 않을 수 있음에도 전체적으로 성립한다고 추론하는 오류를 말한다.
 ㉡ 개인에 대해 최선인 것이 반드시 전체에 대해서도 최선이라고 할 수 없다. 미시적 주체한테는 합당하지만 거시적 관점에서는 오류일 수 있다.
  예) 무대가 잘 보이지 않아서 한 관객이 의자에서 일어선다면 그 관객은 무대를 잘 볼 수 있지만 모든 관객이 동시에 일어선다면 모두가 아까와 마찬가지로 잘 보이지 않을 것이다.
  예) 한 개인이 저축을 늘리면 부유해지지만, 모든 사람이 소비지출을 감소시켜 저축을 한다면 상품의 수요는 감소되어 생산이 축소되고 실업이 증대되고, 사람들의 소득도 감소되어 사회는 도리어 빈곤하게 될 것이다.

(2) **귀납법(induction)** [②⑥⑦] → **질적연구**
 ① **관찰에서 시작하여 일반적인 원리나 이론으로 전개해 나가는 논리적 과정**, 즉 특수한(specific) 사실을 전제로 하여 일반적(general) 진리 또는 원리로서의 결론을 내리는 방법을 말한다(개별 사실에서 이론을 유추해 가는 과정).
 ② 경험의 세계에서 관찰된 많은 사실들이 모두 공통적인 유형으로 전개되는 것을 발견하고 이들의 유형을 증명하는 것이다. 얼마나 관찰해야 이론이 되는지는 알 수 없다.
 ③ 기본적인 귀납법의 유형

| 주제선정 ➡ 관찰 ➡ 유형발전(경험적 일반화) ➡ 이론(임시결론) |

 ④ 귀납법의 과정
  ㉠ 연구주제를 선정하지만 가설이나 이론 등을 가정하지 않고 그 대신 관심 있는 분야 또는 문제를 인식하는 차원에서 출발한다.
  ㉡ 조사자가 연구대상이 된 경험세계의 환경이나 현상을 객관적으로 관찰하고 관찰결과를 기록한다.
  ㉢ 기록된 관찰결과가 어떤 규칙에 따라 또는 일정한 유형으로 전개되는 것을 발견하고, 왜 일정한 유형(pattern)이나 규칙성(regularity)이 존재하는지를 객관적인 수준에서 설명하고 임시적 결론을 내린다.

⑤ 귀납법의 대표적인 예

주제선정	인간의 죽음
관찰	소크라테스의 죽음을 발견
유형 및 규칙성 발견(경험적 일반화)	다른 많은 사람들이 죽은 것을 관찰
임시결론(이론)	그러므로, 모든 사람은 죽는다.

⑥ **귀납법에서 범할 수 있는 오류** : 전후 인과의 오류(post hoc fallacy)

여러 현상 간에 인과관계를 규명함에 있어서 A라는 현상이 B라는 현상보다 먼저 관찰되었다는 이유로 A가 B의 원인이라고 논단하는 것을 인과의 오류라고 한다. 즉 어떤 사회현상들 간의 단순한 선후관계는 제3의 요인에 의한 일시적인 상관관계인 경우가 많다. 이를 인과관계로 단정해 버리면 인과의 오류가 발생하는 것이다.

- 예) '까마귀 날자 배 떨어졌다'는 속담을 곧이곧대로 받아들여 배 떨어지는 원인을 까마귀 나는 데에서 찾는다면 이것은 인과의 오류를 범하는 것이다.
- 예) 벽에 나란히 걸려 있는 두 시계의 A, B가 있다고 하자. 시계 A가 시간을 알리면 이어서 시계 B도 땡땡땡 종이 울린다면 시계 A가 원인이 되어 시계 B가 종을 친다고 생각하는 것이 바로 인과의 오류이다.

(3) 연역법과 귀납법의 상호관계 [④]

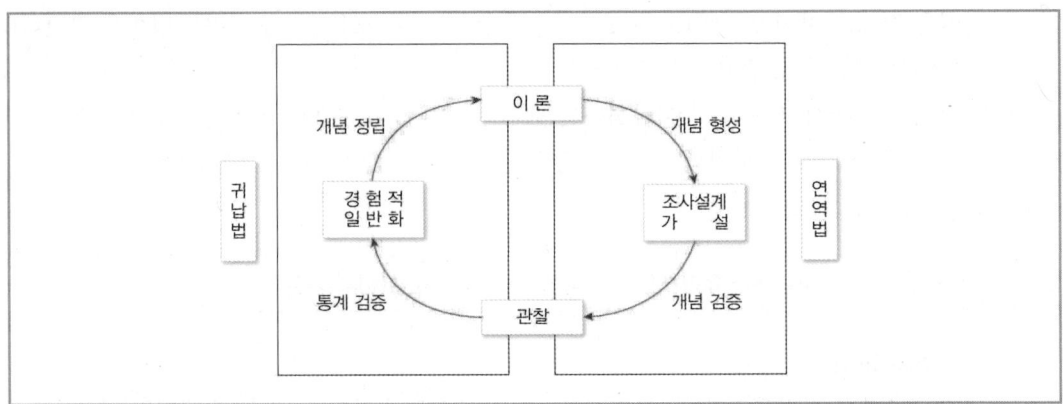

■ 귀납법과 연역법의 상호보완적 관계(정영숙, 2006) ■

① 분석적인 연역법과 경험적인 귀납법은 상호대립적인 관계가 아니라 **상호보완적인 관계**이다.
  ㉠ 연역적인 추론과 귀납적인 추론은 서로 교대로 이루어지는 과정이다.
  ㉡ 연역법은 논리적 추론을 통해, 귀납법은 경험적 검증을 통해 연구의 과학화를 가능하게 한다.
② 통상적으로 **기존의 이론이 존재할 때 연역법을 사용**하며, **기존의 이론이 존재하지 않을 때 귀납법을 사용**한다.
  ㉠ 양적 연구는 연역법에 기초하며, 질적 연구는 귀납법에 기초한다.
  ㉡ 연역법은 이론을 통해 관찰할 사항에 대한 지침을 제공해 주고, 귀납법은 경험적 관찰을 통해 이론을 확증하거나 수정하도록 한다.

03 과학철학

1 논리적 실증주의(Logical Positivism) [20]

① 스펜서(Herbert Spencer) 등의 고전적 실증주의와 베이컨(Francis Bacon) 등의 경험주의를 결합한 과학철학으로, 19C와 20C에 관념적 철학사조에 대항하는 움직임으로 나타났다.
  ㉠ 비과학적인 것으로 간주되는 형이상학적이고 종교적인 담론을 과학과 구별하는 것을 중요한 목적으로 한다.
  ㉡ 과학철학의 중요한 원칙으로서 **의미에 대한 검증 내지 검증가능성을 강조**, 즉 **이론은 관찰을 통해 검증되어야만 정당화**될 수 있으며, 그런 방식으로 추론된 이론만이 유의미하다는 것이다.
  ㉢ 이론은 '다양한 상황' 아래에서 '충분히 많은 관찰'을 통해 경험적으로 검증되었을 때만 정당화될 수 있다고 한다.
  > 논리적 실증주의에 가장 큰 영향을 미친 사람은 영국의 철학자 흄(D. Hume)이다.(X)

② 한계점
  ㉠ 귀납적 논리에 기반하고 있으므로, 한정된 수의 경험적 증명만으로 정확한 이론을 찾아내는 데는 문제가 있다.
  ㉡ 얼마나 많은 관찰이 충분한 관찰인지와 어떤 상황들을 고려해야 다양한 상황을 고려했다고 할 수 있는지가 모호하다.

2 논리적 경험주의(Logical Empiricism) [20]

① 관찰을 과학의 출발점으로 간주하고, **과학의 이론들이 확률적으로 검증하는 관찰에 의해서만 정당화될 수 있으며** 연속적인 경험적 검증과정을 거쳐 진리로 발전되어 간다고 주장한다.
  > 논리적 경험주의는 과학의 이론들이 확률적으로 검증되는 관찰에 의해서만 정당화될 수 있다고 주장한다.(O)

② 논리실증주의에서 주장하는 경험적 증명이 어느 정도까지 이루어져야 하는지 모호한 한계를 지적하고, 유일한 관찰에 의해 참 명제나 진술을 규명하기 어렵다는 점을 보완하기 위해 등장하였다.
  ㉠ 증명 가능성이 엄격했던 논리실증주의와는 달리, 논리경험주의는 **검증 가능성 또는 확증 가능성의 기준에 대해 좀 더 관대한 입장**을 취한다.
  ㉡ 유일한 관찰에 의해서 완전한 진리를 규명할 수 없기 때문에 **진리 검증이라는 용어 대신**, 경험을 바탕으로 구축된 이론에 기반을 둔 가설이 추가적인 관찰에 의해 검증되어 이론이 진리로 확인되어 가는 것이라는 **진리 확인이란 개념을 사용**한다.
  ㉢ 현상에 대한 확인과정은 **귀납법적 추론에 근거**하여 **확률적으로 검증**하고, 이러한 검증작업을 거쳤을 때 정당화된다.

③ 한계점
  ㉠ 귀납법의 문제를 벗어나지 못함. 즉 확률적 관계를 사용하고 있기는 하지만 소수의 관찰에 의하여 일반적인 문장이 참이라는 논리적 결론을 유도하기에는 무리가 있다.

ⓒ 어떤 내용을 어떻게 관찰할 것인지에 대한 지침인 **관찰언명이 선행이론에 의존적**이어서, 의존하는 이론이 오류일 때 관찰언명도 오류일 수 있다는 것이다(예 코페르니쿠스 이전 천동설을 당연한 것으로 받아들이고 천동설을 증명할 수 있는 관찰언명에 의해 가설을 세운 과학자들).

ⓒ 관찰에서 관찰자의 주관적인 개입이 필수적이므로 관찰에는 항상 측정오차가 존재한다.

③ 반증주의(Falsificationism) [20②]

① **논리적 경험주의에 내재되어 있는 문제점들을 극복하기 위해** 칼 포퍼(Karl Popper)가 제시한 것이다.

ⓐ 이론의 유도를 받은 관찰증거에 의해 이론이 참 또는 개연적인 참으로 확증될 수 있다는 논리적 경험주의의 주장을 받아들이지 않는다.

ⓑ 그러나, 관찰이나 실험의 결과에 의해 이론이 거짓임을 밝힐 수는 있다고 주장한다(예 먹구름이 끼면 소나기가 온다는 명제가 참임을 확증하기 위해 세상에 존재하는 모든 먹구름을 관찰하여 증명해야 하는데 이는 불가능하다. 그러나 먹구름이 끼었는데 소나기가 오지 않은 것이 어느 시간, 어느 장소에서 관찰되었다면 해당 명제가 거짓임을 논리적으로 끌어낼 수 있음).

　　❌ 포퍼(K. Popper)는 쿤의 과학적 인식에 내재된 문제점을 극복하기 위하여 반증주의를 제시하였다.(X)

ⓒ 이론이란 증명되는 것이 아니라 반증되는 것이라고 하였다.

② 과학적 발전은 **기존 이론과 상충되는 현상을 관찰하는 데에서 출발**하며, 획기적인 변화를 거친다기보다 기존 이론의 모순에 대한 계속적인 반증과정을 통해 이루어진다고 본다.

ⓐ 기존의 이론을 부정하는 관찰을 통해서 과학이 발전한다는 생각에서 **기존의 이론에 대해 엄격한 경험적 검증**을 행한다.

　　❌ 쿤(T. Kuhn)에 의하면 과학은 기존의 이론과 상충되는 현상을 관찰하는 데서 출발하여 기존의 이론에 엄격한 검증을 행한다.(X)

ⓑ 경험적 검증은 가설을 논박하기 위한 것이며, 가설의 검증을 통해 이론의 예측이 반박되는 경우 그 이론은 기각되고 반증에 사용된 이론과 이러한 반증에 대항하여 기각되지 않고 살아남은 이론은 채택된다.

ⓒ 논리경험주의는 점증적으로 확정을 증가시키는 귀납법에 의존하고 있는 반면, **반증주의는 연역법에 의존**한다.

③ **한계점**

ⓐ 실제 검증상황이 이론자체에 의존하게 되기 때문에 이론을 논박하는 것이 불가능하다는 것이다.

ⓑ 반증주의의 주장처럼 과학적 이론들이 경험적인 반증에 의해 폐기된 것이 아니라(예 코페르니쿠스의 지동설, 다윈의 진화론, 아인슈타인의 상대성이론 등을 포함한 대부분의 과학적 이론들이 적어도 한때 상당한 반증이 있었음에도 폐기되지 않음), 과학역사를 보면 **대부분의 과학적 이론들은 폐기되지 않고 발전**되었다.

ⓒ 반증주의에서는 과학지식의 누적적 진보를 주장하지만, **쿤 등의 학자들은 누적적 진보 개념이 역사적 사례들과 일치하지 않는다**고 비판한다.

4 과학혁명(Scientific Revolution) [⑪⑭⑯⑳②]

① **쿤(Thomas S. Kuhn)**은 과학적 방법의 불변적인 기준과 누적적인 진보를 부정하면서 역사적 사실들과 더 잘 부합하는 이론을 제시하기 위해 제시하였다.
   ㉠ 과학적 진보는 일정한 방향으로 누적적이고 전진적으로 진보하지 않으며, **혁명적으로 이루어진다.** 즉 하나의 이론구조의 포기와 그 자리를 양립불가능한 다른 이론이 대신하는 것으로 이루어진다.
   ㉡ 과학적 진리(과학적 이론의 선택)는 **과학자 공동체의 사회적 성격**, 즉 과학자 집단의 공동체 의식에 의해 결정된다(예 창조론과 진화론, 기능주의와 갈등주의, 프로이트의 정신분석학, 마르크스의 과학적 사회주의 등). → **학문 공동체의 사회적 성격이 과학이론 선택에 중요한 역할**

   ⓧ 반증주의는 누적적인 진보를 부정하면서 역사적 사실들과 더 잘 부합하는 새로운 패러다임을 제시하였다.(X)

② 쿤의 중심개념은 **패러다임(paradigm)**이다.
   ㉠ 세상을 바라보는 방식으로, 개별 이론들이 도출되기 위해 필요한 일종의 **거시적인 관점**을 말하며, **어떤 현상에 대한 직접적 설명이 아니라는 점에서 이론과 구별**된다.
      ㉮ 어떤 현상에 대한 구체적인 설명이나 이론을 만들기 이전에 사람들이 이미 어떤 식의 생각을 가지고 있는 것으로, **현상에 대한 우리의 관점을 조직하는 근본적인 도식**을 의미한다.
      ㉯ 한 시기에 여러 개의 패러다임이 공존할 수 있으며, 일반적으로 **패러다임의 우열을 가릴 수 있는 객관적 기준이 존재하지 않는다.**

      ⓧ 사회과학 패러다임 : 일반적으로 패러다임의 우열을 가릴 수 있는 객관적 기준이 존재한다.(X)

      ㉰ 사회과학의 패러다임이 폐기되는 경우는 자연과학의 패러다임에 비해 흔하지 않다. 그 이유는 자연과학의 경우 과학기술의 발달로 허구임이 드러난다.
      ㉱ 상이한 과학적 패러다임은 실재의 본질에 대한 다른 입장을 반영한다.
   ㉡ 패러다임은 고정된 이론체계가 아니라 끊임없이 발전하는 체계이다.

③ 과학의 진보는 **특정한 패턴이나 구조가 존재**한다.
   ㉠ **과학적 진보의 패턴** : 전 과학 → 정상과학 → 예외적 현상으로 인한 위기봉착 → 혁명 → 새로운 정상과학 → 새로운 위기와 혁명 → 또 다른 새로운 정상과학 …
      ㉮ **전과학** : 패러다임으로서의 지위 획득을 하지 못하고 조직화되어 있지 않으며 서로 경쟁하는 연구들
      ㉯ **정상과학** : 과학자 사회가 하나의 패러다임을 타당한 것으로 받아들여 그 패러다임이 확고한 위치를 차지하게 되는 시기

      ⓞ 쿤(T. Kuhn)은 당대의 지배적 패러다임에서 벗어나지 않는 것을 정상과학이라고 지칭하였다.(O)

      ㉰ **위기** : 확고해진 패러다임이 받아들여지지 않는 예외적 현상들이 하나 둘 표면화되고 그러한 예외적 현상을 설명하기 위해 기존의 패러다임을 적용하려고 노력하지만 한계에 부딪히게 됨
      ㉱ **혁명** : 예외적 현상은 갈등과 도전을 야기 시키고 과학자들은 점차 예외를 인지하고 새로운 패러다임을 창출(기존 패러다임 위기가 명백해지면 새로운 패러다임으로 전환)하게 됨

㉡ 쿤은 **과학적 진보의 패턴이 끝없이 진행**된다고 보았다.

> 쿤(T. Kuhn)의 과학철학 : 과학의 진보에는 특정 패턴이나 구조가 존재하지 않는다.(X)

④ 과학의 발전은 기존의 패러다임을 부정하고 이를 대체하는 **새로운 패러다임이 출현하는 패러다임의 이동(paradigm shift)**을 의미하며, 이런 변화가 **과학적 혁명**이다.

OIKOS UP 사회과학의 패러다임(성숙진 외, 2001 ; 최성재, 2005) [16][17][18][21]

(1) 실증주의

① 실증주의(초기실증주의)
  ㉠ 사회현상은 우연히 일어나는 것이 아니라 일정한 질서와 규칙에 의해 일어나며, 이러한 질서와 규칙성은 인간이 과학을 통해 발견하기 이전에 이미 객관적으로 존재하고 있고 시대와 사회에 따라 달라지는 것은 아니라고 본다.
  ㉡ 사회과학의 목적은 이미 존재하는 사회적 실재를 객관적 방법으로 밝혀내는 것이 된다. 즉 사회현상에 대한 경험적 관찰을 토대로 시대와 사회에 관계없이 존재하는 불변의 진리와 법칙 및 모델을 찾아내고, 이를 다시 경험적 관찰을 통해서 재검증하는 것을 연구목적으로 한다.

② 후기실증주의
  ㉠ "비합리적" 인간행동 조차도 합리적으로 이해할 수 있다고 주장한다. 즉 비합리적 행동을 합리적으로 연구하는 것이 가능하다고 본다.
  ㉡ 실증주의와 후기실증주의는 동일하게 취급되기도 하며, 둘 다 탐구에서 객관성, 합리성, 일반 법칙화를 강조한다.
  ㉢ 실증주의와 후기실증주의의 차이
    ⓐ 실증주의에서처럼 후기실증주의에서도 객관적 외적 실제가 존재한다고 믿지만 그것이 파악하기 힘든 본질이라는 것을 알고 있다. 보편적 법칙을 입증하려는 시도 대신, 그것들이 어떤 조건 하에서 특정 개념과 가설이 거짓으로 입증되는지 입증되지 않는지를 조사한다.
    ⓑ 실증주의와 후기실증주의 모두 매우 구조화된 양적 연구방법을 사용하지만, 후기실증주의에서는 양적 방법의 한계를 인정하면서 질적 방법을 사용하기도 한다. 후기실증주의자가 질적 방법을 사용할 때 그들은 사실상 연구결과를, 더 많은 검증을 위한 새로운 개념을 만들어내는 임시적이고 탐색적인 것으로 여기는 경향이 있다.

> 후기실증주의 과학철학 : 지식의 본질을 잠정적, 확률적으로 본다.(O)

(2) 해석주의
① 인간행동은 객관적으로 관찰될 수 없고 관찰자와 관찰대상자가 서로 상호작용을 통해 구성되는 것으로 간주한다.
② 내적, 주관적 토대에서 사람들이 어떻게 세상을 인지하고 경험하는지 발견하고 이해하는데 관심을 갖는다.

(3) 비판적 사회과학
① 권한 부여(empowerment) 패러다임 또는 옹호 패러다임으로 부르기도 한다. 억압에 대한 초점과 사실추구보다 억압된 집단에게 권한을 부여하기 위해 연구를 사용한다는 방침이다.
② 이 패러다임에 전념하는 연구자는 양적 또는 질적 절차, 개별사례적 또는 보편법칙적 접근법 또는 다른 패러다임에서 선택된 요소를 사용할 수 있다.

> 비판사회과학적 패러다임은 억압받는 집단의 권한을 강화하는 데에 관심을 둔다.(O)

(4) 포스트 모더니즘 사회과학
① 계몽운동 시기에 출발한 근대적 관점(modernism)의 기본적 전제와 믿음, 즉 인간의 합리성과 논리적 추론, 과학과 기술에 대한 신뢰, 인류의 미래와 진보에 대한 낙관 등을 거부한다.
② 인간의 직관, 감정, 상상력, 그리고 개인의 경험들을 매우 중요한 것으로 간주하고 있다.

04 과학으로서의 사회과학

1 사회과학의 의의 [③⑩]

(1) 의 의
사회현상이나 인간의 사회적 행위를 분석하고 종합하여 미지의 사실이나 일반적 법칙을 찾아내려는 인간의 지성적 활동에 의한 지식체계를 말한다.

(2) 사회과학과 자연과학의 비교

구 분	자연과학	사회과학
연구대상	자연현상	인간과 관련된 사회현상, 즉 인간의 믿음, 행동, 상호작용, 제도 등
지식축적 방법	주로 실험이란 방법에 의해 지식을 축적해 왔기 때문에 사회과학보다 좀 더 빠른 발전을 해 왔음	실험이란 방법을 쓰기 어려우며, 실험 대신 다른 방법, 즉 사회조사방법, 역사적 방법 및 기타 논리적 사고에 기반을 둔 방법을 사용

2 사회과학방법론과 자연과학방법론의 차이 [⑲]

(1) 피란델로 효과(pirandello effect)
① 연극에서 배우와 관객과 연출가의 구분이 없어지는 것과 유사한 것이다. 자연과학에서는 관찰대상물과 관찰자가 분명히 구별될 수 있지만, 사회과학에서는 관찰대상물과 관찰자가 대부분 혼연일체가 되는 경우가 많음을 의미한다.
② 사회과학에서는 관찰의 대상이 관찰자 자신이 되기도 하므로, 주관이 개입됨으로써 사회현상을 분석하는 과정에서 객관성이 침해될 가능성이 그만큼 크다.

> 사회과학의 특성 : 관찰대상물과 관찰자가 분명히 구분된다.(X)

(2) 사회과학과 자연과학 방법론 차이 [⑦⑲]

	사회과학(social science)	자연과학(natural science)
1	연구대상 : 인간행위와 사회현상	연구대상 : 자연현상
2	연구자가 연구대상인 사회의 일부	연구대상이 연구자 외부에 존재
3	사고의 가능성은 제한되어 있다.	사고의 가능성은 무한정하다.
4	사고의 도식화에 관한 타당성에 의문을 제기한다. 분석기법은 단순한 하나의 겉치레에 지나지 않으며 중요성이 없다.	수학의 공식과 같은 분석방법에 의한 사고의 도식화를 강조한다.
5	지식의 축적이 누적적이 아닌 독창적이고 유일한(singular) 성격의 학문이다.	누적적인(cumulative) 성격을 가진 학문이다.

6	사회문화적 특성에 영향을 받는다.	사회문화적인 특성에 영향을 받지 않는다.
7	연구자 개인의 심리상태나 개성 또는 가치관이나 세계관(연구자의 가치관, 개인적 특성)에 영향을 받는다.	연구자의 개성이나 사회적 지위에 영향을 받지 않는다.
8	가치 개입적	가치중립적
9	명확한 결론을 내리기 어렵다. (하나의 정답이 존재하지 않음)	명확한 결론을 내릴 수 있다. (하나의 정답이 존재)
10	예측력이 낮다.	예측력이 높다.
11	새로운 이론이라도 기존의 이론과는 단절되지 않은 성격을 가진다. 즉 기존 이론과 단절되지 않은 새로운 이론의 탄생	기존의 이론과는 전혀 다른 새로운 이론이 빈번히 대두(탄생)한다.
12	실증적 방법+반실증적 방법 사용	실증적 방법 사용
13	제한적 확률적 법칙 존재	보편적, 결정론적 법칙 존재
14	정치학, 사회학, 경제학, 사회복지학	물리학, 화학, 생물학, 천문학 등

❸ 사회과학의 한계성

(1) 연구대상

① 자연과학은 자연현상을 연구대상으로 하는 반면, 사회과학은 인간과 관련된 사회현상을 연구대상으로 한다.

② 사회과학의 주된 연구대상인 인간의 행태는 복잡하고 가변적이기 때문에 정확한 예측을 하기가 어렵다.

(2) 윤리성 : 비인간화를 재촉하는 폐단을 낳을 수 있음

① 사회과학은 인간과 관련된 사회현상을 연구대상으로 하기 때문에 연구대상을 다루는 데 여러 가지 윤리적 문제가 따른다.

② 인간을 목적으로만 사용할 수 있지 수단으로 사용할 수 없기 때문에 함부로 연구대상으로 다룰 수 없으며, 이것이 과학적 연구를 더디게 하는 요인이 된다.

(3) 통제조작의 어려움

① 연구대상인 인간의 행동은 항상 연구자의 의도를 뛰어넘을 수 있기 때문에 예측이나 가정이 어려우며, 통제나 조작이 불가능한 경우가 많다.

② 인간은 자기가 실험대상이 되고 있다는 것을 알면 다른 반응을 보일 가능성이 많고, 예측을 전복시킬 수 있는 능력이 존재하기 때문에 객관적 예측이 맞는 것은 아니다.

(4) 접근방법
① 사회과학은 자연과학에 비해 연구대상에 접근하는 방법을 달리해야 한다.
② 사회과학의 경우는 그 사건에 관련된 내면적인 이해나 주변의 사회문화적 요인을 고려함으로써 보다 정확하게 분석, 설명할 수 있다는 것이다.

(5) 사회문화적 및 시간적 요인
사회현상에 대한 설명은 연구자의 사회문화적 혹은 시간적 요인에 의해 많이 달라진다.
> 예) 중력의 발견은 연구자의 사회문화적 배경에 별로 영향을 받지 않지만, 이혼을 한 사람에 대한 편견은 나라와 시대에 따라 편견이 다르다.

(6) 가치중립의 문제와 가치 개입의 불가분성이란 문제점 [⑦]
① 사회과학은 가치중립을 전제하고 있지만 가치 개입문제와 가치 개입의 불가분성이란 문제점을 갖는다.
② 사회과학에서 가치판단의 개입이 발생하는 이유
  ㉠ 연구를 위한 문제를 선정할 경우 가치가 개입
  ㉡ 수집된 자료와 이들의 관계를 형성하는 명제나 이론의 전개와 관련있는 개념 및 그 구성과정에서 가치가 개입
  ㉢ 연구자 자신의 가치관과 그 연구자가 준거하고 있는 개별과학 내지는 학문세계의 지배적인 가치가 은연 중에 작용

4 사회과학으로서의 사회복지학 [⑲]

① 사회과학은 사회현상과 인간관계 현상을 연구대상으로 하고 있고 사회복지학이 인간의 욕구충족과 그에 따른 사회문제를 대처하기 위한 사회적 노력의 한 형태이므로, **사회복지학에서의 연구주제와 연구방법은 사회과학적 형태를 가질 수 밖에 없다.**
② 사회복지학은 **사회과학이며 응용과학**으로, 인간의 구체적인 욕구를 충족시키고 다양한 사회문제를 해결하기 위하여 인접 분야에서 개발된 기술과 지식을 사용한다.
③ 사회학, 정치학, 행정학, 경제학, 심리학, 경영학 등 사회과학의 영역과 연구영역이 일부 중복되며, 이들 **사회과학의 학문분야에서 개발된 지식이나 기술을 적극 활용**한다.
> 사회과학과 사회복지학에 관한 설명 : 사회복지학은 사회과학에 의해 발전된 개념들을 활용할 수 있다.(O)

④ 사회복지학은 **사회과학뿐만 아니라 인문과학, 자연과학, 의학, 법학 등 다른 학문영역의 지식과 기술도 활용하는 종합과학적 또는 학제적인 특징을 가지고 있지만, 다른 학문영역에 속하지 않는 고유의 영역을 가지고 있다.**
> 사회과학과 사회복지학에 관한 설명 : 사회복지학은 응용 과학이 아닌 순수 과학에 속한다.(X)

05 사회복지조사방법

1 사회복지조사의 의의와 특징

(1) 의 의
개인의 욕구를 충족시키고 행복을 증진시키며, 사회적 문제를 해결하기 위한 방안을 강구함에 있어 직면하는 문제에 대한 해답을 구하는데 도움을 주는 자료를 수집하는 탐구절차를 말한다. 사회복지조사는 **사회복지의 목적을 수행하기 위한 수단**이다.

(2) 사회복지조사의 특징 [②③⑤]
① **응용조사와 순수조사의 양면성** : 응용조사적 성격이 강하지만, 조사대상에 대한 일반적인 사항에 대한 지식을 얻거나 가설을 설정하기 위해 순수조사가 실시된다.
② **사회개량적 특징** : 빈민이나 노동자들의 생활향상을 도모하거나 장애인이 사회재활을 강구하고, 아동학대를 방지하는 등 사회개량적 성격을 갖고 있다.
③ **계획적 특징** : 사회복지 프로그램이나 정책을 계획할 때 누가 어떤 서비스를 어디에서 필요로 하는지 파악할 수 있도록 해 준다.
④ **평가적 특징** : 사회복지조사는 사회복지프로그램이나 정책이 효율성을 평가하기 위한 도구로 활용된다.
⑤ **시험적 특징** : 사회복지프로그램이나 정책대안들 자체에 대한 체계적인 연구를 통해 이들 프로그램이나 대안이 정확한지 여부를 시험해야 한다.
⑥ **과학적 특징(과학화)** : 사회사업조사는 사회사업의 전문성과 과학성을 주장하고 이를 실증하는 방법이다.
⑦ **문제와 욕구조사** : 사회사업은 욕구조사, 개입, 평가가 연속되는 과정이다.
⑧ **효과 측정** : 사회사업조사는 사회사업이 소기의 목적을 어느 정도 달성하였으며 효과가 얼마나 있었는지를 측정하는 기술이다.
⑨ **개입방법의 연구** : 사회사업적 개입은 복합적인 성격을 가지고 있기 때문에 개입 자체에 대한 체계적인 연구가 그 효과 측정과는 별도로 필요한 것이다.
⑩ 양적 연구와 질적 연구의 방법을 모두 사용한다.

2 사회복지조사의 유용성과 필요성 [④⑨⑩⑭⑯㉑]

(1) 사회복지의 **과학적 기초를 구성하는데 도움**을 준다.
① 사회복지를 과학화시키는 방법으로서 체계적 조사방법이 활용된다.
② 사회복지실천지식과 기술을 과학적으로 발전시키는데 활용된다.

(2) **과학적 실천을 가능**하게 해 주며, 조사방법에 기초한 지식과 기술을 활용함으로써 과학적 합리성을 추구한다.

① 지역주민의 욕구조사를 통해 개입대상을 찾고, 개입결과에 대한 직접적인 평가를 통해 개입의 효과성을 높여주고 서비스 이용자에 대한 책임성을 높인다.
② 실천현장에서 수행하는 업무에 조사 관련 지식을 제공하고 사회복지사가 제공하는 서비스를 평가하는데 유용하다.

(3) **사회복지 이론과 기술체계를 구축**하는데 유용하다.
① 조사가 지식을 산출하고 산출된 지식은 실천방법을 발전시키는 지침으로 활용된다.
② 서비스의 질을 높일 수 있는 사회복지 실천기술을 개발하고 구축하는데 기여한다.

(4) **사회복지윤리강령에 부합**한다. 사회복지사윤리강령 "사회복지사는 클라이언트에게 최상의 서비스를 제공하기 위해, 지식과 기술을 개발하는데 최선을 다하며 이를 활용하고 전파할 책임이 있다."와 부합한다.

> 사회복지실무자에게 사회복지조사방법론 지식이 필요한 이유 : 사회복지실무자의 정치적 민감도 제고(X)

3 사회복지조사의 윤리성 [⑥⑨⑩⑪⑫⑬⑭⑮⑯⑱㉑㉒]

(1) **연구내용 및 주제**
연구내용이 **사회적 윤리에 어긋나지 않아야 한다**는 것이다.

(2) **연구대상 및 과정**
① 연구 참여자들의 **동의와 자발적 참여를 보장**하는 것은 연구윤리의 기본원칙이다.
　㉠ 조사 과정 중 본인이 **원하면 언제라도 중단할 수 있음을 알려주었다.**
　㉡ 조사대상자들을 **모욕하여 수치심을 유발하는 조사방법을 사용하지 않아야 한다.**
　㉢ 연구참여자들이 **자발적으로 참여했더라도 신체적, 심리적, 물질적, 법적, 피해를 끼쳐서는 안 된다.**
② 연구자는 **연구대상자에게 연구목적, 연구결과의 활용계획 등의 정보를 제공**한 다음 조사대상자가 아무런 강요도 받지 않고 참여하기로 동의해야 한다. 다만, 기관생명윤리위원회의 심사를 통과한 경우 사전에 연구참여자에게 연구목적을 밝히지 않을 수 있다.
③ **고지된 동의(informed consent)는 조사자를 보호하기 위해 활용**될 수 있다.
　㉠ 연구참여자가 스스로 동의할 수 있을 만큼 충분한 정보가 제공되어야 한다.
　㉡ 조건이 없고 무언의 불안이 없는 자유로운 상태에서 스스로 결정해야 한다.
　㉢ 동의를 하는 연구참여자에게 **스스로 결정할 수 있을 만큼의 능력(판단능력)**이 있어야 한다.
> 고지된 동의는 조사대상자의 판단능력을 고려하여야 한다.(O)
　㉣ **아동 대상 연구에서는 부모 등 후견인에게 고지된 동의**를 받아야 한다.
　㉤ **연구 참여에 따른 위험과 더불어 혜택도 사전에 고지**되어야 한다.
> 연구참여자에게 연구과정에서 발생할 수 있는 고통을 미리 알리고 사전 동의를 구하였다.(O)
> 연구결과에 영향을 미치지 않도록 연구참여자에게 일어날 수 있는 이익을 미리 알리지 않았다.(X)

> **주의**
> 동의는 일정한 방식을 요구한다. 침묵이나 고객을 끄덕이는 것 등의 비언어적 표현이 반드시 동의를 의미하는 것은 아니다(강종수, 2013).
> ① 무언의 동의보다는 언어적 표현의 직접적 동의여야 한다.
> ② 구두동의보다는 가능하면 서면동의여야 한다.
> ③ 과거동의보다 현재동의여야 한다.
> ④ 현재동의가 미래동의를 포함하지 않는다.
> ⑤ 가령 맞고 할래? 그냥 할래? 등의 강제된 동의는 동의가 아니다.

④ 연구결과의 분석과 보고단계에서도 연구윤리가 준수되어야 한다.
⑤ 동료집단 조언을 통해 편견을 방지한다.

(3) 연구결과와 관련한 문제

① **연구의 단점 및 부정적인 결과 보고**
  ㉠ 자료의 분석과 보고과정에서 연구의 단점을 독자들에게 알려야 할 의무가 있으며 **부정적인 결과도 보고해 주어야 한다.**
  ㉡ 조사결과가 일반인에게 잘못 해석되어 전달될 때 그것을 바로 잡기 위하여 **필요한 모든 관련 자료를 공개**한다.
  ㉢ **조사과정에서 드러난 문제점과 실패도 모두 보고해야 한다.** 즉 조사과정에서 드러난 기술적 문제점이나 실패에 대해서도 그 내용의 부정적 측면과 관계없이 정직하게 보고해야한다.
  　연구자는 기대했던 연구결과와 다르더라도 그 결과를 사실대로 보고해야 한다.(O)

② **연구결과의 사용 권한[표절(plagiarism)의 문제]** : 연구자가 아닌 다른 사람이 타인의 연구결과를 사용할 때는 반드시 인용의 근거를 제시해야 한다.

③ **연구로부터 얻을 수 있는 사회적 이익과 비용 문제**
  ㉠ 연구로부터 얻을 수 있는 사회적 이익이 비용을 초과해야만 하는 것은 아니다.
  ㉡ 다만, 조사를 통해 조사대상자가 얻을 수 있는 혜택 또는 사회적 이익이 조사로 말미암아 생길 불이익보다 작지 않아한다.
  ㉢ 연구자는 연구로부터 발생할 수 있는 모든 형태의 피해를 인지하고 최소화하도록 노력해야 한다.
  　연구로부터 얻을 수 있는 사회적 이익이 비용을 초과해야만 한다.(X)
  　연구의 공익적 가치는 일반적으로 연구윤리보다 우선해야 한다.(X)

④ **연구대상자를 속이는 것**
  ㉠ 관찰법 경우 호손효과(hawthorne effect)로 인한 부자연스러운 반응을 보일 수 있는 경우 연구목적이나 방법을 숨기거나 달리 말하는 것이 보다 효과적일 수 있다.
  ㉡ 연구대상자가 조금이라도 피해를 입을 여지가 있는 경우 허용될 수 없고, 불가피하게 연구대상을 속여야 한다면 연구가 끝난 후에라도 그 이유를 충분히 설명해야 한다.
  　어떤 경우라도 연구참여자 속이기는 허용되지 않는다.(X)

⑤ 조사대상자에 대한 익명성 보장
  ㉠ 연구결과에서 얻은 자료는 개인의 사생활이 침해되지 않도록 비밀보장되어야 하는 것이 원칙이다.
  ㉡ 자료를 공개할 경우 누구인지 식별할 수 있는 항목을 제거한 후 공개해야 한다.

⑥ 자료원에 대한 비밀보장
  ㉠ 어디에서 그런 자료를 얻었는가에 대해 연구자는 비밀을 지킬 의무가 있다는 것이다.
  ㉡ 다만, **연구결과가 법적인 문제와 관련될 때** 법적으로 그 자료원을 밝히도록 의무화된 경우가 있어, 이 경우에는 **자료원에 대한 비밀보장이 어렵다.**
    사회복지조사에서는 비밀유지가 엄격히 지켜질 수 없는 상황이 발생할 수 있다.(○)

OIKOS UP 익명성과 비밀성(성숙진 외, 2001; 김영종, 2009) [⑮⑯]

연구대상자의 이익과 안녕 보호에서 가장 분명한 목적은 연구대상자의 신원을 보호하는 것으로, 조사연구자는 일차적으로 익명성과 비밀성을 지켜야 한다.

① 익명성(anonymity) : 응답자들이 신원을 밝히지 않고 응답할 수 있도록 하는 것으로, 연구자나 연구결과를 읽는 독자가 특정 응답에 대한 특정 응답자를 확인할 수 없을 때 보장된다.
  예) 설문조사에서 설문지가 연구실에 되돌아오기까지 설문에 아무런 신원파악 번호가 붙어 있지 않는 것

② 비밀성(confidentiality) : 조사자가 응답자에 대해 알고는 있지만 이를 공개하지 않고 지킨다는 것으로, 연구자가 특정인의 응답을 밝힐 수 있지만 그렇게 하지 않겠다고 공개적으로 약속할 때 비밀이 보장된다.
  예) 면접조사에서 연구자는 특정 응답자가 대답한 소득을 공개할 수 있는 위치에 있어도 그렇게 하지 않을 것이라는 점이 응답자에게 보장되어야 하는 것

③ 익명성과 비밀성에 대한 보장은 응답자들은 자신들의 신원이 밝혀지지 않을 것이라는 기대로, 응답자들의 참여가 늘어나며 조사연구의 응답률을 높이는데 기여한다.
  ㉠ 익명성의 단점 : 설문조사에서 익명성의 보장은 누가 설문지에 답했는지? 답하지 않았는지?에 대한 추적을 어렵게 만든다. 즉 응답자와 비응답자들의 성격을 구분해서 파악하기 어렵다.
  ㉡ 비밀성의 단점 : 자료의 신뢰성 여부를 둘러싼 공방을 불러일으킬 수 있다.
    예) 킨제이 보고서(Kinsey sex study)가 발표(1948년 남성의 성행위, 1953년 여성의 성행위)되자 FBI는 연구참여자의 개인 정보를 요구했으나 킨제이 연구소는 비밀보장을 이유로 거절했다.

④ 연구조사가 익명성이라기보다 비밀성일 때, 조사자는 그 점을 응답자에게 명확히 밝힐 책임이 있으며, 조사자는 비밀성을 목적으로 익명성이라는 용어를 사용해서는 안 된다.
  비밀성이 보장되면 익명성도 보장된다.(X)
  응답자의 익명성과 비밀성을 보장해야 한다.(○)

❹ 사회복지조사의 한계

(1) 경험적 인식의 제한성
조사는 경험적으로 인식된 내용만을 포함하지만, 인간이 경험적으로 인식할 수 있는 대상과 범위는 제한되어 있다. 조사자에 따라서 동일한 사건이나 현상을 다르게 인식하는 경우도 있다.

(2) 시간적 제한성
조사는 일정한 기간 동안 조사가 수행되며, 이러한 제한된 일정으로 인해 조사될 수 있는 내용도 제한될 수 밖에 없다.

(3) 지리적 제한성
제한된 지역 내지 공간에서 얻어진 정보가 전체를 얼마나 대표할 수 있느냐하는 대표성의 문제가 표집과정에서 대두하게 된다.

(4) 비용적 제한성
조사는 할당된 예산 범위 내에서 조사를 수행해야 하며, 조사대상의 확대나 조사기간의 연장 및 새로운 조사기법의 도입은 추가비용을 수반한다.

(5) 조사자 개인의 가치와 선호의 차이로 인한 제한
사회복지학은 가치중립적이라기보다 가치개입적인 학문이므로, 사회복지조사자들도 조사자의 개인적 가치가 조사과정에 영향을 미칠 가능성이 있다.

(6) 사회적 요인에 따른 제한
우선권이 주어지는 문제, 재정적 후원이 쉬운 주제, 조사의 결과가 제공하는 여러 가지 반대급부 등에 의해 제한을 받는다.

(7) 정치적, 문화적 요인으로부터 영향
사회조사는 정치적 통제, 문화적인 요인들로부터 영향을 받으며, 이들 요인들은 사회조사의 실시를 용이하게 또는 어렵게 만들 수 있을 뿐 아니라 조사결과를 수용함에 있어서도 직 간접적으로 영향을 미칠 수 있다.

5 사회복지조사의 역사

(1) 부쓰(Charles Booth, 1840~1916)
① 도시사회학자로 알려진 영국의 통계학자이자 사회개혁가였다. 그는 **런던시와 요크시 빈민의 생활실태를 조사**하였는데 그 결과는 시민들의 상식을 뒤집어 놓았다.
② 1886년에 시작된 조사는 1903년까지 계속되었으며, 「**런던사람의 생활과 노동(Life and Labour of the People of London)**」이란 제목으로 출판되었다. 그의 저서는 17권으로 첫 네 권이 빈곤시리즈, 두 번째 다섯 권이 산업시리즈, 세 번째 일곱 권이 종교영향시리즈 그리고 마지막 한권이 이론으로 되어있다.
③ 런던 인구의 30.7%(시설수용자를 포함한 수정비율로는 31.2%)가 빈곤 상태에 있었고, 또한 빈곤에 빠지게 된 원인은 임시노동, 불규칙노동, 저임금 등 고용상의 불안이 62.5%, 질병, 허약, 대가족 등 환경의 문제가 22.5%, **음주, 주정 및 아내의 낭비벽으로 탕진하는 개인적인 책임의 부분은 15% 정도에 지나지 않는 것으로 나타났다.**
④ 빈민의 문제를 보다 객관적으로 파악함으로써 빈곤의 도덕적 입장을 탈피하고 구빈법과 자선

만으로 빈곤의 문제를 해결할 수 없다는 것을 보여주었다.

⑤ **부쓰의 조사**는 **사회조사에 관한 현대적 방법론 개발**에 선구적 역할을 하였으며, 오늘날의 **사회과학적 조사방법론**으로 발전되었다.

(2) **라운트리**(B. Seebohm, Rowntree, 1871~1954)

① 부쓰의 도시빈곤문제를 계승하여 연구하여, 요크(York)시의 빈민지역을 연구 대상지로 **선정하여 조사를 실시한 후 1901년「빈곤 : 도시생활에 관한 연구**(Poverty : A Study of Town Life)」를 출간하였다.

② 그의 저서는 제1부와 제2부로 나누었다.

　㉠ **제1부** : 빈곤 상태에 있는 인구의 비율과 성격을 다루었으며 여기 빈곤선의 기준을 도출했다. 빈곤선을 1차와 2차로 나누었으며 1차 빈곤은 총수입이 가족원의 단순한 육체적 능률을 유지하기 위한 최소한도에 부족한 가정이며, 2차 빈곤은 총수입의 일부가 다른 용도로 전용되지 않는 한 단순한 육체적 능률을 유지하기에는 충분한 가정을 의미한다.

　㉡ **제2부** : 임금노동자계급이 처하고 있는 사회적 여건에 관한 것으로서 주거상태, 빈곤, 건강 등의 상호관계에 주력을 두었다.

③ 그는 도시 빈곤층을 1차적 빈곤(primary poverty)과 2차적 빈곤(secondary poverty)으로 분류하였다.

④ **표본추출법**(sampling method)**을 개발** : 전수조사와 표본조사를 실시하고 양 조사결과 간의 차이를 비교하여 표본조사의 신빙성을 평가하였다.

⑤ 그의 조사는 **사회보장제도의 기초가 되는 빈곤선의 측정방법을 확립**하는데 공헌하였다. 즉, 빈곤의 측정방식인 **예산기준방식**(budget standards) 또는 **전물량방식**(Market Basket)은 라운트리가 1899년 요크시의 빈곤을 추정하는데 처음으로 사용하였다.

사회조사방법의 기본 개념

제1부 **사회조사방법의 기초**

제2장 회차별 출제빈도, 출제비중 및 출제논점 1, 2, 3순위

10회 2012	11회 2013	12회 2014	13회 2015	14회 2016	15회 2017	16회 2018	17회 2019	18회 2020	19회 2021	20회 2022	21회 2023	22회 2024
3	3	3	3	5	3	2(1)	4(1)	3	2	2(3)	2	2

출제 비중	출제 논점		
	1순위 ☺	2순위 ※	3순위 ☆
2<u>3</u>5	① 가설: 형식, 특성, 종류, 통계적 가설 검정 ② 변수(기능에 따른 분류): 매개, 조절...	① 개념적 정의, 명목적 정의, 조작적 정의	① 연구문제의 서술요령

1순위 스마일표시(☺) : 출제 빈출도가 높은 부분으로 무조건 시험에 출제되는 영역
2순위 당구장표시(※) : 나왔다 안 나왔다 하는 영역이지만 출제가능성 높은 영역
3순위 별 표(☆) : 출제 된 적이 있긴 하지만 다시 출제될 가능성은 다소 떨어지는 영역

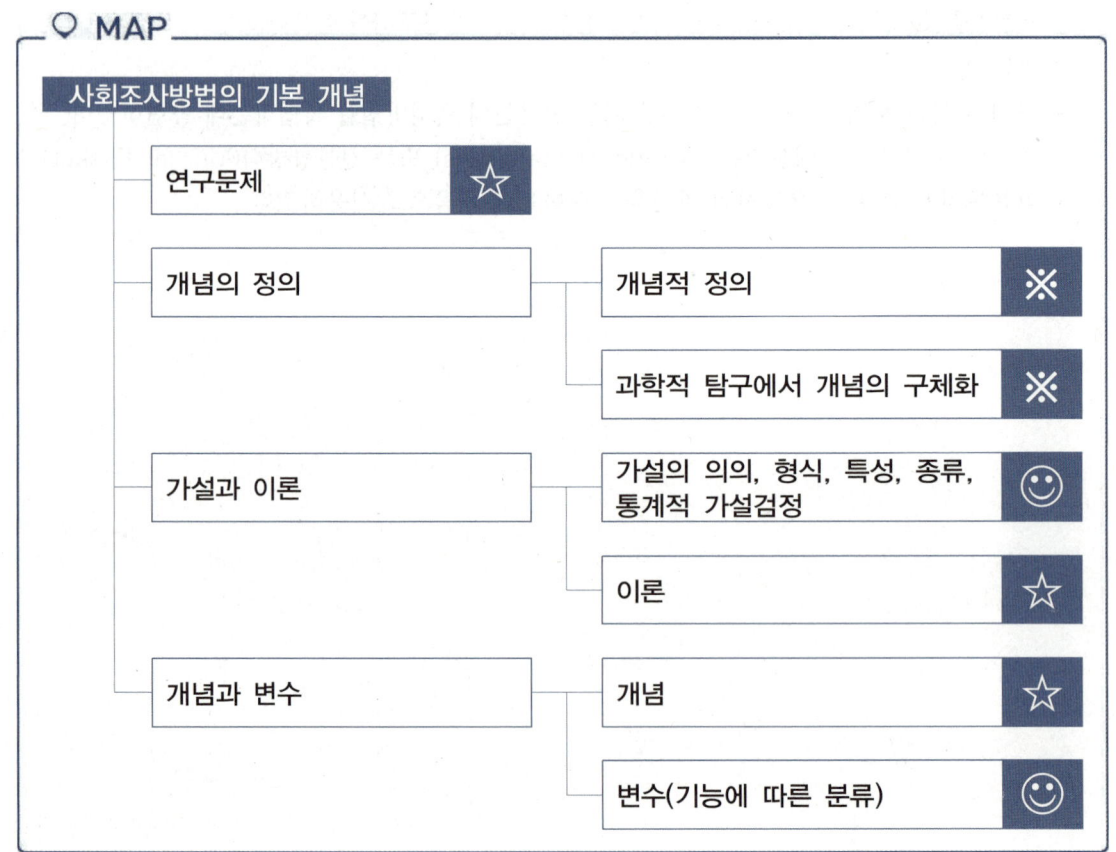

01 연구문제(research question)

1 정 의

둘 이상의 변수 사이에 어떤 관계가 존재하는지를 **의문문의 형태로 기술**하는 것이다.

① **연구문제의 설정은 연구의 첫 번째 단계**로, 논문에서 다루어질 주요한 문제나 중심이 되는 내용을 말한다.
② 과학적 탐구의 방법으로 답을 구할 수 있으며 지적으로 자극을 유발하는 문제이다.
③ 연구자의 관심이나 의문의 대상을 포함하며, 모든 조사는 연구문제가 있다.

> 예) '가정환경은 청소년비행에 영향을 미칠까?', '사회복지가 확대되면 경제성장이 둔화되는가?'

2 연구문제의 서술요령 [②⑥⑭⑯]

① 문제들은 평서문의 형태가 아닌 **의문의 형태로 서술**되어야 한다.
  ㉠ 의문문은 연구문제를 직접적으로 노출한다는 장점을 가지고 있다.
  ㉡ 연구의 목적이 연구의 문제와 반드시 일치할 수는 없기 때문에, 연구문제를 '연구의 목적은…'이라고 말하는 것은 옳지 않다.
② **변수들 간의 관계(독립변수와 종속변수의 관계)에 대해 서술**한다.
  ㉠ 조사연구에서 갖는 의문은 둘 혹은 그 이상의 개념이나 변수들 간에 어떤 관계가 존재하는가에 대한 물음이다.
  ㉡ A는 B와 관련이 있나? A와 B는 어떻게 C와 관계되어 있나? C와 D라는 조건 하에서 어떻게 A가 B와 관련되어 있나? 등의 방식으로 질문을 던진다.
  ㉢ 변수 간의 관계는 정(+)의 관계나 부의 관계(-) 모두 쓰일 수 있다.
③ **명백하고 구체적으로 제시**되어야 한다.
  ㉠ 너무 광범위한 문제를 설정하지 말고 구체적이고 깊이 있는 문제에 초점을 맞추어 서술되어야 한다.
  ㉡ **가능하다면 단순 명료하게 문제를 지적하는 것이 가장 좋은 방법이다.**
④ **경험적 검증의 가능성**이 있어야 한다.
  ㉠ 개념들이 변수화될 수 있어야 하고, 그러한 변수들은 **경험적인 조작화가 가능**해야 한다.
  ㉡ 조사비용, 조사에 걸리는 시간, 윤리적인 측면에서 **실행가능성(feasibility)을 타진**해야 한다.
⑤ 적어도 **두 가지 이상 답이 나올 가능성**이 있어야 한다.
⑥ 잠정적 결과를 예측하는 연구문제를 제시할 수 있지만, **연구문제가 변수 간의 관계를 예측할 필요는 없다.**

㉠ 연구문제는 개념이나 변수들의 특성 혹은 그들 간의 관계에 대해 묻는다. 변수 A는 어떻게 분포되어 있을까? B에 따라 A는 어떻게 달라질까? 등의 방식으로 질문을 던진다. 즉 잠정적 결과를 예측하는 연구문제를 제시할 수 있다.

㉡ 탐색 혹은 기술 목적의 조사연구들에서는 'A는 어떠할까?'의 경우처럼 연구 문제가 변수들 간의 관계에 대한 의문까지를 굳이 포함하지는 않는다.

> 연구문제가 변수 간의 관계를 예측할 필요는 없다.(O)

3 연구문제 선정의 원천(근원) [4]

① 연구자의 개인적 경험(experience)
② 문헌고찰(literature review, 문헌연구, 문헌검토)
③ 기존의 복지이론과 지식
④ 사회적 요청(사회적 욕구와 문제)
⑤ 사회복지의 가치(사회복지의 기본적인 가치와 규범)
⑥ **사회적 규범** : 관습, 도덕, 종교, 법과 같은 사회적 규범
⑦ 연구자의 강한 탐구욕이나 호기심

4 연구문제의 선정기준

(1) 검증 가능성(testability, 경험적 검증 가능성)

경험적 검증 가능성이란 문제에 대한 해답이 가능할 뿐만 아니라 그것에 대한 진위 여부를 경험적 차원에서 증명할 수 있다는 것이다.

> 예) 기독교인들의 내세관이 불교도들의 내세관보다 더 옳을까?의 질문은 경험적으로 검증될 수 없다.

(2) 도덕적, 윤리적으로 저촉되지 않는가?(윤리적 배려, ethical consideration)

도덕적, 윤리적 측면에서 고려했을 때 진행될 연구가 조사대상자에게 아무런 피해를 주지 않는가를 검토해야 한다.

> 예) 조사에 참여하는 사람은 자발적으로 참여해야 하며, 누구의 강요에 의해 참여해서는 안 된다.

(3) 변수들이 명확한 개념 정의와 측정이 가능한가?

① 연구문제에서 제기되는 문제는 두 변수 간의 관계를 검증하기 위한 것으로 여기에 포함된 개념들은 개념 정의와 측정이 가능해야 한다.
② 현실세계에서 연구문제가 관찰 가능한 수준으로 개념화될 수 있어야 한다는 문제이다.

(4) 창의성(originality)

① 창의성이란 기존의 것을 답습하거나 그대로 전달하지 않고, 기존의 것과는 전혀 다른 새로운 관점이나 견해를 제시하거나 또는 기존의 것들을 비교, 분석하거나 재구성하는 것을 말한다.

② 사회복지조사에서 연구문제는 주로 지금까지 사회에 만족스러운 해결책이 제시되지 않거나 설명이 이루어지지 않은 문제를 선정한다.

(5) 연구의 실행가능성(feasibility) : 현실적 여건이 허락되는가?
① 연구에 소요되는 시간이나 경비가 현실적인지, 연구대상자를 확보하는 것은 가능한지, 연구상 필요한 사람의 협조가 가능한 지, 연구에 필요한 시설과 기구의 사용이 가능한지 등의 현실적 여건을 고려해야 한다.
② 너무나 광범위한 조사연구는 수행하기 곤란하다.

02 개념의 정의

1 개념적 정의(conceptual definition) [⑦⑧⑤⑥②②]

① **연구에서 사용되는 주요 용어들을 개념적으로 정의하는 것이다.** 즉, 우리가 연구에서 사용하는 특정 개념에 대해 그 용어가 무엇을 의미하는지 구체화하는 과정이다.
　㉠ 동일한 용어일지라도 사용되는 분야나 맥락에 따라 각기 다양하게 정의될 수 있다.
　㉡ 개념적 정의를 명확하게 내린다는 것은 **연구의 관심과 초점에 맞추어서 그에 합당한 측면의 개념을 규정하는 것이 개념적 정의의 목적**이다.
② 개념적 정의는 개념에 대한 구체적인 묘사이기는 하지만, 그것은 여전히 추상적이다.
③ **개념적 정의는 다음에 설명하는 조작적 정의를 위한 전 단계**이며, 개념적 정의를 통해 내려진 개념에 대한 대략적 윤곽이나 틀 없이는, 조작적 정의는 실현되기 어렵다.

> 💬 개념화가 조작화에 비해 경험적 차원에서의 구체화 정도가 높다.(X)
> 💬 개념적 정의는 측정가능성을 전제로 하지 않는다.(O)

2 과학적 탐구에서 개념의 구체화(specification, 특정화) [⑩⑪⑤⑥]

(1) 과학적 탐구에서 개념의 구체화는 **명목적 정의(nominal definition)**와 **조작적 정의(operational definition)**에 달려 있다.

(2) **명목적 정의(nominal definition)**
① **한 용어에 배정된 정의로,** 한 용어가 실제로 무엇을 의미하는지에 대해 일치하지 않고 혼란스러운 가운데서 과학자들은 탐구의 목적을 위해 작업 정의를 구체화한다.
② **명목적 정의의 구체화는 관찰할 수 있도록 해주지는 않는다.**
　㉠ 명목적 정의로서 충분히 조작화가 가능하지 않다.
　㉡ 이를 더 구체화하는 것이 **조작적 정의**이다.

> 예) 한 연구에서 사회경제적 지위(SES, socioeconomic status)를 검토하고자 한다면 SES를 소득과 교육수준의 결합으로 취급하기로 단순히 구체화할 수 있을 것이다. 그렇게 결정하면서 직업적 지위, 은행예금, 부동산, 가계, 생활양식 등과 같은 SES의 많은 다른 측면들을 배제한다.

(3) 조작적 정의(operational definition) [⑥⑦⑧⑩⑫⑭⑯⑰⑲㉑]

① 조사하고자 하는 개념들(또는 변수들)이 너무나 추상적이어서 직접 조사하기 어려운 경우, 추상적인 개념들을 잘 대변하면서 경험적으로 측정 가능한 대체 개념 또는 지수(indicator)를 정립하는 것을 말한다.

- ㉠ 한 개념을 측정하면서 수행하게 될 '작업'에 대한 기술, 즉 개념을 경험적으로 그리고 가시적으로 측정하기 위한 구체적 정의로서, 조사에 사용되는 변수를 '관찰하고 측정'할 수 있도록 돕는 구체적 정의라고 할 수 있다.
- ㉡ **양적 조사에서 매우 중요한 과정**이며, 표준화된 척도는 조작화의 산물이다.
- ㉢ **경험적 구체화** : 개념들에 대한 경험적인 지표로 활용될 특정한 조작 작업을 구체화하는 것으로, **추상적 세계와 경험적 세계를 연결하는 작업**이다.

> 측정도구를 개발하기 위해서 조작화가 요구된다.(O)
> 조작적 정의는 실질적으로 측정하게 되는 연구대상의 세부적 속성이다.(O)

② **조작적 정의의 역할**

- ㉠ 감각에 의해 감지될 수 있는 것은 물론, 직접 감지될 수 없는 것도 이해할 수 있는 방법을 제시하여 준다.
- ㉡ 언어나 기호로 표현될 수 있으므로 지식의 축척이나 확장을 가능하게 해준다.
- ㉢ 조사연구에 필요한 주요 개념들은 그 연구의 출발점과 앞으로의 연구방향을 제시해 준다.
- ㉣ 조작화를 통해 연구문제의 범위와 주요 변수를 제시함으로써 연구대상을 측정 가능하게 해준다.
- ㉤ 연역적 결과를 가져온다(가설 → 조작화 → 관찰 → 검증 : 가설채택 또는 기각).

> 예) SES 연구대상인 사람들에게 두 가지 질문을 하기로 결정할 수 있을 것이다. 즉 i) 지난 12개월 동안 귀하의 총가구소득은 얼마였습니까? ii) 귀하의 최종학력은 무엇입니까? 여기서 사람들이 하는 대답을 분류하기 위한 체계를 구체화하고자 할 것이다. 즉 소득에 대해서 '5백 만원 미만' 또는 '5백 만원에서 1천만 원'과 같은 범주를 사용할 수 있을 것이다.

(4) 모호한 의미에서 과학적 연구의 구체적 측면으로 측정단계의 발달을 보여주는 도식

```
개념화(개념적 정의) ➡ 명목적 정의 ➡ 조작적 정의 ➡ 실제 세계의 측정
                        ↳ 개념의 구체화(specification, 특정화)
```

03 가설(hypothesis)과 이론(theory)

1 가설(hypothesis)

(1) 의의 [⑮⑯]

① **명제(propositions)**는 단순히 한두 개의 개념이나 변수에 관해서 참-거짓(true or false)을 분명하게 구분하고 있는 진술이나 문장을 말하는 것으로, 세부적인 형태로 **가설, 경험적 일반화, 공리, 공준, 정리**가 있다.

② **가설(hypothesis)**은 명제로부터 유추되는 것으로, 검증되지 않은 두 개 이상의 **변수 간의 관계를 검증 가능한 형태로 서술해 놓은 문장(변수 간의 관계를 가정하는 문장)**이다.
  ㉠ 연구문제를 조사 가능하게 구체적으로 세분한 것으로 문제에 대한 잠정적인 해답이다.
  ㉡ 실증적인 확인을 위해 구체적이어야 하고, 현상과 관련성을 가져야 하며, 아직 진실 여부가 확인되지 않은 사실을 말한다.

  > 가설에 관한 설명 : 가설구성을 통해 연구문제가 도출된다.(×)

(2) 가설의 형식 [②⑰]

① 'If A, then B'로 표현되는데 여기서 A를 가설의 선행조건, B를 가설의 결과조건이라고 하며, 일반적으로 만약 A가 진실이면 B도 진실이라는 관계로 가설이 구성된다.

② 때로는 '~할수록, ~하다(예 The more, the less)'는 비교형식을 취하기도 한다.

③ 좋은 가설의 예
  ㉠ 사회복지사의 임금이 높으면 직무만족도가 높다.
  ㉡ 여성사회복지사의 월급 총액은 남성사회복지사의 월급 총액보다 낮다.

(3) 가설의 특성 [③④⑤⑥⑧⑨⑪⑬⑮⑯⑱]

① **가능한 한 2개의 변수 간의 관계로 기술**하는 것이 좋다.
  ㉠ 문장 전반부의 특정변수는 독립변수이고, 후반부 다른 특정변수는 종속변수이다.
  ㉡ 변수 간의 관계는 **정적 관계**(positive relationship, 두 변수가 같은 방향으로 변하는 비례적 관계)나 **부적 관계**(negative relationship, 두 변수가 각기 다른 방향으로 변하는 반비례적 관계) 모두 쓰일 수 있다.
  ㉢ **쌍열(雙列, double-barreled)가설** 또는 두 개의 가설을 하나의 가설 속에 포함시키는 가설을 만드는 것은 잘못된 가설이다.

> **주의**
> 쌍열가설은 두 개의 가설을 하나의 가설 속에 포함시켜서 만드는 가설을 말한다.(예 만일 장애인시설에 자원봉사 횟수를 증가시킨다면, 장애인에 대한 봉사자의 거부감 정도가 감소되거나 봉사자의 자아만족도가 증가될 것이다.). 쌍열가설이 좋지 않은 이유는 검증가능성인데, 하나의 가설은 채택 또는 기각될 수 있지만, 다른 하나의 가설이 채택 또는 기각될 수 없는 경우가 발생하기 때문이다.

② 연구문제 해결에 도움을 줄 수 있어야 한다.
  ㉠ 가설은 **연구 분야의 다른 가설이나 이론과 연관**이 있어야 한다.
  ㉡ 너무 **당연한 관계를 가설로 세우는 것은 좋지 않다.**
③ **가설의 진술은 내용상 명확**하여야 한다.
  ㉠ 가설은 구체적으로 측정 가능한 변수들 간의 관계를 나타내기 때문에 **추상적이기 보다는 구체적**으로 나타난다.
  ㉡ 가설을 경험적으로 조사하기 위해서는 가설에 포함된 모든 변수들에 대해 조작적으로 정의를 내려야 한다.
  ㉢ 가설은 진술된 관계를 **실증적으로 검증**할 수 있어야 한다.
④ **가능한 한 광범위한 적용범위**를 가지고 있어야 한다.
⑤ 가설은 **추계적인(推計的, stochastic), 확률론적인 속성**을 가진다.
⑥ 가설은 **가치중립적(value-free)으로 제시**되어야 한다.
  예 조사자의 가치를 반영하여 사회복지의 확대로 인한 긍정적 측면만 고려해서는 안 되며, 사회복지의 확대로 인한 근로동기 저하 등의 부정적 결과도 포함되어야 한다.
⑦ **가설이 모든 조사에서 필요한 것은 아니다.**
  ㉠ 이론의 검증이나 프로그램의 효과를 밝히기 위한 조사연구는 가설을 설정하지만, 욕구조사나 실태조사의 경우 가설을 설정하지 않는다.
  ㉡ **탐색적 조사는 가설을 설정할 필요가 없다.**

(4) 가설의 종류 [②④⑦⑧⑨⑩⑬⑭⑮⑯⑱㉑㉒]

① **연구가설**(experimental hypothesis, 실험가설, 대립가설)
  ㉠ 두 개 이상의 **모집단 또는 변수 간에 차이가 있다, 또는 독립변수가 종속변수에 영향을 미친다**고 가정하는 것을 의미하며, **영가설과 반대로 가설을 설정**하는 것이다.
    ㉮ 연구자의 이론으로부터 도출된 가설로서 검증될 때까지는 연구문제에 대한 잠정적인 해답으로 간주된다.
      ⓧⓞ 연구가설은 연구의 개념적 틀 혹은 연구모형으로부터 도출될 수 있다.(○)
    ㉯ 이는 주로 'X는 Y와 관계가 있다'고 진술된다.
  ㉡ **기호로 표시하면 H1 : $\mu_1 \neq \mu_2$** (H1 : 실험가설, μ_1 : 첫 번째 모집단의 평균, μ_2 : 두 번째 모집단의 평균)
  ㉢ 연구가설이 차이가 있음을 예측하는 것으로 **연구자가 참으로 증명되기를 기대**하는 가설이다.

② 연구가설은 직접적으로 긍정되거나 부인되지 않으며, 영가설을 통해 간접적으로 검증된다.

② **영가설(귀무가설 또는 통계적 가설, null hypothesis : Ho)**
　㉠ 두 개 이상의 **모집단 또는 변수 간에 차이가 없다**. 또는 **독립변수가 종속변수에 영향을 미치지 않는다**고 가정하는 것을 의미한다.
　　㉮ **연구가설의 역(逆)**으로, 주어진 연구가설에서 명시된 것을 부정하거나 기각하기위해 설정하는 가설이다.
　　㉯ 귀무가설은 주로 **'X는 Y와 관계가 없다'고 진술**된다.
　　㉰ **개입의 효과가 우연(표본추출오차)에 의해서 발생**하였다고 진술하는 가설이다.
　　　　영가설에 관한 설명 : 변수 간 관계가 우연임을 말하는 가설이다.(O)
　㉡ **기호로 표시하면** $H_0 : \mu_1 = \mu_2$ (H_0 : 영가설, μ_1 : 첫 번째 모집단의 평균, μ_2 : 두 번째 모집단의 평균)
　㉢ 영가설은 보통 **연구가설에 대한 반증의 목적으로 활용**된다. 즉, **영가설은 연구가설에 대한 반증가설**이다.
　　㉮ 영가설이 부인되면 실험가설(연구가설)을 받아들이게 되어 원래 세운 실험가설이 맞았다고 결론짓게 된다.
　　㉯ 영가설은 차이가 없음 으로 예측하는 것으로 **연구자가 거짓으로 증명되기를 기대하는 가설**이다.

> **주 의**
> "영가설에 대한 반증가설이 연구가설이다."는 틀린 문장이다. "연구가설에 대한 반증가설이 영가설이다." 라고 해야 맞는 문장이다. 참고로 반증(falsification)이란 관찰과 실험의 결과를 가지고 이론을 반박하는 것으로, 어떠한 법칙이나 이론이 참이 아닌 것을 증명하는 특수명제를 찾아 보여주는 작업이다. 대부분의 실험연구에서 실험처치의 효과를 보여주고자 할 때, 연구가설을 보편법칙에 따라 참인 것을 검증하기란 불가능하다. 따라서, 영가설이 거짓임을 증명함으로써 이론을 검증하는 것이다. 영가설을 통한 반증으로 연구가설의 참과 거짓을 밝혀내는 것이다.

(5) 통계적 가설 검정 : 제1종 오류, 제2종 오류, 검정력 [⑤⑳]
　① **제1종 오류(type I error)** : 영가설이 진인데 그 영가설을 기각하는, 즉 연구가설을 채택하는 판단의 오류로 α로 표기하며 유의수준(significant level)이라 한다.
　　㉠ 제1종 오류는 매우 심각한 영향을 주는 오판으로 전혀 있어서는 안 되어야 하므로 유의수준은 0에 가까워야 한다.
　　㉡ 사회과학에서 유의수준은 0.05 혹은 0.01로 설정하고 있으나, 연구자가 이론적 배경이 강하면 유의수준을 낮출 수 있다.
　　㉢ 신뢰수준을 높이면 유의수준이 낮아지므로 1종 오류는 줄어들게 된다.
　　㉣ 통계분석 프로그램은 가설 검증에 필요한 검증통계인 p값(영가설 하에서 검증통계치가 나타날 가능성을 측정하는 확률인 probability의 약자)을 유의확률 하에 제시하고 있다.

㉮ 검증과정에서 p(유의확률)값이 α(유의수준)보다 작으면 영가설은 기각된다.
㉯ 검증과정에서 p(유의확률)값이 α(유의수준)보다 크면 영가설 하에 검증통계치가 나타날 가능성이 크다고 판단되므로 영가설은 채택된다.

② **제2종 오류(type II error)** : 영가설이 진이 아닐 때, 즉 연구가설이 진일 때 영가설을 기각하지 않고 채택하는 오판을 말하며 β로 표기한다.

③ **검정력** : 영가설이 진이 아닐 때 영가설을 기각하는 확률을 말하며, $1 - β$라 표기한다. 즉, 연구가설이 진일 때 연구가설을 채택하는 확률이다.

㉠ 영가설이 거짓일 때 이를 옳게 기각하는 능력인 검정력이 커져야 새로운 연구결과를 얻을 수 있기 때문에, 검정력이 커져야 바람직하다.

㉡ **다른 조건이 동일하다면 α를 크게 할수록 β는 작아져서 검정력 $1 - β$는 높아진다.** 그러나 α와 β 모두 될 수 있는 한 줄여야 할 오류이기 때문에 검정력을 높이기 위해 β를 적게 하고 α를 높게 할 수는 없다.

㉢ β를 줄이기 위해 α를 늘리기보다는 표본의 크기를 크게 한다든가, 연구조건을 통제하여 분산을 줄인다든가 하는 방식을 택한다.

> **주의**
> 검증력(검정력)은 영가설이 진이 아닐 때 영가설을 기각하는 확률을 말한다. 즉 연구가설이 진일 때 연구가설을 채택하는 확률이다. 표본의 크기가 작으면 통계적 검증력은 떨어진다. 제2종 오류는 영가설이 진이 아닐 때, 즉 연구가설이 진일 때 영가설을 기각하지 않고 채택하는 오판을 말하며, 검증력이 떨어지게 되면 제2종 오류를 범하기 쉽다.
>
> 표본의 크기가 작으면 통계적 검증력이 떨어지고 제2종 오류를 범하기 쉽다.(○)

■ 통계적 가설 검정 ■

의사결정 \ 영가설 진위	영가설이 맞을 경우	영가설이 틀릴 경우
영가설 채택	$1 - α$ (옳은 결정) 새로운 연구결과를 얻지 못함 = 신뢰수준 ⇩	β 오류(제2종 오류) ⇩ ⬆
영가설 기각	α 오류(제1종 오류) = 유의수준 ⇧	$1 - β$ (옳은 결정) = 검정력 ⇧ ⬇ 새로운 연구결과를 얻을 수 있음

✏️ **암기법**
☺ 제1종오류는 한 대 맞기이다. 한(1종오류) 대 맞(영가설이 맞을 경우) 기(영가설을 기각)~!!

2 이론(theory) [8]

① 사물이나 현상을 일정한 원리와 법칙에 따라 설명하는 경험적 검증이 가능한 진술을 의미한다.
② 이론이 하나의 진술로 구성되는 경우도 있으나, 일반적으로 두 개 이상의 진술로 구성되며 그러한 진술들은 상호밀접한 관계를 가진다.
③ 검증된 가설로서 일시적, 잠정적이며, 지속적인 검증과 수정을 통해 정교화되어 간다.

OIKOS UP 상관관계(성태제, 2001 ; 박정식 외, 2002 ; 오택섭, 1994)

① 상관(correlation)은 두 변수의 관계를 말하며, 이는 한 변수가 변할 때 다른 변수가 어떻게 변하는가를 나타낸다. 즉 두 변수가 동시에 변하는 것(covatiate, 공변)을 말한다.
② 상관관계의 의미해석
　㉠ 상관관계를 곧 인과관계로 해석해서는 안 되지만, 매개변수들이 통제된 실험설계의 경우에는 상관관계를 인과관계로 해석할 수 있다.
　㉡ 실험통제에서 일어나지 않는 사회환경에서의 상관의 의미는 인과관계보다는 상호관계(interaction), 즉 한 변수가 다른 변수에 영향을 주고 역으로 다른 변수가 한 변수에 영향을 준다는 것으로 해석할 수 있다.
③ 상관관계는 그 자체로는 두 변인 간의 인과관계를 규명할 수 없으며, 두 개 혹은 그 이상의 변인들이 함께 변하는 방향(direction)과 관계의 정도(magnitude)만을 제시해 줄 뿐이다.
　㉠ 연령이 높을수록 TV 시청량이 높고, 연령이 낮을수록 TV 시청량이 낮다면, 연령과 TV시청시간은 **정적 상관관계(positive correlation)**가 있다고 말할 수 있다.
　㉡ 교육수준이 높을수록 TV 시청량이 낮고, 교육수준이 낮을수록 TV 시청량이 높다면, 교육수준과 TV 시청량은 **부적 상관관계(negative correlation)**가 있다고 말한다.
④ 상관관계에서 관계의 정도를 지수(index)로 나타내는데, 이러한 지수를 **상관계수(coefficient of correlation)**라 한다. 상관관계는 관계의 2가지 특성을 지수화하는데,
　㉠ 하나는 관계의 정도, 즉 변인들이 함께 변화하는 크기를 말하며,
　㉡ 또 하나는 변인들이 같은 방향(정적)으로 변하는지 혹은 반대 방향(부적)으로 변하는지를 나타내는 관계의 방향이다.
⑤ 상관계수의 크기는 $-1 \leq r \leq 1$ 이며, r의 절대값이 클수록 높은 상관관계를 가졌다는 것을 의미한다.
　㉠ r이 +1일 때는 정의 방향으로 완전한 상관관계를 가졌다는 의미이며,
　㉡ r이 -1일 때는 부의 방향으로 완전한 상관관계를 가졌다는 것을 의미한다.

-1.00 : 완전한 부적 상관관계	0.20 : 거의 무시할 만한 상관관계
0.00 : 무관계(상관관계 없음)	0.20~0.40 : 낮은 상관관계
+1.00 : 완전한 정적 상관관계	0.40~0.70 : 비교적 높은 상관관계
	0.70~0.90 : 높은 상관관계
	0.90 : 매우 높은 상관관계(매우 신뢰할 만한 관계)

04 개념과 변수

1 개념(concepts) = 변수 + 상수 [⑯]   ✗ 모든 변수는 개념이 아니지만 모든 개념은 변수다.(X)

① 개념은 단순히 정신적 이미지 또는 인식으로, 단어 또는 용어를 사용해서 어떤 현상이나 사물의 의미를 추상적인 용어를 사용하여 관념적으로 구성한 것이다.
  ㉠ 개념은 특정 대상의 속성을 추상화하여 의미를 부여한 것이므로 개념 자체를 직접 경험적으로 측정할 수 없다.
  ㉡ 개념은 사회정의나 사랑과 같이 직접 관찰할 수 없거나 또는 지체장애나 나무와 같이 쉽게 관찰될 수 있는 대상물을 가지고 있을 수도 있다.
② 가설과 이론의 구성요소로서 보편적 관념 안에서 특정 현상을 일반화시켜 나타내는 추상적 표현으로, 기존의 이론이나 지식에 연관시키므로 연구를 체계적으로 수행할 수 있도록 해 준다.

■ 개념, 변수, 상수 ■

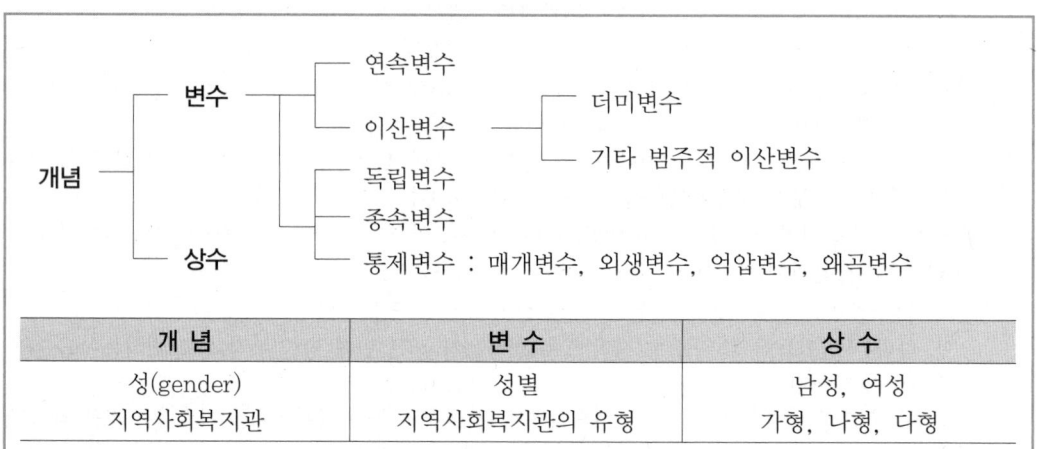

개 념	변 수	상 수
성(gender)	성별	남성, 여성
지역사회복지관	지역사회복지관의 유형	가형, 나형, 다형

2 변수(variable) [⑰]

(1) 의 의

① **의의** : 사람, 물건, 사건 등의 특성, 속성을 의미하나, 이러한 것들의 특성, **속성이 2가지 이상의 가치(value)를 가질 때** 이를 변수라 한다.
  ㉠ 조작적 정의의 결과물이다.
  ㉡ 경험적으로 측정할 수 있는 개념이다.
② **변수와 상수의 관계** : 범주가 한 가지 뿐이거나 결코 변하지 않는 속성을 지닌 것은 변수가 아니고 **상수(constant)**이다.

> **주의**
> 변수(variables)는 연구를 하는 구체적인 개념 또는 이론적인 개념구성으로, 성별, 주거의 위치, 민족, 연령과 같이 상대적으로 관찰하기 쉬운 것들도 측정하지만, 자존심의 수준, 사회복지사의 소진, 성차별 등과 같이 직접 관찰하기 어려운 추상적인 것들도 측정한다.
> 변수에 관한 설명 : 직접 관찰할 수 있는 것들만 측정한 것이다.(X)

(2) 변수의 구분

① 속성에 따른 분류

㉠ **명목변수(Nominal Variable)** : 어떤 사물의 속성을 질적인 특성에 의해 상호 배타적인 몇 개의 카테고리로 나눌 수 있을 뿐 그 카테고리를 서열이나 수치로 나타낼 수 없는 변수이다.

　예) 성별(① 남자 ② 여자), 기초생활수급 대상자의 수급형태, 사회복지학과 학생 A B C

㉡ **서열변수(Ordinal Variable)** : 어떤 사물의 속성을 상호배타적인 몇 개의 카테고리로 나눌 수 있고 카테고리 간의 서열을 측정할 수 있을 때 이를 서열변수라 한다.

　예) 지체장애등급 : 1~6등급, 석차 : 1~30등, 소득수준 : 상, 중, 하, 장애등급 1, 2, 3급

㉢ **등간변수(Interval Variable)** : 어떤 변수의 카테고리 간의 순서뿐만 아니라 카테고리 간의 정확한 간격을 알 수 있을 때를 한다.

　예) 도덕지수(MQ), 지능지수(IQ), 섭씨온도, 화씨온도, 학력, 물가지수, 생산성지수, 사회지표 등

㉣ **비율변수(Ratio Variable)** : 변수의 카테고리 간의 간격이 등간격일 뿐만 아니라 카테고리 간에 몇 배나 큰 가 또는 몇 배나 작은가를 측정할 수 있는 변수를 말한다.

　예) TV시청률, 투표율, 신문구독률, 가격, 저축금액, 생산원가, 연령, 무게, 신장 등

② 변수의 연속성 유무 및 자료의 형태(type of data)에 따른 분류

㉠ **연속적 변수(continuous variable)**
변수가 연속성을 가지고 있는 것으로, **등간변수, 비율변수**가 이에 속한다.

　예) 소득, 연령, 최저생계비, 자원봉사 시간, 텔레비전 시청시간 등은 속성을 크기나 양으로 나타내기 때문에 연속변수이다.

㉡ **비연속적 변수(discontinuous variable, 이산변수, 불연속 변수)**

㉮ 변수가 연속성을 가지고 있지 않은 것으로, **명목변수, 서열변수**가 이에 속한다. 다만, 서열변수는 때때로 연속적 변수로 사용되기도 한다(예) 리커트 척도).

　예) 소득 유무, 세대구분(인터넷 세대 vs 기성세대), 자원봉사 유무, 산재보험가입 여부, 대학교육의 유무, 구직등록 유무 등을 비롯해서, 종교, 성별, 지역 등은 속성이 종류와 특질에 따라 구분되는 불연속 변수이다.

㉯ 이산변수의 대표적인 예는 **더미변수(dummy variables)**이다. 더미변수는 명목변수를 주어진 변수가 지니고 있는 속성에 따라 0이나 1을 부여하여 등간변수로 변환시킨 변수를 말한다.

③ **기능적 관점에 따른 분류(변수 역할에 의한 구분)** [②④⑤⑦⑧⑨⑩⑪⑫⑬⑭⑰⑱⑲⑳]
  ㉠ **독립변수**(Independent Variable) [④⑧⑱㉒]
    ㉮ 다른 변수를 변화시키는 원인이 되는 변수로 **영향을 주는 쪽**이다. 즉 종속변수를 변화 또는 발생시킨다.
    ㉯ 'X는 Y에 영향을 미친다 또는 X의 변화는 Y의 변화를 초래한다'라는 진술에서 X는 독립변수, Y는 종속변수를 의미한다.
    ㉰ **원인변수**(casual variable), **설명변수**(explaining variable), **예측변수**(predictor variable)라고도 부른다.
    ㉱ 실험설계에서 실험처치(experimental treatment) 또는 실험자극(experimental stimulus)이 독립변수에 해당한다.
  ㉡ **종속변수**(Dependent Variable) [②④⑧⑨⑩⑱⑲㉒]
    ㉮ **영향을 받아 변화**되는 결과가 되는 변수로, 독립변수에 의해 설명된다.
    ㉯ **결과변수**(effect variable), **피설명변수**(explained variable), **피예측변수**(predicted variable)라고도 부른다.
    ㉰ 실험설계에서는 실험처치에 따라서 변화하는 것으로 예측되는 변수, 즉 관찰대상의 속성이 종속변수가 된다.
  ㉢ **매개변수**(Intervening Variable) [④⑧⑨⑩⑭⑲㉒]
    ㉮ 독립변수와 종속변수 간의 관계를 설명하는데 개입되는 변수로, **독립변수의 영향을 받아 종속변수에 영향을 주는 변수**이다.
    ㉯ 독립변수에 포함되지 않는 변수로 **독립변수와 종속변수 간의 관계를 설명**하는데 개입되어 변수 간의 관계를 정확히 파악할 수 없게 하고 심하면 결과를 왜곡시키기도 한다.
    ㉰ 매개변수가 2개 이상인 **연구모형*이 가능**하며, 모든 측정수준(명목, 서열, 등간, 비율)의 변수가 매개변수로 사용될 수 있다.

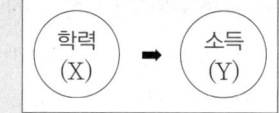

연구모형(research model)
아래 그림과 같이 복잡한 현상을 간결하게 이해하기 위해 현상들을 구성하는 핵심들을 모아서 구조화시켜 놓은 것을 말함

예) "사회복지시설 근무자의 업무 자율성은 자아실현 충족을 높이고 높아진 자아실현 충족은 업무 능률성을 향상시킨다."에서 자아실현 충족은 매개변수이다.

■ 매개변수 ■

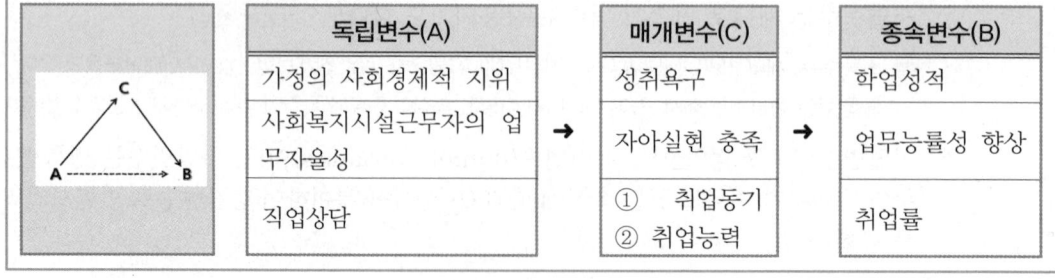

② 외생변수(Extraneous Variable, 외적변수 또는 외재변수) [⑦⑩⑬⑰⑲]
  ㉮ 독립변수가 종속변수에 표면상으로는 영향을 미쳐 인과관계가 있는 것처럼 보이지만, 실제로는 **독립변수(X)와 종속변수(Y)가 각각 제3의 변수(Z)와 밀접한 관계를 갖고 있어 독립변수가 종속변수에 영향을 미치는 것처럼 보이는 경우** 이때 제3의 변수(Z)를 말한다.

  ✗ 독립변수와 종속변수 모두에 영향을 미치는 제3의 변수를 외생변수라고 한다.(○)

  ㉯ 독립변수와 종속변수 간의 인과관계는 가식적 관계(spurious relation, 허위관계)이다. 이와 같이 가식적 관계임을 밝히기 위해 통제되어야 하는 제3의 변수를 외생변수라 한다.
  ㉰ 실제 연구에서는 종속변수에 영향을 미치는 모든 요인을 조사하는 것은 아니다. 즉 **조사에 포함되지는 않았지만 종속변수에 미치는 변수**를 말한다.
    예) 병원의 입원기간이 길수록 평균수명이 짧다고 할 때, 입원기간과 평균수명은 질병의 경중에 영향을 받으므로 마치 관계가 있는 것처럼 보인 것이다. 이때 질병의 경중은 외생변수이다.

■ 외생변수 ■

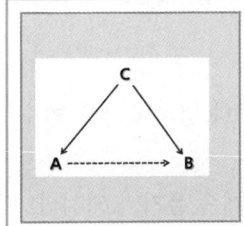

독립변수(A)	외생변수(C)	종속변수(B)
동원된 소방차 수	화재규모	피해액 크고 작음여부
가족붕괴	소득	청소년비행
동물원 크기	도시의 크기	범죄율

⑩ 조절변수(moderator, 조건변수) [⑨②③⑭⑱㉒]
  ㉮ A(독립변수)와 B(종속변수)의 관계가 **제3의 변수의 범주에 따라 다르게 된다면** 이러한 관계는 상호작용이 있다고 말하면서, **제3의 변수가 A와 B의 관계를 조건화시킨다**고 한다.
  ㉯ 체력과 자존감의 관계에서 체력(A)과 자존감(B)의 관계가 성별(C)의 한 범주(남성)에서 관계가 높게 나타났으나 다른 범주(여성)에서는 그렇지 않을 경우 즉, A, B의 관계가 C의 한 범주에서 긍정적이었으나 C의 다른 범주에서 부정적일 경우, 이때 성별(C)을 조건변수 또는 조절변수라고 한다.
    예) "연령이 많고 적음에 따라서 지역사회응집력에 거주기간이 미치는 영향력은 다를 것이다."라는 가설에서 연령은 조절변수에 해당하며, 경제여건에 따라 복지정책의 빈곤감소효과가 달라진다면 경제여건은 조절변수에 해당한다.
    예) "가정폭력이 피해 여성의 우울증에 미치는 영향은 여성이 맺고 있는 사회적 네트워크의 수준에 따라 달라진다."라는 가설에서 사회적 네트워크의 수준은 조절변수에 해당한다.

⑭ **억압변수(= 억제변수)**
  ㉮ 하나의 변수와는 긍정적으로 상관되어 있고 다른 하나의 변수와는 부정적으로 상관되어 있어 독립변수와 종속변수 간의 관계가 없는 것처럼 **둘 간의 관계를 누르는 변수**를 말한다.

㉯ 독립변수와 종속변수가 본래 관계가 있지만 제3의 특정 변수의 작용으로 관계가 없는 것처럼 나타나는 경우, 제3의 특정 변수를 통제하면 관계가 나타나는데 이때 제3의 특정 변수를 억압변수라고 한다.

> 예) 교육과 소득수준 사이에 긍정적인 관계가 있다(교육수준이 높을수록 소득수준이 높다). 낮은 연령은 교육수준을 끌어 올리지만 소득수준은 끌어 내린다. 높은 연령은 소득을 끌어 올리지만 교육수준을 끌어 내린다. 이때 연령(억압변수)을 통제하지 않고 교육수준과 소득수준만 살펴보면 두 변수 간의 인과관계가 없는 것처럼 보일 수 있다.

ⓢ **왜곡변수**
- ㉮ **두 변수의 실제 관계를 정반대의 관계로 나타나게 하는 변수**를 말하는 것으로, 특정 변수를 통제하면 독립변수와 종속변수의 영향관계가 반대로 나타나게 되는 경우 그 특정변수로 인해 영향관계의 왜곡현상이 발생하였다고 하여 왜곡변수라고 한다.
- ㉯ 두 변수 X와 Y의 인과관계의 방향이 실제로는 양의 방향, 즉 정적 관계인데 제3의 변수 Z 때문에 음의 방향, 즉 부적 관계로 나타나고 있다면 이때 Z는 바로 왜곡변수가 된다.

> 예) 사회계층과 시민의식 사이의 관계에서 노동자 계층이 중산층보다 시민의식에 있어 보수적으로 나타났다. 하지만 성(왜곡변수)으로 구분하여 남성과 여성의 시민의식을 분석한 결과 두 집단 모두에서 중산층이 노동자 계층보다 보수적으로 나타났다.

ⓞ **선행변수(antecedent variable)** [⑨⑭⑲]
- ㉮ **독립변수 앞에서 독립변수에 영향을 주는 변수**, 즉 독립변수보다 먼저 발생된 변수로서 독립변수와 종속변수에 직·간접적으로 관련된 변수이다.
- ㉯ 선행변수가 통제되더라도 독립변수와 종속변수 간의 관계는 계속 유지가 되지만, 만일 독립변수가 통제되면 선행변수는 종속변수와 아무런 관계를 갖지 못하게 된다.

ⓧ **통제변수(Control Variable)** [④⑩⑫⑬⑳㉒]
- ㉮ 두 변수 간의 관계를 좀 더 정확히 파악하기 위해 **두 변수 간의 관계에 영향을 미칠 수 있는 제3의 변수를 통제할 경우 이 제3의 변수를 통제변수**라 한다.

> 예) 경제수준이 비슷한 국가를 대상으로 복지정책의 빈곤감소효과를 조사할 때 경제수준은 통제변수이다. 비슷한 소득일 때 거주지역에 따라 삶의 만족도는 차이가 난다고 한다면, 이때 소득은 통제변수이다.

- ㉯ 제3의 영향요인(변수)들을 통제한다는 의미는 두 변수 간의 인과관계를 논함에 있어 제외한다는 의미가 아니라 인과관계를 분석함에 있어서 이들 제3의 요인들이 미치는 영향을 고려하여 분석한다는 것이다.
- ㉰ 통제변수는 독립변수가 종속변수에 미치는 영향의 정도를 보다 정확하게 알기 위하여 분석에 포함되는 변수이다.
- ㉱ 통제변수에는 **외생변수, 매개변수, 조절변수, 억압변수 내지 왜곡변수 등**이 있으며, 이러한 변수들이 **조사 분석에 포함되면 통제변수**가 된다.
- ㉲ 독립변수와 종속변수의 관계를 명확히 밝히기 위해 실제 자료의 통계분석에서 사용하는 변수는 **조절변수, 매개변수, 통제변수**가 있다.

④ **변수가 모형 내에서 생성되었느냐 아니냐에 따른 기준** [⑱]
여러 변수들 간의 인과적 관계를 특성화하여 논리적으로 명확한 설명을 가하는 방법으로 경로분석(path analysis)이나 구조방정식 모형이 있다. 변수가 모형 내에서 생성되었느냐 아니냐에 따른 기준에 따라 외생변수와 내생변수로 분류할 수 있다.

㉠ **외생변수(exogenous variables)**
   ㉮ **모형 속에서 한번도 다른 변수의 결과가 되지 않는 변수**로, 어떠한 인과관계의 결과로 모형 속에 출현한 것이 아니므로 '모델 밖에서 생성된 변수'라는 의미에서 외생변수라 부른다.
   ㉯ 교육(독립변수) → 직업(매개변수) → 소득(종속변수) 모형에서 교육은 다른 변수의 영향을 받는 것이 아니라 이미 주어진 것으로 간주되는데, 이러한 변수를 외생변수라 한다.

㉡ **내생변수(endogenous variables)** [⑱]
   ㉮ **최소한 한 번은 모델 내의 다른 변수의 결과가 되는 변수**로, 변수가 다른 변수로부터 인과적으로 규정되므로 '모델 내부에서 생성된 변수'라는 의미에서 내생변수라 부른다.
   ㉯ 교육(독립변수) → 직업(매개변수) → 소득(종속변수) 모형에서 직업이나 소득처럼 이 모형 안에서 다른 변수(들)에 의해 설명되는 변수들을 내생변수라 부른다.

사회조사방법의 형태와 절차

제1부 **사회조사방법의 기초**

제3장 회차별 출제빈도, 출제비중 및 출제논점 1, 2, 3순위

10회 2012	11회 2013	12회 2014	13회 2015	14회 2016	15회 2017	16회 2018	17회 2019	18회 2020	19회 2021	20회 2022	21회 2023	22회 2024
1	2	2	2	(2)	3	1	1	3	1	2(1)	2	2

출제 비중	출제 논점		
	1순위 ☺	2순위 ※	3순위 ☆
1**2**3	① 종단조사(패널, 동년배, 경향), 횡단조사	① 탐색적, 기술적, 설명적 조사 ② 조사연구 시 고려사항: 분석단위, 해석상 오류	① 사회조사방법의 절차

1순위 스마일표시(☻) : 출제 빈출도가 높은 부분으로 무조건 시험에 출제되는 영역
2순위 당구장표시(※) : 나왔다 안 나왔다 하는 영역이지만 출제가능성 높은 영역
3순위 별 표(☆) : 출제 된 적이 있긴 하지만 다시 출제될 가능성은 다소 떨어지는 영역

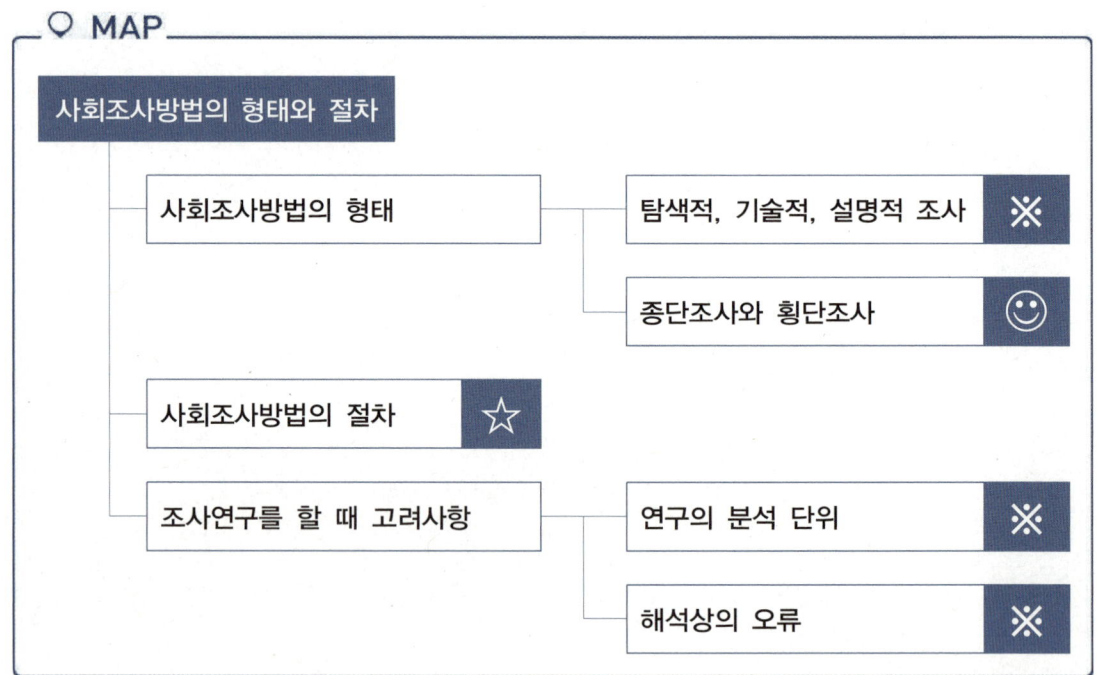

01 사회조사방법의 형태(유형)

1 조사 정도 수준(연구 이유, 조사목적)에 의한 분류 [②④⑥⑫⑭⑱㉑㉑]

연구자가 조사를 하는 이유를 크게 분류해 보면 ㉠ 새로운 주제를 탐구하기 위한 것(탐색적 조사), ㉡ 사회현상을 기술하기 위한 것(기술적 조사), ㉢ 어떤 현상의 원인을 설명하기 위한 것(설명적 조사)으로 분류할 수 있다.

> 예 가출 청소년에 대한 가출 후 생활을 알아보기 위한 것은 탐색적 조사에 해당되며, 가출 청소년의 가출원인과 결과를 알아본다고 할 경우에는 설명적 조사이고, 가출 청소년의 실태조사를 하는 것은 기술적 조사에 해당한다.

(1) 탐색적(exploratory or formulative) 조사연구 = 예비조사(pilot study) (O X) 사전조사(사전검사)(X)

① 앞으로 좀 더 정확한 조사를 위한 **연구문제를 형성하거나 가설을 개발하려고 할 때** 사용하는 **조사연구 형태**이다.

> 탐색적 조사는 명확한 연구가설과 구체적 조사계획이 사전에 수립되어야 한다.(X)

② 주된 목적은 **문제의 규명**이다.
③ 연구자가 만약 연구대상에 대해 충분한 지식과 정보가 있으면 기술적, 설명적 조사연구에 바로 들어가도 되기 때문에 탐색적 조사연구를 이들의 **예비조사(pilot study)**로 보는 경우도 많다.
④ 탐색조사의 질문지는 주로 '**무엇(what)을**' 이라는 질문을 많이 사용한다.
⑤ **탐색조사를 하는 방법** : 문헌조사, 경험자 조사 또는 전문가 의견조사, 특례분석 또는 특례조사
  ㉠ **문헌조사** : 기존에 발간된 관련 분야의 각종 문헌(예 연구논문집, 학술지와 통계자료집, 각종 도서 등)을 조사로, 문헌조사를 통해 얻어진 자료는 2차자료임
  ㉡ **경험자 조사 또는 전문가 의견조사** : 관련 조사문제에 대한 전문지식이나 경험을 소유하고 있는 사람들로부터 필요한 정보를 획득하는 방법
  ㉢ **특례분석 또는 특례조사** : 사례조사의 일종으로, 선정된 몇 개의 실제 사례나 가상의 사례를 깊이 연구함으로써 통찰을 자극시켜주고 가설을 설정하는데 도움을 받는 조사

> 여론조사나 인구센서스 조사는 전형적인 탐색 목적의 조사연구이다.(X)

(2) 기술적(descriptive, 서술적) 조사 : X ↔ Y(상관관계)

① 조사가 단순히 **무엇이 어떠한가에 대한 해답을 구하는 것**, 즉 어떠한 사건이나 현상의 모양이나 분포, 크기나 비율 등 **단순통계적(simple statistics)**인 것에 대한 해답을 구하기 위해 실시되는 조사를 말한다.
② **기술적 조사의 특징**
  ㉠ 발생빈도나 비율을 파악할 때 사용된다.
  ㉡ 관련 변수 간의 상호관계성을 파악한다.
  ㉢ 미래 상황에 대한 예측이다.
③ 기술적 조사는 통상적으로 탐색조사와는 달리 **연구문제와 가설을 설정하고 난 이후** 실시된다.

④ 주로 **어떻게(how), 얼마나(how much), 누가(who)** 등에 대한 질문을 많이 사용한다.
⑤ 종단조사(longitudinal study)와 횡단조사(cross-sectional study)로 구분한다.

(3) **설명적(explanatory) 조사 : X → Y(인과관계)** [⑦⑨]
① 연구자가 어떤 상황에 대해 이미 알고 있거나 그 상황에 대해 기술하고 있는 자료를 충분히 가지고 있을 때, **어째서 그런 상황들이 존재하며, 그렇게 작용하고 있는가** 등을 밝혀내기 위한 조사이다.
② 기술적 조사 결과를 토대로 해서 사실과의 **인과관계를 규명하고자 할 때 주로 사용**되기 때문에 **가설검증조사라고 부르기도 하며, 실험조사설계 형태로 이루어지는 조사**이다.
③ '**왜(why) 이러한 결과가 발생하였나**' 라는 문제의 원인을 묻는 질문에 대해 문제를 어떻게 해결할 것인지에 대한 해답을 제공하는 것이다.

② 조사동기, 응용 정도에 의한 분류

(1) **순수조사(pure research)**
기초조사(basic research)라고도 하며, 순수하게 사회적 현상에 대한 지적인 이해와 지식 그 자체만을 획득하기 위해 수행되는 조사로서 직 간접적인 어떠한 이용을 의도하지 않는다.

(2) **응용조사(applied research)**
조사결과를 직 간접적으로 사회적 현상에 응용함으로써 문제의 해결이나 개선을 하기 위해 수행되는 조사를 의미한다.

■ 순수조사와 응용조사 비교 ■

구 분	순수조사(= 기초조사)	응용조사
정 의	사회현상에 대한 지적 이해와 지식 자체만을 순수하게 획득하려는 조사	조사결과를 사회현상에 응용함으로써 문제해결 개선을 위해 사용하려는 조사
동 기	조사자의 지적 호기심을 충족하기 위해 실시되는 조사	조사결과의 구체적으로 활용하는데 초점
특 성	현장 응용도가 매우 낮은 조사	현장 응용도가 매우 높은 조사

(3) **평가조사(evaluation research)**
사회적 프로그램이나 정책이 얼마나 효과적인지, 이들 프로그램이나 정책을 지속할 것인지 아니면 중단할 것인지의 여부를 평가함에 있어 제기되는 의문에 대한 해답을 구하기 위해 실시되는 조사로 응용조사에 속한다.

③ 시간적 차원에 따른 분류(The Time Dimension) [①⑤⑥⑦⑧⑨⑩⑪⑫⑬⑭⑯⑱⑲⑳㉑]

(1) **종단적 조사(longitudinal research) = 시계열 분석(time series analysis)**
① 시간의 흐름에 따라 조사대상이나 상황의 변화를 측정하는 것으로 일반적으로 수주일, 수개월, 수년간 동안 장기간에 걸쳐 일정한 시간간격을 두고 반복적으로 여러 차례 측정함(동태적 성격

을 지닌다)으로써 자료를 수집하는 조사방법이다.
　㉠ 장 점
　　㉮ 장기간에 걸쳐 조사대상자와 상황의 변화 또는 특정한 경향을 조사할 수 있다. 즉 **시간의 흐름에 따라 변화하는 과정을 일목요연하게 파악**할 수 있다.
　　㉯ 조사단위가 개인과 같은 **미시조사뿐만 아니라** 국가와 같은 **거시조사에서도 활용**된다.
　　㉰ 횡단조사에서 파악하기 어려운 변인 간의 인과관계를 측정할 수 있어서 **변화의 원인을 면밀하게 파악**할 수 있다.
　㉡ 단 점
　　㉮ 서로 다른 시점에 여러 차례에 걸쳐 조사가 이루어져야 하기 때문에 횡단조사에 비해 상대적으로 **비용이 많이 든다**.
　　㉯ 종단조사의 유형에 따라서는 서로 다른 시점에서 **동일 대상자를 추적해 조사해야 하는데 이러한 조사작업은 현실적으로 어려운 경우가 있다**(특히 패널조사의 경우 패널 탈락자 발생).
　　㉰ 종단조사는 조사대상자의 수가 상대적으로 적게 되어 **적은 수의 응답자를 대상으로 조사를 해야 한다**.
　　㉱ 응답자들에게 **검사효과가 개입**될 수 있다.
② **패널조사, 동년배조사, 경향조사**가 있다.
③ 종단조사의 유형
　㉠ **패널조사(panel study)** [①⑦⑧⑨⑩⑭⑮⑯②]
　　㉮ 장기간에 걸쳐 **동일한 주제**에 대해, **동일한 응답자(구축된 패널)**에 대해, 반복해서 면접이나 관찰을 행하는 조사이다.
　　　ⓐ 동일한 표본을 대상으로 시간을 달리하여 추적 관찰하는 연구이다.
　　　ⓑ **동일대상 반복측정을 원칙**으로 한다.
　㉯ 장 점
　　　ⓐ 행동과 태도 등의 변화과정을 분석하기가 용이하다.
　　　ⓑ 동일 대상을 반복적으로 조사하기 때문에 조사 기간 동안 최초에 선정된 조사대상자들이 탈락되지 않고 조사가 끝날 때까지 남아있게 되면, 일정 기간에 걸쳐 일어나는 변화에 대한 **가장 포괄적인 자료를 얻을 수 있다**.
　　　ⓒ 종단조사 유형 중 **가장 정확하고 신뢰할 만한 조사로 개인변화에 대해 더 명확한 자료를 제공**한다.
　　　　　추이(trend)조사는 패널연구보다 개인의 변화에 대해 더 명확한 자료를 제공한다.(X)
　　　　　일정기간의 변화에 대해 가장 포괄적 자료를 제공하는 것은 동년배집단연구이다.(X)
　㉰ 단 점
　　　ⓐ **패널사망(panel mortality, 패널탈락자)**이 발생된다. 즉 조사대상자가 사망하거나, 이민을 가거나, 원거리로 이사를 가거나, 행방불명되거나, 장기간 질병으로 격리치료를 받는 등의 이유로 조사대상에서 탈락하는 경우가 발생된다.

ⓑ 패널탈락자 발생으로 표본이 줄어드는 문제가 발생하며, 측정치들 사이의 비교가 불가능하게 된다는 점이다.

ⓒ **패널 조건화(Panel Conditioning)**는 응답자 및 면접원의 패널조사에서 나타나는 특수한 형태의 비표집오차로, 응답자가 이전 조사를 한번 이상 해보았기 때문에 발생하는 응답상의 변화(편의)를 말한다. 전검사를 기억하고 의식적으로 일관성을 유지하려고 하여 전검사와 같이 응답하려고 할 수도 있고, 또한 의식적으로 변화를 보이는 방향으로 응답할 수 있어 실질적 변화를 명확히 알 수 없게 될 가능성이 있다.

> 예) 방대한 문항의 패널조사는 응답자와 조사원이 이미 이를 인지하기 때문에 양적으로나 질적으로 응답 부담이 높은 설문에 대한 응답을 회피하려는 경향이 발생할 수 있다.
> 패널조사는 패널조건화(panel conditioning) 현상으로 연구결과의 정확성이 높아질 수 있다.(X)

ⓓ **검사효과가 개입**될 수 있다. 즉 동일한 사람을 표집대상으로 고정시켜 반복 조사하는 과정에서 초기 조사가 후기 조사의 반응에 영향을 미칠 수 있다.

ⓔ 시간과 비용이 많이 소모되는 조사이다.

> 조사대상의 추적과 관리 때문에 가장 많은 비용이 드는 것은 패널연구이다.(O)

ⓛ **동년배조사(코호트조사, cohort study)** [9②]

㉮ 일정연령이나 일정연령 범위 내 사람들의 집단이 조사대상인 종단연구로, **보다 좁고 구체적인 범위에 속한 인구집단의 변화를 연구하기 위한 조사**이다.

㉯ **특정한 조건을 가진 사람들**이 시간이 변함에 따라 어떠한 변화를 보이는지를 오랜 시간에 걸쳐 연구하는 것이다.

> 예) 1930년대 초 대공황 시기에 태어난 사람들이 시간이 흐름에 따라 갖게 되는 경제적 태도의 변화를 20년 단위로 조사하는 연구를 한다고 할 경우, 1950년에 실시한 연구에서는 15~20세의 대상자를, 1970년에 실시한 연구에서는 35~50세의 대상자를, 1990년에 실시한 연구에서는 55~60세의 대상자를 선정하게 된다. 물론 각 시기에 표집된 대상자들은 동일한 사람들이 아니다.

ⓒ **경향조사(추이조사, 추세연구, trend study)**

㉮ 장기간에 걸쳐 동일한 주제에 대해 반복해서 면접이나 관찰을 행하지만, **응답자는 매번 조사할 때마다 동일하지 않게** 이루어지는 조사이다.

ⓐ 횡단연구를 여러 차례 시행하여 경향을 알아보는 연구로, 매 조사시점에서 조사대상이 동일인이 아니다.

ⓑ 물가경향조사, 실업률경향조사와 같이 어떤 광범위한 연구대상의 특정 속성을 여러 시기를 두고 관찰 비교하여 시간의 흐름에 따라 어떻게 변화하는가를 식별하는 데 목표를 둔다.

> 예) 선거 캠페인 기간 동안 실시되는 일련의 여론조사는 조사 시기마다 표집대상이 다르다. 다만 각 시기마다 어느 후보가 어느 정도의 지지를 받고 있는지 그 변화의 추세를 보여줄 뿐이다.

㉯ **단 점**

ⓐ 응답대상이 되는 표본이 매번 다르기 때문에 표본의 동질성을 보장할 수 없다.

ⓑ 내적 타당도를 저해할 요인들이 많이 작용하여 시간의 변화 또는 사회적 및 역사적 사건의 효과를 정확히 분석할 수 없다.

■ 패널조사, 동년배조사, 경향조사 비교 ■

종단조사의 유형	비 교	
	공통점	차이점
패널조사(panel study)	동일주제 반복조사	동일한 응답자(응답자 고정)
동년배조사(코호트 조사, cohort study)		특정한 조건 가진 사람들
경향조사(추이조사, 추세연구, trend study)		동일하지 않은 응답자

(2) **횡단적 조사(cross-sectional research)** '특정시점에서의 스냅사진'
① 일정시점에서 인구의 횡단을 조사하는 것으로 사회복지분야에서 널리 사용된다. 횡단이란 서로 다른 연령, 교육수준, 소득수준, 인종, 종교 등 광범위한 사람들의 표집을 의미한다.
  ㉠ 표본조사를 행하며, **측정이 단 한번만 이루어지고** 반복해서 이루어지지 않는다.
  ㉡ 일정 시점에 측정이 이루어지기 때문에 **정태적(static) 성격**을 가진다.
  ㉢ **탐색적 조사, 기술적 조사, 설명적 조사가 다 사용**될 수 있으며, 일반적으로는 기술적 조사가 많이 사용된다. 횡단연구는 탐색, 기술, 설명의 목적을 갖는다.(O)
    예) 우리나라 인구센서스(census)조사(= 인구주택총조사) → ∵ 전체 인구는 물론 지역 인구의 다양한 특징을 정확하고 정밀하게 기술하는 것을 목적으로 함

② 장 점
  ㉠ **자료수집이 용이하고 짧은 시간에 많은 사람들**로부터 자료를 수집할 수 있다.
  ㉡ 종단조사에 비해 **비용이 상대적으로 적게 든다.**
  ㉢ 어느 한 시점에서 자료가 수집되므로 **시간의 흐름에 따라 변화의 영향을 받지 않으므로 유사한 목적을 가진 연구결과끼리 객관적인 비교가 가능**하다.

③ 단 점
  ㉠ 자료를 수집하는 그 시기에 변화가 일어나고 있는 시기일 수 있으며, 그 **변화를 인지하지 못하고 보통 때와 같은 상태라고 가정할 때 문제가 발생**한다.
  ㉡ 분석결과 파악된 변인들 간의 관계가 그대로 유지될 지 아니면 **시간의 흐름에 따라 변화할지**에 대해서는 말할 수 없다.

4 사례조사(case study)와 서베이 조사(survey research)

(1) **사례조사**
① 어떤 특정 사례에 대하여 조사를 행함으로써 해당 사건이나 현상을 전체적으로 파악하고 실증적으로 분석하는 조사를 말한다.
② 사례조사는 조사대상이 소수일 때 소수의 조사대상이 시간이 지남에 따라 그 대상의 행동이나 특성이 전개되고 변화하는 과정을 연구하고, 조사대상의 독특한 성질을 구체적으로 상술하여, 행동이나 특성의 변화와 영향 요인들 간의 인과관계를 파악하는데 유용하다.

(2) 서베이조사

① 모집단(population)을 대상으로 추출된 표본(sample)에 대하여 설문지나 조사표(면접조사표나 관찰조사표)와 같은 표준화된 조사도구를 사용해서 직접 질문함으로써 필요한 자료를 수집하는 방법이다.

② 서베이조사는 모집단 전체를 조사대상으로 하는 전수조사(census)가 아닌 표본조사로서, 질문지나 면접조사표를 이용하지만 실험을 행하지 않는 조사를 의미한다.

5 자료수집기법에 따른 분류(The Technique of Data Collection)

(1) 양적 조사(quantative study)

대상의 속성을 계량적으로 표현하고 그들의 관계를 통계분석을 통해 밝혀내는 조사이다.

① 수적 표현에 의해 자료를 수집하는 조사를 말한다.

② 질문지조사, 실험, 내용분석, 기존 통계자료 분석 등은 양적 조사방법을 주로 사용한다.

(2) 질적 조사(qualitative study)

행위자의 말, 글, 몸짓, 관찰 가능한 행동, 흔적, 상호작용의 상황과 환경적 요인들을 현지조사, 민속방법론 등의 방법으로 수행하는 조사이다.

① 글, 그림, 녹음, 영사기 등의 질적 표현에 의해 자료를 수집하는 조사를 말한다.

② 현지조사(관찰), 역사적 방법 등은 질적 조사방법을 많이 사용한다.

02 사회조사방법의 절차 [2⑤⑨⑪⑬⑰⑱⑲⑳]

일반적으로 **문제설정(문제제기) → 연구설계(조사설계) → 자료수집 → 자료처리 → 자료분석 → 자료해석 → 연구보고서작성**의 단계를 거친다.

예) 아동학대로 관심주제 선정 → "아동학대는 청소년비행을 유발할 것이다."로 가설 설정 → 구조화된 설문지 작성 → 할당표집으로 대상자를 선정하여 자료수집

사회복지조사를 위한 수행단계 : 문제설정 → 가설설정 → 조사설계 → 자료수집 → 자료분석 → 보고서작성(O)

자료수집을 완료한 후 가설을 설정해야 한다.(X)

1 제1단계 : 문제설정(= 문제제기, 문제형성단계)

① 문제제기는 연구자의 관심이나 아이디어, 경험, 기존 문헌 등을 통해 문제가 있다거나 어려운 점이 있다는 사실과 이러한 문제점에 대한 지식과 정보가 필요하다고 생각하는데서 질문의 형태로 나온다.

② 이 단계에서 해야 할 일
  ㉠ **연구주제의 선정, 연구가 가지는 의미**가 무엇이며, **실행 가능성**은 어떤지, 연구의 궁극적인 목적은 무엇인지 등이 이 단계에서 고려된다.
  ㉡ 이러한 고려 하에 **연구의 중요한 요소인 연구대상, 즉 분석단위를 결정하고, 개념 정의 및 가설의 구성, 변수 및 변수들에 대한 조작적 정의(조작화)** 등을 구체화해 나간다.

2 제2단계 : 연구설계(= 조사설계)

① **조사설계(research design)** : 필요한 자료를 수집하기 위해 작성하는 설계라 할 수 있다. 즉 연구문제가 결정된 뒤 이에 대한 논리를 어떻게 전개할 것이며, 자료를 어떻게 수집할 것인지에 대한 여러 가지 대안들을 생각해 보는 것이다.

② **이 단계에서 해야 할 일** : 연구자는 설문문항을 검토하여 조사도구를 작성하고 신뢰도, 타당도를 검증하여야 하고, **자료수집 방법**(질문지조사, 면접, 실험, 관찰, 내용분석, 2차 자료분석 등), **연구모집단**(조사대상선정) 및 **표본추출 방법** 등을 결정하여야 한다.

  ✗ 자료수집 방법은 조사설계에 포함할 수 없다.(X)

3 제3단계 : 자료수집(data collection)

① 연구자가 조사설계에 의해 자료를 수집하는 단계, 즉 **연구설계를 기초로 자료들을 직접 수집하는 단계로써 결정된 연구방법**에 따라 달라진다.
② 자료수집 이전의 단계를 설계과정이라고 한다면 **자료수집 이후의 단계는 설계를 집행하는 단계**라 할 수 있다.

4 제4단계 : 자료처리

① 수집된 자료들을 분류하고 **코딩하여 입력하는 과정**이다.
② 수집된 자료가 양적인 자료인지, 질적인 자료인가에 관계없이 자료를 해석하기 용이한 상태로 전환하기 위해 분류하거나 코딩하여 입력한다.

5 제5단계 : 자료분석

① 자료처리 과정을 거친 자료를 가지고 연구 질문에 대한 답을 구하기 위해 분석을 시도하는 과정이다.
② 자료분석은 연구의 목적 및 방법에 적합한 방법을 사용하여야 한다.

6 제6단계 : 자료의 해석

분석된 결과가 어떤 의미를 지니는지를 연구자가 판단하는 과정으로, 이때 연구자는 자신이 사용한 연구방법 및 연구목적에 따라 해석이 달라질 수 있으므로 주의를 기울여야 한다.

> 예) 가설을 검증한다든지, 일반화의 가능성을 모색하고, 분석결과를 다르게 해석할 가능성이 없는지, 분석결과의 타당성을 저해할 방법론상의 제한점은 무엇인지, 분석결과에 내포된 정책적, 실천적 함의 및 후속연구에 주는 함의 등이 논의되어야 한다.

7 제7단계 : 연구보고서 작성
① 연구보고서의 작성은 지금까지 조사연구가 이루어진 전 과정을 담아내는 단계이다.
② 연구과정의 가장 마지막 단계이긴 하지만 연구보고서는 각 단계마다 부분적으로 이루어진다고 볼 수 있다.

03 조사연구를 할 때 고려사항

1 연구의 분석 단위 [①②⑧⑤⑰⑫②]

분석단위는 '누구 혹은 무엇을 연구할 것인가'와 관련된 개념, 여기서의 '누구 혹은 무엇'은 연구주제를 말하는 것이 아니라 연구의 대상을 말한다.

① **개인** : 일반적으로 대부분의 사회과학에서 가장 전형적인 분석단위는 개인이다.
② **집단** : 분석단위로서 사회집단은 집단 속의 개인을 연구하는 것과 다르다. 여기에는 **가족, 소집단, 기관, 조직, 지역사회가 포함**된다.
③ **사회적 생성물(사회적 가공물, social artifacts)**
   인간의 행위로 만들어진 산물이나 사건, 행동. 여기에서는 책, 그림, 시, 자동차, 건물, 노래, 농담, 주책 등 주로 문화적 항목으로 불리는 여러 형태의 사회적 대상을 비롯해서 이혼, 비윤리적 행동, 결혼, 교통사고, 비행기 납치, 청문회 등과 같은 사회적 상호작용 자체도 하나의 분석단위가 될 수 있다.

> 예) 어느 신문의 사설의 경향을 파악하기 위해 수년 동안의 신문사설을 분석하는 경우, 사회사업실천에 있어서 비윤리적 실천행위에 대한 조사 등

> 분석단위에 관한 설명 : 이혼, 폭력, 범죄 등과 같은 분석단위는 사회적 가공물(social artifacts)에 해당한다.(O)

2 분석단위 선정과 해석상의 오류

(1) 생태학적 오류(ecological fallacy) [②⑤②]
① '생태학적'이란 말은 개인보다 큰 집단 사회체계를, '오류'란 말은 생태학적 단위에서 얻은 지식을 그 집단을 구성하는 개인에게 적용하는 잘못을 의미한다.
② **집합단위의 자료를 바탕으로 개인의 특성을 추리할 때 범할 수 있는 오류로**, 실제 분석 단위는 개인이 아니라 집단 또는 그 밖의 집합체임에도 개인에 대해 어떤 주장을 하는 것이다.

> 예) 뒤르켐(Durkheim)의 고전적 연구인 「자살론」: 두 지역을 선정하여 한 지역은 가톨릭 신자 비율과 평균자살건수, 또 다른 지역은 개신교신자의 비율과 평균자살건수를 조사 → 한 지역(바바리아)에서는 가톨릭신자의 비율이 높으면서 평균자

살건수가 줄어드는 것으로 나타남 → 그는 자살율이 개신교신자 수에 비례하고, 가톨릭신자 수에 반비례한다는 결론을 얻었지만, 개신교신자가 가톨릭신자보다 자살을 더 많이 할 가능성이 높다고 해석할 수 있는 것일까?

예) 17개 시·도를 조사하여 대학 졸업 이상의 인구비율이 높은 지역이 낮은 지역에 비해 중위 소득이 더 높음을 알게 되었다. 이를 통해 학력수준이 높은 사람이 낮은 사람에 비해 소득수준이 높다는 결론에 도달했다.

분석단위에 관한 설명 : 생태학적 오류는 집단에 대한 조사를 기초로 하여 개인을 분석단위로 주장하는 오류이다.(○)

(2) 개별주의적 오류(individualistic fallacy, 개인주의적 오류)

생태학적 오류와는 정반대의 오류로, 이는 개인의 특성으로 집단이나 사회의 성격을 규명하고자 할 때 나타난다. **원자 오류(atomistic fallacy)**라고도 한다.

예) 교육을 전혀 받지 못한 사람이 부자가 된 경우를 발견했다고 해서 교육수준이 높을수록 소득이 높다는 일반적 사실이 부정될 수 없다. 또한 어떤 연구자가 1억 이상을 가진 기초생활수급자를 안다고 해서 그것만으로 대부분의 빈민층이 선량하다는 것을 부인하는 것은 아니다.

(3) 환원주의적 오류(축소주의, reductionism) [③②]

① 어떤 현상의 원인이라고 생각되는 **개념이나 변수를 지나치게 제한하거나 한 가지로 환원시키려는 경우**이다.

② 어떤 특정한 분석 단위나 변수가 다른 분석단위 또는 변수에 비해 높은 관련성이 높다고 설명하는 경향이 있다.

③ **모든 학문에는 환원주의적 경향이 있다.** 즉, 자기 분야의 요인(또는 분석단위, 변수)이 다른 분야의 요인보다 더 우월하다고 믿고 다른 분야를 무시하는 태도를 환원주의라고 한다.

김진원 OIKOS 사회복지사1급 통합이론서 1교시

제2부

사회조사방법의 설계

제4장 질문지 작성
제5장 측정과 척도
제6장 신뢰도와 타당도
제7장 표본추출(표집)

CHAPTER 04 질문지 작성

제2부 **사회조사방법의 설계**

제4장 회차별 출제빈도, 출제비중 및 출제논점 1, 2, 3순위

10회 2012	11회 2013	12회 2014	13회 2015	14회 2016	15회 2017	16회 2018	17회 2019	18회 2020	19회 2021	20회 2022	21회 2023	22회 2024
–	1	–	1	–	–	1	–	1	1	(3)	–	–

출제 비중	출제 논점		
	1순위 ☺	2순위 ※	3순위 ☆
0~1		① 질문의 문항작성 ② 설문 항목들의 배치	① 사전검사(Pre-test, 사전조사) ② 질문의 형태 선정

1순위 스마일표시(☺) : 출제 빈출도가 높은 부분으로 무조건 시험에 출제되는 영역
2순위 당구장표시(※) : 나왔다 안 나왔다 하는 영역이지만 출제가능성 높은 영역
3순위 별 표(☆) : 출제 된 적이 있긴 하지만 다시 출제될 가능성은 다소 떨어지는 영역

MAP

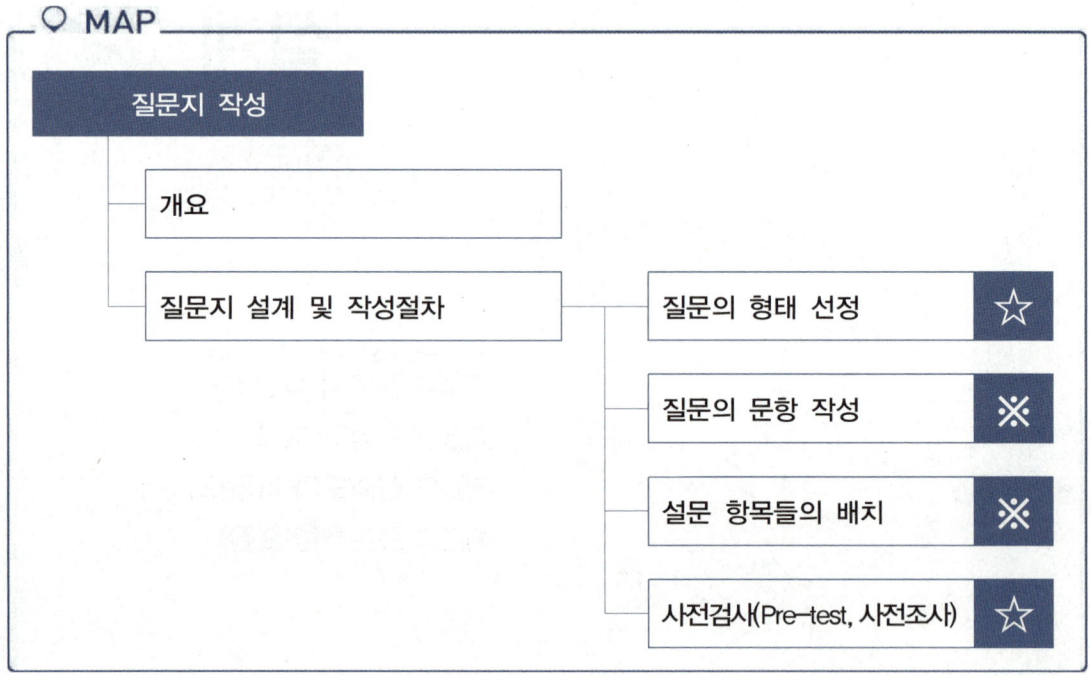

01 개요

1 질문지 작성의 중요성
① **질문지(questionnaire, 설문지)** : 조사대상의 속성을 측정하기 위한 도구 또는 측정도구를 담고 있는 일종의 틀로서 대개는 다수의 개념들에 대한 측정도구들이 포함되어 있다.
② 질문지 작성은 사회조사의 성패를 좌우하는 중요한 일이라 할 수 있는데, 사회조사를 통해 얼마나 의미 있는 결론을 얻어 낼 수 있느냐 하는 것은 질문지가 얼마나 원하는 것을 찾을 수 있도록 잘 만들어졌느냐에 달려 있다고 볼 수 있다.

2 질문지를 이용하는 이유
① 표준화된 질문지를 이용함으로써 결과의 비교 가능성을 높일 수 있다.
② 빠른 시간 핵심적인 정보만을 선별해 비교적 솔직하고 정확한 정보를 구할 수 있다.
③ 불필요한 내용은 질문지에서 삭제할 수도 있다.
④ 응답자가 무기명으로 직접 응답을 기록하는 경우에는 매우 솔직한 응답이 가능하며 응답의 용이성과 정확성을 높일 수 있도록 응답형태를 사전에 제시할 수 있다.

3 질문지의 구성요소
① **응답자에 대한 협조요청** : 조사자나 조사기관의 소개, 조사의 취지 설명과 개인적인 응답 항목에 대한 비밀보장을 확신시켜 줌으로써 조사의 응답률을 높이고 응답을 보다 쉽게 얻어 내기 위한 부분이다.
② **식별자료** : 각 설문지를 구분하기 위한 일련번호와 추후의 확인 조사를 위한 응답자의 이름이나 조사 또는 조사를 실시한 면접자의 이름과 면접일시를 기록하는 부분으로 대개의 경우 질문지의 첫 장에 나타나게 된다.
③ **지시사항** : 우편조사의 경우 응답자 혼자서 전체 질문지를 완성할 수 있도록 각 항목마다의 응답방법이나 응답순서 등 응답자가 질문지의 모든 항목을 어려움 없이 완성하고 이를 조사기관이 회수하기까지의 모든 과정에 대한 상세한 지시사항이 수록되어야 한다.
④ **필요한 정보획득을 위한 문항** : 질문지 작성에 있어서 가장 중요한 부분으로 연구목적에 필요한 대부분의 자료가 수집되는 부분이다.
⑤ **응답자의 분류를 위한 자료** : 주로 성, 연령, 교육 정도, 수입, 직업 등 인구통계학적 변인들이나 사회경제학적 변인들을 측정하기 위한 질문들로, 응답자들의 개인 신상과 관계된 질문이므로 응답자의 인격이나 프라이버시가 침해되지 않도록 하고 꼭 필요한 항목만을 질문하여야 한다.

02 질문지 설계 및 작성절차

1 필요한 정보의 결정 : 질문지 작성의 목적 및 적용범위를 확정

2 자료수집방법 결정

3 질문항목의 선정 : 개별항목의 내용을 결정

① 우선 질문지에 포함될 내용을 큰 범주로 나누어 보고, 그 범주별로 세부내용을 작성해 보는 것이 편리하다.

② 질문지에 포함될 내용을 큰 범주로 나눈 것을 **조사항목**(research item)이라하고, 조사항목별로 포함될 내용을 세부적으로 작성하는 것을 **세부사항**이라 한다.

　가설은 질문지 조사항목과 세부사항을 결정하는 기준이 된다.(O)

③ 필요한 조사항목과 세부사항을 찾아내면 사항들 간의 관계를 규명해 볼 필요가 있으며, 이들 사항들 간의 관계를 규명하는 데 도움을 주는 것이 **가표**(mock table)다.

OIKOS UP 조사항목과 세부사항이 포함된 가표만들기

'가정환경과 청소년 비행과의 관계'를 연구한다고 할 경우, 조사항목과 세부사항이 포함된 가표를 만들어 보자 (채구묵, 2004).

- 가표를 만들려면 먼저 가설을 세워야 하고, 가설의 독립변수와 종속변수를 측정할 수 있는 조사항목과 세부사항을 만들면 된다.
- 이때 독립변수나 종속변수를 직접 측정할 수 있으면 세부사항에 바로 기입하고, 독립변수나 종속변수가 추상적이거나 포괄적이어서 이를 직접 측정하기가 어려운 경우에는 이를 몇 개의 조사항목으로 나누고 조사항목에 따른 세부사항을 기술한다.

- 가 설 -
1. 편부모 가정의 청소년들은 비행률이 높을 것이다.
2. 부모의 학력이 낮은 가정의 청소년들은 비행률이 높을 것이다.
3. 부모가 사회적으로 낮게 평가되는 직업을 가지고 있는 청소년들은 비행률이 높을 것이다.
4. 맞벌이 부부 가정의 청소년들은 비행률이 높을 것이다.
5. 부부관계가 좋지 않은 가정의 청소년들은 비행률이 높을 것이다.

구 분	조사항목	세부사항	비 고
독립변수 (가정환경)		1. 편부모 여부 2. 부모의 학력 3. 부모의 직업 4. 맞벌이 여부 5. 부부관계 : 부부 간의 다툼 횟수, 부부 간의 대화 횟수	
종속변수 (청소년 비행)	1. 지위비행	술 마시기, 담배 피우기, 비디오방 출입, 성관계	
	2. 도피비행	본드나 가스 흡입, 가출, 환각약물 이용, 무단결석	
	3. 폭력비행	때리기, 돈 뺏기, 협박, 오토바이 몰고 다니기	
	4. 재산비행	돈 훔치기, 물건 훔치기	

4 질문의 형태 선정 : 질문 형식과 응답 범주 형식을 결정한다.

(1) 개방형 질문을 사용할 것인가, 폐쇄형 질문을 사용할 것인가?, 간접질문을 사용할 것인가, 직접질문을 사용할 것인가?를 결정하고, 나아가 어떠한 추가질문이 더 필요한지를 예측하여 필요한 질문을 포함하도록 한다.

(2) **개방형 질문과 폐쇄형 질문** [⑨⑫⑲]

① **개방형 질문(Open-ended Question)** : 질문에 대하여 자유롭게 응답할 수 있는 질문으로, 자유응답 질문 또는 주관식 질문이라고도 한다.

   ㉠ **장점** : 자세하게 물어볼 수 있으며, 예비조사(pilot study)나 탐색적 조사(exploratory research) 등 문제의 핵심을 알려고 할 때 흔히 쓰인다.

   ㉡ **단점** : 응답의 해석에 편견이 개입될 소지가 많고, 응답자가 응답하는 데 있어 많은 심리적 부담을 주며, 표현능력이 부족한 응답자에게 적용하는 데 애로점이 있다. 또한 자료의 분석, 해석에 많은 시간이 소요되고, 통계적 처리가 어렵다.

   ※ 개방형 질문은 미리 유형화된 응답범주들을 제시해놓은 질문 유형이다.(×)

② **폐쇄형 질문(Closed Question)** : 응답자가 응답할 수 있는 내용이 미리 몇 개로 한정되어 있어 그 중 하나를 선택하도록 하는 질문을 말한다.

   ㉠ **장점과 단점**

      ㉮ **장점** : 응답처리가 용이하고, 계측에 통일을 기할 수 있어 응답의 분석, 해석에 객관성, 신뢰성을 높일 수 있다.

      ㉯ **단점** : 응답자의 응답이 충분히 반영되기 어렵다는 것이다.

   ㉡ **유 형**

      ㉮ **찬-반식 질문(Agree-disagree Question)** : 찬성-반대, 그렇다-아니다 식의 대답을 구하는 방식으로 간단한 문제나 찬-반 양론을 묻는 문제에 적합하다.

㉮ **평정식 질문(Rating Question)** : 질문에 대한 강도를 요구하는 질문으로, 질문형식은 응답카테고리 수에 따라 3단계, 4단계, 5단계 등의 평정식 질문이 있다.

㉯ **다항 선택식 질문(Multiple Choice Question)** : 여러 개의 카테고리를 나열해 놓고 그 중에 몇 개를 선택하도록 하는 방법이다. [19]

> 예) 귀하는 장애인복지기관이 제공하는 서비스에 대한 정보를 어디서 얻었습니까? 다음 보기 중 2개를 고르시오.
> ① 텔레비전 ② 라디오 ③ 이웃 ④ 팸플릿 ⑤ 신문 ⑥ 서비스 수혜자 ⑦ 친구 ⑧ 기타

> 다항선택식(multiple choice) 질문은 응답범주들 중에서 하나 또는 그 이상을 선택하도록 하는 질문이다.(○)

㉰ **서열식 질문(Ranking Question)** : 어떤 질문에 대해 가능한 대답을 여러 개 열거해 놓고 중요한 순서, 좋아하는 순서, 또는 싫어하는 순서 등으로 선택하라고 하는 것이다.

㉱ **부수적 질문(Contingency Question, 개연성 질문, 수반형 질문)** : 일정한 사람에게만 해당되는 사항인 경우에, 각 질문에 응답해야 하는 사람을 구분하는 질문을 먼저 하고, 응답결과에 따라 각각 다른 질문을 하는 형태의 질문이다. [11][18]

> 예) 귀하는 대통령 선거에서 투표한 적이 있습니까?
> □ 예 (1~3번 질문에 답해 주십시오)
> □ 아니오 (1~3번 질문을 건너뛰고 4번 질문으로 바로 가십시오)

OIKOS UP 행렬식 질문(matrix question) [8][19]

동일한 응답 항목들을 가진 질문들을 체계적으로 묶어서 하나의 질문세트를 만드는 것으로, 같은 응답항목을 공유하고 있는 여러 문항들을 나타내는 데 효율적인 형태이다. 리커트 척도가 사용될 때 자주 사용된다. 예를 들어, 생활만족도에 관한 질문이라면 다음과 같다.

문 항	매우 그렇지 않다	그렇지 않았다	그저 그렇다	그렇다	매우 그렇다
1. 지난 삶을 되돌아보면 전반적으로 만족한 삶을 살아온 것 같다.	①	②	③	④	⑤
2. 지금이 내 인생의 가장 좋은 날이다.	①	②	③	④	⑤
3. 내 인생은 지금보다 더 나아질 수 있다.	①	②	③	④	⑤

① 장점
  ㉠ 중복되는 공간을 최소화하여 질문지를 효율적으로 사용한다.
  ㉡ 일련의 독립된 문항보다 응답하기 쉬워 응답자가 응답하는 데 걸리는 시간을 줄여준다.
  ㉢ 응답들의 비교성을 증가시킨다.
② 단점
  ㉠ 응답항목이 많은 문항들의 경우 행렬식 질문에 맞게 억지로 구성할 수 있다.
  ㉡ 유사한 질문들이 인접배치되기 때문에 한 질문에 대한 응답이 다른 질문의 응답에 영향을 미치는 반응효과가 발생할 수 있다.

> 응답항목이 많은 질문은 행렬식으로 배치하지 않는다.(○)
> 행렬식(matrix) 질문은 한 주제의 응답에 따라 부가질문을 연결해서 사용하는 질문이다.(×)

5 질문의 문항 작성 : 질문 문항 작성 시 유념해야 할 사항 [②③④⑤⑥⑧⑨⑫⑬⑯⑱②]

① **보편적이고 상용적인 용어**를 사용하여야 한다. 그 질문의 내용을 응답자가 정확하게 파악할 수 있도록 응답자의 이해능력을 고려하여 평이한 단어와 문장으로 작성해야 한다.

② 질문의 준거틀은 **명백하고 모든 응답자에게 동일한 의미로 사용**되어야 한다. 즉, 용어나 문장은 불명료하거나 모호한 표현이 되어서는 안 된다. 대개, 보통, 대부분, 일반적으로 등과 같은 수량이나 정도를 표시하는 단어의 사용은 피하는 것이 바람직하다.

③ 질문은 객관적이어야 하며 긍정적이거나 부정적이어서 **어느 한 방향으로 치우쳐서는 안 된다**. 다만 가능한 한 긍정적인 형태로 질문해야 한다.

④ 질문은 **가능한 한 간단하게** 해야 한다. 같은 뜻을 전달하는 질문이라면 되도록 짧을수록 좋다. 응답자들은 긴 질문은 회피하거나 아예 응답을 하지 않은 경향이 있다.

⑤ 질문 용어는 **가치중립적인 것**을 사용해야 한다. 질문이나 응답 항목들에 편견을 내포하는 용어나 서술 등은 지양해야 한다.

> 예) '우리나라를 침범했던 왜놈들의 문화를~'이 아니라 '일본 사람들의'로 질문하는 것이 바람직하다.

> 설문 용어에 가치가 포함되어야 한다.(×)

⑥ **위험한 용어, 인기용어(catchy word) 등을 피해야** 한다. 빨갱이, 급진주의, 파시즘, 우방 등의 용어는 감정적 표현을 자아내게 한다.

⑦ 신망 있는 사람이나 악명 높은 사람의 이름을 인용할 때는 신중을 기해야 한다.

⑧ 질문의 카테고리 구성에서 **찬반의 응답 선택의 수가 균형**이 잡히도록 해야 하며, **객관식 문항의 응답 항목은 상호배타적**이어야 한다.

⑨ 질문이나 응답 카테고리(response category)에 **애매하거나 막연한 내용이 포함되지 않도록** 하는 것이 좋다.

⑩ 설문지의 문장은 논문이나 전공서의 문장과는 달리 **구어체 문장을 사용**한다.

⑪ 응답자를 난처하게 만들거나 감정을 상하게 하는 질문은 피하도록 한다. 민감하거나 응답자에게 위협적인 질문은 친근한 단어를 사용하고 개방형의 질문으로 질문지 후반부에 삽입하는 것이 좋다.

⑫ **문항의 수는 필요한 범위 내에서 최소**로 한다. 너무 많은 내용을 장황하게 묻게 되면 응답자들이 부담을 느껴서 처음부터 응답하는 것을 기피하거나 무성의하게 반응할 우려가 있기 때문이다.

⑬ 한 개의 질문이 둘 이상의 내용을 포함하고 있는 **이중질문(double-barreled question, 쌍열질문)**이나 응답을 유도하는 **유도질문은 피하는 것이 좋다**.

> 많은 정보가 필요할 경우 이중질문을 사용한다.(×)

⑭ **이중부정의 표현**은 응답자가 잘못 읽기 쉽기 때문에 가급적 사용하지 않는 것이 좋으며, 불가피하게 사용해야 할 경우 밑줄이나 강조 표시를 통해 오류를 줄일 수 있다.

⑮ **질문은 명시적이고 직접적**으로 한다. 질문은 추상적이지 않고 직접적이며 명시적인 것이 좋다. 막연한 질문을 하면 응답자마다 그것을 해석하는 데 차이가 있을 수 있다.

6 설문 항목들의 배치 : 질문의 순서 결정 시 고려사항 [3④⑧③⑥⑧②]

① **첫 질문은 간단하고 흥미 있는 질문이 좋으며**(응답자가 흥미를 느낄 수 있는 질문을 앞에 배열), 응답자의 경험이나 지식의 범위 안에서 쉽게 대답할 수 있는 질문이 좋다.

② **민감한 질문이나 개방형 질문은 뒷부분에 배치**하는 것이 바람직하다. 응답하기 쉬운 문제들을 앞에 배치하여 일단 설문에 응하도록 한다면, 비록 뒷부분에 가서 까다로운 질문이 나오더라도 응답자들은 이제까지의 응답에 따른 노력을 생각하여 쉽게 포기해 버리지 못한다. 이것은 일종의 **매몰비용(sunk cost)의 효과***이다.

> 설문지에서 질문 순서는 무작위 배치를 원칙으로 한다.(X)

매몰비용(sunk cost)의 효과
응답자의 입장에서 이미 시간과 노력을 투자하였으므로 그만두면 그것은 매몰되어 버리기 때문에, 설문에 끝까지 응할 가능성이 커진다는 것임

③ **간단한 항목에서 복잡한 항목으로 부드럽게 넘어가야** 하며, 곤란한 문제는 보통 중간쯤 놓는 것이 좋다.

④ **선질문이 후질문에 영향을 미치지 않도록** 해야 한다. 앞에 있는 질문의 내용이 뒤에 올 질문의 대답에 영향을 줄 수 있는 경우가 있는데, 이것은 될 수 있는 대로 피해야 한다.

⑤ **객관적인 사실에 관한 질문부터 시작**해서 점차 주관적인 태도, 의견, 동기 등을 묻는 질문으로 배열하는 게 좋다. → 일반적인 것을 먼저 묻고 특수한 것을 뒤에 묻는 것이 좋다.

⑥ **앞부분에 중요한 질문을 배치**한다. 질문지 응답시간이 길어지면 후반부의 응답이 부실해질 우려가 높다. 따라서 앞부분에 중요한 질문을 하는 것이 바람직하다.

⑦ 일정한 유형의 **응답경향(response set, 고정반응)이 발생하지 않도록** 문항을 적절히 분리하여 배치한다. **응답경향이란** 응답자들이 질문의 내용이나 정확한 답을 깊이 고려하지 않고 특정한 응답반응들을 되풀이하여 대답하는 경향을 말한다.

> 고정반응(response set)을 예방하기 위해 유사질문들은 분리하여 배치한다.(O)

⑧ **논리적 연계성에 따라 질문을 배열**한다. 유사한 주제에 관한 질문은 같이 배열해서 논리적인 흐름이 있도록 한다. 시간 순서대로 질문을 하거나 관련되는 질문들을 묶어서 배열하는 것이 좋다.

⑨ **신뢰도를 측정하기 위해 도입되는 문제 짝(pair)들은 분리하여 배치**한다. 신뢰도를 측정하기 위한 목적으로 사용된 것인데, 이런 문항들은 될 수 있는 한 서로 멀리 떨어져 있게 하는 것이 좋다.

> 신뢰도 측정을 위한 질문들은 가능한 서로 가깝게 배치한다.(X)

⑩ **수반형 질문들(contingency questions, 개연성 질문)은 적합한 순서대로 정리**한다. 개연성 질문이란 한 문제에 대해 응답하면 그에 따라 각기 다른 질문들을 해야 할 경우에서 사용되는 것이다.

> 예) 문제 A)에 대해 '예' 혹은 '아니오'라고 응답할 수 있는데, '예'에 응답한 사람은 문제 A-1)에 답하고, '아니오'에 응답한 사람은 문제 A-2)에 답하도록 하는 것이다.

> 개연성 질문(contingency questions)은 사고의 흐름에 따라 배치한다.(O)

⑪ 응답의 지루함을 없애기 위해서 **질문 항목들의 길이와 유형들을 다양**하게 한다. 동일한 길이와 유형의 질문들을 연이어 배치하는 것보다는 길이나 유형이 다른 질문들을 섞어서 배치함으로써 응답자들에게 변화감을 줄 수 있다.

⑫ **질문 문항의 수는** 연구의 목적을 달성할 수 있는 범위 내에서 **최소가 되도록 구성**한다. 질문이 문항수가 많아지면 응답의 성실성, 솔직성이 낮게 되며, 그만큼 신뢰도가 낮을 가능성이 높아진다.

7 표지문(cover letter)

① 표지문에는 응답자의 사생활과 익명이 보장된다는 점을 명시하여야 하며, 응답자의 성실한 협조의 중요성을 강조한다. 또한 사의를 표하는 문장을 반드시 삽입하여야 한다.

② 연구자 혹은 연구기관명과 반송을 요하는 경우에는 주소도 밝혀 두어야 한다. 표지문의 외향 역시 질문지의 외향만큼이나 중요한데, 표지는 깨끗하고 문법적으로 글씨가 틀린 것이 없어야 한다.

8 사전검사(Pre-test, 사전조사) [⑦⑨⑩]

① 본조사에 들어가기 전에 초안 질문지를 본조사에서 실시하는 것과 똑같은 절차와 방법으로 시험해 봄으로써 질문의 내용, 질문형태, 문항작성, 질문순서 등에 있을 수 있는 여러 가지 오류를 찾아내는 과정이다. ❌ 본 조사의 핵심문항으로 구성된 약식 질문지로 수행한다.(X)
  ㉠ 응답내용 간에 모순 또는 합치되지 않는지 확인
  ㉡ 응답이 한쪽으로 치우치지 않는지 확인
  ㉢ 질문 순서가 바뀌었을 때 응답에 실질적 변화가 일어나는지 확인
  ㉣ 무응답, 기타응답이 많은 경우를 확인

② 사전검사는 **반드시 한 번 이상 하는 것이 좋으며**, 사전검사의 대상은 **일반적으로 20~50명 정도가 적당**하다고 보는데, 본 조사에서 연구할 표집 대상은 제외하고 다른 사람들을 표본으로 하여 실시하되 **표본과 비슷한 대상을 골라야 한다.**

③ **사전검사**가 질문지의 초안이 만들어진 후 질문지를 시험해 봄으로써 질문지의 오류를 찾아내기 위한 조사라면, **예비조사**는 질문지 작성의 사전단계에서 연구자가 연구하려고 하는 문제의 핵심적인 요소들이 무엇인지를 알지 못할 때 실시하는 조사로서 탐색적 조사의 성격을 띤 현지조사이다.
  ❌ 사전검사(pre-test)는 연구문제의 핵심요소를 알지 못할 때 실시하는 조사이다.(X)

9 편집 및 인쇄

질문지가 피조사자에게 호감을 주고 중요한 것이라는 인식이 들도록 표지, 용지, 활자, 크기, 공간 등 여러 면에 신중한 고려가 있어야 한다.

측정과 척도

제2부 **사회조사방법의 설계**

제5장 회차별 출제빈도, 출제비중 및 출제논점 1, 2, 3순위

10회 2012	11회 2013	12회 2014	13회 2015	14회 2016	15회 2017	16회 2018	17회 2019	18회 2020	19회 2021	20회 2022	21회 2023	22회 2024
1	2	2	1	1	1	3	2(1)	2	3	3	3	3

출제 비중	출제 논점		
	1순위 ☺	2순위 ※	3순위 ☆
1~3	① 측정수준(속성에 따른 변수)	① 척도 기본요건 : 척도 구성 시 고려 사항 ② 리커트 척도(총합척도)	① 누적척도(보가더스 척도, 거트만 척도) ② 써스톤의 척도(유사동간법)

1순위 스마일표시(☺) : 출제 빈출도가 높은 부분으로 무조건 시험에 출제되는 영역
2순위 당구장표시(※) : 나왔다 안 나왔다 하는 영역이지만 출제가능성 높은 영역
3순위 별 표(☆)   : 출제 된 적이 있긴 하지만 다시 출제될 가능성은 다소 떨어지는 영역

MAP

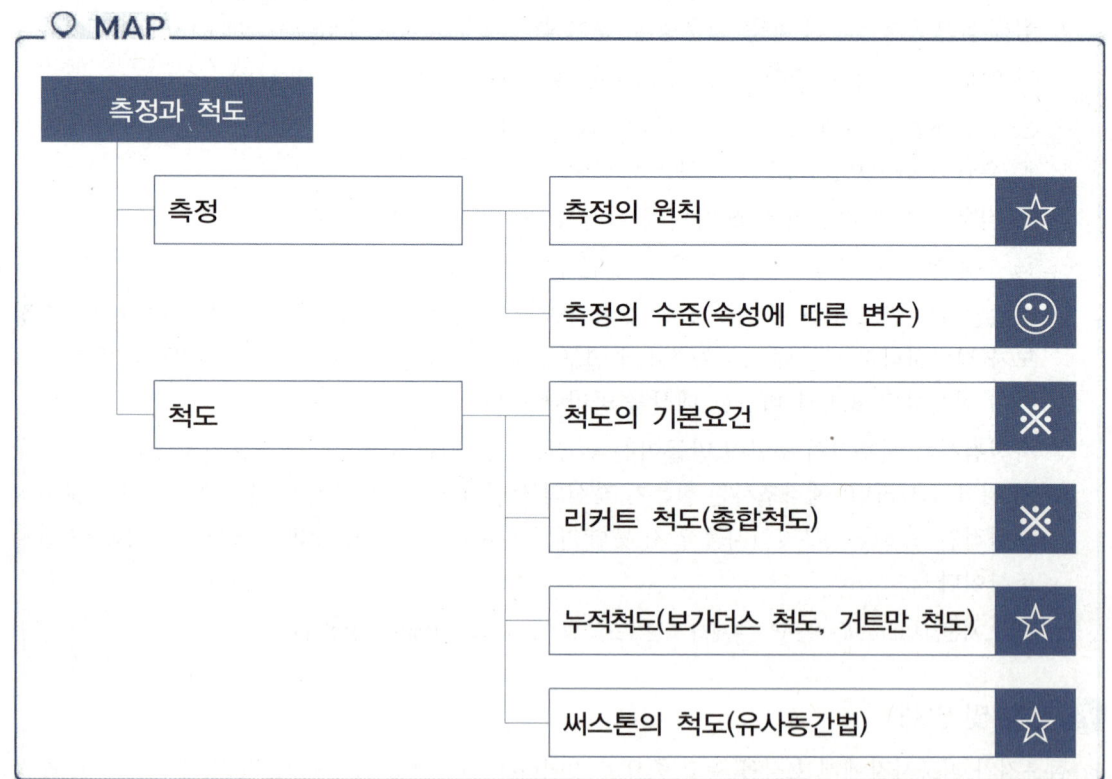

01 측정(measurement) [6]

1 측정의 의미와 원칙

(1) 측정의 의미 [19 20 22]

① 일정한 규칙에 따라 대상의 특성이나 속성에 대하여 숫자나 기호를 부여하는 체계적이고 과학적인 과정이다.
  ㉠ 특정 분석단위에 대해 질적, 양적 값이나 수준을 결정하고 이를 규칙화하여 숫자를 부여하는 과정이다.
  ㉡ 측정은 추상적인 개념들을 경험적으로 관찰 가능하도록 바꾸어줌으로서 **이론적 세계(개념적 · 추상적 세계)와 경험적 세계(경험적 · 실증적 세계)를 연결시켜주는 수단적인 역할**을 한다.
    측정 : 이론적 모델과 사건이나 현상을 연결하는 방법이다.(O)

② 측정의 의의
  ㉠ 가설검증에 중요한 역할을 한다.
  ㉡ 자료수집을 위한 기본단위가 된다.
  ㉢ 숫자가 부여되기 때문에 자료처리 시 통계적 기법 적용이 가능하다.
    측정 : 사건이나 현상을 세분화하고 통계적 분석에 활용할 수 있는 정보를 제공한다.(O)

(2) 측정의 원칙(정영숙, 2008)

① **상호 배타성의 원칙**
상호 배타성의 원칙이란 조사대상이 한 가지 속성만을 지녀야 하지 두 가지 속성을 동시에 지닐 수 없다는 의미이다.

  예) 성별을 예로 들면, 인간은 남성의 속성을 가진 집단과 여성의 속성을 가진 집단으로 구분될 뿐이지 남성이면서 여성일 수는 없는 것이다.

  예) 당신의 직업군은?
  ① 전문직 ② 서비스직 ③ 사무직 ④ 정규직 ⑤ 주부 ⑥ 기타 (   )
  정규직은 전문직, 서비스직, 사무직과 모두 중복될 수 있다. 따라서 상호배타성의 문제가 있다.

② **포괄성의 원칙**
포괄성의 원칙은 모든 대상은 반드시 한 가지 속성을 지녀야 한다는 것을 나타낸다.

  예) 종교를 아래와 같이 분류하였을 시 (예제2)처럼 기타 종교를 포함시켜야 포괄성의 원칙을 지키는 것이다.
  (예문1) ① 기독교 ② 천주교 ③ 불교 ④ 종교 없음
  (예문2) ① 기독교 ② 천주교 ③ 불교 ④ 종교 없음 ⑤ 기타 (   )

❷ 측정의 수준(속성에 따른 변수) [①③④⑤⑦⑧⑪⑫⑬⑮⑯⑰⑱⑲⑳㉑㉒]

(1) 유형

구 분	주요 내용
명목적 측정 • 목록-범주 • 포괄성 • 상호 배타성	• 측정대상의 특성을 **분류하거나 확인할 목적**으로 숫자 부여 • 대상 자체나 대상의 특성이 이 과정을 통해 **범주화되거나 분류**되며 글자 그대로 **이름을 부여하는 명목적인 것** • 적어도 **두 개의 범주**, 그 범주들은 **명확**(distinct), **상호 배타적**(mutually exclusive), **포괄적**(exhaustive) 예 **성별**(1=남, 0=여), 장애유형(1=지체장애, 2=시각장애, 3=청각장애....), 혈액형, 종교유형(분류), 존재유무, 종교유무, 결혼 여부, 직업분류(종류), 대학분류, 학번, 주민등록번호, 치료형태, 가족구성, 운동선수의 등번호, 소속정당, 거주지역, 선호하는 색상, 인종, 출신 고등학교 지역, 사회복지사의 근무지역 동(洞), **베이비붐세대여부, 현재 흡연여부** 등
서열적 측정 = 순위형 (평위) 척도 순 위	• 각 범주들 간의 **상대적 순서관계(순위비교)**를 밝히는 것 • 고저(高低), 대소(大小), 전후(前後), 상하(上下) 등에 따라 서열화 예 **장애등급**, 산재장애등급(1급~14급), **장기요양보험의 등급**, 제품선호도(싫어함, 보통, 좋아함), 지지도, 사회계층, 소득수준 or **생활수준(상-중-하)**, 교육수준, **상중하로 구분한 성적(석차로 평가된 성적)**, 장애인의 건강 정도(상-중-하), 직장만족도, 석차, **만족도(매우 불만족, 불만족, 보통, 만족, 매우 만족)**, 사회복지사 자격급수(1급, 2급), 사회계층, 복지비 지출의 국가 간 순위, 리커트척도, 교육수준(중졸이하, 고졸, 대졸이상), 사회복지사의 근무기관 평가등급 점수(A, B, C, D), 학점(A, B, C....) 등 ⊗ 서열척도는 변수의 속성에 따라 일정한 범주로 분류한다.(○)
등간적 측정 등간격	• 서열 간의 간격(interval)이 동일(**간격비교**)하도록 연속선상에 수치 부여 • 등간척도에서 영점은 절대적 혹은 자연적 영점이 아니라 **임의적 영점**(arbitrary zero point)이기에 곱하기와 나누기와 같은 연산은 불가능 예 섭씨온도(°C), 화씨온도(°F), 도덕지수(MQ), IQ(지능지수), 학년, 생산성지수, 사회지표, 복지지표, **시험성적(대학수학능력시험점수), 10점 만점의 만족도**, 성격검사, 적성검사 등
비율적 측정 절대영점	• 절대적인 영(경험세계에서 속성이 존재하지 않음)을 가진 척도를 가지고 수치 부여 → **절대량 크기 비교** • 더하기, 빼기와 곱하기, 나누기까지 포함한 **모든 산술적 조작이 가능** → 수학의 모든 연산식과 통계학의 모든 절차들을 무제한적으로 사용할 수 있음 예 백신접종률, 장애인고용률, 학교 중퇴율, 출생률, 사망률, 이혼율, 취학률, TV시청률, 투표율, 응시율, 범죄율, 인구증가율, 복지관 사례 수, 서비스수혜기간, 독거노인 수, 서비스대기인수, 자녀수, 상담횟수, 사회복지서비스횟수, 이수과목의 수, 사회복지학과 졸업생 수, 사회복지관 근무연수, 연령, 무게, 신장, 수입, 월수입, 거주기간, 신문구독률, 가격, 저축금액, 생산원가, 근무연수, 결혼기간, 자산금액, 생계급여액, 최저생계비, 최저임금, 교육연수(정규교육을 받은 기간 '년'), 사회복지사가 이수한 보수교육 시간(분), 장애등록연령(나이), 강우량 등 ⊗ 비율척도는 절대 0점이 존재하는 척도이다.(○)

(2) 4가지 수준의 척도 비교

① 4가지 수준 척도의 서열

㉠ 명목측정보다는 서열 측정이 높은 수준의 측정이고, 서열 측정보다는 등간측정이 높은 수준이다. 등간측정보다는 비율 측정이 높은 수준의 측정이다.

㉮ 이는 비율 측정으로 갈수록 사칙연산이 가능해 높은 수준의 통계적 분석이 가능해 지기 때문이다. → **높은 수준의 척도일수록 많은 정보를 담고 있음**

㉯ 비율 측정으로 갈수록 범주, 서열, 등간격, 절대 영이라는 조건을 만족시키기 때문이다.

㉡ 척도별로 내포된 가정을 비교해 보면 명목척도에 근접할수록 분석력과 수치적 민감도가 낮은 한계점이 있는 반면 측정상의 어려움은 적은 편이다. 이에 비해 **비율척도로 근접할수록 분석력과 수치적 민감도는 높다는 장점이 있으나, 상대적으로 측정하는데 다소 어려움이 따른다.** → 낮은 수준의 척도일수록 응답이 간편하므로 응답률이 높은 편이다.

소득을 비율척도로 질문하면 다른 척도 수준으로 질문할 때보다 응답률이 높은 편이다.(X)

■ 척도별 비교 : 분석력, 민감도 측정(정영숙, 2006) ■

낮 음	←	분석력		→	높 음
낮 음	←	민감도		→	높 음
쉬 움	←	측 정		→	어려움
명목척도	→	서열척도	→	등간척도	→	비율척도

② 측정 수준의 전환(변환) [⑬⑯]

높은 수준의 척도는 낮은 수준으로 변경이 가능하지만 낮은 수준의 척도는 높은 수준으로 전환할 수 없다.

예 비율척도로 나타나 있는 '거주기간'을 서열척도로 변경시킬 수 있다. 몇 년으로 표시되어 있는 기간을 '1년 이하', '2~4년', '5년 이상'으로 범주화시킬 수 있다. 그러나 반대의 경우 이미 범주화시켜 조사한 자료를 비율척도로 바꾸는 일은 불가능하다.

■ 척도별 특성비교 ■

특성 \ 척도	명목척도	서열척도	등간척도	비율척도
의미	측정대상을 단순히 분류, 범주화	측정대상 간 서열이나 순위매김	측정대상 간 서열이나 순위의 간격이 같음	등간척도가 갖는 속성 외에 추가로 비율계산 가능
목록-범주	○	○	○	○
순 위	×	○	○	○
등간격	×	×	○	○
절대영점	×	×	×	○

측정방법	확인, 분류	순위비교	간격비교 (임의적 영)	절대량 크기 비교 (절대적 영)
수학연산	=	=	= ±	= ± × ÷
평균측정	최빈값	중앙값(중간값)	산술평균	기하평균, 조화평균
통 계	최빈치, 백분율	중앙치(중위수)	산술평균, 대부분통계	기하평균, 모든 통계
분석방법	빈도분석, 비모수통계, 교차분석	서열상관관계, 비모수통계	모수통계	모수통계
자 료	비계량적(non-metric)		계량적(metric)	

02 척도(scale)

❶ 개요

(1) 척도의 의의와 기본요건

① **의의** : 어떤 현상을 측정하기 위해 만든 도구, 즉 일정한 규칙에 따라 관찰된 현상에 대해서 수치나 기호를 부여하기 위해 사용되는 도구를 **척도(scale)**라 하고, 그러한 척도를 만드는 것을 **척도구성**이라 한다.

② **척도의 기본요건** : 척도를 구성할 때 고려해야 할 사항 [③④⑤⑥⑦⑧⑨⑫⑭⑯]

　㉠ 척도에서 분류된 범주는 다른 범주와의 관계 속에서 **상호배타적(mutually exclusive)**이어야 하며, 같은 범주 안에서 포괄적(inclusive, 총망라적)이어야 한다.

　㉡ 응답 범주들이 **응답 가능한 상황들을 모두 포함**하고 있어야 한다.

　㉢ **응답 범주들이 논리적 연관성**을 가지고 있어야 한다.

　㉣ 척도가 여러 개의 문항들로 구성된 경우, **문항들 간에는 서로 내적 일관성(internal constancy)**을 가지고 있어야 한다.

　㉤ 평정척도(rating scale)의 경우 **찬반의 응답 범주 수가 균형**을 이루어야 한다.

(2) 지표, 지수, 척도의 구분 [⑥⑳㉒]

① **지표(指標, indicator)**

　㉠ 변수의 속성을 나타내는 요소이며, **개념 속에 내재된 속성들이 표출되어 나타난 결과물들을** 의미한다.

　　㉮ 사회과학에서는 개념을 측정하기 위해 특질 자체를 측정하기 보다는 특질을 나타내는 지표를 사용하여 간접적으로 측정하는 경우가 많다.

　　㉯ 대부분의 사회과학적 개념은 성질상 복합적인 것이 많기 때문에 복합측정도구를 사용하

는 것이 유리하다.
ⓒ 여러 지표들을 결합한 복합측정도구(composite measurement)는 지수와 척도가 있다.
② 지수와 척도 : 지수가 비교적 객관적인 지표들을 다루는 반면, 척도는 추상적이고 내면적인 사항들을 다루기 때문에 지수에 비해 엄격한 구성절차가 요구된다.
㉠ 지수(指數, index) : 경험적으로 쉽게 인식할 수 있는 지표들로 구성된 것
  예) 소비자 물가지수(CPI, Consumer Price Index), 종합주가지수(Stock Index) 등
㉡ 척도(scale) : 사람들의 태도 등과 관련된 변수들을 측정할 때를 말함

2 척도(scale)의 구성

(1) 명목척도(nominal scale)의 구성 [⑱]

측정의 각 범주들이 상호배타적이고 같은 범주는 포괄적이어야 하며, 응답 범주들이 응답 가능한 상황을 다 포함하고 있어야 하고, 응답 범주들이 논리적 연관성을 가지고 있어야 한다는 원칙만 갖추어지면 된다.

예) 성별의 경우에는 '(1) 남, (2) 여'로 응답 범주를 분류하고, 한국인을 대상으로 종교를 조사하는 경우에는 한국인들이 많이 가지고 있는 '(1) 개신교, (2) 가톨릭, (3) 불교, (4) 기타, (5) 종교 없음'으로 응답 범주가 상호배타적이고, 응답 가능한 모든 범주를 다 포함하고 있으며, 범주들 간에 논리적 연관성이 있다.

① 명목측정을 위한 질문은 단지 하나의 변수나 차원으로 구성된 **단일차원성의 원칙**을 지켜 내용을 구성하는 것이 바람직하다.

예) 단일차원성의 원칙이란 응답자에게 성별을 묻는다면, [당신의 성은 무엇입니까? (1) 남자 (2) 여자]라고 구성하는 것을 말한다.

⊗ 명목측정을 위한 질문은 단일차원성의 원칙을 지켜 내용을 구성한다.(○)

② 만일 다차원적 범주를 구성한다면, 명목측정을 위한 질문은 복잡하고 훨씬 더 어려워진다.

예) 다차원적 범주를 구성한다는 것은 [당신의 성과 종교와 직업은 무엇입니까? (1) 남자 – 기독교 – 공무원 (2) 남자 – 천주교 – 공무원 (3) 여자 – 기독교 – 공무원 (4)…]라고 구성하는 것을 말한다.

(2) 서열척도(ordinal scale)의 구성 : 평정척도, 리커트 척도(총화척도), 누적척도

① 평정척도(Rating Scale) [②⑦㉑]

㉠ 사회현상을 측정하는 척도로 가장 널리 활용되는 척도이며, **어떤 인물, 집단, 사물 등에 대해 주어진 기준에 의해 평가하도록 하는 척도**이다.

자극 상호 간을 비교하여 평정하는 것이 아니라 주어진 기준에 의해 평정한다는 점에서 **평위척도(ranking scale)**와 다르다.

예) 학생들의 성적을 수, 우, 미, 양, 가로 평가한다든지, 매우 잘함, 잘함, 보통, 못함, 매우 못함으로 평가하는 것이 이에 해당, 즉 90점 이상은 수, 80점 이상 90점 미만은 우, … 등으로 평가하는 방법이 평정척도이다.

㉡ 구성기법
  ㉮ 도표법(Graphic Method) : 직선을 긋고 그 위에 일정한 간격으로 수치 부여

■ 도표평정척도의 예(채구묵, 2008) ■

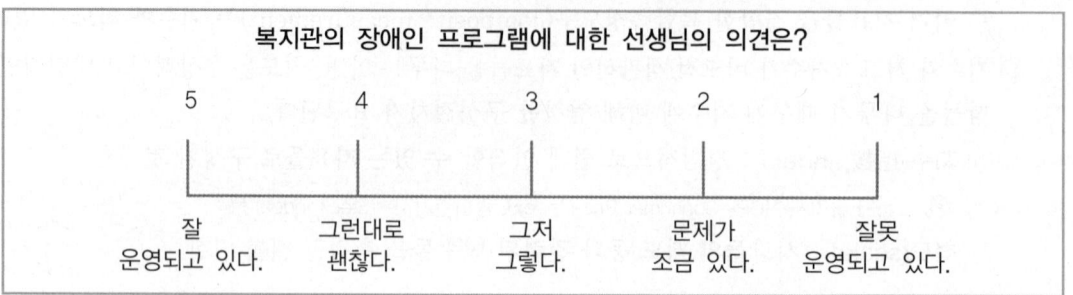

④ **기술법(Descriptive Method)** : 응답 카테고리를 기술해서 제시하거나 기술

■ 기술평정척도의 예(채구묵, 2008) ■

복지관의 장애인 프로그램에 대한 선생님의 의견은?

① 잘 운영되고 있다.
② 그런대로 괜찮다.
③ 그저 그렇다.
④ 문제가 조금 있다.
⑤ 잘못 운영되고 있다.

ⓒ **리커트 척도(likert scale)와 다른 점** : 리커트 척도가 한 변수를 측정하기 위해 적절하게 선택된 한 세트의 다수의 문항으로 구성되었다면, **평정척도는** 한 변수를 하나의 문항으로 측정하도록 되었다는 것

② **리커트 척도(Likert Scale, 총화척도)** [④⑦⑨⑪⑫⑰㉑㉒]

ⓘ Rensis Likert에 의해 개발된 것으로 **총화척도(summated scale, 총합척도; 총화평정척도, summated rating scale)**라고 부르기도 한다.
  ㉮ 각 문항의 점수를 합산하여 전체적인 경향이나 특성을 측정하는 방법으로, 각 문항별 응답점수의 총합이 측정하고자 하는 개념을 대표한다는 가정에 근거한다.
    🗨 리커트척도는 각 항목의 단순합산을 통해 서열성을 산출한다.(○)
  ㉯ **측정에 동원된 모든 항목들에 대해 동등한 가치를 부여**한다. 즉, 각각의 문항은 측정하고자 하는 개념의 속성에 대해 동일한 기여를 한다.
  ㉰ 실용성이 높고 효과가 있다고 평가되어 **사회과학에서 널리 사용**된다.
  ㉱ **응답의 범주들이 명백한 서열을 가진다는 특징이 있다.**
    🗨 리커트 척도의 각 문항은 등간척도이다.(✗)

ⓛ **리커트 척도화(Likert scaling)의 기본절차**
  ㉮ **척도를 구성하는 질문 문항을 작성**한다.
    ⓐ 쟁점이나 대상에 대해 긍정-부정, 우호적-비우호적, 찬-반 등의 **방향이 뚜렷한 문**

항을 다수 수집하며, 중간성향의 문항은 포함시키지 않는 것이 좋다.
ⓑ 반면, 써스톤의 유사동간법에서는 우호적, 중간적, 비우호적 내용을 포함한 다양한 문항들을 만들거나 수집한다.
㉯ 척도가 사용될 모집단이나 모집단을 대표하는 **응답자의 표본을 선택**한다.
㉰ 각 문항에 대해 **응답 범주를 작성(설정)**한다.
㉱ 각 문항의 **응답 범주에 가중치를 부여**한다.
ⓐ 점수는 가장 긍정적(적극적인, 호의적인) 항목에서 가장 부정적인(소극적인, 비우호적인) 항목 순이나, 또는 그 반대로 일관성 있게 부여한다.
ⓑ **가중치를 부여할 때 모든 질문 문항을 똑같이 다루어**, 모든 질문 문항을 1, 2, 3, 4, 5점으로 가중치를 부여하였다.
㉲ 앞서 결정한 **응답자에게 적용**한다. 즉 응답자들이 각 문항에 대한 응답 범주 중에서 가장 가까이 표현한 것에 표시하도록 한다.
㉳ 각 문항에 대한 응답자의 응답을 점수(응답 범주에 부여한 가중치)로 산정하고, 각 문항 점수를 합산하여 총점을 구한다.
㉴ 문항분석(item analysis)을 한다.
ⓐ 태도 연속선상에 있어 점수가 높은 것과 점수가 낮은 것을 가장 분명하고 일관되게 구별할 수 있는 문항을 찾아 선택한다.
ⓑ **내적 일관성 검증을 통해 신뢰도가 낮은 진술을 배제**한다.
㉵ 척도문항으로 타당한 것으로 판명된 질문 문항에 응답한 응답자의 점수를 합산(**척도점수를 산정**)하여 총점을 구하면, 그 총점이 그 사람의 태도에 대한 리커트 척도점수가 된다.

ⓒ **장 점**
㉮ 개인의 가치나 태도를 묻는 여러 항목을 간편하게 구성할 수 있으므로(**단순성**) 쉽게 활용이 가능하다(**사용의 용이성**). → 척도나 지수개발에 용이
㉯ **판단자(judge, 사전평가자)를 따로 쓰지 않고** 피조사자의 응답만으로 문항분석이 충분하다.
㉰ 척도 구성이 조사대상자들의 응답에 의한 것이므로 평가자의 주관적 개입(주관이나 편견)을 배제할 수 있어 **객관적인 측정이 가능**하다.
㉱ 척도 구성과정에서 상호 관련성이 낮은 문항은 분석과정에서 배제할 수 있으므로 **신뢰성이 높아진다.**
㉲ 서스톤의 유사동간법이 하나의 문항으로 한 현상을 측정하는데, **리커트 척도는** 조사하고자 하는 대상 또는 사회현상에 대해 많은 질문 문항을 한데 묶어서 척도를 만들기 때문에 좀 더 정확하게 현상을 측정할 수 있다(**정밀성**).

ⓓ **단 점**
㉮ 각 항목에 대한 응답자의 태도가 정확히 일치하기 힘들다(**일치성 결여**).
㉯ **응답 범주 간의 간격이 동일하다고 보기 어렵기 때문에 해석상의 한계**가 있다.
㉰ 문항분석의 절차는 기술적인 수준에서 내적 일관성을 다루는 것이지 **이론적 타당성까지**

검증하는 것은 아니다.
③ 총점 속에 개별 항목의 점수가 묻혀버리기 때문에 **각 항목별로 차이가 있는 응답자의 태도가 구분될 수 없다.**

■ 리커트 척도의 예 : 사회복지사에 대한 클라이언트들의 의견조사(채구묵, 2008) ■

리커트 척도를 이용하여 사회복지사에 대한 클라이언트들의 의견을 조사하고자 한다면, 다음과 같은 문항을 제시해 주고 클라이언트들로 하여금 각각의 문항에 대해 자기의 의견과 일치되는 카테고리를 선택하도록 한 후, 각 문항에 응답한 점수를 합산하여 그 응답자의 사회복지사에 대한 견해로 파악할 수 있다. 이 경우 사회복지사에 대해 가장 우호적인 사람은 30점을 받을 것이며, 가장 비우호적인 사람은 6점을 받을 것이다.

문 항	매우 그렇지 않다	그렇지 않았다	그저 그렇다	그렇다	매우 그렇다
1. 내가 필요로 하는 것을 얻는 데 도움을 주었다.	①	②	③	④	⑤
2. 내가 이해하지 못했던 바를 말해 주었다.	①	②	③	④	⑤
3. 나에게 유용한 충고를 해 주었다.	①	②	③	④	⑤
4. 따뜻하고 이해적이었다.	①	②	③	④	⑤
5. 나의 문제에 관계치 않는 것 같았다.	①	②	③	④	⑤
6. 별로 전문적인 도움을 얻지 못했다.	①	②	③	④	⑤

③ **누적척도(Cumulative Scale)** : Bogardus의 사회적 거리척도(Social Distance Scale) [16⑩⑫⑳㉒]
  ㉠ Bogardus가 처음 개발한 것으로, **주로 인종 및 소수민족, 가족구성원, 사회집단 간, 사회계급, 직업형태, 사회적 가치 등에 대한 사회적 거리감의 정도를 측정하기 위해 개발**되었으며, 하나의 연속성을 가진 문항들로 구성된 척도이다.
    ② 응답자에게 **사회심리적 거리가 가장 먼 것으로부터 가까운 것을 순서대로 배열**시켜 이 순서를 수치화한다.
    ④ **단순히 사회적 거리의 원근의 순위만을 표시**한 것이지 민족 간의 친밀한 정도의 크기를 나타내지는 않는다.
      예 중소기업 사장들의 중국계 외국인 노동자에 대한 친숙도를 조사
    ✕◯ 보가더스의 사회적 거리척도는 누적척도의 한 종류이다.(○)
  ㉡ **장 점**
    ② 적용범위가 매우 넓고, 예비조사에 적합하다.
    ④ 다른 유형의 사람들과의 친밀성의 상이한 강도를 측정할 수 있는 기법이다.
    ⑤ 집단상호 간의 거리측정에 매우 유용하다.
    ② 논리적 위계구조를 가진 설문문항을 사용하므로 정보처리에 있어서 경제성을 최대한 살릴 수 있다.

ⓒ **단 점**
  ㉮ 적용범위가 넓으나 척도로서 인위적 조작성이 강해 실제로 가용하고자 할 때는 여러 가지 한계에 직면할 수 있다.
  ㉯ 7개의 서열화된 척도를 연속체상에 배치하여 응답자가 서열적인 선택을 하도록 한 것이나, 실제 응답자들이 하위 항목에서 상위 항목까지 혼합적으로 선택하기에 논리적으로 맞지 않다.

■ 사회적 거리척도 : 민족 간 거리 측정 ■

각 집단에 대해 귀하는 어느 수준까지 받아들일 수 있는지 제시된 7가지 문항 중 최고수준에 'O'표 해 주시기 바랍니다.

수 준		문 항	미국인	일본인	중국인
최고 수준	7	결혼하여 가족으로 받아들이겠다.			
	6	개인적 친구로서 받아들이겠다.			
↕	5	이웃으로 같이 지낸다.			
	4	같은 직장에서 일한다.			
	3	우리나라의 국민으로 받아들인다.			
최저 수준	2	우리나라의 방문객으로만 받아들이겠다.			
	1	우리나라에서 추방한다.			

④ **누적척도(Cumulative Scale)** : Guttman의 척도도식법(Scalogram Method) [㉒㉒㉒]
  ㉠ **척도도식법(scalogram method : 스캘로그램**이라고도 함) 또는 **척도분석법(scale analysis)**이라 불리는 것으로, 단일차원적(unidimensional)인 특성, 태도, 현상 등을 측정하기 위해 마련된 누적척도의 한 방법이다.
  ㉡ 응답자의 반응 패턴을 중심으로 태도를 추정하기 때문에 **반응중심적 접근법**이다.
    ㉮ **수용의 정도가 단계화**되어 있어 수용이 어려운 상위단계의 행위를 수용할 때의 조건은 수용이 쉬운 하위단계의 행위는 당연히 수용한다는 전제에 기초한다.
    ㉯ 리커트 척도에서는 개별 항목을 동일하게 취급하여 단순히 합산한 결과를 서열화하지만, **거트만 척도에서는 개별 항목들 자체에 서열성이 이미 부여되는 방식**을 택한다.
      ⓧ⊙ 거트만 척도는 각 문항을 서열적으로 구성한다.(O)
  ㉢ 누적적이라는 것의 의미는 강한 태도를 갖는 문항에 긍정적인 견해를 표명한 사람은 약한 태도를 나타내는 문항에 대해서도 긍정적이라는 논리를 적용하여 문항을 배열하는 것으로, 이런 서열이 있음으로써 가장 강하게 표현된 문항에 대한 응답결과로부터 다른 모든 문항들에 대한 응답을 어느 정도 예측할 수 있다.

■ 거트만 척도의 예(최일섭 외, 2001) ■

> 다음 질문은 선생님의 복지의식에 대해 알고자 하는 것입니다. 해당되는 것에 모두 표시해 주십시오.
> ___가. 양로원이 우리나라에 있는 것은 괜찮다.
> ___나. 양로원이 서울에 있는 것은 괜찮다.
> ___다. 양로원이 우리 동네에 있는 것은 괜찮다.
> ___라. 양로원이 우리 옆집에 있는 것은 괜찮다.
>
> **해 설** 만약 응답자가 가 에만 표시했다면 응답자는 나, 다, 라 에는 동의하지 않았을 것임을 짐작할 수 있다. 또 다른 응답자가 2개에 표시했다면 그것은 가, 나일 것이다. 가에 동의하지 않는데 나, 다에 동의할 수는 없을 것이다. 응답항목이 이미 서열화 되어 있어서 응답자가 몇 문항에 답했는지를 알면 저절로 응답자와 복지에 대한 의식이 어느 정도인지 단일한 기준으로 알 수 있게 된다(최일섭 외, 2001).

(3) 등간 및 비율척도의 구성 : 써스톤(Thurstone)의 척도(유사동간법) [5②⑰⑳]

① 써스톤(L. L. Thurstone)이 만든 척도에는 **조합비교법**(paired comparisons), **유사동간법**(method of equal-appearing intervals), **연속적 간격법**(successive intervals) 등이 있다.

- ㉠ **유사동간법**(method of equal-appearing intervals) : 사회적 태도를 측정하기 위해 1929년에 고안해 낸 척도로, 써스톤은 교회에 대한 사람들의 태도를 측정하는 데 이 방법을 이용했다.
- ㉡ **조합비교법**(paired comparisons) : 측정대상을 2개씩 짝을 지어 제시하면서 어느 쪽이 더 좋은지, 더 큰지 등을 평가하도록 하는 방법으로, 국가 간, 제도 간, 직업 간, 상품 간 비교를 할 때 많이 활용된다.

② **유사동간법**(method of equal-appearing intervals)의 의의

- ㉠ 써스톤은 교회에 대한 사람들의 태도를 측정하는 데 처음으로 이 방법을 이용했다.
- ㉡ 유사동간법은 **척도의 간격이 동일하다고 가정하여 유사동간법이라 부르며**, 절대적 기준에 비추어 평가하지 않고 여러 개의 문항들을 서로 비교함으로써 평가하는 **평위척도**(ranking scale)이다.
- ㉢ **유사동간법과 리커트 척도의 차이** : 리커트 척도에서의 문항들이 유사동간법에서는 하나의 응답카테고리가 된다는 것이다. 유사동간법의 각 응답카테고리가 리커트 척도에서는 한 문항에 해당한다.

■ 유사동간법의 예 ■

사회복지기관의 전문성에 대한 조사의 경우, 다음 여러 문구를 제시한 후 그 중 피조사자의 의견과 일치되는 문구 2~3개를 선택하도록 한 후, 선택된 문항의 점수를 합산하여 사회복지기관 전문성에 대한 견해로 파악한다.

① 사회복지기관은 전문적인 일만 하고 있다.
② 사회복지기관은 필요로 하는 것을 얻는 데 전문적인 도움을 준다.
③ 사회복지기관의 업무는 전문적인 것과 비전문적인 것이 절반씩 혼합해 있다.
④ 사회복지기관에서 하는 일들의 많은 부분은 비전문적인 일들이다.
⑤ 전문 사회복지기관인지 일반 행정기관인지 구분하지 못할 정도이다.

③ 유사동간법의 구성절차
  ㉠ **문항수집 및 작성** : 연구하고자 하는 주제와 관련있다고 생각하는 문항 또는 진술들을 광범위하게 수집하거나 만든다(중간적 성향을 가진 내용도 포함).
  ㉡ **수집된 문항에 대한 판단자들의 평가** : 판단자(대체로 50명 이상)는 반드시 전문가일 필요는 없으며 지시대로 객관적인 평가만 해줄 수 있는 사람이면 된다.
  ㉢ **문항의 중위수 및 사분위수 구하기** : 매 문항이 각 집단에 포함된 빈도를 계산하여 그 분포를 알아내고 분포에서 중위수(median)와 사분위수(quartile)를 구한다.
  ㉣ **문항 선정** : 사분편차가 작고 척도 전체에 균등하게 배열된 중위수를 가지고 있는 문구들을 골라 척도를 만든다.
  ㉤ **척도치를 부여** : 척도로서 적합한 문구들이 선정되면 그 문구들의 중위수를 각 문항의 척도치(scale value)로 삼는다.
  ㉥ **척도의 적용** : 선정된 문구들을 척도치의 순서대로 배열하지 않고 차례를 뒤섞어 무작위로 순서를 정하여 조사대상자에게 사용한다.

④ 유사동간법의 장단점
  ㉠ **장점** : 척도의 타당도를 높여 주는 데 크게 기여한다.
  ㉡ **단점**
    ㉮ 본 조사대상자가 아닌 별도의 판단자에게 평가시킴으로써 **비용과 시간이 많이 소요**된다.
      서스톤척도(Thurstone scale)의 장점은 개발의 용이성이다.(X)
    ㉯ 판단자에 따라 문항평가가 크게 좌우될 수 있다.
    ㉰ 각 문구에 대한 수치부여는 등간격성을 가정하고 있지만 엄격하게 등간격성이 보장되는지 의문이라는 점이다.

OIKOS UP 의미분화척도(Semantic Differential Scale) [⑧⑫⑲㉑㉑, 기술론 ⑪]

① 어의적 분화 척도(=의의차별척도, 어의적 분별척도)는 오스굿(Osgood), 수시(Suci), 탄넨바움(Tannenbaum)이 고안한 것으로, 하나의 개념에 대한 응답자들의 의견이나 태도를 몇 개의 의미 차원에서 직접 평가(어떤 대상이나 낱말이 개인에게 주는 의미를 측정)하도록 함으로써 응답자들이 손쉽고 신속하게 응답할 수 있다.
  ㉠ 어떤 개념에 함축되어 있는 의미를 평가하기 위해 고안된 것으로 하나의 개념을 주고 응답자들이 여러 가지 의미의 차원에서 이 개념을 평가하도록 하는 것이다.
  ㉡ 일직선으로 도표화된 척도의 양극단에 서로 상반되는 형용사를 배열하고 양극단 사이에서 해당 속성에 대한 평가를 하는 척도이다.
② 응답 범주는 한 극단에서 다른 극단에 이르는 중간 범주는 중립을 나타내는 5개 혹은 7개의 범주로 구성되어 있으며, 두 개의 상반된 입장에서 하나를 선택하도록 요청한다.
  ㉠ 두 개의 양끝 범주들이 이름(주로 형용사)을 갖는다는 점을 제외하고는, 강력히 동의하지 않음에서 강력히 동의함에 이르기까지의 범위를 가진 리커트 척도범주와 유사하다.
    ❌⭕ 의미분화(semantic differential)척도는 한 쌍의 반대가 되는 형용사를 사용한다.(O)
  ㉡ 리커트 척도와 같이 양극단 어디에도 속하지 않는 임의의 영점을 지니며, 각 척도상의 7개 지점 간의 간격이 동일한 등간척도이다.
  ㉢ 집단대상사회복지실천에서 집단의 사정방법으로, 집단성원이 동료집단성원을 사정하는 데 활용된다.
③ 의미분화 척도의 예 : A신문에 대한 평가를 위한 의미분별 척도(김영석, 2000)

> 지시 : 다음 문장에 따라 각 척도에 위치를 표시하여 문장을 완성하시오. 단, 첫인상이나 즉각적인 반응을 기록하시오.
>
> B신문에 비해 A신문은
>
> | | 5
매우그렇다 | 4
그렇다 | 3
모르겠다 | 2
그렇다 | 1
매우그렇다 | |
> |---|---|---|---|---|---|---|
> | 1. 다정하다 | ___ | ___ | ___ | ___ | ___ | 친근감이 없다 |
> | 2. 진실하다 | ___ | ___ | ___ | ___ | ___ | 허위적이다 |
> | 3. 전통이 깊다 | ___ | ___ | ___ | ___ | ___ | 전통이 없다 |
> | 4. 해박하다 | ___ | ___ | ___ | ___ | ___ | 무지하다 |
> | 5. 적극적이다 | ___ | ___ | ___ | ___ | ___ | 소극적이다 |

CHAPTER 06 신뢰도와 타당도

제2부 **사회조사방법의 설계**

제6장 회차별 출제빈도, 출제비중 및 출제논점 1, 2, 3순위

10회 2012	11회 2013	12회 2014	13회 2015	14회 2016	15회 2017	16회 2018	17회 2019	18회 2020	19회 2021	20회 2022	21회 2023	22회 2024
1	2	2	2	3	3	2	2(2)	3	2(1)	3(1)	3	2

출제 비중	출제 논점		
	1순위 ☺	2순위 ※	3순위 ☆
2~3	① 신뢰도 측정방법: 조, 재, 복, 반, 크 ② 타당도 측정방법: 내용, 기준, 구성타당도	① 신뢰도와 타당도의 관계 ② 측정의 오류: 체계적 오류 vs 비체계적 오류	

1순위 스마일표시(☺) : 출제 빈출도가 높은 부분으로 무조건 시험에 출제되는 영역
2순위 당구장표시(※) : 나왔다 안 나왔다 하는 영역이지만 출제가능성 높은 영역
3순위 별 표(☆)   : 출제 된 적이 있긴 하지만 다시 출제될 가능성은 다소 떨어지는 영역

01 신뢰도(reliability)

1 의 의 [17][18][20]

① 반복되는 측정에서 어느 정도 동일한 결과를 얻게 되는가를 뜻한다. 즉, 측정도구가 측정하고자 하는 현상을 일관되게 측정하는 능력을 말한다.
  ㉠ 질문 문항들에 대해 같은 견해를 가지고 있는 사람들이 같은 응답을 할 정도를 의미한다.
  ㉡ 측정도구가 측정과정에서 측정오차를 배제하는 정도 라고도 정의할 수 있다.
② 측정의 일관성(consistency) 및 안정성(stability) 등을 반영하는 개념으로 **측정도구의 안전도의 측면**을 말한다.

> 신뢰도는 일관성으로 표현될 수 있는 개념이다.(○)

2 신뢰도 측정방법(신뢰도 추정방법, 신뢰도 평가방법) [2][5][7][8][9][10][11][12][16][17][19][21][22]

(1) 조사자 간 신뢰도(inter-observer Reliability, 상호관찰자 기법) [9]

조사자 또는 평가자가 2명 또는 여러 명 있다면 이들 **조사자 또는 평가자 간의 의견 일치도를 나타낸다**고 할 수 있다.

> 예) 사회복지관 평가에서 사회복지계의 교수 1인과 사회복지과 공무원 1인, 사회복지관 직원 1명이 A라는 복지관을 평가 시 세 사람의 평가위원의 점수 차이가 심하다면 조사자 간 신뢰도가 없다고 할 수 있다.

(2) 재조사법(검사-재검사법, Test-retest Method) [2][8][9][10][11][17][19][21]

① **동일한 측정도구**를 동일한 상황에서, **동일한 사람에게 일정한 시간을 두고 두 번 조사**하여 그 결과를 비교하는 것이다.

> 재검사법을 사용하여 신뢰도를 평가할 경우 측정대상이 동일해야 한다.(○)

② 이 척도가 안정적이고 신뢰할 만하다면 각각의 측정값들은 거의 동일한 측정값을 보일 것이다.
③ 장 점
  ㉠ 측정도구 자체를 직접 비교할 수 있다.
  ㉡ 한 측정도구를 가지고 신뢰도를 평가할 수 있는 적용의 간편성이다.
④ 단 점
  ㉠ 외부현상을 파악하기 곤란하다. 즉, 두 번의 검사가 이루어지는 시간 간격이 너무 긴 경우에 그 기간 동안의 경험과 학습효과, 성장이나 역사요인 같은 외생변수의 영향 등으로 대상의 속성이 실제로 변할 수 있어서 이것이 두 측정값의 차이로 나타날 수 있기 때문에 이러한 변화를 측정할 수 없다.
  ㉡ 검사와 재검사의 실시 간격이 너무 짧으면 검사효과가 발생할 수 있으며, 실험에서는 주시험 효과로서 나타날 수 있다.
  ㉢ 사회복지연구에서는 인간의 정서와 심리에 대한 면을 많이 다루기 때문에 **조사대상의 성향, 기분, 감정 등을 비롯하여 조사환경의 내외적 조건에 영향을 받는 경우가 종종** 있다.

② 이 방법은 두 번을 조사해야 한다는 현실적인 어려움을 갖고 있다.

(3) 복수양식법(Multiple Forms Technique, 대안법) [⑧⑨⑭⑯⑲㉑]

① 대안법(alternate-form method), 평행양식법(parallel-forms technique, **유사-양식기법**), 동형검사법(equivalent-form)이라고 한다. ❌ 신뢰도 측정 방법 : 대안법(○)

　㉠ 같은 검사를 두 차례 실시하여 신뢰도를 측정하는 **재검사법의 문제점을 극복하기 위해 고안된 기법**이다.

　㉡ **유사한 형태의 두 개의 측정도구를 만들어** 이것을 각각 동일한 대상에 차례로 적용(**두 차례 실시**)하여 봄으로써 신뢰도를 측정하는 방법이다.

　　❌ 복수양식법 : 동일한 양식의 측정도구 사용한다.(X)

　㉢ 서로 다른 유사한 양식의 두 가지 시험을 **동시에** 한 집단에 실시한다. 즉, 재조사법의 시간적 간격의 문제를 극복하는 방법으로 시간적 간격을 최소로 줄이고 **거의 동시에 관찰 또는 측정**한다.

　㉣ 이 방법은 **태도를 측정하는 척도에 포함된 문항들이 그 태도를 측정하는 수많은 문항, 즉 문항 모집단의 한 표본에 지나지 않는다는 논리에 근거를 둔 것**이다.

② 장 점

　㉠ 재조사법이 갖고 있는 외생변수의 영향 문제나 동일 시험을 두 번 시행함으로써 발생하는 주시험효과 내지 학습효과 문제를 극복하는데 유용하다는 점이다.

　㉡ 조사대상자의 기억력을 통제할 수 있어 객관적인 자료를 구할 수 있다는 것이다.

③ 단 점

　㉠ 유사한 두 개의 척도(비슷한 측정도구)를 만든다는 것이 현실적으로 어렵고, 그로 인해 신뢰도 계수가 재검사법에 비해 낮은 경향이 있다.

　㉡ 신뢰도가 낮은 경우 질문지의 신뢰도가 낮아서 그런지 아니면 두 개의 양식에 차이가 있어서 그런지 잘 모른다.

　㉢ 재조사법과 같이 첫 번째 조사가 두 번째 조사에 영향을 미친다.

　㉣ 검사를 실시하는 시간차가 여전히 오차요인으로 작용할 수 있다.

(4) 반분법(Split-half Method, 이분절 기법) [⑦⑧⑨⑬⑯⑲㉑] ❌ 타당도 검사를 위해 반분법을 활용한다.(X)

① 하나의 측정도구에 포함된 전체 문항들을 몇 부분으로 쪼개어 나누고, 그것들을 각기 독립된 측정도구로 간주하여 그 상관관계를 계산하여 신뢰도를 산출한다.

　㉠ 측정도구의 내적 일관성을 확인하기 위한 것 즉, **내적 일관성(internal consistency) 신뢰도***를 평가하는 방법이다.

> **내적 일관성 신뢰도**
> 한 측정 도구의 문항들 내에서 일관성이 유지되는 정도를 통해 신뢰도의 크기를 결정하는 방법

　㉡ **하나의 측정도구** 질문을 **무작위적으로** 반씩 나누어 둘로 만든 후 이 두 부분을 따로 떼어서 적용하는 것이 아니라, **내용적으로만 갈라놓고 실제로는 본래의 척도를 그대로 한 번 적용하는 것**을 말한다.

　　❌ 반분법 : 두 번 조사하는 데 불편이 있다.(X)

ⓒ 반분이 가능하기 위해서는 측정도구가 같은 개념을 측정한다는 것이 명백해야 한다. 즉 그 측정도구가 경험적으로 단일차원(한 사회현상에 대한 태도 측정)이어야 하며, 양분된 각 측정도구의 항목 수는 그 자체가 각각 완전한 척도를 이룰 수 있도록 충분히 많아야 한다.

② **반분하는 방법**
  ㉠ **계속적 반분법** : 하나의 측정도구를 전반부와 후반부로 나누어 전·후반부의 상관계수를 비교하여 신뢰도를 평가하는 것
  ㉡ **기우수 반분법** : 계속적 반분법의 문제점을 보완하여 홀수 문항과 짝수 문항만을 묶어서 두 개의 검사로 나누는 방법

③ **장 점**
  ㉠ 재조사법과 같이 **두 번 조사할 필요도 없고** 복수양식법과 같이 **두 개의 척도를 만들 필요가 없이** 측정도구 그 자체를 한 번 조사하여 신뢰도를 검증할 수 있다.
  ㉡ 하나의 측정도구로 신뢰도를 파악할 수 있다는 것과 응답자의 기억력을 통제할 수 있다는 장점이 있는 기법이다.

④ **단 점**
  ㉠ 두 개의 설문지로 나눌 수 있을 만큼 문항수가 충분해야 한다는 점과 **두 개로 완전하게 동등하게 만들기가 쉽지 않다는 점**이다.
  ㉡ **어떻게 반분하느냐에 따라 다른 상관계수를 가질 수 있다.**
  ㉢ 질문항목의 동질성을 의미하는 내적 일관성을 강조하는 방법으로 질문지 전체의 신뢰도를 측정할 수는 있지만 **어느 특정 항목의 신뢰도를 측정할 수 없다.**
  ㉣ 신뢰도가 낮을 경우(상관계수가 낮은 경우) 이를 높이기 위해서는 **어느 항목을 수정 또는 제거해야 할 것인가를 결정할 수가 없다.**

(5) **크론바 알파(Cronbach s Alpha, 내적 일관성 분석법, 알파계수)** [⑤⑧⑨⑪⑭⑯⑲㉑]
  ① 크론바 알파의 기본 논리는 반분법의 연장으로, 모든 질문항목들 간의 상관계수들의 평균에 의해 그 값이 결정된다.
    ㉠ 이는 반분법의 두 반분의 상관관계를 각각의 질문의 상관관계로 연장한 것이라 할 수 있다.
    ㉡ 반분법은 내적 일관성 신뢰도를 평가하는 방법이다.
  ② **만약 항목들이 동질적이지 못하면 개념을 구성하는 항목들이 일관성이 없다는 것을 나타내므로 이질성을 띈 항목들은 분석에서 제외**해야 한다.
  ③ 크론바 알파값(Cronbach α)은 **문항수와 평균상관계수에 의해 영향**을 받는다.
    ㉠ 평균상관계수가 같더라도 **문항수가 증가하면 알파값은 커진다.**
    ㉡ 문항수가 같더라도 평균상관계수가 커지면 알파값은 증가한다.
  ④ **크론바 알파의 장점**
    ㉠ 한 질문지에 언제나 하나의 크론바 알파값만 갖는다는 것이다. 즉, 개별항목들의 신뢰도 평가가 가능하다.

제6장 **신뢰도와 타당도** 339

ⓒ 신뢰도가 낮을 경우 이를 높이기 위해서 어느 문항을 수정 또는 제거해야 할 것인가를 결정할 수 있다.
ⓓ 신뢰도가 낮은 문항을 제거하면 크론바 알파값이 높아진다.

> **주의**
>
> 문항수가 증가하면 알파값이 커지므로 신뢰도가 증가된다. 신뢰도가 증가되는 이유는 여러 문항에 의해 한 개념을 측정하면 설사 한 문항에 약간 문제가 있더라도 다른 문항에 의해 그 잘못이 희석될 수 있기 때문이다. 그러나 무조건 문항수가 많다고 신뢰도가 높아지는 것은 아니고 양질의 문항수가 많아야 한다. 즉, 좋지 않은 문항수가 많아지면 신뢰도는 낮아질 수 있다.
> - 측정도구의 문항 수가 적을수록 신뢰도는 높아진다.(X)
> - 특정 개념을 측정하는 문항수가 많을수록 신뢰도는 낮아진다.(X)
> - 측정도구의 신뢰도를 높이기 위해서는 설문문항 수가 적을수록 좋다.(X)

OIKOS UP 크론바 알파값(Cronbach의 α)과 일관성 정도(채구묵, 2008; 정영숙, 2006)

크론바 알파값이 얼마 이상인 경우 신뢰도가 받아들일 만한 수준이라고 할 수 있는가 하는 문제는 학자마다 조금씩 다르다.

① Nunnally는 탐색적 연구분야에서는 크론바 알파값이 0.60 이상, 기초연구분야에서는 0.80 이상, 중요한 결정이 요구되는 응용연구 분야에서는 0.90 이상이어야 한다고 주장하고 있는 한편,
② Van de Ven & Ferry는 일반적으로 크론바 알파값이 0.60 이상이면 측정도구의 신뢰도에 별 문제가 없다고 주장하고 있음.
③ 따라서 크론바 알파값이 0.60 이상이면 신뢰도가 있다고 보아 전체 문항을 하나의 척도로 종합해서 이용할 수 있다고 볼 수 있다.

- 신뢰도 계수 : 크론바 알파 값(Cronbach의 α)
- 일관성 정도 : α 값 $\leq 0.3 \to$ 일관성 약함
  $0.3 < \alpha$ 값 $< 0.5 \to$ 일관성 보통
  α 값 $\geq 0.6 \to$ 일관성 강함

3 신뢰도를 높이는 방법 [6⑳]

① 측정도구를 명확하게 구성하여 모호성을 제거해야 한다.
② 개념을 측정할 항목 수를 충분히 만드는 것이 바람직한데 그 이유는 항목 수가 많을수록 정규분포를 이루기 때문이다.
  - 측정 항목 수를 가능한 줄여야 한다.(X)
③ 조사대상자가 잘 인지하지 못하거나 관심이 없는 내용에 대해서는 응답자가 무성의하거나 실제와 전혀 다른 응답을 할 가능성이 있으므로 측정을 하지 않는 것이 좋다.
④ 동일한 질문이나 유사한 질문을 2회 이상하여 응답자로 하여금 일관성 있는 응답을 유도하는 방법이 있다.

※ 유사한 질문을 2회 이상 하지 않는다.(X)
⑤ 측정자들의 측정방식이나 태도에 일관성을 유지해야 신뢰성 있는 자료를 획득할 수 있다.
　　※ 측정자들이 측정방식을 대상자에 맞게 유연하게 바꾸어야 한다.(X)
⑥ 일반적으로 신뢰성이 인정되었거나, 이전의 경험에 비추어 신뢰할 수 있는 측정도구를 사용한다.
⑦ 측정자에게 측정도구에 대한 교육과 훈련을 통해 사전준비를 철저히 한다.
　　※ 측정자에게 측정도구에 대한 교육을 사후에 실시한다.(X)

02 타당도(validity)

1 의 의 [③②⑮]

(1) 측정도구로써 측정하고자 의도한 것을 실제 측정해 내는 정도(측정의 정확성)를 말한다.

(2) 타당도의 유형(= 타당도 측정방법)
① 내용타당도(content validity)
② 기준타당도(criterion validity)
　㉠ 측정도구의 측정치가 어떤 외부기준과 관련되는 정도
　㉡ 동시적 타당도, 예측적 타당도, 집단비교법, 기준 문항에 의한 타당도
③ 개념타당도(construct validity, 구성체타당도)
　㉠ 측정도구의 측정치가 이론적인 기대되는 다른 변수와 관련되는 정도
　㉡ 이해타당도, 상관관계 활용방법(수렴 타당도, 판별 타당도), 요인분석

2 타당도 측정방법 [⑧⑳]

(1) **내용적 타당도**(Content Validity, = 액면타당도, = 명목타당도, = 논리적 타당도) [⑧②②②②]
액면타당도(face validity) 및 논리적 타당도(logical validity)라고도 불린다.
① 전문가가 측정도구의 항목을 분석하여 그 **타당도를 결정하는 방법**이다.
② 작성된 측정도구의 항목들이 조사자가 측정하고자 하는 내용을 포함하고 있느냐 하는 것을 논리적으로 검토하는 것이다.
　예) 아동학대를 조사하고자 할 경우, 신체적 학대, 언어적 학대, 정서적 학대를 조사할 수 있는 적절한 내용들이 포함되지 못하고 일부 한정된 내용들만 포함되었다면 내용적 타당도가 높지 못하다 할 것이다.
　※ 주어진 척도가 측정하고자 하는 내용을 담고 있다고 일련의 전문가가 판단할 때 판별타당도가 있다고 한다.(X)

(2) **기준 관련 타당도**(Criterion-related Validity, = 기준 타당도) : 측정도구를 잘 평가할 수 있다고 생각되는 독립적 기준과 비교를 통해 척도의 타당성을 검증 [④⑧⑨⑩①②④⑤①⑦②]

① **동시적 타당도(Concurrent Validity, = 공인타당도)** [⑮㉑]
작성한 측정도구를 이미 존재하고 있는 신뢰할 만한 다른 측정도구와 비교하는 방법

- 예) IQ테스트에 관한 질문지를 만든 경우 새로운 질문지를 통한 IQ점수와 기존의 질문지에 의한 IQ점수와 상관관계를 통해 척도의 타당도를 구한다.
- 예) 새로 개발된 주관적인 행복감 측정도구를 사용하여 측정한 결과와 이미 검증되고 널리 사용되고 있는 주관적인 행복감 측정도구의 결과를 비교하여 타당도를 확인한다.

② **예측적 타당도(Predictive Validity)** [⑩⑰]
해당 척도와 논리적으로 관련되어 있는 미래의 사건이 외부의 기준으로 이용되는 방법으로, 측정도구가 현재의 상태로부터 미래의 차이를 얼마나 정확하게 예측해 내는지의 능력 정도

- 예) 수학능력시험에서 높은 점수를 받은 학생이 대학에서 학업성적이 높을 때 수학능력시험은 타당도가 높다고 할 수 있다.
- 예) 종합사회복지관 채용시험에서 A의 성적은 높았고 B의 성적은 낮았지만 두 사람 모두 같은 복지관에 입사했다. 입사 후에 B가 A보다 업무능력이 뛰어난 것으로 나타난다면 이 복지관에서 사용한 채용시험의 예측적 타당도는 낮다고 할 수 있다.

③ **집단비교법(Known-groups Technique)** [⑰]
상반된 태도나 특성을 가진 두 개의 집단을 선정하고 그 두 집단에 측정도구를 적용하여 그 결과의 차가 상반된 태도를 나타내는가를 보는 것

- 예) 장애인에 대한 태도를 측정하기 위한 측정도구를 작성할 경우, 그 측정도구의 타당도를 측정하기 위해 먼저 장애인을 위한 활동에 적극적으로 참여하거나 장애인에 대해 우호적인 태도를 가진 사람들에게 그 측정도구를 적용하고, 다음에는 장애인을 위한 활동에도 잘 참여하지 않을뿐더러 비우호적인 사람들에게 같은 측정도구를 적용하여 그 두 결과의 차이를 비교해 본다. 두 집단의 차이가 크게 나타나면 타당도가 높다고 할 수 있다.
- 예) 최근에 개발된 불안척도를 사용하여 불안으로 치료 중인 집단과 일반인 집단의 불안 수준을 측정하였다. 측정 결과 치료집단의 평균이 일반인 집단의 평균보다 통계적으로 유의미하게 높아 불안척도는 두 집단을 잘 구별하였다.

④ **기준 문항에 의한 타당도(Validity by Criterion-question)** [⑭]
질문지에 질문내용의 응답들을 판별하는 데 기준이 될 수 있는 문항을 포함시켜 질문지를 만든 후 이를 조사대상자에게 적용하여, 그 기준이 되는 문항에 대한 점수와 다른 문항들의 합계점수 간의 상관관계에 의해 타당도를 검증하는 방법

- 예) 노인복지정책에 대한 의견조사의 경우 연령을 기준 문항으로 이용할 수 있는데, 이 논리는 연령이 많을수록 노인복지 정책에 긍정적인 대답을 할 것이라는 것으로 기준 문항인 연령과 노인정책에 대한 합계점수 간에 통계적으로 유의미한 상관관계가 있는가에 의해 타당도를 측정한다.
- 예) 사회복지사가 클라이언트 100명의 약물남용 정도를 두 가지 방법으로 측정하였다. 첫째, 약물남용으로 인해 상담이나 치료를 받은 경험이 있는지를 질문하였고, 둘째, 표준화된 척도로 약물남용 정도를 측정하였다. 측정 결과, 상담이나 치료 경험이 있는 집단의 척도 평균 점수가 그렇지 않은 집단의 점수보다 통계적으로 유의미하게 높았다. (단, 척도의 점수가 높을수록 약물남용 정도가 심하다고 해석한다.) 이것은 기준 문항인 상담이나 치료를 받은 경험과 약물남용 정도에 대한 합계점수 간에 통계적으로 유의미한 상관관계가 있는가에 의해 타당도를 측정하였다.

(3) **구조적 타당도(Construct Validity, = 구성 타당도, 개념타당도)** : 관련되는 다른 개념 및 이론적 틀 속에서 분석하는 방법 [⑥⑦⑧⑪⑬⑯⑱⑲㉑]

① **이해타당도**
특정 구성개념(구성체)을 이론적 구성도에 따라 체계적이고, 논리적이며, 포괄적으로 이해하고 있는 정도를 의미한다.

- 예) 지능을 문제해결능력, 창조력, 순발력, 판단력, 추리력, 기억력 등으로 정의하는 경우가 문제해결능력만으로 정의하는 경우보다 이해타당도가 높다.

② **상관관계 활용을 통한 구성체 타당도를 검증하는 방법**

  ㉠ **수렴적(convergent) 타당도**
   ㉮ 이론적으로 동일하거나 서로 비슷한 의미를 가지는 구성체를 각각 상이한 척도를 가지고 측정할 경우 그 측정치는 서로 수렴할 것이라는 전제를 가진다.
   ㉯ 같은 개념을 측정하는 경우에는 상이한 측정도구를 사용하더라도 그 측정값은 하나의 차원으로 수렴해야 한다는, 즉 유사한 결과를 낳는다는 것을 의미한다.
   - 예) 우울증이라는 구성개념에는 단절, 무관심, 무기력성, 무표정 등의 네 차원이 있다고 가정할 때, 만일 무관심을 둘 이상의 측정도구로 측정한 결과 점수들이 유사하게 나타났다면 수렴타당도가 높다.

  ㉡ **판별적(discriminant) 타당도** [⑪⑲⑳]
   ㉮ 어떤 특정의 구성체를 측정하기 위하여 개발된 척도라면 다른 구성체와는 경험적으로 구별될 수 있는 특성을 가질 것이라는 이론적 전제를 가진다.
   ㉯ 동일한 측정도구로 상이한 둘 이상의 구성개념을 측정했을 때 얻어진 두 측정치들 간에는 차이가 있어야 한다. 즉 상관관계가 낮아야만 한다.
   - 예) 우울증이라는 구성개념에는 단절, 무관심, 무기력성, 무표정 등의 네 차원이 있다고 가정할 때, 만일 우울증이 네 가지 차원이라면 이들의 각 측정값들은 서로 차이가 나야한다. 즉 이들 측정값들 간 상관관계가 낮게 나타나면 측정도구는 판별적 타당도가 있다.
   - 예) 우울 척도 A의 측정치가 우울 척도 B보다 자아존중감 척도 C의 측정치와 더 일치할 때 척도 A의 판별 타당도는 문제가 된다.
   - 연구자는 새로 개발한 우울척도 A의 타당도를 확인하기 위하여 자아존중감 척도 B와의 상관계수를 산출하였다. 그 결과, A와 B의 상관관계가 매우 낮은 것을 확인하였다. 이 사례에서 측정하고자 하는 타당도는 판별 타당도이다.(○)

③ **요인분석(Factor Analysis)** : 다수의 상호 관련된 항목들을 몇 개의 요인(factor)으로 집약하여 묶는 방법으로, 보다 적은 수의 가설적 변수인 요인으로 축소시키기 위한 통계기법이다. [⑥㉒㉒]

> **주의**
> 구성타당도는 내용 타당도처럼 개념의 내적 구조에서 측정의 적합성에 대한 근거를 찾는 것이다. 이 둘의 차이점은 내용 타당도가 개념적 정의와 조작적 정의를 통해 도출된 측정 항목들이 개념의 내적 구조에 적절한 내용을 담고 있는지를 주관적으로 판단하는 것에 그쳤다면, 구성 타당도는 이론적으로 기대되었던 그러한 내적 구조가 경험적으로 확인될 수 있는지를 검사를 통해 보는 것이다. 따라서, 구성 타당도는 측정에 대한 타당도를 경험적으로 검증하는 가장 수준이 높은 고차원적인 방법이다.
>
> - 구성 타당도는 측정되는 개념이 속한 이론 체계 내에서 다른 개념들이 논리적으로 어느 정도 관련성을 갖고 있는지를 경험적으로 검증하는 가장 수준이 높은 타당도이다.(○)

03 신뢰도와 타당도의 관계 [①③④⑤⑥⑫⑯⑱⑳②]

1 개요

신뢰도와 타당도는 측정도구의 적합성을 평가하는 방법으로 서로 분리된 속성으로 다루어졌지만 서로 밀접히 관련되어 있다.

① 신뢰도는 타당도를 높이기 위한 필요조건이지만 충분조건은 아니다.
　㉠ **신뢰도가 높다고 타당도가 반드시 높은 것은 아니나, 타당도가 높으면 신뢰도는 높다.**
　㉡ 타당도를 높이기 위해서는 신뢰도가 높아야 한다.
　　　신뢰도는 타당도의 필요충분조건이다.(X)
② ⓐ는 신뢰도와 타당도가 모두 낮은 경우이며, ⓑ는 신뢰도는 높으나 타당도가 낮은 경우이고, ⓒ는 신뢰도와 타당도가 모두 높은 경우이다.

■ 신뢰도-타당도 관계 비교 ■

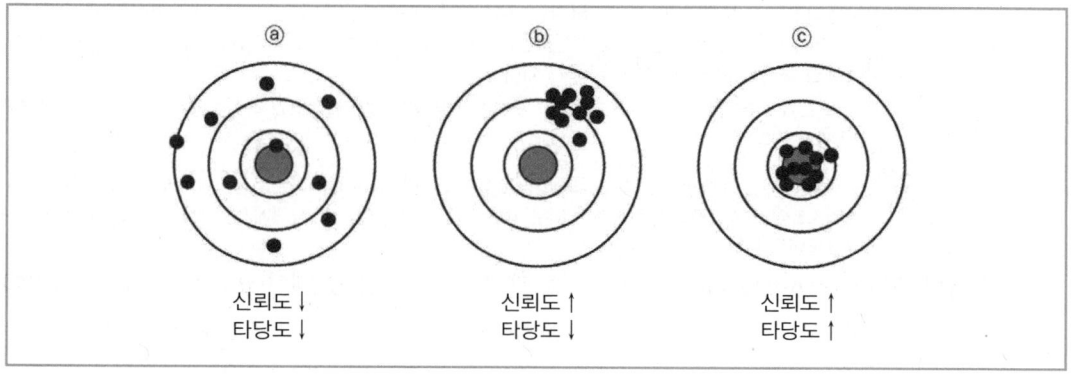

　　　측정도구의 신뢰도가 높아지면 타당도가 높아진다.(X)

2 신뢰도와 타당도의 상관관계(김태성 외, 2005)

① 신뢰도와 타당도는 서로 **비대칭적 관계(asymmetrical relationship)**를 가진다.
　㉠ 비대칭적이라는 의미는 어떤 척도의 타당도가 높을 경우 당연히 신뢰도가 높지만 반드시 그 역은 아니라는 것이다.　　타당도와 신뢰도는 대칭적인 관계이다.(X)
　㉡ 어떤 척도의 신뢰도가 높은 경우에도 타당도는 낮을 수 있다는 것임. 반면 어떤 척도의 타당도가 높을 경우에는 척도의 신뢰도 역시 반드시 높다.
② 신뢰도는 비체계적 오류 혹은 무작위 오류와 관련된 개념인 반면, 타당도는 체계적 오류와 관련되어 있다.

㉠ 타당도가 높은 척도는 반드시 신뢰도 역시 높다고 하였지만, 아무리 타당도가 높은 척도를 사용한다 할지라도 그 척도를 이용하여 동일한 개념이나 대상을 반복 측정할 때 매 측정마다 언제나 완전히 동일한 측정값을 얻을 수 있는 것은 아니며, 측정오류 혹은 측정오차들이 발생한다. 이 경우 발생하는 측정오류는 현실적인 측정과정에서 우연히 발생하는 것으로서 측정도구 자체의 결함으로 인한 체계적인 오류들은 아니다.

㉡ 반면 타당도가 낮은 척도는 그 척도 자체에 이미 일정한 오류가 내재되어 있기 때문에 측정할 때마다 매번 체계적인 오류가 발생한다.

③ 척도의 신뢰도와 타당도는 **일정정도 상충관계(trade-off)**를 가진다.

어떤 척도의 신뢰도를 높이고자 하면 타당도가 낮아지고, 반면에 타당도를 높이고자 할 경우 그 척도의 신뢰도는 일정 정도 희생될 수밖에 없음.

> 예) 어린이들의 지능 측정할 수 있는 척도 개발을 가정 : 척도가 지능이라는 개념을 정확히 반영하기 위해서는 지능이 가지고 있는 다면적 측면들을 많이 포함할수록 타당도가 높아진다. 그런데 현실적 측정의 신뢰도 측면에서 보면, 일반적으로 척도가 복잡하면 복잡할수록 측정에서 발생할 수 있는 오차는 커질 수밖에 없고 따라서 척도의 신뢰도는 낮아질 수밖에 없다.

04 측정의 오류 [③⑧⑨⑫⑭⑮⑯⑰⑱⑳㉑]

측정의 오류(측정오차)란 연구자가 측정하고자 하는 측정대상의 참값(true score)과 실제 측정도구를 사용하여 얻어진 측정값(observed score, 관찰값)과의 차이를 의미하는 것으로, 오류 발생 원인에 따라 체계적 오류와 비체계적 오류(무작위 오류)로 구분된다.

> 측정값(observed score, 관찰값) = 참값(true score) + 측정의 오류(측정오차)

1 체계적 오류(systematic error)

(1) 개념

측정대상에 대하여 **어떤 영향이 체계적으로 미침**으로써 그 오류가 항상 일정한 방향으로 일어나, 측정결과가 모두 높아지거나 또는 모두 낮아지게 되는 **편향된(biased) 경향을 보이는 것**이다.

> 편향(bias)은 측정의 비체계적 오류와 관련된다.(X)

① 우연한 실수 등으로 측정이 잘못된 것이 아니라, 잘못된 측정 방법을 채택함으로써 지속적이고 체계적으로 오류가 발생하는 것이다.

② 체계적 오류가 발생하면 측정하려는 개념이 아닌 다른 개념이 지속적으로 측정되는 결과를 낳는다.

③ 연구자가 응답자에게 유도성 질문을 할 때 발생할 수 있다.

> 연구자의 의도가 포함된 질문은 체계적 오류를 발생시킨다.(O)

④ 체계적 오류는 **문장의 표현의 문제 등 측정도구 구성에서 발생**할 수 있다. 즉, 측정도구 구성(제작)에서 결정적인 실수로 인하여 나타날 수 있다.

> 척도구성 과정의 실수는 체계적 오류를 발생시킨다.(○)

(2) **인구통계학적 내지 사회경제적 특성으로 인해 일정한 방향으로 오류가 나타나는 경우**

① **응답의 선행효과(先行效果, primacy effect)** : 고학력의 응답자일수록 응답문항 가운데 앞쪽에 있는 답을 선택하는 경향이 있다는 것을 말한다.

② **후행효과(後行效果, recency effect)** : 저학력의 응답자일수록 응답문항 가운데 뒤쪽에 있는 답을 선택하는 경향이 있다는 것을 말한다.

③ 우편조사의 경우 저학력 응답자일수록 무응답이 많이 나타난다.

④ **문화적 차이에 의한 편향(cultural gap bias, = 문화적 편견)** : 측정과정에서 문화적 차이가 스며들어 측정의 체계적 오류를 일으키는 것이다. 어떤 문화집단에서는 자연스럽게 이해되는 사실을 다른 문화집단에서는 그렇지 못한 경우에 나타난다.

> 예) 전라도와 경상도 남자들에게 '고메를 발효시키면 무엇의 원료가 될까요?'라고 묻는다면, 고구마를 발효시키면 소주의 원료인 주정이 된다는 것을 알지라도 고메가 고구마임을 모르는 전라도 사람들은 많은 수가 맞히지 못하게 된다.

> 문화적 편견은 측정의 무작위 오류를 발생시킨다.(X)
> 편견 없는 단어는 체계적 오류를 최소화한다.(○)

(3) **개인적 성향으로 인해 오류가 일정한 방향으로 나타나는 경우**

① **관용의 오류** : 모든 것을 긍정적인 방향으로 생각한다.

② **가혹의 오류** : 모든 것을 부정적인 방향으로 생각한다.

③ **중앙집중 경향의 오류** : 어느 쪽으로도 치우치지 않으려는 경우 발생한다.

④ **사회적 바람직성에 의한 오류(social desirability bias, = 사회적 적절성의 편향)** : 자신의 입장과는 다르게 사회적으로 바람직한 것을 택하는 성향

> 예) 세금인상에 대한 의견 측정 시에 [정부의 영역 확장을 위해 세금을 0.3% 인상하는 것이 타당하다고 보십니까?]라는 질문과 [더불어 사는 사회를 만들기 위해 사회복지에 필요한 재원을 확보하고자 세금을 0.3% 인상하는 것에 대해 어떻게 생각하십니까?]라는 질문 중 사람들은 사회적으로 적절하다고 판단하는 것에 응답할 가능성이 크다.

> 예) 사회복지재단에서 구직자의 팀워크를 알아보기 위해 성격검사를 실시하였다. 이때 해당 구직자들이 재단에 취업하기 위해 좋은 인상을 보여 주기 위한 응답만 선택할 수 있다.

⑤ **대조의 오류** : 자기 자신과 상반되는 것으로 다른 사람을 평가하려는 성향

⑥ **후광효과(halo effect)** : 측정대상의 한 가지 속성에 강한 인상을 받아 측정 대상 전체의 속성을 평가하는데 부당하게 영향을 미치는 성향으로 인한 오류

(4) 체계적 오차가 커질 경우 실제 값을 제대로 측정하지 못하는 결과를 가져오게 되어 **척도의 타당도에 부정적인 영향**을 미친다.

> 측정의 체계적 오류는 타당도와 관련이 없다.(X)

② 비체계적 오류(random error, = 무작위 오류) [⑪⑭]

(1) 개념
측정자의 피로, 기억, 감정변화 등과 같이 측정 대상, 측정 과정, 측정 수단, 측정자 등에 전혀 우연적이며 일시적인 사정에 의해 **불규칙적으로 일관성 없이 영향을 미침으로써 발생하는 오류**이다.

① 체계적 오류는 그 근원을 추적하여 제거해 낼 수 있지만, 일관성 없이 나타나는 비체계적 오류는 제거해 내기가 쉽지 않다.

② 비체계적 오류는 여러 번에 걸쳐 반복적으로 측정하게 되면 그 과정에서 서로 상쇄되어 소멸한다. 즉, 측정 횟수를 늘려 여러 번에 걸쳐 측정한 후 그 측정값들의 평균값을 구하게 되면 측정하고자 하는 대상의 참값과 거의 동일해진다.

(2) 대부분은 측정자, 측정 대상자, 측정 상황, 측정도구 등의 요인으로 인해 발생

① **측정자로 인한 오류** : 측정자의 피로, 건강, 사명감, 기분, 동기, 관심, 긴장 등과 같은 신체적·정신적·정서적 요인으로 인해 발생한다. 이들 요인은 수시로 변화할 수 있다.

② **측정 대상자로 인한 오류** : 측정자와 마찬가지로 긴장, 불안, 피로, 기분 등과 같은 측정 대상자 개인의 신체적·정신적·정서적 요인이 수시로 변화하기 때문에 발생할 수 있다.

③ **측정 상황적 요인으로 인한 오류** : 측정시간, 좌석 배열, 소음, 조명, 통풍, 측정장비, 부모참석 등이 예측하지 못한 차이를 가져올 수 있다.

④ **측정도구와 관련해 발생하는 오류**
  ㉠ 관찰조사표나 관찰지침서와 같은 측정도구에 대한 충분한 교육이 선행되지 않은 상태에서 다수의 관찰자가 측정 대상에 대해 관찰을 실시할 경우 측정도구에 대한 이해가 측정자마다 서로 다르게 되어 측정 대상의 동일한 속성에 대해 서로 다른 해석을 하고 서로 다른 측정결과를 나타내게 된다.
  ㉡ 측정도구를 읽거나 기록하는 과정에서 발생하는 일시적인 실수로 발생할 수 있다.
    코딩 왜곡은 체계적 오류를 발생시킨다.(X)

(3) 비체계적 오류가 커질 경우 응답의 일관성에 부정적 영향을 미치게 되어 **척도의 신뢰도가 낮아지는 결과**를 가져온다. 비체계적 오류는 타당도를 낮추는 주요 원인이다.(X)

CHAPTER 07 표본추출(표집)

제2부 **사회조사방법의 설계**

제7장 회차별 출제빈도, 출제비중 및 출제논점 1, 2, 3순위

10회 2012	11회 2013	12회 2014	13회 2015	14회 2016	15회 2017	16회 2018	17회 2019	18회 2020	19회 2021	20회 2022	21회 2023	22회 2024
3	4	4	4	2	2	3	4	2	2	3(2)	3	2

출제 비중	출제 논점		
	1순위 ☺	2순위 ※	3순위 ☆
2 **3** 4	① 확률표집방법: 단, 체, 층, 군 ② 비확률표집방법: 편, 유, 할, 눈	① 표집관련 용어: 표집오차, 신뢰구간, 신뢰수준.. ② 대표성과 표본의 크기	① 표본추출과정

1순위 스마일표시(☺) : 출제 빈도가 높은 부분으로 무조건 시험에 출제되는 영역
2순위 당구장표시(※) : 나왔다 안 나왔다 하는 영역이지만 출제가능성 높은 영역
3순위 별 표(☆) : 출제 된 적이 있긴 하지만 다시 출제될 가능성은 다소 떨어지는 영역

01 표본추출의 의의

1 표본추출의 의의

연구대상 전체인 모집단(母集團, population)으로부터 모집단을 대표하도록 선택된 일부인 표본(sample)을 선택하는 과정을 표집(sampling) 또는 표본추출이라고 한다.

2 표본추출의 장점과 단점

사회현상의 연구를 위해 전수조사보다 표본조사를 더 많이 실시하게 되는 이유는 아래와 같은 장점이 있기 때문이다(정영숙, 2006 ; 김진원 2007).

(1) 표본추출의 장점

① **경제성** : 전수조사의 경우 막대한 인적, 물적 자원이 소요되기 때문에 조사비용과 시간을 절약하기 위해 표본을 사용한다.

② **신속성** : 조사기간 동안에 관련 현상이 변할 수도 있고, 조사 주제에 영향을 주는 사건이 발생할 수도 있고 또 피조사자가 성장할 수도 있기 때문에, 신속한 조사를 위해 표본이 사용된다.

③ **가능성** : 연구대상 전체를 조사하려고 할 때 그 수가 무한히 많기 때문에 조사가 현실적으로 불가능할 수가 있기 때문에, 조사 가능하도록 하기 위해 표본이 사용된다.

④ **정확성** : 적은 조사자를 사용하는 것은 가장 유능한 조사자를 사용할 수 있게 되기 때문에, 실제로 자료의 정확성을 높일 수 있다. 비표본오차(nonsampling error)를 줄여 정확도를 높인다.

⑤ **응답률** : 응답자로부터 높은 응답률과 협력을 얻을 수 있다는 점이다. 특히 민감한 문제의 경우 사실이다.

⑥ **조직적 반발의 방지** : 많은 사람을 감정상하게(offended) 하지 않을 수 있으며, 감정이 상한 사람은 똑같은 질문을 접한 다른 응답자의 신원을 모르기 때문에 공통된 관심을 가지고 조직화될 가능성이 적다.

⑦ **신뢰도** : 전수조사를 하기 위해서는 상당수의 면접자 또는 조사자가 필요하다. 이렇게 되면 조사자 간의 신뢰도 문제가 발생할 가능성이 높다.

⑧ **실험적인 조사의 경우에 사용 가능** : 어떤 개입에 대한 효과를 검증하고자 할 때 검증되지 않은 개입을 모든 사람에게 적용해보는 것은 무모하다.

⑨ **보다 많은 양의 정보를 구할 수 있음** : 일반적으로 표본조사는 전수조사에 비해 시간과 비용이 절약되기 때문에 훨씬 더 많은 조사항목을 포함시킬 여지를 준다.

⑩ **비표본오차(nonsampling error)를 줄여 보다 정확한 정보를 구할 수 있음** : 전체를 조사하는 것이 더 정확할 것 같지만 실제로는 표본조사가 더 정확한 경우가 많다. 표본조사는 훈련된 면접자가 소수를 대상으로 조사하므로 다수를 대상으로 한 전수조사에 비해 조사과정이나 집계과정에서 발생할 수 있는 비표본오차를 줄여 정확성을 높일 수 있다.

(2) 표본추출의 단점
① 대표할 수 있는 표본을 선정하기가 어렵다.
② 모집단의 크기가 작은 경우에는 표집이 큰 의미가 없다.
③ 표본설계가 복잡한 경우에는 오히려 시간과 비용이 더 많이 소요될 수 있으며, 표본설계가 잘못된 경우 오차가 많이 발생할 수 있다.

02 표본추출 관련 기술적 용어 [③⑤⑥⑦⑧⑨⑪⑭]

(1) **표본조사(sampling study)**
표본추출과정을 거쳐 모집단의 일부를 표본으로 선정하고 그 표본에 대해서만 실시되는 조사

(2) **전수조사(population study)** [⑭㉑]
① 연구대상 전체인 모집단(population)을 대상으로 실시되는 조사(예 인구조사나 국세조사).
② 전수조사에서는 모수와 통계치 구분이 불필요하다.

(3) **전대상(全對象, universe)**
특정 연구를 위해 규정된 요인 전수(全數)의 이론적-가설적 집합체이다. 조사대상의 요소가 노인이라면, 시간과 공간에 구애되지 않고, 노인 모두가 전대상이 된다.

(4) **모집단(母集團, population)과 표본(sample)** [⑤⑥⑧⑨㉒]
① 모집단(母集團, population)
㉠ 시간, 공간, 자격 등의 조건들이 구체적으로 규정되어진 요소의 현실적-한정적 집합체이다.
㉡ 이는 실제 연구의 대상이 되는 전체 집단으로서 연구자가 전수조사를 통해 자료를 수집하거나, 표본조사결과를 가지고 통계적 기법을 활용해 추정하려는 대상 집단을 말한다.
② 표본(sample) : 전체 모집단의 부분집합 또는 부분이다.

(5) **표집(標集, sampling)**
표본을 선택하는 과정으로 표본추출이라고도 한다.

(6) **표집단위(sampling unit)** [⑥⑧⑨⑭]
① 무엇을 기준으로 표본을 추출할 것인가에 대한 기준으로, 표집과정의 각 단계에서 표집대상인 요소들의 단위를 말한다.
② 대체로 표집단위는 개인이 되지만, 경우에 따라서는 개인이 아닌 집합체가 표집단위가 된다.

(7) **표집틀(sampling frame, 표본 추출틀, 표본프레임)** [③⑤⑥⑧⑨㉒]
표본이 실제 추출되는 연구대상 모집단 전체의 목록 또는 모든 단위의 완전한 목록(complete list of all units)을 말한다.

> 예) 사회복지사에 대한 조사를 한다고 했을 때, 사회복지사의 표본을 추출하기 위해 전체 사회복지사에 대한 인명부가 있어야 하는데, 이때 사회복지사 인명부가 바로 표집틀이 되는 것이다.

(8) 관찰단위(observation unit)와 분석단위(analysis unit) [③⑥⑦⑧⑨⑭⑫]

① 직접적인 조사대상으로 자료가 수집되는 요소 또는 요소들의 집합체이자 자료수집단위이다.

② **자료수집의 단위가 관찰단위**이고, **자료수집내용에서 실제분석하는 단위가 분석단위**이다.

③ 관찰단위와 분석단위는 일치할 수도 있고 일치하지 않을 수도 있다.

> 예) 장애인 근로자가 근무하는 직장상사(관찰단위)와의 면담을 통해서 장애인 근로자(분석단위)의 직장적응에 관한 정보를 수집할 수 있다.

(9) 변수와 상수

① **변수(變數, variable)** : 모집단의 요소가 가지는 상호배타적이고 서로 다른 속성을 말한다.

② **상수(常數, constant)** : 모집단의 모든 요소가 동일한 속성을 가지고 있는 경우이다.

(10) 모치수 또는 모수(母數)와 통계치(統計値, statistics) [③⑤]

① 모치수(母値數, parameter)란 모집단에서 특정 변수가 갖고 있는 특성을 요약하고 묘사한 것이다.

② 통계치란 조사표본에서 특정 변수가 가지고 있는 특성을 요약하고 묘사한 것이다.

■ 모치수와 통계치의 관계 ■

모집단	표본
전수조사	표본조사
모치수 ← 추정	통계치

(11) 표집간격(sampling interval)

① 모집단으로부터 표본을 추출할 때 추출되는 개별 요소 간의 간격으로, 체계적 표집(systematic sampling)에서 사용되는 용어이다.

② 모집단 수 ÷ 표본 수 = 표집간격

> 예) 전국의 150만 국민기초생활보장자 가운데 100,000명을 뽑아 실태조사를 실시할 경우 표집간격은 15이다.

(12) 표집률(sampling ratio)

① 연구대상 전체인 모집단에서 개별요소 하나가 선택될 비율을 말한다.

② (표본 수 ÷ 모집단 수) × 100 = 표집률

> 예) 전국의 150만 국민기초생활보장자 가운데 100,000명을 뽑아 실태조사를 실시할 경우, 표집률은 100,000 ÷ 1,500,000 = 0.067 × 100 = 6.67%이다.

⑴³ **표집오차(sampling error, 표본오차)** [②⑬⑯⑲㉑㉒]

① 표본오차는 **모집단 값과 표본의 값 간의 차이**를 말한다. 즉 표본의 통계량에서 모집단의 모수를 추정하는 과정에서 발생하는 차이로 표본조사에서 발생한다.

② 표본오차를 추정할 때 영향을 주는 요인은 표본의 크기, 신뢰구간과 신뢰수준, 모집단의 동질성 등이다.

  ㉠ 표본크기가 클수록 표집오차는 감소하며, 표본크기가 작을수록 증가한다.
    ⓧ 표본의 크기가 증가하면 표본오차(sampling error)도 커진다.(X)

  ㉡ 동일한 조건이라면 이질적인 집단보다 **동질적 집단에서 추출한 표본의 표집오차가 작다.**
    ⓞ 모집단이 이질적인 경우에는 표본의 크기를 늘려야 한다.(O)

  ㉢ 표집방법에 따라 달라질 수 있다.

③ **표본오차는 표준오차(standard error)에 비례**한다.

  ㉠ **표준오차**는 무수히 많은 표본평균의 통계치가 모집단의 모수로부터 평균적으로 떨어진 거리를 의미한다.
    ㉮ 표준오차는 표본평균을 이용해서 어떤 의사결정을 할 때 예상되는 오류의 크기를 나타내는 기준이 된다.
    ㉯ 표준오차가 크면 표본의 평균을 가지고 의사결정할 때 오류가 커지며, 반대로 표준오차가 작으면 의사결정할 때에 오차가 작게 된다.

  ㉡ 동일한 조건이라면 **표준오차가 클수록 검정통계값이 통계적으로 유의할 가능성은 낮아진다.**

주의

"동일한 조건이라면 표준오차가 클수록 검정통계값이 통계적으로 유의할 가능성이 낮아진다."에 대하여 설명하면 다음과 같다.

① 검정이란 모집단의 어떤 현상을 표본자료를 이용해서 판단하는 것을 의미하며, 검정통계값이란 검정하기 편리한 형태로 표본자료를 바꾸어 놓는 것을 의미한다. 가령, 검정하려는 모집단의 모수(모집단의 평균, μ)에 대한 검정통계값은 표본의 값인 통계치(표본의 평균, $\bar{X}$)이다.

② 통계적 유의성(statistical significance)이란 연구자가 얻은 어떤 검정통계값을 연구자 자신이 설정한 유의수준에 입각하여 판단해 볼 때 영가설을 기각(연구가설을 채택)할 만큼 유의한 것을 뜻한다. 연구자가 어떤 검정통계값을 얻었을 때, 그 검정통계값이 나타날 확률이 유의수준이하일 경우 이 검정통계값은 일어날 확률이 실제적으로 매우 낮으므로 우연히 일어났다고 보고 영가설을 기각(연구가설을 채택) 하게 되는데, 이 때 이 검정통계값이 통계적으로 유의미하다고 할 수 있다.

③ 이와같은 통계적 유의성 검정은 표본의 크기에 의해 결정되며, 표집분포의 표준오차와 관련되어 있다. 표본의 수가 작을 경우(또는 표준오차가 증가될 경우) 통계적으로 유의하지 않은 결과를 얻을 가능성이 높아진다.

④ 표준오차가 클수록 한 표본의 통계치로 모집단의 값인 모수를 추정하는데 따른 오차의 확률은 높아진다. 반면, 표준오차가 적을수록 모수 추정의 오차 확률은 낮아진다. 따라서, 검정통계값인 표본의 평균으로 모집단의 값인 모수가 어떨 것이라고 판단할 때, 표준오차가 크면 의사결정의 오류는 커지게 되므로 그 판단이 확률적으로 맞을 가능성은 낮아지게 된다.

OIKOS UP 표본오차 vs 비표본오차

- 표집오차(sampling error, 표본오차)
  ① 모집단 값과 표본의 값 간의 차이를 말한다. 즉 표본의 통계량에서 모집단의 모수를 추정하는 과정에서 발생하는 차이로 표본조사에서 발생
  ② 표본의 크기와 표집오차 [⑬⑭⑯]
    ㉠ 자료수집 방법은 표본크기와 관련 있다.
    ㉡ 표본크기가 커질수록 모수와 통계치의 유사성이 커진다.
    ㉢ 표집오차가 커질수록 표본이 모집단을 대표하는 정확성이 낮아진다. 즉 표본의 대표성은 표본오차와 반비례한다.
    ㉣ 동일한 표집오차를 가정한다면, 분석변수가 많아질수록 표본크기는 커져야 한다. 즉, 한 변수 내의 범주의 수가 많아질수록, 각각의 범주에 일정한 수의 표본을 확보해야 하기 때문에 전체 표본의 수는 증가하게 된다.

- 비표본오차(= 비표집오차)
  ① 설문지나 조사자료의 작성, 또는 인터뷰 과정에서 비롯되는 오류, 분석된 자료의 그릇된 해석, 자료집계나 자료를 분석하는 도중에 발생하는 요인들, 응답자의 불성실한 태도 등에 의해 야기되는 오차
  ② 체계적 오류와 무작위 오류는 모두 표집과 관련된 것이 아니므로 비표집오차이다.

구 분	비표본오차	표본오차
전수조사의 오류	○	×
표본조사의 오류	○	○

(14) 신뢰구간과 신뢰수준

① 신뢰구간(信賴區間, confidence interval)
  ㉠ 신뢰구간은 모집단의 모수가 존재할 것이라고 믿어지는 구간, 즉 모수가 일정한 확률을 가지고 갖게 될 값의 범위를 말한다.
  ㉡ 추정된 구간이 옳다고 신뢰하는 정도를 나타내는 구간으로서, 일반적으로 95%, 99% 등의 신뢰수준에서 신뢰구간을 선택한다.
  ㉢ 모집단평균(μ) = $\overline{X}$ ± 표본오차

② 신뢰수준(信賴水準, confidence levels) [④⑧⑨⑩⑮⑯⑲⑳]
  ㉠ 신뢰수준은 우리가 추정한 신뢰구간이 옳다고 확신하는 정도로, 표본의 결과를 통해 추정하려는 모수가 어느 정도 신뢰성을 갖는지 말하는 것이다.
  ㉡ 95%의 신뢰수준이라고 할 경우 장기적으로 100번 조사를 할 경우 95번은 우리가 설정한 신뢰구간에 실제 모수가 포함된다는 의미이다.
    ㉮ 95% 신뢰수준에서 모집단의 평균값이 신뢰구간 내에 존재한다는 것을 95% 확신할 수 있다.
    ㉯ 95% 신뢰수준은 100번 조사하면 5번 정도는 오차가 허용될 수 있다는 의미이다.
    ㉰ 95% 신뢰수준은 5% 유의수준을 사용한다는 의미이다.
  ㉢ 신뢰수준을 95%에서 99%로 높이면 1종 오류를 줄일 수 있으며, **신뢰수준을 95%에서 99%로 높이려면 표본의 크기를 늘려야 한다.**

㉮ 신뢰수준은 높을수록 좋지만, 구간의 크기(신뢰구간의 폭)은 작을수록 좋다.
㉯ 연구자가 신뢰수준을 손상시키지 않는 상태에서 신뢰구간을 좁히기 위해서는(구간의 크기를 작게 하기 위해서는) 표본오차(표준오차)를 줄이는 방법밖에 없다.
㉰ 표본오차(표준오차)는 표본의 크기에 민감하게 좌우되기 때문에 표본의 크기를 늘리면 표본오차(표준오차)는 줄어들게 된다. ✗◯ 신뢰수준을 높이려면 표본의 크기도 커져야 한다.(O)
㉱ 신뢰수준을 높이면 표집오차는 증가되지만, 사전에 표본의 크기를 늘리게 되면 표집오차는 감소된다. ✗◯ 신뢰수준을 높이면 표집오차는 감소한다.(O)
㉲ 다만, 동일한 표본을 가정했을 때는 신뢰수준이 높으면 표본오차는 커진다.

ⓒ 표집오차를 나타낼 때 표본의 통계치가 모치수로부터 어느 정도의 차이가 나는지 그 간격을 가지고 정확성에 대한 신뢰수준을 보여주게 된다.

03 대표성과 표본의 크기

1 대표성(representativeness) [②⑥⑧⑰]

(1) 개 념
추출된 표본의 특성이 모집단의 집합적 특성과 일치하는 정도에 의해 평가된다.

(2) 표본의 대표성에 영향을 미치는 요인
① **표본의 크기(sample size)** : 표본이 모집단을 어느 정도 대표할 수 있는지의 여부는 모집단에서 추출되는 표본크기와 직접적인 상관관계가 있다.
② **모집단의 동질성(homogeneity)** : 모집단을 구성하고 있는 개별 요소들이 어느 정도 동일한 속성을 가지고 있는지의 여부가 표본의 대표성에 직접적인 상관관계를 가진다.

2 표본의 크기(sample size) [②⑦⑨⑩⑬⑰⑲㉑]

① 단순무작위 표집의 경우 다른 조건이 동일하다면 **모집단이 클수록, 모집단이 보다 이질적일수록 표본의 수도 커야 한다.**
  ㉠ 한 변수 내의 범주의 수가 많을수록 표본의 크기는 커져야 한다.
  ㉡ 동일한 표집오차를 가정한다면, 분석변수가 많을수록 표본의 크기는 커져야 한다.
  ✗◯ 같은 표본추출방법을 사용한다면 표본의 크기가 클수록 대표성은 커진다.(O)
② **표본의 크기를 결정하는 요인** : 모집단의 크기, 조사문제 또는 조사가설(변수 값의 수와 조합), 표본설계, 신뢰수준, 모수치 추정의 허용, 최대오차, 모집단의 동질성, 표집비율, 표집방법, 조사방법의 유형, 조사의 현실적 여건(소요되는 비용, 시간, 인력), 조사자료분석의 종류, 통계적 검증력을 목표로 하는 모수 추정의 정밀성, 분석범주, 분석에 사용되는 변수의 수 등이다.
③ **표본의 크기가 크다고 무조건 좋은 것은 아니다.** 이유는 표본크기가 증가하면 표본추출 과정에서 발생하는 **비표본오차**는 증가하기 때문이다. 따라서 표본크기는 적정한 수가 바람직하다.
  ✗◯ 표본의 크기가 커질수록 비표집오차는 표집오차처럼 감소한다.(X)

04 표본조사의 설계(표본추출과정) [②⑨⑰]

절차는 모집단 확정 ⇒ 표본의 대표성 확인 ⇒ 표집틀 선정 ⇒ 표집방법 결정 ⇒ 표본크기 결정 ⇒ 표본추출의 순이다(김기원, 2001 ; 정영숙, 2006).

> 모집단 확정 ⇒ 표본의 대표성 확인 ⇒ 표집틀 선정 ⇒ 표집방법 결정 ⇒ 표본크기 결정 ⇒ 표본추출 실시

1 1단계 모집단을 확정
① 실제 연구목적에 부합하는 자료를 얻기 위해서는 가능한 한 완전하고도 정밀한 모집단의 규정이 필요하다. 즉 모집단을 명확하고 구체적으로 정해야 한다.
② 이를 위해 연구의 내용과 범위, 표집단위, 시간 등을 명백하고 한정적으로 확정해야 한다.

2 2단계 표본의 대표성을 확인
① 모집단 분포에 대한 정보나 자료를 구할 수 있다면 표본 분포와 유사한지를 비교하여 분포상의 차이를 검토하고 필요하다면 조정하는 것이다.
② 모집단 분포에 대한 정보나 자료는 가장 최근의 것을 확보해야 한다.

3 3단계 표집틀(표본프레임)을 선정
① 표집틀(표본프레임)은 표본을 추출하기 위한 모집단 전체의 목록을 의미하며, 전화번호부, 학적부, 주소록 등 자료수집방법에 따라 다양하다.
② 좋은 표집틀은 가장 최근의 것으로 모집단의 구성요소 모두를 포함하면서 어떤 요소도 이중으로 포함되지 않는 목록이다. 다만 조사대상이 특수성을 지니면 표집틀을 확보하기가 어렵다.

4 4단계 표집(표본추출)방법을 결정
① 표집틀이 선정되면, 어떤 방법으로 모집단을 대표할 수 있는 표본을 확보할 것인지에 대한 검토가 필요하다. 즉 연구목적과 조사도구, 표본단위의 특성, 모집단의 대표성 확보 등을 고려하여 적합한 방법을 결정해야 한다.
② 표집방법은 크게 확률표집법과 비확률표집법으로 나뉘어진다.

5 5단계 표본의 크기를 결정
적절한 표본의 크기는 신뢰구간접근법과 통계적 기법에 의해 결정될 수 있으나, 실제상으로는 표집방법, 모집단의 성격, 시간과 비용, 연구자 및 조사원의 능력 등을 고려하여 결정한다.

6 6단계 표본추출을 실시(실행)
결정된 표집방법으로 표본을 수집한다.

05 표본추출 방법

1 확률표집(Probability Sampling) [①②④⑥⑧⑨⑩⑭⑮⑱] → 양적연구에서 선호

① 각각의 사례가 모집단으로부터 표본으로 추출될 확률을 알 수 있는 표집방법이다. 즉, **모든 사례가 추출될 확률이 명백한 표집방법**이다.
  ㉠ 모집단의 규모와 특성을 알 때 사용할 수 있다.
  ㉡ 기본원리 : **동일확률선정법**(EPSEM, Equal Probability of Selection Method) 즉, 모집단의 모든 구성원이 표본으로 선정될 수 있는 기회가 동일하다면 표본이 모집단을 대표하게 된다는 것이다. 그러나, 이와 같이 에 의해 추출된 표본조차도 표본을 뽑은 모집단을 완전하게 대표하는 경우가 거의 없다.
    ✗ 동일확률선정법으로 추출된 표본은 모집단을 완벽하게 대표한다.(✗)
    ✗ 질적 조사에 관한 설명 : 확률표본추출방법이 사용될 수 있다.(○)

② 확률표집의 장점
  ㉠ 비확률표집에 비해 보다 더 대표성 있는 표본을 얻을 수 있다.
  ㉡ 조사자로 하여금 신뢰수준에 따른 표본오차를 계산할 수 있다.
  ㉢ 의식적이거나 무의식적인 편향(bias)을 방지할 수 있다.

(1) 단순무작위표집(Simple Random Sampling) [⑳]

① **문자 그대로 아무런 의식적 조작 없이 표본을 추출하는 방법**으로, 모집단의 각 사례는 표본으로 선택되는 데 동등한 기회를 가진다(난수표나 제비뽑기 형식을 활용).

② **확률표집방법 중 가장 시간이 많이 든다.**

③ 장 점
  ㉠ 모든 요소가 동등하게 추출될 확률을 가지므로 표본추출 과정에 편견 개입으로 인한 오류가 적다.
  ㉡ 모집단에 대한 사전 지식을 필요로 하지 않으며, 표본오차(표집오차)를 쉽게 계산할 수 있다.

④ 단 점
  ㉠ 모집단에서 그 수가 적은 요소는 표본으로 추출될 보장이 없으며 따라서 표본의 규모가 커야 한다.
  ㉡ 모집단의 목록을 만들고 번호를 부여하는 작업 등 현실적으로 많은 노력이 소요된다.
  ㉢ 현실적으로 모집단의 규모가 큰 경우에는 적용하기 힘들며, 모집단이 매우 클 경우 표본을 일일이 무작위로 뽑는 불편함을 감수해야 한다.

(2) 체계적 표집(Systematic Sampling, 계통적 표집, 계층표집) [6③⑭⑤②②②]

① 모집단의 목록(표집틀)에서 일정한 간격(표집간격)을 두고 사례를 표본으로 추출하는 방법으로, 첫 번째 표본선정은 무작위적으로 추출하고, 매 K번째 사례를 선정해 나가는 방법이다. → '무작위 시작을 가진 체계적 표본'

> 예) 한국산업인력공단은 2015년 사회복지사 1급 국가시험 합격자 명단에서 수험번호가 가장 앞 쪽인 10명 중 무작위로 첫 번째 요소를 추출하였다. 그 후 첫 번째 요소로부터 매 10번째 요소를 추출하여 합격자들의 특성을 파악하였다.

② 목록표가 일정한 **주기성(periodicity)**을 가지고 있을 때는 큰 편견을 가진 표본이 추출될 수 있다.
  ㉠ 체계적 표집에 내포되어 있는 위험으로서 만약 요소들의 목록이 표집간격과 일치하는 주기적인 형태로 배열되어 있다면, 매우 어긋난 표본이 추출될 것이다.
  ㉡ 표본이 모집단이 가지고 있는 특정한 패턴이나 규칙에 영향을 받아 대표성을 떨어뜨리는 것을 방지하기 위해서는 그러한 사례의 목록표를 무작위적으로 뒤섞어서 사용하는 것이 좋다.

③ 장점
  ㉠ 표본추출이 용이하다.
  ㉡ 모집단 전체에 걸쳐 보다 공평하게 표본이 추출됨으로 모집단을 보다 잘 대표할 수 있다.

④ **단점**: 모집단의 배열이 일정한 주기성 또는 특정 경향성을 가지고 있을 때에는 편견이 개입되어 대표성이 문제된다.

(3) 층화표집(Stratified Sampling) [②④⑤⑥⑦⑧⑩⑪④⑤⑰②①]

① 모집단을 보다 동질적인 몇 개의 층(범주별)으로 나누고 이러한 각 층(각 범주)으로부터 단순무작위표집 또는 계통적 표집(체계적 표집)을 하는 방법이다.
  ㉠ 집단을 구분하는 일정한 기준을 설정하고 그 기준에 따라 집단을 분류하여 분류된 집단의 비율만큼 표본을 선정하는 것이다.

> 예) 성인의 정치의식을 조사하기 위해 소득을 기준으로 최상, 상, 하, 최하로 구분한 다음, 각각의 계층이 모집단에서 차지하고 있는 비율에 맞추어 1,500명의 표본을 4개의 소득계층별로 무작위표집하였다.

  ㉡ 층화시키는 기준은 성, 연령, 지역이 가장 많이 사용되며, 동시에 여러 층화변수를 사용하여 표본을 선정할 수 있다. 층화변수를 많이 사용할수록 표본의 대표성은 높아진다.
  ㉢ 층화표집과 비확률표집의 할당표집은 동질적인 집단 내의 표집오차가 이질적인 집단의 표집오차보다 더 작다는 확률분포 논리에 기초한다.

② 층화표집의 유형 ✗❓ 비비례층화(disproportionate stratified)표집은 확률표집이다.(○)

  ㉠ 비례층화표집(비율적 층화표집)
    각 층의 표집비율을 동일하게 하는 것으로 단순무작위표집이나 계통적 표집보다 대표성이 있는 표본을 얻을 목적으로 사용되는 방법이다.

> 예) 어떤 모집단에 개신교 500명, 천주교 300명, 불교 200명이 있을 경우, 각 층별로 1/10(100/1,000)의 표집비율에 의해 개신교 50명, 천주교 30명, 불교 20명으로 비율표집을 하는 것이 무작위표집을 하는 것보다 더 신뢰성 있는 결과를 얻을 수 있다.

ⓒ 비비례층화표집(비비율적 층화표집)

구분한 각 층에 상이한 비율로 사례의 수를 조정하여 표본추출 하는 방법으로, 주로 전체 모집단의 특성보다는 각 층이 대표하는 부분집단의 특성을 보고자 할 때 많이 사용된다.

> 예) 어떤 모집단에 개신교 500명, 천주교 300명, 불교 200명이 있을 경우, 각 종교 집단의 종교의식 참석률을 비교해 보고자 한다면 각 집단에 동일한 수의 표본을 배정한다. 이 표본을 통해 파악된 종교의식 참석률에 각 집단의 비중을 적용하여, 종교인 전체 참석률을 (개신교참석률 × 5 + 천주교참석률 × 3 + 불교참석률 × 2) / 10로 구하였다.

ⓒ 최적분할 비비율 층화표집(= 가중층화표집, 가중표집)

층화하더라도 어떤 층은 매우 동질적인데 반해 다른 어떤 층은 동질성의 정도가 상대적으로 떨어지기도 한다. 이런 경우 동질적인 계층의 표본의 수를 적게 하고, 이질적인 계층일수록 표본의 수를 크게 하여 표본의 대표성을 보다 강화한 방법이다.

> 예) 한 고등학교의 3학년 학생 900명을 모집단으로 하여 90명의 표본을 추출할 경우, 성적순에 의해 70점 이상을 상위그룹, 40점 이상 70점 미만을 중위그룹, 40점 미만을 하위그룹으로 분류한다. 상위그룹, 중위그룹, 하위그룹 학생들은 점수분포가 다르기 때문에, 각 집단에 대해 각각 30명씩 표본을 추출하는 것보다 상위그룹에서 30명보다 적은 수의 표본을 추출하고, 중위그룹에서 30명보다 많은 수의 표본을 추출하며, 하위그룹에서 30명 정도의 표본을 추출하여 표본의 대표성을 높임으로써 표본오차를 최소화한다.

③ **장 점**

㉠ 집단의 특성을 반영하여 추출하므로 표본의 대표성이 높아진다.
> 층화표본추출은 단순무작위 표본추출보다 대표성이 높은 표본을 추출하는 방법으로 알려져 있다.(○)

㉡ 일정한 정확성을 보다 적은 비용으로 확보할 수 있다.

④ **단 점**

㉠ 층화 시 모집단에 대한 지식이 요구되며, 각 층에 대한 명부가 필요하다.

㉡ 어떤 경우에는 집단 특성에 관한 정보가 정확한지 여부를 정확하게 평가할 수 없어 표본오차를 예측하기 어렵다.

(4) 집락표집(Cluster Sampling, 군집표집) [④⑥⑦⑨⑭⑲㉒]

① 모집단을 여러 가지 이질적인 요소를 포함하는 집락이나 집단으로 묶어 이들 집락이나 집단을 표집단위로 하여 무작위로 집락을 표본추출한 다음, 표본으로 추출된 집락에 대해 그 구성요소를 무작위로 표본추출 하는 방법이다. **지역을 집락으로 취급하는 것이 보통이며, 이로 인해 지역표집(area sampling)이라고도 한다.**

> 예) 서울시 주민을 대상으로 사회복지에 관한 의견조사를 실시하고자 할 경우, 서울시의 구 중에서 몇 개의 구를 표본추출하고, 추출된 구에서 몇 개의 동·면을 표집하며, 그 동 내에서 최종 표본을 추출하는 것이다.

> 집락표집은 집락 간 표집오차가 발생할 수 있다.(○)

② **집락표집의 절차(다단계 표본추출)**

㉠ 동일한 특성을 가진 일정한 집단을 모집단의 요소로 보고, 모집단을 상호배타적인 집락 또는 소집단(cluster or group)으로 분류한다.

㉡ 분류된 소집단 중에서 무작위로 일부 소집단을 선정한다(1단계 집락표집).

㉢ 선정된 각각의 집락 또는 소집단에서 표본구성요소를 무작위로 표본추출한다(2단계 집락표집).

> 군집 표본추출 – 다단계 표본추출이 가능하다.(○)

③ 장 점
　㉠ 모집단의 규모에 비해서 시간과 비용을 절약할 수 있다.
　㉡ 전체 모집단의 목록표를 작성하지 않고, 뽑힌 집락의 명단만 작성하면 된다.
④ 단 점
　㉠ 집락 속에 포함된 표본요소가 이질적이지 않고 동질적이면 표본의 오차가 커질 수 있다(오차의 개입 가능성이 높다).
　㉡ 단순무작위표집보다 특정집단의 특성이 과대　과소하게 나타날 위험이 높다.

2 비확률표집(Non-probability Sampling) [①②⑤⑥⑧⑨⑪⑫⑭⑯] → 질적연구에서 선호

> ① 모집단으로부터 선택될 확률이 미리 알려지지 않은 경우 사용하며, 주로 탐색적 조사나 실천에 대한 평가를 하는 경우에 활용하는 표집방법이다.
> ② 비비확률표집의 장점
> 　㉠ 본격적인 조사를 위한 시험적 내지 탐색적 조사로 수행 시 매우 적당하다.
> 　㉡ 연구자가 현상에 대해 질적인 연구를 수행하려 할 때 비확률표집은 유용하다.

(1) **편의표집(Accidental or Convenient Sampling, 우연표집, 임의표집, 우발적 표집)** [⑧⑳㉑]
　① 표본을 선정할 때 조사자의 임의대로(편의에 따라) 사례를 추출하는 방법으로, **비확률표집 가운데에서도 가장 대표성이 낮은 표집**이다.
　　㉠ 텔레비전 인터뷰, 긴급한 사건 등에 대한 견해를 조사할 때 많이 이용된다.
　　㉡ 조사자는 단지 자신에게 '가장 가까이서 반응하는 사람(closest live person)'을 편의상 응답자로 선택한다.
　　　　예) 조사자가 30명의 표본을 선정하고자 할 경우 거리에 나가 제일 먼저 만나는, 또는 조사에 쉽게 응해 주는 30명을 선정하여 조사를 하는 것을 말한다.
　　　　※ 임의표집(convenience sampling)은 모집단의 대표성이 높은 표본을 추출한다.(X)
　② 장 점
　　㉠ 편의성, 즉 임의표집을 사용하게 되면 연구자는 자신에게 가장 편한 시간과 장소에서 접근이 용이한 표본을 짧은 시간 안에 쉽게 구할 수 있다.
　　㉡ 시간과 비용이 절약된다.
　③ 단 점
　　㉠ 결과를 모집단에 일반화하기 어렵다.
　　㉡ 많은 편견이 개입된다.

(2) **의도적 표집(Purposive or Judgemental Sampling, 판단표집, 유의 표집)** [⑨⑱⑳㉑㉒]
　① 조사자의 판단에 의해 또는 조사목적에 의해 표집을 선정하는 방법으로, 연구자가 적어도 모집단 및 그 요소들에 대해 풍부한 사전지식을 가지고 있을 경우에 유용하게 사용될 수 있다. **본 조사를 실시하기 전에 설문지의 내용 및 수준을 검토하고 타당도를 향상시키기 위해 실시하는 사전조사(pre-test)에서 종종 채택된다.**

- 예 청소년 비행과 가정환경과의 관계에 대한 연구에서 청소년을 표본으로 선정할 경우, 가정환경이 좋지 못한 청소년들에게 특별히 관심을 집중시켜 표본을 선정할 수 있다.
- 예 빈곤노인을 위한 새로운 사회복지서비스 개발을 위해 사회복지관의 노인 사례관리담당자에게 의뢰하여 자신의 욕구를 잘 표현할 수 있는 빈곤노인을 조사 대상으로 선정하였다.

② 장 점
㉠ 모집단을 적절히 대표할 수 있는 표본을 선정할 가능성이 크다.
㉡ 시간과 비용이 적게 들기 때문에 경제적이다.

③ 단 점
㉠ 조사자 판단의 정확성 정도에 따라 표본의 대표성과 가치가 크게 영향을 받으며, 표본의 대표성을 확인할 방법이 없다.
㉡ 조사자가 모집단 특성에 대한 풍부한 경험과 사전지식이 필요하다.

(3) **할당표집(Quota Sampling)** [⑥⑦⑨⑪⑫⑭⑯⑰⑲㉑㉒]
① 모집단을 일정한 카테고리로 나눈 다음 이들 카테고리에서 표본을 **작위적***으로 추출하는 방법이다.

> **작위적**
> 표본을 조사자의 의도가 반영된 가운데 선정한다는 것

- 할당표집 : 전체 모집단에서 직접 표본을 추출한다.(X)

㉠ 층화표집과 상당히 유사한데 마지막 단계에서 **표본추출이 작위적**으로 이루어진다는 점에서 근본적인 차이가 있다.
㉡ 연구자는 모집단에 대한 사전지식을 가지고 있어야 한다.
㉢ 표본추출 시 **할당틀(quota frame, 각 항이 대표하는 비율)**을 만들어 사용한다. 즉, 대상모집단의 특성을 기술하는 일종의 행렬표를 만드는 것으로 시작하는데, 그 집단의 남성과 여성의 비율, 성별 연령대, 교육수준, 민족 등의 비율을 알아야 한다.

- 할당표본추출 : 표본추출 시 할당틀을 만들어 사용한다.(O)
- 할당표집(quota sampling)은 동일추출확률에 근거한다.(X)

- 예 모집단이 연령별로 20대, 30대, 40대, 50대, 60대가 각각 30%, 20%, 15%, 25%, 10%로 구성되어 있는 경우 모집단으로부터 100명을 표본추출한다면 20대에 30명, 30대에 20명, 40대에 15명, 50대에 25명, 60대에 10명을 할당한 후, 구분한 각 집단으로부터 해당 표본수를 작위적으로 추출한다.
- 예 서울의 지역사회복지관에 근무하는 종사자의 직무만족도를 조사하기 위하여 설문조사를 실시하였다. 표본은 서울시 각 구별 복지관 종사자 비율에 따라 결정된 인원 수를 작위적으로 모집하였다.
- 예 사회복지사들의 감정노동 정도를 조사하기 위하여 설문조사를 실시하였다. 표본은 전국 사회복지관에 근무하는 사회복지사를 대상으로 연령(30세 미만, 30세 이상 50세 미만, 50세 이상)을 고려하여 연령 집단별 각각 100명씩 총 300명을 임의 추출하였다.

② 장 점
㉠ 같은 크기의 무작위표집보다 적은 비용으로 표본을 추출할 수 있다.
㉡ 신속한 결과를 원할 때 적절하다.
㉢ 각 집단을 적절히 대표하게 하는 층화의 효과가 있다.

③ 단 점
㉠ 연구자의 편향적 선정이 이루어질 수 있다.

ⓒ 무작위성을 보장하는 수단의 결여로 일반화가 어렵다.
ⓒ 모집단의 구성요소들이 표본으로 선정될 확률이 동일하지 않다. 즉, 접근하기 쉬운 사람들만 조사할 가능성이 많아 표본오차가 커질 가능성이 높다.

(4) **눈덩이표집(Snowball Sampling, 누적표집, 누증표집)** [⑤⑨⑲㉒㉕]
① 연쇄의뢰표집 또는 연쇄소개표집이라고 불리며, 구드맨(Goodman)에 의해 사용되기 시작한 표본추출 방법이다.
㉠ **서로 상호작용을 하는 연결망(interconnected network)**을 가진 사람들이나 조직들을 대상으로 연구할 때 많이 사용되는 방법이다.
ⓒ 약물중독, 매매춘, 도박 등과 같이 응답자들이 눈에 잘 띠지 않는(표본의 소재에 관한 정보가 부족한) **일탈적 하위문화(deviant subculture)를 연구하는데 유용**하다.
② **장 점**
㉠ 하나의 연결망을 가진 사람들의 특성을 파악하고자 할 때 적절한 표본을 추출할 수 있다.
ⓒ 모집단을 파악하기 곤란한 대상을 표본 추출할 수 있다.
③ **단 점**
㉠ 소개해 나가는 과정에서 표본이 편포될 수 있어, 편견이 개입의 소지가 많다.
ⓒ 결과의 일반화가 어렵다.

06 기초 통계학 [⑩⑪⑬]

1 자료의 분포

구 분	내 용
집중화 경향 (중심경향)	**관찰된 자료들이 어디에 집중되어 있는가를 나타내주는 것 → 산술평균, 중위수(중앙값), 최빈값** • **산술평균(평균)** : 양적 자료에만 사용되는 것으로, 전체 사례 수의 값을 더한 다음에 총 사례 수로 나눈 값 • **최빈값** : 빈도수가 가장 많이 발생한 관찰 값 　예) 10문제로 구성된 시험에서 10명의 학생이 맞힌 문항수가 8, 7, 9, 4, 8, 10, 9, 9, 3, 5이라면 최빈값은 가장 많은 3명의 점수인 9점이다. • **중위수(중앙값)** : 수치로 된 자료를 가장 작은 수부터 가장 큰 수까지 크기 순서대로 배열했을 때, 가운데에 위치하는 관찰 값(홀수일 때는 순서상 중앙에 있는 값, 짝수일 때는 중앙에 2개를 더해서 1/2로 나눔) 　예) 5명의 학생 체중이 40.0kg, 46.9kg, 48.2kg, 48.5kg, 50.4kg이라면 48.2kg이 중앙값이다.
분산도	**관찰된 자료가 흩어져 있는 정도 → 범위, 평균편차, 표준편차, 사분위편차, 분산** • **범위** : 자료집단 중에서 가장 큰 수치와 가장 작은 수치의 차이(최고값 상한계에서 최저값 하한계를 뺀 값) • **평균편차** : 관찰 값과 산술평균과의 차이들의 평균(관찰값과 산술평균의 차이를 절대치를 사용하여 계산)

	• **표준편차** : 편차(각 점수가 평균들로부터 떨어진 정도)들의 평균 • **분산** : 측정 값으로부터 평균을 뺀 편차들을 제곱한 후 그 수를 모두 더해서 총 사례수로 나눈 값 • **사분위편차** : 수집된 자료를 크기 순으로 배열하여 4등분한 값 → 백분위수(얻어진 자료를 크기 순서로 늘어놓아 100등분하는 값)의 관점으로 보면 제25백분위수(25%), 제50백분위수(50%), 제75백분위수(75%)
비대칭도	관찰값들이 어느 쪽으로 치우쳐 있는가를 말함 → 완전대칭인 경우에는 산술평균과 중앙값이 일치

❷ 정규분포곡선(가우스 곡선)

구 분	내 용
정규분포	• 가우스분포(Gaussian distribution)라고도 불리는 정규분포는 연속확률분포 중에서 가장 널리 이용되는 중요한 분포 • 자료의 분포가 이 곡선과 가까운 형태를 지니고 있어야 정상이고, 그렇지 않은 경우에는 자료수집과정에 이상이 있다고 생각했기에, 이 분포에 "정규"라는 이름을 붙이게 되었음 → 표본의 대표성에 관한 유용한 정보 제공 • 중심극한정리에 의하면 표본의 크기가 30 이상(혹은 20이상이라는 주장도 있음)이면 모집단의 분포모양에 관계없이 평균의 표집분포는 정규분포를 이룸
정규분포 특징	• **연속변수, 좌우대칭(평균 = 중앙값 = 최빈값, 단봉분포, 종모양), 면적 = 1, 분포의 특징(μ, σ)로 규정** • 정규분포의 모양과 위치는 분포의 표준편차(σ)와 평균(μ)으로 결정 • 분포의 평균과 표준편차가 어떤 값을 갖더라도, 정규곡선과 X축 사이의 전체면적은 1 표준정규분포 ① 다양한 형태의 정규분포를 유일한 하나의 분포로 만든 것 ② 평균(μ)은 0, 표준편차(σ)는 1로 하는 분포 → 분산 1(분산과 표준편차가 동일)

MEMO

제3부

자료 수집

제 8장 자료수집과 질문지법
제 9장 면접법과 관찰법
제10장 비반응성 자료수집과 내용분석
제11장 실험설계(집단설계)
제12장 단일사례연구
제13장 질적 연구방법론
제14장 욕구조사와 평가조사

CHAPTER 08 자료수집과 질문지법

제3부 **자료수집**

제8장 회차별 출제빈도, 출제비중 및 출제논점 1, 2, 3순위

10회 2012	11회 2013	12회 2014	13회 2015	14회 2016	15회 2017	16회 2018	17회 2019	18회 2020	19회 2021	20회 2022	21회 2023	22회 2024
4	-	3	1	1	1	1	(2)	1(1)	2	(1)	-	-

출제 비중	출제 논점		
	1순위 ☺	2순위 ※	3순위 ☆
01 3	① 질문지법의 종류: 우편조사, 전화조사		① 질문지법의 종류: 집합, 배포, 온라인조사

1순위 스마일표시(^^) : 출제 빈출도가 높은 부분으로 무조건 시험에 출제되는 영역
2순위 당구장표시(※) : 나왔다 안 나왔다 하는 영역이지만 출제가능성 높은 영역
3순위 별 표(☆)   : 출제 된 적이 있긴 하지만 다시 출제될 가능성은 다소 떨어지는 영역

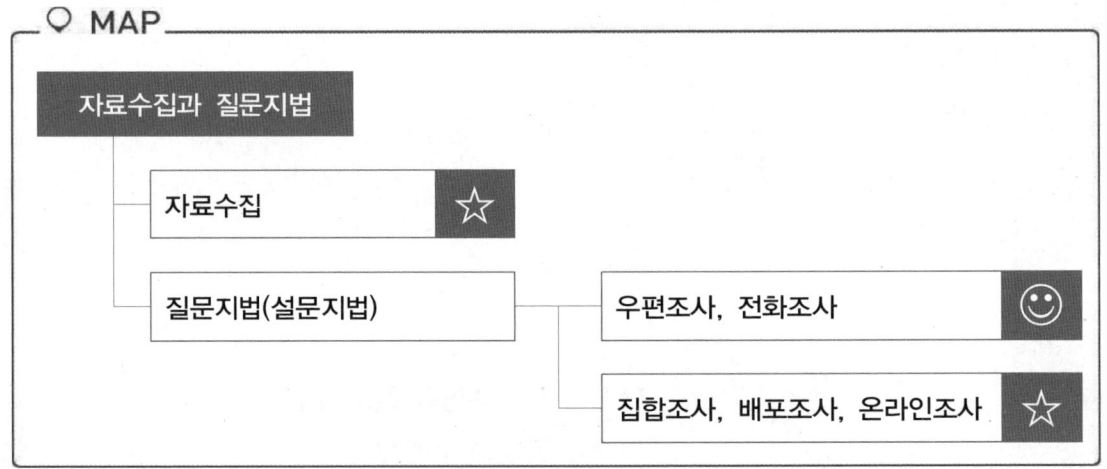

01 자료수집

1 자료의 유형
① **1차 자료(original data)** : 조사자가 현재의 조사목적을 위해 직접 수집하거나 작성한 자료를 말한다.
② **2차 자료(secondary data)** [⑧]
  ㉠ 1차 자료를 제외하고 수행 중인 조사 목적을 달성하는데 도움을 줄 수 있는 기존의 모든 자료를 말한다.
  ㉡ 현재의 조사목적을 위해 조사자가 직접 수집하거나 작성하지 않았지만 조사목적을 위해 도움을 줄 수 있는 자료를 말한다.

2 자료수집방법 분류
① **1차 자료 수집방법**
  ㉠ **의사소통에 의한 방법** : 연구대상에게 질문을 통해 응답을 얻는 형식으로 자료수집
  ㉡ **관찰에 의한 방법** : 연구자가 관심이 있는 어떤 상황이나 대상자의 특정 행동이나 사건 등을 관찰하면서 자료수집
② **2차 자료 수집방법** : 검색을 통한 방법, 관련기관이나 연구자에게 직접 문의하는 방법, 발간된 간행물의 출처나 참고문헌 등을 활용하여 기존에 가공된 자료들을 수집

3 서베이(survey)조사 [⑭]
① **의의** : 모집단을 대상으로 추출된 표본에 대해 설문지나 조사표(면접조사표나 관찰조사표)와 같은 표준화된 조사도구를 사용하여 직접 질문함으로써 필요한 자료를 수집하는 방법이다.
  ㉠ 기술적, 설명적, 탐색적 목적으로 사용할 수 있으며, 개인을 분석단위로 하는 연구에 주로 사용된다.
  ㉡ 전수조사가 아닌 표본조사로, 질문지나 면접조사표를 이용하지만 실험을 행하지는 않는 조사이다.
② **서베이조사에 적절한 주제** : 직접 관찰하기에 너무 큰 모집단을 기술하기 위해 원자료(original data)를 수집하는 데 관심이 있는 경우 가장 좋은 방법이다.
주의를 기울인 확률표집은 모집단의 특성을 반영할 수 있는 응답자 집단을 제공하며, 신중하게 구성되고 표준화된 설문은 모든 응답자로부터 나온 것과 같은 형태의 자료를 제공한다.

> 예 신규 프로그램 개발을 위한 주민욕구 측정, 기초생활보장제도의 대국민 만족도 측정, 한국 청소년의 약물남용 실태조사, 노숙자들의 쉼터 이용 거부원인 분석

02 질문지법(questionnaire survey, = 설문지법)

1 개 요

(1) 의 의 [⑱]

① 사전에 작성된 설문지의 질문항목에 따라 응답자가 직접 기록하는 자료수집 방법을 말한다.

> 질문지(설문지)
> 연구자가 조사하고자 하는 조사항목을 체계적으로 배열하여 인쇄한 문서

 질문지법은 문서화된 질문지를 사용한다.(○)

② 가장 대표적이고 오래된 조사기법으로, 개인이 분석단위일 때 주로 사용되고, 규모가 매우 큰 모집단의 태도와 성향을 파악하고자 할 때 유효한 방법이다.

(2) 질문지법의 장 단점 [③⑩⑪⑫]

① 장 점
  ㉠ 면접보다 조사시간, 노력, 비용이 적게 든다.
  ㉡ 표준화된 언어구성, 질문순서, 지시 등으로 인해 조사상황에 따라 변하지 않고 질문의 일관성(uniformity)을 기할 수 있으며, **조사자의 주관이 개입될 소지를 제한**한다.
  ㉢ 피조사자가 익명으로 응답할 수 있으므로, 두려워하거나 꺼리는 견해를 솔직하게 표현하기 용이하다. → 개인의 민감한 문제를 다루는 데 유리
  ㉣ 응답자가 시간적 여유를 가지고 **편리한 시간에 응답**하기 때문에 심사숙고한 결과 정확한 응답을 할 수 있다.
  ㉤ **보다 넓은 범위에 걸쳐 보다 쉽게 응답자에게 접근할 수 있기 때문에 수집할 수 있는 자료의 범위가 넓으며, 대단위 모집단의 태도와 성향을 측정할 때 적합한 방법**이다.

② 단 점
  ㉠ 아동이나 노인 등 읽고 쓸 수 있는 능력이 없는 사람에 대해서는 조사 자체가 불가능하다.
    → 면접법
  ㉡ 응답자가 질문을 잘못 이해하더라도 질문의 요지를 설명할 수 없어(특히 우편조사나 배포조사의 경우) 융통성이 결여되어 있다.
  ㉢ 필기에 의한 응답만을 취급하기 때문에 **응답자의 심층적 내면상태, 비언어적 행위, 개인적 특성 등의 자료를 파악하기 어렵다**.
  ㉣ 응답을 회피하는 경우 이를 응답할 수 있도록 유도할 수 없기 때문에 **무응답처리가 많은 것을 통제할 수 없다**.
  ㉤ 면접과는 달리 질문지법의 경우에는 익명성을 보장한다는 이유로 응답에 비밀이 보장되기 때문에 무응답에 대한 통제가 어려우며, 개인의 실제 응답인지를 보증할 수 없다.

2 질문지법의 적용방법(설문조사방법의 종류)

(1) 집합조사법(집단조사법) [⑤]

① 조사자가 피조사자를 동시에 동일한 장소에 집합시켜서(집단적으로 모아 놓고) 동일한 조건하에 질문을 나누어주고 필요시 간단한 설명을 하면서 실시하는 조사이다.

② 학교의 학생, 각종 단체 및 집단의 성원을 대상으로 연구할 때 유용한 방법이다.

③ 장 점
   ㉠ 짧은 시간 내에 많은 수의 응답자를 다룰 수 있어, **다수의 설문지를 회수할 수 있고 회수율도 높다.**
   ㉡ **동일 장소에서 비교적 짧은 시간에 여러 명의 응답자를 조사**할 수 있기 때문에, 조사가 간편하고 시간과 비용이 적게 든다.
   ㉢ 조사완성에 필요한 설명이나 지시를 일관성 있게 할 수 있다. 즉, **조사조건을 표준화**할 수 있다.
   ㉣ 응답자 모두가 동일한 여건에서 질문지에 응답하게 되므로 조사 조건을 통일하기가 편하며, **제3자가 응답에 영향을 미치는 것을 차단할 수 있다.**

④ 단 점
   ㉠ 학교, 단체 등 특정기관이나 집단이 아닌 경우 조직체와 개인 응답자의 협조를 구하는 것이 어렵기 때문에, **조사대상자를 집합시킨다는 것은 쉽지 않다.**
   ㉡ **표본추출을** 연구자가 주도하지 못하고 **조직체의 담당자가 주도**하기 쉬워 표본추출에 편기(bias)가 생길 가능성이 많다.

(2) 배포조사법(delivery survey) [⑤⑲]

① 조사자가 피조사자가 위치한 곳을 방문하여 **질문지를 배포한 후 피조사자가 스스로 응답을 기입하도록 하고, 일정 기간이 지난 후에 질문지를 회수**하는 방법이다.

② 장 점
   ㉠ 응답자가 **응답할 시간을 자유롭게 선택**할 수 있기 때문에 생각해서 응답할 수 있는 시간적 여유를 준다.
   ㉡ 조사자가 응답자가 있는 곳에 방문하기 때문에 응답자의 응답상황이 우편조사와 유사하면서도 **우편조사보다 응답률과 회수율이 높다.**

③ 단 점
   ㉠ 질문 내용의 애매한 사항에 대해 **보충설명 할 수 있는 기회가 없다.**
   ㉡ **응답상황을 통제할 수 없기 때문에,** 피조사자 본인의 의견이 기입되었는지 제3자의 영향을 받았는지 알 수가 없다.
      ⊗ 배포조사는 응답 환경을 통제하기 쉽다.(X)

(3) 우편조사법(mail survey, 우편설문) [②④⑤⑫⑤⑯⑰⑲⑳]

① 우편을 통해 피조사자에게 질문지를 송부하여 응답자로 하여금 기입하게 한 후 우편으로 질문지를 회수하는 방법으로, **조사자와 응답자는 비대면적인 관계를 통해 자료를 수집한다는 것이 특징**이다.

② **우편조사법은 회수율이 낮으므로 후속절차를 취하는 것이 좋다.**
  ㉠ 서너 번의 독촉엽서나 설문지의 재발송 등을 통해 회수율을 최초 20% 가량에 머물던 회수율을 70% 전후까지 끌어 올릴 수 있다고 한다.
  - 설문지 회수율 모니터링 : 모니터링을 중단하는 시점은 회수율이 50%인 때이다.(X)
  ㉡ 추적 독촉의 방법은, 첫째 엽서를 이용한 독촉, 두 번째는 독촉엽서와 함께 설문지를 재발송, 마지막으로 독촉엽서와 설문지를 한 번 더 재발송하는 것이 보통이다.

③ 장 점
  ㉠ 접근성의 증대로 광범위한 지역에 걸친 조사가 가능하다.
  ㉡ **많은 사람을 표본으로 삼을 수 있어 대표성과 외적 타당성을 확보**할 수 있다.
  ㉢ 대인관계의 생략으로 응답자들은 자신들의 익명성이 보장된다는 느낌을 가질 수 있고, **무기명조사의 경우 무기명임을 납득시키기가 용이**하다.

④ 단 점
  ㉠ 면접조사의 회수율이 90% 정도인데 비해, **우편조사의 회수율은 20~40% 정도**로 회수율이 면접조사에 비해 현저히 떨어진다.
  ㉡ **낮은 회수율로 인해 대표성이 없어 일반화의 문제를 발생**시킨다.
  ㉢ 조사자와 피조사자의 직접적인 접촉의 결여로 질문내용을 이해 못할 경우 **추가 설명을 듣기 어렵다.**
  ㉣ 이해하기 어려운 질문을 설문지에 포함시키기 어렵다.
  - 우편조사는 심층규명이 쉽다.(X)
  - 우편조사는 프로빙(probing) 기술이 중요하다.(X)
  ㉤ 표본으로 추출된 응답자가 응답했는지 아니면 대리인이나 전혀 엉뚱한 사람이 응답했는지 등을 확신하기 어렵다.
  - 우편설문: 원래 표본으로 추출된 응답자가 응답하지 않을 수 있다.(O)

(4) 전화조사법(telephone interview, 전화인터뷰) [⑤⑥⑧⑫⑤⑲]

① 조사원이 직접 응답자를 만나는 대신 전화를 이용해 **준대면적(semi-personal) 방법을 통해 자료를 수집**하는 것으로써 전화면접이라고 하기도 한다.
  ㉠ 조사자는 피조사자에게 조사의 목적, 취지, 중요성 등을 간단히 설명하고, 조사시간이 짧게 걸린다는 것을 말한 후, 응답에 협조를 구하는 것이 좋다.
  ㉡ 응답자가 직접 설문지에 자기기입(self-administration)하는 **자기기입식 자료수집방법이 아니다. 자기기입식은 응답자가 설문지를 보고 직접 응답을 작성하는 것을 말한다.**
  - 우편조사와 전화조사는 자기기입식 자료수집 방법이다.(X)

② **장 점**
　㉠ 조사가 간편하고 대인적 인터뷰에 비해 인건비와 교통비 등을 크게 줄일 수 있어 **비용이 적게** 든다.
　㉡ 피조사자에게 **접근하기가 용이**하다.
　㉢ **단시간 내에 필요한 정보**를 얻고자 할 때 효과적이다. **현재 일어나고 있는 사건에 대한 의견 조사**의 경우 시기 적절한 정보를 수집할 수 있다.
　㉣ **전화번호부를 통한 무작위표본추출이 가능**하며, 이를 통해 **여론조사에 쉽게 활용**할 수 있다.
　　　전화조사는 무작위 표본추출이 가능하다.(○)

③ **단 점**
　㉠ 조사내용이 간단한 경우, 즉 **응답내용과 응답시간이 짧은 경우에만 가능**하다.
　㉡ 응답자가 면접상황을 더 쉽게 통제할 수 있다. 즉, 통화 중에 전화를 끊어 버리면 면접이 불가능하다.

(5) 온라인조사(electronic survey, 인터넷 조사, 전자조사법) [6⑧⑱]
① 인터넷 홈페이지에 질문 문항을 제시하고 응답자들로 하여금 홈페이지에 접속하여 질문문항에 응답하도록 하거나(웹을 이용한 설문조사) 질문 문항을 전자메일로 조사대상자에게 보내고 조사대상자가 응답한 후 반송하는 형식(전자메일을 통해 설문지를 주고받는 형식)으로 행해진다.
　㉠ 조사자뿐만 아니라 응답자들이 전자메일의 사용법, 컴퓨터 파일에 대한 기본적인 조작법, 문서 편집기 등의 사용법에 대한 기본 지식을 갖추고 있어야 가능하다.
　㉡ 현재 컴퓨터 활용이 젊은층, 재정적・교육적으로 혜택을 받은 일부 계층에 한정되어 있어서 모든 사람을 대상으로 하는 조사에는 일정한 한계가 있다.

② **장 점**
　㉠ 전자조사는 자료수집이 용이하여 광범위한 지역을 대상으로 조사할 수 있다. 전 지구촌을 대상으로 조사를 할 수 있다.
　㉡ **저렴한 비용(조사비용의 절감)으로 신속하게 조사할 수 있어 경제성이 있다.** 설문 발송과 회수에 따른 비용이 전혀 들지 않으며, 인터뷰 요원을 유지하는 데 따른 비용도 필요하지 않다.
　㉢ 설문발송과 회수에 따른 비용이 들지 않으므로 부가질문이 용이하고 경제적이다.
　㉣ 전자메일을 통한 추적독촉 및 후속독촉(follow-up)이 용이하다.

> **주의**
> 온라인 조사는 비용이 거의 들지 않는다. 우편조사의 경우도 비용이 적게 들지만, 우편요금, 인쇄비 등의 비용이 든다.
> 　A대학교는 전체 재학생 중 5백 명을 선정하여 취업욕구조사를 하고자 한다. 우편조사, 전화조사, 온라인조사 중 비용 부담이 가장 적고 절차가 간편한 자료수집방법은 온라인조사이다.(○)

③ 단 점
　㉠ 컴퓨터 통신망 가입자 및 전자통신을 활용할 능력이 있는 사람에 한해서 조사할 수 있으므로, 표집대상이 제한적이다.
　㉡ 인터넷을 이용하는 사람들은 대체로 젊고, 교육수준이 높으며 경제적으로 부유한 계층이 높을 가능성이 있기 때문에, 표본의 대표성을 확보하기가 어렵다.
　㉢ 응답 회수율이 매우 낮다. 대부분의 전자우편 이용자는 기획선전이나 상품선전 등 하루에도 수많은 전자우편을 받게 되므로 자신에게 꼭 필요한 전자우편 외에 관심을 갖지 않는다.

MEMO

면접법과 관찰법

제3부 **자료수집**

제9장 회차별 출제빈도, 출제비중 및 출제논점 1, 2, 3순위

10회 2012	11회 2013	12회 2014	13회 2015	14회 2016	15회 2017	16회 2018	17회 2019	18회 2020	19회 2021	20회 2022	21회 2023	22회 2024
–	1	–	1	–	(1)	1	(3)	(2)	(1)	(1)	2	1

출제 비중	출제 논점		
	1순위 ☺	2순위 ※	3순위 ☆
0 1 2	① 면접조사의 장·단점 ② 관찰법의 장·단점	① 면접조사의 종류: 표준화면접, 비표준화면접	① 관찰법의 종류: 참여관찰, 비참여관찰

1순위 스마일표시(☺) : 출제 빈출도가 높은 부분으로 무조건 시험에 출제되는 영역
2순위 당구장표시(※) : 나왔다 안 나왔다 하는 영역이지만 출제가능성 높은 영역
3순위 별 표(☆)   : 출제 된 적이 있긴 하지만 다시 출제될 가능성은 다소 떨어지는 영역

○ MAP

01 면접법(interviewing, = 면접조사)

1 면접조사의 의의와 장·단점

(1) 의 의 [⑱]
① 연구의 목적을 달성하는데 필요한 자료를 얻기 위하여 **조사자와 피조사자가 얼굴을 맞대고 언어적 상호작용을 통해 필요한 자료를 얻어내는** 방법이다.
② 조사자들과 면접원들이 **구두로 질문을 던지고 응답자들의 답변을 기록하는** 방식이다.
> 면접법은 조사대상자에게 질문내용을 구두 전달한다.(O)

(2) 장 단점 [③⑧⑨⑫⑬⑰㉑]
① 장점
  ㉠ 교육수준이 낮고 노인이 많은 지역에서는 적합한 자료수집 방법이 될 수 있다.
  ㉡ 설문의 회수율(응답률)이 높고, 면접자가 대면하고 있기 때문에 **무응답도 방지할 수 있어 충실한 응답**을 얻을 수 있다.
  ㉢ 적합한 추가 질문(예정 이외의 질문)을 할 수 있고, **질문과정에서 유연성**이 높다.
  ㉣ 환경을 통제, 표준화(제3자의 영향을 배제)할 수 있어 **대리응답의 가능성이 낮다**.
  > 대인면접법 : 응답환경 구조화하기 어렵다.(X)
  ㉤ 비언어적 행위의 관찰이 가능하며, 무의식적인 응답을 기록할 수 있다.

② 단점
  ㉠ 절차가 복잡하고 불편하다.
  ㉡ 표집조건이 동일하다면 **시간과 비용이 많이 든다.**
  > 면접조사는 우편조사에 비해 비용이 많이 든다.(O)
  ㉢ 면접자와 응답자가 직접 대면하기 때문에 **응답자의 익명성이 결여**되어 개인적으로 꺼리는 내용에 대해 정확한 응답을 얻기 어렵다.
  ㉣ 여러 명의 면접원에 의해 이루어지는 경우가 일반적이므로 **면접자에 따라 면접내용에 편기(bias)**가 생길 수 있다.
  ㉤ 즉각적인 답변을 요구하므로 **깊은 생각을 필요로 하는 질문을 하기에 부적절**하다.
  ㉥ 나이가 어려서 구두표현의 능력이 없는 경우 사용하기 어렵다. → 관찰법

2 면접조사의 종류

(1) 표준화 면접(Standardized Interview, 구조화 면접) [⑤⑧⑨] → **신뢰도가 높음**
① 개념 : 사전에 조사표(schedule)를 만들어 가지고 모든 응답자에게 같은 순서와 언어, 같은 어조로 질문하여 면접하는 방법이다.
> 표준화 면접 : 질문의 순서나 내용을 사전에 정한다.(O)

② 장점
  ㉠ 동일 질문을 같은 순서(일관성)에 의해 조사하기 때문에 질문 문항이나 순서가 바뀜으로 인해 발생하는 오류를 방지(오류를 최소화)할 수 있다.
  ㉡ **표준화 면접은 동일한 질문을 하기 때문에 질문에 의한 차이를 배제할 수 있으며, 응답의 차이(면접결과)를 비교할 수 있다.**
  ㉢ 비표준화 면접은 질문을 달리할 가능성과 응답을 달리할 가능성이 있어 신뢰도가 떨어질 수 있으나, **표준화 면접은 같은 질문에 응답자가 다르게 응답할 가능성만 있어 신뢰도가 높다.**
  ㉣ 동일한 순서에 의해 동일한 질문을 사용하기 때문에 **자료의 수량적 표준화와 통계처리가 가능하다.**
  ㉤ 표준화 면접은 비표준화 면접에 비해 **면접자의 숙련 정도가 다소 덜하여도 크게 문제가 되지 않는다.**

③ 단점
  ㉠ 응답자의 지식을 충분히 끌어낼 수 있는 융통성이 없기 때문에 **타당도가 저하**될 수 있다.
  ㉡ 표준화된 조사표에 의해 조사해야 하기 때문에 **애매한 경우 캐내는 질문을 하거나 융통성 있는 질문을 할 수 없어** 응답자의 정확한 의견, 지식을 파악하기 어렵다.

(2) **비표준화 면접(Unstandardized Interview, 비구조화 면접)** [④⑦⑧⑫㉒] → **타당도가 높음**
  ① 개념 : 연구될 문제의 범위만 결정되고 있고, 구체적인 내용은 **조사자가 면접상황에 따라 융통성 있게 조사하도록 하는 면접(비교적 자유스러운 면접)**이다.
  ② 장점
    ㉠ **미개척분야의 연구에 적합**하다.
    ㉡ **프로빙(probing, 심층면접)*** 즉, 예정 외의 질문이 가능하다.

    프로빙(probing, 심층면접)
    응답자의 대답이 불충분 또는 부정확할 때 추가질문을 통해 충분하고 정확한 대답을 얻을 수 있도록 캐묻는 질문을 말함

    ㉢ **융통성**을 가지고 있다.
    ㉣ 표면적인 면보다 **의미의 표준화**를 가능하게 한다.
    ㉤ 면접결과에 대해 표준화 면접은 신뢰도가 높은 데 비하여, 비표준화 면접은 **타당도가 높다.**
      ⓧ 표준화 면접은 비표준화 면접보다 타당도가 높다.(X)
  ③ 단점 : 표준화 면접이 가지고 있는 장점이 비표준화 면접의 단점이다.
    ㉠ 면접자에 따른 편의(bias)가 늘어난다.
    ㉡ **부호화(coding, 코딩)***가 어렵다. 즉, 면접결과를 정리하고 분류하며 부호화하는데 많은 시간, 인력, 비용이 소요된다.

    부호화(coding, 코딩)
    수집된 자료에 포함된 원래 형태의 속성 값을 문자나 숫자 등과 같은 기호로 치환하는 과정

(3) **반표준화 면접(Semi-standardized Interview, 반구조화 면접)**
  표준화 면접과 비표준화 면접의 장·단점을 보완하여 개발한 것으로 일정한 수의 중요한 질문을 표준화하고 그 외의 질문을 비표준화하는 방법이다.

> **주의**
>
> 면접조사는 그 분류기준에 따라 다양하게 구분할 수 있다. 면접 목적에 따라 진단적 면접과 조사면접, 면접의 상황에 따라 개인면접, 전화면접 및 집단면접으로 구분할 수 있다. 또한 면접이 구조화된 정도에 따라 표준화면접, 반표준화 면접, 비표준화면접으로 구분할 수 있다.
>
> 면접법은 면접목적에 따라 진단적 면접과 조사면접으로 구분된다.(○)

02 관찰법(observational method)

1 관찰법의 의의와 장·단점

(1) 의 의

과학적 조사에서 필요로 하는 사실이나 자료를 직접적으로 **질문에 의하지 않고 간접적으로 보거나 들어서 얻는 방법**을 말한다.

(2) 장·단점 [②⑥⑦⑨⑯⑰㉑]

① 장 점

ⓐ **비언어적 행동(nonverbal behavior)에 관한 자료를 수집**함에 있어서 서베이조사, 실험, 문서조사보다 훨씬 뛰어나다.

ⓑ 관찰은 **자연적 환경(natural environment)**에서 일어나는 자연스러운 행동에 관한 자료를 수집한다.

ⓒ 조사자가 연구대상이나 행위의 **진실된 모습을 포착**할 수 있다. 즉 **행위가 일어나는 현장에서 즉시 자료수집이 가능**하다.

ⓓ 관찰은 언어나 문자의 제약으로 측정하기 어려운 **비언어적 사실**도 조사할 수 있다.

ⓔ 조사대상이 유아와 같이 나이가 어려 표현능력이 부족하거나, 어떤 장애로 인해 자기의 행위나 감정을 표현하지 못하는 대상을 조사하는 경우에 **적합**하다.

ⓕ **질적연구나 탐색적 연구에 사용하기 용이**하다.

② 단 점

ⓐ **통제의 부족(lack of control)** : 자연적 환경에서 조사자는 종종 자료에 영향을 미치는 외생변수에 대해 거의 통제할 수 없다.

ⓑ **표본의 크기가 작음(small sample size)** : 대체로 실험보다는 크지만 서베이 조사보다는 훨씬 작다. 즉 관찰할 수 있는 대상이 제한되어 있다.

ⓒ **익명성의 결여(lack of anonymity)** : 익명성이 결여되었기 때문에 성질상 관찰이 곤란하거나 조사대상이 관찰되기를 꺼리는 범죄행위, 나태, 부부관계와 같은 민감한 이슈들(sensitive issues)은 조사하기 어렵다.

ⓔ **현장진입(gaining entry)이 어려움** : 대부분 관찰이 자연환경에서 수행되는 현장조사이기 때문에, 많은 경우 관찰자가 조사할 수 있도록 승낙을 얻기가 어렵다.
ⓜ **관찰자의 주관성이 개입**될 수 있으며, **서베이에 비해 자료의 계량화가 어렵다.**

> **주의**
> 관찰 과정은 구두(口頭)로 기록되거나 전체적인 맥락과 연결되어 있는 자료로 구성되므로, 관찰된 사실을 계량화된 자료 형태로 바꾸는 것이 어렵다. 또는 관찰자의 주관적 판단을 배제할 수 있는 방법이 없고, 사람들의 주관적 판단은 대개 질적으로 구성되어 있어서 사후에 양화하기가 쉽지 않다.
> ⓧ 관찰법 : 서베이에 비해 자료의 계량화가 쉽다.(X)

❷ 관찰법의 종류

(1) **참여관찰(Participant Observation)** [⑤]
① **개념** : 그 구성원의 일부가 되어 공동생활, 즉 신분을 갖고 **역할을 수행**하면서에 관찰하는 방법으로, 관찰대상의 자세한 변화까지도 관찰할 수 있는 심층적 자료수집을 위해 현장연구에 적용되는 비통제적 관찰에 속한다.
② **장 점**
　㉠ 특수한 행위의 동기나 사람들 간의 미묘한 감정관계 등 연구자가 원하는 자료를 외부로 나타나지 않는 사실까지 **심층적으로 자세히 수집(경험·관찰)**할 수 있다.
　㉡ 관찰대상을 자연적인 상황에서 파악함으로써 **관찰대상의 자연성과 유기적 전체성을 보장**할 수 있다.
③ **단 점**
　㉠ 관찰대상의 구성원으로 가장하고 **역할을 수행하는 것이 어렵다.**
　㉡ 조직 구성원들과의 접촉관계로 인하여 관찰자가 집단과 조직에 **융화되어 관찰에 있어 객관성을 잃기 쉬우며**, 또 집단생활에 익숙해질 경우 외부 사람들이 보면 쉽게 즉시 알아볼 수 있는 집단의 생태나 특성을 간과하기 쉽다.
　㉢ 다른 관찰자가 동일한 방법으로 관찰하기가 곤란하고 그 **관찰에서 얻은 자료의 표준화가 곤란**하다.

(2) **비참여관찰(Non-participant Observation)** [⑳]
① **개념** : 관찰자가 조사대상 집단의 성원으로 역할을 수행하지 않고 제3자의 입장에서 관찰하는 **방법**이다.
　ⓧ 비참여관찰법은 연구자가 관찰대상과 상호작용을 유지하는 것이 중요하다.(X)
② **장 점**
　㉠ 성원으로서의 역할을 수행하지 않으면서 관찰하므로 갱집단이나 윤락행위 등 **역할수행이 어려운 상황도 관찰**할 수 있다.

ⓒ 관찰의 **객관성을** 확보할 수 있다.
ⓒ 관찰활동에 제약을 받지 않을 수 있다.
③ 단 점
ⓐ 외부로 나타나지 않는 사람들 간의 미묘한 감정관계나 관찰대상의 자연성과 유기적 전체성을 관찰할 수 없다.
ⓑ **호손효과**(hawthorne effect)가 나타난다. 즉 피관찰자가 자신이 조사의 대상이 되고 있다는 것을 알게 되면 그것이 조사에 영향을 미쳐 **관찰 대상자들의 행위의 자연성을 해치게** 된다.

(3) **준 참여관찰**(Quasi-participant Observation)
참여관찰처럼 관찰대상의 생활 전부에 참여하는 것이 아니고 생활의 일부에만 참여하는 관찰방법이다.

> **OIKOS UP** 조직적 관찰 vs 비조직적 관찰 [18]
>
> 관찰대상과 관찰방법을 통제 또는 조직화하느냐의 기준에 따라 분류하는 것으로, 관찰대상, 관찰방법, 관찰내용, 기록 등을 미리 계획하고 통제하느냐를 중심으로 분류하는 경우도 있다.
> ① 조직적 관찰법
>   ⓐ 보다 체계적 서술을 한다거나 인과관계에 관한 가설을 실험하려는 목적을 지닌 조사연구에서 주로 사용함
>   ⓑ 보다 체계적인 연구는 연구대상에 대해서 많이 알고 있어서 자료수집 이전에 무엇을 관찰할 것이며 관찰한 기록을 어떻게 할 것인지를 구체적으로 계획할 수 있는 상황에 있을 때 가능함
>   ⓒ 조사대상인 행동이나 사건이 일어나고 있는 현지에서 실시되기도 하고 동시에 통제된 실험실에서도 이루어지기도 함
> ② 비조직적 관찰법
>   ⓐ 사전에 준비된 관찰도구나 기준 또는 범주를 가지지 않는 관찰법으로, 탐색적 연구를 위해 흔히 사용됨
>   ⓑ 참여관찰을 계속해 온 인류학자들에 의해서 오랫동안 사용되고 발달되어져서 참여관찰을 할 때 부수되는 여러 가지 문제와 관련이 많음
>   ⓒ 인간의 감수성, 편견, 선택적 지각 등에 항상 주의를 기울임으로써 객관적 연구태도를 유지할 수 있고 이 방법의 단점을 극복할 수 있음
>
> 관찰법은 유형, 시기, 방법, 추론 정도에 따라 조직적 관찰과 비조직적 관찰로 구분된다.(○)

3 관찰의 신뢰도와 타당도를 높이는 방법 [④⑨]

① **관찰자의 훈련** : 관찰을 제대로 수행할 수 있도록 관찰자에 대한 사전훈련이 필요하다.

② **여러 사람이 동시에 관찰** : 하나의 관찰대상을 여러 사람이 동시에 관찰한 후 그 결과를 서로 비교해 보고 편견을 끄집어냄으로써 관찰의 신뢰성을 높일 수 있다.

③ **정확한 기록 및 모든 사실 기록** : 질문 문항이 정확하게 기록될 수 있도록 작성되어야 한다.

④ **기록 정기적 점검** : 참여관찰의 경우 관찰대상에 익숙해지면 중요한 자료를 놓치게 되는 경우가 있는데 이때에는 기록을 더욱 철저히 하여 관찰의 진행과정을 빈번하게 검토하거나 제3자에게 관찰의 내용을 정기적으로 점검받도록 하고 그들의 비판을 받는 것도 타당도를 높이는 방법이다.

⑤ **실제 사실과 해석을 명백히 구분기록** : 관찰을 기록할 때는 사실과 그것의 해석을 명백히 구분하여 기록함으로써 해석의 편견 개입 여부를 검토해 볼 수 있다.

⑥ **동일 용어 기록 및 평가** : 관찰의 신뢰도를 높이기 위해서 같은 형태라든가 유사한 형태에 대하여는 동일한 용어로 기록 및 평가하도록 할 필요가 있다.

⑦ **관찰조사와 다른 자료수집방법 병행** : 관찰과 면접법, 질문지법 등의 다른 자료수집방법을 병행하여 실시하는 것도 관찰조사의 신뢰도와 타당도를 높일 수 있다.

⑧ **피관찰자의 활용** : 관찰자가 어떤 상황이나 행위가 가지는 의미를 이론적으로 해석하지 못할 때 타당성의 문제가 제기되는 것이며, 이 경우 피관찰자들의 설명은 매우 도움이 된다.

MEMO

비반응성 자료수집과 내용분석

제3부 **자료수집**

제10장 회차별 출제빈도, 출제비중 및 출제논점 1, 2, 3순위

10회 2012	11회 2013	12회 2014	13회 2015	14회 2016	15회 2017	16회 2018	17회 2019	18회 2020	19회 2021	20회 2022	21회 2023	22회 2024
2	1	2	1	3	1	1	(2)	1(2)	1	(1)	-	1

출제 비중	출제 논점		
	1순위 ☺	2순위 ※	3순위 ☆
0**1**3	① 내용분석: 특성, 장·단점, 절차..	① 비반응성 자료수집 유형: 2차 자료의 분석	① 비반응성 자료수집 유형: 물리적 흔적 관찰

1순위 스마일표시(☺): 출제 빈출도가 높은 부분으로 무조건 시험에 출제되는 영역
2순위 당구장표시(※): 나왔다 안 나왔다 하는 영역이지만 출제가능성 높은 영역
3순위 별 표(☆)   : 출제 된 적이 있긴 하지만 다시 출제될 가능성은 다소 떨어지는 영역

◯ MAP

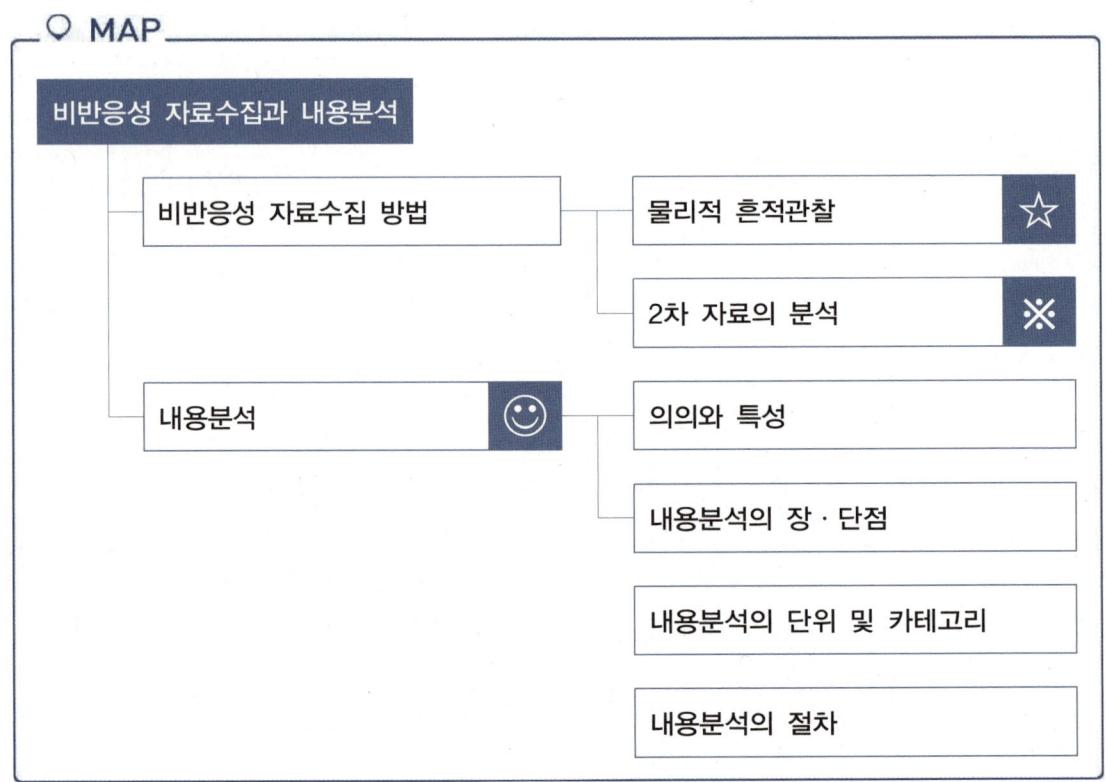

01 비반응성(nonreactive research) 자료수집 방법 [10][11][14][15][17][18]

1 개요

(1) 개념
비관여적 자료수집(비개입적 연구) 또는 비반응성 자료수집 방법은 **연구 대상자들의 반응성(reactivity)으로 야기되는 오류들을 제거하기 위한 방법**이다.

> 비관여적 조사는 기존의 기록물이나 역사자료 등을 분석한다.(O)

(2) 반응성(reactivity)
연구 대상자들이 자신들이 자료 수집의 대상이 되고 있음을 인식하게 됨으로써, 이러한 인식 때문에 조사결과를 일반화할 수 없는 종속변수의 변화를 야기하는 것

2 비반응성 자료수집의 유형

(1) 물리적 흔적 관찰

① **마모측정(erosion measure)** [6]
마모된 정도가 제시하는 자료의 성격들을 수집하는 것

> 예) 전시장이나 도서관의 책들 중에서 사람들이 어떤 것을 선호하는가를 알려면, 책의 마모 정도, 혹은 전시장의 전시물 앞의 바닥의 마모 정도, 오래된 건물의 출입문 손잡이의 색깔을 통해 이용자 중 왼손잡이와 오른손잡이 중에서 누가 다수를 차지하는 지 등을 조사해 보면 된다.

② **퇴적측정(accretion measure)**
마모측정과 반대의 경우로, 퇴적된 정도를 통해 그것이 의미하는 바의 자료를 수집하는 것으로 연구대상의 특정 행위나 태도를 나타내는 자료가 남아 있는 양을 가지고 분석하는 방법

> 예) 어떤 지역사회의 술 소비량을 측정하려면, 그 지역의 쓰레기장에 모인 술병들을 헤아려 본다. 모아 놓은 연애편지의 양을 통해 연구대상이 된 부부의 결혼 전 친밀감의 정도를 측정하거나 영업사원의 영업활동 정도를 파악하기 위해 특정 기간 동안 축적된 자동차의 주행거리를 분석하는 것 등이 있다.

(2) 2차 자료(secondary data)의 분석 [10][12][15]

① 이미 나와 있는 통계자료를 이용하여 2차적으로 분석하는 것으로, 국제기구, 정부나 공공기관 또는 산하 연구기관들에서 제공하는 통계자료를 말하며 이들 자료를 이용하여 개인의 연구문제를 밝히는 것을 말한다.

㉠ **간접적 자료수집방법**으로 자료를 직접 수집하지 않아도 된다.

> 2차 자료분석 : 원자료(raw data) 수집과정이 필요하다.(X)

㉡ 조사대상자에 미치는 영향과 반응성, 자료수집과정에서 발생하는 조사대상자에 대한 권익침해(사생활 침해, 익명성 등)에 대해 염려하지 않아도 된다.

㉢ 기존 데이터를 수정·편집해 분석할 수 있으며 **변화의 추이분석이 가능**하다.

㉣ **비교적 적은 비용**(시간과 노력을 절약)으로 대규모 사례 분석이 가능하다.

② 이미 나와 있는 통계자료를 이용하여 2차적으로 분석하는 것이므로 **자료의 결측값을 추적(복구)할 수 없으나, 통계적 기법으로 자료의 결측값을 대체할 수 있다.**
③ 2차 자료 분석의 단점 중 하나는 **신뢰도와 타당도의 문제**이다.
　㉠ 기존 자료가 연구자의 관심과 일치하지 않을 수도 있으며, 연구자가 관심을 갖는 변수나 개념에 대한 **타당한 지표가 아닐 수도 있다.**
　㉡ 또한 기존 통계자료가 올바른 자료가 아닐 수 있어 **신뢰도는 매우 취약**한 셈이다.
　　　※ 비관여적 연구조사 : 연구자가 타당도와 신뢰도 간의 선택에 따른 딜레마로 고민할 수 있다.(O)
④ **생태학적 오류(ecological fallacy)의 가능성**이 있다.
　㉠ 대부분의 통계는 지역별 인구집단별로 종합된 수치를 제공하고 있을 뿐, 해당통계의 산출에 이용된 원자료를 구하지 않는 한 개개인에 대한 정보는 알 수 없다.
　㉡ 따라서, 집단을 분석단위로 한 자료를 근거로 개개인에게 적용되는 것처럼 해석하게 되는 생태학적 오류를 범할 가능성이 있게 된다.

(3) **문헌연구(document study)**

02 내용분석(content analysis)

1 의의와 특성 [②③⑥⑦⑧⑫⑬⑯⑰⑱⑲㉒]

(1) **의 의**
① **비반응적 자료수집방법**을 활용한 가장 대표적인 조사방법 중의 하나로, **사람들의 의사소통 내용 기록에 대한 분석**이다.
② **인간의 모든 형태의 의사소통기록물을 활용할 수 있다.** 책, 상담기록지, 회의록, 잡지, 웹사이트, 시, 신문, 노래, 그림, 연설문, 서신, 일기, 자서전, 전자우편, 인터넷의 게시물, 법률, 라디오, 텔레비전, 영화 등의 모든 문건들이 포함된다.
③ **질적인 내용을 양적 자료로 전환하는 방법**으로, 변수를 측정할 목적으로 의사전달의 **현재적 및 잠재적 내용을 객관적이고 체계적이며 계량적으로 기술하고 추론**하는 연구조사방법이다.
　　　※ 내용분석은 객관성을 보장하기 어렵다.(X)

(2) **특 성**
① **의사전달의 내용 내지 메시지 자체를 그 분석 대상**으로 하고 있다.
② **문헌연구(document study)의 일종**이다. 문헌이란 문자로 기록된 자료를 말하는데, 오늘날 방송, 영화, 그림, 사진, 만화 등도 내용분석의 대상이 된다.
③ 메시지의 **현재적(顯在的, manifest) 내용뿐만 아니라 잠재적(潛在的, latent)인 내용도 때로는 분석의 대상**이 된다. → 현재적 내용(예 소설의 선정성을 나타내는 지표로 사랑, 키스, 포옹, 애무 등의

단어가 얼마나 사용되었는지 확인) 뿐만 아니라 숨은 내용(예 소설의 일부 단락이나 쪽을 발췌해서 그 기저에 깔린 의미로 평가)도 코딩할 수 있다.

④ 표집단위는 단어, 구(phrase), 문장, 절, 장, 책 전체, 작가 등이 될 수 있고, 어떤 수준에서도 **표집(sampling)이 가능**하다.

> 내용분석 : 서베이(survey) 조사에서 사용하는 표본 추출방법을 사용할 수 있다.(O)

⑤ 객관성, 체계성, 일반성 등 **과학적 연구방법의 요건**을 갖추어야 한다.

⑥ **양적인 분석방법뿐만 아니라 질적 분석방법을 모두 사용**하고 있다.

> 내용분석 : 양적 조사와 질적 조사에 공통으로 사용할 수 있다.(O)
> 내용분석 : 기존자료를 활용하는 질적조사이기 때문에 가설검증은 필요하지 않다.(X)

2 내용분석의 장・단점 [④⑦⑧⑨⑬⑫]

(1) 장 점

① **시간과 비용이 절감된다.** 많은 조사원이 필요 없고, 특별한 장비도 요구되지 않으며, 단지 분석하고자 하는 자료에의 접근만 가능하면 된다.

② **높은 안전도이다.** 문헌조사는 **기초자료를 다시 검토해 보는 수고만으로 실수를 보완**할 수 있다. → 오류가 있을 때 재시행(재조사)할 수 있음

> 내용분석 : 분석상의 실수를 언제라도 수정할 수 있다.(O)

③ **역사적 연구에 적용 가능한 유용한 방법(장기간의 종단연구가 가능)**이다. 장기간에 걸쳐서 발생하는 과정을 연구할 수 있다. → 오랜 기간에 걸쳐 변화된 내용들을 연구하기에 적합함

> 내용분석의 장점 : 역사연구 등 소급조사가 가능하다.(O)
> 내용분석 : 역사적 분석과 같은 시계열 분석에 어려움이 있다.(X)

④ **반응성이나 연구자 개입효과가 발생하지 않는다.** 피조사자가 반작용을 일으키지 않으며, 연구조사자가 연구대상에 영향을 미치지 않는다.

> 내용분석의 장점 : 정보제공자의 반응성이 높다.(X)

⑤ **다양한 심리적 변수(가치, 태도, 성향, 창의성, 인간성, 권위주의 등)를 측정**하는데 있어 효과적이다.

⑥ **다른 연구방법과 함께 사용이 가능**하다.

> 예 실험조사의 결과라든가 또는 개방형 질문의 응답 내용 등에 대한 내용분석이 가능하다.

⑦ **직접 조사하기가 어려울 때 사용하기가 용이하다.**

> 내용분석법은 신문, 책, 일기 등의 직접자료를 수집하고 분석하는 방법이다.(X)

(2) 단 점

① 기록한 것을 가지고 분석해야 하기 때문에 **기록된 의사전달만** 다룰 수 있다.

> 내용분석 : 기존자료에 의존하기 때문에 연구의 범위가 무제한적이다.(X)

② 자료수집상의 타당도를 지녔다 하더라도 기록된 내용이 현실을 그대로 반영한다고 할 수 없기 때문에 **실제적인 타당도를 확보하는 일이 어렵다.**

> 내용분석 : 기존 자료를 활용하여 타당도 확보가 어렵다.(O)

③ 잠재적인 의미를 분석범주로 할 경우 기록자간 차이가 발생할 가능성이 높아 **신뢰도가 낮아질 가능성이 높다.**
④ 많은 경우 자료를 입수 제한이 있어 실제 연구에는 한계가 있다.
⑤ 단어, 표현 또는 사건의 현재적 내용과 잠재적 내용을 구분, 평가하는 데 어려움이 있다.
⑥ 기존의 자료를 분석대상으로 삼기 때문에 조사자는 영향력이 있는 큰 외생변수를 통제할 수 없다. 즉 인과관계를 증명하기에는 적절하지가 않다.
⑦ **선정편향(selection bias)이 발생할 수 있다.** 동일하지 않은 요소들로 이루어진 모집단으로부터 표본을 구성할 경우 대표성을 갖는 표본을 추출하지 못할 수 있다.

3 내용분석의 단위 및 카테고리(채구묵, 2011)

(1) 내용분석의 단위

① **단어(Word)** [⑬]
  ㉠ 내용분석에서 사용하는 최소의 단위로, 단어를 단위로 하는 경우에는 선택된 단어가 얼마나 많이 사용되었는가를 분석해 봄으로써 내용을 분석해 볼 수 있다.
  ㉡ 단어를 기록단위(분석단위)로 삼을 경우
    ㉮ 장점 : 단위 간에 명백한 구분이 가능함
    ㉯ 단점 : 자료수집의 양이 많아지게 됨
    > 내용분석 : 주제보다 단어를 기록단위로 할 때 자료수집 양이 많다.(O)

② **주제(Theme)** [⑬]
  ㉠ 주제는 어떤 내용의 중심이 되는 제목 또는 문제를 의미하며, **하나의 단락 안에 두 개 이상의 주제가 들어 있는 경우에는 더 중심적인 주제를 가려낸다.**
  ㉡ 주제를 기록단위(분석단위)로 삼을 경우
    ㉮ 장점 : 자료수집의 양은 줄어듦
    ㉯ 단점 : 주제를 구분하는 경계가 불명확해서 주관적 판단이 개입될 여지가 많아짐, 문단 또는 본문 등에 여러 개의 주제가 있는 경우 어느 것이 더 중심적인 주제인가 가려내기가 어려운 경우가 많음

③ **인물(Character)** : 소설, 전기, 연극, 영화 등의 경우 역사적 인물이나 주인공을 중심으로 분석하는 것이 유용하게 활용될 수 있다.
④ **문단(Paragraph)** : 여러 개의 문장으로 구성된 문장의 단락을 의미한다.
⑤ **항목(Item)** : 소재를 크게 분류하는 것으로 서적, 잡지, 신문, 학술지 등으로 분류할 수 있고,

신문의 경우 국내문제, 국제문제, 노동문제, 사회문제, 사설 등으로 분류할 수도 있다.

⑥ **공간 및 시간(Space and Time)** : 이것은 항목보다 세분한 단위로 인쇄물의 경우 지면과 방송의 경우 시간 등이 이에 해당된다.

(2) 카테고리(Category)

① 카테고리는 커뮤니케이션 내용의 특성을 분류하는 범주 또는 체계를 의미한다. 단위가 커뮤니케이션 내용을 분석하기 위한 기준 항목이라면 카테고리는 그러한 기준 항목의 특성을 파악하기 위한 범주(틀)를 의미한다.

> 예) 문학작품의 주인공을 통해 시대별 성 역할의 변화를 분석한다고 하면 주인공, 즉 인물은 단위이며, 주인공의 성역할은 카테고리에 해당한다.

② 카테고리의 분류

㉠ **내용의 실체에 관한 카테고리** : 무엇을 말하는가(What is said)를 취급하는 카테고리

㉮ **주제 내용** : 가장 많이 사용하는 카테고리로, 단어, 주제, 항목 등에서 무엇에 대해서 말하는 가를 분석하기 위한 카테고리이다.

> 예) 신문 1면 톱기사가 어떤 내용을 다루고 있는가, 저녁 9시 뉴스의 첫 번째 기사가 어떤 내용을 다루고 있는가를 분석할 때 어떤 내용인가가 이에 해당한다.

㉯ **방향(Direction)** : 이것은 주제를 취급하는 찬반의 태도를 말한다.

> 예) 신문 사설이 어떤 문제에 대해 찬성하는가 반대하는가 중립적인가를 파악하는 것

㉰ **기준(Standard)** : 이것은 근거라고 부르는 것으로 방향 분류의 기초가 되는 것이다. 즉, 찬성하는데 그 근거가 무엇인지를 파악하는 것이다.

> 예) 가장 일반적인 기준 카테고리에는 강자-약자, 도덕성-비도덕성 두 가지가 있다.

㉱ **방법(Method)** : 목적을 실현하기 위해서 사용되는 수단을 말한다. 즉, 목적이 여하한 방법에 의해 획득되는가 하는 문제이다.

> 예) 정치적 목적을 실현하기 위한 수단을 분석하기 위해 선전, 회유, 교섭, 조직, 재물, 폭력 등의 방법을 카테고리로 이용할 수 있다.

㉲ **특성(Trait)** : 능력, 주체의 상태라고도 불린다. 주로 개인적 특성이나 심리적 특성 등 사람을 묘사하는 데 많이 사용되지만 제도나 정책의 특성을 밝히는 데도 사용된다.

> 예) 개인적인 특성을 분석할 때 성, 연령, 직업, 혼인관계, 사회적 계급, 종교, 거주지역, 국적 등을 카테고리로 사용할 수 있다.

㉳ **행위자(Actor)** : 이 카테고리는 행동의 주도자로서 사람 또는 집단에 적용된다.

> 예) 어떤 행동을 하는 데 주도자가 누구인지, 어떤 집단의 대표자가 누구인가 하는 것이다.

㉴ **권위(Authority)** : 이 카테고리는 한 사람, 집단, 대상이 어느 정도 권위를 가지고 있는가 파악하는데 이용됨. 한편 인용문의 근원을 파악하는 데도 활용된다.

> 예) 뉴스에서 취급한 내용의 소스를 파악하는 것이다.

㉵ **기원(Origin)** : 권위가 커뮤니케이션 정보의 지위(신뢰도)를 말하는데, 기원은 내용의 발생지를 의미한다.

> 예) 커뮤니케이션의 발생지로 국내·국외, 시·도, 시·군·구·읍·면·동 등을 의미한다.

⑨ **표적(Target)** : 이 카테고리는 커뮤니케이션이 누구를 향하여 이루어졌는가를 보는 것이다.
  예) 이것은 커뮤니케이션이 어느 특수한 집단에 행해졌는가를 파악하는 데 사용될 수 있다.
⑩ **가치(Value)** : 기준과 밀접한 관련이 있는 것으로 사람들이 원하고 구하는 것을 파악하는 카테고리로, 목표 또는 욕망이라고도 한다.
  예) 사람들이 무엇을 추구하는가를 분석하기 위해 돈, 명예, 권력, 사랑, 지위, 출세 등의 가치를 분석의 카테고리로 이용할 수 있다.

ⓒ **내용의 형식에 관한 카테고리** : 어떻게 말하는가(How is it said)를 취급하는 카테고리
  ㉮ **커뮤니케이션 형식** : 이것은 형식적 구별에 해당한다.
    예) 출판 경향 분석에서 소설과 비소설, 라디오 방송 내용 연구에서 고전음악, 대중음악, 드라마, 뉴스, 좌담회 등으로 분류하는 것 등이다.
  ㉯ **발언 형식(Form of Statement)** : 커뮤니케이션이 이루어지는 문법적 혹은 구문론적 형식을 보는 것이다.
  ㉰ **강도(Strength)** : 커뮤니케이션의 정서화, 감상화라고도 하는 것으로 커뮤니케이션이 가지는 힘 또는 흥분 정도를 보는 것이다.
    예) 어떤 내용을 큰 활자로 다룬 것과 작은 활자로 다룬 것, 많은 지면을 할당한 것과 적은 지면을 할당한 것, 신문의 톱에 기재된 것과 구석에 기재된 것은 강도의 정도가 다르다 할 수 있다.

4 내용분석법의 절차

① **연구주제선정** : 연구문제를 선정한다.
  예) 1980년대 이후 대통령 후보자들의 선거공약으로 채택된 사회복지정책 내용의 변화
② **가설설정 및 조작적 정의** : 연구문제에 잠정적인 해답을 제공할 수 있는 가설을 설정하고, 가설상의 개념을 경험적으로 측정할 수 있도록 조작적으로 정의한다.
③ **조사대상의 모집단 선정** : 문헌자료의 모집단을 규정한다. 모집단은 연구문제를 해결하는 데 도움을 줄 수 있는 모든 의사소통기록물을 말한다.
  예) 1980년대 이후 대통령 후보자들의 선거공약 관련서류
④ **조사대상의 표본추출** : 문헌자료의 표본을 추출한다. 표집단위는 단어, 구, 문장, 절, 장, 책 전체, 작가 등이 될 수 있고, **어떤 수준에서도 표집이 가능하다**. [⑰]
  예) 매 선거 시 다수 득표자 3인의 선거공약 관련서류
  ✗ 내용분석 : 표집(sampling)이 불가능하다.(X)
⑤ **분석 범주(카테고리) 설정** : 설정된 가설과 개념의 조작적 정의를 근거로 분석 내용의 범주(category)를 설정한다.
  예) 사회보험에서는 국민건강보험, 고용보험, 국민연금, 산재보험에 대한 자격대상, 급여, 이용자 수 등
  ✗ 내용분석 : 자료 유형화를 위한 범주가 설정되면 기록단위는 필요치 않다.(X)
⑥ **기록 단위(분석단위)와 맥락 단위의 설정** [⑬⑯]
  자료 유형화를 위한 범주를 설정한 후 연구의 목적과 문헌 자료의 성격을 감안하고 경제성과

연구문제에 대한 적합성을 동시에 고려하여 **기록단위를 설정**한다.

㉠ **기록단위** : 표본 자료를 설정된 범주에 분류하는 데 사용되는 분석단위

　　예) 단어, 주제, 특성 인물, 문장이나 문단, 혹은 단락 전체 등이 가능

㉡ **맥락단위** : 기록단위가 들어 있는 상위 단위에 해당하는 것으로, 기록단위의 의미를 파악하는 데 쓰임

　　예) 단어를 기록단위로 했을 때, 그 단어가 쓰인 문장이나 단락, 혹은 전체 글이 맥락 단위가 될 수 있음

　　내용분석 : 맥락단위는 기록단위보다 더 큰 단위여야 한다.(O)

⑦ **수량화의 체계규정** : 계량화 체계를 구축한다. 내용분석은 질적인 자료를 양적으로 계량화(수량화)하여 분석하는 것이다. 계량화를 위한 네 가지 체계(기법)로는 시간-공간체계, 유무 또는 출현 여부, 빈도체계, 강도 등이 있다.

　　내용분석 : 수량분석이 불가능하다.(X)

⑧ **부호화(코딩)** : 계량화 체계에 따라 내용을 부호화(coding) 한다. 부호화 단위(coding unit)는 대체로 분석단위와 일치한다.

⑨ **신뢰도와 타당도 검증** : 일반적인 다른 조사에서와 마찬가지로 신뢰도와 타당도를 검증한다.

⑩ **결론도출** : 자료를 분석 및 해석한다. 계량화된 자료를 통계분석방법을 이용하여 분석하고 그 결과를 해석한다.

실험설계(집단설계)

제3부 **자료수집**

제11장 회차별 출제빈도, 출제비중 및 출제논점 1, 2, 3순위

10회 2012	11회 2013	12회 2014	13회 2015	14회 2016	15회 2017	16회 2018	17회 2019	18회 2020	19회 2021	20회 2022	21회 2023	22회 2024
5	4	3	4	5	3	2	4(1)	2	4	3	3	4

출제 비중	출제 논점		
	1순위 ☺	2순위 ※	3순위 ☆
245	① 실험설계의 타당도: 내적 타당도, 외적 타당도 ② 실험설계의 유형: 순수실험설계, 유사실험설계	① 실험집단과 통제집단 선정: 난선화, 배합 ② 실험설계의 유형: 전실험설계, 비실험설계	① 인과관계 ② 실험설계의 네 가지 기본 요소

1순위 스마일표시(☺) : 출제 빈출도가 높은 부분으로 무조건 시험에 출제되는 영역
2순위 당구장표시(※) : 나왔다 안 나왔다 하는 영역이지만 출제가능성 높은 영역
3순위 별 표(☆) : 출제 된 적이 있긴 하지만 다시 출제될 가능성은 다소 떨어지는 영역

01 실험설계의 기본 개념

1 실험(experiment)의 의의
① 조사대상에 대한 여러 변수 간의 인과관계를 인위적으로 규정하여 조작된 변수의 효과를 파악하는 방법이다.
② 인위적으로 상황을 엄격하고도 명백하게 조작하여 **외생변수를 통제하고 독립변수(실험변수)를 조작함으로써 독립변수가 종속변수에 미치는 영향을 관찰**하는데 주된 목적이 있다.

2 인과관계 [②③⑤⑨⑰⑳]

(1) 의 의
원인과 결과의 관계로, 어떤 특정한 현상의 속성 또는 발생(X)이 다른 속성 또는 발생(Y)을 결정하는 요인이라는 것이다.

(2) 사회과학적 입장에서의 인과관계 개념
① **공변성** : 원인으로 추정되는 변수와 결과로 추정되는 변수가 동시에 존재하며, 상호 연관성을 가지고 변화하여야 한다.
② **시간적 우선성** : 원인과 결과를 추정하기 위해서는 원인이 결과보다 시간적으로 우선하여야 한다.
③ **외생변수 통제(외부 설명의 배제, 경쟁가설 배제)** : 사회과학에서는 많은 외생변수가 존재하여 이론이 100% 정확히 맞을 수는 없으므로 가능하면 원인과 결과 간에 작용하는 외생변수들을 통제하여야 한다.
④ **확률적 결정론** : 사회과학의 연구가 개방된 시스템에서 이루어지고 여러 가지 원인이 작용하게 되므로 이론이 완벽할 수 없고, 확률적일 수 밖에 없다.
⑤ **개방 시스템 전제** : 미시 매개체 수준을 전제로 하지 않으며, 사회현상을 연구하는 것은 통제된 조건하의 폐쇄 시스템(closed system)이라기 보다는 개방 시스템(open system)을 전제로 할 수밖에 없다. 이로 인해 인과관계에 있어서 결과를 발생시키는 원인이 여러 가지가 있을 수 있다.
⑥ **원인의 조작** : 사회과학에 있어서의 인과관계는 원인의 조작이 가능할 경우 보다 바람직하다. 조작이 불가능한 경우 이러한 연구는 사회현상의 문제해결에 도움을 줄 수 없으므로 이론의 가치가 떨어진다.
⑦ **비대칭적 관계** : A변수가 변하면 B변수도 변하지만 역은 성립하지 않는다.

(3) 인과관계의 기초(채구묵, 2011)
① **필요조건(Necessary Condition)** : 한 사상이 일어나기 위해서 없어서는 안 될 원인적 요건을 말하는 것으로, X가 Y의 필요조건이면 Y는 X 없이는 일어나지 않는다.
> 예 마약중독자는 마약을 사용하지 않고서는 마약중독자가 될 수 없다. 그러므로 마약의 사용은 마약중독의 필요조건이다.

② **충분조건(Sufficient Condition)** : 어떤 원인적 요건이 일어나기만 하면 항상 한 사상이 일어나는 경우로, X가 일어나면 항상 Y가 발생할 때 X는 Y의 충분조건이다. 그러나 Y는 X가 아닌 다른 요건 때문에 일어날 수도 있다.

> 예) AIDS 환자의 피를 수혈 받는 것은 AIDS에 걸리는 충분조건이다. AIDS환자의 피를 수혈받으면 반드시 AIDS에 걸리기 때문이다. 그러나 AIDS 환자가 되는 것은 피를 수혈 받아서만 되는 것은 아니고 AIDS 환자와 성행위 등의 방법에 의해서도 가능하다.

③ **필요충분조건(Necessary-Sufficient Condition)** : 어떤 원인적 요건이 없이는 한 사상이 일어나지 않을 뿐 아니라 원인적 요건이 일어나기만 하면 항상 한 사상이 일어나는 경우, X가 일어나지 않으면 Y가 일어나지 않을 뿐만 아니라 X가 일어나기만 하면 Y가 항상 일어나는 경우 X는 Y의 필요충분조건이다.

> 예) 심장의 정지 없이는 사망하게 되지 않으며, 심장이 정지하기만 하면 반드시 사망하게 되므로 심장의 정지는 사망의 필요충분조건이다.

(4) 인과관계의 추리(채구묵, 2011)

① **일치법 또는 합의법(Method of Agreement)**

주어진 현상에 관한 둘 이상의 사례들이 공통의 조건을 하나만(또는 둘 이상) 가지고 있을 때, 이들 사례들이 공유하는 조건은 그 현상의 원인 내지 원인의 불가결한 일부분으로 간주될 수 있다.

> 사례1에서 ABC가 Z를 발생시키고,
> 사례2에서 CDE가 Z를 발생시킨다고 할 경우,
> C는 Z를 발생시키는 원인 또는 원인의 일부분이다.

> 예) 심리적으로 부모의 애정을 거부당한 경험이 반복되면 후에 성인이 되어 정신신경증 환자가 된다는 가설을 일치법에 의해 검증한다고 하자. 두 아이가 정신신경증 환자인데, 한 아이(사례1)는 경제적으로 부유하고(A) 교육 정도가 높은 가정(B)의 아이인데 어릴 때 부모의 사랑을 받지 못했다(C). 다른 아이(사례2)는 경제적으로 빈곤하고(D), 교육 정도가 낮은 가정(E)의 아이인데 어릴 때 부모의 사랑을 받지 못했다(C). 애정의 결핍(C)이라는 공통조건이 정신신경증(Z) 발생의 원인이 될 수 있다는 논리이다.

② **차이법(Method of Difference)** [4]

둘 이상의 사례 중 한 사례에서는 소여 현상이 일어나고 다른 사례에서는 그 현상이 일어나지 않으며, 이 두 사례는 한 가지 조건에만 차이가 있고 다른 조건들을 공통적으로 포함하고 있다.

> 사례1에서 ABC가 Z를 발생시키고,
> 사례2에서 ABE가 Z를 발생시키지 않는다고 할 경우,
> C는 Z를 발생시키는 원인 또는 원인의 일부분이다.

> 예) 폭력영화가 아동들의 행동에 영향을 미치는 것을 분석하기 위해, 가정환경(A)과 학생들의 교육 정도가 비슷한(B) 아동들을 두 집단으로 나누어, 한 집단의 아동들(사례1)에게는 폭력영화를 보여주고(C), 다른 아동들(사례2)에게는 폭력영화를 보여주지 않은 후(E), 두 집단의 아동들을 폭력영화가 일어난 상황과 비슷한 상황을 마련해 주었더니 폭력영화를 본 아동들은 폭력행위를 많이 하고(Z가 발생함) 폭력영화를 보지 않은 아동들은 폭력행위를 거의 하지 않았다면(Z가 발생하지 않음), 폭력영화가 아동들의 폭력행동에 영향을 미친다고 볼 수 있다는 것이다.

02 실험설계의 타당도 [17②]

1 내적 타당도(internal validity)

(1) 의의 : 실험적 처리가 실제로 의미 있는 차이를 가져왔는가를 검토하는 것 [49②]

① 실험적 처리가 과연 이 실험에서 기대하는 변인을 가져왔는가 또는 다른 요인이 기대하는 바 변이를 가져왔는가를 검토하는 것이다.
② **인과관계를 확신하는 정도** 또는 **연구결과에 대한 대안적 설명 가능성 정도**를 의미한다.
③ 연구자가 자신의 연구에서 **대안가설***을 배제하면 할수록 자신의 실험조치가 연구대상에 변화를 일으켰다고 하는 내적 타당성을 보다 확신할 수 있다.

> **대안가설**
> 연구자가 염두에 두고 있는 실험조치 이외에 종속변수에 영향을 미칠 수 있다고 추정되는 다른 영향들이 실제로 실험대상에 변화를 일으켰을지도 모른다는 가설

- 내적타당도가 높으면 외적타당도 또한 높다.(X)
- 내적타당도를 높이기 위해서는 원인변수 이외의 다른 변수가 결과변수에 개입할 조건을 통제하여야 한다.(O)

(2) 내적 타당도 저해요인 : 내적 요인과 외적 요인

① **내적 요인** : 실험연구설계에 의한 실행과정에 직접 관련되는 요인
   예) 우연한 사건, 성숙, 검사, 도구사용, 통계적 회귀, 실험대상자 상실, 선택과의 상호작용 등
② **외적 요인** : 실험연구설계의 실행과정과 관계없는 요인
   예) 실험대상자에 대한 선택의 편의 현상

(3) 내적 타당도 저해요인 [①②③④⑤⑥⑦⑧⑨⑩⑪⑫⑬⑭⑮⑯⑱㉒]

① **역사요인(History Factor)(= 우연한 사건, 외부사건)** : 사전검사와 사후검사 사이에 발생한 통제 불가능한 사건, 즉 첫 번째 시행한 실험적 측정과 두 번째 시행한 실험적 측정 간에 일어나는 모든 사상(사건)들이 실험적 처리의 효과에 영향을 미칠 때 이를 역사 요인 또는 우연한 사건이라 한다.

   예) 양로원에서 노인들의 생활의욕을 높이기 위한 프로그램을 실시한 결과 노인들의 생활의욕이 높아졌다. 그러나 이 효과는 대상 노인들이 제주도로 단체여행을 다녀왔다든가, 상냥한 간호사가 새로웠다든가 등의 영향일 수도 있다.

② **성장 요인(Maturation Factor, 성숙요인, 성숙효과)** : 성숙 또는 시간의 경과(maturation or the passage of time)라고도 한다. **연구기간 중에 개인에게 일어나는 신체적 및 심리적 성숙**을 말한다. 즉, 실험적 처리를 전후한 기간에 피조사자 자체 내에서 일어나는 성장적 변이 과정, 즉 시간의 경과에 따라 조사대상자에 나타나는 생리적 또는 심리적 변화를 말한다.

   예) 노인을 대상으로 물리치료 프로그램을 1년 동안 실시한 후, 프로그램의 성과를 평가한 결과 노인들의 신체적 건강 상태에 변화가 없는 것으로 나타났다. 그러나 시간 경과에 따라 노인들은 자연스럽게 퇴행하는 것을 감안하면 효과가 있다고 말할 수 있다.

③ **검사 요인(Testing Factor, 테스트 효과, 시험 효과)** : 사전검사가 사후검사에 영향을 미치게 되어 종속변수에 변화를 초래하게 되는 경우를 말한다. 즉 실험적 처리의 전후에 검사를 반복할 경우, 처음의 검사가 다음의 검사에 영향을 미칠 수 있는데, 이때 첫 번째 검사에 의한 영향을 검사 요인이라 한다.

> 예) 지능지수(IQ) 향상을 위한 프로그램 시행 전에 검사가 실시되었고, 1개월 간 프로그램 시행 후 같은 검사가 다시 실시되었다. 프로그램 실시 전에 비해 실시 후 검사 점수가 훨씬 높아졌다면, 그 기간 IQ가 상승되었다기 보다 검사에 대한 기억이 대상자들에게 작용했기 때문이다.

OIKOS UP 사전검사

① 사전검사가 사후검사에 영향을 미치게 되어 종속변수에 변화를 초래하게 되는 경우 내적 타당도 저해요인인 검사요인(테스트 효과)이 발생한다.
② 사전검사를 통해 실험집단이 이미 개입에 반응할 준비가 된 상태로 임하게 되는 경우 실험 개입의 효과가 증폭되어 나타날 가능성이 있어, 외적 타당도를 위협하게 된다.

④ **실험 대상의 변동(Experimental Mortality, 실험 대상자 상실, 중도탈락)** : 실험집단 또는 통제집단에 속해있는 사람들이 실험조사 진행과정에서 질병, 이사, 사망, 실험처리에 대한 싫증, 기타 이유 등으로 조사에 계속적으로 참여하지 못하고, **실험이 완결되기 전에 실험과정에서 탈락함으로써 통계적인 분석과 결론에 영향을 미치는 경우**이다.

> 예) 토론방식의 교수법이 학습효과를 높이는지를 실험하기 위해 실험집단은 토론방식으로 통제집단은 강의방식으로 수업을 한 결과, 실험집단의 점수가 통제집단의 점수보다 상당히 더 높았다. 그러나 실험집단에서 성적이 좋지 못했던 학생들이 떨어져 나갔다면 토론방식의 교수법에 의한 효과라고 볼 수 없다.

⑤ **도구요인(Instrumentation Factor, 도구의 사용)**
  ㉠ **사전검사와 사후검사의 측정도구가 상이함으로써 나타나는 변화**를 말한다. 사전검사와 사후검사 간의 차이가 독립변수에 의한 차이이기 위해서는 똑같은 조건 하에서 동일한 측정도구를 반복적으로 사용해야 한다.
  ㉡ 도구요인은 측정도구의 차이만으로 발생하는 것은 아니며, 사전검사자와 사후검사자가 다를 경우 발생하게 된다. 면접이나 관찰평가 등 측정자의 주관이 반영되기 쉬운 방법으로 평가가 될 때 특히 문제가 된다.

> 예) 면접평가에서 사전검사자는 중립적 태도를 유지했으나 사후검사자는 특정한 답을 유도하는 설명이나 질문을 많이 했다면, 이로 인한 결과 차이는 측정도구나 측정자의 차이에서 비롯된 것일 가능성이 있다.

  ㉢ 사전검사시간과 사후검사시간이 다를 경우 즉 사전검사와 사후검사의 검사상황이 다를 경우도 발생하게 된다.

⑥ **통계적 회귀(Statistical Regression)** : 통계적 회귀현상은 **종속변수의 값이 가장 높거나 또는 가장 낮은 극단적인 사람들을 실험집단으로 선택했을 경우 발생하는 오류**이다.

> 예) 사전검사에서 우울 점수가 지나치게 높은 5명의 노인을 선정하여 우울 감소 프로그램을 제공한 후 동일한 도구로 사후검사를 실시하였더니 이들의 우울 점수가 낮아졌다.

⑦ **개입의 확산 또는 모방(diffusion or imitation of treatments)** : 실험집단과 통제집단 간의 인위적인 관계나 영향에 의해 나타나는 현상으로, 통제집단이 실험집단에 대한 정보를 사전에 인지함으로써 통제집단의 역할을 객관적으로 하지 못할 때 실험결과가 왜곡된다.

> 예) 동일한 지역 내의 두 복지관 가운데 한 복지관에서 효과가 높았던 여가프로그램이 다른 복지관에서는 높지 않은 것으로 나타났다. 이는 다른 복지관들에서 이미 이 프로그램을 어떤 식으로든 모방해서 실시하고 있을 가능성을 배제할 수 없다.

⑧ **선정 요인(Selection Factor, 선발 요인) 또는 선택의 편의(Selection Bias)** : 조사실시 전에 **이미 차이가 있는 두 비교집단을 선정함으로써 조사결과의 타당도에 영향**을 미칠 수 있는데, 이를 선정요인이라 한다.

> 예) 아동학대 예방을 위한 부모교육의 효과성 검증을 위해 아동보호전문기관을 통해 교육 참여를 희망하는 부모를 모집하고 교육을 실시하였다. 자발적으로 부모교육 프로그램에 참여하기로 결정한 부모와 그렇지 않은 부모는 개입 이전부터 이미 차이가 난다. 즉 실험집단이 통제집단에 비해 사전-사후검사 간 점수 차이가 크더라도 개입의 효과라고 보기 어렵다.

⑨ **선택(selection)과의 상호작용** : 선택의 편의(선정요인)와 다른 내적 타당도 저해요인과의 상호작용이 발생하여 종속변수의 변화가 어떤 원인에 기인한 것인지를 파악하기 어렵게 되는 경우로 내적 타당도 저해요인이다(예) 선택-우연한 사건의 상호작용과 선택-성숙 간의 상호작용이 대표적).
  - ㉠ **선택-우연한 사건의 상호작용** : 실험집단과 통제집단이 서로 다른 우연한 사건을 경험하였거나 한 집단만이 특정의 우연한 사건을 경험한 상태에서 구분되어 각 집단으로 선택됨으로써, 그런 상황이 종속변수에 영향을 미치는 경우
  - ㉡ **선택-성숙 간의 상호작용** : 실험집단과 통제집단이 성숙되는 정도가 서로 다른 이질적인 집단이 선택되는 경우

> 예) 매우 건강한 90대 남성노인들에게 건강서비스를 1년 동안 제공한 후 건강상태를 측정한 결과, 이들의 상태가 나빠졌고 통제집단인 여성노인들에 비해서도 낮게 나타났다.

2 외적 타당도(external validity) [③⑪⑬⑱⑲㉑]

(1) 의의 : 일반화 또는 대표성에 대한 문제
① 실험에 의해 어떤 관계가 발생하였을 때, 그것을 어떤 모집단에 **일반화할 수 있는가 하는 문제**와 관련된다.
② 특정 조사연구의 결과를 **해당 조사설계와 다른 대상이나 상황에도 일반화시켜 적용할 수 있는 정도**를 의미한다.

> ✗ 내적타당도가 높은 연구 결과는 일반화 가능성이 높다.(X)

③ **내적 타당도는 외적 타당도를 위한 필요조건**이지 충분조건은 아니다.

> ✗ 내적 타당도와 외적 타당도는 서로 필요조건의 관계에 있다.(X)

(2) 외적 타당도 저해요인
① **표본의 대표성(Sample Representativeness)** : 실험적 처리의 대상이 모집단을 대표하기에 적절하지 못할 때는 그 결과를 일반화하기 어렵다.

> ✓ 외적타당도를 높이기 위해서는 확률표집방법으로 연구대상을 선정하거나 표본크기를 크게 하여야 한다.(O)

② **실험적 처리의 일반성(Generality of Experimental Treatment)** : 실험적 처리가 일반성을 갖지 못할 때는 그 결과를 일반화하기 어렵다는 것이다.
③ **생태적 대표성(Ecological Representativeness)** : 실험 자체의 인위성으로 인해 실험상황과 그 결과가 적용되는 현실 상황은 다르기 때문에 일반화하는 데는 어려움이 있다는 것이다.
④ **플라시보 효과(placebo effects, 가실험효과, 假實驗效果)**
  ㉠ 조사 반응성 효과의 일종으로, 조사대상자가 어떤 특별한 것을 받고 있다고 느끼도록 하는 어느 개입 또는 조사절차의 특별하지 않은 속성에 의해 야기되는 변화를 말한다.
  ㉡ 위약(僞藥, 가짜약)효과라고도 하며, 실제로는 피실험자들에게 실험 처치나 개입이 주어지지 않았는데도 불구하고 마치 그것을 받은 것과 유사한 효과가 나타나는 경우이다.

03 실험집단과 통제집단의 선정 [⑦⑨⑫⑬⑭]

1 난선화 : 무작위 추출(Randomization)

(1) 모든 피험자들을 실험집단과 통제집단에 무작위적으로 배치하는 것을 말한다.
(2) 난선화 방법을 선택하는 이유
  ① 단순히 무작위 추출을 거침으로써 실험결과에 영향을 줄 수 있는 무수히 많은 요인들의 차이를 기회(chance)에 의한 차이로 줄여 보자는 것이다.
  ② 표본수를 많게 함으로써 실험 이외의 영향을 좀 더 잘 통제할 수 있다.

2 매칭(Matching, 배합) [⑦㉑]

(1) 정밀통제(Precision Control, 정밀배합방법)
  ① 개인 배합이라고도 하는 이 방법은 두 집단 내의 개인들을 일일이 배합시켜 두 집단 간에 동등화를 꾀하는 것이다.
    예 가족계획에 대한 계몽교육의 효과를 검토하려 할 때, 피험자들의 사회경제적 요인을 검토한 후 그러한 요인에 대해 일단 동등한 사람들을 골라 실험집단과 통제집단에 배치
  ② 정밀배합방법의 가장 대표적인 형태는 할당행렬(quota matrix)을 이용하는 것이다.
    예 사회복지사협회에서 회보 발송 여부에 따라 회비 납부율에 차이가 있는지 알아보고자 한다. 이를 위해 전체 회원을 연령과 성별로 구성된 할당행렬의 각 칸에 배치하고, 절반에게는 회보를 보내고 나머지 절반은 회보를 보내지 않았다.

(2) 빈도분포통제(Frequency Distribution Control, 빈도분포배합방법)
  어떤 변수 내지 요인의 전반적인 빈도분포에 의하여 실험집단과 통제집단을 배합시키는 방법이다.
    예 두 집단 내에 연령분포를 비슷하게끔 배합한다든지 아니면 두 집단의 평균연령을 비슷하게끔 배합함으로써 동등화를 꾀하는 것

04 실험설계의 유형

1 실험설계의 기초

(1) 네 가지 기본 요소 [①②③④⑭⑰]

㉠ 통제집단 ㉡ 무작위 할당 ㉢ 독립변수(실험변수)의 조작 ㉣ 사전-사후검사	㉠ 모두 충족 → 순수실험설계 ㉡ 무작위할당×, 엄격한 통제집단× → 유사실험설계 ㉢ 일부만 갖춤 → 전실험설계 ㉣ 전혀 갖추지 못함 → 비실험설계

※ 실험설계 : 개입을 제공하기 전에는 종속변수의 측정이 사실상 불가능하다.(X)

OIKOS UP   실험설계의 유형

① 순수(진)실험설계 : 연구의 대상과 상황에 있어서 독립변수의 조작이 가능하고 대상을 무작위화할 수 있는 경우 적용
② 유사(준)실험설계 : 독립변수의 조작은 가능하지만 대상을 무작위화할 수 없고, 독립적 관찰을 여러 번 할 수 있는 경우 적용
③ 전(선)실험설계 : 독립변수의 조작은 가능하지만 대상을 무작위화할 수 없고, 독립적인 관찰을 한두 번밖에 할 수 없는 경우 적용
④ 비실험설계 : 독립변수의 조작도 불가능하고 대상을 무작위화할 수 없는 경우 적용

---

(2) 실험연구설계에서 사용하는 기호

O_i 관찰(observation)이나 측정검사(test), 관찰값이나 측정값
      i = 1, 2, 3, 4, ...n 특정 시기에 독립적으로 이루어지는 관찰 또는 검사
X 실험조치(experiment), 실험처치(treatment), 실험자극(test stimulus)
R 무작위할당(random assignment) 또는 무작위화에 의한 실험집단 및 통제집단의 설정
EG   실험집단(Experimental Group)
CG   통제집단(Control Group)

② 실험설계의 유형

(1) 진(순수)실험설계(Experimental Design) [①②③⑤⑥⑦⑧⑩⑭⑲㉑]

① 내적 타당도가 가장 높으며, 실험설계의 네 가지 기본 요소인 통제집단, 무작위 할당, 독립변수(실험변수)의 조작, 사전-사후검사 등을 충족하고 있다.
　㉠ 실험실 연구로써 외생변수의 영향을 차단할 수 있다.
　㉡ **인과관계를 확인하고자 할 때 가장 적합한 방법**이다.

② 유형 : 통제집단사전사후검사설계, 통제집단사후검사설계, 솔로몬4집단설계, 요인설계, 가실험 통제집단설계

구 분	내 용
통제집단 사전사후검사설계 (통제집단전후검사설계) [③⑥㉑㉒]	• 인과관계를 추정하기 위한 가장 전형적이고 보편적인 실험설계 $$\begin{aligned} EG &: R\ O_1\ X\ O_2 \\ CG &: R\ O_3\ \ \ O_4 \end{aligned}$$ • **통제집단사전사후검사에서 사전검사를 하는 이유** : 실험처치를 실시하기 전에 양 집단을 사전검사하여 개입 전 **종속변수를 측정**하는 것 • 장점 : 난선화가 되어 있어 두 집단 간에 실험 전 차이는 통제된 것으로 간주, 외생변수를 철저히 통제, 자연적 성숙에 따른 효과 통제 • 단점 : 내적 타당도를 강화하면 외적 타당도가 희생되는 한계 ㉮ 다문화교육이 청소년들의 다문화수용성에 미치는 영향을 알아보기 위해 청소년 100명을 무작위로 두 집단으로 나누었다. 교육 실시 전 두 집단의 다문화수용성을 측정하고, 한 집단에만 다문화 교육을 실시한 후 다시 두 집단 모두 다문화수용성을 측정하였다.
통제집단 사후검사설계 (통제집단후검사설계) [①③⑦⑪⑮⑱⑲]	• 통제집단사전사후검사설계에서 **사전검사를 실시하지 않는 설계** $$\begin{aligned} EG &: R\ \ \ X\ O_1 \\ CG &: R\ \ \ \ \ \ \ O_2 \end{aligned}$$ • 장점 : 사전검사를 실시하지 않으므로 **사전측정의 영향을 제거, 외적 타당도가 향상됨** • 단점 : 사전측정을 하지 않기 때문에 종속변수의 측정결과가 단지 독립변수의 조작결과에 의한 것이라고 단정할 수 없음 → **선택의 편의(선정 요인)** ㉮ 노인복지관의 노노케어 프로그램 자원봉사자 40명을 무작위로 골라 20명씩 두 집단으로 배치하고, 한 집단에는 자원봉사 교육을 실시하고 다른 집단에는 아무런 개입을 하지 않았다. 10주 후 두 집단 간 자원봉사만족도를 비교·분석하였다. ㊀ 통제집단을 확보하기 어려울 때 사용할 수 있는 설계이다.(X) ㊀ 통제집단 사후검사 설계(posttest-only control group design)는 사전검사의 영향을 배제할 수 있다.(○)

솔로몬 4집단설계 [⑤⑥⑦⑩⑪⑮]	• 통제집단사전사후검사설계 + 통제집단사후검사설계를 결합한 설계 → 통제집단이 2개, 실험집단이 2개 l 사후측정만 하는 집단 2개 • 내적 타당도가 가장 높은 방법 → 다만, 실험의 어려움이 있음 〈집단 1〉 EG : R O_1 X O_2 〈집단 2〉 CG : R O_3 O_4 〈집단 3〉 EG : R X O_5 〈집단 4〉 CG : R O_6
요인설계 [⑩⑯]	• 독립변수가 두 개 이상일 때 적용되는 설계 • **장점** : 집단비교 결과의 일반화 가능성이 높은 편임(높은 외적 타당도), 주효과와 상호작용효과를 동시에 확인할 수 있음, 분산분석(ANOVA)의 통계적 기법을 활용할 수 있음 • **단점** : 고려해야 할 독립변수가 많은 경우, 많은 범주가 생기게 되고 그에 따라 많은 실험집단들이 만들어지게 되어 복잡하고 시간과 비용과 인력이 많이 들게 됨 예 ADHD 아동에게 프로그램 유형(놀이치료 / 음악치료)과 실시시기(낮시간 / 밤시간)를 달리함에 따라 개입의 효과가 달라질 것이다.
가실험 통제집단설계	• 통제집단사전사후검사설계나 통제집단사후검사설계에 가실험효과 내지 위약(가짜약) 효과를 측정할 수 있는 한 집단을 추가로 결합해 만든 설계 • 실제로 개입의 내용은 없지만 마치 개입을 받는 것처럼 여겨지게 하는 집단인 플라시보 통제집단에서 도출된 결과는 플라시보 효과의 구성 부분을 확인하는 근거가 됨

(2) 유사실험설계(quasi-experimental design, 준실험설계) [③⑧⑨⑭⑮⑲⑳]

① 독립변수 통제가 이루어지지 않는 비실험설계와 결과에 영향을 미칠 수 있는 변수들을 통제하는 순수실험설계의 중간적 구조의 설계다.

② **유사실험설계와 순수실험설계의 차이점**

㉠ 연구대상자를 무작위 배치하는 것이 아니라 **임의로 선정하여 배치한다는** 점이다.

㉡ **실험이 생활현장에서 이루어진다는** 것과 순수실험설계와 같이 엄격한 통제집단이 있는 것이 아니라 비교집단이 있다.

㉢ 내적 타당도와 외적 타당도 비교

구 분	순수실험설계	유사실험설계
내적 타당도	↑	↓
외적 타당도	↓	↑

③ **유형** : 단순시계열설계, 복수시계열설계, 비동일통제집단설계, 분리표본사전사후검사설계

구 분	내 용
단순시계열설계 [⑬⑳]	• 통제집단(비교집단)을 설정하기 곤란한 경우에 한 집단을 선택해서 **독립변수의 조작이나 독립변수의 노출 전에 여러 번 관찰(검사)하고 독립변수 도입 후에 다시 여러 번 관찰**하여 전후의 점수 또는 경향을 비교하는 것 • 종속변수의 변화를 추적 · 비교할 수 있음 EG : $O_1\ O_2\ O_3\ O_4\ X\ O_5\ O_6\ O_7\ O_8$ ▶ 시계열 설계(time-series design)는 검사효과와 외부사건을 통제하기 어렵다.(O) ▶ 단순시계열설계는 검사효과가 발생할 수 없다.(X) ▶ 단순시계열 설계는 사전검사와 개입의 상호작용효과가 발생할 수 있다.(O)
복수시계열설계 (다중시계열설계) [①③⑦⑪⑲]	• 단순시계열설계는 통제집단을 사용하지 않음으로 인해 우연한 사건 등에 의해 내적 타당도가 저해되어 조사결과를 가지고 인과관계를 추론하기 어려움 • **복수시계열설계는 이러한 문제점을 개선하기 위해서 단순시계열에 통제집단을 추가한 것** EG : $O_1\ O_2\ O_3\ O_4\ X\ O_5\ O_6\ O_7\ O_8$ CG : $O_9\ O_{10}\ O_{11}\ O_{12}\ \ \ \ O_{13}\ O_{14}\ O_{15}\ O_{16}$ ▶ 다중 시계열 설계(multiple time-series design)는 통제집단을 설정하지 않는다.(X)

비동일
통제집단설계
[⑧⑨⑰]
	• **순수실험설계의 통제집단사전사후검사설계와 유사**하지만, 단지 무작위 할당에 의해 실험집단과 통제집단이 선택되지 않은 점이 다름
	  ㉠ 사회복지실천 연구에 응용할 수 있으며, 시계열설계와 달리 실험집단과 비교집단으로 구성된다.
	  ㉡ 실험집단과 비교집단을 임의적으로 나누어 모방효과를 통제할 수 없다.
	• **비동일(non-equivalent)이란 말은** 조사대상자가 실험집단과 통제집단에 무작위로 배치되지 않았기 때문에 통제집단의 초기 상태가 실험집단과 동일하지 않고 이질적일 가능성이 큼
	• 비동질적인 두 집단 선택에서 비롯되는 다양한 외부요인들의 설명을 통제하기 위해, 집단 간 차이에 대한 연구자의 선험적이거나 직관적인 지식이 적절히 동원되어야 함
	
	EG : $O_1\ X\ O_2$
	CG : $O_3\ \ \ \ O_4$
	
	▶ 학교폭력 예방프로그램의 효과를 평가하기 위해 ○○시 소재 중학교 중에서 학교와 학생들의 특성이 유사한 A학교와 B학교를 선정하였다. 두 학교 학생들을 대상으로 사전검사를 실시한 다음 A학교에서 학교폭력 예방프로그램을 실시한 후 다시 한 번 두 학교 학생들을 대상으로 사후검사를 실시하였다.
	▶ 비동일통제집단설계는 임의적으로 나눈 실험집단과 통제집단 간의 교류를 통제한다.(X)

분리표본 사전사후검사설계	현실적인 이유로 인해 실험집단과 통제집단에 사전검사나 사후검사를 동시에 실시할 수 없어서 통제집단에 사전검사 후 독립변수가 도입되는 것을 배제할 수 없는 상황에서 채택된 설계

(3) **전실험설계(pre-experimental design, 원시실험설계 또는 선실험설계)** [⑲]
   ① 난선화에 의해 조사대상자가 선정되지 않고, 비교집단이 선정되지 않거나 비교집단이 선정되어도 집단 간의 동질성이 확보되지 않고, 독립변수의 조작에 의한 변화의 관찰이 한두 번 정도로 제한되어 있어 내적 타당도와 외적 타당도 저해요인이 거의 통제되지 못한다.
   ② 변수 간의 관계를 인과적인 것으로 타당화 시킬 수 있는 구조를 갖추고 있지 못하므로 이러한 설계에서 인과관계를 추정하는 것은 그 신빙성이 낮다.
   ③ **유형** : 1회 검사사례연구(1회 사례연구, 단일집단사후검사설계), 단일집단사전사후검사설계, 정태적 집단비교설계(비동일집단사후검사설계)

구 분	내 용
1회 검사사례설계 (일회사례연구, 단일집단 사후검사설계)	단일한 사례 또는 집단에 대하여 차이를 가져오리라고 기대되는 처리(X)를 가한 다음에 관찰 연구하는 조사방법 $$X\ O_1$$ 예) 전쟁의 참상을 그린 영화를 관람시킨(X) 다음 태도를 조사하여(O_1) 영화 관람의 영향을 추정하는 방법
단일집단 사전사후검사설계 [⑤⑪⑭⑰⑲]	동일집단에 대하여 실험적 처리 전에 한 번 측정을 하고 후에 다시 한 번 측정하여 비교한 차이에 따라 실험적 처리의 효과를 추리하는 방법 $$O_1\ X\ O_2$$ 예) 언어치료집단을 사전검사하고 사후검사하는 경우 ※ 단일집단 사전사후검사 설계(one-group pretest-posttest design)는 검사효과를 통제하기 어렵다.(○)

정태적 집단비교설계 (고정집단비교설계) [⑬⑲]	• 전실험설계(선실험설계) 중 하나로 실험집단과 통제집단(고정집단)을 임의적으로 선정하고, 실험집단에 대해서는 독립변수 도입 후 사후검사를 실시하고, 통제집단에 대해서는 독립변수를 도입하지 않고 사후검사를 실시하는 것 EG : $X \ O_1$ CG : $\quad O_2$ ㉠ **통제집단사후검사설계에서 무작위 할당만 제외된 형태**로, 집단 간 동질성 보장이 어려움 ㉡ 사전에 실험집단과 통제집단으로 나누는 것 없이, 개입이 끝난 후 개입이 있었던 집단과 없었던 집단을 구분해서 두 집단 간 어떤 차이가 있었는지 살펴보는 방법 • 비실험설계의 상관관계설계와 비슷하고 그것의 한 형태로 불리기도 함 예) 심리상담 프로그램이 시설입소노인의 정서적 안정감에 미치는 영향을 알아보기 위해 사전조사 없이 A요양원의 노인들을 대상으로 프로그램을 실시하였다. 프로그램 종료 후, 인구사회학적 배경이 유사한 B요양원 노인들을 비교집단으로 하여 두 집단의 정서적 안정감을 측정하였다. 정태적(static) 집단비교설계는 실험집단과 개입이 주어지지 않은 집단을 사후에 구분해서 종속변수의 값을 비교한다.(○) 정태적 집단 비교설계(static group design)는 두 집단의 본래의 차이를 확인하기 어렵다.(○)

(4) 비실험설계(non-experimental design)

① **실험적인 연구방법을 사용할 수 없는 상황**에서, 즉 독립변수의 조작도 불가능하고 난선화도 불가능한 경우에 적용되는 실험설계이다.

② **인과관계의 시간적 우선성을 파악하기가 가장 어려운 조사설계**이다. [⑧]

③ **유형** : 일원적 설계, **상관관계설계**, 비실험적 요인설계, 종단적 실험연구설계(경향연구, 동년배 집단연구, 패널연구설계)

MEMO

단일사례연구

제3부 **자료수집**

제12장 회차별 출제빈도, 출제비중 및 출제논점 1, 2, 3순위

10회 2012	11회 2013	12회 2014	13회 2015	14회 2016	15회 2017	16회 2018	17회 2019	18회 2020	19회 2021	20회 2022	21회 2023	22회 2024
1	-	1	1	(1)	1	1	1	1	1	-	2	1

출제 비중	출제 논점		
	1순위 ☺	2순위 ※	3순위 ☆
01₂	① 단일사례연구설계 종류: 다중요소 설계(ABCD설계), 다중기초선 설계	① 단일사례연구의 기본구조 ② 단일사례연구의 특성	① 개입의 평가: 유의성 분석

1순위 스마일표시(☺) : 출제 빈출도가 높은 부분으로 무조건 시험에 출제되는 영역
2순위 당구장표시(※) : 나왔다 안 나왔다 하는 영역이지만 출제가능성 높은 영역
3순위 별 표(☆)　　　: 출제 된 적이 있긴 하지만 다시 출제될 가능성은 다소 떨어지는 영역

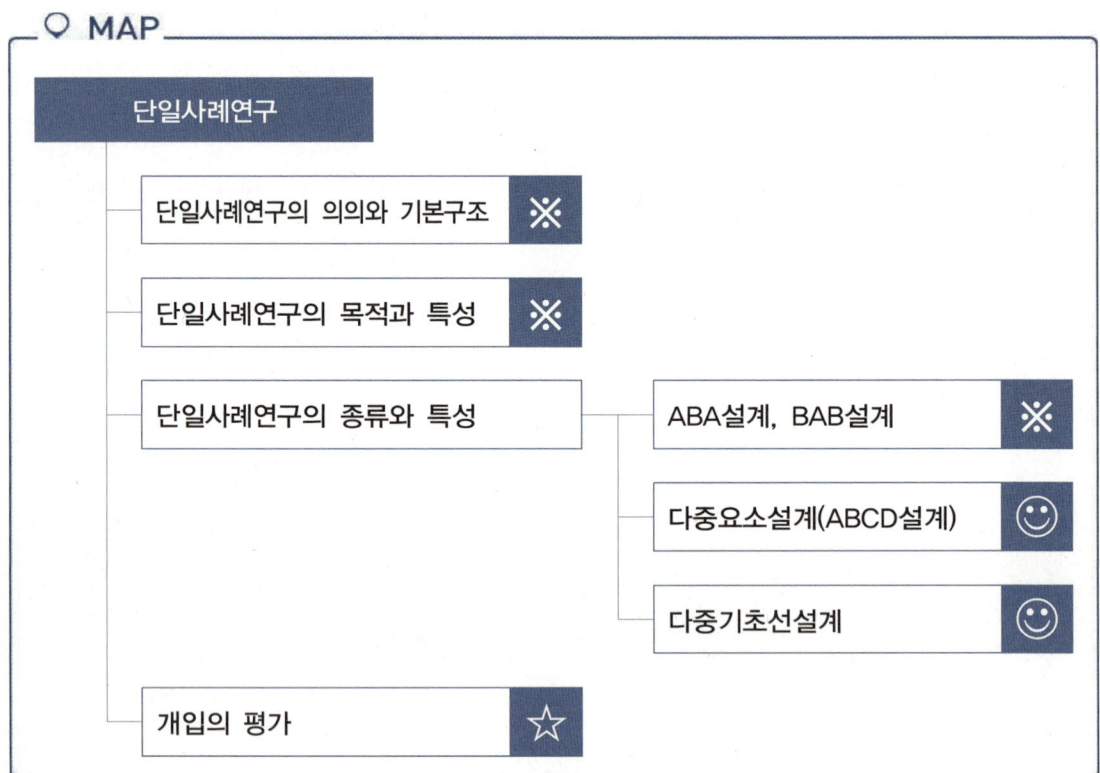

01 단일사례연구의 의의와 기본구조 [12)(14)(16)]

1 의 의

① 시계열설계의 논리를 개별사례에 적용한 것으로, 문제를 해결하기 위해 **적용된 개입**(介入, intervention)**이 어떠한 효과를 갖고 있는지를 과학적인 방법으로 검증**하는 것이다.
표본의 크기가 '1'(sample size : N=1), 즉 분석단위가 1개인, 1가족, 1지역사회, 또는 1조직 등 표집요소의 수는 1이라는 것이다.

> 예 틱(tic) 현상을 가진 아동에 대한 단일사례 분석

② 단일사례설계연구에서는 **기초선이 집단설계(실험설계)의 비교집단에 해당**되며, 측정횟수가 집단설계의 피실험자수에 해당된다.

2 단일사례연구의 기본구조

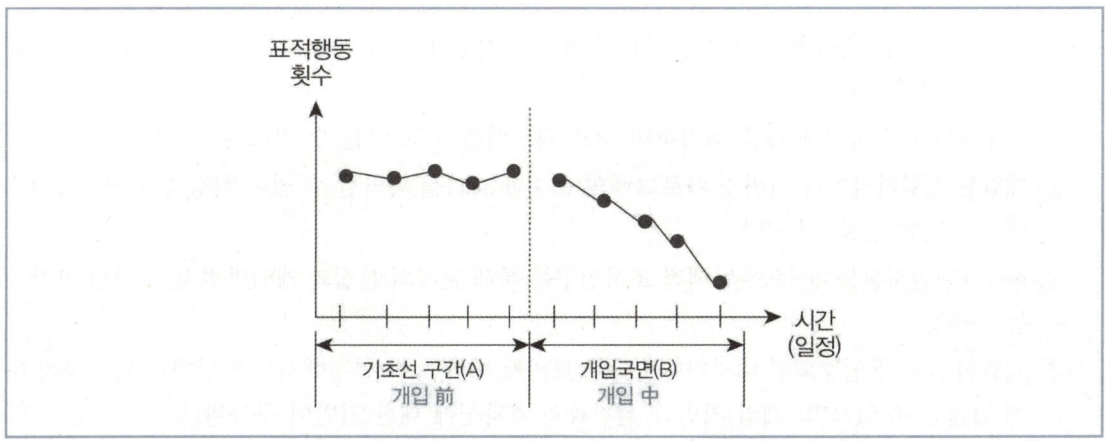

(1) **기초선 단계**(baseline phase)

① 개입하기 이전의 단계, 기초선(baseline)이란 **실천가(조사연구자)가 개입활동을 실시하기 전에 표적행동의 상태를 관찰하는 기간**을 의미하기도 하고, 관찰된 표적행동의 상태를 나타내는 자료를 의미하기도 한다.
② 기초선은 일반적으로 'A'로 표시한다.
③ 측정 점의 수(관찰횟수)는 얼마나 빨리 안정적인 경향이 나타나느냐에 달렸다. **보통은 약 5~10번 정도의 기초선 측정을 계획**하는 것이 합리적이다.

> 기초선으로 성숙효과를 통제할 수 있다.(O)

(2) **개입단계**(intervention phase)

① **개입단계는 표적행동에 대한 개입활동(치료활동)이 이루어지는 기간**이며, 이 기간 동안 표적행동의 상태에 대한 관찰이 병행되어야 한다.

② 관찰의 횟수나 기간은 기초선과 같은 정도로 하는 것이 바람직하다.
③ 개입국면을 일반적으로 'B'로 표시(또 다른 개입 C, D)한다.

(3) 표적 행동
① 개입에 의해 변화가 의도되는 것으로 **종속변수에 해당**한다.
② 표적행동이 감정이나 태도, 지식수준 또는 클라이언트만이 알 수 있는 어떤 사건인 경우에는 그것을 추정할 수 있는 관찰 가능한 외부지표들을 통해 간접측정을 시도한다.
③ 측정지수에는 긍정적 지표와 부정적 지표가 있다.
> 예 대상문제가 클라이언트의 우울증에 관한 것이라면 울부짖는 기간의 빈도 또는 자기경멸적인 말의 빈도와 같은 부정적인 지표를 사용하거나, 친구들과 상호작용을 하는 데 사용하는 시간의 양과 같은 긍정적 지표를 사용할 수도 있음

02 단일사례연구의 목적과 특성

1 목 적
① 대상자에 대한 즉각적인 조사가 필요한 경우나 **적합한 통제집단을 찾기 어려운 경우 적용할 수 있는 방법**이다.
② **연구자와 대상자가 문제를 점검하며 상호 피드백을 주고 받을 수 있다는 것**이다.
③ **개입된 실험자극이나 서비스 프로그램의 순수한 효과를 파악**할 수 있어 현장의 실천가들에게 매우 유익한 설계기법이다.
④ 하나의 단일 표본을 대상으로 **탐색적 조사연구를 통해 문제의 본질과 개입방법 및 효과를 파악**하는 것이다.
⑤ 개입의 효과가 입증되면 내적타당도를 확보하게 되어 후속 연구에서는 일반화의 가능성에 대해 검증할 수 있으며, **개입 기반과 실천과의 효과성에 대한 기반이 구축**된다.

2 특 성 [④③⑥②, 기술론 ⑨]
① **문제 점검과 피드백 가능** : 사회복지사와 클라이언트가 문제를 점검하여 피드백을 주고 받을 수 있도록 한다는 것이다.
② **개입 효과에 대한 즉각적인 환류(피드백)** : 개입 실천가들에게 현재 상황들에 긴요하게 대처할 수 있는 반응성과 유연성을 제공하는 급속한 피드백-조정-피드백 과정을 가능하게 한다.
③ **반복측정** : 한 사례를 반복적으로 측정함으로써 나타나는 조사대상자의 표적 행동의 변화를 관찰해 그 결과를 가지고 개입효과를 파악한다. → **반복측정으로 통제집단 효과**
④ **단일 대상 또는 단일 사례, 즉 사례수가 하나** : 단 하나의 사례 또는 대상을 놓고 그것을 반복해서 관찰한다.
⑤ **조사대상 사례는 개인 또는 집단** : 집단, 조직이나 지역사회, 문화적 단위 등 어떤 것이든 그것이

하나의 단위로 묶이면 단일사례연구의 대상이 될 수 있다.

> 단일사례연구 : 개인과 집단뿐만 아니라 조직이나 지역사회도 연구대상이 될 수 있다.(O)

⑥ **단독 효과 시험 가능** : 특별히 개입된 기술이나 서비스 프로그램의 단독 효과를 시험해 볼 수 있다.
⑦ **개입 효과의 관찰·분석 가능** : 단일사례연구의 주된 목적은 변수 간의 관계를 규명하기 위한 것이라기보다는 **개입방법의 효과를 규명하려는** 것이다.
⑧ **개입 전과 후의 효과 비교 측정** : 개입 전 문제행동의 상태를 측정하고, 개입 후 문제행동의 개선 상태가 지속되는지를 측정하여 비교할 수 있다.
⑨ **개입 중 개입 수준과 방향 수정 가능** : 변화를 관찰하는 과정에서 필요하다고 판단되면 개입 수준과 방향을 바꿀 수 있다.
⑩ 조사연구 과정과 실천 과정이 통합될 수 있다.
⑪ 외적 타당도가 낮다.

03 단일 사례연구 설계의 종류와 특성

❶ 기본 단일 사례설계 : AB설계(기초선 → 개입단계) [⑲]

① 가장 기본이 되는 단일 사례연구로, 기초선(A)과 개입(B)의 두 국면으로 이루어진 설계구조의 형태이다.
  ㉠ A단계에서는 단순히 표적행동의 빈도 등에 관한 관찰만 이루어진다.
  ㉡ B단계에서는 표적행동에 대한 개입활동이 이루어지고 변화에 대한 관찰이 이루어진다.
② 장점
  ㉠ 간단한 절차로 이루어지기 때문에 쉽게 임상현장에 적용할 수 있다.
  ㉡ 재현이 용이하여 동일한 개입전략이 다양한 클라이언트에게 효과적인지를 평가할 수 있도록 해준다.
③ 단점 : 인과관계의 추론에 있어서 외부사건의 영향을 통제하지 못한다.

> AB설계는 외부요인을 충분히 통제할 수 있기 때문에 여러 유형의 문제에 적용가능하다.(X)

❷ 실험적 단일 사례연구

(1) **ABA설계(기초선 → 개입단계 → 제2기초선)** [기술론 ④]
  ① AB설계에 개입 이후 또 하나의 기초선(A)을 추가한 설계로, 개입을 일정 기간 실시하고 나서 개입을 중단한 후 표적행동을 관찰하는 설계이다. 두 번째 기초선 기간을 반전기간 또는 제2기초선이라고 한다.
  ② 첫 번째 A에서 표적행동의 빈도가 높았는데 B에서 빈도가 낮았다가 개입을 종료한 후 다시 관

찰(A)했을 때 빈도가 높아지면 개입이 효과적이었다고 추정할 수 있다.
③ **장점** : 제2기초선을 추가하여 AB설계의 낮은 신뢰도 문제를 극복한다.
④ **단점**
   ㉠ 개입의 효과를 평가하기 위한 목적으로 개입을 중단 또는 철회하는 것은 윤리적 문제가 된다.
   ㉡ 한번 치료를 했으므로 개입을 철회해도 개입의 효과가 지속될 수 있다.

■ ABA설계 예 ■

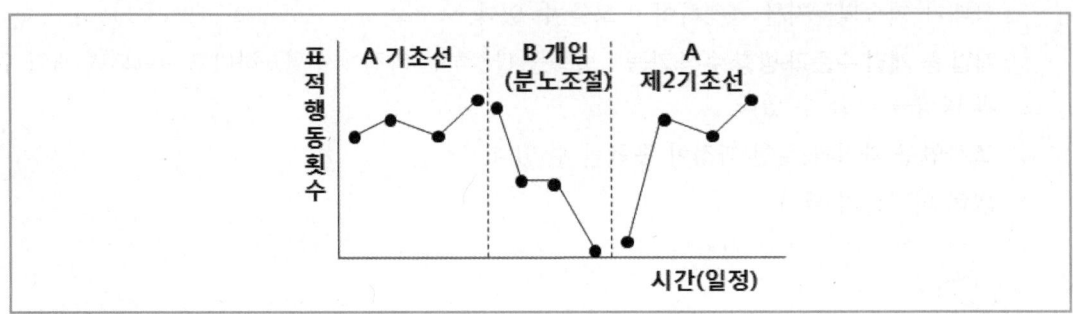

(2) **ABAB설계**(기초선 → 개입단계 → 제2기초선 → 2차 개입단계) [19][21]
① 외부사건을 더 잘 통제하기 위해 ABA설계의 개입을 중단한 단계에서 다시 개입을 재개하는 B단계를 추가한 설계이다. 즉, 외부사건에 대한 통제를 강화하기 위해 제2기초선(A)과 제2개입단계(B)를 추가하는 것이다.

> ABAB설계는 외부요인을 통제할 수 있어 개입의 효과를 확인할 수 있다.(O)

② 기초선(A) 측정 후 일정 기간 동안 개입(B)을 하고 일정 기간 동안 중단(A) 한 후 다시 개입(B)을 하는 것으로, ABA설계에서 생길 수 있는 개입 철회로 인한 윤리적 문제를 극복할 수 있는 방법이다.
③ **장점** : 개입의 효과를 가장 높이 확신할 수 있기 때문에 실천현장에서 유용한 설계
④ **단점** : 윤리적인 문제로서 제1단계에서 효과가 있음에도 불구하고 연구목적을 위해 개입을 중단하고 일정 기간 관찰 후 다시 개입을 재개하는 것

■ ABAB설계 예 ■

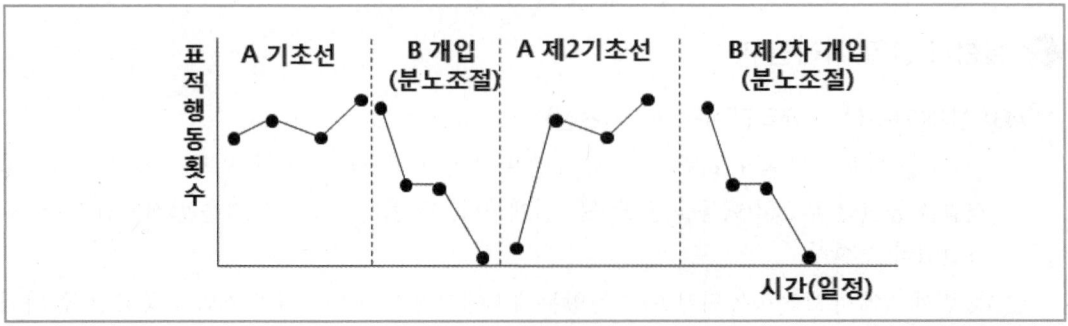

(3) BAB설계(개입단계 → 기초선 → 2차 개입단계) [②, 기술론 ⑩㉒㉑]
   ① 처음에 기초선 기간을 설정하지 않고 바로 개입단계(B)로 들어가고 다시 개입을 중단하는 기초선 단계(A)를 가지고 다시 개입을 재개하는 단계
   ② 클라이언트가 위기상황에 있어서 즉각적인 개입이 필요할 경우 사용하면 유용하다.
   ③ 장 점
      ㉠ ABAB설계보다 약하지만 반복된 개입을 통해 상당한 정도로 개입의 효과에 대한 확신을 가질 수 있다.
      ㉡ 기초선 없이 바로 개입단계에 들어감으로써 조속한 개입에 유용하다.
   ④ 단 점
      ㉠ 기초선 단계에서 개입 외의 다른 요인이 변화를 일으킬 수도 있다.
      ㉡ 개입이 효과가 지속적인 경우 기초선 단계와 제2개입에서 표적행동의 상태가 유사하므로 개입효과를 평가하기 어렵다.

■ BAB설계 예 ■

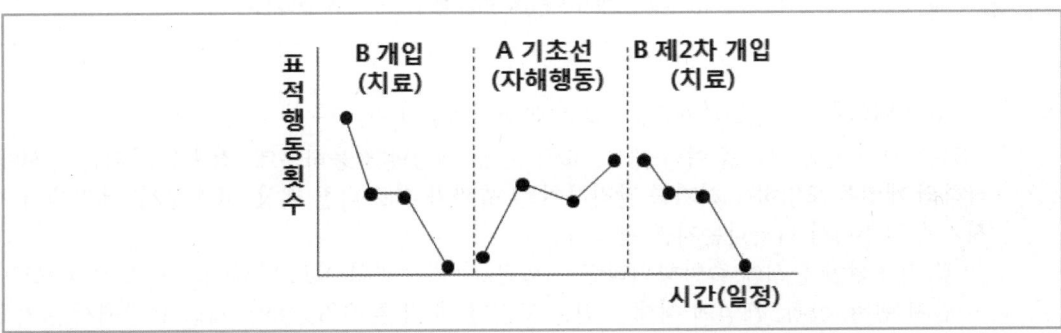

   BA설계는 개입의 긴급성이 있는 상황에 적합하다.(O)

(4) ABCD설계(기초선 → 서로 다른 개입방법 사용단계) [①⑩⑯⑲㉑㉒]

다중요소설계(복수요소설계)
반드시 ABCD에 국한되지 않고, ABC, ABCDE, ABAC, ABACAD 등으로 덧붙여 나갈 수 있으며, 구성설계, 띠설계, 순환개입설계, 무작위교환설계, 상호작용설계 등의 형태가 있음

   ① 이 설계는 **다중요소설계*** 중 하나로 **하나의 기초선 자료에 대해서 여러 개의 각기 다른 개입방법들을 연속적으로 도입해 보는 것**이다. 즉 하나의 기초선 자료에 대해서 여러 개의 각기 다른 방법(BCD)을 개입하는 방법이다.
      단일사례연구 : 연구대상과 개입방법은 여러 개가 될 수 없다.(X)
      ABCD설계는 여러 개의 개입효과를 개별적으로 증명하기 위한 설계이다.(X)
   ② 장 점
      ㉠ 클라이언트에게 도움되지 않는 개입을 수정하거나 실제로 표적문제에 변화를 가져오는지 설명하고자 할 때 유용하다. 즉 클라이언트에게 적합한 새로운 개입방법을 적용해 볼 수 있다.
      ㉡ ABCD설계는 융통성이 있어서 연속적인 단계에서 옳다고 입증된 대로 개입계획을 변경할 수 있다.

③ 단 점
　㉠ **이월효과** : B단계가 없었더라면, D에 의한 효과가 없었을지 모른다. 즉, B단계 효과가 D단계로 이월되어 나타난 것일 수도 있다.
　㉡ **순서효과** : 만일에 D단계를 B단계나 C단계와 순서를 바꾸었다면 개입효과가 없는 것으로 나타날지도 모른다. 순서가 ABCD순으로 되었기 때문에 D단계가 효과를 나타냈을지도 모른다.
　㉢ **우연한 사건** : D단계가 효과를 나타낸 것은 D단계를 하기 직전 또는 하는 과정에서 외부 환경의 변화와 같은 외생요인이 개입되어 효과를 나타냈을 수 있다.
④ ABCD설계에서 각각의 개입 방법에 대한 독자적인 효과의 인과관계를 명확히 하려면 개별적인 AB설계가 필요하다.

> **주의**
> ABCD설계에서 나타나는 이월효과, 순서효과, 우연한 사건을 통제하기 위해서는 다른 클라이언트에게 같은 방법으로 결과를 측정하면서 다른 순서로 개입을 도입하며 개입을 재현하는 것이며, 또는 더욱 복잡한 다중요소설계를 하는 것이다.
> ⓧ⊗ ABCD설계 : 다중기초선설계는 순서효과(order effect)를 통제할 수 있게 한다.(X)

(5) **복수기초선(다중기초선) 설계(multiple baseline design)** [⑯⑰⑲㉑㉒, 기술론 ⑨㉓㉛]
　① AB설계와 동일한 과정을 **여러 대상, 표적 문제, 세팅에 적용**하는데, **기초선 단계는 동시에 시작하되 개입을 도입하는 시기를 달리하여 그 효과가 서로 다른 대상, 표적문제, 세팅에서 개입 시기에 맞추어서 나타나는지를 관찰하는 것**이다.
　　㉠ 각 기초선이 동시에 출발하더라도 개입은 각 기초선의 서로 다른 점에서 도입하므로, 첫 번째 행위, 상황, 개인에 대해 개입을 도입할 때 다른 행위, 상황, 개인에 대해서는 기초선 단계를 유지한다.
　　㉡ 이와 비슷하게 두 번째 행위, 상황, 개인에 대해 개입을 도입할 때, (만약 셋 이상이 있을 경우) 세 번째는 기초선 단계를 유지한다.
　② **복수기초선 설계의 세 가지 기본 설계구도**
　　㉠ **복수 표적행동 설계(문제 간 복수기초선 설계)**
　　　하나의 특수한 개입방법이 같은 상황에서 같은 대상자의 다른 문제해결에 효과가 있는지를 평가하기 위한 것이다.
　　　　 예 K학생이 정체감, 자기통제 능력, 관계 형성 능력에 문제가 있다고 판단하여 학생지도 프로그램(개입)을 실시하는 경우
　　　　 예 행동수정에 기반한 스티커를 활용한 개입전략이 한 아동의 여러 표적문제, 즉 동생을 때리는 행동, 독서량 향상, 심부름하기 등에 효과가 있는지를 평가하는 경우
　　　　 ⓧ⊗ 다중기초선설계 : 동일한 개입을 특정 연구대상자의 여러 표적행동에 적용하여 개입의 효과를 평가한다.(O)
　　㉡ **복수 연구상황 설계(상황 간 복수기초선 설계)**
　　　하나의 특수한 개입방법이 같은 대상자의 같은 문제를 두 가지 이상의 다른 상황에서 치료하는데도 효과가 있는지를 평가하기 위한 것이다.

예 K학생이 집단활동에 참여하지 않고 늘 소외되어 있어서, 사회성 향상 프로그램을 실시하려고 할 때, 프로그램을 학습 내, 동아리 내, 학교 밖에서 적용하려고 하는 경우

예 한 아동이 또래에 대하여 공격적인 행동(때리기)을 보이는 아동에 대하여 행동주의적 개입을 할 때, 학교, 가정, 놀이터 등 다양한 상황에서 개입의 효과성을 살펴보고자 하는 경우

ⓒ **복수 연구대상 설계(대상자 간 복수기초선 설계)**

특정 개입방법이 같은 상황에서 같은 문제를 가진 두 명 이상의 다른 대상자에게 적용될 때 그 개입방법은 효과가 있는지를 평가하기 위한 것이다.

예 분노조절 프로그램을 세 명의 다른 사람(갑, 을, 병)에게 적용하여, 프로그램의 효과성을 파악하려고 하는 경우

예 표적문제인 또래 때리기에 대한 행동주의적 개입을 갑, 을, 병 세 명의 어린이에게 적용하여, 프로그램의 효과성을 파악하려는 경우

③ **장 점**

㉠ 복수의 문제행동, 대상, 상황에 대해 개입의 효과를 한 번에 보여줄 수 있기 때문에 비용 면에서 효율적일 수 있다.

㉡ ABAB 디자인에서처럼 개입을 중단했다가 나중에 다시 개입하는 등의 인위적인 개입 조작으로 인한 비윤리적 문제가 없다.

※ 다중기초선설계 : 내적타당도 저해요인을 통제하기 위한 주요 수단으로 개입의 철회를 사용한다.(X)

㉢ 동일 사례와 동일 환경에 대해서 각기 다른 표적 행동들에는 어떤 효과를 내는지도 확인해 볼 수 있으며, 복수의 디자인을 활용한다는 점에서 특정 사례에 국한되지 않은 일반화된 설명을 시도하는 데 유리하다. → 다양한 조건에서 개입의 효과성을 평가할 수 있기 때문에, 서비스 개입 방법의 일반화 가능성을 검증하는 데도 효과적으로 사용될 수 있다.

㉣ **연구대상자의 수가 증가할수록 내적타당도는 증가**한다.

> **주 의**
>
> 대상자간 다중기초선설계의 경우 특정 개입방법이 같은 상황에서 같은 문제를 가진 두 명 이상의 다른 대상자에게 적용될 때 그 개입방법은 효과가 있는지를 평가하기 위한 것이다. 같은 상황에서 같은 문제를 가진 다른 사람들에게 특정의 개입방법을 적용했을 때 기초선과 개입기간에 있어서 행동변화가 나타났다면 이런 행동변화는 개입으로 인한 것이라는 확신(내적타당도)을 가질 수 있다. 이 때 연구대상자 수가 많을수록 내적타당도는 증가하는 것이다.
>
> ※ 다중기초선설계 : 연구대상자의 수가 증가할수록 내적타당도는 증가한다.(O)
>
> ※ 단일사례연구 : 여러 명의 조사대상자들에게 개입시기를 다르게 하면 우연한 사건효과를 통제할 수 있다. (O)

④ **단 점**

㉠ 복수의 케이스와 개별 디자인을 적용해야 하므로, ABAB에 비해 비용이 늘어난다.

㉡ 각 기초선이 동시에 출발하더라도 개입은 각 기초선의 서로 다른 시점에 도입되기 때문에, **일부 연구대상자에게 개입의 제공이 지연되는 문제**를 갖는다.

㉢ 동일한 개입방법을 여러 사례에 적용한 후 표적문제의 변화를 살펴보아서 비교하는 것이므로 문제행동, 대상, 상황 등의 사례 간에 상호작용이 있어서는 안 되는 데도 상호작용이 일어나는 경우가 종종 있다.

ⓔ 개입이 진행되는 문제행동, 대상, 상황에만 적용되어야 하는 개입효과가 기초선 상태에 머물러 있는 두 번째 문제행동, 대상, 상황에도 적용되는 효과의 일반화(effects of generalization)라는 문제가 발생하여 개입의 효과를 파악할 수 없게 만들 수도 있다.

04 개입의 평가 [③⑤⑱⑲㉑, 기술론 ⑨]

(1) 시각적 유의성(visual significance, 시각적 분석)
기초선과 개입단계에서 그려놓은 그래프를 보면서, 개입 이전에 비해 개입 이후의 표적문제에서 눈에 띌만한 변화(파동, 경향, 수준을 고려)가 있었는지를 확인하는 것이다.

① **변화의 파동(variability)**
  ㉠ 변화의 파동은 관찰된 표적행동의 특성이 시간의 경과에 따라 파동을 일으키며 변화되는 정도를 말한다.
  ㉡ 변화의 파동이 심한 경우는 변화의 유형을 파악할 수 없으므로 기초선과 관찰의 횟수를 늘려야 하고, 파동이 작으면 개입의 효과를 확실히 알 수 있다.

단일사례설계의 개입효과 : 개입 후 변화의 파동이 심하면 효과 판단이 어렵다.(○)

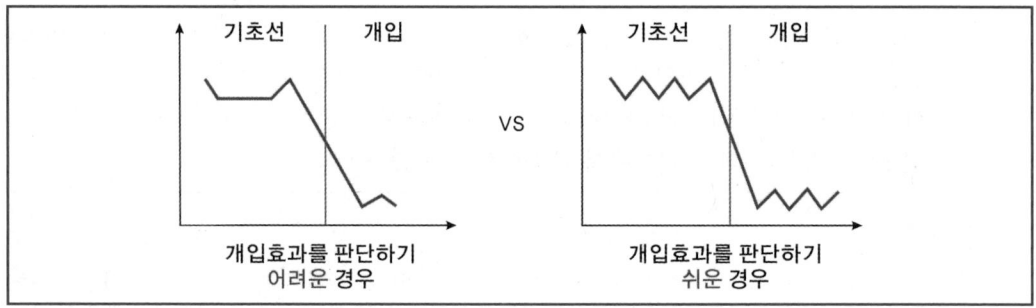

② **변화의 경향(trend)**
  ㉠ 개입의 효과를 평가하기 위해 기초선 변화의 경향을 개입기간 변화의 경향과 연결시켜 검토해야 한다.
  ㉡ 기초선 기간과 개입 기간 동안 경향의 방향이 일치되는 경우는 개입 영향을 판단하기 어렵고, 반면 서로 상반되는 경우에는 개입 영향을 판단하기 쉽다.

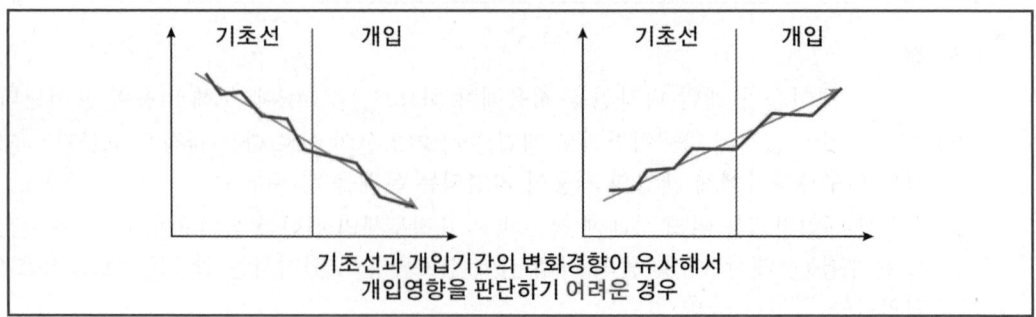

③ 변화의 수준(level)
   ㉠ 변화의 수준은 관찰된 행동특성의 점수의 위치를 말한다.
   ㉡ 기초선의 점수 수준과 개입기간의 점수 수준 사이에 차이가 클수록 개입의 효과에 대한 확신이 높아진다.

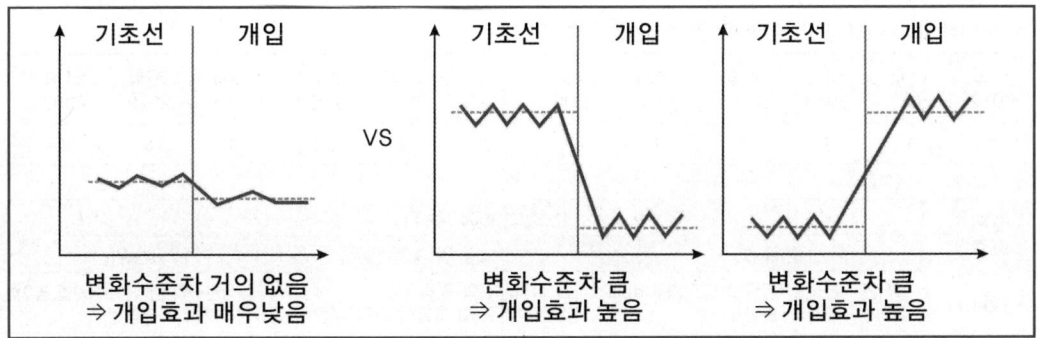

(2) **통계적 유의성(statistical significance, 통계적 접근)** : 평균비교, 경향선 접근
   ① **평균비교** : 기초선(A)에서 나타난 관찰값의 평균과 개입국면(B)에서의 평균값을 비교해 보는 방법으로, 개입국면(B)의 평균이 기초선(A)의 평균에서 얼마나 벗어나 있는지를 계산하고, 그 차이가 통계학적으로 의미 있는지를 판단하는 것이다.
      ✗○ 단일사례설계의 개입효과 : 기초선과 개입기간 두 평균값의 통계적 검증을 통해 개입효과를 판단한다.(○)

   ② **경향선 접근 : 기초선이 불안정하게 형성**되어 일종의 경사를 보이고 있을 때, 기초선의 변화의 폭과 기울기까지를 동시에 고려하는 방법이다. 경향선은 기초선에서 발생하는 변화를 기울기 경향으로 나타낸 것으로 개입이 없는 상태에서 자연스럽게 기초선이 연장된다면 어떤 결과가 나올 것인지를 보여주는 일종의 예측선이다.
      ✗○ 단일사례설계의 개입효과 : 기초선이 불안정할 경우 기초선의 경향선을 이용하여 통계적으로 개입효과를 판단한다.(○)
      ✗○ 단일사례설계의 결과분석방법 : 경향선 분석에서는 기초선의 측정값을 두 영역으로 나누어 경향선을 구한다.(○)
      ✗○ 평균비교는 기초선이 불안정할 때 기초선의 변화의 폭과 기울기까지 고려하여 결과를 분석하는 방법이다.(✗)

(3) **임상적 분석(substantive significance, 실용적 분석)**
   ① 변화의 크기를 임상적인 기준에서 판단해 보는 것이다. 문제의 특성에 대한 고려, 다른 케이스나 개입방법에서 보고되는 효과성과의 비교, 사례의 진행 과정에 대한 깊이 있는 전문적 이해 등을 통해 개입의 실천적 함의를 판단하는 것이다.
   ② 시각적으로나 통계학적 분석에서 의미있는 변화라고 해서 그것이 곧 변화의 크기에 대한 실질적 중요성을 의미하지는 않으며, **결과 판단에 주관적 요소의 개입 가능성이 크다.**

CHAPTER 13 질적 연구방법론

제3부 **자료수집**

제13장 회차별 출제빈도, 출제비중 및 출제논점 1, 2, 3순위

10회 2012	11회 2013	12회 2014	13회 2015	14회 2016	15회 2017	16회 2018	17회 2019	18회 2020	19회 2021	20회 2022	21회 2023	22회 2024
2	5	1	1	1	2	2	4	3	4	3	2	3

출제 비중	출제 논점		
	1순위 ☺	2순위 ※	3순위 ☆
13￪	① 질적연구 특징(질적연구와 양적연구 비교) ② 질적연구에서의 표집	① 질적연구의 종류 ② 질적연구 시 특별한 고려 사항	① 질적연구의 엄격성(rigor)을 높이는 전략 ② 삼각측량과 혼합연구

1순위 스마일표시(☺) : 출제 빈출도가 높은 부분으로 무조건 시험에 출제되는 영역
2순위 당구장표시(※) : 나왔다 안 나왔다 하는 영역이지만 출제가능성 높은 영역
3순위 별 표(☆) : 출제 된 적이 있긴 하지만 다시 출제될 가능성은 다소 떨어지는 영역

MAP

- 질적 연구방법론
  - 질적 연구의 개념, 특징, 장·단점 ☺
  - 질적 연구와 양적 연구의 비교 ☺
  - 질적 연구의 종류 ※
  - 질적 연구에서의 표집 ☺
  - 질적 연구 시 특별한 고려 사항 ※ — 완전참여자, 완전관찰자
  - 질적 연구의 엄격성을 높이는 전략 ☆
  - 삼각측량과 혼합연구 ☆ — 질적 연구방법과 양적 연구방법을 통합하는 혼합연구

01 질적 연구의 개념, 특징, 장·단점

1 질적 연구의 개념과 특징

(1) 질적 연구의 개념
① 복잡한 사회현상을 심층적으로 규명하고 해석하기 위한 사회과학 연구방법의 한 패러다임을 말한다.
  ㉠ 연역적 계량적 조사방법을 활용하는 전통적인 양적 조사(quantitative research)에서 나타나는 문제점을 지적하면서 **귀납적·해석적 조사방법을 강조하는 연구방법**이다.
  ㉡ 경험을 중시하는 **과학적 실증주의 혹은 논리적 실증주의를 거부**하는 일련의 입장이다.
② **질적 연구가 사회복지실천에서 활용되는 경우**
  ㉠ 잘 알려지지 않은 주제에 대한 탐색적 접근을 하고자 하는 경우
  ㉡ 민감하고 정서적으로 깊이 있는 주제를 심층적으로 조사하고자 하는 경우
  ㉢ 실제로 어떤 삶을 살고 있는 사람에게서 생생한 경험에 대한 이해와 그 의미를 도출하고자 하는 경우
  ㉣ 사회복지실천에서 프로그램이나 정책 및 기관의 내면(the inside)을 탐구 평가하고자 하는 경우

(2) 질적 연구의 특징 [②③④⑤⑥⑦⑨⑩⑫⑬⑮⑰⑱⑲㉒]
① **주관성** : 양적 연구에서는 객관적 세계의 존재를 기본 가정으로 하지만, 질적 연구에서는 **연구자가 자신의 주관이 배제된 객관적 실재를 파악하는 것이 불가능**하다고 본다.
② **기술적·탐색적** : 양적 연구에서 주로 변수들 간의 관련성이나 영향관계, 어떤 현상의 원인 등을 밝히고 설명하는 데 주된 초점이 있다면, 질적 연구는 **현상에 대한 탐색과 기술에 주된 관심**이 있다.
  > 양적조사와 질적조사의 비교 : 양적조사는 가설검증을 지향하고 질적조사는 탐색, 발견을 지향한다.(○)
③ **총체적인 관점** : 질적 연구는 **연구참여자의 세계, 시각 등을 총체적으로 살펴보려고 한다.**
④ **자연적** : 질적 연구자는 **연구참여자의 자연적인 상태를 있는 그대로 이해하고 묘사하고자 하**며, 이를 위해 연구참여자들과 오랜 동안 지속적인 관계를 맺으면서 신뢰를 쌓고 이러한 신뢰를 바탕으로 연구참여자들의 자연스러운 생활상태에 근접하여 자료를 수집한다.

> **주의**
> 질적 조사는 매일의 구체적인 생활이 실제로 자연스럽게 펼쳐질 때 생활을 관찰하는 것을 강조하기 위해 자연주의적 연구조사(naturalistic research)라고 한다.
> > 질적 조사 : 자연주의는 질적조사의 오랜 전통이다.(○)

⑤ **귀납적 분석** : 양적 연구에서는 연역적 방법을 사용하지만, 질적 연구에서는 현실에서 일어나는 경험적 자료들을 수집하고 분석함으로써 이로부터 이론을 도출하려는 **귀납적 방법을 사용(귀납적 추론의 경향이 강함)**한다.

> 질적연구 : 관찰로부터 이론을 도출하는 귀납적 방법을 활용한다.(O)

⑥ **연구도구로서의 연구자 → 양적 연구에 비해 연구자의 역할이 더 중요함**
  ㉠ 구조화된 설문지를 사용하여 자료를 수집하는 양적 연구와 달리 질적 연구에서는 **연구자의 관찰과 통찰 등을 통해 자료를 수집**하고 분석하게 된다.
  ㉡ 조사자(연구자)가 2명 일 때에는 상이한 배경을 가진 자로 하는 것이 연구자가 가진 편견을 명확히 하는 데 유리하다.

⑦ **연구절차의 유연성** : 질적 연구는 양적 연구에 비해 **연구절차가 덜 구조화되어 있고 자료수집 및 분석과정이 유연하고 직관적**이다.

⑧ **결과에 이르는 과정에 관심** : 질적 연구자들은 결과나 산물에 관심을 갖기보다는, 그 **결과에 이르는 과정에 더 많은 관심**을 기울인다.

⑨ **작은 규모의 표본과 사례의 독특성** : 소수 사람의 생활을 면밀히 관찰해서 사회문제를 밝히며, 잘 드러나지 않거나 주류에 속하지 않는 사람의 생활경험을 이해하려고 한다. → 소수의 사례를 깊이 있게 관찰, 심층규명(probing) 함

⑩ **정성적 차원 분석**
  ㉠ 양적 연구가 숫자로 측정하고 표현하는 정량적 차원을 분석한다면, 질적 연구는 계량화하기 어려운 **정성적 차원을 분석**한다.
  ㉡ 양적 연구는 수량적, 계량화 가능성에 따라 연구의 영역이 결정되는 반면, 질적 연구는 정성적 정보, 다의적이고 깊은 수준의 정보획득 가능, 계량화하기 어려운 매우 광범위하고 무제한적인 모든 영역의 연구가 가능하다.

⑪ **양적연구보다 타당도가 더 높음** : 질적연구는 양적연구에 비해 깊이 있는 정보를 얻을 수 있어 양적연구보다 타당도가 더 높다. 반면에 **질적연구는 신뢰도 확보에 어려움**이 있다.

⑫ **비확률표본추출방법을 선호** : 연구결과의 일반화를 극대화하기 위해, 양적 조사에서는 확률표본추출방법을 선호하고 질적 조사에서는 비확률표본추출방법을 선호하지만, **질적 조사에서 확률표본추출방법이 사용될 수는 있다**. 다만, 특정 개인이나 집단에 대해 연구자가 자신의 목적과 의도에 맞는 전형적인 표본을 선정하고자 하는 **질적 조사에는 비확률표본추출방법이 최선의 표본추출방법**이다.

2 질적 연구의 장·단점 [18]

(1) **질적 연구의 장점**
  ① 풍부하고 자세한 사실의 발견이 가능하다.
  ② 문제에 대한 새로운 통찰력(시각)을 제공한다.

③ 조사설계나 자료수집에 융통성이 있다.
④ 때로는 저비용으로 쉽게 시작할 수 있다.
⑤ 작은 집단이나 표본으로도 가능하다.

(2) 질적 연구의 단점
① 주관적이라는 인상을 주기 쉽다. 즉, 결과에 대한 주관적인 이해가 반드시 현실이나 경험적 검증 결과와 일치하지는 않는다.
② 조사결과를 일반화하는 데 어려움이 있다.
③ 조사 결과의 효율성을 입증하거나 실천적 적용을 이끌어 내기에는 미흡하다.
④ 다른 연구자들이 재연하기 용이하지 않다.

02 질적 연구와 양적 연구의 비교 [13 17 19 20 22]

구 분	질적 연구방법	양적 연구방법
	해석주의	실증주의(경험주의)
인식론	• 주로 언어를 분석대상으로 활용 • 개인의 일상경험 해석하고 이해 목적 • 사회적 행위의 주관적 의미 이해 강조 • 연구자의 가치나 태도 활용 강조	• 경험적 관찰을 통해 이론을 재검증 • 객관적 실재가 독립적으로 존재 • 현상에 대한 직접적 이해가 가능 • 보편적 적용 가능한 분석도구 존재
연구체계	• 복잡한 현상을 가능한 '있는 그대로' 개방적인 상태에서 파악한다. • 고려할 가치가 있는 모든 변수들을 최대한 포함시키려고 노력한다. • 연구의 체계와 현장의 체계를 최대한 일치시키려고 노력한다. • 현상이 전개되는 자연적인 체계 또는 일상적인 체계에 연구자가 참여하는 접근 방식을 취하기 때문에, 현상을 관찰하여 기술할 때 풍부한 정보를 제시한다.	• 제한된 체계에서 사소하거나 예외적인 현상들을 배제하고 단순화시켜 연구자가 가설상에 설정한 관계를 확률적으로 규명하려 한다. • 선택한 변수 이외의 변수는 연구에서 가능한 한 배제한다. • 현장의 체계와 연구의 체계를 분리하여 진행한다. • 보다 체계적이고 객관적인 것은 사실이지만, 그 때문에 미리 설계된 연구체계에서 벗어나는 상황에 대한 정보를 제시하기 어렵다.
연구자와 연구대상	• 연구과정에서 **연구자와 연구대상 모두 다른 사람으로 대체하여서는 안 된다.** • 연구자는 연구대상자와 긴밀하게 상호작용하면서 연구를 진행한다.	• 같은 조건이라면 다른 연구자들도 동일한 연구결과를 산출할 수 있기 때문에 연구자는 언제든지 교체될 수 있다. • 연구자는 외부 세계와 차단된 공간에서 실험을 하거나 또는 일정한 거리를 두고 관찰을 수행한다.

주관성과 객관성	• 질적인 연구를 통해 **주관적인 내면세계를 심층적으로 파악**한다. • **현상학적 인식론에 기반**을 두어, 관찰자에 따라 사물이 서로 다르게 인식된다고 본다.	• 계량적이고 객관적인 지표를 통해 현상의 구조를 개괄적으로 보여준다. • 실증주의적 인식론에 기반을 두어, 관찰자에 상관없이 사물이 보편적으로 실제 존재한다고 믿는다.
일반화	일반화 가능성이 낮다.	일반화 가능성이 높다.
가설	• 연구에 앞서 가설을 설정하지 않고, 연구도중에 잠정적인 가설들이 부단히 형성, 기각, 수정된다. • 연구자가 연구대상에 대해 어느 정도 사전 지식을 가지고 있을 때에는 잠정적인 가설을 연구에 앞서 설정할 수도 있다.	연구자가 **연구에 앞서 가설을 설정**하고 그 가설을 검증하기 위해서 자료를 수집하고 분석한다. → **선(先)이론 후(後)조사의 방법 활용**
이론	**자료에 기반하여 이론을 산출**한다.	기존의 이론을 검증할 자료를 구한다.
신뢰도와 타당도	타당도가 더 높다.	신뢰도가 더 높다.

💬 질적 조사 : 일반화 가능성이 양적조사보다 높다.(X)

03 질적 연구의 종류 [④⑤⑧⑩⑪⑮⑯⑰⑱⑳]

1 생애사(biography, 일대기적 연구) : 개인의 삶을 탐구 [⑱]

① 개인의 삶의 기록들을 활용하는 접근법은 생애사(life-history)를 비롯하여, 생애담(life-story), 전기(biography), 구술사(oral history), 자서전(autobiography) 등이 흔히 사용되는 용어이고, 그밖에 개인사(personal history), 사례사(case history), 생애기록(life documents)이라는 표현도 사용된다.

② 전기 연구(biographical study)는 연구자에게 말하여지거나 문서와 기록물에서 발견되는 한 개인과 그의 경험에 관한 연구이다. 개인 혹은 특정 집단의 생애(일생 동안)적 역사에 대하여 **시간대 혹은 순서대로 기록하고, 유추하고, 분석하는 연구방법**이다.

💬 생애사의 적절한 연구주제 : 위안부 피해자 할머니 삶의 중요한 사건을 이해할 수 있다.(O)

OIKOS UP 내러티브(narrative) 연구(강종수, 2013) [⑳]

① 내러티브(narrative)는 이야기를 뜻하는 것으로 짧은 일화(story)가 아니라 긴 시간에 걸쳐 일어나는 삶의 사건들을 정리한 형태를 말한다.
② 연구절차는 한 두 사람에 초점을 맞추어 그들의 이야기를 수집함으로써 자료를 모으고, 개별적인 경험들을 보고하고, 이런 경험들의 의미를 연대기적으로 나열하거나 생애주기 단계를 사용하는 것으로 구성된다.
③ 시간적 순서에 의해 일어나는 사건에 대한 연구, 한 개인의 삶의 변화와 관련된 연구, 연구참여자의 경험과 관련된 다양한 맥락에 관심이 있는 연구 등에 적합하다.

❷ 현상학(phenomenological study) : 현상에 대한 경험의 본질을 이해 [18]

① 현상학은 인간이 타고난 지식(선험적 지식)을 통한 직관만을 통해 현실세계를 이해할 수 있다고 보았다.
② **개인의 주관적인 경험의 본질과 의미에 초점**을 두는 것으로 실생활 경험묘사를 지향하게 되어 현실근거 이론이라고도 한다.
  ㉠ 어떤 하나의 경험이 그 경험을 한 사람에게 주는 의미가 무엇인가를 탐구한다.
  ㉡ 연구자는 연구참여자들을 그들 자신들의 관점에서 이해하려고 하며, 그들의 감정, 실재에 대한 그들의 견해, 연구자가 관찰하는 현상이 그들에게 주는 특별한 의미 등을 이해하고자 한다.

> 현상학의 적절한 연구주제 : 늙어간다는 것이 어떤 의미인지를 이해할 수 있다.(○)

❸ 참여행동연구(participatory action research) [11)18)21)]

① 문제인식과 해결과정에서 조사자(연구자)와 참여자(연구대상자)가 함께 문제를 분석(해결)하는 조사방법이다.
  ㉠ 연구자들의 기능은 연구대상자들에게(전형적으로 불이익집단들) 하나의 자원으로서 기능하는 것인데, 연구대상자들이 자신들의 이해에 맞게 효과적으로 행동하는 기회를 주는 것이다.
  ㉡ 연구대상은 주로 소수집단, 즉 빈곤층, 여성, 원주민, 농어촌 주민 등으로, 연구대상자들은 자신들의 문제와 바람직한 해결책을 정의하고, 그들의 목표를 실현시키는 데 도움이 될 연구를 설계하는 데 주도적인 역할을 수행한다.
② 조사자와 참여자가 함께 집합적으로 토론과 상호작용을 통해 지역사회 문제의 구조적 원인을 분석해 나가는 교육적 과정이기도 하다.
  ㉠ 연구의 목적은 사회변화와 임파워먼트로, 단순히 지역사회문제나 현실을 밝히는 데 그치지 않고 급진적인 변화를 이루는 데 있다.
  ㉡ 지역사회에 기반하고 그 지역사회의 문제를 해결하고자 하는 연구라는 특징이 있다.

> 예) UN 식량·농업단체의 주민참여 프로그램을 들 수 있는데, 이 프로그램은 지역주민이 작은 자조집단을 만들고 자원을 이용함으로써 그들의 목적을 달성할 수 있음을 보여주었다. 이 프로그램에서는 약 130명의 집단도우미가 8~15명의 소집단을 만들어 문제인식과 대화, 토론, 교육 등을 통해 스스로 의사결정을 하고, 임파워먼트를 통해 자율적으로 문제(빈곤)를 해결해 나가도록 유도하였다.

> 참여행동연구의 적절한 연구주제 : 이혼 가족이 경험한 가족해체 사례를 심층적으로 이해할 수 있다.(✕)

❹ 문화기술지(ethnography, 민속지학) : 문화적, 사회적 집단을 기술하고 해석 [20]

① 실제 자연스런 세상에서 매일의 삶을 관찰하는 것(자연적 묘사, 문화적 묘사)에 초점을 두며, 특히 사람의 주관적 경험과 해석을 강조하기도 한다.
  ㉠ 특정 문화를 이해하기 위한 방법, 과정 및 결과로, 문화인류학에서 발달하여 왔다.

ⓒ 민족이나 부족, 일정 구역 내 공동거주민 등 특정 문화집단에서의 군중행위와 상호작용을 참여관찰을 통하여 탐구하며, 그들의 문화적 관점에서 기술하는 것이다.
② 특정 기관이나 대상자의 삶과 문화를 이해하기 위해서 실제 그 장으로 들어가 그들의 관점에서 그 삶과 환경을 밀도 있게 그려내는 연구방법이다.

5 사례연구(case study) : 단일 사례 혹은 복합적인 사례에 대한 심층 분석 [18⑳]
① 조사자가 단일사례를 연구하거나 복합적인 사례에 초점을 맞추어 **다각적이고 심층적인 분석을 하는 것**이다.
  ㉠ 사례는 개인, 프로그램, 의사결정, 조직, 사건 또는 다른 것이 될 수 있다.
  ㉡ 사례란 하나의 경계지어진 체계로 정의할 수 있다. 즉 사례의 경계가 명확해야 그 사례에 해당하는 자료와 그렇지 않은 자료를 구분하여 수집할 수 있기 때문이다.
② 이를 위해서는 질적이거나 양적인 다양한 방법이 모두 활용될 수 있으나, 보통은 질적이고 총체적인(개인의 삶의 복잡한 면을 총체적으로 다룸) 조사를 수행하게 된다.

6 근거이론(grounded theory) : 현장에서 수집한 자료에 근거 이론개발 [16⑱⑳]
① 상징적 상호작용주의적 관점에서 사람이나 사건, 현상 등 사회현상을 연구하고, 경험적 자료로부터 이론을 도출하고자 하는 연구방법으로, 1960년대 스트라우스(A. Strauss), 글래이저(B. Glaser)에 의하여 개발되어 널리 사용되었다.
② 조사과정을 통해 **체계적으로 수집되고 분석된 자료를 상호 비교·검토함으로써 어떤 이론을 추출하는 방법**이다.
  ㉠ 귀납적 연구가 중심이 되며, 유연성과 개방성에 기초한 제한되지 않은 다양한 정보의 수집이 중요하기 때문에 연역적 연구처럼 조사방법이나 절차들을 표준화하거나 이론적 틀로 제한하지 않는다.
  ㉡ 연구자가 이론적 민감성을 가지고 이론적 표본추출, 지속적 비교방법, 메모, 코딩 등을 통해 체계적으로 이론을 개발하고자 하는 연구방법이다.

> 근거이론의 적절한 연구주제 : 지속적 비교 기법을 통해 노인의 재취업경험을 이론화할 수 있다.(O)

OIKOS UP 근거이론의 코딩(곽영순, 2014 ; 고미영, 2012 ; 이효선 외, 2005) [16⑲⑳]

스트라우스와 코빈(Strauss and Corbin)이 제시한 자료 분석절차로서 개방코딩(open coding), 축코딩(axial coding), 그리고 선택코딩(selective coding)의 세 가지 과정이 있다.
① 코딩(coding)은 자료를 해체하고, 개념화 그리고 새로운 방법으로 다시 조합하는 작업으로 이것은 자료로부터 이론을 도출하는 핵심과정이다.
② 개방코딩으로 시작해서 축코딩 과정을 거쳐 선택코딩에 이르는 과정이 반드시 엄격한 연속적 방법으로 지켜져야 하는 것을 의미하지는 않는다.

코딩 단계	설 명
개방코딩 (open coding)	• 수집된 자료를 바탕으로 개념을 만들어 내고, 개념들을 묶어주는 더 포괄적인 범주를 만들고, 동시에 개념과 범주에 이름을 붙여나간다. • 자료 검토를 통해 현상에 이름을 붙이고 범주화시키는 분석의 한 부분으로, 범주화와 부호화는 개념을 만들며 근거이론의 기본 골격을 쌓는 기초작업이다.
축코딩 [19 20] (axial coding)	• 개방코딩을 통해 도출되었던 범주들을 원자료와 함께 재검토하면서 좀 더 추상화된 범주를 만들고, 범주들 간의 관계 혹은 가설을 엮어보면서 핵심개념(혹은 중심현상)을 발견해 낸다. • 각 범주들 간의 관계를 보다 포괄적으로 설명하기 위해 인과적 상황, 중심현상, 맥락적 조건, 중재적 조건, 작용/상호작용 전략, 결과라는 근거이론의 틀에 맞추어 분석하고 시간의 흐름에 따라 작용/상호작용을 순서적으로 연결하여 과정분석을 실시한다.
선택코딩 [16] (selective coding)	• 핵심개념을 다시 다른 개념이나 범주들과 연결해 보면서 이론화를 시도하는 것으로, 최초의 이론적 형태를 형성하기 위해 개발된 범주의 통합을 수반한다. • 이론을 통합시키고 정교화하는 과정으로 이론적 포화(theoretical saturation)와 변화범위(range of variability)에 대한 작업을 진행하며, 모형 내 범주들의 관계를 진술하는 명제를 구체화하거나 범주들을 통합하는 이야기를 서술한다.

04 질적 연구에서의 표집 [12 13 19 21 22]

질적 연구에서는 연구결과의 일반화가 아닌 연구하고자 하는 현상의 심도 있는 이해를 목적으로 하므로, 표본을 선정함에 있어 의도적으로 선택하는 것이 일반적이다(성숙진 외, 2001 ; 이윤로, 2003 ; 김태성 외, 2005).

1 비확률표집(의도적 표집)

① 대표성을 위한 무작위 표집방법보다 연구목적에 따른 **의도적 표집방법을 선호**한다.
② **의도적 표집**(purposive sampling, 유의표집)은 연구자가 광범위한 관찰과 심사숙고를 통해 대상에 대한 직관적인 느낌에 기반을 두고 연구대상을 가장 폭넓게 이해할 수 있을 것으로 생각되는 관찰표본을 선정하는 것을 말한다.

2 의도적 표집방법 중 질적 연구에 사용되는 표집방법들

(1) **기준표집**(criterion sampling)

연구자가 연구하고자 하는 초점에 맞추어 **미리 결정한 어떤 기준을 충족시키는 사례를 선정**하는 것이다.

> 예) 직업재활 훈련 프로그램 참여 경험 연구 시에 특정기관의 직업재활 훈련 프로그램에 1년 이상 꾸준히 참여한 사람들을 선정하는 경우로, 연구자가 직업재활 훈련 프로그램 참여 경험에 대해 다양한 정보를 제공하려면 최소한 1년 이상은 프로그램에 참여했어야 한다는 기준을 적용하여 사례를 선정한 것이다.

(2) 최대변화량 표집(maimimum variation sampling, 최대변이 표집)

소규모 표본을 집중적으로 연구하면서 다양한 현상을 찾아내는 것을 말하는 것으로, 작은 표본 내에 다양한 속성을 가진 사례들을 골고루 확보하기 위한 표집방법이다. 이질적인 조건 하에서 하나의 현상을 관찰함으로써 그에 대해 유용한 통찰력을 얻을 수 있다.

> 예) 사례관리과정 연구 시에 담당 건수가 가장 많은 프로그램, 중간인 프로그램 및 적은 프로그램 선정하는 것, 도시지역, 교외지역, 농촌지역에서의 프로그램 선정하는 것, 오래된 프로그램과 새로운 프로그램 선정하는 것 등

(3) 동질적 표집(homogeneous sampling)

① 동질적 사례들로 표본을 선정하여 **어떤 특별한 하위집단을 심도 있게 분석할 때 쓰이는 방법**으로, 최대변이 표집과 대조된다.

② 사례관리자의 과도한 역할 부담을 처리하는 방법에 대한 연구 시에 사례관리자의 담당건수가 특히 많은 프로그램들로 표본을 한정하는 것을 말한다.

> 예) 특정 주제에 관련 있는 사람들을 대상으로 집단면접을 하기 위해 유사한 배경과 경험을 가진 사례들을 선정

(4) 이론적(theoretical) 표집

연구자의 **연구문제나 이론적 입장과 분석틀, 실행할 분석방법, 그리고 도출해 내고자 하는 설명을 염두에 두고 탐구할 집단이나 범주를 선택하는 것**을 의미한다.

> 예) 지속적인 비교를 통해 범주들을 수정하는 과정에서 속성과 차원에 다른 조건을 변화시키면서 장소나 사람, 사건을 찾아 표집하는 것

(5) 결정적 사례 표집(critical case sampling)

어떤 상황에 대해 **아주 극적인 요점을 제공해 줄 수 있는 사례로 표본을 선정**하는 것으로, 하나 또는 몇 개의 결정적 사례를 연구하는 것이다.

> 예) 새로운 지역사회 프로그램에 대한 지역사회주민들의 이해 정도를 알고자 하는 경우, 교육수준이 높은 지역사회주민을 선정하는 것이다. 교육수준이 높은 지역사회에서 잘 이해하지 못한다면 그렇지 못한 지역사회에서는 더더욱 프로그램을 이해하지 못할 것이다.

(6) 확인 및 예외사례 표집(confirming and deviant cases sampling)

① **일상적이거나 규칙적인 유형에 맞지 않는 사례들을 검토**하여 규칙적인 태도와 행위의 유형을 더 잘 이해하게 되는 표집방법이다.

② 초기 분석을 확인해 줄 수 있는 사례와 그러한 분석이 잘 맞지 않는 사례를 중심으로 선정하는 것이다. 확인사례는 이미 나타나고 있는 유형에 일치하는 사례이며, 예외 사례는 이미 나타나고 있는 유형과 일치하지 않는 사례이다.

> 예) 사례관리자의 담당 건수가 극단적으로 많다고 알려진 2개 정도의 프로그램과 담당 건수가 극단적으로 적다는 2개 정도의 프로그램을 선정하는 것

(7) 준예외적 사례 표집(intensity sampling)

① 일상적인 것보다는 **약간 예외적이지만 예외적이라고 할 수 있을 정도로 그렇게 특이하지 않은**

사례들을 선정하는 것을 말한다.
② 극단적 사례 표집의 강도를 약간 낮춘 표집방법으로, 일상적인 것보다는 약간 예외적이지만 극단적 예외라고 할 정도로 특이하지는 않는 사례를 선정하는 것이다.
> 예 노인요양원의 보호에 가장 많이 참여한 가족과 가장 적게 참여한 가족을 선정하는 것보다 대부분의 가족들보다 약간 참여를 더하거나 덜 한다고 알려진 가족을 선정하는 것

(8) **극단적 혹은 일탈적 사례 표집(extreme or deviant case sampling)**

연구자의 관심현상이 전형적으로 나타내는 유형과 매우 다른 유형을 보이는 **특이하고 극단적인 사례(아주 특별히 성공했거나 실패한 사례)를 연구**함으로써 관심현상에 대한 이해를 넓히는 방법이다.
> 예 개인 후원자와의 결연을 통해 장학금을 받았던 청소년 중에서 항상 전교 1등을 하고 결국 우수한 대학교에 입학하게 된 사례를 들 수 있다.

05 질적 연구 시 특별한 고려 사항 [14 17 ②]

1 관찰자의 다양한 역할 : 완전참여자 ↔ 완전관찰자

(1) **완전참여자(full participant)**
① 자신의 신분자체를 속이고 대상집단에 완전히 참여하여 자연스럽게 관찰하는 방법으로, 연구자가 아니라 참여자로 보이도록 한다.
  ㉠ 완전한 참여자는 연구하려는 상황에 진짜로 참여할 수도 있으며, 진짜 참여자처럼 흉내를 내는 식으로 참여할 수도 있다.
  ㉡ 연구자는 그 무대에서 구성된 어떤 역할 또는 역할 꾸러미에서 일상적 삶에 완전히 관여하게 된다. 따라서, 연구자가 연구하는 대상에 진정한 참여자가 아니라면 참여자인 것처럼 행동하는 방법을 배워야만 한다.
  ㉢ **연구자의 원주민화(going native)** 는 연구자 자신이 참여자의 관심과 관점에 과도하게 집착함으로써 나타난다.
② 데이비스(Davis)가 말한 **개종자(Convert)** 로, 원주민화 된다는 위험을 무릅쓰고 연구대상인 현상 속으로 더 깊이 파고들어가 조사하는 것을 말한다.
③ **한계점**
  ㉠ 완전한 참여로 연구자가 관찰대상에게 반응성 또는 어떤 방식으로든 관찰대상의 사회과정에 직간접적으로 영향을 끼치게 되며, 이로 인해 과학적 객관성은 멀어지게 된다.
  ㉡ 관찰대상의 승인을 받지 않고 관찰한다는 점에서 연구윤리문제가 제기될 수 있다.

(2) **완전관찰자(complete observer)**
① 관찰자로서의 신분을 노출시키지 않고 관찰대상과 어떠한 접촉이나 역할도 하지 않으면서 객관적인 제3자 입장에서 관찰하는 방법이다.

㉠ 사회적 상호작용에 전혀 참여하지 않으며 심지어 연구하는 세계에 대해 여타의 관여를 하는 것을 회피한다. 완전관찰자로서의 연구자는 먼저 자료제공자들과 라포형성이 요청된다.(X)
㉡ 완전관찰자는 완전참여자보다 연구대상에 영향을 미칠 가능성이 적고 원주민화 될 가능성은 적다.
㉢ 연구조사자가 비관여적이기 때문에 연구대상은 자신이 연구대상이라는 사실을 인식하지 못한다.
㉣ 데이비스(Davis)가 말한 **화성인(Martian)**으로, 사회과학자는 자신들과 상이한 문화나 사회계급을 관찰하게 될 때 불가피하게 자신이 그들과 거리가 있다는 것을 느끼게 되며 이 정도의 거리 유지는 늘 있을 수 있다.

③ **한계점** : 연구대상을 완전히 이해하게 될 가능성은 적어진다.

OIKOS UP 관찰자의 4가지 역할(성숙진 외, 2001)

골드(Raymod Gold, 1969)는 관찰자가 취하는 역할을 완전참여자, 관찰참여자, 참여관찰자, 완전관찰자로 분류한다.
① 관찰참여자 : 연구대상자들에게 자신이 연구조사를 수행하고 있다는 것을 분명히 하고, 즉 신분을 명확히 밝히고 완전히 참여한다.
② 참여관찰자 : 연구대상자들에게 연구조사자로서의 신분을 밝히고 참여자들과 상호작용을 하지만, 실제로 전혀 참여자인 척하지는 않는다.

구분	완전참여자	관찰참여자	참여관찰자	완전관찰자
관찰대상의 승인 여부 (신분제시 여부)	X	O	O	X
관찰대상과 상호작용 여부	O	O	O	X
연구하는 집단에 완전참여	O	O	X	X

2 관찰대상과의 관계 : 이믹(emic)적 시각 ↔ 에틱(etic)적 시각

(1) 이믹(emic)적 시각(내부자적 관점) → 완전참여자
① 원주민들의 관점(folk perspective)을 말하는 것으로서 원주민들의 범주 그 자체를 말한다.
② 내부자 이해(insider understanding)로서, 연구자가 연구대상자들의 관점을 취하는 것을 말한다.

(2) 에틱(etic)적 시각(외부자적 관점) → 완전관찰자
① 분석적 관점(analytic perspective)으로서 검증할 수 있는 과학적 판단(verifiable scientific judgements)을 말한다.
② 객관성을 더욱 확보하는 데 관심을 가지고 연구대상자들의 시각에서 일정 거리를 유지하는 것을 말한다.
   질적연구의 엄격성(rigor)을 높이는 전략 : 내부자적(emic) 시각을 유지하기 위해 완전관찰자 역할 지향(X)

06 질적 연구의 엄격성(rigor)을 높이는 전략 [14⑤⑲㉑]

(1) 질적 연구의 과학적 엄격성(scientific rigor)과 연구의 신뢰도를 높이기 위해서 연구자가 연구설계에서부터 자료수집전략, 연구절차, 그리고 분석까지 모든 과정들을 객관화시키기 위한 노력과 전략이 필요하다.

(2) 이에 대한 전략들로 장기적 관여(prolonged engagement, 개입의 연장), 지속적 관찰(persistent observation), 삼각화 기법의 활용(triangulation), **동료 디브리핑(peer debriefing)**, **부정적 사례분석(negative case analysis)**, 참조적 적합성(referential adequacy), 구성원 점검(member check), 밀도있는 기술(thick description), 확실성 심사(dependability audit), 확증 가능성 심사(confirmability audit), 반추노트(reflective journal) 등이 있다.

① **부정적 사례(negative case, 반증사례분석)** : 완벽한 귀납적 방법의 달성을 위한 방법으로 연구 대상인 모든 사례를 포함할 수 있도록 지속적으로 변화하는 가정의 도출을 요하는 작업이다. 즉 지속적으로 나타나는 오류들을 모두 포함할 수 있는 가정의 재구성 작업을 말한다.

② **동료 디브리핑(peer debriefing)** : 연구자가 편견에 빠지지 않게 동료집단이 감시기제로서의 역할을 하는 것으로, 연구자의 개인적 선호와 성향을 제거하기 위한 작업으로 연구 주제에 익숙하거나 익숙하지 않은 동료들과 함께 연구 중 떠오르는 주제들을 함께 토론하는 자리를 자주 갖는 것이다.

※ 부정적 사례의 목적은 연구자가 편견에 빠지지 않게 동료집단이 감시기제로서의 역할을 하는 것이다.(X)

(3) 벨처(Belcher)가 제안한 질적 연구의 신뢰도와 타당도를 확보하기 위한 전략

① **장기적 관여(prolonged engagement, 장기간에 걸친 관계형성)**
  ㉠ 조사 대상인 문화 및 집단에 대해 학습할 뿐만 아니라 학습하고 이해한 것을 확인하기 위해 충분한 시간을 투자해야 한다.
  ㉡ 장기간에 걸친 관계형성은 연구대상의 반응성과 연구자의 편견을 줄이는데 도움을 줄 수 있다.

② **지속적인 관찰(persistent observation)** : 매일 매일 관찰하고 그 관찰한 것을 지속적으로 기록해야 한다.

③ **삼각측량(triangulation, 다각화)** : 자료수집에서 어떤 오류나 일관적이지 못한 것을 줄이기 위해 다양한 출처와 방법, 여러 관찰자를 활용해야 한다.

07 삼각측량과 혼합연구 [⑧⑪⑬⑯⑱]

1 삼각측량(triangulation, 다각화) [⑬]

① 복수의 관점을 활용하여 조사대상의 의미를 명확히 파악하는 방법으로, **동일 현상에 대해 복수의 자료나 복수의 관찰자를 두고 이를 수렴하는 것**이다.

② 삼각측량의 종류
  ㉠ **자료원 삼각 측정** : 서로 다른 출처에서 나온 자료가 일관성이 있는지를 검증하는 것이다.
    > 예) 사람들과 말을 하지 않으려는 아이가 있다고 가정해 본다면, 이 아이가 말하지 않는 행동을 관찰할 때, 오전과 오후, 가정과 학교, 부모가 있을 때와 없을 때 등 장소와 사람들의 상호작용 방식이 바뀌어도 같은 현상을 보이는지 관찰하여 확인하는 것이다.
  ㉡ **이론적 삼각 측정** : 동일한 종류의 자료를 분석하기 위해 다중적인 관점 또는 이론을 사용하는 것이다.
  ㉢ **연구자 삼각 측정** : 다수의 관찰자나 면담자를 활용하는 것으로, 동일한 현상에 대해 여러 명의 관찰자를 활용할 때 편견을 줄일 수 있다.
  ㉣ **방법론적 삼각 측정** : 특정 현상을 탐구하기 위해서 서로 다른 측정 방법이나 연구방법을 사용하는 것을 말한다.
    > 예) 양적 연구도 하고 질적 연구도 함께 하는 것, 또는 직접 관찰과 과거 기록점검을 함께 활용하는 것 등
  ㉤ **환경 삼각 측정** : 환경과 관련된 서로 다른 장소 및 요소를 사용하는 것으로 환경적 요소의 영향을 받는 연구에만 사용이 가능하다.
③ 삼각측량은 질적 연구의 과학적 엄밀성을 높이고 연구자나 연구대상자의 주관적 판단이나 오류를 줄일 수 있다.
  ㉠ 측정에서 조사자 편견이 작용할 여지를 줄일 수 있다.
  ㉡ 상호 일치도가 높은 자료를 판별하여 사용할 수 있다.
  ㉢ 자료의 객관성을 높일 수 있다.

2 질적 연구방법과 양적 연구방법을 통합하는 혼합연구

① **양적 연구와 질적 연구방법을 혼합**함으로써 복잡한 현상이나 사건에 대한 의미를 보다 복수의 관점에서 명확하게 파악할 수 있다.
  ㉠ **질적 연구를 통해 양적 연구결과의 심층적 의미를 파악**할 수 있다.
  ㉡ 현상에 대한 이해에서 양적 접근과 질적 접근은 모두 나름대로 한계가 있으므로, **두 가지 접근방법을 모두 사용할 때 유익**이 있다.
  ㉢ 연구에 따라 **양적연구와 질적연구의 상대적 비중이 상이**할 수 있다.
  ㉣ **질적 연구결과와 양적 연구결과는 상반**될 수 있다.
  ㉤ **다양한 패러다임 또는 상충되는 패러다임들도 수용**할 수 있어야 한다.
② **질적 연구와 양적 연구는 직선적 관계가 아닌 상호보완적이고 순환적 관계이다.** 양적 연구 결과의 심층적 의미 파악을 위해 질적 연구를 시도할 수 있고, 질적 연구의 결과를 일반화시키기 위해 양적 연구를 시도할 수도 있는 것이다.
  > 혼합연구방법 : 각각의 연구방법을 통해 얻은 결과가 서로 확증되는지 알아보기 위해 사용한다.(O)

MEMO

CHAPTER 14 욕구조사와 평가조사

제3부 **자료수집**

제14장 회차별 출제빈도, 출제비중 및 출제논점 1, 2, 3순위

10회 2012	11회 2013	12회 2014	13회 2015	14회 2016	15회 2017	16회 2018	17회 2019	18회 2020	19회 2021	20회 2022	21회 2023	22회 2024
3	1	–	1	1(1)	2	1	(1)	–	1	1	1	–

출제비중	출제 논점		
	1순위 ☺	2순위 ※	3순위 ☆
01₂	① 델파이 기법(전문가의견조사) ② 포커스그룹(초점집단기법) ③ 형성평가, 총괄평가(효과성평가, 효율성평가)	① 브래드 쇼(Bradshow)가 제시한 욕구 ② 명목집단기법(소집단투표방법) ③ 주요정보제공자서베이, 지역사회포럼	① 자체평가, 내부평가, 외부평가, 메타평가 ② 사회네트워크 분석 ③ 프로그램평가의 오류: 이론적 오류, 실행 오류

1순위 스마일표시(☺) : 출제 빈출도가 높은 부분으로 무조건 시험에 출제되는 영역
2순위 당구장표시(※) : 나왔다 안 나왔다 하는 영역이지만 출제가능성 높은 영역
3순위 별 표(☆) : 출제 된 적이 있긴 하지만 다시 출제될 가능성은 다소 떨어지는 영역

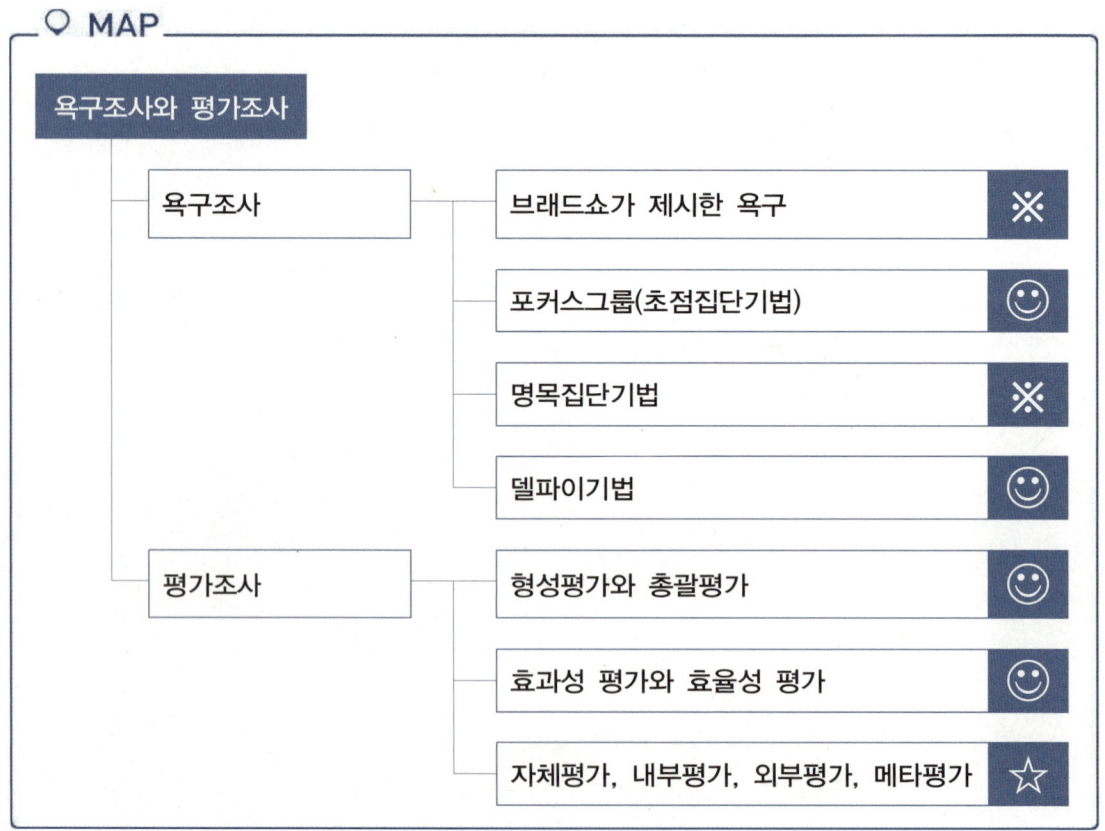

01 욕구조사(Needs Assessment)

1 욕구조사의 개요

(1) 개 념
서비스 제공자들이 언제, 어떤 프로그램을 시행할 것인지 결정하기 위해 필요한 정보를 수집하는 조사방법으로, 대상집단의 욕구(need)를 정확히 파악하기 위해 실시하는 조사(응용조사의 일종)이다.

(2) 욕구조사를 통해 파악하고자 하는 내용 : 욕구식별과 욕구추산
① **욕구식별**(needs discrimination, 욕구확인) : 각 지역사회 또는 집단이 어떠한 욕구나 문제를 가지고 있는가를 파악하는 것이다.
② **욕구추산**(needs estimate) : 그 욕구들의 상대적 중요성, 즉 욕구의 우선순위를 측정하는 것이다.

2 브래드 쇼(Bradshow)가 제시한 욕구판정을 위한 4가지 인식기준 [②⑤⑦, 행정론 ①⑤⑦⑩⑬]

(1) 규범적 욕구(normative need) : 인식의 기준은 규범
① 인식의 기준인 규범은 **전문가들에 의해 정해지는 경우가 많다.**
   전문가들은 그들의 경험과 지식으로 어떤 수준이 충족되어야 한다는 **전문적 기준(규범)을 설정하고 그 기준과 현실을 비교하여 욕구를 결정하는 것**이다.

   > 예) 영양학자들이 연구와 조사를 통해서 밝혀진 건강한 어린이의 영향기준에 미달하는 아동에게 건강욕구가 있는 것으로 판단하거나, 정부가 정한 빈곤선과 최저임금도 일종의 규범 또는 기준으로 그 이하의 조건에서 생활하는 사람은 소득욕구가 있다고 간주한다.

② 장 점
   ㉠ 현재의 상태를 규범적 상태로 끌어올리기 위해서 필요한 서비스가 제시될 수 있다.
   ㉡ 욕구의 수준이 파악되면 프로그램으로서의 **목표설정과 계량화에 용이**하고 목표 달성의 정도를 측정하는 데에도 장점이 있다.
③ 단 점
   ㉠ 전문가 의견에 의존하는 경향으로 인해 이에 근거한 서비스 개발을 할 경우 **엘리트 위주의 서비스**가 되어 표적집단이 사용할 수 없는 프로그램이 될 수도 있다.
   ㉡ 욕구의 정도가 **전문가에 따라 달리 규정**될 수 있으며 지식, 기술, 가치관, 시간변화에 따라 변할 수 있는 탄력성을 지니지 못하는 단점이 있다.

(2) 인지적 욕구(felt need or perceived need, 느낀 욕구, 감촉적 욕구, 체감적 욕구) : 인식기준은 체감
① 그룹의 성원들의 느낌이 욕구파악의 기준이 되는 것으로, 대개 사람의 '원함(want)'이 무엇인지를 파악하는 것이다.

㉠ 욕구를 갖는 잠재적 클라이언트들이 그 무엇이 결핍되었거나 과다한 것을 욕구로 생각하고 욕구충족이 필요하다고 느끼는 욕구를 말한다.

㉡ 표적집단이 어떤 욕구 상태에 있는지, 또는 어떤 서비스를 원하는지 직접 물어보거나(주로 면접, 전화, 우편조사 등의 **사회조사를 통해서, 지역사회서베이를 통해서), 지역사회 공개 토론회**를 통해 체감적 욕구에 관한 자료를 얻을 수도 있다.

② **단점**

㉠ 현재나 가까운 장래의 여건과 상황에 따라서 욕구의 정도도 **개인의 인식에 의해 수시로 변할 수 있다**는 문제점을 가지고 있다.

㉡ **응답자별로 인지욕구의 수준이 천차만별**하여 적절한 기준을 정하기 어렵기 때문에 객관적인 욕구측정이 되지 못한다.

㉢ **일반적으로 예상보다 크게 나타나는 경우가 많기 때문에** 인지적 욕구를 순수한 욕구로 그대로 추정하는 오류를 범할 수 있다.

(3) **표현적 욕구(expressed need, 표출적 욕구, 요구된 욕구) : 인식기준은 표적집단의 표현 또는 행위**

① **체감적 욕구가 행동으로 전환된 것**을 의미한다.

체감적 욕구는 그룹의 성원들이 내부적으로 느끼고 있는 정도에 의해 파악되는 데 반해 표현적 욕구는 그룹의 성원들의 의사가 실제 외부로 나타난 행위에 의해 파악된다.

　예) 어떤 서비스의 신청자 수, 대기자 명단(waiting list), 러브호텔 설립 반대, 환경파괴적 공장 설립 반대 등 주민들의 집단 행동을 통해서 욕구를 파악할 수도 있다.

② **장점** : 욕구의 정도가 비교적 정확하게 잡히기 때문에 수요에 따른 서비스 공급규모를 적절히 조절할 수 있다.

③ **단점**

㉠ 현재 이용 가능한 서비스의 이용에 의존하기 때문에 **현상을 유지하는 해결책을 갖게 된다.**

㉡ 서비스의 내용을 전혀 알고 있지 못하는 클라이언트 집단은 배제될 가능성이 많다.

(4) **비교적 욕구(comparative need; 상대적 욕구, relative need) : 인식기준은 비교**

① 전문가나 사회가 욕구를 규정하며, 욕구를 갖는 **당사자와 유사한 사람을 비교하거나 타 지역과 비교하여 정해지는 욕구**를 말한다.

㉠ **한 지역에 존재하는 서비스의 수준과 유사한 지역에 존재하는 서비스 수준 간의 차이를 측정**한다.

㉡ **집단 간 상대적 수준의 차이를 고려**한다.

② **장점** : 집단 간 비교 또는 지역 간 비교를 통해서 욕구의 수준을 정할 수 있다.

③ **단점**

㉠ 비교집단은 단순히 비교를 위한 것인지 실제로 동일한 수준의 욕구가 있는 집단인지에 관해서는 정확하지 않을 수 있어, 비교집단의 선정과 대표성 문제가 제기된다.

ⓒ 현실적으로 모집단의 평균을 얻기가 곤란한 경우가 많으며, 기존의 이용 가능한 정보를 이용하기 쉬운데 이 경우 이용 정보에 따라 다른 결과를 얻게 될 가능성이 많다.

(5) 위의 욕구들이 중첩될수록 프로그램화의 필요성은 증가한다.

> **주의**
> "위의 욕구들이 중첩될수록 프로그램화의 필요성은 증가"하는 이유는 무엇일까? 브래드쇼의 욕구유형은 욕구를 규정하는 주체에 있어서 차이가 있다. 규범적 욕구와 비교적 욕구는 욕구를 규정하는 주체가 전문가나 일반사회이다. 인지적 욕구와 표출적 욕구는 욕구를 규정하는 주체가 클라이언트 당사자이다. 어떤 상황이 4가지 욕구 유형들로 동시에 규정된다는 것은 전문가도, 일반사회도, 클라이언트 당사자도 그 상황을 욕구를 충족해야 할 상황으로 받아들이고 인정한다는 것을 의미하는 것이다. 따라서, 그 상황에 대한 개입을 위해 프로그램으로 만들 필요성은 증가되는 것이다.

3 욕구조사 자료수집 방법 [③⑧⑨⑩⑪⑮⑰]

(1) 직접적 욕구조사

① **지역사회 서베이 또는 서베이조사(survey)** : 느낀 욕구(felt need)를 조사하기에 적절한 조사방법이다.
  ㉠ **일반집단 서베이(Resident Survey)** : 대상지역의 주민들로부터 추출된 표본에 대해 질문조사를 실시하여 필요한 자료를 얻어내는 방법으로, 지역사회 욕구조사 시 가장 많이 사용되는 방법 중 하나이다.
  ㉡ **표적 집단 서베이(Target Group Survey)** : 어떤 특성을 가진 하위집단들(노인, 청소년, 장애인, 여성 등)을 대상으로 질문조사를 실시하여 그들 집단의 욕구, 기존 서비스 이용실태, 새로운 서비스 개발에 필요한 의견을 파악하는 방법이다.

② **초점집단기법(focus goups interview, FGI = 포커스그룹)** [⑥⑬⑯⑰⑲, 행정론 ⑦]
  ㉠ **개념** : 집단면접으로 불리는 초점집단 기법은 **보통 6~8명**(많은 경우 12~15명 정도도 가능)이 한 그룹을 형성하고, 이 그룹에 참여하는 구성원에게 어떤 주제에 대한 **상호작용을 유발함으로써 참가자로 하여금 의미 있는 제안 및 의견을 도출하도록 하여 자료를 수집하는 방법이다.** → 집단을 활용한 직접적인 자료수집 방법
    ㉮ 초점집단은 함께 모여 면접을 하는 피험자 집단으로, **논의의 증진을 위해 일시적으로 소집**된다.
    ㉯ **토론이 기본 목적**이지, 갈등해소, 의사결정, 문제해결 등의 **구체적 과제를 위해 구성된 집단이 아니다.**
    ㉰ **집단적 상호작용을 의도적으로 강조한다는 점**에서, 집단 참가자 간의 상호작용을 가급적 억제하는 명목집단과는 명백히 차이가 난다.
      ✗ 초점집단 조사에서는 익명 집단의 상호작용을 통해 도출된 자료를 분석한다.(X)
      ✗ 초점집단 조사 : 익명의 전문가들을 패널로 활용한다.(X)

ⓒ 특징
㉮ 영리기관에서 주로 상품평가나 서비스에 대한 평가 및 마케팅을 위해 시작했다.
㉯ 주로 개방형 질문을 사용하여 참여자의 생각을 자극하고 고무하며, 그들의 아이디어, 태도, 반응, 제안 및 통찰력을 유도한다.
㉰ **구성원 간의 합의를 이루는 것이 목적이 아니라 관심주제에 대한 관점을 심층적으로 파악**하는 데 있다.

ⓒ 장점
㉮ 집단적 상호작용과 역학을 통해 특정 주제에 관한 **맥락적 정보를 획득**한다.
㉯ 맥락을 통한 명료화가 자료의 **내용 타당도를 높이는데 기여**한다.
㉰ 심층탐색을 시도하고 더 상세한 것도 끌어낼 수 있으므로, 자연적 과정에서 현상이 일어나길 기다리는 **관찰보다 비용효율적**이다.
㉱ **축약된 정보를 짧은 시간에 도출해 낼 수 있다는 것이다.**
㉲ 집단의 구성에서부터 세심한 사전준비가 필요하지만 **시행의 용이성**이 있다.

ⓔ 단점
㉮ 참가자 간 활발한 상호작용을 강조하므로 **조사자가 과정상 주도권을 갖기 어려워서 통제하기 쉽지 않다.**
㉯ 자료수집 과정에서 **연구자의 주관적 개입이 될 수 있다.** → 따라서, 연구자는 자신의 의견을 절대로 표출해서는 안 되고, 참가자의 의견에 대해 판단을 내려서도 안 된다.
   💬 초점집단 조사 : 연구자의 개입에 의해 편향이 발생할 수 있다.(○)
㉰ 집단적 맥락에서 개인들의 견해가 제시되므로, 조사자가 **개인의 구분된 메시지를 명확히 가려내기 어렵다.**
㉱ 대면적 집단 상황이 전개되므로, **비밀성이나 익명성 보장이 어렵다.**
㉲ 참여자 수가 제한적이기 때문에 **결과를 쉽게 일반화하기가 어렵다(조사결과의 외적 타당성이 낮음).**
㉳ 필요한 사람을 한 장소와 시간에 모으는 것(집단소집)이 쉽지 않다.

③ **명목집단*** 기법(Nominal Group Technique : NGT = 소집단투표방법)

명목집단
집단적 상호작용이 전혀 없는 상태로 모인 사람의 집단을 의미하며, 모든 참가자들에게 동등한 의사표출 및 결정권을 주기위해 라운드 로빈(round robin, 돌아가면서 차례로 말하기)이나 투표(voting) 등의 방식을 자주 사용함

㉠ 개념 : 미국의 지역사회 행동기관에서 개발된 기법으로, **빠른 시간 안에 다양한 배경을 가진 집단의 이익을 수렴하여 욕구조사와 우선순위를 결정하도록 고안된 욕구조사 방법**이다.
㉮ 의사결정과정이 복잡하고 개개인의 판단을 총합, 즉 다수의 사람이 의사결정에 대한 투입을 해야 할 **필요성이 있는 경우에 사업관리를 위한 의사결정과 기획에 있어서 일반적으로 활용되는 의사결정 기법**

㉯ 전문가들을 한 장소에 모아놓고, 각자의 의견을 적어내게 한 후 그것을 정리하여 집단이 각각 의견을 검토하는 절차를 합의가 이루어질 때까지 계속하는 방법

㉰ **창조성, 생산성을 극대화하고 문제해결을 위하여 논쟁적인 형태를 최소화하도록 고안된 민주적이고 수량적인 집단 의사결정방법**으로, 집단의 특정구성원이 집단의 의사결정에 과도한 영향력을 미치는 것을 통제하기 위한 기법

ⓒ 지역에 오래 거주해서 지역에 대해 잘 아는 사람, 지역공무원 등과 같이 직접 거주는 하지 않았더라도 지역사정을 잘 알고 그들을 대변할 수 있는 사람들이 명목집단의 구성원이 된다.

ⓒ 대개 20명 이상이 참여하며 한 테이블당 5~6명씩 몇 개의 테이블에 분산 착석하여 진행된다. 이는 다음과 같은 절차를 밟아 진행된다.

　㉮ 아이디어는 필담으로 조용히 개진된다.
　㉯ 구성원끼리 차례대로 사발통문식의 환류를 제공하며 각자의 아이디어를 다듬어지지 않은 문체로 메모지에 적는다.
　㉰ 각각의 기록된 아이디어에 대하여 토론이 이루어지며 이를 통하여 아이디어의 명료화와 평가가 이루어진다.
　㉱ 아이디어의 순위를 수학적으로 도출하기 위하여 아이디어의 우선순위에 대한 개별적인 순위 부여가 이루어진다.

ⓔ **장점** : 참여한 사람 모두의 의사가 고루 반영될 수 있고, 소수 엘리트 집단의 독단에 의한 의사결정 가능성을 최소화 할 수 있다.

ⓓ **단점** : 시간이 많이 걸리며, 신속한 의견교환을 허용하지 않으며 흥정이나 타협을 위한 적절한 기법이 아닐 뿐만 아니라 대표기관에 있어서 정책수립에도 적합하지 않다.

④ **지역사회 포럼(Community Forum, 지역사회공개토론회)** [⑨⑩⑮, 행정론 ⑬]

㉠ **한 지역사회 내에 거주하는 모든 사람들이 참여할 수 있는 공개적인 모임을 개최하여, 주민들로 하여금 그 지역의 욕구나 문제에 대해 의견을 발표하도록 하여 주민들의 의견을 파악하는 방법**이다.

ⓒ 장점
　㉮ 수집될 내용이 사전에 결정되어 있지 않으므로, 자유로운 지역사회의 의견이 도출될 수 있다.
　㉯ 지역사회의 전반적인 분위기를 파악하는 데 유리하다.
　㉰ 주민의 가치나 태도, 의견을 직접 파악하면서도 서베이와 같은 방법에 비해 비용이 적게 든다는 경제적 측면의 장점이 있다.

ⓒ **단점** : 참석하는 사람을 선별하거나 통제하기가 어렵기 때문에, 지역사회의 대표성을 고루 갖춘 참석자를 확보(의견 수렴의 대표성을 확보)하는 것이 어렵다.

　　지역사회포럼은 조사대상자를 상대로 개별적으로 자료를 수집하는 데 유리하다.(X)

(2) 간접적 욕구조사
① 델파이 기법(delphi technique, 전문가의견조사) [⑦⑪⑭⑮⑯㉑]
㉠ 1950년경 미국의 Rand Corporation의 달키(Dalkey)와 동료들에 의해 개발된 기법으로서 **전문가들에게 우편으로 의견이나 정보를 수집하여 분석한 결과를 다시 응답자들에게 보내 의견을 묻는 식으로 만족스러운 결과를 얻을 때까지 계속하는 방법**이다.
㉮ **대면적인 회합이 없는 상태**(우편조사로)에서 집단적인 상호작용을 제공하고자 할 때나 반대 견해를 가진 사람들이 직접적인 맞대응하는 것을 피하고자 할 때 유용한 방법이다.
㉯ 위원회나 전문가 토론 또는 여타 집단토의에서 나타나는 문제점을 극복하기 위하여 고안된 방식으로, **장기적인 미래예측이 필요한 경우의 의사결정 기법**으로 활용된다.
㉡ 델파이 기법의 구조
㉮ **헤겔(Hegel)의 변증법 과정을 따름**
ⓐ 정(thesis)의 과정은 집단이 견해나 의견을 세우는 과정, 반(antithesis)은 갈등적 견해나 의견이 개진되는 과정, 합(synthesis)은 새로운 견해의 일치나 합의에 도달하는 과정
ⓑ 집단의 모든 응답자들은 정-반-합의 연속되는 과정을 통해 자신의 명제를 개진 및 수정해 가며, 점차 집단 전체가 마음의 합치를 지향해 가는 진화과정을 거침
㉯ **구조적 특징 : 조정자와 패널로 구성**
ⓐ **참가자의 익명성 보장** : 모든 패널 참가자는 익명성을 유지
ⓑ **정보의 흐름을 구조화** : 구조화된 방식으로 정보의 흐름을 제어, 즉 조정자는 개별 참가자들로부터 설문지 서베이 방식을 통해 정보를 얻음
ⓒ **규칙적인 피드백** : 매회 설문이 끝나면 조정자가 패널 전체의 응답을 정리해서 다음 설문에 첨부시켜서 피드백

델파이 조사는 비구조화 방식으로 정보의 흐름을 제어한다.(X)

㉢ **델파이 기법의 과정** : 전문가 선정 → 주요 관심사에 대한 설문지 작성 → 설문지 우송 → 회수된 응답 내용을 합의된 부분과 합의되지 않은 부분으로 나누기 위해 통계적으로 집계 → 1차 분석 결과에서 합의도가 낮으면 그 결과를 다시 응답자들에게 보내어 1차 분석 결과를 참조할 각자의 의견을 물음 → 회수된 응답 재분석
㉣ 장점
㉮ 전문가를 한 자리에 모으는 수고를 덜고 **전문가가 자유로운 시간에 의견을 말할 수 있다.**
㉯ 익명성 구조는 집단 역학에 의해 **권위나 퍼스낼리티에서 우위에 있는 사람이 논의 과정을 독점하는 것을 방지**할 수 있게 한다.
㉰ **시류 편승의 효과(bandwagon effect)나 후광효과(halo effect)를 최소화**시키고 자신의 견해를 자유롭게 개진해 나갈 수 있게 하는 데 도움을 준다. 시류 편승 효과는 다수의 견해에 쉽사리 동조하는 경향을 의미하고, 후광 효과는 권위 있는 사람의 견해에 쉽사리

현혹되는 경향을 의미한다.

> ⓧ 델파이 조사 : 패널의 후광효과를 방지하기 어렵다.(X)

ⓜ **한계점**
  ㉮ 반복적인 과정을 거치므로 시간과 비용이 많이 들고, 반복하는 동안 **응답자의 수가 줄어드는 문제**가 있다.
  ㉯ **수집된 자료의 객관성의 문제**가 있다. 즉 외부적으로는 집단의 자유로운 의견개진을 표방하고 있지만, 실제로는 조정자가 사전에 결정된 목적과 방향으로 의견을 유도해 나가는 데 사용될 수 있다.
  ㉰ 실제 욕구와 반드시 일치하지 않을 수 있으며, 극단적인 의견은 판단합의를 얻기 위해서 제외되는 경향이 있어 창의적인 의견들이 손상될 수 있다.

■ 초점집단, 델파이기법, 명목집단기법의 비교 ■

구 분	기술의 유형	초점집단기법 = 포커스그룹	델파이기법 (delphi technique)	명목집단기법 = 소집단투표제
	목 적	토론, 제안 및 의견도출	합의	합의(우선순위)
	전문가 여부	전문가 + 일반인	전문가	전문가
	대면 여부	○	×	○

② **주요 정보제공자 서베이(Key Informant Survey)** : 해당 지역의 사회복지단체의 간부, 인접 직종의 전문직 종사자, 지역유지, 정치적 지도자, 행정관료 등 지역사회 문제에 대해 직접적으로 잘 알고 있다고 생각되는 사람들로부터 욕구조사에 필요한 의견을 수집하는 방법이다. [⑨⑩⑯]

③ **서비스제공자 서베이(Service Offerer Survey)** : 서비스를 제공하는 사람들로부터 지역사회의 문제나 욕구, 기존 프로그램의 평가 및 새로운 프로그램의 개발에 필요한 의견을 수집하는 방법이다.

④ **기존 사회적 자료분석(Existing Social Data Analysis, = 사회지표분석, 사회지표조사)** : 기존 사회적 자료분석은 복지기관 서비스 이용 자료분석과 함께 이미 존재하는 자료를 분석하는 **2차 자료분석의 한 방법**이다. [⑧⑨⑪⑮]

⑤ **복지기관 서비스 이용 자료분석(Welfare Agency Service Data Analysis)** : 지역사회 내의 기존 사회복지관의 서비스 이용에 관련된 기록들을 분석해서 필요한 자료를 얻어내는 방법을 복지기관 서비스 이용 자료분석이라 한다.

> **OIKOS UP** 사회네트워크 분석(김영종, 2009) [16]
>
> 사회네트워크 분석(SNA, Social Network Analysis)은 그 뿌리를 소시오메트리에 두고 있으며, 현재는 다양한 수학적 모델과 컴퓨터 기술이 결합해서 전형적인 소시오메트리 방법의 한계를 훨씬 뛰어넘은 사회네트워크 분석이 널리 쓰이고 있다.
>
> (1) 네트워크 자료의 특성
> ① 네트워크 구조분석에서는 속성형 변수가 아니라, **관계형** 변수를 주로 사용한다. 속성이란 개체들의 내재된 특성을 뜻하고, 관계는 개체 간의 연결 특성을 뜻한다.
>   - 네트워크 구조분석에는 관계형 변수를 주로 사용한다.(○)
> ② 네트워크 자료수집의 목적은 관계형 변수를 분석하자는 것이며, 이를 위해 조사자는 다음과 같은 관계의 특성에 대해서도 관심을 갖는다.
>   ⊙ 지속성(durability) : 관계가 얼마나 오래 동안 지속되는지
>   ⓒ 상호교환성(reciprocity) : 관계를 맺는 양쪽이 동등한 입장에 있는지
>   ⓒ 강도(intensity) : 관계가 어느 정도로 강한지
>   ② 밀도(density) : 집단 내에 얼마나 많은 관계가 있는지
>   ⓒ 도달성(reachability) : 처음에서 끝으로 가는 데 얼마나 많은 관계가 필요한지
>   ⓑ 중심성(centrality) : 관계가 집중되는 지점을 어느 정도 갖고 있는지
>
> (2) **자료 수집의 방법**
> ① 사회네트워크 분석을 위한 자료 수집의 대상으로는 사회적 단위들 간에 이루어지는 모든 교환관계가 해당될 수 있으며, 서베이에서 관찰에 이르는 다양한 자료 수집 방법의 선택이 가능하다.
> ② 네트워크 내 개인, 집단, 각종 조직 단위들 간의 교환 관계를 파악하게 만드는 것이면 무엇이든 자료 수집의 대상이 될 수 있다. 즉 사회복지 전달체계에서 지역사회 조직들 간 네트워크의 분석에는 자금의 흐름, 서비스의 의뢰, 공식적 및 비공식적 정보의 교류, 직원의 조직 간 교류와 인지도 등에 관한 온갖 지표 자료가 서비스, 관찰, 흔적 분석, 문헌자료 등과 같은 방식으로 수집될 수 있다.
>
> (3) **네트워크 자료의 분석방법**
> ① 자료를 지도 모양의 그림(diagram)으로 나타내는 방법인 소시오그램
> ② 자료를 행렬(matrix) 도표 형태로 나타내는 방법인 소시오매트릭스
> ③ 자료를 축약된 양적 지수의 형태로 나타내는 방법

02 평가조사(Evaluation Research, 평가연구)

1 개요

(1) 개념
① 사회적 개입이 의도했던 결과를 만들어내는지를 판단하는 과정으로 응용조사의 특수한 형태이다.

② 사회복지 프로그램의 효과성, 효율성, 적절성, 만족도 등을 체계적으로 분석하여 결정권자로 하여금 합리적인 결정을 내릴 수 있도록 산출하는 과정이다.

(2) 목 적 [행정론 ②]

① **프로그램 과정상 환류적 목적** : 프로그램 성공 여부에 대해 평가를 실시하고 평가결과를 환류(feedback)시킴으로써 프로그램의 유지, 축소, 확대, 혹은 중단 여부에 대해 합리적 판단(의사결정)을 할 수 있도록 돕는다.

② **기관운영 책임성 이행과 예산지원에 대한 정당성 확보** : 기관예산을 포함한 물적 자원과 인적 자원의 사용에 있어 효율성과 효과성을 평가하여, 기관운영 책임성 이행과 예산 지원에 대한 정당성을 확보한다.

③ **이론 형성 목적** : 프로그램 실시 이전에 표적 집단의 표적행동을 관찰하고, 프로그램을 실시한 집단의 표적행동에 어떠한 영향을 미쳤는지를 논리적으로 평가함으로써 실험변수와 결과변수 간의 인과관계를 검증하여 이론을 형성할 수 있다.

④ **프로그램 개선 목적** : 형성평가의 경우, 프로그램 진행과정을 개선할 목적으로 프로그램을 평가한다.

⑤ **설계적인 목적으로 프로그램 평가** : 새로운 프로그램을 개발하거나, 현재 시행 중인 프로그램을 설계를 명백히 하거나, 새로운 프로그램의 개발과 시행에 소요되는 경비를 산출하거나, 기관의 목적을 검토하기 위하여 프로그램을 평가한다.

⑥ **합리적인 자원배분을 목적** : 프로그램의 평가결과에 따라 자원을 할당함으로써 자원배분이 합리적으로 이루어질 수 있으며, 이러한 평가를 통해 지역사회나 정부로부터 지원 혹은 지지를 획득할 수 있는 정보를 제공해 준다.

⑦ **서비스 전달 체계 개선목적** : 서비스가 전달되는 과정을 평가하여 본래 의도한 목적과는 다른 방향으로 진행될 경우 이를 시정하여 프로그램 진행과정에서 서비스 전달이 원활하게 이루어지도록 한다.

⑧ **프로그램 기획 및 개발에 필요한 지식이나 정보를 획득할 목적** : 평가에 사용되는 방법들은 기관의 개인활동과 계획한 성과 간의 관계에 대한 지식을 개발하고, 프로그램을 개발하는 데 필요한 정보를 획득하는 데에도 활용된다

(3) 평가연구 설계의 유형 [⑭]

① 평가연구자들은 전형적으로 실험 또는 유사실험 설계를 사용한다. 유사실험설계의 예로 시계열 설계와 비동일 통제집단의 사용을 들 수 있다.

② 평가자들은 자료수집의 질적 방법을 사용한다. 질적, 양적 자료분석 모두는 평가연구에 적절하다.

❷ 프로그램 평가의 종류

(1) 목적에 따른 분류 : 형성평가, 총괄평가 [②④⑤⑥⑦⑳]

구 분	주요 내용
형성평가 (formative evaluation) = 과정평가 = 모니터링평가	• 프로그램을 형성하는데 초점을 맞춘 평가 → 과정지향적 평가 • 프로그램의 개발이나 시행 중인 프로그램을 개선(계속되는 프로그램을 수정-보완)하기 위해 프로그램 운영 도중에 이루어지는 평가 • 프로그램의 성패를 가르는 것과 관련이 없고, 대신에 **프로그램 개혁과 수행 및 완성**에 도움이 되는 정보를 얻는 데에 초점 • 형성평가에서 프로그램의 분석은 모니터링(monitering)의 형태를 가짐 • 내부평가가 우선되며 외부평가자의 자문을 구함 • 총괄평가에 비해 융통성이 요구됨
총괄평가 (summative evaluation) = 결과평가 = 성과평가	• 프로그램이 종료된 이후 행해지는 평가 → 목표지향적 평가 • 프로그램의 궁극적인 성공 여부를 가려 프로그램을 시작할 것인지, 지속할 것인지, 종결할 것인지와 그 프로그램을 다른 대안적 사항들보다 우선적으로 선택할 것인지를 결정하는 것과 연관 • 주로 외부평가자를 활용하며 내부평가자의 원조와 지원을 받음 • 평가를 위하여 고정화된 틀이 필요함 • 효과성 평가와 효율성 평가

(2) 효과성 평가와 효율성 평가 [⑨, 행정론 ⑬]

구 분	주요 내용
효과성 평가 (Effectiveness Evaluation)	• **프로그램 목표의 달성 정도를 평가**하는 조사 → 프로그램이 본래 의도한 목표를 어느 정도 달성했는지, 달성했다면 과연 그것이 프로그램 때문이었는지 등을 분석 • 산출평가(outputs evaluation)와 성과평가(outcomes evaluation) 분류 ㉮ **산출평가** : 주로 프로그램 실시결과의 양적인 면에 대한 평가 ㉯ **성과평가** : 질적인 면까지 고려한 평가
효율성 평가 (Efficiency Evaluation)	• 프로그램 수행의 비용 적절성을 평가하기 위한 조사 • 효율성을 평가하는 두 가지 주요 접근방법 ㉮ **비용효과분석(cost-effectiveness)** : 프로그램에 드는 비용만 화폐가치로 환산 ㉯ **비용편익분석(cost-benefit)** : 프로그램의 비용과 산출(성과)을 모두 화폐가치로 환산

(3) 평가자 또는 평가주체에 따른 분류 : 자체평가, 내부평가, 외부평가 [⑩]

① **자체평가**(self-evaluation) : 프로그램 담당자 스스로 행하는 평가로, 많은 정보를 얻을 수 있고 평가비용을 절약하며 장기적으로 계속할 수 있으나 공정성을 확보하는데 문제가 있다.

② **내부평가**(internal evaluation) : 프로그램을 직접 담당한 사람이 아닌 기관 내부의 책임자나 동료에 의해 이루어지는 평가이다.

㉠ 장 점

㉮ 내부평가자는 외부평가자보다 기관 전체에 대한 많은 내용을 알 수 있다.
㉯ 중요한 전후 맥락상의 정보를 알 수 있다. 즉, 프로그램에 관한 많은 지식을 갖고 있다.

     ㉰ 기관 전체에 관한 내용을 소상히 알고 있기 때문에 프로그램 관련 정보에 대한 접근성이 용이하다.
     ㉱ 현실적인 제약요건들을 융통성 있게 감안하여 평가할 수 있다.
     ㉲ 평가자체가 생산적이지 못할 때 평가설계를 신속히 변경가능하다.
     ㉳ 평가의 시간과 비용을 절약할 수 있다.
     ㉴ 프로그램 운영자로부터 평가에 대한 협조를 구하기가 수월하다.
     ㉵ 평가의 활용도를 높일 수 있다.
  ⓒ 단 점
     ㉮ 내부평가자는 외부평가자보다 프로그램을 객관적이고 공정하게 지켜볼 수 없다.
     ㉯ 내부평가자는 프로그램의 세부적인 부분들을 알 수 있지만, 비판적으로 바라보지 못하는 경향이 있다.
     ㉰ 형식적인 평가로 간주될 가능성이 많다.
     ㉱ 변화를 시도(주도)할 힘의 바탕이 약하다.

③ 외부평가(external evaluation) 또는 고문평가(consultant evaluation) [7]
  프로그램을 담당하는 기관의 외부에 속한 사람에 의해 행해지는 평가이다
  ⓘ 장 점
     ㉮ 대부분의 평가는 재정적인 부분과 행정적인 부분을 누가 관여하고 있느냐에 따라서 평가의 결과가 결정된다.
     ㉯ 외부평가자에 의한 평가는 프로그램의 재정과 행정을 독립시킴으로써 연구의 신뢰성을 확보할 수 있다.
     ㉰ 외부평가자들은 이 분야의 전문가들로 구성되어 있을 가능성이 높기 때문에 평가의 신뢰성을 확보할 수 있다.
     ㉱ 객관적 합리적 과학적 평가를 할 수 있다.
  ⓒ 단 점
     ㉮ 외부인은 프로그램에 대해 내부인보다 많이 알지 못한다. 또한 안다 하더라도 질적이라기보다는 양적으로만 알 수 있다
     ㉯ 외부전문가를 프로그램 관리자와의 친분관계로 선정할 수도 있는데, 이 경우 직원과의 사회적 상호작용으로 객관성과 신뢰성이 보장되지 않을 수도 있다.
     ㉰ 외부평가자들도 평가가 클라이언트에게 만족을 주길 바라게 되고, 좋은 소식을 들려주기를 원하는 경우가 있기 때문에 좋은 평가만을 하게 되는 경우가 많다.
     ㉱ 지나치게 경직된 평가가 될 수 있다.
     ㉲ 기밀에 속하는 자료를 제한적으로 사용할 수 밖에 없다.
     ㉳ 직원들에게 초조감, 압박감을 주어 평가과정에 직원들이 불참할 가능성이 있다.
     ㉴ 평가결과를 받아들이지 않거나 매우 제한적이며 선별적으로 받아들일 수 있다.

(4) 평가의 평가 또는 메타평가(meta-evaluation) [행정론 ⑥]
① 이미 제시된 평가계획서나 완성된 평가를 다른 평가자에 의해 다시 점검을 받는 것을 말한다.
② 평가의 평가는 형식적으로는 형성평가나 총괄평가로 수행될 수 있다.
③ 평가의 신빙도, 타당도, 유용도 외에 평가의 시기, 보고서의 문체, 적절성, 평가비용 등도 검토 대상이 된다.

❸ 프로그램 평가의 기준 [③⑥]

① **합법성(legitimacy)** : 사회복지프로그램에 관련된 법률과 기관의 운영규칙의 범위 내에서 법률 목적에 얼마나 적합하게 운영되었느냐에 따라 평가된다.
② **노력성(effort)** : 다양한 프로그램과 관련된 사람들이 프로그램을 위해 얼마나 열심히 일하고 있는지에 의해 평가된다.
③ **효과성(effectiveness)** : 목적 달성도(degree of goal achievement)로, 프로그램이나 프로젝트의 성공 여부로 나타난다.
④ **효율성(efficiency)** : 투입(input)과 산출(output)의 비율로 측정됨(효율성=산출/투입). 즉 프로그램의 수행이 얼마나 많은 투입으로 수행되었느냐로 평가된다.
⑤ **적절성(adequacy)** : 실현 가능성이라고도 표현한다. 즉 현실적으로 적합하게 가능한 범위 내에서 프로그램이 계획되고 운영되어야 한다.
⑥ **접근 가능성(accessibility, 접근성)** : 프로그램을 필요로 하는 모든 사람들이 시간적으로나, 장소적으로나, 비용적으로나, 심리적으로나 손쉽게 서비스전달체계에 접근할 수 있는 정도에 의해 평가된다.
⑦ **만족성(satisfaction, 만족도)**
  ㉠ 프로그램에 만족하는 정도로, 이는 프로그램을 이용한 사람들이 얼마나 그 프로그램에 대해서 만족하는지, 전달된 서비스나 기술들이 실제 자신의 문제해결에 도움이 되었는지 등에 관해 질문함으로써 평가된다.
  ㉡ 만족성에 대한 평가는 같은 내용의 서비스에 대해서도 수혜자에 따라 서로 다른 평가가 나올 수 있어 상당히 주관적일 수 있다.
⑧ **지속성(continuity)** : 수혜자들이 서비스가 중단되거나 분열되지 않고 지속적으로 제공받을 수 있는 정도로 평가된다.
⑨ **적합성(fitness)** : 프로그램이 서로 다른 수혜자의 욕구(needs)에 맞도록 되어 있는 정도로 평가된다.
⑩ **포괄성(comprehensiveness)** : 사람마다 서로 다른 다양한 욕구나 문제를 충족시키거나 해결하기 위해 필요로 하는, 얼마나 다양한 서비스를 제공하고 있는가에 의해 평가된다.
⑪ **통합성(integration)** : 서로 연관된 서비스를 통합해서 제공하고 있는 정도로 평가된다.

⑫ **사회적 형평성(equity)** : 대상 집단에게 동일한 접근기회가 주어지는지의 여부와 그 정도 그리고, 프로그램 활동이 지역 내에 균등하게 배분되는 정도로 평가된다.

4 프로그램 평가의 오류와 평가조사(김영종, 2009) [⑨]

(1) 이론적 오류

① 프로그램 개입이 매개변수들의 변화는 정확하게 초래했지만, 개입목표의 성과지표는 변화하지 않는 경우를 프로그램이 이론적 오류에 빠졌다고 한다.
  ㉠ **매개변수의 변화가 성과와 연결되지 않는 경우를 프로그램의 이론적 오류라고 한다.**
  ㉡ 이론적 오류는 수많은 매개변수들 사이의 상호작용을 명확하게 이해하지 못했거나 규명해 놓지 않았기 때문에 발생하는 것이다.

② **프로그램의 개입(직업상담 프로그램)이 '취업률' 성과 간에 아무런 연관성이 없는 경우**
  ㉠ 직업상담이 취업 동기와 능력을 변화시켰음에도 불구하고, 취업률에서 변화가 발생하지 않았다.
  ㉡ 취업 동기와 취업능력이 아무리 높아져도 일자리 기회가 적절히 주어지지 않으면 취업에는 아무런 효과가 없을 수도 있다.

  ㉢ 동기와 능력에다 취업 기회의 제공이라는 매개변수를 추가로 투입한다든지, 아니면 개입이론을 전면적으로 수정하여 아예 취업 기회 제공을 직업상담 서비스의 중심 목표와 매개변수로 삼을 것인지 등을 정책적으로 고려해 보아야 한다.

(2) 실행 오류

매개변수로부터 의도된 변화가 발생하지 않으면 이는 실행 오류이다. 즉 **매개변수가 변화하지 않음으로 인해 프로그램의 성과가 발견되지 않는 것**이다.

① 프로그램이 제대로 실행되지 않았기 때문에 매개변수의 변화가 나타나지 않는다고 해서 이를 실행 오류라고 한다. 이는 이론적 오류와 무관하다.
② 만약 프로그램이 매개변수에 대한 변화를 유발할 수 있었다면, 이론적으로 프로그램의 성과가 있었을 것으로 가정한다.

  예) 집단상담서비스가 의도했던 대로 사람들의 취업동기나 능력을 변화시킬 수 없는 경우 : 프로그램의 운영변수들에 속하는 프로그램 기술(집단상담 혹은 개별상담과 같은 상담방법, 상담의 시간 길이나 시간대, 상담자의 자질과 능력, 상담 내용 등)이나 프로그램 실시 환경 등을 분석해서, 왜 의도했던 매개변수에의 변화가 발생하지 않았는지를 파악할 수 있다.

김진원 OIKOS 사회복지사1급 통합이론서 1교시

제4부

자료처리 및 연구보고서 작성

제15장 자료처리 및 연구보고서 작성

자료처리 및 연구보고서 작성

제4부 **자료처리 및 연구보고서 작성**

제15장 회차별 출제빈도, 출제비중 및 출제논점 1, 2, 3순위

10회 2012	11회 2013	12회 2014	13회 2015	14회 2016	15회 2017	16회 2018	17회 2019	18회 2020	19회 2021	20회 2022	21회 2023	22회 2024
-	-	-	-	-	-	-	-	-	-	(1)	-	-

출제 비중	출제 논점		
	1순위 ☺	2순위 ※	3순위 ☆
0~(1)			① 코딩, 부호책(codebook) ② 연구보고서 작성: 고려사항, 문체와 양식, 체계

1순위 스마일표시(^^) : 출제 빈출도가 높은 부분으로 무조건 시험에 출제되는 영역
2순위 당구장표시(※) : 나왔다 안 나왔다 하는 영역이지만 출제가능성 높은 영역
3순위 별 표(☆) : 출제 된 적이 있긴 하지만 다시 출제될 가능성은 다소 떨어지는 영역

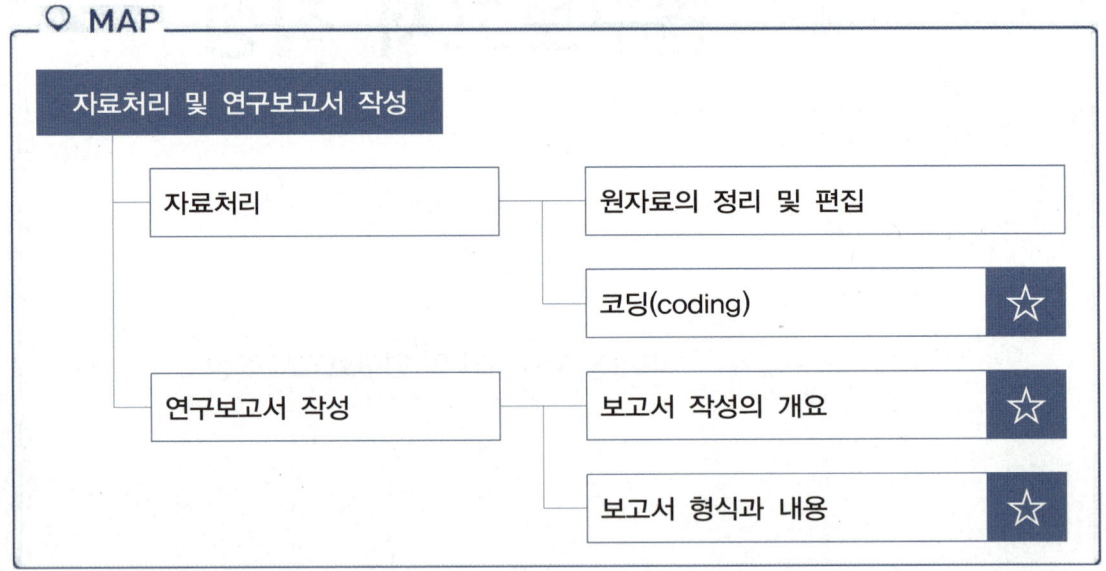

01 자료처리

❶ 원자료의 정리 및 편집
① 원자료의 정리 및 편집이란 자료처리에서 수집된 자료들을 정리하고, 점검하며, 편집하는 것을 말한다.
② 대개 하나의 방법(설문지, 비표준화된 면접, 관찰에 의한 기록지, 내용분석에 의한 기록지 등)으로 자료가 수집되지만, 연구목적이나 주제에 따라서 여러 가지 자료수집방법이 혼용되면 이런 경우에는 다양한 형태의 원자료들을 적절하게 정리하거나 통합하는 작업이 필요하다.

❷ 코딩(coding) [3]
① 일종의 컴퓨터를 위한 통역과정으로 수집된 자료들을 일정한 규칙에 따라 숫자, 문자, 기호 등의 기호를 부여하는 과정이라고 할 수 있는데, 주로 숫자를 부여한다.
② 숫자로 코딩된 자료만으로는 그 숫자가 무엇을 의미하는 지 혼동을 일으킬 수 있으므로, 이를 위해 **연구에 이용된 모든 정보 단위들에 대한 변수이름, 변수의 내용, 변수유형, 변수설명, 자리수, 변수값, 비고 등을 저장하여 정리해 놓은 것을 부호책(codebook)**이라고 한다.

■ 설문지의 예(최일섭 외, 2001) ■

다음 사항에 대해 귀하에게 해당되는 것에 응답해 주십시오.

1. 귀하의 성별은 무엇입니까?
    1) 여성   2) 남성

2. 귀하의 연세는 어떻게 되십니까?
    만   세

3. 귀하의 종교는 무엇입니까?
    1) 기독교   2) 불교   3) 천주교   4) 기타

…………
…………

30. 귀하는 현재의 생활에 대해 어떻게 생각하십니까?
    1) 매우 만족한다.   2) 만족하는 편이다.
    3) 그저 그렇다.   4) 불만인 편이다.
    5) 매우 불만이다.

■ 코딩되어 입력된 예(최일섭 외, 2001) ■

```
0 0 1 1 6 7 1 · · · · · · · · · · · · · · · · · · · · · · · · · · · 2
0 0 2 1 6 5 2 · · · · · · · · · · · · · · · · · · · · · · · · · · · 1
0 0 3 2 6 0 1 · · · · · · · · · · · · · · · · · · · · · · · · · · · 4
0 0 4 1 6 2 3 · · · · · · · · · · · · · · · · · · · · · · · · · · · 3
· · · · · · · · · · · · · · · · · · · · · · · · · · · · · · · · · · ·
· · · · · · · · · · · · · · · · · · · · · · · · · · · · · · · · · · ·
1 0 0 2 6 4 5 · · · · · · · · · · · · · · · · · · · · · · · · · · · 2
```

■ 부호책의 예(최일섭 외, 2001) ■

변수이름	변수의 내용	자리 수	칼럼 번호	변수 값	비 고
CASENO	사례번호	3	1-3	1-300(고유번호)	
GENDER	성별	1	4	1=여성 2=남성	
AGE	연령	2	5-6	1-99(만 나이)	
RELIGION	종교	1	7	1=기독교 2=불교 3=천주교 4=종교 없음 5=기타	
·	·	·	·	·	·
·	·	·	·	·	·
·	·	·	·	·	·
SATISFY	생활만족도	1	80	1=매우 만족한다 2=만족하는 편이다 3=그저 그렇다 4=불만인 편이다 5=매우 불만이다	

02 연구보고서 작성

1 보고서 작성의 개요

(1) 보고서 작성의 의의
① 사회조사의 최종단계는 보고서를 작성하는 단계이다.
② 보고서를 작성하는 목적은 조사결과에 관심을 가진 많은 사람들에게 알림과 동시에 이를 공개해서 그것의 보편타당성과 객관성을 검증받는 데 있다.

(2) 연구보고서 작성 시 고려사항 [②④⑤]
① **독자를 고려하여, 독자수준에 맞게 작성해야 한다.** 즉, 보고서가 활용되거나 참조할 집단이 일반인인지 전문가인지에 따라 본문에 사용될 용어와 구성이 달라야 한다.
② **연구보고서의 형태에 따라 형식과 길이를 적절히 조절해야 할 필요가 있다.** 보고서가 학위논문일 경우와 정책보고서일 경우, 실태보고서일 경우 이들 각각의 보고서는 형식이나 분량 및 내용 면에서 차이가 있다.
③ **연구보고서를 작성한 목적을 염두에 두어야 한다.**
④ 보고서를 활용하려는 **이해당사자의 관심사를 반영하여 작성**한다.
⑤ 연구의 한계와 향후 어떤 측면의 연구가 이루어져야 하는지에 대한 **방향제시가 되어야 한다.**

(3) 보고서 문체와 양식 [④⑤]
① 보고서 문체의 가장 중요한 기준은 정확성(accuracy)과 명료성(clarity)이다.
② 간결하고, 짧은 문장으로, 직설적인 표현을 쓰는 것이 좋다.
③ 문장의 시제는 과거와 현재를 혼용한다.
④ 근거자료를 충분히 제시하는 것이 좋다.
⑤ 통계분석 결과를 표로 제시할 때는 일반적으로 많이 쓰이는 양식에 따르는 것이 좋다.
⑥ 보고서를 작성하기 전에 개요를 미리 작성하여 어떤 내용을 어떤 형식으로 조직해야 할지를 머릿속으로 생각하고 보고서 작성을 시작한다.
⑦ 반드시 한 부 이상의 원고를 만들어 놓고, 자신이 원고를 다시 고칠 각오를 하고 친구나 동료에게 보여 도움을 받도록 한다.
⑧ 출판을 목적으로 일정한 기관지나 학술지에 원고를 제출하고자 하면, 미리 그 잡지에서 요구하는 문제, 주석 및 참고문헌 형식, 여백주기 등에 대한 정보를 얻어 참조하는 것이 좋다.

2 보고서 형식과 내용(연구보고서의 체계) [④⑤⑥]

I. 서두 부분	
1. 제목(논문이나 보고서 이름) 2. 저자의 이름, 소속 및 지위 3. 서문(논문에서는 생략) 4. 내용 목차(논문에서는 생략할 수도 있고 넣어도 무방함) 5. 표나 그림 목차(논문에서는 생략) 6. 개요(Abstract)(논문에서는 학술지에 따라 요구하는 데도 있고 요구하지 않는 데도 있음)	1. 연구보고서의 제목 2. 인사말 혹은 감사의 글 3. 제목차례/ 표 차례/ 그림 차례
II. 본문 부분	

1. 서론
  1) 연구배경 및 연구필요성(중요성)
  2) 연구문제 및 연구목적
	1. 서론
	  1) 문제제기(연구의 필요성)
	  2) 연구의 목적과 목표

2. 이론적 고찰 및 기존 문헌 검토
  1) 이론적 배경
  2) 기존 문헌의 검토
  3) 가설 및 개념 정의
	2. 이론적 배경(문헌연구 또는 선행연구)
	  1) 개념 정의
	  2) 이론적 배경

3. 연구방법
  1) 연구설계 및 연구모형
  2) 모집단, 표본 및 표집방법
  3) 자료수집 방법
  4) 자료분석 방법
  5) 연구기간
	3. 연구방법
	  1) 연구개요, 연구모형
	  2) 연구문제, 가설(도출)
	  3) 연구도구
	  4) 변수정의
	  5) 조사설계 및 자료수집
	  6) 조사분석방법

4. 연구결과
  1) 자료분석 결과 제시
  2) 분석결과의 해석
	4. 연구결과 및 분석
	  1) 일반적 특성분석
	  2) 분석내용
	    (가설검정결과 / 가설검증에 대한 논의)
	  3) 조사결과 요약

5. 요약 및 결론
  1) 결과요약(본문의 핵심적인 내용)
  2) 이론적 함의
  3) 정책적 및 실천적 함의
  4) 연구의 제한점 및 향후 연구를 위한 제언
	5. 결론과 제언
	  1) 결론
	  2) 연구결과의 활용 및 적용
	  3) 연구의 한계 및 제언

III. 기타 부수적 부분 1. 참고문헌 2. 부록(설문지가 기본적으로 포함)	참고문헌 부록(설문지 등) 논문의 경우 영문초록(ABSTRACT) 발행연도/발행처/편집인/기관주소

MEMO

김 진 원   OIKOS   사회복지사 1급   통합이론서   1교시

부록

- 참고문헌
- 찾아보기

01 참고문헌

- 강영걸 박성복(2008). 『사회복지조사론』. 경기 : 학현사.
- 강종수(2013). 『사회복지조사방법론』. 경기 : 양서원.
- 강흥구(2005). 『의료사회복지실천론』. 경기 : 학현사.
- 고지희 외 공저(2005). 『인간행동과 사회환경』. 서울 : 나눔의집.
- 곽형식 외 공저(2002). 『인간행동과 사회환경』. 서울 : 형설출판사.
- 곽형식 외 공저(2002). 『인간행동과 사회환경』. 서울 : 대영문화사.
- 금기윤 외 공저(2012). 『사회복지조사방법론』. 경기 : 공동체.
- 김경동 이온죽(1995). 『사회조사연구방법』. 서울 : 박영사.
- 김광웅(1996). 『방법론 강의 : 기초 원리 응용』. 서울 : 박영사.
- 김귀환 외 공저(2005). 『사회복지조사방법론』. 서울 : 나눔의집.
- 김두섭 역(2005). 『질적 연구방법론』. 서울 : 나남출판.
- 김동배 권중돈(2006). 『인간행동이론과 사회복지실천』. 서울 : 학지사.
- 김명자 역(1994). 『과학혁명의 구조』. 서울 : 동아출판사.
- 김범종(1988). 『사회과학 연구조사 방법론 워크북』. 석정.
- 김선아 외 공저(2006). 『인간행동과 사회환경』. 서울 : 대왕사.
- 김선아 외 공저(1997). 『욕구조사론』. 서울 : 아시아미디어리서치.
- 김영모 외 공저(2001). 『인간행동과 사회환경』. 서울 : 고헌출판부.
- 김영석(2000). 『사회조사방법론 : SPSS WIN 통계분석』. 서울 : 나남출판.
- 김영종(2009). 『사회복지조사방법론』. 서울 : 학지사.
- 김영호 외 공저(2006). 『인간행동과 사회환경』. 경기 : 양서원.
- 김웅렬(2001). 『사회조사방법론의 이해』. 고려대학교출판부.
- 김진원(2009a). 『인간행동과 사회환경』. 서울 : 대왕사.
- 김진원(2009b). 『사회복지조사론』. 충북 : 열린교육출판사.
- 김진원(2009c). 『사회복지개론』. 서울 : 청목출판사.
- 김진원(2010a). 『사회복지법제론』. 경기 : 통합사회복지연구소.
- 김진원(2010b). 『사회복지기초』. 경기 : 통합사회복지연구소.
- 김진원(2011). 『아동복지』. 경기 : 도서출판 EST.
- 김진원(2012a). 『인간행동과 사회환경』. 한국성서대학교 특강교재.
- 김진원(2012b). 『사회복지조사론』. 한국성서대학교 특강교재.
- 김진원(2012c). 『사회복지실천론』. 한국성서대학교 특강교재.
- 김진원(2012d). 『사회복지실천기술론』. 한국성서대학교 특강교재.
- 김태련 장휘숙(1997). 『발달심리학』. 서울 : 박영사.
- 김태성 외 공저(2005). 『사회복지조사론』. 서울 : 청목출판사.
- 김해동(1998). 『조사방법론』. 서울 : 법문사.

- 김환준(2004). 『사회복지연구조사방법론』. 서울 : 나남출판.
- 김형식(1997, 1999). 『사회복지프로그램 평가기법』. 서울 : 아시아미디어리서치.
- 김훈(2006). 『사회복지조사방법론』. 서울 : 대왕사.
- 남궁근(1997). 『행정조사방법론』. 서울 : 법문사.
- 남세진 외 공저(1998). 『사회복지조사방법론』. 서울 : 서울대학교출판부.
- 노혜숙 역(2004). 『통계라는 이름의 거짓말』. 서울 : 무우수.
- 류종훈(2005). 『사회복지실천적 인간행동과 사회환경』. 서울 : 동인.
- 박옥희(2006). 『사회복지조사론』. 서울 : 학지사.
- 박정식 윤영선(2002). 『현대통계학』. 서울 : 다산출판사.
- 박희서 김구(2006). 『사회복지조사방법론』. 서울 : 비앤엠북스.
- 배은영 외 공저(2010). 『사회복지행정론』. 경기 : 공동체.
- 사회복지교육센터(2008, 2009, 2010). 『인간행동과 사회환경』. 서울 : 나눔의집.
- 사회복지교육센터(2008, 2009, 2010). 『사회복지조사론』. 서울 : 나눔의집.
- 서봉연 이순형(1983). 『발달심리학 : 아동발달』. 서울 : 중앙적성출판사.
- 성숙진 외 공역(2001). 『사회복지조사방법론』. 서울 : 나남출판.
- 성태제(2001). 『현대 기초통계학의 이해와 적용』. 서울 : 교육문화사.
- 소영일(1995). 『연구조사방법론』. 서울 : 박영사.
- 손병덕 외 공저(2006). 『인간행동과 사회환경』. 서울 : 학지사.
- 신명희 외 공저(2013). 『발달심리학』. 서울 : 학지사.
- 송명자(2003). 『발달심리학』. 서울 : 학지사.
- 양병화 강경원(2002). 『사회조사분석사 : 사회통계』. 서울 : 성안당.
- 양정하 외 공저(2003). 『사회복지조사방법론』. 경기 : 현학사.
- 우수명(2004). 『TP 사회복지조사론』. 서울 : 인간과복지.
- 우종모 외 공저(2006). 『사회복지행정론』. 경기 : 양서원.
- 유효순(2000). 『아동발달』. 서울 : 창지사.
- 유태균 역(2001). 『사회복지 질적 연구방법론』. 서울 : 나남출판.
- 유태균 외 공역(2003). 『사회복지 질적 연구방법의 이론과 활용』. 서울 : 나남출판.
- 윤가현 외 공저(2015). 『심리학의 이해』. 서울 : 학지사.
- 이계오 외 공저(2001). 『인터넷 조사』. 서울 : 나남출판.
- 이관우(1982). 『조사분석방법론』. 서울 : 형설출판사.
- 이근홍(2006). 『인간행동과 사회환경』. 경기 : 공동체.
- 이기홍 역(2005). 『새로운 사회과학방법론 : 비판적 실재론』. 서울 : 한울아카데미.
- 이명재 전길량(2005). 『인간행동과 사회환경』. 서울 : 대영문화사.
- 이무석(2003). 『정신분석에로의 초대』. 서울 : 이유.
- 이부영(2005a). 『분석심리학 : C. G. Jung의 인간심성론』. 서울 : 일조각.
- 이소희 외 공저(2004). 『인간행동과 사회환경』. 경기 : 현학사.
- 이영만 외 공역(2002). 『프로이트·스키너·로져스』. 서울 : 중앙적성출판사.
- 이윤로(2005). 『사회복지조사론 : 핵심 예상문제』. 서울 : 창지사.

- 이윤로(2006). 『인간행동과 사회환경』. 서울 : 창지사.
- 이익섭　이윤로(2004). 『사회복지조사방법의 이해』. 서울 : 학지사.
- 이인재 외 공저(2000). 『사회복지통계분석』. 서울 : 나남출판.
- 이인정　최해경(2004). 『인간행동과 사회환경』. 서울 : 나남출판.
- 이종복 외 공저(2005). 『인간행동과 사회환경』. 서울 : 형설출판.
- 이종복 외 공저(2006). 『사회복지조사방법론』. 서울 : 신정.
- 이한구(2004). 『지식의 성장』. 경기 : 살림.
- 이해영(1999). 『사회과학 연구방법론』. 경기 : 학현사.
- 이효선 외 공저(2006). 『사회복지실천을 위한 인간행동과 사회환경의 이해』. 경기 : 공동체.
- 이효선(2005). 『사회복지실천을 위한 질적 연구 : 이론과 실재』. 경기 : 학현사.
- 이효선(2005). 『질적 연구 : 해석과 이해』. 경기 : 학현사.
- 이홍탁(1994). 『사회조사방법론』. 서울 : 법문사.
- 임병우　손용진(2006). 『사회복지조사연구방법론』. 서울 : 청목출판사.
- 임은희(2005). 『인간행동과 사회환경』. 경기 : 양서원.
- 장상희　홍동식 공역(2001). 『사회통계학 : 원리와 실제』. 서울 : 박영사.
- 정영숙(2006). 『사회복지조사방법론』. 경기 : 공동체.
- 정옥분 저(2016). 『유아발달』. 서울 : 학지사.
- 정옥분 역(1991). 『인간발달의 이론』. 서울 : 교육과학사.
- 정옥분 저(2004). 『발달심리학 : 전생애 인간발달』. 서울 : 학지사.
- 정창수(1996). 『사회과학방법론』. 서울 : 대영문화사.
- 조운희(2006). 『사회복지조사론』. 서울 : 청목출판사.
- 조흥식 외 공저(2003). 『가족복지학』. 서울 : 학지사.
- 조흥식 외 공저(2010). 『인간행동과 사회환경』. 서울 : 학지사.
- 진 밀러　윤혜미(1995). 『인간행동과 사회환경』. 서울 : 한울아카데미.
- 채구묵(2011). 『사회복지조사방법론』. 경기 : 양서원.
- 채구묵(2004). 『사회복지통계분석』. 경기 : 양서원.
- 채서일(2001). 『사회과학조사방법론』. 경기 : 학현사.
- 최선희(2012). 『사회복지조사방법론』. 경기 : 공동체.
- 최성재(2005). 『사회복지자료분석론』. 서울 : 나남출판.
- 최순남(2005). 『인간행동과 사회환경』. 한신대학교출판부.
- 최옥채 외 공저(2004). 『인간행동과 사회환경』. 경기 : 양서원.
- 최옥채 외 공저(2001). 『사회복지조사론』. 서울 : 동인.
- 한동우(2000).　사회복지프로그램 평가의 방향과 실천. 2000년 추계학술대회 및 워크숍자료. 한국사회복지행정학회.
- 한승준(2007). 『조사방법의 이해와 SPSS활용』. 서울 : 대영문화사.
- 황성동(2006). 『알기 쉬운 사회복지조사방법론』. 서울 : 학지사.
- 황성철(2006). 『사회복지 프로그램 개발과 평가』. 경기 : 공동체.
- 현성용 외 공저(2008). 『현대 심리학 이해』. 서울 : 학지사.
- 홍두승(2000). 『사회조사분석』. 서울 : 다산출판사.

- Anastas, J.(2000), *Research Design for Social Work and the Human Services*, New York : Columbia University Press.
- Anderson, R. E. & Carter, I.(1984), *Human Behavior in the Social Environment : A Social Systems Approach*, 3th ed., New York : Aldine de Gruyter. 장인협 외 공역(1998). 『인간행동과 사회환경 : 社會體系 接近法을 中心으로』. 서울 : 집문당.
- Babbie, E.(2006), *The Practice of Social Reasearch*, 11th ed., Belmont, CA : Wadsworth Publishing Co. 고성호 외 역(2007). 『사회조사방법론』. 서울 : 도서출판 그린.
- Bailey, K. D.(1982), *Methods of Social Research*, 2nd ed., New York : Free Press.
- Baumrind, D.(1971), Current Patterns of Parental Authority. *Developmental Psychology Monograph*, 4, 30-42.
- Crain, W. C.(1980), *Theories of Development*, 8th ed., Englewood Cliffs, NJ : Prentice-Hall. 서봉연 역(1993). 『발달의 이론』. 서울 : 중앙적성출판사.
- Goldstein, E. G.(1984), *Ego Psychology and Social Work Practice*, New York : The Free Press.
- Hamilton, N. G.(1958), A Theory of Personality : Freud Contribution to Social work. In H. J. Parad(ed.), *Ego Psychology and Casework Theory*, New York : Family service of America, pp.11~37.
- Liebert, L. L. & Liebert, R. M.(1998), *Liebert & Spiegler's Personality : Strategies & Issues*, 8th ed., Thomson. 조현춘 외 공역(2002). 『성격심리학』. 서울 : 시그마프레스.
- Maduro, R. J. & Wheelwright, J. B.(1977), Analytical Psychology, in R. J. Corsini(ed.), *Current Personality Theories*, Itasca, Ill : F. E. Peacock.
- Marcia, J. E.(1980), Identity in Adolescence, in Adelson J.(Ed.), *Handbook of Adolescent Psychology*, New York : Wiley.
- Maslow, A.(1968), Toward a Psychology of Being, Princeton, NJ : D. Van Nostrand Co.
- Newman, B. M & Newman, P. R.(1991), *Development through Life : A Psychosocial Approach*, 5th ed., CA : Brooks/Cole Publishing Co.
- Newman, B. M & Newman, P. R.(1987), *Development through Life : A Psychosocial Approach*, 4th ed., Chicago : Dorsey Press.
- Nye, R. D.(1981), *Three Psychologies : Perspectives from Freud, Skinner, Rogers*, 2nd ed., Monterey, CA : Brooks/Cole Publishing Co. 이영만 유병관 역(2002). 『프로이드 스키너 로져스』. 서울 : 중앙적성출판사.
- Papalia, D. E., Olds, S. W., & Feldman, R. D.(1998), *Human Development*. 7th ed., New York : McGraw-Hill Co., Inc. 박성연 역(1996). 『인간발달Ⅰ : 아동발달』. 서울 : 교육과학사. 정옥분 역(1998). 『인간발달Ⅱ : 청년기, 성인기, 노년기』. 서울 : 교육과학사.
- Pavlov, I. P.(1928), *Lectures on Conditional Reflexes*, New York : International Publishers.
- Rogers, C.(1951), *Client-centered therapy : Its current practice, implications, and theory*. Boston : Houghton Mifflin.
- Rubin, A & Babbie, E.(1997), *Research Methods in Social Relation*, 3rd ed., Pacific Grove, CA : Brooks/Cole Publishing Co.
- Schriver, J. M.(1995), *Human Behavior and the Social Environment : Shifting Paradigms in Essential Knowledge for Social Work Practice*, Boston : Allyn and Bacon.
- Skinner, B. F.(1953), *Science and Human Behavior*, New York : Macmillan Co.
- Tripodi, T.(1983), *Evaluative Research for Social Workers*, Englewood Cliffs, N.J. : Prentice-Hall.
- Zastrow, C. H. & Kirst-Ashman, K. K.(2001), *Understanding Human Behavior and the Social Environment*. 5th ed., Belmont, Wadsworth : Thomson Learning. 김규수 외 공역(2002). 『인간행동과 사회환경』. 서울 : 나눔의집.

02 찾아보기

(ㄱ)

가상적 목표 ·· 166
가실험통제집단설계 ···························· 399
가역적 사고 ·· 73
가족형상 ·· 167
가표 ··· 316
감각운동기 ·· 195
감각운동단계 ·· 58
강화 ··· 177, 178
강화계획 ·· 179
개념적 정의 ·· 289
개방체계 ·· 229
개방형 질문 ·· 317
개별주의적 오류 ·································· 310
개별화 ······································ 102, 105, 159
개인무의식 ·· 157
개인적 우화 ·· 87
개입단계 ·· 405
개입의 확산 ·· 394
갱년기 장애 ·· 108
거시체계 ·· 238
거트만 척도 ·· 332
검사 요인 ·· 394
게마인샤프트 ·· 246
게젤샤프트 ·· 246
결정적 사례 표집 ································ 422
결정적 시기 ·· 39
경계 ··· 230
경향조사 ··· 306
경험적 지식 ·· 268
계통적 표집 ·· 357
고전적 조건화 ······································ 172

골통 ··· 71
공간지각 ·· 72
공변성 ··· 391
공유영역 ··· 230
과업집단 ··· 248
과학 ··· 265
과학적 조사 ·· 270
과학적 지식 ·· 268
관찰단위 ··· 351
관찰법 ··· 377
관찰학습 ··· 183
교육집단 ··· 247
구강기 ··· 136
구조적 타당도 ······································ 342
구체적 조작기 ······························· 73, 197
귀납법 ··· 271
규범적 욕구 ·· 429
균형 ··· 231
극단적 혹은 일탈적 사례 표집 ········· 423
근원반사 ··· 56
기술적 조사 ·· 303
기준 관련 타당도 ································ 341
기준 문항에 의한 타당도 ·················· 342
기준표집 ··· 421
기초선 단계 ·· 405

(ㄴ)

남근기 ··· 137
낯가림 ··· 61
내용분석 ··· 384
내용적 타당도 ······································ 341
내적 타당도 ·· 393

내향성 ······································· 159
넥엔트로피 ································· 232
노인학대 ···································· 124
놀이의 유용성 ······························ 67
누적척도 ···································· 330
눈덩이표집 ································· 361

(ㄷ)

다운증후군 ·································· 51
다중귀결성 ································· 233
단순무작위표집 ··························· 356
단순시계열설계 ··························· 400
단일사례연구 ····················· 401, 405
단일집단사전사후검사설계 ··········· 401
대리적 조건화 ···························· 186
대리학습 ···································· 186
대리형성 ···································· 142
대상 선택 ·································· 134
대상영속성 ·································· 59
대상체계 ···································· 230
대소변 훈련 ································ 63
델파이 기법 ······························· 434
도구요인 ···································· 394
도구적 조건화 ···························· 173
도당기 ·· 71
도당집단 ····································· 77
도덕발달이론 ····························· 203
도식 ·· 192
독립변수 ··························· 298, 301
동귀결성 ···································· 233
동년배조사 ································ 306
동시적 타당도 ···························· 342
동일시 ······································ 143
동질적 표집 ······························· 422
동화 ·· 193
등간변수 ···································· 297
등교거부증 ·································· 79
따돌림 ·· 79

따라잡기 성장 ····························· 62
또래집단 ···································· 89

(ㄹ)

라운트리 ···································· 284
리비도 ······································ 132
리커트 척도 ······························· 328

(ㅁ)

마모측정 ···································· 383
매개변수 ···································· 298
메타평가 ···································· 440
면접법 ······································ 375
명목변수 ···························· 296, 297
명목적 정의 ······························· 289
명목집단 기법 ···························· 432
모델링 ······································ 184
모로반사 ····································· 56
모집단 ······································ 350
모치수 ······································ 351
무의식 ······································ 133
무작위 오류 ······························· 347
무조건적인 긍정적 존중 ·············· 217
문화동화 ···································· 254
문화마찰 ···································· 254
문화변용 ····························· 253, 254
문화수용 ···································· 254
문화적응모형 ····························· 255
문화지체 ···································· 255
문화층 ······································ 255
미망인 ······································ 122
미시체계 ···································· 237
민속문화 ···································· 258

(ㅂ)

바빈스키반사 ······························· 56
반대충당 ···································· 135
반동형성 ···································· 141

반분법 ·· 338
반사 운동 ·· 56
반응성 ·· 383
반응성 애착장애 ·· 79
반응적 행동 ·· 172
배란기 ·· 47
배아기 ·· 47
배포조사법 ·· 369
벌 ··· 177, 178
변별자극 ·· 176
변수 ·· 351
보상 ·· 144
보존기술 ··· 73, 75
복수기초선 ·· 410
복수시계열설계 ··· 400
복수양식법 ··· 338
부쓰 ·· 284
부적 환류 ·· 234
부정 ·· 143
부호책 ·· 445
분류기술 ··· 74, 75
분리 불안 ·· 61
분리표본사전사후검사설계 ··························· 400
분만예정일 ·· 50
분석단위 ·· 351
비교적 욕구 ·· 430
비대칭적 관계 ·· 391
비동일통제집단설계 ······································ 400
비반응성 자료수집 ·· 383
비실험설계 ·· 402
비연속적 변수 ·· 297
비용편익분석 ·· 438
비용효과분석 ·· 438
비율변수 ·· 297
비참여관찰 ·· 378
비체계적 오류 ·· 347
비총합성 ·· 241
비표본오차 ·· 353, 379

비표준화 면접 ·· 376
비합리적 신념 ·· 207
빈 껍데기 결혼 ·· 105
빈 둥지 ·· 105
빈 둥지 증후군 ·· 105

(ㅅ)

사춘기 ·· 81
사회과학 ·· 277
사회적 가공물 ·· 310
사회적 관심 ·· 165
사회적 관점 수용능력 ···································· 67
사회학습이론 ·· 182
사회화 집단 ·· 248
산출 ·· 233
상관관계 ······························ 276, 283, 295
상상 능력 ·· 63
상상놀이 ·· 63
상상적 청중 ·· 87
상수 ·· 351
상실의 시기 ·· 121
상위체계 ·· 230
상호 배타성의 원칙 ······································ 323
샌드위치 세대 ·· 101, 106
생리 ·· 83
생리적 욕구 ·· 222
생식기 ·· 139
생태학적 오류 ·· 310
생활양식 ·· 165
서베이조사 ·· 307
서열변수 ·· 297
선정 요인 ·· 394
선택의 편의 ·· 394
선행변수 ·· 300
설명적 조사 ·· 303
설문지법 ·· 368
섭식장애 ·· 90
성 역할 정체감 ·· 96

성 역할에 대한 인식	67
성숙	37
성장	37
성장 요인	393
성장 집단	247
성장역주	82
성장욕구	221
성장통	71
세대통합 프로그램	124
세부사항	316
소거	178
소속과 애정의 욕구	222
솔로몬 4집단설계	399
숀다이크	173
수렴적	343
순목(瞬目)반사	56
순수실험설계	397, 398
순환적 인과관계	244
승화	143
시간적 우선성	391
시간지각	72
시간체계	238
시너지	232
신뢰구간	353
신뢰도	337
신뢰수준	353
신체화	145
실증주의	417
실행 오류	441
실험 대상의 변동	394
심리적 이유기	81
심리적 폐경	104

(ㅇ)

아니마	156
아니무스	156
안락사	119
안전욕구	222
안정상태	231
암순응	114
야간몽정	84
양수검사	52
억압	140
억압변수	299
에로스	132
에스트로겐	103
에틱(etic)적 시각	424
엔트로피	231
엘렉트라 콤플렉스	137
역사요인	393
역전이	142
연구가설	292, 293, 294
연구문제	287
연령차별	120
연속적 변수	297
연역법	270
연하반사	56
열등감	164
영가설	293
예비조사	303
예측적 타당도	342
오이디푸스 콤플렉스	137
완전하게 기능하는 사람	217
왓슨	173
왕따	79
왜곡변수	300
외생변수	299
외생변수 통제	391
외적 타당도	395
외체계	238
외향성	159
요인분석	343
요인설계	399
욕구조사	429
용암법	180
우연한 사건	393

찾아보기 459

우월에 대한 추구 …… 164	자아개념 …… 66
우편조사법 …… 370	자아의 발견 …… 89
원시안 …… 114	자아정체감 …… 85
원주민화 …… 423	자아중심성 …… 193
원초아 …… 134	자아통제 …… 63
원형 …… 155	자연과학 …… 277
위계 …… 230	자위행위 …… 84
유사동간법 …… 332	자유연상 …… 146
유사실험설계 …… 399	자율성 …… 94
유의표집 …… 359	자율적 도덕성 …… 75, 198
융모(생체표본)검사 …… 52	자조집단 …… 248
은둔문화 …… 257	자존의 욕구 …… 222
은퇴 …… 122	잠재기 …… 139
음영 …… 157	장기기억 …… 115
의도적 표집방법 …… 421	재조사법 …… 337
의미분화척도 …… 334	적응 …… 193
의식 …… 133	전 인습적 수준 …… 204
이론적 오류 …… 441	전개념적 사고단계 …… 63
이론적 표집 …… 422	전수조사 …… 350
이믹(emic)적 시각 …… 424	전실험설계 …… 401
이상적 자아 …… 216	전의식 …… 133
이해타당도 …… 342	전이 …… 142
인간 동기이론 …… 219	전자조사법 …… 371
인생과업 …… 166	전조작기 …… 195
인습적 수준 …… 205	전치 …… 142
인지이론 …… 192	전화조사법 …… 370
인지적 왜곡 …… 211	전환 …… 233
인지적 욕구 …… 429	절반문화 …… 258
인지치료 …… 210	점성원칙 …… 150
일치법 …… 392	점성적 원리 …… 39
임계점멸도 …… 114	정서 …… 59
	정신분석이론 …… 131
(ㅈ)	정적 환류 …… 233
자기 강화 …… 184	정체감 성취 …… 85
자기실현 욕구 …… 222	정체감 유실 …… 85
자기언어 …… 209	정체감 유예 …… 85
자동적 사고 …… 211	정체감 혼란 …… 86
자아 …… 134, 156	정태적집단비교설계 …… 401

젖찾기반사	56
제1성장 급등기	55
제2의 반항기	81
제2의 사춘기	101
제2의 성장급등기	81
제2의 탄생기	81
조사자 간 신뢰도	337
조사항목	316
조작적 정의	290
조작적 조건화	175
조절	193
조절변수	299
조합기술	74
존엄사	120
종단적 조사	304
종속변수	298, 301
주변인	81
주의력 결핍 과잉행동장애	64
죽음	118
준예외적 사례 표집	423
중간 믿음	211
중간체계	238
중도탈락	394
중앙집중 경향의 오류	346
지능	73
지불유예기	81
지성화	144
지수	326, 327
지지집단	247
직관적 사고단계	65
질문지	315
질문지법	368
질적 연구	415
질풍노도기	81
집단	245
집단놀이	63, 67
집단비교법	342
집단적 무의식	158
집락표집	358
집합조사법	369

(ㅊ)

차이법	392
참여관찰	378
창의성	73
창조적 자아	165
척도	326, 327
청소년 비행	90
체계적 둔감화	180
체계적 오류	345
초자아	135
초점집단기법	431
총괄평가	438
최대변화량 표집	422
출산	50
출생순위	167
충분조건	392
취소	141
측정	323
층화표집	357, 358
치료집단	247
치매	116, 124
치유집단	248
친밀감	97

(ㅋ)

콤플렉스	155
쾌락원칙	134
크론바 알파	339
클라인휄터증후군	51

(ㅌ)

타나토스	132
타당도	341, 343
타율성 도덕성	196

타율적 도덕성	74
타임아웃	180
탈위성화	81
탈중심화	73
탐색적 조사	303
태아기	47
태아알코올증후군	53
터너증후군	50
테스트 효과	394
토큰경제	180
통계적 회귀	394
통계치	351
통제변수	300
통제집단사전사후검사설계	398
통제집단사후검사설계	398
퇴적측정	383
퇴행	141
투사	142
투입	233
팀스포츠	63, 78

(ㅍ)

파문효과	244
파블로브	172
판별적	343
패널조사	305
페닐케톤요증	51
페르소나	156
편의표집	359
평가조사	436
평정척도	327
평형	193
폐경기	103
폐쇄체계	230
폐쇄형 질문	317
포괄성의 원칙	323
포커스그룹	431
표본오차	353, 379, 418, 420, 436

표본조사	350
표적 행동	405
표준화 면접	375
표집	349
표집간격	351
표집단위	350
표집률	351
표집오차	352
표집틀	350
표현적 욕구	430
품행장애	79
프로텍티브 서비스	64
플라시보 효과	395
피드백	233
피란델로 효과	277
필요조건	391
필요충분조건	392

(ㅎ)

하위문화	258
하위체계	230
학교공포증	79
학습	37
학습장애	78
할당표집	360
합계출산율	99
합리적 신념	207
합리화	143
합의적 지식	268
항문기	136
항상성	231
해리	144
해석주의	417
핵심 믿음체	210
행동수정	180
행동조성	180
행동주의 이론	171
현상학 이론	214

현상학적 장 ················· 215
현실원칙 ···················· 134
현실자아 ···················· 216
혈우병 ······················· 51
형성평가 ···················· 438
형식적 조작기 ·············· 200
형식적 조작사고 ············ 86
호손효과 ···················· 379
호스피스 ···················· 124
호혜성 ······················· 231
혼합연구 ···················· 426
홀론 ························· 230
홍수법 ······················· 180
화성인 ······················· 424
확인 및 예외사례 표집 ····· 422
환경 속의 인간 ·············· 35
환원주의적 오류 ············ 311
황화현상 ···················· 114
횡단적 조사 ················· 307
효과성 평가 ················· 438
효율성 평가 ················· 438
후 인습적 수준 ·············· 205
후광효과 ···················· 346

[숫자]

(1)

1차 성징 ····················· 84

1차 자료 ···················· 367
1차 집단 ···················· 246
1차적 사고과정 ············· 134

(2)

2차 도식의 협응 ············ 58
2차 성징 ················· 83, 84
2차 자료 ···················· 367
2차 집단 ···················· 246
2차적 사고과정 ············· 135

(3)

3다(三多)의 시기 ··········· 62

[영문]

[A]

ABA설계 ···················· 408
ABCDE모델 ················· 209
ABCD설계 ··················· 410

(B)

BAB설계 ···················· 409

(M)

MBTI ······················· 160

2025 김진원 Oikos 사회복지사1급
통합이론서 제1교시

발행일	2024년 1월 31일
편저자	김진원
발행인	김신은
발행자	오이코스북스
주소	서울시 금천구 한내로 62, 9동 905호
전화	070-7531-1469
주문공급	010-7582-1259

저자와의
협의하에
인지생략

ISBN 979-11-92648-11-8(13330)

가격 29,000원

이 책의 무단전재 또는 복제행위는 저작권법 제136조 제1항에 의거
5년 이하의 징역 또는 5천만원 이하의 벌금에 처하게 됩니다.